법학적성시험
문제 해설

추리논증 II

2019~2014학년도

법학전문대학원협의회 엮음

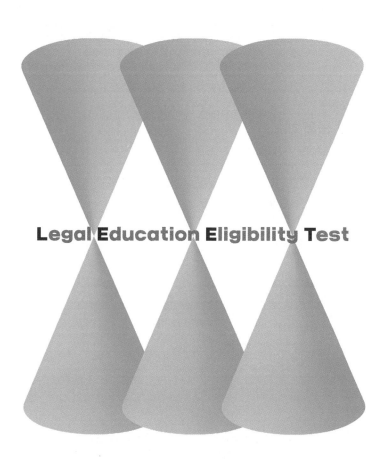

Legal Education Eligibility Test

에피스테메
EPISTEME

법학적성시험 문제 해설

LEET 추리논증 II (2019~2014학년도)

ⓒ법학전문대학원협의회, 2023

제1판 1쇄 펴낸 날 2011년 4월 1일
제14판 1쇄 펴낸 날 2023년 11월 30일

엮은이 법학전문대학원협의회
펴낸이 고성환
펴낸곳 (사) 한국방송통신대학교출판문화원
　　　　 우03088 서울시 종로구 이화장길 54
　　　　 전화 | 02-3668-4764
　　　　 팩스 | 02-742-0956
　　　　 출판등록 | 1982년 6월 7일 제1-491호
　　　　 홈페이지 | press.knou.ac.kr

출판위원장 박지호
편집 　　박혜원·김양형
본문디자인 한진인쇄공사
표지디자인 김민정

ISBN　978-89-20-04877-7 13360
값　18,000원

머리말

    법학적성시험은 법학전문대학원에서 학습할 수 있는 수학 능력을 평가하기 위한 시험입니다. 2009학년도부터 2024학년도까지 총 16회의 시험이 치러졌으며, 출제의 전문성과 시행의 안정성이란 측면에서 신뢰를 받고 있습니다.

    시험은 언어이해, 추리논증, 논술의 세 영역으로 이루어져 있습니다. 언어이해 영역은 비교적 긴 분량의 글을 읽고 분석하여 이해하는 능력을, 추리논증 영역은 주어진 정보를 바탕으로 새로운 정보를 추리해 내는 능력과 제시된 논증을 분석하고 비판하는 능력을 측정합니다. 논술 영역은 논증적인 글쓰기 능력을 평가합니다.

    법학적성평가연구원은 시험을 안정적으로 출제하고 시행하는 데 그치지 않고 법조인으로서의 자질 및 적성을 효과적으로 측정하는 시험이 될 수 있도록 꾸준히 노력해 왔으며, 시험의 타당도와 신뢰도 제고를 위해 앞으로도 문항에 대한 연구를 진행하여 이를 시험에 반영할 것입니다.

    이 책은 제6회부터 제11회(2014~2019학년도)까지 출제된 법학적성시험 문제와 이에 대한 해설을 담고 있습니다. 문항 유형의 일부 차이에도 불구하고 예전 기출문제 또한 응시자의 독해력과 논리적 사고력을 측정하기 위한 것이라는 점에서 최근 기출문제와 본질적으로 다르지 않습니다. 기출문제를 혼자 힘으로 풀어 본 후 자신의 풀이와 이 책의 해설을 비교하면서 학습하는 것은 법학적성시험을 효과적으로 준비하는 일인 동시에 그 자체로서 지적 흥미와 만족을 주리라 기대합니다.

    시험을 준비하는 여러분들이 미래 법률가를 향한 원대한 목표를 이루어 나가시기를 기원합니다.

법학전문대학원협의회 법학적성평가연구원장
정병호

CONTENTS

법학적성시험
추리논증 영역

2019

2019학년도 추리논증 영역 출제 방향

1. 출제의 기본 방향

추리논증 영역은 제시문에서 주어진 내용을 단순히 문자적으로 이해하는 것만으로는 해결할 수 없고, 제시된 글이나 상황 및 그 함의를 논리적으로 분석하고 핵심 정보를 취합하여 종합적으로 평가할 수 있어야 해결할 수 있도록 문항을 구성하여 추리 능력과 논증 능력을 측정하는 시험이 되도록 하였다. 특히 전공에 따른 유불리를 최소화하도록 정상적인 학업과 독서 생활을 통하여 사고력을 함양한 사람이면 누구나 해결할 수 있는 내용을 다루되, 주어진 제시문의 내용에 관한 선지식이 문제 해결에 크게 도움이 되지 않도록 하였다.

전 학문 분야에 걸쳐 다양하게 문항의 제재를 선택함으로써 특정 전공자가 유리하거나 불리하지 않도록 영역 간 균형 잡힌 제재 선정을 위해 노력하는 한편, 제시문으로 선택된 영역의 전문 지식이 문제 해결에 영향을 미치지 않도록 하는 데에도 주력하였다.

또한 추리 능력을 측정하는 문항과 논증 능력을 측정하는 문항을 균형 있게 출제하고자 하였다. 규범 영역에서는 작년에 확대된 원리 적용 문항의 비중을 유지하면서 논증 분석과 평가 문항의 비중을 늘렸으며, 그 밖에 인문, 사회, 과학기술 영역 모두에서 추리 문항과 논증 문항을 골고루 출제함으로써 양쪽 능력을 모두 평가할 수 있도록 하였다.

2. 출제 범위 및 문항 구성

올해부터 추리논증 영역 문항이 35문항에서 40문항으로 확대됨에 따라 규범 영역 문항이 소폭 늘어났으며, 인문, 사회, 과학기술 영역의 문항은 예년과 큰 차이 없이 균형 있게 출제하였다.

규범 관련 제재를 다루는 문항 14문항과 인문 제재를 다루는 문항 9문항, 사회 제재를 다루는 문항 6문항, 과학기술 제재를 다루는 문항 7문항, 그리고 논리/수리적 추리를 다루는 문항 4문항으로 구성하였다.

올해 추리논증 영역에서는 추리 문항을 55%, 논증 문항을 45% 정도로 출제함으로써 양쪽 사고력이 골고루 평가될 수 있도록 하였다.

3. 난이도

제시문의 이해도를 높이기 위해서 전문적인 용어를 순화하여 전공 여부에 상관없이 누구나 어렵지 않게 내용에 접근하고 이해할 수 있도록 하였으며, 분량이 많아 수험생들이 한정된 시간 내에 문제를 해결하지 못하는 일이 없도록 문항의 글자 수를 줄여서 독해의 부담을 최소화하도록 하였다.

또한 문제 해결을 위해 거쳐야 할 추리나 비판 및 평가의 단계가 지나치게 많고 복잡해지지 않도록 함으로써 수험생들이 보다 손쉽게 문제를 해결할 수 있도록 하였다.

4. 출제 시 유의점

- 제시문을 분석하고 평가하는 데 충분한 시간을 사용할 수 있도록 제시문의 독해 부담을 줄이도록 하였다. 그렇게 함으로써 추리 능력과 논증 능력을 측정할 수 있는 문항으로 구성하고자 하였다.
- 문항 수가 40개로 확대되면서 규범 영역 문항이 소폭 증가하였으며, 문항의 변별도는 높이고자 하였다.
- 선지식에 의해 풀게 되거나 전공에 따른 유불리가 분명해지는 제시문의 개발과 문항의 출제를 지양하였다.
- 법학 지식 평가를 배제하기 위해 문항에 나오는 개념, 진술, 논리 구조, 함의 등을 이해하는 데 법학 지식이 요구되지 않도록 하였다.
- 출제의 의도를 감추거나 오해하게 하는 질문을 피하고, 평가하고자 하는 능력을 정확히 평가할 수 있도록 간명한 형식을 취하였다.
- 문항 및 선택지 간 간섭을 최소화하고, 선택지 선택에서 능력에 따른 변별이 이루어질 수 있도록 하였다.

01.

다음으로부터 추론한 것으로 옳은 것만을 〈보기〉에서 있는 대로 고른 것은?

> 국가는 국민의 기본권을 보장할 의무가 있다. 이를 위하여 국가는 입법·사법·행정의 활동을 행한다. 그중 행정은 법률에 근거해서 국민의 기본권을 적극적으로 실현하고, 때로는 다수 국민의 안전, 질서 유지, 공공복리를 위하여 국민의 권리를 제한하기도 한다. 그러나 원칙적으로 행정의 역할은 국민의 기본권을 실현하는 것이므로, 여하한 이유로 국민의 기본권을 제한함에 있어서는 선행 조건을 갖춰야 한다. 즉 행정으로 인하여 직접적으로 기본권을 제한받는 당사자 본인에게는 사전에 그 행정이 필요한 이유와 내용 및 근거를 알려야 한다.
>
> 행정은 다양하고 복합적인 형태로 이루어진다. 행정은 한 개인에게 권리를 갖게 하거나 권리를 제한하기도 하고, 한 개인을 대상으로 권리를 갖게 하는 동시에 일정 권리를 제한하기도 한다. 또한 행정은 국민 사이에 이해관계의 대립을 초래하기도 한다. 예컨대 신발회사가 공장설치 허가를 신청하고 행정청이 허가하는 경우에, 회사 측과 공장이 설치되는 인근 지역의 주민들은 대립할 수 있다. 회사는 공장설치 허가를 통해 영업의 자유라는 기본권을 실현하게 되는 반면, 주민들 입장에서는 환경권·건강권 등의 침해를 주장할 수 있다. 이러한 경우에도 행정 활동을 함에 있어 갖춰야 할 선행 조건은 엄격하게 요구된다.

보기

ㄱ. 주유소 운영자 갑에게 주유소와 접하는 도로의 일부에 대해 행정청으로부터 점용 허가 처분과 점용료 납부 명령이 예정된 경우, 행정청은 사전에 갑에게 점용 허가 처분 및 점용료 납부 명령 각각의 이유와 내용 및 근거를 알려야 한다.

ㄴ. 행정청이 을 법인에게 원자로시설부지의 사전승인을 할 때 환경권·건강권의 침해를 직접 받게 되는 인근 주민 병이 있는 경우, 행정청은 원자로시설부지의 사전승인에 앞서 병에게 그 사전승인의 이유와 내용 및 근거를 알려야 하지만, 을 법인에게는 사전승인에 앞서 알릴 필요가 없다.

ㄷ. 대리운전기사 정이 음주운전으로 적발되어 행정청이 정의 운전면허를 취소하려는 경우, 행정청은 사전에 정과 그 가족에게 운전면허취소의 이유와 내용 및 근거를 알려야 한다.

① ㄱ
② ㄴ
③ ㄱ, ㄷ
④ ㄴ, ㄷ
⑤ ㄱ, ㄴ, ㄷ

제시문은 기본권을 보장하는 행정의 법리를 설명하고 있다. 국민의 기본권 보장을 위하여 행정은 원칙적으로 권리를 실현하는 방향으로 이루어져야 하나, 공익, 즉 다수 국민의 안전, 질서 유지, 공공복리를 위하여 일부 국민의 기본권을 불가피하게 제한하는 경우도 발생한다. 이 경우 권리를 직접 제한받는 당사자 본인에게 권리를 제한하는 이유와 내용 및 근거를 알려야 한다. 제시문에는 이것이 권리 제한 행정의 사전 조건으로 언급되어 있다. 이 사전 조건은 단순하게 2면 관계(행정청–행정 활동의 직접적인 당사자)에서 이루어지는 권리 제한의 경우뿐만 아니라, 한 당사자의 권리를 제한하는 동시에 그의 권리를 실현하는 경우에도 필요하며, 나아가 3면 관계(행정청–행정 활동의 직접적인 당사자–행정 활동으로 권리를 직접 제한받는 제3자)에서도 갖추어져야 한다.

〈보기〉 해설   ㄱ. 도로 점용 허가 및 점용료 납부 명령은 갑에게 기본권 실현(도로 사용을 통한 영업의 자유의 확보)과 기본권 제한(점용료 납부 명령에 따른 재산권의 제한)이 동시에 발생하는 행정에 해당하고, 행정청은 재산권을 제한하는 부분인 점용료 납부 명령에 대해서는 사전에 갑에게 그 이유와 내용 및 근거를 알려야 한다. 그러나 기본권을 실현하는 도로 점용 허가에 대해서는 사전에 그 이유와 내용 및 근거를 알릴 필요가 없다. ㄱ은 옳지 않은 추론이다.

ㄴ. 원자로시설부지의 사전승인은 서로 다른 국민에게 권리 실현과 권리 제한이 병행해서 이루어지는 행정이다. 원자력발전소를 건설하여 운영하려는 을 법인은 영업의 자유라는 권리를 실현하게 되고, 반면 원자로시설부지의 인근 주민은 환경권과 건강권을 제한받게 된다. 이 경우 행정청은 권리를 제한받는 인근 주민 병에게만 미리 원자로시설부지 사전승인의 이유와 내용 및 근거를 설명하면 되고, 을 법인에게는 사전에 원자로시설부지 사전승인의 이유와 내용 및 근거를 설명할 필요가 없다. ㄴ은 옳은 추론이다.

ㄷ. 운전면허취소는 운전할 수 있는 권리, 즉 일반적 행동자유권을 제한하는 행정에 해당한다. 이 경우에도 권리를 직접 제한받는 당사자 본인에게 권리 제한의 이유와 내용 및 근거를 알려야 한다. 그러므로 권리 제한을 직접 받는 대리운전기사 정에게 운전면허취소의 이유와 내용 및 근거를 알려야 하지만, 정의 가족은 권리를 직접 제한받지 않으므로 운전면허취소의 이유와 내용 및 근거를 알릴 필요가 없다. ㄷ은 옳지 않은 추론이다.

〈보기〉의 ㄴ만이 옳은 추론이므로 정답은 ②이다.

02.

다음 논쟁에 대한 평가로 적절한 것만을 〈보기〉에서 있는 대로 고른 것은?

A국은 마약류(마약·향정신성의약품 및 대마를 통칭함)로 인한 사회적 폐해를 방지하기 위하여 마약류의 제조 및 판매에 관한 '유통범죄'뿐 아니라 마약류의 단순 '사용범죄'까지도 형벌을 부과하는 정책을 시행하고 있다.

갑과 을은 이러한 자국의 마약류 정책에 대하여 다음과 같은 논쟁을 벌였다.

갑1 : B국을 여행했는데 B국은 대마초 흡연이 합법이라 깜짝 놀랐어. 대마초의 성분은 중추신경에 영향을 주어 기분을 좋게 하고, 일단 이를 접한 사람은 끊을 수 없게 만드는 중독성이 있잖아. 이러한 폐해를 야기하는 대마초 흡연은 처벌하는 것이 맞아.

을1 : 어떤 개인이 자신에게만 피해를 주는 행위를 했다는 이유로 처벌을 받아야 한다는 것이 이해가 되지 않아. 인간은 타인에게 피해를 주지 않는 한 자신의 생명과 신체, 건강에 대해서 스스로 결정할 자기 결정권을 가지고 있는데 그 권리 행사를 처벌하는 것은 최후의 수단이 되어야 할 형벌의 역할에 맞지 않아.

갑2 : 그건 아니지. 마약을 사용하는 것은 스스로를 해치는 행위이기도 하지만, 마약을 사용한 상태에서는 살인, 강간 등의 다른 범죄를 저지를 가능성이 높아져. 타인에게 위해를 가할 위험성을 방지하기 위한 형벌은 필요해.

을2 : 그 위험성을 인정하더라도 그런 행위는 타인을 위해할 목적으로 일어난 것이 아니라 중독상태에서 발생하는 것이잖아. 중독은 치료와 예방의 대상이지 처벌의 대상이어서는 안 된다고 생각해.

갑3 : 중독은 사회 전체의 건전한 근로 의식을 저해하기 때문에 공공복리를 위해서라도 형벌로 예방할 필요가 있어.

보기

ㄱ. 전쟁 중 병역 기피 목적으로 자신의 신체를 손상한 사람을 병역법 위반으로 형사처벌하는 A국 정책이 타당성을 인정받는다면 을1의 주장은 약화된다.

ㄴ. 자해행위에 대한 형사처벌은 그 행위가 타인에게 직접 위해를 가하는 경우에만 정당화될 수 있고 위해의 가능성만으로 정당화되어서는 안 된다는 견해가 타당성을 인정받는다면 갑2의 주장은 약화된다.

ㄷ. 인터넷 중독과 관련하여 예방교육과 홍보활동을 강조하며 형벌을 가하지 않는 A국 정책이 타당성을 인정받는다면 을2의 주장은 약화된다.

① ㄴ　　　　　　　　　② ㄷ　　　　　　　　③ ㄱ, ㄴ

④ ㄱ, ㄷ　　　　　　　⑤ ㄱ, ㄴ, ㄷ

문항 성격	규범 – 논쟁 및 반론
평가 목표	마약류 단순 사용에 대한 형사처벌의 필요성을 다르게 보고 있는 두 사람 간의 논쟁을 분석·평가하는 능력을 측정함
문제 풀이	정답 : ①

갑과 을은 마약류의 '단순 사용'에 대한 자국의 정책에 대해 논쟁하고 있다. 갑의 입장은 마약류의 일종인 대마초는 중독성이 있고 대마초를 흡연하면 환각 상태에서 타인에게 위해를 가할 가능성이 높기 때문에 단순 사용도 형벌로 처벌해야 한다는 입장을 견지하고 있다.

반면 을은 마약류의 사용이 타인에게 해를 끼치지 않는 한에서, 자신의 신체나 생명에 대해 스스로 결정할 권리를 인정해야 하며, 따라서 타인에 대한 위해 가능성만을 이유로 단순 사용을 형벌로 처벌해서는 안 된다는 입장을 피력하고 있다. 그리고 을은 중독은 처벌이 아닌 치료의 대상이라는 점을 강조하고 있다.

〈보기〉 해설　ㄱ. 자신의 신체를 손상시키는 것은 일반적으로는 자기 자신에게만 피해를 주는 행위이나, 전쟁 중 병역 기피를 목적으로 하였다면 타인에게 피해를 주는 행위이다. 그러므로 이러한 자해행위에 대한 처벌은 신체 손상 자체에 대한 처벌이 아니라 병역 기피를 이유로 병역법으로 처벌하는 것이라는 점에서, 타인에게 피해를 주지 않는 한 스스로를 해치는 행위는 처벌하지 말아야 한다는 을1의 주장을 약화하지 않는다. ㄱ은 옳지 않은 평가이다.

　　　　　　　　ㄴ. 갑2는 스스로 해치는 행위인 마약의 단순 사용도 타인에게 위해를 가할 가능성이 있기 때문에 처벌해야 한다고 주장하고 있다. 따라서 위해의 가능성만으로 처벌의 정당성이 인정받지 못한다면 갑2의 주장은 약화된다. ㄴ은 옳은 평가이다.

　　　　　　　　ㄷ. 인터넷 중독에 대해 예방교육과 홍보활동만을 강조하고 처벌하지 않는 정책이 타당성을 인정받는다면, 중독이라는 점에서 동일하게 평가할 수 있는 마약 중독이 처벌의 대상이 아니라 예방과 치료의 대상이라는 을2의 주장은 강화된다. ㄷ은 옳지 않은 평가이다.

　　　　〈보기〉의 ㄴ만이 옳은 평가이므로 정답은 ①이다.

14

03.

〈논쟁〉에 대한 분석으로 옳은 것만을 〈보기〉에서 있는 대로 고른 것은?

〈X법〉

제1조(형벌) 형벌은 경중(輕重)에 따라 태형, 장형, 유배형, 교형, 참형의 5등급으로 한다.

제2조(속죄금) 70세 이상이거나 15세 이하인 자가 유배형 이하에 해당하는 죄를 지으면 속죄금만을 징수한다.

제3조(감경) 형벌에 대한 감경의 횟수는 제한하지 않는다.

제4조(밀매) 외국에 금지 물품을 몰래 판매한 자는 장형에 처하고, 금지 물품이 금, 은, 기타 보석 및 무기 등인 경우에는 교형에 처한다.

〈논쟁〉

신하 A : 중국 사신과 동행하던 71세 장사신이 은 10냥을 소지하고 있다가 압록강을 건너기 직전에 적발되었습니다. 최근 중국에 은을 팔면 몇 배의 시세 차익을 얻을 수 있기 때문에 이러한 행위가 만연하고 있습니다. 몰래 소지한 것은 몰래 판매한 것과 다르지 않습니다. ⊙장사신을 교형으로 처벌해야 합니다.

신하 B : 은 10냥을 몰래 소지하고 강을 건너는 것은 판매를 위해 준비하는 것일 뿐입니다. 역적을 처벌하는 모반죄(謀叛罪)는 모반을 준비하는 자에 대해서 형벌을 감경하여 처벌하는 규정을 두고 있기 때문에 모반의 준비 행위를 처벌할 수 있지만, 밀매죄는 이러한 규정을 두고 있지 않습니다. 법이 이와 같다면 장사신을 교형에 처할 수는 없습니다. 다만 사안에 대한 규정이 없더라도, ⊙사안에 들어맞는 유사한 사례를 다룬 판결이 있다면 그 판결을 유추해서 적용해야 할 것입니다.

신하 C : 이전 판결을 유추해서 적용하는 것은 유사한지 여부를 판단해야 하는 문제가 발생하니, 차라리 '금지 물품을 몰래 소지하고 외국으로 가다가 국경을 넘기 전에 적발된 자는 밀매죄의 형에서 1단계 감경한다'는 규정을 신설하여 처벌하는 것이 옳습니다.

국　왕 : 신하 C가 말한 대로 규정을 추가로 신설하여 이를 장사신에게 적용하라.

보기

ㄱ. '범죄를 준비한 자를 처벌하기 위해서는 법에 정한 바가 있어야 한다'는 논거에 의하면, ⊙은 약화된다.

ㄴ. 모반을 도운 자를 모반을 행한 자와 같이 모반죄로 처벌한 판결은 ⓒ에 해당된다.

ㄷ. 국왕의 명령에 의하면, 장사신은 유배형에 처해진다.

① ㄱ   ② ㄴ   ③ ㄱ, ㄷ

④ ㄴ, ㄷ   ⑤ ㄱ, ㄴ, ㄷ

문항 성격	규범 – 언어 추리
평가 목표	법률규정에 대한 논쟁을 이해하고 이를 구체적 사례에 적용할 수 있는 능력을 평가함
문제 풀이	정답 : ①

신하 A는 규정을 엄격하게 적용할 것이 아니라 유사한 행위에 관한 규정이 있으면 적용하자는 의견으로, 제4조 밀매죄가 존재하므로 밀매의 준비 행위에 해당하는 '몰래 소지한 것'도 밀매죄로 처벌하자고 주장한다.

신하 B는 원칙적으로 규정을 엄격하게 적용해야 한다는 의견으로, 밀매죄에 관한 규정은 밀매 준비 행위를 포함하지 않으므로 밀매 준비 행위에 대해서 제4조 밀매죄를 적용할 수 없다고 한다. 다만 판결의 유추적용을 인정하여 유사한 사례에 관한 판결을 적용할 수 있다고 한다.

신하 C는 다른 판결을 유추적용하는 경우에는 유사한 사례인지에 대한 판단이 어려우므로, 차라리 규정을 신설해서 바로 사안에 적용해야 한다는 입장이다.

〈보기〉 해설   ㄱ. '범죄를 준비한 자를 처벌하기 위해서는 법에 정한 바가 있어야 한다'는 논거는 규정을 엄격하게 적용해야 한다는 신하 B의 입장에서 주장되는 것으로, 이것은 신하 A의 주장을 약화시킨다. ㄱ은 옳은 추론이다.

        ㄴ. 모반을 도운 자를 모반을 행한 자와 같이 모반죄로 처벌한 판결은, 모반을 도운 자와 모반을 행한 자라는 '다수의 범죄자'가 있는 경우에 도운 자를 행한 자로 처벌한 판결이다. 반면 사안은 밀매를 준비한 자를 밀매를 행한 자와 같이 처벌할 수 있는지의 문제로서, 이것은 '한 명의 범죄자'를 전제로 한 경우이다. 따라서 사안에 들어맞는 유사한 사례라고 할 수 없다. ㄴ은 옳지 않은 추론이다.

        ㄷ. 국왕은 신하 C의 의견에 따라 규정을 추가로 신설하라고 하였는데, 이에 의하면 장사신의 밀매 준비 행위는 밀매죄의 형인 교형에서 1단계 감경된 유배형으로 처벌하게 된다. 그러나 장사신은 71세로서 제2조에 의하여 유배형을 행하지 않고 속죄금만을 징수하게 된다. ㄷ은 옳지 않은 추론이다.

    〈보기〉의 ㄱ만이 옳은 분석이므로 정답은 ①이다.

04.

다음 글에 대한 분석으로 옳은 것만을 〈보기〉에서 있는 대로 고른 것은?

A는 B가 뒤따라오고 있다는 것을 알면서도 출입문을 세게 닫아 B의 손가락이 절단되는 사건이 발생하였다. A가 B의 손가락을 절단하려 했는지가 밝혀지지 않은 상황에서, 갑, 을, 병은 A를 상해죄로 처벌할 수 있는지에 대해서 대화를 나누고 있다.

갑 : B의 손가락이 절단된 결과에 대해서 A를 처벌할 수는 없어. A는 자신의 행위로 인해 B의 손가락이 잘리는 것까지 의도한 것은 아니니까. A가 자신의 행위로 인해 B의 손가락이 잘리는 것까지 의도했을 때만 처벌해야지.

을 : A에게 B의 손가락을 절단하려는 의도는 없었어. 하지만 A는 어쨌든 자신의 행위가 B의 손가락을 절단할 수도 있다는 것을 몰랐을 리 없어. A는 B의 손가락이 절단된 결과에 대해서 처벌을 받아야 해.

병 : A가 자신의 행동으로 인해 B의 손가락이 절단될 수도 있다는 것을 알고 있었다고 인정하지는 못하겠어. 그래도 A는 B의 손가락이 절단된 결과에 대해서 처벌을 받아야 해. 어쨌든 A는 B의 신체에 조금이라도 해를 입힐 의도는 있었으니까.

보 기

ㄱ. 갑과 을은 A의 처벌 여부에 대해서는 다른 의견이나, A의 의도에 대해서는 같은 의견이다.

ㄴ. 을과 병은 A의 처벌 여부에 대해서는 같은 의견이나, A의 인식에 대해서는 다른 의견이다.

ㄷ. 갑의 견해에서 상해죄의 처벌 대상이 되는 행위는 병의 견해에서도 모두 처벌의 대상이 된다.

ㄹ. 을의 견해에서 상해죄의 처벌 대상이 되는 행위는 병의 견해에서도 모두 처벌의 대상이 된다.

① ㄱ, ㄴ   ② ㄱ, ㄹ   ③ ㄷ, ㄹ
④ ㄱ, ㄴ, ㄷ   ⑤ ㄴ, ㄷ, ㄹ

문제 풀이   정답 : ④

A에 의해서 B의 손가락이 절단된 결과가 있는데 A가 이를 구체적으로 인식/의도했는지에 대한 증거가 없는 상황에서, A가 B가 뒤따라오고 있는 것을 알면서도 출입문을 세게 닫은 행위에서 그러한 의도나 인식을 주장할 수 있는지에 대해서 갑, 을, 병이 다른 의견을 제시한다.

갑은 'B의 손가락이 절단된 결과에 대한 A의 의도'가 있었어야만 처벌할 수 있고, 이것이 없었다면 처벌할 수 없다고 한다. 을은 B의 손가락이 절단된 결과에 대한 A의 의도가 없었더라도 A가 그러한 '결과의 가능성을 인식'했다면 처벌할 수 있다고 한다. 병은 A가 B의 손가락을 포함한 어떠한 신체 부위에라도 해를 입힐 의도가 있었다면 처벌할 수 있다는 입장이다.

〈보기〉 해설

ㄱ. 갑은 A의 처벌을 부정하고, A의 의도도 부정한다. 을은 A의 처벌을 긍정하고, A의 의도는 부정한다. ㄱ은 옳은 추론이다.

ㄴ. 을은 A의 처벌을 긍정하고, A의 인식도 긍정한다. 병은 A의 처벌을 긍정하나, A의 인식은 부정한다. ㄴ은 옳은 추론이다.

ㄷ. B의 신체 일부분에 대하여 해를 입힐 의도가 요구된다는 병의 입장은 B의 손가락에 해를 입힐 의도가 요구된다는 갑의 입장을 모두 포함하고 있다. 따라서 갑의 입장에서 처벌이 되는 경우는 모두 병의 입장에서도 처벌이 된다. ㄷ은 옳은 추론이다.

ㄹ. 을은 결과에 대한 인식이 있어야 처벌할 수 있다는 입장인 반면, 병은 결과에 대한 부분적 의도가 있어야 처벌할 수 있다는 입장이다. 두 사람은 인식과 부분적 의도라는 다른 기준을 사용하므로, 을의 입장에서 처벌이 되는 경우가 모두 병의 입장에서도 처벌이 된다거나 병의 입장에서 처벌이 되는 경우가 모두 을의 입장에서도 처벌이 된다고 할 수 없다. ㄹ은 옳지 않은 추론이다.

〈보기〉의 ㄱ, ㄴ, ㄷ만이 옳은 분석이므로 정답은 ④이다.

05.

다음 글에 대한 분석으로 옳은 것만을 〈보기〉에서 있는 대로 고른 것은?

F국의 박물관에서 보석으로 장식된 여신상을 도난당하였다. 조사 결과 G국의 절도단이 이 여신상을 훔쳐 본국으로 밀반출한 것으로 밝혀졌다. G국 경찰은 절도단을 체포하고 해당 여신상을 압수하였다. G국 정부는 F국 정부의 요청에 따라 여신상을 F국에 반환하려고 하였다. 그런데 G국의 A시가 여신상에 대한 소유권을 주장하며 F국으로 반환하지 말 것을 요청하였다. A시가 제출한 기록에 의하면 해당 여신상은 원래 약 2000년 전에 시민들이 모금하여 제작한 것으로, A시 중앙에 위치한 신전 내에 봉헌되었다. 여신상이 신전에서 언제, 어떻게 없어졌는지 그 경위는 불확실하다. A시는 과거 긴 전쟁, 전후 혼란기 등의 시기에 F국 군인들이 G국의 문화재를 약탈한 사례가 많이 있었기 때문에, 해당 여신상도 같은 경위로 F국으로 반출되었을 것이라고 주장하였다. 이에 관하여 아래와 같은 두 가지 의견이 있다.

갑 : A시가 여신상을 소유하고 있었다는 확실한 기록이 있어. 그리고 역사적으로 F국은 G국의 문화재를 탈취해 왔지. 여신상의 적법한 반출 경위를 확인할 수 없다면, 마찬가지로 약탈당한 것으로 봐야 하지 않을까. 비록 해당 여신상이 불법적인 방법에 의해 G국에 반입되었지만, 원래의 정당한 소유자라는 증거가 있는 A시에 돌려주는 것이 옳은 것 같아.

을 : 기록을 보면 A시의 신전에 여신상이 안치되어 있던 것은 사실인 것 같아. 하지만 그 사실이 인정된다고 하더라도 해당 여신상의 약탈 여부는 알 수 없잖아. A시가 친선의 목적으로 여신상을 F국 유력자에게 선물하였거나, 매도했을 수도 있지. 그런 합법적 경로를 통하여 F국으로 반출되었을 가능성도 분명히 있기 때문에, 불법적인 방법으로 여신상을 G국으로 가져오는 것은 문제가 있어. 여신상은 F국에 돌려주는 것이 맞아.

보기

ㄱ. '여신상이 G국에서 F국으로 불법적으로 반출되었을 가능성이 매우 높더라도 G국은 밀반입된 여신상을 F국에 돌려주어야 한다'는 견해에 갑은 동의하지 않지만, 을은 동의한다.

ㄴ. 'A시가 여신상을 반환받기 위하여, 해당 여신상이 F국으로 불법적으로 반출되었다는 것이 먼저 증명되어야 한다'는 견해에 갑은 동의하지 않지만, 을은 동의한다.

ㄷ. '여신상을 A시로 반환할지의 여부를 결정하기 위한 전제로서 A시의 신전이 그 여신상을 소유하였다는 사실이 인정되어야 한다'는 견해에는 갑, 을 모두 동의한다.

① ㄱ ② ㄴ ③ ㄱ, ㄷ
④ ㄴ, ㄷ ⑤ ㄱ, ㄴ, ㄷ

문항 성격	규범 − 논쟁 및 반론
평가 목표	대립되는 입장을 이해하고 각각의 입장에 부합하는 개별적인 견해를 구별해 낼 수 있는 능력을 평가함
문제 풀이	정답 : ⑤

사실관계에서 F국이 G국의 여신상을 소유하게 되는 과정이 불법적일 가능성이 매우 높지만 명확한 증거가 없는 상태에서, 다시 G국이 이를 불법반입하여 소유하게 된다면 문제가 될 것인지 그렇지 않을 것인지를 해석하는 관점을 두 가지 제시하였다. 이를 근거로 하여 여신상을 A시에 돌려주어야 하는지 F국에 돌려주어야 하는지 평가하여야 한다.

〈보기〉 해설   ㄱ. 갑은 F국이 G국의 여신상을 약탈하였을 가능성이 매우 높기 때문에 명백한 증거가 없다 하더라도 반증이 없는 한 불법적 반출로 보며, 이에 따라 G국 절도단의 불법반입은 크게 문제삼지 않는다. 반면 을은 G국의 여신상이 약탈당하였을 가능성이 매우 높다 하더라도 명백한 증거가 있는 상황은 아니기 때문에 불법적 반출로 단정해서는 안 된다고 보며, 이에 따라 G국 절도단의 불법반입은 문제가 있다고 한다. 따라서 여신상을 F국에 돌려주어야 한다는 견해에 갑은 동의하지 않지만, 을은 동의한다. ㄱ은 옳은 분석이다.

ㄴ. 갑은 이미 F국이 G국에서 여신상을 불법적으로 반출하였다고 보고 있다. 따라서 추가 증명의 필요성을 논하지 않는다. 반면 을은 불법반출의 가능성이 아무리 높다고 하더라도 증명되지 않는 이상 합법적 반출의 가능성이 남아 있기 때문에 불법적 반출이 아니라고 보고 있다. 따라서 A시가 여신상을 반환받기 위해서 반드시 불법적 반출이 명확히 증명되어야 한다는 견해에 갑은 동의하지 않지만, 을은 동의한다. ㄴ은 옳은 분석이다.

ㄷ. 갑, 을 모두 반환 문제에 있어서 A시가 과거에 여신상을 소유하였다는 사실을 전제로 하고 있다. 만약 A시가 소유한 사실이 없다면 갑, 을 모두에게 해당 사안은 문제가 되지 않는다. ㄷ은 옳은 분석이다.

〈보기〉의 ㄱ, ㄴ, ㄷ 모두 옳은 분석이므로 정답은 ⑤이다.

06.

〈사실관계〉에서 국제법원의 판정 이후 A국이 〈규정〉에 합치하도록 취할 수 있는 조치로 옳은 것만을 〈보기〉에서 있는 대로 고른 것은?

〈사실관계〉

참치는 천적인 상어를 막아 주는 돌고래 주변에서 주로 이동한다. 참치가 많이 잡히는 열대성 동태평양 수역에서 작업을 하는 여러 국가의 어부들은 초대형 선예망(超大型旋曳網)으로 어업을 한다. 이때 참치뿐 아니라 주변의 돌고래까지 함께 어획되어 매년 만 마리 이상의 돌고래가 죽는 문제가 발생하였다. 지속적으로 돌고래 보호 운동을 펼쳐 온 A국의 한 환경 단체는 정부를 압박하여, 논의 끝에 A국 내에서 유통되는 참치 제품 중 초대형 선예망으로 잡지 않은 제품에 '돌고래 세이프 라벨'을 부착하는 규정이 상표법에 추가되었다. B국 어민들은 주로 열대성 동태평양 수역에서 어업을 하여 A국에 수출하고 있었고, A국의 상표법 개정으로 인하여 B국 어민 제품의 수출량은 급격히 감소하였다. B국 정부는 초대형 선예망을 사용하지 않는 어선도 돌고래를 위협하고 있다고 주장하며, A국에서 '돌고래 세이프 라벨'을 초대형 선예망으로 작업하는 자국 어선의 제품에 부착하지 못하도록 하는 것은 차별이라는 이유로 A국을 국제법원에 제소하였다. 이에 대하여 국제법원은 다음과 같이 판정하였다.

"A국이 B국의 제품에 행하고 있는 라벨 규제는 차별적인 조치에 해당하므로 아래의 〈규정〉에 합치하지 않는다."

〈규정〉

국가는 다른 국가로부터 수입되는 물품이 국내에서 생산된 동종 물품 또는 그 외의 다른 국가에서 생산된 동종 물품보다 불리한 취급을 받지 아니할 것을 보장하여야 한다.

보 기

ㄱ. A국은 상표법에 있는 '돌고래 세이프 라벨' 조항을 철폐하였다.
ㄴ. A국은 열대성 동태평양 수역 내 B국 어선의 제품에 대해서만 라벨 규정을 완화하였다.
ㄷ. A국은 모든 어업 방식에 적용될 수 있도록 상표법의 라벨 규정을 강화하였다.

① ㄱ   ② ㄴ   ③ ㄱ, ㄷ
④ ㄴ, ㄷ   ⑤ ㄱ, ㄴ, ㄷ

문항 성격 규범 – 언어 추리

평가 목표 차별적인 조치가 취해진 사례와 이를 금지하는 규정을 제시하고, 이에 따른 관련 당사국의 적절한 후속조치를 추론할 수 있는 능력을 평가함

문제 풀이 정답 : ③

열대성 동태평양 수역에서 활동하는 어부들은 초대형 선예망으로 참치 어업을 한다. 이때 돌고래에도 큰 피해를 입히는 부작용이 있다. 돌고래를 보호하기 위하여 A국은 초대형 선예망을 사용하지 않는 경우에만 '돌고래 세이프 라벨'을 부착할 수 있도록 하였다. 그런데 열대성 동태평양 수역에서 주로 어업을 하고 있는 B국 어민들은 '돌고래 세이프 라벨'을 부착할 수 없으므로, A국의 이러한 조치는 결국 B국에 차별적 요소로 작용하게 되었다. 따라서 A국은 차별적 규제인 '돌고래 세이프 라벨' 규정을 철폐하거나, B국과 자국을 포함한 모든 국가에 차별 없이 적용하는 방안을 강구하여야 한다.

〈보기〉 해설 ㄱ. A국이 상표법에 규정하고 있는 '돌고래 세이프 라벨' 조항을 철폐한다면, 차별적 라벨 규제가 적용될 여지가 어디에도 없기 때문에 이는 차별적이지 않다. ㄱ은 옳은 조치이다.

ㄴ. B국이 제소하였기 때문에 해당 국가의 어선이 잡은 참치 제품에 대해 라벨 규정을 완화한다면 일시적으로 비차별적인 것처럼 보일 수 있다. 그러나 B국 이외의 다른 국가 어선(A국의 어선도 포함될 수 있음)이 초대형 선예망으로 열대성 동태평양 수역과 다른 수역에서 참치 조업을 할 수도 있기 때문에 여전히 차별이 남아 있다. 따라서 ㄴ은 옳지 않은 조치이다.

ㄷ. A국은 상표법의 라벨 규정을 초대형 선예망 방식뿐만 아니라 모든 어업 방식에 적용될 수 있도록 강화하였다. 즉 A국은 돌고래에게 피해를 입힐 수 있는 어업 방식 전체를 규정하여 모든 수역에 적용될 수 있도록 강화하였으므로, 차별적인 조치가 아니다. ㄷ은 옳은 조치이다.

〈보기〉의 ㄱ, ㄷ만이 가능한 조치이므로 정답은 ③이다.

07.

원님 갑이 재판에서 채택할 진술을 〈사례〉에서 있는 대로 고른 것은?

> 원님 갑은 고을에서 일어나는 범죄에 대한 모든 재판을 담당하였다. 재판에서 증거로 받아들이기 어려운 진술들이 많이 제출되어 재판이 지연되자, 갑은 일정한 요건을 갖춘 증거들만 제출할 수 있도록 제한하였다. 그리하여 갑은 용의자의 평소 행실에 관한 진술은 재판에서 채택하지 않기로 하였다.
>
> 그러나 갑은 증인의 평소 언행의 진실성에 대한 진술은 들을 필요가 있다고 생각하였고, 이러한 진술의 채택 요건을 아래와 같이 제한하여 예외적으로 받아들였다.
>
> 첫째, 증인의 평소 언행의 진실성에 대해서 진술하는 것은 평소 고을에서의 평판에만 한정하고, 과거에 특정한 행위를 한 적이 있다는 진술은 채택하지 않는다.
>
> 둘째, 증인이 예전에 재판에서 허위 진술을 하여 처벌을 받은 적이 있다는 것은 중요하기 때문에 이에 대한 진술은 채택하기로 한다.
>
> 셋째, 증인의 평소 언행의 진실성을 모든 사건에서 다 확인할 필요는 없기 때문에 '증인이 진실하다'는 진술은 다른 사람이 '증인이 진실하지 못하다'고 진술하거나 '증인이 예전에 재판에서 허위 진술을 하여 처벌을 받은 적이 있다'고 진술을 한 때에 비로소 채택한다.

〈사례〉

> 현재 갑이 담당하고 있는 재판에서 갑돌이는 〈혐의 1〉 갑순이 집 앞에서 담배를 피우다 버려 갑순이 집의 외양간을 태웠고, 〈혐의 2〉 그 사실이 소문나면 주인마님에게 혼날까 봐 무서워 불이 나던 날 밤 '을돌이가 갑순이 집 앞에서 담배를 피우는 것을 보았다'는 거짓 소문을 냈다는 두 가지 혐의를 받고 있다.
>
> 〈혐의 1〉과 관련하여 갑이 갑돌이에게 그날의 행적에 대하여 묻자, 갑돌이는 ㉠"저는 주변에서 매우 조심성 있는 사람이라는 평을 듣습니다."라고 진술하였다. 다음으로 〈혐의 2〉와 관련하여 갑돌이의 친구 마당쇠가 증인으로 나와 "갑돌이는 거짓말을 안 하는 진실한 놈이라는 평판이 자자합니다."라고 진술하였다. 그러자 대장장이가 증인으로 나와 ㉡"예전에 마당쇠가 을순이에게 거짓말을 해서 을순이 아버지에게 크게 혼난 일이 있었지요."라고 진술하였다. 갑이 을돌이를 증인으로 불러 그날의 행적에 대하여 진술하게 하자 을돌이는 "그날 저는 집에 있었습니다."라고 진술하였다. 이에 다음 증인 병돌이는 ㉢"예전에 을돌이가 아랫동네 살인 사건 재판에서 거짓말을 하여 곤장 다섯 대를 맞은 적이 있습니다."라고 진술하였다. 이에 다른 증인 방물장수는 ㉣"을돌이가 매우 진실하다는 소문이 윗마을까지 나 있습니다."라고 진술하였다.

① ㄱ, ㄴ   ② ㄱ, ㄹ   ③ ㄷ, ㄹ

④ ㄱ, ㄴ, ㄷ   ⑤ ㄴ, ㄷ, ㄹ

문항 성격 규범 – 언어 추리

평가 목표 증거의 채택에 관한 법적 원리를 이해하여 구체적 사례에 적용할 수 있는 능력을 평가함

문제 풀이 정답 : ③

사안에서 제시된 증거 채택의 기준은 네 가지이다.

1. 용의자의 평소 행실에 관한 진술은 증거로 채택하지 않는다.

2. 증인의 평소 언행의 진실성에 대해서 진술하는 것은 평판인 경우에만 증거로 채택하고, 과거에 특정한 행위를 한 적이 있다는 진술은 증거로 채택하지 않는다.

3. 증인이 과거에 특정한 행위를 한 적이 있다는 진술은 증거로 채택하지 않지만, 증인이 예전에 재판에서 허위 진술을 하여 처벌을 받은 적이 있다는 진술은 증거로 채택한다.

4. '증인이 진실하다'는 진술은 다른 사람이 '증인이 진실하지 못하다'고 진술하거나 '증인이 예전에 재판에서 허위 진술을 하여 처벌을 받은 적이 있다'고 진술을 한 때에 비로소 채택한다.

〈보기〉 해설 ㉠은 용의자의 평소 행실에 관한 진술이므로, 증거로 채택되지 않는다.

㉡은 증인이 과거에 특정한 행위를 한 적이 있다는 진술이므로, 증거로 채택되지 않는다.

㉢은 증인이 예전에 재판에서 허위 진술을 하여 처벌을 받은 적이 있다는 진술이므로, 증거로 채택된다.

㉣은 증인의 평소 언행의 진실성에 대한 평판의 진술이고, '증인이 예전에 재판에서 허위 진술을 하여 처벌을 받은 적이 있다는 진술'이 있은 후의 진술이므로, 증거로 채택된다.

〈보기〉의 ㉢, ㉣만이 증거로 채택될 진술이므로 정답은 ③이다.

08.

〈규정〉을 근거로 〈사실관계〉에 대하여 옳은 판단을 하는 변호사는?

〈규정〉

종업원은 직무와 관련하여 한 발명에 대하여 기여도에 따라 다음과 같이 보상을 받을 권리를 가진다.

⑴ 회사가 직무발명에 대한 특허출원을 할 경우 출원보상을 한다. 보상금은 그 중요도에 따라 건당 10만 원에서 30만 원을 지급하며, 나머지는 회사 내에 설치된 직무발명심의위원회의 결정 심사 후에 지급한다.

⑵ 회사 명의로 등록된 특허권을 매도 또는 임대하였을 때 처분보상을 한다. 특허권을 타인에게 유상으로 임대한 경우에는 특허임대수익의 5~10%에 해당하는 금액을 발명자에게 보상금으로 지급한다.

⑶ 단, 특허임대수익의 산정은 수령하였거나 수령할 총 임대료에서 개발비용, 영업비용을 제외한다.

〈사실관계〉

X는 Y사에 직무발명에 대한 정당한 보상금의 지급을 요청하는 소송을 하기 위해 법무법인에 찾아갔다. X는 Y사에서 2007년부터 4년 4개월 동안 연구원으로 근무하였다. X는 Y사의 다른 연구원들과 함께 A사가 독점하고 있는 의약품과 동등하면서도 제조원가 대비 38%로 생산 가능한 방법을 48억 원의 비용을 들여 발명하였다. 해당 발명에 관여한 연구원들은 Y사에게 직무발명에 관한 특허 받을 권리를 이전하였고, Y사는 자사명의로 특허출원을 하였다. 이와 관련된 특허발명에서 X의 기여도는 1/3로 인정받았고 출원보상은 상여금 명목으로 5천만 원을 지급받았다.

한편 Y사는 2010년도에 A사와 특허권 임대계약을 체결하기 위해 42억 원의 비용을 소요하였다. 그 계약에 의해 A사로부터 초회 대금 45억 원, 중간 정산대금 23억 원을 지급받음과 동시에 40개월 간의 임대료로 요율 3~5%에 의해 산정된 금액 24억 원을 수령하였다. 계약기간인 2030년까지 추가적으로 수령할 Y사의 임대료는 약 28억 원으로 추정된다.

① 갑 : 특허임대수익의 5~10%에 해당하는 금액이 이미 지급받은 출원보상금 5천만 원을 넘지는 않을 것 같습니다.

② 을 : 회사가 타인에게 특허권을 유상으로 임대했기 때문에 임대료 수익을 받을 수 있겠군요. 최대 1억 원은 청구 가능할 것 같아요.

③ 병 : Y사가 해당 특허로 수령할 총 임대료는 120억 원이군요. 따라서 당신은 최대 4억 원의 보상금을 받을 수 있습니다.

④ 정 : 본 특허로 얻을 Y사의 임대료 수익은 임대료 명목으로 지급받은 52억 원입니다. 따라서 최소 2억 6천만 원의 보상금을 청구할 수 있어요.

⑤ 무 : 임대료 수익은 실제 발생한 금액만 가지고 산정하여야 합니다. 미래의 시장 상황 까지는 고려할 수 없어요. 따라서 92억 원을 특허임대수익으로 봐야 해요.

문항 성격 규범 – 언어 추리

평가 목표 주어진 사실관계와 해당 규정을 알맞게 적용하여 옳게 추론할 수 있는 능력을 평가함

문제 풀이 정답 : ②

〈규정〉에 따라 X는 Y사에 보상금을 청구할 수 있다. 이때 문제가 되는 사항은 보상금 산정의 기준 이 되는 수익액을 어떻게 결정할 것인가이다. 〈사실관계〉에서 드러나는 금액은 다음과 같다.

(1) 특허권의 실시를 대가로 Y사가 지급받은 금액 92억 원(초회 대금 45억 원, 중간 정산대금 23 억 원, 40개월 임대료 24억 원)

(2) 2020년까지 A사가 Y사에게 지불할 예상 임대료 28억 원

(3) Y사가 개발에 들인 비용(=개발비용) 48억 원

(4) Y사가 A사와 계약을 맺기 위해 사용한 비용(=영업비용) 42억 원

임대료 수익은 임대료 총액과는 다르다. 임대료 수익을 계산하기 위해서는 〈규정〉에 따라 임대료 수령액에서 개발비용과 영업비용을 제외하여야 한다.

정답 해설 ② 예상되는 임대료 수익 총액은 이미 지급받은 92억 원과 예상 지급액 28억 원을 합친 금액에서 개발금액 48억 원과 영업비용 42억 원을 제외한 30억 원이다. 기 여도를 1/3 인정받았기 때문에 (처분)보상금은 임대수익의 5~10%(1억 5천만 원 ~3억 원)의 1/3인 5천만 원~1억 원이 된다. 을이 X가 최대 1억 원을 청구할 수 있다고 한 것은 옳은 판단이다.

오답 해설 ① 〈규정〉에 따라 X는 이미 지급받은 출원보상과는 별개로 처분보상도 받을 수 있 다. 갑이 X가 처분보상으로 청구할 수 있는 금액이 이미 받은 출원보상금을 넘 을 수 없다고 한 것은 옳지 않은 판단이다.

③ 병은 회사가 특허로 얻을 총 매출을 전체 수익으로 추정하는 오류를 범하였으므 로, 옳지 않은 판단을 하였다.

④ 정은 임대료라는 명목으로 지급받은 내역을 모두 수익으로 추정하는 오류를 범 하였으므로, 옳지 않은 판단을 하였다.

⑤ 무는 예상수익을 제외하고 실제 수령한 금액을 모두 수익으로 추정하는 오류를 범하였으므로, 옳지 않은 판단을 하였다.

09.

다음으로부터 〈사례〉를 판단한 것으로 옳은 것은?

지방자치단체의 구역변경이나 설치·폐지·분할 또는 합병이 있는 때에는 다음과 같이 당해 지방의회의 의원정수를 조정하고 의원의 소속을 정한다.

첫째, 지방자치단체의 구역변경으로 선거구에 해당하는 구역의 전부가 다른 지방자치단체에 편입된 때에는 그 편입된 선거구에서 선출된 의원은 종전의 지방의회의원의 자격을 상실하고 새로운 지방의회의원의 자격을 취득하되, 그 임기는 종전의 지방의회의원의 잔임기간으로 하며, 해당 의회의 의원정수는 재직하고 있는 의원수로 한다.

둘째, 선거구에 해당하는 구역의 일부가 다른 지방자치단체에 편입된 때에는 그 편입된 구역이 속해 있던 선거구에서 선출되었던 의원은 자신이 속할 지방의회를 선택한다. 그 선택한 지방의회가 종전의 지방의회가 아닌 때에는 종전의 지방의회의원의 자격을 상실하고 새로운 지방의회의원의 자격을 취득하되, 그 임기는 종전의 지방의회의원의 잔임기간으로 하며, 해당되는 의회 각각의 의원정수는 재직하고 있는 의원수로 한다.

셋째, 두 개 이상의 지방자치단체가 합병하여 새로운 지방자치단체가 설치된 때에는 종전의 지방의회의원은 새로운 지방자치단체의 지방의회의원으로 되어 잔임기간 재임하며, 그 잔임기간의 합병된 의회의 의원정수는 재직하고 있는 의원수로 한다.

넷째, 하나의 지방자치단체가 분할되어 두 개 이상의 지방자치단체가 설치된 때에는 종전의 지방의회의원은 후보자등록 당시의 선거구를 관할하게 되는 지방자치단체의 지방의회의원으로 되어 잔임기간 재임하며, 그 잔임기간의 분할된 의회의 의원정수는 재직하고 있는 의원수로 한다. 이 경우 비례대표의원은 자신이 속할 지방의회를 선택한다.

〈사례〉
• 지방자치단체인 A구 의회의 선거구는 a1, a2, a3, a4로 구성되어 있다. 각 선거구에서 2명의 지역구의원이 선출되며, 비례대표의원은 2명으로 의원 정수는 10명이다.
• 지방자치단체인 B구 의회의 선거구는 b1, b2, b3으로 구성되어 있다. 각 선거구에서 2명의 지역구의원이 선출되며, 비례대표의원은 2명으로 의원 정수는 8명이다.

① A구와 B구가 합병된다면, 합병된 지방의회의 잔임기간 의원정수는 16명이다.
② A구 선거구 a1이 B구로 편입된다면, a1에서 선출된 A구 의회의원은 A구 의회 소속을 유지한다.
③ A구 선거구 a2의 일부 구역이 B구로 편입된다면, a2에서 선출된 A구 의회의원은 B구

의회로 소속이 변경된다.

④ B구가 2개의 지방자치단체 B1(b1)구와 B2(b2＋b3)구로 분할된다면, B1구 지방의회의 잔임기간 최대 의원정수는 4명이다.

⑤ 지방자치단체의 구역변경·합병·분할 중, 지방의회의원의 잔임기간이 경과한 후 해당 지방의회 의원정수가 조정될 가능성이 있는 것은 구역변경과 분할이다.

문항 성격	규범 − 언어 추리
평가 목표	지방자치단체의 구역변경이나 분할, 합병에 따른 의회의 의원정수와 소속변경에 관한 규정의 내용과 원리를 파악하고 이를 사례에 적용하는 능력을 평가함
문제 풀이	정답 : ④

제시문에는 지방자치단체의 구역변경, 분할 또는 합병에 따른 기존 지방의회의원의 소속과 의원정수에 관한 내용이 제시되어 있다. 먼저 선거구의 일부 구역변경의 경우 지방의회의원은 자신의 소속을 선택할 수 있지만, 선거구 전부가 다른 지방자치단체로 편입된 경우 해당 선거구에서 선출된 의원은 소속이 변경된다. 합병의 경우 지방의회의원은 합병으로 새로 설치된 지방자치단체 지방의회 소속이 되고, 분할의 경우는 의원이 선출된 선거구가 소속되는 새로운 지방자치단체의 지방의회 소속이 된다. 지방의회의원의 소속이 바뀐 경우 임기는 종전 지방의회에서의 잔임기간으로 하고, 지방의회의원의 소속변경이 반영된 각 지방의회 재직 의원의 수를 그 지방의회의 의원정수로 한다.

합병과 분할의 경우 이 의원정수는 잔임기간 동안에만 적용되며, 잔임기간 종료 후의 의원정수는 새로 정해진다. 〈사례〉의 A구와 B구는 모두 각 선거구에서 지역구의원 2명씩 선출되며, 비례대표의원도 각각 2명이다. 이러한 원리에 따라 잔임기간 이후의 의원정수가 결정된다.

정답 해설 ④ 한 선거구에서 2명의 지역구의원이 선출되므로 B1구의 지역구의원은 b1에서 선출된 2명이다. 그리고 비례대표의원 2명은 자신이 소속 의회를 선택할 수 있으므로 2명이 모두 B1구 의회를 선택하는 경우 최대 의원정수는 4명이다(2명이 모두 B2구 의회를 선택할 수도 있으므로 B1구 의회의 최소 의원정수는 2명이다). 따라서 ④는 옳은 판단이다.

오답 해설 ① 두 개 이상의 지방자치단체가 합하여 새로운 지방자치단체가 설치된 때에는 그 잔임기간에는 그 재직 의원의 수를 의원정수로 한다고 하였으므로 10명과 8명을 합한 18명이 된다. 따라서 ①은 옳지 않은 판단이다.

② 지방자치단체의 구역변경으로 선거구의 전부가 다른 지방자치단체에 편입된 때에는 그 편입된 선거구에서 선출된 지방의회의원은 종전의 지방의회의원의 자

격을 상실하고 새로운 지방의회의원의 자격을 취득하게 된다. 이 경우 B구 의회 소속이 된다. 따라서 ②는 옳지 않은 판단이다.

③ 선거구의 일부가 다른 지방자치단체에 편입된 때에는 그 편입된 구역이 속하게 된 선거구에서 선출된 지방의회의원은 자신이 속할 지방의회를 선택할 수 있으므로 A구 의회 혹은 B구 의회의 의원이 될 수 있다. 따라서 ③은 옳지 않은 판단이다.

⑤ 구역변경으로 인한 편입의 경우 해당 의회의 의원정수는 재직하고 있는 의원수로 하므로, 잔임기간 경과 후 의원정수가 조정될 가능성이 없다. 반면 합병과 분할의 경우에는 해당 의회의 의원정수는 '잔임기간에 한하여' 재직하고 있는 의원수로 하므로, 잔임기간 경과 후에는 의원정수가 변경될 수 있다. 따라서 ⑤는 옳지 않은 판단이다.

10.

다음 글에 대한 분석으로 옳은 것만을 〈보기〉에서 있는 대로 고른 것은?

A국 형법에는 높은 것부터 사형, 국적박탈형, 채찍형, 회초리형으로 4등급의 주된 형벌이 있다. 그리고 범죄에 따라 주된 형벌에 문신형을 부가할 수 있다. A국에서 장애인 갑이 쌀을 훔치다 현장에서 체포되어 법정에 섰다.

검사 : 형법에는 타인의 물건을 훔친 자를 채찍형에 처하고 문신형을 부가하도록 하고 있습니다. 이에 따라 갑을 채찍형과 문신형으로 처벌함이 마땅하나, '장애인이 국적박탈형 이하를 받게 되는 경우에는 사회봉사로 대체한다'는 규정이 있습니다. 따라서 장애인 갑은 사회봉사를 하게 하고 문신형을 부가해야 합니다.

변호인 : 이의 있습니다! 왜 문신형은 사회봉사로 대체하지 않습니까? 문신형이 국적박탈형 이하인지 아닌지를 정한 규정이 없으니, ⊙'의심스러울 때에는 가볍게 처벌한다'는 원칙을 이 경우에 적용해야 합니다.

검사 : 갑은 타인의 물건을 훔친 것이 명백합니다. 의심스러울 때에 가볍게 처벌한다는 원칙을 이 경우에까지 적용할 수 있나요? 변호인의 주장은 억지입니다.

판사 : 선고하겠습니다. "법률에 관련 규정이 없으면, 국민의 고통을 줄이는 방향으로 형벌을 부과하는 것이 헌법의 원칙에 합치한다. 따라서 문신형도 사회봉사로 대체한다."

ㄱ. 만약 증거물이나 알리바이 등 범죄 성립 여부와 관련된 사항에만 ㉠을 적용하여야 한다는 주장이 옳다면 이는 검사의 견해를 강화한다.

ㄴ. A국 형법에 '범죄행위시점과 형벌부과시점 사이에 장애의 유무로 형벌의 변경이 있는 경우에는 그 중 범죄자에게 가장 유리한 것을 부과한다'고 규정하고 있는 경우, 갑이 선고 전 수술을 통해 그 장애가 없어졌더라도, 판사의 결론은 같을 것이다.

ㄷ. 만약 A국 형법에 '손아랫사람이 손위 어른을 대상으로 행한 친족 간의 범죄는 친족 관계가 없는 자를 대상으로 행한 범죄에 비해 주된 형벌에 1등급을 높인다'고 규정하고 있고 갑이 훔친 쌀이 큰아버지의 것이라면, 문신형에 관한 검사의 주장과 판사의 결론 중 적어도 하나는 달라질 것이다.

① ㄱ   ② ㄷ   ③ ㄱ, ㄴ

④ ㄴ, ㄷ   ⑤ ㄱ, ㄴ, ㄷ

문항 성격   규범 – 언어 추리

평가 목표   검사와 변호인의 주장 및 판사의 결론의 근거가 되는 원칙이 무엇인지 이해하는 능력, 그리고 사정에 약간의 변화가 있을 때 그 원칙을 제대로 적용하는 능력을 평가함

문제 풀이   정답 : ③

검사, 변호인, 판사 모두 채찍형은 사회봉사로 대체하여야 한다고 생각한다. 견해 대립은 부가형인 문신형도 사회봉사로 대체할 수 있느냐에 관한 것이다. 주된 형벌에는 등급이 있으나 부가형인 문신형에는 등급이 없어서 문신형이 국적박탈형 이하인지 명백하지 않기 때문에 견해가 갈리게 되었다. 검사는 해당되는 규정이 없다는 이유로 부가형의 사회봉사 대체를 부정하고, 변호인은 '의심스러울 때에는 가볍게 처벌한다'는 원칙을 내세워 부가형의 사회봉사 대체를 긍정한다. 판사는 변호인과 같은 결론이다.

〈보기〉 해설   ㄱ. 전체 맥락을 고려하면 "갑은 타인의 물건을 훔친 것이 명백합니다."라는 검사의 발언은 범죄 성립 여부와 관련된 사항에만 ㉠ 원칙을 적용해야 한다는 취지임을 알 수 있다. 즉 범죄 성립이 명백하여 의심스러운 점이 없으므로 ㉠ 원칙을 적용할 여지가 없다는 것이다. 따라서 ㄱ은 옳은 분석이다.

     ㄴ. 범죄행위시점에 장애인이어서 사회봉사로의 대체가 가능하였고, 사회봉사로의 대체가 실제 형벌을 집행하는 것에 비하여 범죄자에게 유리하므로, 이후 장애가 없어졌더라도 여전히 사회봉사로의 대체가 가능하다. 선고 전의 수술로 갑의 장

애가 없어진 경우에도, 판사는 채찍형과 문신형 모두 사회봉사로 대체한다는 결론을 내릴 것이다. 따라서 ㄴ은 옳은 분석이다.

ㄷ. 큰아버지의 물건을 훔치면 주된 형벌은 1등급을 높여서 국적박탈형이 되지만, 부가형은 등급이 없으므로 그대로 문신형이다. 여전히 검사는 문신형을 그대로 집행해야 한다는 주장을 할 것이고, 변호인은 사회봉사로 대체해야 한다는 주장을 할 것이며, 판사는 변호인과 같은 입장을 취할 것이다. 검사의 주장과 판사의 결론 중 어느 것도 달라지지 않을 것이다. 따라서 ㄷ은 옳지 않은 분석이다.

〈보기〉의 ㄱ, ㄴ만이 옳은 분석이므로 정답은 ③이다.

11.

〈규정〉과 〈견해〉로부터 추론한 것으로 옳은 것만을 〈보기〉에서 있는 대로 고른 것은?

〈규정〉

⑴ CCTV란 일정한 공간에 지속적으로 설치되어 사람 또는 사물의 영상을 촬영하는 장치이다.

⑵ 누구든지 CCTV를 설치·운영할 수 있으나, 공개된 장소에서의 설치·운영은 범죄의 예방 및 수사를 위하여 필요한 경우에만 가능하다.

⑶ CCTV를 설치·운영하는 자는 CCTV를 설치하여 운영하고 있다는 내용을 알리는 CCTV 설치·운영 안내판을 설치하여야 한다.

〈견해〉

갑 : 택시 안은 공개된 장소가 아니다.

을 : 일정한 공간에 지속적으로 설치되어 사람의 영상을 촬영하는 휴대전화 카메라는 CCTV에 해당한다.

병 : 비공개된 자동차 내부에 설치·운영되며, 외부를 촬영하고 있는 블랙박스도 CCTV에 해당한다.

보 기

ㄱ. 갑에 따르면, 택시 안에서는 CCTV 설치·운영 안내판을 설치하기만 하면 언제든지 CCTV를 설치·운영할 수 있다.

ㄴ. 을에 따르면, 비공개된 자신의 서재에 휴대전화 카메라를 지속적으로 설치하여 촬영할 경우에 CCTV 설치·운영 안내판을 설치하여야 한다.

ㄷ. 병에 따르면, 범죄의 예방 및 수사를 위하여 필요한 경우에만 블랙박스를 설치·운영할 수 있다.

① ㄱ
② ㄷ
③ ㄱ, ㄴ
④ ㄴ, ㄷ
⑤ ㄱ, ㄴ, ㄷ

문항 성격	규범 – 언어 추리
평가 목표	CCTV의 정의, 설치 요건, 한계에 관한 규정과 이 규정에 대한 견해를 기초로 하여 사례에서 규정을 옳게 적용한 것을 판단하는 능력을 평가함
문제 풀이	정답 : ③

CCTV를 설치·운영하려는 사람은 〈규정〉 (2)에 의하여 장소와 목적에 따른 제한을 받고, 〈규정〉 (3)에 의하여 설치·운영 안내판을 설치해야 한다. 갑에 따르면 택시 안은 공개된 장소가 아니고, 을에 따르면 휴대전화 카메라는 CCTV이며, 병에 따르면 블랙박스는 CCTV이다.

〈보기〉 해설 ㄱ. 〈규정〉 (2)는 누구든지 CCTV를 설치·운영할 수 있으나 공개된 장소에서는 범죄의 예방 및 수사를 위하여 필요한 경우에만 가능하다고 한정하고 있다. 갑의 견해에 따르면 택시 안은 공개된 장소가 아니므로 〈규정〉 (2)의 제한은 적용되지 않는다. 그런데 〈규정〉 (3)은 공개된 장소이건 비공개된 장소이건 CCTV를 설치·운영하는 경우 CCTV 설치·운영 안내판을 설치하도록 하고 있다. 따라서 택시 안에서는 CCTV 설치·운영 안내판을 설치하면 언제든지 CCTV를 설치·운영할 수 있다. ㄱ은 옳은 추론이다.

ㄴ. 〈규정〉 (1)은 일정한 공간에 지속적으로 설치되어 사람 또는 사물의 영상을 촬영하는 장치를 CCTV라고 정의하고 있다. 을은 〈규정〉 (1)에 근거하여 휴대전화 카메라도 일정한 공간에 지속적으로 설치되어 사람의 영상을 촬영하는 경우 CCTV에 해당함을 지적하고 있다. 〈규정〉 (1)과 을의 견해에 근거하여 판단하면 비공개된 을의 서재에 지속적으로 설치되어 서재를 촬영하는 휴대전화 카메라는 ① 일정 공간에 지속적으로 설치, ② 사람 또는 사물을 촬영, ③ 장치라는 요건을 충족하므로 CCTV에 해당한다. 을의 서재는 공개된 장소가 아니므로 〈규정〉 (2)에 따른 제한은 없으나, 〈규정〉 (3)에 따라 CCTV 설치·운영 안내판은 설치하여야 한다. ㄴ은 옳은 추론이다.

ㄷ. 〈규정〉 (2)는 공개된 장소에서의 CCTV의 설치·운영에 대해서만 목적상 제한(범죄의 예방 및 수사를 위하여 필요한 경우)을 두고 있고, 촬영의 대상이 공개된

32

장소인지 여부는 문제가 되지 않는다. 병은 블랙박스는 비공개된 장소에 설치·운영되는 CCTV라고 밝히고 있으므로, 병의 견해에 따르면 블랙박스에는 〈규정〉 ⑵의 제한이 적용되지 않는다. ㄷ은 옳지 않은 추론이다.

〈보기〉의 ㄱ, ㄴ만이 옳은 추론이므로 정답은 ③이다.

12.

〈규정〉에 따라 〈사례〉를 판단한 것으로 옳은 것만을 〈보기〉에서 있는 대로 고른 것은?

〈규정〉

⑴ 회사가 새로이 발행하는 주식의 취득을 50인 이상의 투자자에게 권유하기 위해서는 사전에 신고서를 금융감독청에 제출해야 한다.

⑵ 위 ⑴에서 50인을 산정함에 있어 투자자에게 주식의 취득을 권유하는 날로부터 그 이전 6개월 이내에 50인 미만에게 주식 취득을 권유한 적이 있다면 이를 합산한다.

⑶ 다만, 위 ⑴에서 50인 이상의 투자자에게 취득을 권유하는 경우에도 주식 발행 금액이 10억 원 미만인 경우에는 신고서의 제출 의무가 면제된다.

⑷ 위 ⑶에서 10억 원을 산정함에 있어 투자자에게 주식의 취득을 권유하는 날로부터 그 이전 1년 이내에 신고서를 제출하지 아니하고 발행한 주식 금액을 합산한다.

〈사례〉

A회사는 아래 표와 같은 순으로 주식을 새로이 발행하였다.

회차	주식 발행일	주식 발행 금액	취득 권유일	취득을 권유받은 투자자 수
1	2017년 3월 10일	7억 원	2017년 3월 3일	70명
2	2017년 10월 4일	9억 원	2017년 9월 27일	40명
3	2018년 3월 27일	8억 원	2018년 3월 20일	10명

보기

ㄱ. 1회차에는 신고서를 제출하지 않아도 된다.
ㄴ. 2회차에는 신고서를 제출해야 한다.
ㄷ. 3회차에는 신고서를 제출해야 한다.

① ㄱ   ② ㄴ   ③ ㄱ, ㄷ
④ ㄴ, ㄷ   ⑤ ㄱ, ㄴ, ㄷ

규정에 따라 어떤 경우에 신고서를 제출해야 하는지를 이해하고 사례에 적용하여 문제를 해결하는 능력을 평가함

정답 : ③

〈규정〉에 따르면 주식 취득 권유를 받는 투자자 수와 발행 금액에 따라 신고서 제출 의무의 유무가 달라지므로, 〈사례〉의 각 회차 별로 주식 취득 권유를 받은 투자자 수와 발행 금액을 파악하여야 한다. 특히 2회차와 3회차의 경우 주식 취득 권유를 받은 투자자 수가 50명 이상인지 여부를 판단하기 위해서는 과거 6개월 이내 50명 미만에게 주식 취득을 권유한 경우를 찾아 합산해야 한다. 또한 50명 이상인 경우에도 발행 금액이 10억 원 이상인지 여부를 판단하기 위해 과거 1년 이내에 신고서를 제출하지 않은 경우를 찾아 이를 합산해야 한다. 즉 발행 금액, 취득 권유일, 취득의 권유를 받은 투자자 수를 종합적으로 판단하여야 한다.

ㄱ. 1회차의 경우 주식 취득 권유를 받은 자가 50명 이상이어서 신고서 제출 대상이나, 발행 금액이 10억 원 미만이므로 〈규정〉 (3)에 의하여 신고서 제출 의무가 면제된다. ㄱ은 옳은 판단이다.

ㄴ. 2회차의 경우 주식 취득 권유를 받은 투자자의 수가 40명으로 50명 미만이다. 그러나 과거 6개월 이내 50명 미만에게 주식 취득을 권유한 경우가 있다면 〈규정〉 (2)에 의하여 이 인원수를 합산하여야 한다. 그런데 1회차의 2017년 3월 3일은 2회차의 2017년 9월 27일보다 6개월 24일 전이므로 합산 대상이 아니다. 따라서 50인이 되지 않아 신고서 제출 대상이 아니다. ㄴ은 옳지 않은 판단이다.

ㄷ. 3회차의 경우 주식 취득 권유를 받은 투자자의 수가 10명이나, 2회차의 취득 권유일 이후 6개월 이내에 3회차의 취득 권유가 있었으므로, 〈규정〉 (2)에 의하여 2회차에 주식 취득 권유를 받은 투자자의 수를 합산해야 한다. 따라서 10+40으로 50명 이상에 해당하여 신고서 제출 대상이다. 이어서 〈규정〉 (3)과 (4)를 보면, 3회차의 주식 발행 금액인 8억 원에 2회차의 주식 발행 금액인 9억 원을 합산하여야 한다. 2회차 주식 발행일인 2017년 10월 4일이 3회차 주식 취득 권유일인 2018년 3월 20일보다 5개월 16일 전이어서 〈규정〉 (4)의 '그 이전 1년 이내'에 해당하고, ㄴ에서 본 대로 2회차의 주식 발행은 신고서 제출 대상이 아니었기 때문이다. 8억 원에 9억 원을 더하면 17억 원이 되므로 10억 원을 초과한다. 따

라서 신고서 제출 의무가 면제되지 않으므로, 신고서를 제출해야 한다. ㄷ은 옳은 판단이다.

〈보기〉의 ㄱ, ㄷ만이 옳은 판단이므로 정답은 ③이다.

13.

〈비행기준〉에 따를 때, 신고와 비행승인이 모두 없어도 비행이 허용되는 경우만을 〈보기〉에서 있는 대로 고른 것은?

〈비행기준〉
1. 무인비행장치는 사람이 탑승하지 아니하는 것으로 연료의 중량을 제외한 자체 중량(이하 '자체 중량')이 150kg 이하인 무인비행기와 자체 중량이 180kg 이하이고 길이가 20m 이하인 무인비행선을 말한다.
2. 무인비행장치를 소유한 자는 무인비행장치의 종류, 용도, 소유자의 성명 등을 행정청에 신고하여야 한다. 다만 군사목적으로 사용되는 무인비행장치와 자체 중량이 18kg 이하인 무인비행기는 제외한다.
3. 오후 7시부터 이튿날 오전 6시 사이에 무인비행장치를 비행하려는 자는 미리 행정청의 비행승인을 받아야 한다.
4. 무인비행장치를 사용하여 비행장 및 이착륙장으로부터 반경 3km 이내, 고도 150m 이내인 범위에서 비행하려는 사람은 미리 행정청의 비행승인을 받아야 한다. 다만 군사목적으로 사용되는 무인비행장치와 자체 중량이 10kg 이하인 무인비행기는 제외한다.

보 기
ㄱ. 자체 중량이 120kg인 공군 소속 무인비행기를 공군 비행장 내 고도 100m 이내에서 오전 10시부터 오후 2시까지 군수물자 수송을 위하여 비행하려는 경우
ㄴ. 택배회사가 영업을 위하여 새로 구입한 자체 중량 160kg, 길이 15m인 무인비행선을 오후 4시부터 오후 5시 사이에 대학병원 헬기 이착륙장 반경 200m에 있는 사무실로 물품 배달을 위하여 비행하려는 경우
ㄷ. 육군 항공대가 자체 중량이 15kg인 농업용 무인비행기를 빌려서 군사훈련 보조용으로 공군 비행장 반경 2km 이내에서 오후 2시부터 오후 3시까지 고도 100m로 비행하려는 경우

ㄹ. 대학생들이 자체 중량이 8kg인 무인비행기를 김포공항 경계선 2km 지점에서 15m 이내의 높이로 오후 8시부터 30분 동안 취미로 비행하려는 경우

① ㄱ, ㄷ   ② ㄱ, ㄹ   ③ ㄴ, ㄹ
④ ㄱ, ㄴ, ㄷ   ⑤ ㄴ, ㄷ, ㄹ

문항 성격	규범 – 언어 추리
평가 목표	무인비행장치의 소유 신고 및 비행승인에 관한 원칙규정과 예외규정을 개별적인 사례에 적용하는 능력을 평가함
문제 풀이	정답 : ①

〈비행기준〉에 따르면 무인비행장치는 다시 자체 중량 150kg 이하인 무인비행기와 자체 중량 180kg 이하이고 길이가 20m 이하인 무인비행선으로 구분된다. 무인비행장치를 소유한 자는 신고하여야 하는데, 18kg 이하인 무인비행기는 신고 의무가 면제된다. 무인비행장치의 비행을 위하여 일정한 경우 비행승인을 받아야 하는데, 군사목적 무인비행장치와 10kg 이하인 무인비행기는 예외이다. 그러나 야간(19:00~06:00)의 비행을 위해서는 예외 없이 비행승인을 받아야 한다.

〈보기〉 해설 ㄱ. 공군 소속의 군사목적 무인비행기이므로 신고할 필요가 없고, 주간에 (10:00~14:00) 군사목적(군수물자 수송)으로 사용하는 경우이므로 비행승인을 받을 필요도 없다.

ㄴ. 영업용 무인비행선이므로 신고하여야 한다.

ㄷ. 18kg 이하인 무인비행기이므로 신고할 필요가 없고, 주간에(14:00~15:00) 군사목적(군사훈련 보조용)으로 사용하는 경우이므로 비행승인을 받을 필요도 없다.

ㄹ. 18kg 이하인 무인비행기이므로 신고할 필요가 없으나, 야간에(20:00~20:30) 비행하는 경우이므로 비행승인이 필요하다.

〈보기〉의 ㄱ, ㄷ만이 신고도 승인도 필요하지 않은 경우이므로 정답은 ①이다.

14.

다음으로부터 추론한 것으로 옳은 것만을 〈보기〉에서 있는 대로 고른 것은?

X국의 보험약관법에는 다음과 같이 보험사의 손해배상책임을 면제하는 약관조항을 금지하는 규정이 있다. ⑴ 보험사의 고의 또는 중대한 과실로 인한 손해배상책임을 면제하는 약관조항은 금지된다. ⑵ 보험사나 보험계약자의 잘못이 아닌 제3자의 잘못으로 보험계약자에게 발생한 손해에 대한 보험사의 책임을 타당한 이유 없이 면제하는 약관조항은 금지된다. 이러한 손해를 제3자 대신 보험사가 배상하는 것이 보험계약의 핵심이기 때문이다. 이들 금지규정에 위반되는 약관은 무효이다.

위 규정 ⑴과 관련하여, ㉠보험사의 고의, 중대한 과실, 경미한 과실 여하에 대한 아무런 언급이 없이 보험사의 모든 책임을 면제하는 내용의 약관조항을 생각해 보자. 이 조항은 경우에 따라 무효가 될 수도 있고 유효가 될 수도 있다. 이러한 약관조항 전체를 무효로 보게 되면 이를 다시 만들어야 하므로, 무효인 경우를 제거하고 유효가 될 수 있는 경우에만 약관이 적용되도록 함으로써 그 약관조항을 유지할 수 있다. 이를 약관의 효력 유지적 축소 해석이라고 한다.

이런 축소 해석의 방법을 위 규정 ⑵와 관련되는 약관조항에 적용해 보자. 예를 들어 ㉡"무면허운전은 누가 운전을 하더라도 보험사는 아무런 책임이 없습니다."라는 자동차보험 약관조항은 무효가 될 수 있다. 무면허인 차량 절도범이 사고를 냈다면 차량 주인인 ㉢보험계약자의 지배와 관리가 불가능하였으므로, 보험사의 책임을 면제하는 것은 타당한 이유가 없기 때문이다. 그러나 차량 주인의 자녀가 운전면허 없이 운전하다 사고를 냈다면 보험계약자의 지배와 관리가 가능하였으므로 보험사의 책임을 면제하는 것이 약관의 효력을 유지하는 축소 해석이다.

보 기

ㄱ. ㉠에 대해 효력을 유지하면서 축소 해석을 하면, 보험사의 경미한 과실로 인한 손해배상책임은 면제될 것이다.

ㄴ. ㉢의 경우에 ㉡이 보험사의 책임을 면제한다면, ㉡은 보험약관법에 위반될 것이다.

ㄷ. 약관조항 전체를 무효로 하는 경우에 비하여 약관조항의 효력을 유지하는 방향으로 축소 해석을 하면, 보험사로 하여금 규정 ⑴, ⑵에 부합하는 약관조항을 만들게 하는 유인이 약해질 것이다.

① ㄴ   ② ㄷ   ③ ㄱ, ㄴ

④ ㄱ, ㄷ   ⑤ ㄱ, ㄴ, ㄷ

평가 목표 약관의 해석 방법의 하나인 '약관의 효력 유지적 축소 해석'을 이해하고 이를 적용하는 능력을 평가함

문제 풀이 정답 : ⑤

보험약관법이 금지하는 내용을 담은 약관조항은 무효이다. 그러나 하나의 약관조항에 보험약관법이 금지하는 내용과 금지하지 않는 내용이 혼합된 경우가 있을 수 있다. 이 경우 혼합되어 있는 내용 중 일부는 무효이나, 일부는 유효가 될 수 있다. 이러한 약관조항을 보험약관법 위반이라는 이유로 단순히 무효로 보는 것은 경제적이지 못하며, 금지규정에 위반되지 않는 내용(=유효가 될 수 있는 내용)만을 가진 것으로 축소해서 해석함으로써 약관조항의 효력을 유지해 주는 방법을 생각해 볼 수 있다. 이와 같이 가능한 한 약관조항의 효력을 유지해 주기 위하여 그 내용을 축소해서 해석하는 기법이 약관의 효력 유지적 축소 해석이다.

〈보기〉 해설
ㄱ. ㉠에서 무효가 되는 부분은 고의 또는 중대한 과실로 인한 책임을 배제하는 부분이므로, 효력 유지적 축소 해석을 한다면 경미한 과실로 인한 손해배상책임을 면제한다는 의미로 해석하게 될 것이다. ㄱ은 옳다.

ㄴ. ㉡이 보험계약자의 지배와 관리가 불가능한 경우에 보험사의 책임을 면제하는 것은 타당한 이유가 없으므로, 규정 (2)에 의하여 금지된다. ㄴ도 옳다.

ㄷ. 규정 (1) 또는 (2)에 위반되는 약관조항의 전체를 무효로 보면, 보험사로서는 이를 다시 작성해야 하는 번거로움이 있을 뿐만 아니라 작성 전까지는 타당한 책임 면제조차도 못 받게 된다. 예를 들어 ㉡의 전체가 무효이면, 보험사는 문제에서 예로 든 차량 주인 아들의 무면허운전으로 발생한 사고에 대해서도 책임을 면제받을 수 없게 된다. 따라서 보험사들은 처음부터 규정 (1), (2)에 부합하는 약관조항을 만들려고 할 것이고, 이미 무효인 조항을 만든 경우에는 이를 규정에 부합하도록 개정하려 할 것이다. 그러나 약관의 효력 유지적 축소 해석을 해 주면, 대강 만들어도 자신들에게 번거로움이나 불리한 점이 없으므로 규정에 부합하는 약관조항을 만들려는 노력을 기울이지 않을 것이다. 이미 만든 후에도, 그러한 약관조항이 일정한 경우에 한정되어서나마 효력이 유지되므로, 규정에 전면적으로 부합하는 내용으로 굳이 개정하려 하지 않을 것이다. ㄷ도 옳다.

〈보기〉의 ㄱ, ㄴ, ㄷ 모두 옳은 추론이므로 정답은 ⑤이다.

15.

다음으로부터 추론한 것으로 옳은 것만을 〈보기〉에서 있는 대로 고른 것은?

'죽이는 것'과 '죽게 내버려 두는 것'의 실제 적용 기준에 대해 다음 주장들이 제안되었다.

갑 : '죽이는 것'은 죽음에 이르는 사건 연쇄를 시작하는 것이고, '죽게 내버려 두는 것'은 죽음에 이르는 사건 연쇄의 진행을 막지 않거나, 죽음에 이르는 사건 연쇄의 진행을 막는 장애물을 제거하는 것이다.

을 : '죽이는 것'은 죽음에 이르는 사건 연쇄를 시작하거나, 죽음에 이르는 사건 연쇄의 진행을 막는 장애물을 제거하는 것이다. 반면에 '죽게 내버려 두는 것'은 죽음에 이르는 사건 연쇄의 진행을 막지 않는 것이다.

병 : 죽음에 이르는 사건 연쇄를 시작하는 경우 '죽이는 것'이며, 죽음에 이르는 사건 연쇄의 진행을 막지 않는 경우 '죽게 내버려 두는 것'이다. 죽음에 이르게 되는 사건 연쇄의 진행을 막는 장애물을 제거할 경우, 그 장애물이 자신이 제공한 것이라면 '죽게 내버려 두는 것'이고 다른 사람이 제공한 것이라면 '죽이는 것'이다.

〈사례〉

(가) A는 수영장에서 물에 빠져 허우적거리는 아이를 발견하였다. A가 구조 요원에게 이 사실을 알렸더라면 그 아이는 죽지 않았을 것이다. A는 ㉠구조 요원에게 알리지 않았고 그 아이는 죽었다.

(나) 어떤 환자가 심각한 병에 걸려 의사가 제공한 생명 유지 장치의 도움으로 생명을 유지하고 있었다. 그 장치의 도움이 없었다면 환자는 곧 죽었을 것이다. 그런데 B가 의사 몰래 병실에 들어와 ㉡장치를 꺼 버렸고 그 환자는 죽었다.

(다) 어떤 사람이 생명 유지에 필요한 특정한 물질을 투입받지 못할 경우 죽게 되는 심각한 병에 걸렸다. 그 물질을 자신이 가지고 있음을 알게 된 C는 자신의 몸과 그 환자의 몸을 튜브로 연결하여 그 물질을 전달하였다. 며칠 동안 그 물질을 전달하고 있던 C는 마음이 변하여 ㉢튜브를 제거하였고, 그 직후에 그 환자는 죽었다.

보 기

ㄱ. ㉠행위는 갑과 을에 따르면 '죽게 내버려 두는 것'이고 병에 따르면 '죽이는 것'이다.

ㄴ. ㉡행위는 갑에 따르면 '죽게 내버려 두는 것'이고 을과 병에 따르면 '죽이는 것'이다.

ㄷ. ㉢행위는 갑과 병에 따르면 '죽게 내버려 두는 것'이고 을에 따르면 '죽이는 것'이다.

① ㄱ   ② ㄷ   ③ ㄱ, ㄴ
④ ㄴ, ㄷ   ⑤ ㄱ, ㄴ, ㄷ

문항 성격	인문 – 언어 추리

평가 목표 '죽이는 것'과 '죽게 내버려 두는 것'에 대한 다양한 적용 기준을 사례에 적용할 수 있는 능력을 평가함

문제 풀이 정답 : ④

'죽이는 것'과 '죽게 내버려 두는 것'의 적용 기준에 관한 갑, 을, 병의 주장을 요약하면 다음과 같다.

〈갑〉

- 죽이는 것 : 죽음에 이르는 사건 연쇄를 시작하는 것
- 죽게 내버려 두는 것 : 죽음에 이르는 사건 연쇄의 진행을 막지 않는 것, 죽음에 이르는 사건 연쇄의 진행을 막는 장애물을 제거하는 것

〈을〉

- 죽이는 것 : 죽음에 이르는 사건 연쇄를 시작하는 것, 죽음에 이르는 사건 연쇄의 진행을 막는 장애물을 제거하는 것
- 죽게 내버려 두는 것 : 죽음에 이르는 사건 연쇄의 진행을 막지 않는 것

〈병〉

- 죽이는 것 : 죽음에 이르는 사건 연쇄를 시작하는 것, 죽음에 이르는 사건 연쇄의 진행을 막는 장애물이 다른 사람이 제공한 것일 때 그 장애물을 제거하는 것
- 죽게 내버려 두는 것 : 죽음에 이르는 사건 연쇄의 진행을 막지 않는 것, 죽음에 이르는 사건 연쇄의 진행을 막는 장애물이 자신이 제공한 것일 때 그 장애물을 제거하는 것

〈보기〉 해설 ㄱ. ㉠은 죽음에 이르는 사건 연쇄의 진행을 막지 않는 것의 사례이다. 따라서 갑, 을, 병 모두 ㉠을 '죽게 내버려 두는 것'의 사례로 본다. ㄱ은 옳지 않은 진술이다.

ㄴ. ㉡은 죽음에 이르는 사건 연쇄의 진행을 막는 장애물을 제거하는 것의 사례이다. 따라서 갑에 따르면 '죽게 내버려 두는 것'이고 을에 따르면 '죽이는 것'이다. 그리고 다른 사람이 제공한 장애물을 제거하는 것이기 때문에 병에 따르면 '죽이는 것'이다. 따라서 ㄴ은 옳은 진술이다.

ㄷ. ㉢은 죽음에 이르는 사건 연쇄의 진행을 막는 장애물을 제거하는 것의 사례이다. 따라서 갑에 따르면 '죽게 내버려 두는 것'이고 을에 따르면 '죽이는 것'이다. 그리고 자신이 제공한 장애물을 제거하는 것이기 때문에 병에 따르면 '죽게 내버려 두는 것'이다. 따라서 ㄷ은 옳은 진술이다.

〈보기〉의 ㄴ, ㄷ만이 옳은 진술이므로 정답은 ④이다.

16.

다음 논쟁에 대한 분석으로 옳은 것만을 〈보기〉에서 있는 대로 고른 것은?

> 수정란으로부터 태아를 거쳐 유아로의 발달은 점진적이고 연속적인 과정이다. 수정 이후 어느 시점부터 인간이라 할 수 있겠는가? 갑, 을, 병은 아래와 같이 주장한다.
>
> 갑 : 출생이 기준이 된다고 해 보자. 그렇다면 7개월 만에 태어난 조산아는 인간인데, 그보다 더 발달한 9개월 된 임신 말기 태아는 인간이 아니게 된다. 이는 말이 되지 않는다. 출생만으로는 인간인지 여부의 기준이 될 수 없다.
>
> 을 : 의식과 감각의 존재 여부가 중요한 기준이다. 일반적으로 태아의 두뇌는 18주부터 25주 사이에 충분히 발달하여 신경 전달이 가능하게 되는 수준에 이른다. 수정란은 의식을 갖지 않고 고통도 느끼지 않겠지만, 충분히 발달한 태아가 의식과 감각 능력을 갖게 된다면 인간으로 간주해야 한다.
>
> 병 : 태아가 발달 과정의 어느 시점엔가 의식과 감각을 갖게 된다는 것은 분명하다. 그러나 언제부터 태아가 의식을 가지며 고통을 느끼기 시작하는지에 대한 직접적 증거는 원리적으로, 적어도 현재 기술로는 찾을 수 없다. 과학자들은 고통과 같은 감각의 생리학적 상관 현상으로서 두뇌 피질이나 행동을 관찰할 뿐, 고통을 직접 관찰하는 것이 아니다.

보 기

ㄱ. 갑에 따르면, 태아가 인간인지의 여부는 태아가 얼마나 발달했는지와 무관하다.
ㄴ. 을에 따르면, 아무런 의식이나 감각을 갖지 않는 임신 초기의 태아는 인간으로서의 지위를 갖지 않는다.
ㄷ. 병에 따르면, 의식이나 감각의 존재 여부는 인간인지의 여부와 무관하다.

① ㄴ   ② ㄷ   ③ ㄱ, ㄴ
④ ㄱ, ㄷ   ⑤ ㄱ, ㄴ, ㄷ

문항 성격   인문 – 논쟁 및 반론
평가 목표   태아의 인간으로서의 지위에 대한 세 견해 간의 차이와 논쟁점이 무엇인지를 파악하는 능력을 평가함

정답 : ①

수정 후 어느 시점부터 인간으로 볼 수 있는지에 대한 세 사람의 주장이 제시되고 있다. 갑은 출생이 기준이 될 수는 없다고 주장한다. 만약 출생이 기준이 된다면, 7달 조산아는 인간으로 간주해야 하는 반면, 9달 태아는 인간이 아니라고 봐야 하는데 이는 불합리하다는 것이다. 을은 의식이나 감각의 존재 여부가 기준이 될 수 있다고 주장한다. 태아는 발달 과정의 어느 시점에서 의식과 감각을 가지게 되는데, 그 시점 이후의 태아는 인간으로 간주해야 한다는 것이다. 병은 을의 견해의 실제적 적용 가능성을 문제 삼고 있다. 태아가 발달 과정 중 의식과 감각을 가지게 되는 시점이 있을 것이라는 점은 인정하지만, 어느 시점에 가지게 되는지에 대해서는 과학의 한계로든 원리적으로든 우리가 알 수 없다는 것이다.

〈보기〉 해설 ㄱ. 갑은 출생이 인간으로서의 지위의 기준이 될 수 없다고 주장할 뿐, 태아의 발달 정도가 인간인지의 여부와 관련해 무관하다고 주장하는 것은 아니다. 오히려 갑은 태아 발달 정도가 인간으로서의 지위에 유관하다고 전제하고 있다. 조산아를 인간으로 봐야 한다면 9달 태아 역시 인간으로 봐야 한다는 갑의 주장은 인간인지의 여부와 관련해 태아가 얼마나 발달했는지가 중요하다고 전제하는 것이다. 따라서 ㄱ은 옳지 않은 판단이다.

ㄴ. 의식과 감각의 존재 여부를 기준으로 삼는 을에 따르면, 아무런 의식이나 감각을 갖지 않는 임신 초기의 태아는 인간으로서의 지위를 갖지 않을 것이므로, ㄴ은 옳은 판단이다.

ㄷ. 병은 의식이나 감각의 존재를 기준으로 삼는다면 정확히 언제부터 태아를 인간으로 봐야 할지 우리는 알 수 없을 것이라고 주장할 뿐, 의식과 감각의 존재가 인간으로서의 지위와 관련해 무관하다고 주장하는 것은 아니다. 따라서 ㄷ은 옳지 않은 판단이다.

〈보기〉의 ㄴ만이 옳은 판단이므로 정답은 ①이다.

17.

다음 가설과 실험에 대한 평가로 옳은 것만을 〈보기〉에서 있는 대로 고른 것은?

우리는 어떤 도덕적 판단이 다른 도덕적 판단보다 더 객관적이라고 생각한다. 예를 들어 '살인은 나쁘다'는 판단은 '노약자에게 자리를 양보하는 것은 옳다'는 판단보다 더 객관적인 것으로 보인다. 그렇다면 왜 이런 차이가 생기는 것일까? 이를 알아보기 위해 다음 가설과 실험이 제시되었다.

가설 1 : 사람들은 다른 사람의 신체에 직접 물리적인 해를 끼치는 행위에 대한 도덕적 판단이 그렇지 않은 행위에 대한 도덕적 판단보다 더 객관적이라고 생각한다.

가설 2 : 사람들은 어떤 행위가 나쁘다는 도덕적 판단이 어떤 행위가 옳다는 도덕적 판단보다 더 객관적이라고 생각한다.

〈실험〉

실험 참가자들에게 갑, 을, 병의 다음 행위에 대한 이야기를 들려주었다.

갑의 행위 : 술집에서 자신에게 모욕을 준 사람에게 직접 물리적 폭력을 가함.

을의 행위 : 친구들에게 과시하고자 무명용사의 추모비를 발로 차서 깨뜨림.

병의 행위 : 자신의 월급의 10%를 매달 복지 단체에 익명으로 기부함.

그리고 참가자들에게 '갑의 행위가 나쁘다는 판단이 전혀 객관적이지 않다면 0, 매우 객관적이라면 5를 부여하고, 그 정도를 0과 5 사이의 점수로 표현하라'고 요청하였다. 을의 행위가 나쁘다는 판단과 병의 행위가 옳다는 판단의 객관성에 대해서도 동일한 요청을 하였다.

보기

ㄱ. 참가자들 모두가 갑의 행위와 을의 행위에 비슷하게 높은 점수를 부여하였다면, 이 사실은 가설 1을 약화한다.

ㄴ. 참가자들 모두가 병의 행위보다 갑의 행위에 더 높은 점수를 부여하였다면, 이 사실은 가설 2를 약화한다.

ㄷ. 참가자들 모두가 을의 행위보다 병의 행위에 더 높은 점수를 부여하였다면, 이 사실은 가설 1을 강화하고 가설 2를 약화한다.

① ㄱ   ② ㄴ   ③ ㄱ, ㄷ

④ ㄴ, ㄷ   ⑤ ㄱ, ㄴ, ㄷ

인문 – 평가 및 문제해결

사람들이 어떤 도덕적 판단을 더 객관적이라고 생각하는지에 관한 다른 가설들을 이해하고, 특정 실험 결과가 각 가설을 약화하거나 강화하는지 판단할 수 있는 능력을 평가함

정답 : ①

제시문에서 사람들이 어떤 도덕적 판단을 더 객관적으로 생각하는지에 관한 두 가지 가설과 각 가설을 검증하기 위한 실험이 소개되고 있다. 각각의 실험 결과가 어떤 가설을 강화하거나 약화하는지 옳게 판단할 수 있어야 한다.

〈보기〉 해설 ㄱ. 가설 1에 따르면, 사람들은 다른 사람의 신체에 직접 물리적인 해를 끼치는 행위에 대한 도덕적 판단이 그렇지 않은 행위에 대한 도덕적 판단보다 더 객관적이라고 생각한다. 따라서 다른 사람의 신체에 직접 물리적인 해를 끼치는 갑의 행위가 나쁘다는 판단과 그렇지 않은 을의 행위가 나쁘다는 판단에 비슷하게 높은 객관성 점수를 부여하였다면, 가설 1은 약화된다. ㄱ은 옳은 평가이다.

ㄴ. 가설 2에 따르면, 사람들은 어떤 행위가 나쁘다는 도덕적 판단이 어떤 행위가 옳다는 도덕적 판단보다 더 객관적이라고 생각한다. 따라서 월급의 10%를 매달 복지 단체에 기부하는 병의 행위가 옳다는 판단보다 다른 사람의 신체에 직접 물리적인 해를 끼치는 갑의 행위가 나쁘다는 판단에 더 높은 객관성 점수를 부여하였다면, 가설 2는 약화되지 않는다. 따라서 ㄴ은 옳지 않은 평가이다.

ㄷ. 가설 1에 따르면, 사람들은 다른 사람의 신체에 직접 물리적인 해를 끼치는 행위에 대한 도덕적 판단이 그렇지 않은 행위에 대한 도덕적 판단보다 더 객관적이라고 생각한다. 그런데 을의 행위와 병의 행위는 둘 다 다른 사람의 신체에 직접 물리적인 해를 끼치는 행위가 아니다. 따라서 을의 행위가 나쁘다는 도덕적 판단보다 병의 행위가 옳다는 도덕적 판단에 더 높은 객관성 점수를 부여하였다고 하여도 가설 1은 강화되지 않는다. ㄷ은 '이 사실은 가설 1을 강화한다'는 부분이 틀렸기 때문에, 옳지 않은 평가이다.

한편 가설 2에 따르면 사람들은 어떤 행위가 나쁘다는 도덕적 판단이 어떤 행위가 옳다는 도덕적 판단보다 더 객관적이라고 생각한다. 따라서 을의 행위가 나쁘다는 판단보다 병의 행위가 옳다는 판단에 더 높은 객관성 점수를 부여하였다면, 가설 2는 약화된다.

〈보기〉의 ㄱ만이 옳은 평가이므로 정답은 ①이다.

18.

가설 A, B에 대한 평가로 옳은 것만을 〈보기〉에서 있는 대로 고른 것은?

> 사람들은 고난에 빠진 사람을 볼 때 종종 그 사람을 돕는 행동을 한다. 왜 사람들은 그런 행동을 하게 되는가?
>
> 가설 A에 따르면, 사람들은 불쌍한 사람을 보면 공감하게 되고, 공감을 느끼는 것이 이타적인 욕구를 일으켜 돕는 행동을 하게 된다. 이 가설에 따르면 불쌍한 사람에게 더 많이 공감할수록 이타적인 욕구가 강해지고, 따라서 그 사람을 돕는 행동을 할 가능성이 높아진다.
>
> 한편 이 가설과 달리, 불쌍한 사람을 보고도 돕지 않는다는 것이 알려진다면 나쁜 사람으로 평가되어 사회적 제재나 벌을 받을 것이라고 두려워하기 때문에 돕는다는 견해가 있다. 그러나 이 견해는 가설 A와 달리 공감의 역할을 적절히 반영하지 못한다. 이를 보완하기 위해 제시된 가설 B에 따르면, 불쌍한 사람에게 더 많이 공감할수록, 그를 돕지 않는 것이 알려질 경우 사회적 비난이 더 커질 것이라고 두려워하고, 따라서 사회적 비난을 피하기 위해 돕는 행동을 할 가능성이 더 높아진다.

보기

ㄱ. 불쌍한 X를 돕지 않는 것이 알려지지 않을 것이라고 믿더라도 X에 대해 공감하는 정도가 높아질수록 X를 도울 가능성이 높아지는 것으로 밝혀지면, 가설 A는 약화되지 않는다.

ㄴ. 불쌍한 X를 돕지 않는 것이 알려진다고 믿는지 여부와 상관없이 X를 돕는 행동을 할 가능성에 큰 차이가 없는 것으로 밝혀지면, 가설 B는 강화된다.

ㄷ. 불쌍한 X를 돕지 않는 것이 알려지지 않을 것이라고 믿을 때 X에 대해 공감하는 정도가 높아짐에도 불구하고 X를 도울 가능성이 높아지지 않는 것으로 밝혀지면, 가설 B는 약화된다.

① ㄱ   ② ㄴ   ③ ㄱ, ㄷ

④ ㄴ, ㄷ   ⑤ ㄱ, ㄴ, ㄷ

문항 성격   인문 – 평가 및 문제해결

평가 목표   다른 사람을 돕는 행동에 관한 다른 두 가설을 이해하고 각각의 가설을 강화하는 사례와 약화하는 사례를 판단할 수 있는 능력을 평가함

정답 : ①

불쌍한 사람에게 더 많이 공감할수록 그 사람을 돕는 행동을 할 가능성이 높아진다는 것을 설명하고자 하는 다음 두 가설이 소개되고 있다.

- 가설 A : 불쌍한 사람에게 더 많이 공감할수록 이타적인 욕구가 강해지고, 따라서 그 사람을 돕는 행동을 할 가능성이 높아진다.
- 가설 B : 불쌍한 사람에게 더 많이 공감할수록 그를 돕지 않는 것이 알려질 경우 사회적 비난이 더 커질 것이라고 두려워하고, 따라서 사회적 비난을 피하기 위해 돕는 행동을 할 가능성이 더 높아진다.

〈보기〉 해설 ㄱ. 가설 A에 따르면 불쌍한 X를 돕지 않는 것이 알려질 것이라고 믿는 것과 상관없이 X에 대해 공감하는 정도가 높을수록 X를 도울 가능성이 높아진다. 따라서 불쌍한 X를 돕지 않는 것이 알려지지 않을 것이라고 믿더라도 X에 대해 공감하는 정도가 높아질수록 X를 도울 가능성이 높아지는 것으로 밝혀지면, 가설 A는 약화되지 않는다. ㄱ은 옳은 진술이다.

ㄴ. 가설 B에 따르면 불쌍한 X를 돕지 않는 것이 알려질 경우 돕지 않는 것에 대한 사회적 비난을 피하기 위해서 X를 돕는 행동을 한다. 따라서 불쌍한 X를 돕지 않는 것이 알려진다고 믿지 않을 경우에는, '돕지 않으면 사회적 비난이 있을 것'이라고 생각하지 않을 것이기 때문에 돕는 행동을 할 가능성이 낮을 것이다. 그러나 돕지 않는 것이 알려진다고 믿을 경우에는 사회적 비난을 피하기 위해 돕는 행동을 할 가능성이 높아진다. 따라서 불쌍한 X를 돕지 않는 것이 알려진다고 믿는지 여부와 상관없이 X를 돕는 행동을 할 가능성에 큰 차이가 없는 것으로 밝혀지면 가설 B는 약화된다. 따라서 ㄴ은 옳지 않은 진술이다.

ㄷ. 가설 B에 따르면 불쌍한 X를 돕지 않는 것이 알려지지 않을 것이라고 믿을 때 X에 대해 공감하는 정도가 높아지더라도 돕지 않음에 대한 사회적 비난이 없을 것이라 생각할 것이기 때문에 그를 도울 가능성이 높아지지는 않는다. 따라서 불쌍한 X를 돕지 않는 것이 알려지지 않을 것이라고 믿을 때 X에 대해 공감하는 정도가 높아짐에도 불구하고 X를 도울 가능성이 높아지지 않는 것으로 밝혀지면, 가설 B는 강화된다. 따라서 ㄷ은 옳지 않은 진술이다.

〈보기〉의 ㄱ만이 옳은 진술이므로 정답은 ①이다.

19.

A와 B의 논쟁에 대한 분석으로 옳은 것만을 〈보기〉에서 있는 대로 고른 것은?

> A1 : 많은 사람들이 마음과 뇌를 동일시하는데, 왜 그렇게 잘못된 생각이 퍼져 있는지 모르겠어.
>
> B1 : 카페인을 섭취하면 각성 효과가 나타나고 우리가 통증을 느낄 때마다 뇌의 특정 영역의 신경세포가 활성화되듯, 마음과 뇌 작용 사이에 체계적 상관관계가 성립한다는 것은 잘 알려진 사실이야. 마음과 뇌가 동일하다는 가설을 받아들이면 이 사실이 잘 설명되잖아.
>
> A2 : 한 가설이 어떤 사실을 잘 설명한다고 해서 그 가설을 무작정 받아들일 수는 없어. 천동설은 화성의 역행 운동을 잘 설명하지만 그렇다고 천동설을 받아들이는 사람은 없잖아.
>
> B2 : 천동설과 내 가설의 경우는 전혀 달라. 천동설이 화성의 역행 운동은 잘 설명할지 몰라도 천동설로는 설명되지 않는 중요한 천문 현상들이 많아.
>
> A3 : 너의 가설도 똑같은 문제가 있어. 내가 통증을 느낀다는 것을 나는 잘 알지만, 나는 내 뇌의 신경상태에 대해서는 아무것도 몰라. 너의 가설이 맞다면 어떻게 이런 일이 가능하겠니?
>
> B3 : 그건 얼마든지 가능해. 물이 액체라는 것은 알면서 H_2O가 액체라는 것은 얼마든지 모를 수 있어. 그렇다고 물과 H_2O가 다른 것은 아니잖아.

보 기

ㄱ. A2가 B1을 반박하는 근거는 '마음과 뇌가 동일하다는 가설이 마음과 뇌 작용 사이의 상관관계를 설명하지 못한다'는 것이다.

ㄴ. B2는 '설명하지 못하는 중요한 현상이 많은 가설은 거부해야 한다'는 데에 동의한다.

ㄷ. B3은 'X에 대해 잘 알면서 Y에 대해 모른다면, X와 Y는 동일한 것일 수 없다'는 가정을 반박함으로써 A3을 비판하고 있다.

① ㄱ   ② ㄷ   ③ ㄱ, ㄴ

④ ㄴ, ㄷ   ⑤ ㄱ, ㄴ, ㄷ

문항 성격 인문 – 논쟁 및 반론

평가 목표 마음과 뇌 사이의 관계에 대한 두 사람의 논쟁에서 논쟁점이 무엇인지 정확히 파악하는 능력을 평가함

정답 : ④

마음과 뇌를 동일시해야 한다고 생각하는 사람과 이를 부정하는 두 사람 사이의 가상 논쟁이 제시되고 있다. B에 따르면, 마음과 뇌 작용 사이에 체계적인 상관관계가 성립한다는 것은 잘 알려진 사실인데, 마음과 뇌를 동일시하면 이 사실이 잘 설명되므로 동일성 가설을 받아들여야 한다. 한편 A는 어떤 사실을 잘 설명한다는 것 자체가 그 가설을 받아들일 만한 충분한 이유가 되지는 못함을 지적함과 동시에 동일성 가설이 가지는 한 가지 문제를 지적한다. 즉, 만약 동일성 가설이 참이라면 어떻게 내가 통증을 느낀다는 것에 대해 나는 너무 잘 알면서 그것과 동일한 나의 두뇌 상태에 대해서는 아무 것도 모를 수 있는지 묻는다. 이에 대해 B는 X와 Y가 동일함에도 불구하고 우리는 X는 잘 알면서 Y에 대해서는 아무것도 모를 수 있다고 답한다.

〈보기〉 해설   ㄱ. B1의 주장은 동일성 가설이 마음과 뇌 작용 사이의 상관관계를 잘 설명하므로 동일성 가설을 받아들여야 한다는 것이다. 이에 대한 A2의 반론은 비록 그것이 참이라 하더라도 이는 동일성 가설을 받아들일 충분한 이유가 되지 못한다는 것이다. A2는 동일성 가설이 마음과 뇌 작용 사이의 상관관계를 잘 설명한다는 것 자체를 문제 삼지는 않는다. 따라서 ㄱ은 옳지 않은 판단이다.

ㄴ. 설명하지 못하는 중요한 현상이 많은 가설은 거부해야 한다는 데에 B2는 동의하고 있다. 천동설은 그러한 이유로 거부되어야 하지만, 동일성 가설은 그렇지 않다고 주장함으로써 B2는 동일성 가설을 옹호하고 있다. ㄴ은 옳은 판단이다.

ㄷ. A3의 주장은 내가 통증을 느낀다는 것이 나의 어떤 두뇌 상태와 동일한 것이라면, 전자에 대해서는 잘 알면서 후자에 대해서는 모르는 것이 불가능하다는 것이다. 도식적으로 말해, 이는 'X에 대해 잘 알면서 Y에 대해 모른다면, X와 Y는 동일한 것일 수 없다'는 가정에 근거하고 있다. B3는 물이 H_2O와 동일함에도 전자에 대해 잘 알면서 후자에 대해 모를 수 있음을 지적함으로써 이러한 가정을 반박하고 있다. 따라서 ㄷ은 옳은 판단이다.

〈보기〉의 ㄴ, ㄷ만이 옳은 판단이므로 정답은 ④이다.

20.

다음 논증의 구조를 가장 적절하게 분석한 것은?

> ⓐ 행복을 추구하는 인간의 성향도, 자비심과 같은 도덕적 감정도 보편적 윤리의 토대가 될 수 없다. ⓑ 행복 추구의 동기가 올바른 삶을 살아야 하는 당위의 근거가 될 수는 없다. ⓒ 우선 윤리적으로 살면 언제나 행복해진다는 것은 참이 아니다. ⓓ 더욱이 행복한 삶을 산다는 것과 올바른 삶, 선한 삶을 산다는 것은 완전히 다른 것이기에, ⓔ 옳고 그름의 근거를 구할 때 자기 행복의 원칙이 기여할 부분은 없다. ⓕ 가장 중요한 점은 행복 추구의 동기가 오히려 도덕성을 훼손하고 윤리의 숭고함을 파괴해 버린다는 것이다. ⓖ 자기 행복의 원칙에 따라 행하라는 명법은 이해타산에 밝아지는 법을 가르칠 뿐 옳고 그름의 기준과 그것의 보편성을 완전히 없애버리니 말이다. ⓗ 인간 특유의 도덕적 감정은 자기 행복의 원칙보다는 윤리의 존엄성에 더 가까이 있긴 하지만 여전히 도덕의 기초로서 미흡하다. ⓘ 개인에 따라 무한한 차이가 있는 인간의 감정을 옳고 그름의 보편적 잣대로 삼을 수는 없다.

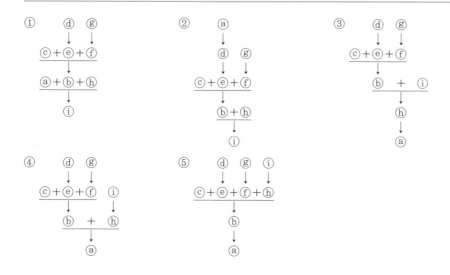

문항 성격　인문 – 논증 분석
평가 목표　주어진 논증을 올바르게 분석하여 주장과 논거의 구조를 정확히 파악할 수 있는 능력을 평가함

정답 : ④

제시된 논증의 결론은 행복을 추구하는 인간의 성향도 자비심과 같은 도덕적 감정도 보편적 윤리의 토대가 될 수 없다는 것이다(ⓐ). 이를 위해 저자는 행복 추구의 동기는 올바른 삶을 살아야 하는 당위의 근거가 될 수 없으며(ⓑ), 자비심과 같은 도덕적 감정 역시 도덕의 기초로 미흡하다고 주장한다(ⓗ). ⓗ의 근거는 인간의 감정은 개인에 따라 무한한 차이가 있다는 것이다(ⓘ). ⓑ의 근거는 세 가지가 제시되고 있다. 첫째, 윤리적으로 살면 행복해진다는 원칙은 참이 아니고(ⓒ), 둘째, 옳고 그름의 근거를 구할 때 자기 행복의 원칙이 기여할 부분은 없으며(ⓔ), 마지막으로, 행복 추구의 동기는 오히려 윤리의 숭고함을 파괴한다는 것이다(ⓕ). 여기서 ⓔ의 근거는 행복한 삶을 산다는 것과 윤리적 삶을 산다는 것은 완전히 다르다는 것이고(ⓓ), ⓕ의 근거는 자기 행복의 원칙은 이해타산에 밝아지는 법을 가르칠 뿐 윤리의 보편성을 없애버린다는 것이다(ⓖ).

④만이 논증의 구조를 올바로 분석하고 있다.

21.

다음으로부터 추론한 것으로 옳은 것만을 〈보기〉에서 있는 대로 고른 것은?

우리에게 미래 세대의 행복을 극대화해야 할 책임이 있다고 할 때, 우리는 행복 총량의 증대를 추구해야 할까, 아니면 행복 평균의 증대를 추구해야 할까? 인구가 고정되어 있다면 어느 쪽을 채택하든 결과가 같기 때문에 고민할 필요가 없다. 하지만 미래 인구의 변동을 고려해야 하는 상황이라면, 행복 총량과 행복 평균의 구분이 중요해진다.

먼저, 행복 총량 견해를 선택한다고 해 보자. 행복 총량을 증대하려면 가능한 한 많은 미래 세대를 낳아야 할 것이다. 사람들마다 누리는 행복의 크기는 다르겠지만, 적어도 전혀 행복을 누리지 못하는 사람들만 늘어나는 것이 아닌 한, 인구가 증가하면 어쨌든 행복 총량은 조금이라도 증대될 것이다. 하지만 이것은 행복 총량이 늘어나기만 하면, ㉠행복보다 고통이 더 큰 사람들이 무수히 많아지는 상황을 야기해도 상관없음을 함의한다. 한편, 행복 평균 견해를 선택해도 역시 당혹스러운 결론에 도달한다. 이 선택에 따르면 생활환경이 열악한 지역의 미래 세대는 행복 평균 증대에 도움이 안 될 개연성이 크므로 그런 곳의 인구 증가는 바람직하지 않다. 결국, 생활수준이 높은 지역만이 출산의 당위성을 확보하게 되고 ㉡낙후 지역의 출산율은 인위적으로 통제되는 상황이 이어질 수도 있다.

ㄱ. 인구가 감소하면 행복 총량은 감소하고 행복 평균은 증대한다.

ㄴ. 만약 행복 총량 견해가 행복 총량에서 고통 총량을 뺀 소위 '순(純)행복' 총량의 극대화를 목표로 한다면, ㉠이 야기될 가능성이 낮아진다.

ㄷ. 먼저 행복 총량 견해를 선택하고 한 세대가 지난 후 행복 평균 견해로 변경하는 경우, 처음부터 행복 평균 견해만 선택하는 경우보다 ㉡의 확대 가능성이 더 낮아진다.

① ㄱ   ② ㄴ   ③ ㄱ, ㄷ

④ ㄴ, ㄷ   ⑤ ㄱ, ㄴ, ㄷ

문항 성격 인문 – 언어 추리

평가 목표 제시문으로부터 적절하게 추론되는 주장과 그렇지 않은 주장을 판별할 수 있는 능력을 평가함

문제 풀이 정답 : ②

제시문은 미래 세대에 대한 윤리적 의무에 관련된 두 개의 견해를 비판하고 있다. 행복의 총량 증대를 선호할 때는 무작정 인구 증대를 추구할 것이고, 행복의 평균 증대를 선호할 때는 불행한 사람들의 인구 증가를 억제하게 된다는 비판이 어떤 논리로 성립하는 것인지 정확히 이해해야 한다.

〈보기〉 해설 ㄱ. 총인구 100명 중 10명이 사망하여 인구가 감소한 경우를 고려해 보자. 이 경우 행복 총량은 감소할 것이다. 그리고 사망한 10명 각각이 나머지 90명 각자보다 더 많은 행복을 누렸다고 가정할 경우, 10명이 사망함으로 인해 행복 평균은 감소할 것이다. 따라서 ㄱ은 옳지 않은 추론이다.

ㄴ. '순(純)행복' 총량의 극대화를 목표로 한다면, 고통보다 행복이 더 큰 사람들이 가능한 한 많고 이들 각각의 행복과 고통의 차이가 가능한 한 크도록 해야 한다. 따라서 ㉠이 야기될 가능성이 낮아진다. 따라서 ㄴ은 옳은 추론이다.

ㄷ. 행복 총량 견해를 선택하고 한 세대가 지난 후 행복 평균 견해로 변경하는 경우, 처음 한 세대 동안은 행복 총량의 확대만을 의도했으므로, (낙후 지역의 사람들도 약간은 행복을 누리는 사람들일 것이기 때문에) 낙후 지역의 출산율을 인위적으로 통제하지는 않았을 것이다. 따라서 한 세대가 지난 후에는 낙후 지역이 처음부터 행복 평균 견해만 선택했을 때보다 더 많이 확대되었을 것이고, 이때 행복 평균 견해로 변경하면 낙후 지역의 출산율이 인위적으로 통제되는 상황의 확대 가능성이 높아질 것이다. 따라서 ㄷ은 옳지 않은 추론이다.

〈보기〉의 ㄴ만이 옳은 추론이므로 정답은 ②이다.

22.

A, B에 대한 평가로 옳은 것만을 〈보기〉에서 있는 대로 고른 것은?

사람들의 미적 감각이 결코 우열을 가릴 대상이 아님을 당연시하는 오늘날의 상식은 흔히 ㉠미적 취향의 보편적 기준을 부정하고 모든 이의 미적 취향을 동등하게 인정하는 태도로 이어지곤 한다. 하지만 때로는 상식이 정반대의 견해를 옹호하는 것처럼 보이기도 한다. 우리는 흔히 예술가의 우열 구분에 쉽게 동의하곤 하는데, 미켈란젤로가 위대한 예술가라는 믿음은 실제로 상식이 아닌가. 이럴 때는 마치 상식이 미적 취향의 보편적 기준을 인정하는 것처럼 보인다. 그렇다면 상식은 한편으로는 미적 취향의 보편적 기준은 없다고 판단하면서 다른 한편으로는 그런 보편적 기준이 있다고 판단하는 셈이다.

A : 인간의 자연 본성에는 미적 취향과 관련하여 고정된 공통 감정이란 것이 있다. 편견이나 선입견 때문에 나쁜 작품이 일정 기간 명성을 얻을 수 있으나 그런 현상이 결코 지속될 수 없는 것도 바로 이 공통 감정 때문이다. 편견이나 선입견은 결국 인간의 올바른 감정의 힘에 굴복하게 되어 있다.

B : 사회 지배층이 자신들의 탁월성을 드러내고 피지배자들과의 차별성을 부각하는 과정에서 미적 취향의 기준이 생성된다. 미적 취향은 이런 사회적 관계가 체화된 것일 뿐 인간의 자연 본성에 근거한 것이 아니다. 사회적 관계가 늘 변할 수 있듯이 그런 미적 취향의 기준도 항상 변화할 수 있다.

보기

ㄱ. A는 ㉠을 거부한다.

ㄴ. B는 '사회를 구성하는 모든 이의 미적 취향을 동등하게 인정해야 한다'는 주장에 동의한다.

ㄷ. A도 B도 '피카소가 위대한 예술가라는 현재의 평가가 미래에는 달라질 수 있다'는 주장과 모순되지 않는다.

① ㄱ   ② ㄴ   ③ ㄱ, ㄷ

④ ㄴ, ㄷ   ⑤ ㄱ, ㄴ, ㄷ

문항 성격 인문 – 평가 및 문제해결

평가 목표 대립하고 있는 두 견해가 주장하는 내용을 정확하게 파악할 수 있는 능력과 각 주장을 평가하여 올바른 판단을 내릴 수 있는 능력을 측정함

문제 풀이 정답 : ③

제시문은 우리의 상식이 미적 취향의 보편적 기준을 인정하기도 하고 인정하지 않기도 하다는 이율배반적인 상황을 설명한다. A는 인간의 공통 감정이 보편적 기준을 제공한다고 주장하면서 이런 이율배반적 상황에 반대하고 있다. 반면 B는 미적 취향이라는 것의 원천은 인간의 공통 감정이 아니라 가변적인 사회관계의 산물임을 주장한다. 하지만 A와 달리 B가 상식의 이율배반적인 상황에 대해서 어떤 입장을 취하고 있는지는 제시문만으로는 판단할 수 없다.

〈보기〉 해설 ㄱ. ㉠은 미적 취향의 보편적 기준을 부정하면서 모든 이의 미적 취향을 동등하게 인정하는 태도이다. A는 인간의 고정된 공통 감정이 보편적인 미적 취향의 기준임을 주장하고 있으므로, ㉠을 거부할 것이다. 따라서 ㄱ은 옳은 평가이다.

ㄴ. B는 사회의 지배–피지배 관계가 미적 취향의 기준을 생성하는 과정에서 피지배자들이 차별을 받는다고 말하고 있으므로, '사회를 구성하는 모든 이의 미적 취향이 동등하게 인정받지 못한다'는 판단을 전제하고 있는 것으로 추리할 수 있다. 그러나 이런 사실관계 판단으로부터 B가 '사회를 구성하는 모든 이의 미적 취향을 동등하게 인정해야 한다'는 당위적 판단에도 동의할 것인지는 주어진 정보만으로는 평가할 수 없다. 따라서 ㄴ은 옳지 않은 평가이다.

ㄷ. B는 사회적 관계의 변화에 따라 미적 취향의 기준이 변화할 수 있다고 주장하고 있으므로, 피카소가 위대한 예술가라는 현재의 평가가 미래에는 달라질 수 있다는 주장과 모순되지 않는다. A도 편견이나 선입견 때문에 나쁜 작품이 일정 기간 명성을 얻을 수 있다는 것을 인정하기 때문에, 피카소가 위대한 예술가라는 현재의 평가가 미래에는 달라질 수도 있다는 것 또한 인정한다. 따라서 A 역시 위 주장과 모순되지 않으므로 ㄷ은 옳은 평가이다.

〈보기〉의 ㄱ, ㄷ만이 옳은 평가이므로 정답은 ③이다.

23.

⊙에 대한 평가로 옳은 것만을 〈보기〉에서 있는 대로 고른 것은?

> 의회 의원 선거제도는 선거구 크기와 당선 결정 방식이라는 두 가지 요소에 의해 A제도와 B제도로 구분된다. 선거구 크기(M)는 한 선거구에서 선출하는 대표의 수를 의미하며, 한 선거구에서 1명의 의원을 선출하면 M=1로 표시한다. 당선 결정 방식은 다른 후보보다 한 표라도 더 얻은 후보가 당선되는 방식과 정당 득표율에 비례해서 정당별로 의석을 배분하는 방식, 이렇게 두 가지가 있다. A제도는 한 선거구에서 1명의 대표를 선출하되, 다른 후보보다 한 표라도 더 얻은 후보를 당선자로 결정하는 방식이다. B제도는 한 선거구에서 2명 이상의 대표를 선출하되, 정당 득표율에 따라 정당별로 의석을 배분하는 방식이다.
>
> A제도에서는 선거구 크기와 당선 결정 방식의 특징상 군소 정당이 의석을 획득하는 것이 어렵다. 이 제도에서 유권자는 군소 정당에 투표하면 자신의 표가 사표가 될 가능성이 크다는 것을 잘 알고 있으며, 따라서 당선 가능성이 높은 차선호 후보에게 전략적으로 투표한다. 그 결과 군소 정당 후보는 더 불리해진다. 반면 B제도에서 유권자는 자신의 표가 사표가 될 가능성이 낮기 때문에 전략적 투표를 할 필요가 없으며, 자신의 선호에 따라 투표한다. 이러한 이유로 특정 국가에서 의회 의석을 점유한 정당의 수를 의미하는 ⊙정당 체제는 그 국가의 선거제도에 의해 결정된다. 즉 A제도는 양당 체제를, B제도는 다당 체제를 형성할 것이다.
>
> 〈사례〉
>
> X국과 Y국은 A, B제도 중 하나를 택하고 있다. X국의 경우 10개의 정당이 선거에서 경쟁하나 의회 의석은 2개 정당이 점유하고 있다. 반면 Y국의 경우 10개의 정당이 선거에서 경쟁하며, 의회 의석은 8개의 정당이 비슷한 비율로 점유하고 있다.

보기

ㄱ. X국 선거제도에서 M=1이라면, X국 사례는 ⊙을 강화한다.

ㄴ. Y국 선거제도에서 M>1이라면, Y국 사례는 ⊙을 약화한다.

ㄷ. Y국 선거제도가 다른 후보보다 많은 표를 얻은 후보를 당선자로 결정하는 방식이라면, Y국 사례는 ⊙을 약화한다.

ㄹ. 전략적 투표 현상이 Y국보다 X국에서 많이 일어난다면, 이 현상은 ⊙을 강화한다.

① ㄱ, ㄴ   ② ㄱ, ㄹ   ③ ㄴ, ㄷ

④ ㄱ, ㄷ, ㄹ   ⑤ ㄴ, ㄷ, ㄹ

사회 - 평가 및 문제해결

선거제도와 정당 체제의 관계에 대한 주장을 특정한 사례가 강화하는지 약화하는지 판단할 수 있는 능력을 측정함

정답 : ④

선거제도의 요소를 선거구 크기와 당선 결정 방식이라는 두 가지 요소로 구분하고 이에 따라 달라지는 제도들이 어떤 정당 체제를 낳는지를 설명하고 있다. 이 설명에 따르면 한 국가에서 선거구 크기와 당선 결정 방식에 따라 어떤 투표 현상이 나타날 것이며 결과적으로 어떤 정당 체제가 나타날지를 추론할 수 있다.

〈보기〉 해설　ㄱ. X국 선거제도에서 M=1이라면, "한 선거구에서 1명의 대표를 선출하되, 다른 후보보다 한 표라도 더 얻은 후보를 당선자로 결정하는" A제도를 택하고 있다는 것이다. 제시문에 따르면 이 제도 하에서 전략적 투표 현상이 일어나며 그 결과는 양당 체제이다. 〈사례〉에서 X국은 의회의 의석을 2개 정당이 점유하고 있으므로 양당 체제임을 알 수 있다. 따라서 X국의 사례는 제시문의 주장인 ㉠을 강화하므로 옳은 평가이다.

ㄴ. Y국 선거제도에서 M>1이라면 "한 선거구에서 2명 이상의 대표를 선출하되, 정당 득표율에 따라 정당별로 의석을 배분하는" B제도를 택하고 있다는 것이다. 제시문에 따르면 이 제도 하에서는 유권자가 사표에 대한 우려 없이 자신의 선호에 따라 투표하는 현상이 일어나며 그 결과는 다당 체제이다. 〈사례〉에서 Y국은 다당 체제임을 알 수 있다. 따라서 Y국의 사례는 주장 ㉠을 약화하는 것이 아니라 강화한다. 따라서 옳지 않은 평가이다.

ㄷ. Y국 선거제도가 다른 후보보다 많은 표를 얻은 후보를 당선자로 결정하는 방식이라면 이는 Y국의 선거제도가 A제도라는 것이다. 그런데 〈사례〉에 따르면 Y국은 다당 체제이다. ㉠은 A제도가 양당 체제를 낳을 것이라는 주장이기 때문에 Y의 사례는 이 주장을 약화한다. 따라서 옳은 평가이다.

ㄹ. 제시문에 따르면 A제도 하에서 전략적 투표 현상이 나타나며 이는 양당 체제를 낳는다. 〈사례〉에 따르면 X국이 양당 체제, Y국이 다당 체제이기 때문에, 제시문의 설명에 따르면 전략적 투표 현상은 Y국이 아닌 X국에서 나타나야 한다. 따라서 전략적 투표 현상이 실제로 Y국보다 X국에서 많이 일어난다면, 이 현상은 ㉠ 주장을 강화하므로 옳은 평가이다.

〈보기〉의 ㄱ, ㄷ, ㄹ만이 옳은 평가이므로 정답은 ④이다.

24.

이론 A~C에 대한 분석으로 옳은 것은?

A : 범죄를 저지르는 사람은 주류 사회가 받아들이지 않는 일련의 기준을 따르는 사람이다. 인간의 다른 모든 행동과 마찬가지로 범죄도 학습된다. 그래서 범죄에 친화적인 생각, 태도, 행동을 학습하여 그러한 행동을 하게 된다고 봐야 한다. 물론 범죄에 부정적인 생각, 태도, 행동도 학습되며, 이는 주류 사회의 일반적 규범을 내면화하는 것이다. 하지만 이보다 범죄에 친화적인 생각, 태도, 행동을 더 많이 접촉하고 학습하면 범죄를 저지르게 된다. 따라서 어떤 규범을 얼마나 내면화했는가가 행동을 결정한다. 결국 인간은 자신이 사회화한 문화의 가치와 규범에 따라 행동하기 마련이다.

B : 모든 인간은 사회의 구성원으로서 사회화 과정을 통해 그 사회의 공통 규범을 공유한다. 하지만 개인에 따라 규범을 사회화하는 정도는 차이가 있기 때문에 도덕성의 정도가 사람에 따라 다를 수 있다. 그리고 규범의 사회화 정도는 사회에 대한 개인의 유대 정도와 깊은 관계가 있다. 사회에 대한 유대가 약한 사람들은 규범을 어기는 행위를 비교적 자유롭게 하게 된다. 따라서 범죄의 원인은 사회 유대의 결여 내지는 약화이다.

C : 인간은 사회의 공통 규범을 따르며 사회가 규정하는 가치를 추구하려고 한다. 하지만 규범에 순응해서는 이러한 가치 추구의 정당한 욕망이 충족될 수 없을 때, 범죄를 저지르게 된다. 누구나 성공을 욕망하지만 모든 사람이 성공하는 것은 아니다. 사회에는 엄연히 불평등 구조가 존재하기 때문이다. 어떤 사람들은 규범에 순응하면서도 성공을 하지만, 많은 사람들은 합법적인 방법으로는 목표를 달성하지 못한다. 이는 내적 긴장 상황을 야기하고 이로 인한 좌절과 절박함은 사람들로 하여금 규범을 어겨서라도 목표를 달성하려고 하게 만든다.

---

① A는 인간 본성이 어떤지에 대한 가정을 하지만, C는 그러한 가정을 하지 않는다.
② B는 사회 구성원들이 사회의 공통 규범을 내면화한다고 가정하지만, C는 그렇지 않다.
③ B는 범죄를 저지르게 하는 외부적 동기나 압력을 중시하지만, A와 C는 그렇지 않다.
④ B는 개인에 따라 규범을 내면화하는 정도에 차이가 있다고 가정하지만, A는 그렇지 않다.
⑤ A는 한 사회에서 서로 다른 문화가 갈등한다고 가정하지만, B는 서로 갈등하는 다른 문화의 존재를 고려하지 않는다.

사회학적 관점에서 범죄와 비행의 원인에 대해서 설명하는 이론이 가정하고 있는 암묵적 요소들의 내용과 그 관계를 제대로 파악하고 이해하는지를 평가함

정답 : ⑤

범죄와 비행의 원인을 설명하는 서로 다른 이론적 입장이다. A는 서덜랜드(Sutherland)의 차별접촉이론(차별교제이론), B는 허시(Hirschi)의 사회유대이론(사회통제이론), C는 머튼(Merton)의 아노미이론(긴장이론)에 기초한 내용이며, 출제의 목적으로 내용을 단순하게 편집한 것이다. 원래의 이론에 대한 해석과 판단은 다양할 수 있지만, 이 문제는 제시문에 주어진 내용에 근거해서 판단할 것을 요구한다.

정답 해설 ⑤ A는 "범죄를 저지르는 사람은 주류 사회가 받아들이지 않는 일련의 기준을 따르는 사람이다", "결국 인간은 자신이 사회화한 문화의 가치와 규범에 따라 행동하기 마련이다."라고 말하고 있으므로, 주류 사회의 규범적 문화와 그에 반하는 문화가 한 사회 안에서 병존하고 있다고 가정하고 있다. 반면 B는 사회의 공통 규범을 사회화하는 정도가 사회 유대 정도에 따라 다르며 사회 유대의 결여 내지 약화가 범죄의 원인이라고 설명하고 있기 때문에 서로 갈등하는 다른 문화의 존재를 고려하지 않고 있다. 따라서 ⑤는 옳은 분석으로 정답이다.

오답 해설 ① A는 인간이 백지와 같다는 가정을 하고 있기 때문에, 인간 본성에 대한 특별한 가정을 하지 않는다고 할 수 있다. 그런데 관점에 따라서는 문화를 매우 효과적으로 흡수하는 특성을 인간 본성으로 가정한다고 볼 수도 있다. 하지만 C는 인간이 성공을 욕망한다는 본성을 갖는다고 가정하고 있다. 누구나 성공을 욕망하며, 자신의 목표 달성을 위해 사회의 규범을 어길 수도 있다고 보기 때문이다. 따라서 C가 인간 본성에 대한 가정을 하지 않는다는 것은 옳지 않은 진술이다.

② B는 사회 구성원들이 사회의 공통 규범을 내면화한다고 가정하고 있다. 인간은 사회화 과정을 통해 사회의 공통 규범을 공유하며 그 사회화 정도에 따라 범죄를 저지르기도 하고 저지르지 않기도 한다고 주장하기 때문이다. 그런데 C도 "인간은 사회의 공통 규범을 따르며 사회가 규정한 가치를 추구하려고 한다."고 말하고 있기 때문에 그러한 가정을 한다고 봐야 한다. 만약 사회의 공통 규범을 내면화하지 않았다면, 합법적인 방법으로 목표를 달성하지 못했다고 해서 내적 긴장을 느낄 이유가 없을 것이며, 좌절과 절박감에 빠질 이유도 없을 것이다. 따라서 ②는 옳지 않은 진술이다.

③ B는 규범의 내면화로 인한 자발적 통제 때문에 사람들이 범죄를 저지르지 않는다고 설명하고 있다. 범죄를 저지르는 사람은 규범의 내면화(사회화)가 충분히 이루어지지 않은 사람들이라고 설명한다. 즉 행위의 동기나 압력에서의 차이로 범죄를 설명하는 것이 아니라 행위에 대한 통제에서의 차이로 설명한다. 따라서 B는 범죄를 저지르게 하는 외부적 동기나 압력을 중시한다고 보기는 어렵다. 반면에 A는 범죄에 친화적인 생각, 태도, 행동의 학습으로 인해 범죄를 저지르게 된다고 보기 때문에 외부적 동기나 압력을 중시하는 것으로 볼 수 있다. C도 사회에는 불평등 구조가 존재하고 이로 인해 많은 사람들이 규범을 어겨서라도 목표를 달성하려고 한다고 말하고 있으므로 범죄를 저지르게 하는 외부적 동기나 압력을 중시하는 것으로 볼 수 있다. 따라서 ③은 옳지 않은 진술이다.

④ B는 "개인에 따라 규범을 사회화하는 정도는 차이가 있기 때문에…"라고 말하고 있다. 따라서 개인에 따라 규범을 내면화하는 정도에 차이가 있다고 가정하고 있다. A가 주목하는 부분은 내면화 '정도'이기보다는 그 '내용'이지만, 그렇다고 내면화 '정도'에 차이가 있음을 부정한다고 볼 수는 없다. "어떤 규범을 '얼마나' 내면화했는가가 행동을 결정한다."고 보기 때문이다. 그러므로 B가 개인에 따라 규범을 내면화하는 정도에 차이가 있다고 가정한 점은 명백하지만, A는 그렇지 않다고 볼 근거는 없다. 따라서 ④는 옳지 않은 진술이다.

25.

다음 주장에 대한 반론이 될 수 있는 것만을 〈보기〉에서 있는 대로 고른 것은?

> 모든 인간은 인류 진화의 결과로 고착된 일체의 생물학적 특성과 자질이 동일한 상태로 태어난다. 그래서 아기들은 어디에서 태어나든 기본적인 특성과 자질 면에서 모두 같다. 하지만 성인들은 행동적·정신적 조직화(패턴화된 행동, 지식 등) 면에서 상당히 다르다는 사실이 일관되게 관찰된다. 성인에게서 발견되는 행동적·정신적 조직화의 내용은 유아에게 결여되어 있으므로, 유아는 성장 과정에서 그것을 외부로부터 획득할 수밖에 없다. 그 외부 원천은 사회문화적 환경이다. 인간 생활의 내용을 복잡하게 조직화하고 풍부하게 형성하는 것은 바로 이 사회문화적 환경인 것이다. 복잡한 사회질서를 만드는 것은 인간 본성이나 진화된 심리처럼 선천적으로 주어진 그 무엇이 아니라 개인의 외부에 있는 사회 세계이다. 결국 인간 본성과 같이 선천적으로 주어진 생물학적 특성과 자질은 인간 생활의 조직화에 아무런 중요한 역할을 못하는 빈 그릇과 같다. 인간 정신은 사회문화적 환경에 따라 거의 무한정하게 늘어나는 신축적인 특성을 지니기 때문이다.

ㄱ. 갓 태어났을 때는 치아가 없지만 성숙하면서 사람마다 다른 형태로 생겨나는 것처럼, 진화된 심리적 기제가 동일 사회문화적 환경에서도 각자 복잡하고 다양한 형태의 행동적·정신적 조직화로 발현된다.

ㄴ. 사회현상의 원인으로서 생물학적 요인과 사회환경적 요인은 서로 배타적이지 않다. 인간의 진화된 심리적 구조를 고려하지 않고 사회현상을 설명하려고 할 때 오류에 빠질 가능성이 늘 존재한다.

ㄷ. 태어나자마자 떨어져 서로 다른 문화권에서 자란 일란성 쌍둥이가 성인이 된 이후에도 매우 유사한 행동적·정신적 특성을 갖는 경우가 많은데, 그 이유는 태어날 때부터 동일한 생물학적 특성과 자질을 공유하기 때문이다.

① ㄱ   ② ㄷ   ③ ㄱ, ㄴ
④ ㄴ, ㄷ   ⑤ ㄱ, ㄴ, ㄷ

문항 성격	사회 – 논쟁 및 반론
평가 목표	복잡한 사회질서를 만드는 것은 선천적으로 주어진 그 무엇이 아니라 개인의 외부에 있는 사회라는 주장으로부터 그 주장의 논거와 핵심 주장을 이해하고, 이 주장에 대한 반론을 판단할 수 있는 능력을 평가함
문제 풀이	정답 : ⑤

인간 심리와 행동, 그리고 인간들이 모여 만드는 사회현상을 설명함에 있어서 인간의 타고난 차이를 부정하고 사회문화적 영향의 절대성을 주장하는 소위 '표준사회과학모형(standard social science model)'을 단순화한 주장이다. 인간의 특성과 사회현상은 전적으로 사회문화적 환경에 의해 결정된다고 주장하며, 생물학적으로 타고나는 인간의 선천적 특성 요인의 효과를 부정하는 사회 결정론적 입장이다.

〈보기〉 해설   ㄱ. 제시문의 주장에 따르면 성인들 사이에 나타나는 행동적·정신적 특성들의 차이는 사회문화적으로 결정된다. 하지만 ㄱ에서는 타고난 특성들이 잠재되어 있다가 일정 정도의 생물학적 성장 이후 동일 사회문화적 환경에서도 각자 복잡하고 다양한 형태의 행동적·정신적 조직화로 발현된다고 주장하고 있다. 따라서 제시문의 주장에 대한 반론에 해당한다.

ㄴ. 제시문은 사회환경적 요인만을 인정하지만 ㄴ에서는 생물학적 요인도 고려해야 하며 이를 배제할 때 사회현상에 대한 설명이 오류에 빠질 수 있다고 주장한다. 따라서 제시문의 주장에 대한 반론에 해당한다.

ㄷ. ㄷ에서는 생물학적 특성에서 동일한 일란성 쌍둥이가 서로 다른 문화권에서 자랐어도 성인이 된 이후에 행동적·정신적 유사성이 발견된다고 한다. 이는 성인의 행동적·정신적 특성이 사회문화적 환경의 영향을 받지 않을 수도 있다는 증거이며, ㄷ은 이러한 유사성은 생물학적 특성과 자질이 동일하기 때문이라고 주장한다. 따라서 제시문의 주장에 대한 반론에 해당한다.

〈보기〉의 ㄱ, ㄴ, ㄷ 모두 제시문의 주장에 대한 반론이 될 수 있으므로 정답은 ⑤이다.

26.

다음으로부터 추론한 것으로 옳지 <u>않은</u> 것은?

〈제도〉

온실가스 배출권 거래 제도는 정부가 온실가스 배출 총량을 정해 온실가스를 배출하는 사업장에 연 단위 배출권을 할당하고, 사업장이 할당 범위 안에서 온실가스를 배출하거나 과부족 분량을 다른 사업장과 거래할 수 있도록 한 제도이다. 총량 설정을 통해 온실가스 배출량을 줄이되 거래 제도를 이용하여 효율성을 극대화한 것이 이 제도의 특징이다.

〈사례〉

갑국에는 온실가스를 연간 5단위씩 배출해 오던 기업 A와 B가 있는데 정부가 연간 배출권을 각각 2단위씩 할당했다. 즉 A와 B가 할당된 배출권대로 온실가스를 감축하면 각각 3단위씩 감축해야 한다. A와 B는 온실가스 배출량을 감축하는 설비를 갖추고 있고, 온실가스 배출량 한 단위를 감축하는 비용은 감축량에 정비례한다. A의 경우 첫째 단위 감축 비용은 2가 들지만 둘째 단위 감축 비용은 4가 들어, 단위가 늘어날 때 단위당 감축 비용은 2씩 증가한다. B의 경우 첫째 단위 감축 비용은 4가 들지만 둘째 단위 감축 비용은 8이 들어 4씩 증가한다. A, B 모두 감축 비용이 소요됨에도 불구하고 조업 수준은 유지하고자 한다.

배출권 거래는 한 번에 한 단위씩 A, B 사이에서만 가능하다고 하자. 거래가 성립하려면 A와 B 모두에게 이득이 될 수준에서 가격이 형성되어야 한다. 예컨대, A는 배출권 한 단위의 거래 가격이 배출량을 한 단위 더 감축하는 비용보다 높으면 파는 것이 이득이 되고, B는 구입한 배출권 덕분에 감축하지 않아도 되는 한 단위의 감축 비용보다 거래 가격이 낮으면 사는 것이 이득이 된다.

① 할당된 배출권대로 감축할 때 최종 단위 감축 비용은 A가 6, B가 12이다.

② 배출권 거래 가격이 10이라면 1단위 거래가 성립할 수 있다.

③ 배출권은 결과적으로 1단위만 거래될 것이다.

④ 거래가 종료된 결과 A의 총 감축 비용과 B의 총 감축 비용의 합은 34이다.

⑤ A, B 중 단위당 감축 비용이 더 낮은 기업이 온실가스 배출량을 더 많이 감축하게 된다.

문항 성격	사회 – 모형 추리(수리 추리)
평가 목표	온실가스 배출권 거래 사례로부터 거래 가능 조건 및 거래 결과를 추리해 낼 수 있는 능력을 측정함
문제 풀이	정답 : ④

A는 n째 단위의 감축 비용이 $2n$이고, B는 $4n$이다. 기업은 이익을 추구하므로 배출권 거래가 이득이 되면 거래를 할 것이고, 이득이 되지 않으면 거래를 하지 않을 것이다. 그리고 거래를 통해 이득을 얻을 수 있다면 거래가 성사되도록 할 것이다. 배출권 거래를 통해 더 효율적인 감축 설비를 갖춘 기업이 온실가스 배출량을 더 많이 감축한 결과 총 감축 비용의 합이 거래 전에 비해 감소하게 된다.

정답 해설 ④ 아래 ③의 해설을 참고하면, 최대한 거래가 진행되고 거래가 종료(1단위 거래)되면 A의 총 감축 비용은 총 4단위 감축량에 대해 20(=2+4+6+8)이고, B의 총 감축 비용은 총 2단위 감축량에 대해 12(=4+8)이므로 총 감축 비용의 합은 32이라는 것을 알 수 있다. 따라서 ④는 옳지 않은 추론이다.

오답 해설 ① 할당된 배출권대로 감축할 때 A와 B 각각 3단위씩 감축해야 하므로 최종 단위(셋째 단위)의 감축 비용은 A가 6(=2×3), B가 12(=4×3)이다.

② 가격이 10이라면 A가 넷째 단위를 감축하는 비용 8보다 크고 B가 구입한 배출권 덕분에 감축하지 않아도 되는 셋째 단위의 감축 비용 12보다는 작기 때문에 1단위 거래가 성립할 수 있다.

③ ②의 해설의 논리를 적용하면 A가 한 단위 더 감축하는 비용보다 B가 구입한 배출권 덕분에 감축하지 않아도 되는 한 단위의 감축 비용이 클 경우에만 거래가 성립할 수 있다. 이러한 경우는 배출권을 1단위 거래할 때까지만 유지된다. 이후에는 A의 다섯째 단위 감축 비용은 10, B의 절약 감축 비용은 8이 되어 거래가 성립되는 가격이 없다.

⑤ 총 감축 비용의 합이 32까지 줄어드는 것은 단위당 감축 비용이 더 낮은 A가 온실가스 배출량을 더 많이 감축하게 된 결과이고, 이로부터 배출권 거래 제도의 효율성을 확인할 수 있다.

27.

〈논쟁〉에 대한 평가로 옳은 것만을 〈보기〉에서 있는 대로 고른 것은?

정부는 대부업자 및 여신금융회사의 법정 최고 금리를 35%에서 28%로 인하하기로 발표하였다. 이 정책에 대해 A와 B가 다음과 같은 논쟁을 벌였다.

〈논쟁〉

A1 : 이번 조치의 결과 최대 3백만 명에게 7천억 원 규모의 이자 부담이 경감될 것으로 예상된다. 이는 신용도가 높지 않은 서민의 부담을 덜어 주는 효과가 있을 것이다.

B1 : 지나치게 낙관적인 예상이다. 이는 현재 28%를 초과하는 금리를 적용받는 모든 사람들이 28% 이하의 금리로 대출을 받을 수 있다는 가정에 기반하고 있다. 하지만 금리는 대출받는 사람의 상환 불이행 위험을 반영하기 때문에, 금리가 강제로 인하되면 기존에는 대부업자나 여신금융회사에서 대출을 받았지만 이후에는 받을 수 없게 되는 사람이 늘어날 것이다.

A2 : 그렇지 않을 수 있다. 금리가 인하되면 이전에 비해 대부업자 등이 거두는 이자 수입이 감소할 것이고 이를 보전하기 위해 대출 규모를 확대하려 할 것이기 때문이다.

B2 : 대출 규모가 확대되더라도 법정 최고 금리가 35%일 때 대출을 받을 수 없던 사람들까지 대출을 받게 되지는 않을 것이다. 그들은 이번 조치에 전혀 혜택을 받지 못하고 있다.

A3 : 그렇다 하더라도 많은 사람들이 이자 부담을 덜게 되는 것은 사실이다. 계산해 보면 최대 3백만 명이 1년에 1인당 21만 원 정도 이자를 덜 내도 된다.

B3 : 대출을 받을 수 있는 사람들이 이자 부담을 덜게 되는 장점이 신용도가 낮은 사람들이 대출을 받을 수 없게 되는 단점보다 클지 불분명하다.

보기

ㄱ. 정책 시행 후, 대출 규모가 증가함과 동시에 기존에는 대출을 받았는데 대출을 받을 수 없게 된 사람 수가 증가한 데이터는 A2를 약화한다.

ㄴ. 법정 최고 금리가 35%를 초과하던 시기에 35% 초과 금리가 적용되는 대상자가 거의 없었다는 데이터는 B2를 강화한다.

ㄷ. 정책에 대해 A3이 주장한 장점을 B3은 인정하지 않고 있다.

① ㄱ   ② ㄴ   ③ ㄱ, ㄷ

④ ㄴ, ㄷ   ⑤ ㄱ, ㄴ, ㄷ

사회 – 논쟁 및 반론

상반된 정책 평가에 대해 그 논거를 분석하고 평가할 수 있는 능력을 측정함

정답 : ①

법정 최고 금리 인하의 정책에 대해 A는 금리 인하의 혜택이 발생할 것이라는 입장인 반면, B는 강제적 금리 인하로 대출 자금의 공급량이 감소하면 대출을 받을 수 없게 되는 사람들에게 역효과가 생기며 이들은 정책이 정작 보호해야 할 저신용 서민일 것이라는 주장이다. 2016년 실제 정부 발표 사례를 통해 관련 논쟁을 소개하고 있다.

〈보기〉 해설 ㄱ. A2가 대출 규모 증가 가능성을 주장하는 이유는 B1의 기존에는 대출을 받았지만 정책 이후에는 받을 수 없게 되는 사람 수가 증가한다는 주장을 약화하기 위한 것이다. 이는 '그렇지 않을 수 있다'는 반박으로부터 추론할 수 있다. A2의 주장을 해석하면 대부업자 등이 대출 규모를 확대하려 할 것이기 때문에 대출을 받을 수 없게 되는 사람이 늘어나지 않을 것이라는 것이다. 따라서 ㄱ은 옳은 평가이다.

ㄴ. B2는 법정 최고 금리가 35%일 때 대출을 받을 수 없던 사람들까지 대출을 받게 되지는 않을 것이라고 주장하고 있는데, 이는 정책 시행 전부터 35% 초과 금리에서나 대출을 받을 수 있던 사람들은 정책 시행의 혜택을 받을 수 없다는 의미이다. 35% 초과 금리가 적용되는 대상자들이 거의 없었다면, 그들이 이번 법정 최고 금리 인하 정책으로 전혀 혜택을 받을 수 없다는 주장은 약화되거나 최소한 강화되지는 않을 것이다. 따라서 ㄴ은 옳지 않은 평가이다.

ㄷ. B3은 '대출을 받을 수 있는 사람들이 이자 부담을 덜게 되는 장점'을 거론하여 A30이 주장한 정책의 장점을 일부 인정함을 알 수 있다.

〈보기〉의 ㄱ만이 옳은 평가이므로 정답은 ①이다.

28.

다음으로부터 추론한 것으로 옳은 것만을 〈보기〉에서 있는 대로 고른 것은?

소득곡선과 생존선을 함께 나타낸 그래프를 이용하면 경제성장의 역사를 간단하게 설명할 수 있다. 소득곡선은 인구가 생산에 투입되어 얻을 수 있는 소득을 보이는 것으로, 인구와 소득을 각각 가로축과 세로축에 표시한 평면에 나타내면 그림과 같다. 생존선은 주어진 인구가 생존하기 위해 필요한 최소한의 소득을 나타낸 것이다. 소득에 기여하는 요소는 인구, 자본, 기술이 있는데, 이

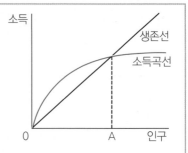

중 인구와 자본은 한계소득체감의 법칙을 따른다. 이 법칙은 다른 요소가 일정할 때 해당 요소가 증가할수록 소득이 증가하지만 소득의 증가 정도는 점점 줄어드는 법칙이다. 소득을 인구로 나눈 1인당 소득은 인구가 증가할수록 감소하는 것을 그림에서 알 수 있다. 기술은 한계소득체감의 법칙을 따르지 않는다.

두 선이 교차할 때의 인구 수준 A를 기준으로 인구가 적을 때는 소득곡선이 생존선 위에 있고 인구가 많을 경우에는 반대가 된다. 학자 M은 한 사회의 소득 수준이 생존 수준을 상회하면 인구가 늘어나고 하회하면 인구가 감소하는 경향이 있기 때문에 A를 중심으로 인구가 주기적으로 늘거나 주는 움직임이 반복된다고 주장했다. 이를 'M의 덫'이라고 하며, 자본과 기술이 일정할 때 일어나는 전근대적 현상이라 볼 수 있다. 이와 대조적으로 학자 K는 '근대적 경제성장'의 시기에는 인구와 소득이 함께 늘어날 수 있다고 설파했다. 이것은 소득곡선의 이동으로 설명할 수 있다. 예를 들어 자본이 축적되면 소득곡선이 위로 이동하여 생존선과 교차하는 점이 오른쪽 위로 바뀌고 소득과 인구가 동시에 증가하는 것이 가능해진다.

보 기

ㄱ. 'M의 덫'에 빠져 있을 때 인구와 1인당 소득 사이에는 양(+)의 상관관계가 나타날 것이다.

ㄴ. 다른 요소가 일정할 때 자본이 축적될수록 추가되는 자본 단위당 소득곡선이 위로 이동하는 정도는 점점 줄어들 것이다.

ㄷ. 인구의 증가만으로는 K의 '근대적 경제성장'을 이룰 수 없을 것이다.

① ㄱ   ② ㄴ   ③ ㄱ, ㄷ

④ ㄴ, ㄷ   ⑤ ㄱ, ㄴ, ㄷ

문항 성격	사회 − 언어 추리
평가 목표	경제성장을 설명하는 이론으로부터 성장의 요인과 그 영향을 추리해 낼 수 있는 능력을 평가함
문제 풀이	정답 : ④

제시문에서 솔로우(Robert Solow)의 신고전학파 성장이론을 인구−소득 평면의 그래프를 사용하여 간단하게 설명하고 이를 맬더스의 해석에 적용하고 있다.

〈보기〉 해설　　ㄱ. 'M의 덫'에서 벗어나지 못하던 시기에는 인구가 증가할 때 1인당 소득이 감소하고 인구가 감소할 때는 1인당 소득이 증가하기 때문에 이들 간 음(−)의 상관관계가 나타날 것이다. ㄱ은 옳지 않은 추론이다.

　　　　ㄴ. 자본은 한계소득체감의 법칙이 적용되기 때문에 다른 요소가 일정할 때 자본이 축적될수록 소득이 증가하지만 소득 증가 정도는 점점 줄어들게 된다. 다시 말해서, 먼저 추가되는 자본 1단위에 대하여 증가되는 소득보다 나중에 추가되는 자본 1단위에 대하여 증가되는 소득이 적을 것이다. 이는 자본이 축적될수록 자본 1단위에 대하여 소득곡선이 위로 이동하는 정도가 점점 줄어든다는 의미이다. ㄴ은 옳은 추론이다.

　　　　ㄷ. K의 '근대적 경제성장'은 전근대적 상황에서 인구가 증가하면 성장률이 저하되는 딜레마에서 벗어나 자본 축적과 기술 진보로 인구가 증가하면서도 지속적으로 성장할 수 있는 상황을 말하며, 이는 자본 축적이나 기술 진보가 있을 때 소득곡선이 위로 이동하는 것으로 설명할 수 있다. 따라서 ㄷ은 옳은 추론이다.

　　　　〈보기〉의 ㄴ, ㄷ만이 옳은 추론이므로 정답은 ④이다.

29.

〈원리〉에 따라 추론한 것으로 옳은 것만을 〈보기〉에서 있는 대로 고른 것은?

　　수십 명의 직원이 근무하는 정보국에는 A, B, C 세 부서가 있고, 각 부서에 1명 이상이 소속되어 있다. 둘 이상의 부서에 소속된 직원은 없다. 이들 직원의 감시와 관련하여 세 가지 사실이 알려져 있다.

(1) A의 모든 직원은 B의 어떤 직원을 감시한다. 이는 A 부서에 속한 직원은 누구나 B 부서 소속의 직원을 1명 이상 감시하고 있음을 의미한다.

(2) B의 모든 직원이 감시하는 C의 직원이 있다. 이는 C 부서의 직원 가운데 적어도 한 사람은 B 부서 모든 직원의 감시 대상임을 의미한다.

(3) C의 어떤 직원은 A의 모든 직원을 감시한다. 이는 C 부서에 속한 직원 가운데 적어도 한 사람은 A 부서의 모든 직원을 감시 대상으로 삼고 있음을 의미한다.

〈원리〉

갑이 을을 감시하고 을이 병을 감시하면, 갑은 병을 감시하는 것이다.

보기

ㄱ. A의 모든 직원은 C의 직원 가운데 적어도 한 사람을 감시하고 있다.
ㄴ. B의 어떤 직원은 A의 모든 직원을 감시하고 있다.
ㄷ. C의 어떤 직원은 B의 직원 가운데 적어도 한 사람을 감시하고 있다.

① ㄱ   ② ㄴ   ③ ㄱ, ㄷ
④ ㄴ, ㄷ   ⑤ ㄱ, ㄴ, ㄷ

문항 성격   논리학·수학 – 언어 추리
평가 목표   〈원리〉에 따라 제시문으로부터 추론되는 결과를 파악할 수 있는지 평가함
문제 풀이   정답 : ③

〈원리〉는 감시 관계가 이행적 성질을 지닌 것임을 말해 준다. (1) A의 모든 직원은 B의 어떤 직원을 감시하고, (2) B의 모든 직원이 감시하는 C의 직원이 있고, 또한 (3) C의 어떤 직원은 A의 모든 직원을 감시한다. (2)와 (3)의 의미는 분명하다. (1)은 두 가지 방식으로 읽을 수 있다. 하나는 A의 직원은 누구나 나름대로 B의 직원 가운데 한 사람을 감시하는 상황이고, 다른 하나는 '공교롭게도' A의 모든 직원이 동일한 B의 직원 B1을 감시하는 상황이다. 둘 가운데 어느 경우이든 답이 동일하도록 구성되었다.

〈보기〉 해설   ㄱ. B의 모든 직원이 감시하는 C의 직원이 있으므로 이 직원을 C1이라고 하자. A의 모든 직원은 B의 직원 가운데 적어도 한 사람을 감시하고, B의 모든 직원은 C1을 감시하므로, 〈원리〉에 따라 A의 모든 직원은 C1을 감시하고 있다. 이는 A의 모든 직원이 감시하는 대상을 B1, B2 등과 같이 각기 다른 사람으로 생각하든, '공교롭게' 하나의 동일 인물 B2로 생각하든 상관없이 다 성립한다. 따라서 ㄱ은 옳은 추론이다.

ㄴ. B의 모든 직원이 감시하는 대상이 C1이고 동일 인물인 C1이 '공교롭게도' A의

모든 직원을 감시하는 경우라면 ㄴ이 성립한다. 하지만 B의 모든 직원이 감시하는 대상은 C1이지만 A의 모든 직원을 감시하는 직원이 C2라면 ㄴ은 성립하지 않는다. 따라서 ㄴ은 옳지 않은 추론이다.

ㄷ. (3)에서 A의 모든 직원을 감시하는 C의 어떤 직원을 C30이라고 하자. C3은 A의 모든 직원을 감시하며, A의 모든 직원은 B의 직원 가운데 적어도 한 사람(이것이 가령 동일인 B20이든 아니면 서로 다른 B1, B2 등이든 상관없다)을 감시하므로, 〈원리〉에 따라 C의 어떤 직원(C3)은 B의 직원 가운데 적어도 한 사람을 감시하고 있다. 따라서 ㄷ은 옳은 추론이다.

〈보기〉의 ㄱ, ㄷ만이 옳은 추론이므로 정답은 ③이다.

30.

다음으로부터 추론한 것으로 옳은 것만을 〈보기〉에서 있는 대로 고른 것은?

다음과 같이 10개의 숫자가 사각형 안에 적혀 있다.

1	2	3
4	5	6
7	8	9
	0	

숫자가 적혀 있는 두 사각형이 한 변을 서로 공유할 때 두 숫자가 '인접'한다고 하자. 서로 다른 6개의 숫자를 한 번씩만 사용하여 만든 암호에 대하여 다음 정보가 알려져 있다.

· 4와 인접한 숫자 중 두 개가 사용되었다.
· 6이 사용되었다면 9도 사용되었다.
· 8과 인접한 숫자 중 한 개만 사용되었다.

보기

ㄱ. 8이 사용되었다.
ㄴ. 2와 3은 모두 사용되었다.
ㄷ. 5, 6, 7 중에 사용된 숫자는 한 개이다.

① ㄱ　　　　　　　　② ㄴ　　　　　　　　③ ㄱ, ㄷ

④ ㄴ, ㄷ　　　　　　⑤ ㄱ, ㄴ, ㄷ

문항 성격	논리학·수학 – 모형 추리(논리 게임)
평가 목표	주어진 조건을 만족하는 서로 다른 6개의 숫자로 구성된 암호를 논리적 추론을 통하여 찾을 수 있는지를 평가함
문제 풀이	정답 : ⑤

첫 번째 조건 '4와 인접한 숫자 중 두 개가 사용되었다'로부터 1, 5, 7 중의 두 개가 사용되었고, 세 번째 조건 '8과 인접한 숫자 중 한 개만 사용되었다'로부터 5, 7, 9, 0 중에 기껏해야 한 개가 사용되었다. 이로부터 5, 7 중에 한 개만 사용되었고, 1은 사용되고, 9, 0은 사용되지 않았다. 이제 두 번째 조건 '6이 사용되었다면 9도 사용되었다'와 9가 사용되지 않았음으로부터 6이 사용되지 않았음을 안다. 따라서 6, 9, 0은 사용되지 않은 숫자이고 5, 7 중의 한 숫자는 사용되지 않은 숫자이며, 사용 가능한 숫자는 1, 2, 3, 4, 8과 5, 7 중의 한 숫자이다.

사용된 숫자가 서로 다른 6개의 숫자이므로 사용 가능한 숫자를 모두 사용해야 한다. 따라서 암호에 사용된 숫자는 1, 2, 3, 4, 5, 8이거나 1, 2, 3, 4, 7, 8이다.

〈보기〉 해설　ㄱ. 위의 설명에서 8이 사용되었다는 것을 알 수 있다. ㄱ은 옳은 추론이다.

　　　　　　　ㄴ. 위의 설명에서 2와 3이 모두 사용되었다는 것을 알 수 있다. ㄴ은 옳은 추론이다.

　　　　　　　ㄷ. 위의 설명에서 사용된 숫자는 1, 2, 3, 4, 5, 8이거나 1, 2, 3, 4, 7, 8이므로, 5, 6, 7 중에는 한 개가 사용되었다는 것을 알 수 있다. ㄷ은 옳은 추론이다.

〈보기〉의 ㄱ, ㄴ, ㄷ 모두 옳은 추론이므로 정답은 ⑤이다.

31.

다음으로부터 추론한 것으로 옳은 것만을 〈보기〉에서 있는 대로 고른 것은?

> 8개의 축구팀 A, B, C, D, E, F, G, H가 다음 단계 1~3에 따라 경기하였다.
>
> 단계 1 : 8개의 팀을 두 팀씩 1, 2, 3, 4조로 나눈 후, 각 조마다 같은 조에 속한 두 팀이 경기를 하여 이긴 팀은 준결승전에 진출한다.

단계 2 : 1조와 2조에서 준결승전에 진출한 팀끼리 경기를 하여 이긴 팀이 결승전에 진출하고, 3 조와 4조에서 준결승전에 진출한 팀끼리 경기를 하여 이긴 팀이 결승전에 진출한다.

단계 3 : 결승전에 진출한 두 팀이 경기를 하여 이긴 팀이 우승한다.

　무승부 없이 단계 3까지 마친 경기 결과에 대하여 갑, 을, 병, 정이 아래와 같이 진술하였다.

갑 : A는 2승 1패였다.

을 : E는 1승 1패였다.

병 : C는 준결승전에서 B에 패했다.

정 : H가 우승하였다.

　그런데 이 중에서 한 명만 거짓말을 한 것으로 밝혀졌다.

보기

ㄱ. 을의 진술은 참이다.

ㄴ. 갑이 거짓말을 하였으면 H는 준결승전에서 E를 이겼다.

ㄷ. H가 1승이라도 했다면 갑 또는 병이 거짓말을 하였다.

① ㄴ　　　　　　　　② ㄷ　　　　　　　　③ ㄱ, ㄴ

④ ㄱ, ㄷ　　　　　　　⑤ ㄱ, ㄴ, ㄷ

문항 성격	논리학·수학 – 모형 추리(논리 게임)
평가 목표	주어진 규칙에 따라 진행된 경기의 결과에 대한 진술로부터 추론되는 결과를 파악할 수 있는 능력을 측정함
문제 풀이	정답 : ⑤

규칙에 따라 진행한 경기의 결과에 대한 갑, 을, 병, 정의 진술로부터 다음이 도출된다.

　(1) 갑으로부터 A는 결승전에 진출하였지만 결승전에서 패했다.

　(2) 을로부터 E는 준결승전에 진출하여 패했다.

　(3) 병으로부터 C와 B는 준결승전에 진출하고, B는 결승전에 진출하고 C는 진출하지 못했다.

　(4) 정으로부터 H가 결승전에 진출하여 우승하였다.

이로부터 갑은 A가 결승전 진출, 병은 B가 결승전 진출, 정은 H가 결승전 진출하였다고 진술하였는데, 결승전은 두 팀만 진출하므로, 이 셋 중에 한 명은 거짓말을 하였다. 네 명 중에 한 명만 거짓말을 하였으므로 을의 진술은 참이다.

⑴ 갑이 거짓말을 하였을 경우 : 을, 병, 정의 진술은 참이므로 B와 H가 결승전에 진출하여 결승전에서 H가 이겼다. 또한 준결승전에는 E, C, B, H가 진출하고, B가 C를 이겼으므로 H는 E를 이겼다. 따라서 경기결과는 다음과 같다.

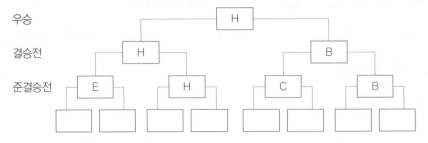

⑵ 병이 거짓말을 하였을 경우 : 갑, 을, 정의 진술은 참이므로 A와 H가 결승전에 진출하여 결승전에서 H가 이겼다. 또한 준결승전에는 E, A, H가 진출한다. 따라서 경기결과는 다음과 같다.

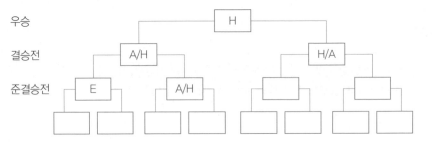

⑶ 정이 거짓말을 하였을 경우 : 갑, 을, 병의 진술은 참이므로 A와 B가 결승전에 진출하여 결승전에서 B가 이겼다. 또한 준결승전에는 A, E, C, B가 진출하고, B가 C를 이겼으므로 A는 E를 이겼다. 따라서 경기결과는 다음과 같다. 참고로 이때 H는 0승이다.

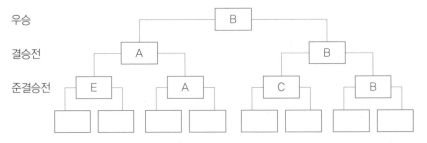

〈보기〉 해설 　ㄱ. 갑, 병, 정 중의 한 명이 거짓말을 하였고, 갑, 을, 병, 정 중에서 한 명만 거짓말을 하였으므로 을의 진술은 참이다. 따라서 ㄱ은 옳은 추론이다.

ㄴ. 갑이 거짓말을 하였으면 준결승전에 E, C, B, H가 진출하였고, B가 C를 이겼으므로 H는 E를 이겼다. 따라서 ㄴ은 옳은 추론이다.

ㄷ. 위의 (3)에서 정이 거짓말을 하였다면 H가 0승이라는 것을 알 수 있으므로, H가 1승이라도 했다면 정은 거짓말을 하지 않았다는 것을 추론할 수 있다. 갑, 병, 정 중의 한 명만 거짓말을 하였으므로 갑 또는 병이 거짓말을 하였다. 따라서 ㄷ은 옳은 추론이다. 참고로 대우를 생각하여 갑과 병이 거짓말을 하지 않았으면 정이 거짓말을 하였고 따라서 H가 0승임을 보여도 된다.

〈보기〉의 ㄱ, ㄴ, ㄷ 모두 옳은 추론이므로 정답은 ⑤이다.

32.

다음으로부터 추론한 것으로 옳은 것만을 〈보기〉에서 있는 대로 고른 것은?

사회관계망 서비스(SNS)는 온라인에서 사용자를 연결해 주는 기능을 제공한다. 두 사용자가 다른 사용자를 거치지 않고 연결되어 있는 경우 '직접 연결'되어 있다고 한다. 어느 SNS를 이용하는 일곱 명의 사용자 A, B, C, D, E, F, G는 다음과 같이 연결되어 있다.

- A와 직접 연결되어 있는 사용자는 D, E를 포함하여 세 명이다.
- B와 직접 연결되어 있지 않은 사용자는 D를 포함하여 두 명이다.
- C와 직접 연결되어 있는 사용자는 F를 포함하여 세 명이다.
- A와 C 둘 다에게 직접 연결된 사용자는 G뿐이다.
- D와 직접 연결된 사용자는 한 명이다.
- E와 직접 연결된 사용자는 두 명이고, F와 직접 연결된 사용자는 세 명이다.

보기

ㄱ. A와 F는 직접 연결되어 있지 않다.
ㄴ. C와 D 둘 다에게 직접 연결된 다른 사용자가 있다.
ㄷ. 팀의 구성원들 각자가 나머지 구성원들 모두와 직접 연결되어 있도록 팀을 만들 때, 가능한 팀의 최대 인원은 4명이다.

① ㄱ   ② ㄴ   ③ ㄱ, ㄷ
④ ㄴ, ㄷ   ⑤ ㄱ, ㄴ, ㄷ

문항 성격 논리학·수학 – 모형 추리(논리 게임)

평가 목표 주어진 조건에 따라 연결된 사회관계망 서비스의 연결 상태를 논리적으로 추론할 수
있는지를 평가함

문제 풀이 정답 : ③

조건에 따라 연결 상태를 그림으로 나타내 보면 다음과 같다([ ]이 표시된 사용자는 연결 상태가
끝났음을 의미하며, 점선(…)은 직접 연결되어 있지 않음을 의미한다).

(1) 처음 세 조건을 적용한 연결 상태

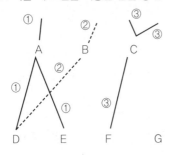

(2) 네 번째 조건을 추가한 연결 상태

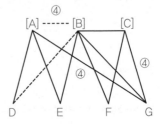

* A와 C 둘 다에게 직접 연결된 사용자는 G
이므로, A는 D, E, G와 직접 연결되어 있다.
A와 직접 연결되어 있는 사용자는 3명이므
로 A와 B는 직접 연결되어 있지 않다는 것
을 추리할 수 있다. 따라서 B는 D, A와 직접
연결되어 있지 않고, 나머지 사용자 모두와
직접 연결되어 있다.

(3) 다섯 번째 조건을 추가한 연결 상태

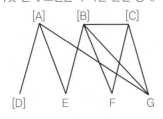

(4) 여섯 번째 조건을 추가한 연결 상태

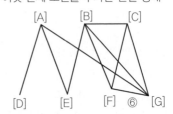

* A~E의 연결 상태가 모두 끝났으므로, F
와 직접 연결된 세 명의 사용자 중 B와 C를
제외한 한 명은 G이다.

[별해] 조건에 따라 직접 연결 상태를 표로 나타내 보면 다음과 같다.

(1) 처음 세 조건과 다섯 번째 조건을 이용하여 연결을 표시한 경우

	A	B	C	D	E	F	G	
A				○	○			○×××
B				×				○○○○×
C				×		○		○○××
D	○	×	×		×	×	×	
E	○			×				
F			○	×				
G				×				

(2) 네 번째 조건을 더하여 연결을 표시한 경우

	A	B	C	D	E	F	G
A		×	×	○	○	×	○
B	×		○	×	○	○	○
C	×	○		×	×	○	○
D	○	×	×		×	×	×
E	○	○	×	×			
F	×	○	○	×			
G	○	○	○	×			

(3) 여섯 번째 조건을 더하여 연결을 표시한 경우

	A	B	C	D	E	F	G
A		×	×	○	○	×	○
B	×		○	×	○	○	○
C	×	○		×	×	○	○
D	○	×	×		×	×	×
E	○	○	×	×		×	×
F	×	○	○	×	×		○
G	○	○	○	×	×	○	

〈보기〉 해설 ㄱ. A와 직접 연결된 사용자는 D, E, G이므로 A와 F는 직접 연결되어 있지 않다.
ㄱ은 옳은 추론이다.

ㄴ. D와 직접 연결된 사용자는 A뿐이고, A는 C와 직접 연결되어 있지 않다. 따라서 C와 D 둘 다에게 직접 연결된 사용자는 없다. ㄴ은 옳지 않은 추론이다.

ㄷ. 팀을 만들 때 팀의 구성원이 5명 이상이면 A, D, E 중 최소한 한 명을 포함하고 있어야 하는데, 이들은 직접 연결된 사람이 3명 이하로 서로 직접 연결될 수 없는 구성원이 존재하게 된다(팀의 각 구성원이 자신을 제외한 모든 사용자와 직접 연결되어야 하므로 n명으로 팀을 구성하기 위해서는 구성원 각자는 n−1명과 직접 연결되어야 한다). 따라서 조건을 만족하는 5명 이상의 팀은 만들 수 없다. 그러므로 주어진 조건을 만족시키는 가능한 팀의 최대 인원은 4명 이하이다. 한편 B, C, F, G는 모두 서로 연결되어 있으므로 조건을 만족시킨다. 따라서 팀의 구성원들 각자가 나머지 구성원들 모두와 직접 연결되어 있도록 팀을 만들 때, 가능한 팀의 최대 인원은 4명이다. ㄷ은 옳은 추론이다.

〈보기〉의 ㄱ, ㄷ만이 옳은 추론이므로 정답은 ③이다.

33.

A, B에 대한 평가로 옳은 것만을 〈보기〉에서 있는 대로 고른 것은?

로버트 밀리컨은 전하의 기본단위를 측정한 업적으로 노벨상을 받은 미국 물리학자이다. 그는 원통형 실린더 내부에 작은 기름방울들을 분사하고, 여기에 전기장을 걸어 주어 기름방울이 전하를 띠게 한 후 중력과 전기력의 영향으로 나타나는 기름방울의 운동을 관찰함으로써 전하의 값을 알아냈다. 노벨상을 받는 데 결정적인 역할을 한 1913년 논문에서 밀리컨은 58개의 기름방울에 대한 자료를 제시했다. 하지만 이후 밀리컨의 실험 노트를 분석한 결과에 따르면, 그는 1911년 10월부터 1912년 4월까지 100개 이상의 기름방울에 대한 실험을 수행하였고, 기름방울 실험에 대해 '아름다움', '뭔가 잘못됨', '최고의 결과' 등의 논평을 달아 놓은 것으로 밝혀졌다.

A : 밀리컨은 자신의 이론에 맞는 좋은 데이터만 남기고 이론에 잘 들어맞지 않는 나머지는 버리는 방식으로 '데이터 요리'를 저질렀기 때문에, 이는 명백히 의도적인 연구 부정행위에 해당한다.

B : 밀리컨이 일부 데이터를 버린 것은 사실이지만, 자신의 이론에 불리해서가 아니라 실험의 여러 가지 조건들이 최적으로 맞춰지지 않은 상태에서 얻은 데이터여서 버린 것이기 때문에, 이는 통상적인 과학 활동의 일부이다.

ㄱ. 논문에 포함되지 않은 대부분의 기름방울에 대해서는 단순히 관찰만 이루어졌고 전하량의 계산과 같은 추가적인 분석이 이루어지지 않았을 경우, A는 강화된다.

ㄴ. 논문에 포함된 58개 기름방울의 데이터를 이용했을 때와 실험 노트에 기록된 모든 기름방울의 데이터를 이용했을 때 단위 전하량의 계산 결과가 서로 많이 달랐다면, A는 약화된다.

ㄷ. 논문에 포함되지 않은 데이터 대부분이 기름방울의 크기가 크거나 측정 오차가 큰 경우 등 실험 조건이 완벽하지 못한 것들이었다면, B는 강화된다.

① ㄱ ② ㄷ ③ ㄱ, ㄴ
④ ㄴ, ㄷ ⑤ ㄱ, ㄴ, ㄷ

문항 성격 과학기술 – 논증 평가 및 문제해결

평가 목표 과학 연구 과정에서 실험 데이터 취사선택에 관한 다양한 상황을 제시하고 이를 적절하게 판단할 수 있는 능력을 평가함

문제 풀이 정답 : ②

밀리컨은 1913년 발표된 논문에서 실험에 사용된 기름방울이 모두 58개라고 주장했으나, 이후 밀리컨의 실험 노트를 분석한 결과 훨씬 많은 수의 기름방울이 실험의 대상이 되었다는 사실이 밝혀졌다. 이러한 사실이 대중적인 잡지와 책에 실리게 되면서 '데이터 요리'의 대표적인 사례처럼 언급되곤 했다. 데이터 요리라는 것은 자연과학의 연구 과정에서 이론에 적합한 연구 결과들은 고수하면서 다른 결과들은 버리는 것을 의미하는 것으로 과학 부정행위의 전형적인 형태이다. 그러나 최근의 연구들은 밀리컨의 데이터 취사선택이 단지 이론적 기대와 맞지 않기 때문에 이루어진 것이 아님을 보여 준다.

〈보기〉해설 ㄱ. 논문에 포함되지 않은 대부분의 기름방울에 대해서는 단순히 관찰만 이루어졌고 전하량의 계산과 같은 추가적인 분석이 이루어지지 않았다면, 밀리컨이 이론에 맞는 데이터만 선택하였다고 비난하는 A의 주장은 강화되지 않는다. ㄱ은 옳지 않은 평가이다.

　　ㄴ. 논문에 포함된 58개 기름방울의 데이터를 이용했을 때와 실험 노트에 기록된 모든 기름방울의 데이터를 이용했을 때 단위 전하량의 계산 결과가 서로 많이 달랐다면, A는 약화되지 않는다. 오히려 밀리컨이 고의로 이론에 불리한 데이터를 버렸음이 추가로 밝혀지는 경우 A는 강화된다. ㄴ은 옳지 않은 평가이다.

ㄷ. 논문에 포함되지 않은 데이터 대부분이 기름방울의 크기가 크거나 측정 오차가 큰 경우 등 실험 조건이 완벽하지 못한 것들이었다면, 이는 B의 주장처럼 실험 조건이 최적이 아니었기 때문에 버린 것이다. 따라서 통상적인 과학 활동이라는 B를 강화한다. ㄷ은 옳은 평가이다.

〈보기〉의 ㄷ만이 옳은 평가이므로 정답은 ②이다.

34.

다음 논쟁에 대한 분석으로 옳은 것만을 〈보기〉에서 있는 대로 고른 것은?

(가) 저탄수화물 식단은 저지방 식단보다 체중 감량 효과가 뛰어나다. W 연구팀은 과체중이지만 건강한 지원자 51명을 대상으로 실험을 실시했다. 피실험자들은 원하는 만큼 음식을 섭취할 수 있었다. 하지만 그 음식에 포함된 탄수화물은 극도로 제한되었다. 실험 결과, 6개월 뒤 피실험자들의 체중은 약 10% 감소했다. W 연구팀은 후속 연구를 통해서 과체중 환자들을 저지방 식단 그룹과 저탄수화물 식단 그룹으로 나누고 비교했다. 이 연구에 따르면 저지방 식단 그룹의 체중은 6개월 동안 평균 6.7% 감소한 반면, 저탄수화물 식단 그룹의 체중은 평균 12.9% 감소했다.

(나) (가)의 주장은 저탄수화물 다이어트에 대한 오해를 야기한다. 그 주장은 음식 섭취량에 상관없이 탄수화물만 적게 먹으면 살을 뺄 수 있다는 것처럼 들린다. 하지만 이는 잘못이다. W 연구팀의 논문에서도 언급되었듯이 체중이 감소한 것은 근본적으로 피실험자들의 섭취 칼로리가 적었기 때문이다. 즉 저탄수화물 식단이 식욕을 억제함으로써 피실험자들의 음식 섭취량을 줄였다고 볼 수 있다.

(다) L 연구팀은 W 연구팀과 비슷한 방식으로 저탄수화물 식단과 저지방 식단이 피실험자에게 미치는 영향을 12개월 동안 추적했지만, 두 그룹 간 체중 감소량에 큰 차이를 발견하지 못했다. 하지만 첫 6개월 동안의 체중 감소량에는 큰 차이가 있었다. 저탄수화물 식단 그룹은 첫 6개월 동안 체중이 감소한 뒤 그 체중을 유지한 반면 저지방 식단 그룹은 12개월에 걸쳐 체중이 계속 감소했다. 따라서 저탄수화물 식단에 식욕 억제 효과가 있다고 하더라도 그 효과가 나타나는 기간은 제한적일 것이다.

ㄱ. (가), (나), (다)는 모두 저탄수화물 식단이 체중을 감소시키는 효과가 있다는 것에 동의한다.

ㄴ. (다)가 언급한 실험 결과는 W 연구팀의 실험 데이터에 오류가 있었음을 증명한다.

ㄷ. W 연구팀의 실험에서 저탄수화물 식단 그룹과 저지방 식단 그룹에 속한 피실험자들이 섭취한 칼로리가 동일하게 감소했다면, (가)에 대한 (나)의 비판은 약화된다.

① ㄱ　　　　　　　② ㄴ　　　　　　　③ ㄱ, ㄷ

④ ㄴ, ㄷ　　　　　　⑤ ㄱ, ㄴ, ㄷ

문항 성격 과학기술 – 논쟁 및 반론

평가 목표 연구 결과의 해석에 관한 각자의 견해를 올바르게 이해하고 분석하는 능력을 평가함

문제 풀이 정답 : ③

저탄수화물 식단의 체중 감량 효과를 주제로 (가), (나), (다)가 논쟁을 하고 있다.

(가)는 W 연구팀의 실험 결과를 인용하여 저탄수화물 식단이 저지방 식단보다 체중 감량 효과가 크다고 주장하고 있다.

(나)는 (가)의 주장이 오해를 일으킬 수 있음을 지적하면서 비판한다. 비판의 요지는 체중을 줄이는 데 있어서 저탄수화물 식단이 효과를 가지는 것은 그로 인해 식사량이 줄기 때문이지, 식사량과 무관하게 탄수화물만 줄인다고 체중이 줄어들지는 않는다는 것이다. 또한 (가)가 언급하지 않은 W 연구팀의 칼로리 감소 결과를 인용하면서 (가)의 주장을 반박하고 있다.

(다)는 L 연구팀의 결과를 인용하고 있다. L의 실험에 따르면 결과적으로 6개월 뒤의 큰 차이가 1년 뒤에는 사라진다. 이 말은 저탄수화물 식단이 6개월 안에 감량시킨 체중은 저지방 식단이 1년 안에 감량시킨 체중과 같다는 말이며, 이는 전자의 감량 속도가 후자의 감량 속도보다 더 빠르다는 것이다.

〈보기〉 해설 ㄱ. (가), (나), (다) 모두 저탄수화물 식단이 체중을 줄이는 효과가 있다는 것 자체에 대해서는 인정하고 있다. (다)는 저탄수화물 식단이 6개월 동안 효과가 있으며 이후 체중이 유지된다고 하였으므로, 체중 감량의 효과를 인정한 것이다. (나)는 체중 감량이 탄수화물 섭취량을 줄인 것의 효과가 아니라고는 하였으나, 저탄수화물 식단이 식욕 억제를 통하여 총 섭취 칼로리를 줄였기 때문에 체중이 준 것이라고 하였으므로, 체중 감량 효과는 명백히 인정한 것이다. ㄱ은 옳은 분석이다.

ㄴ. (다)가 언급한 L 연구팀의 실험에서, 12개월이 지난 시점의 결과는 저탄수화물 식단과 저지방 식단의 차이가 거의 없지만, 6개월이 지난 시점의 결과는 W 연

구팀의 실험 결과와 사실상 동일하므로, W 연구팀 데이터에 오류가 있다고 말할 수는 없다. 즉, W 연구팀의 데이터는 L 연구팀의 연구에서 거의 그대로 재현이 되었으며, L 연구팀은 추가 실험을 통해 새로운 사실을 밝힌 것이다. ㄴ은 옳지 않은 분석이다.

ㄷ. (나)의 비판의 요지는 총 칼로리 섭취량의 감소가 체중 감량의 중요한 원인이라는 것이다. 하지만 저탄수화물 식단과 저지방 식단의 총 칼로리 섭취량 감소가 동일하고, 탄수화물 섭취량이 적으냐 지방 섭취량이 적으냐의 차이밖에 없다면, 저탄수화물 식단의 체중 감량 효과가 더 뛰어나다고 말할 수 있으며, 이는 (나)의 (가)에 대한 비판을 약화한다. ㄷ은 옳은 분석이다.

〈보기〉의 ㄱ, ㄷ만이 옳은 분석이므로 정답은 ③이다.

35.

다음으로부터 추론한 것으로 옳은 것만을 〈보기〉에서 있는 대로 고른 것은?

가설과 증거 사이에는 다양한 관계가 성립한다. 증거는 가설을 강화하기도 하고 약화하기도 하며 그 정도는 다양하다. '구리를 가열했더니 팽창했다'는 증거가 '모든 금속은 가열하면 팽창한다'는 가설을 강화하는 정도는 그 증거가 '어떤 금속은 가열하면 팽창한다'는 가설을 강화하는 정도와 다르다.

어떤 이론가들은 이런 강화 및 약화의 정도 사이에 다음과 같은 대칭성이 성립한다고 주장한다.

• 증거-대칭성 : 증거 E가 가설 H를 강화하는 정도와 증거 E의 부정이 가설 H를 약화하는 정도는 같다.

한편, 이런 강화 및 약화의 정도에는 최댓값이 있다. 주어진 배경 지식과 함께 증거 E가 가설 H를 논리적으로 함축하면 증거 E는 가설 H를 최대로 강화한다. 마찬가지로 주어진 배경 지식과 함께 증거 E가 가설 H의 부정을 논리적으로 함축하면 증거 E는 가설 H를 최대로 약화한다. 그리고 증거 E가 가설 H를 최대로 강화하고 E의 부정이 H를 최대로 약화하면, E가 H를 강화하는 정도와 E의 부정이 H를 약화하는 정도는 같다.

〈배경 지식〉
이번 살인 사건의 용의자는 갑, 을, 병 세 사람이다. 그리고 이 중 한 사람만 범인이다.

보기

ㄱ. '갑이 범인이다'라는 증거는 '을이 범인이 아니다'라는 가설을 최대로 강화하지만, '갑이 범인이 아니다'라는 증거는 '을이 범인이 아니다'라는 가설을 최대로 강화하지 않는다.

ㄴ. 병이 범인이 아니라는 사실이 〈배경 지식〉에 추가된다면, '갑이 범인이다'라는 증거는 '을이 범인이다'라는 가설을 최대로 약화하고, '갑이 범인이 아니다'라는 증거는 '을이 범인이 아니다'라는 가설을 최대로 약화한다.

ㄷ. 병이 범인이 아니라는 사실이 〈배경 지식〉에 추가된다면, '갑이 범인이다'라는 증거와 '을이 범인이 아니다'라는 가설 사이에는 증거–대칭성이 성립한다.

① ㄱ   ② ㄴ   ③ ㄱ, ㄷ
④ ㄴ, ㄷ   ⑤ ㄱ, ㄴ, ㄷ

문항 성격 논리학·수학 – 언어 추리

평가 목표 정의되는 개념에 따라 그것이 함축하는 결과를 추리할 수 있는 능력을 측정함

문제 풀이 정답 : ⑤

〈배경 지식〉은 다음 두 가지 사실이다.

⑴ 이번 살인 사건의 용의자는 갑, 을, 병 세 사람이다.

⑵ 갑, 을, 병 중 한 사람만 범인이다.

증거–대칭성은 다음을 말한다.

• 증거 E가 가설 H를 강화하는 정도＝증거 E의 부정이 가설 H를 약화하는 정도

그리고 다른 중요한 사실은 다음과 같다.

• 〈배경 지식〉과 함께 증거 E가 가설 H를 함축하면, 증거 E는 가설 H를 최대로 강화한다.

• 〈배경 지식〉과 함께 증거 E가 가설 H의 부정을 함축하면, 증거 E는 가설 H를 최대로 약화한다.

〈보기〉 해설 ㄱ. '갑이 범인이다'라는 증거는 〈배경 지식〉과 함께 '을이 범인이 아니다'라는 가설을 함축하므로, 증거는 가설을 최대로 강화한다. 하지만, '갑이 범인이 아니다'라는 증거는 〈배경 지식〉과 함께 '을이 범인이 아니다'라는 가설을 함축하지 않으므로(을이나 병이 범인일 수 있다), 증거는 가설을 최대로 강화하지 않는다. 따라서 ㄱ은 옳은 추론이다.

ㄴ. 병이 범인이 아니라는 사실이 〈배경 지식〉에 추가된다면, '갑이 범인이다'라는 증거는 〈배경 지식〉과 함께 '을이 범인이다'라는 가설의 부정인 '을이 범인이 아니다'를 함축하므로, 증거는 가설을 최대로 약화한다. 또한 '갑이 범인이 아니다'라는 증거는 〈배경 지식〉과 함께 '을이 범인이 아니다'라는 가설의 부정인 '을이 범인이다'를 함축하므로, 증거는 가설을 최대로 약화한다. 따라서 ㄴ은 옳은 추론이다.

ㄷ. 먼저 병이 범인이 아니라는 사실을 〈배경 지식〉에 추가하자. 증거와 가설은 다음과 같다.

증거 : 갑이 범인이다.
가설 : 을이 범인이 아니다.

증거는 〈배경 지식〉과 함께 가설을 함축하므로, 증거는 가설을 최대로 강화한다. 그리고 증거의 부정인 '갑이 범인이 아니다'는 〈배경 지식〉과 함께 가설의 부정인 '을이 범인이다'를 함축하므로, 증거의 부정은 가설을 최대로 약화한다. 즉 증거는 가설을 최대로 강화하고, 증거의 부정은 가설을 최대로 약화한다. 이때 제시문의 마지막 내용에 따라 증거가 가설을 강화하는 정도와 증거의 부정이 가설을 약화하는 정도는 같게 된다. 결국 이는 증거-대칭성이 성립한다는 것을 의미한다. 따라서 ㄷ은 옳은 추론이다.

〈보기〉의 ㄱ, ㄴ, ㄷ 모두 옳은 추론이므로 정답은 ⑤이다.

36.

다음으로부터 추론한 것으로 옳은 것만을 〈보기〉에서 있는 대로 고른 것은?

질병의 원인을 어떻게 추정할 수 있을까? 19세기 과학자 K가 제안한 단순한 초기 가설에 따르면, 어떤 병원균의 보균 상태가 아님에도 어떤 질병이 발병하거나 그 병원균의 보균 상태임에도 그 질병이 발병하지 않는다면, 그 병원균은 그 질병의 원인이 아니다. 이를테면 결핵 환자들 중에 어떤 병원균의 보균자인 사람도 있고 아닌 사람도 있다면 그 병원균을 결핵의 원인으로 추정할 수 없으며, 어떤 병원균의 보균자들 중에 결핵을 앓고 있는 사람도 있고 아닌 사람도 있다면 그 병원균 역시 결핵의 원인으로 추정할 수 없다는 것이다. 이를 엄밀하게 표현하면 아래와 같다.

다음 두 조건을 모두 만족하는 경우에, 병원균 X를 질병 Y의 원인으로 추정할 수 있다.

조건 1 : Y를 앓는 모든 환자가 X의 보균자이다.

조건 2 : 누구든 X의 보균자가 되면 그 때 반드시 Y가 발병한다.

ㄱ. 질병 D를 앓는 모든 환자들이 병원균 α와 β 둘 다의 보균자이고, 누구든 α와 β 둘 다의 보균자가 되면 그 때 반드시 D가 발병하는 경우, α도 조건 2를 만족하고 β도 조건 2를 만족한다.

ㄴ. 질병 D를 앓는 환자에게서 병원균 α와 β가 함께 검출되는 경우가 없다면, α와 β 중 기껏해야 하나만 위 두 조건을 모두 만족할 수 있다.

ㄷ. 질병 D를 앓는 모든 환자에게서 병원균 α와 β 중 적어도 하나가 검출된다면, α와 β 중 적어도 하나는 조건 1을 만족한다.

① ㄱ　　　　　　　② ㄴ　　　　　　　③ ㄱ, ㄷ
④ ㄴ, ㄷ　　　　　　⑤ ㄱ, ㄴ, ㄷ

문항 성격	과학기술 – 언어 추리
평가 목표	질병의 원인을 추정할 때 사용할 수 있는 원칙 등과 같은 일반 원리로부터 올바른 결과를 추리해 낼 수 있는 능력을 평가함
문제 풀이	정답 : ②

제시된 글에서 주어진 일반 원리는 병원균 X를 질병 Y의 원인으로 추정하려면 X는 Y의 필요조건(조건 1)이면서 동시에 충분조건(조건 2)이어야 한다는 것이다. 이 조건에 대한 정확한 이해를 바탕으로 〈보기〉의 각 상황이 어떤 조건을 충족하고 있는지 파악해야 한다.

〈보기〉 해설　ㄱ. 질병 D를 앓는 모든 환자들이 병원균 α와 β 둘 다의 보균자이고, 누구든 α와 β 둘 다의 보균자가 되면 그 때 반드시 D가 발병한다고 가정하자. 이 경우 α의 보균자가 되더라도 (β가 없어서) D가 발병하지 않을 수 있고, β의 보균자가 되더라도 (α가 없어서) D가 발병하지 않을 수 있다. 따라서 'α도 조건 2를 만족하고, β도 조건 2를 만족한다'는 것은 옳지 않은 추론이다.

ㄴ. D를 앓는 환자에게서 병원균 α와 β가 함께 검출되지 않는다는 뜻은, 그 환자에게서 α가 검출되지 않거나 β가 검출되지 않거나 α와 β 둘 다 검출되지 않는다는 것이다. 따라서 α와 β 둘 다 조건 1과 조건 2를 모두 만족할 수 있는 경우란 없다. 하지만 그것이 α와 β 중 하나가 두 조건을 만족할 수 있는 경우까지 완전

히 배제하는 것은 아니다. 예를 들어, D를 앓는 모든 환자가 α 보균자이고, 누구든 α의 보균자가 되면 그 때 반드시 D가 발병하는 경우가 가능하다. 따라서 ㄴ은 옳은 추론이다.

ㄷ. '질병 D를 앓는 모든 환자들에게서 α와 β 중 적어도 하나가 검출된다'는 진술은 D를 앓는 일부 환자는 α만이 검출되고 다른 모든 환자는 β만이 검출되는 상황이 있음을 배제하지 않는다. 이 상황에서 β 보균자가 아닌 D를 앓는 환자와 α 보균자가 아닌 D를 앓는 환자가 있을 것이다. 그러므로 α, β 둘 다 조건 1을 만족하지 못한다는 것이 가능하다. 따라서 ㄷ은 옳지 않은 추론이다.

〈보기〉의 ㄴ만이 옳은 추론이므로 정답은 ②이다.

37.

다음으로부터 추론한 것으로 옳은 것만을 〈보기〉에서 있는 대로 고른 것은?

인체에서 에너지는 주로 미토콘드리아의 전자전달계와 ATP 합성효소에 의해 생성된다. 전자전달계는 영양소를 분해할 때 생긴 전자가 단백질 복합체를 거쳐 최종적으로 산소에 전달되는 체계이다. 산소가 전자를 받으면 물이 되므로 전자전달계가 활성화되면 산소 소모량이 증가하게 된다.

1961년 미첼 박사는 전자전달계가 어떻게 ATP 합성과 연결되어 있는지에 대한 이론을 발표하였다. 이 이론에 따르면 전자전달계가 전자를 전달하는 동안 수소이온이 미토콘드리아 내막 바깥으로 투과되어 수소이온 전위차가 형성된다. 이 수소이온은 미토콘드리아 내막에 존재하는 ATP 합성효소를 통과하여 내막 안쪽으로 다시 들어온다. 이로써 전위차가 해소되고 효소가 활성화되어 ATP가 합성된다. 이처럼 전자전달계와 ATP 합성은 전위차를 통해 서로 연결되어 있다. 즉 전자전달이 일어나지 않으면 전위차가 형성되지 않아 ATP 합성이 일어날 수 없으며, 반면에 ATP 합성이 억제되면 전위차 해소가 일어날 수 없기 때문에 전자전달도 중지된다. 전위차가 해소되어야 지속적인 전자전달과 산소 소모가 이루어질 수 있기 때문이다. 이러한 이론은 전자전달계를 억제하는 약물 X 또는 ATP 합성효소 활성을 억제하는 약물 Y를 이용하여 다음과 같이 검증할 수 있다.

미토콘드리아를 분리하여 시험관에 넣은 후 반응을 일으키면 전자전달과 ATP 합성이 시작되어 산소 소모량과 ATP 합성량이 증가하게 된다. 일정 시간 경과 후에 약물 X 또는 약물 Y를 처리하여 변화를 관찰한다. 또한 약물 X 또는 약물 Y를 처리한 후 약물 Z를 처리하고 변화를 관찰한다. 약물 Z는 미토콘드리아 내막의 수소이온 투과도를 높임으로써 전자전달에 의한 전위차를 ATP 합성효소에 의하지 않고 급격하게 해소할 수 있는 약물이다. 약물 X, Y, Z는 모두 독립적으로 작용한다.

ㄱ. 약물 X만 처리한 경우 ATP 합성에는 영향을 주지 못한다.

ㄴ. 약물 Y만 처리한 경우 산소 소모량은 감소한다.

ㄷ. 약물 Y에 이어 약물 Z를 처리한 경우, 약물 Y만 처리한 때에 비해 산소 소모량이 증가한다.

① ㄱ　　　　　　　　　② ㄴ　　　　　　　　　③ ㄱ, ㄷ

④ ㄴ, ㄷ　　　　　　　　⑤ ㄱ, ㄴ, ㄷ

문항 성격 과학기술 – 언어 추리

평가 목표 실험 결과에서 도출된 이론을 제시하고, 그로부터 거꾸로 실험 결과를 매치할 수 있는가를 물음으로써, 과학 실험 결과와 결론이 함축하는 정보를 찾아내는 능력을 평가함

문제 풀이 정답 : ④

미토콘드리아의 내막에서 벌어지는 에너지 생성은 ⑴ 전자전달계(호흡 사슬) : 산소를 소비하며 전자를 전달하는 과정, ⑵ 산화적 인산화 : ATP 합성 효소가 실제로 ADP에 인산을 부착하여 ATP를 만드는 과정, 이렇게 두 과정으로 나눌 수 있다. 미첼 박사의 이론은 이 두 과정이 별개로 일어나는 것이 아니라 '수소 막전위'에 의해 연결되어 있다는 것을 뒷받침하며, 전자전달계와 ATP 합성이 '커플링'되어 있다고 말한다. 따라서 전자전달계를 억제하면 ATP 생성이 되지 않고, 거꾸로 ATP 생성을 억제하여도 전자전달계는 억제된다.

이를 증명하는 실험으로 미토콘드리아에서 전자전달계(산소 소모량으로 측정)와 산화적 인산화 (ATP 합성량으로 측정) 두 가지를 측정하면서, 서로의 연관성을 보기 위하여 3가지의 약물을 처리하는 실험을 제시하였다. 약물 X는 전자전달을 억제하는 로테논과 같은 약물, Y는 ATP 합성효소만을 억제하는 올리고마이신 계열 약물, Z는 내막의 수소이온 투과성을 높이는 다이니트로페닐과 같은, 소위 '짝풀림'(uncoupling) 계열 약물이다.

제시문의 연구 결과는 실제 발표된 결과이며, 이를 요약하면 다음과 같다.

⑴ 미토콘드리아에 ADP, 인산, 숙신산을 넣으면 산소 소모량과 ATP 합성량은 증가한다.

⑵ 약물 X를 처리하면 전자전달이 억제되는데, 이때 산소 소모량과 ATP 합성량 모두 감소한다. 이 두 과정이 커플링되어 있기 때문이다.

⑶ 약물 Y를 처리하면 ATP 합성효소가 억제되는데, 이때도 산소 소모량과 ATP 합성이 모두 감소한다.

⑷ 약물 X에 이어 약물 Z를 투여한 경우에는, 먼저 투여한 약물 X 때문에 전자전달이 억제되어 수소 전위차가 없는 상태에서 약물 Z가 투여되었으므로, 전위차 해소가 있을 수 없다. 즉 약물 X만 처리한 것과 비교하여 결과에 변화가 없다.

⑸ 약물 Y에 이어 약물 Z를 투여한 경우가 가장 중요하다. 수소 전위차는 형성되었으나 먼저 투여한 약물 Y 때문에 ATP 합성효소가 억제되어 전위차 해소의 방법이 없어서 전자전달도 역시 억제되어 있었는데, 약물 Z의 투여로 전위차가 해소되면 비로소 '커플링'이 풀려 산소 소모량이 증가하게 된다. 그래서 이러한 약물을 '짝풀림제'(uncoupler)라고도 한다.

〈보기〉해설　ㄱ. 약물 X는 전자전달계를 억제하며, 이 경우 전위차가 형성되지 않아 ATP 합성 역시 억제된다. 따라서 ATP 합성량이 감소한다. ㄱ은 옳지 않은 추론이다.

ㄴ. 약물 Y만 처리한 경우 합성효소의 활성이 억제되어 ATP 합성이 감소하고, 이때 전위차 해소가 일어나지 않아 전자전달계 역시 억제되므로, 산소 소모량은 감소한다. ㄴ은 옳은 추론이다.

ㄷ. 약물 Y에 이어 약물 Z를 처리한 경우에는 ⑸에서 설명한 대로 짝풀림이 일어나면서 억제되어 있던 산소 소모가 다시 이루어지게 된다. ㄷ은 옳은 추론이다.

약물 처리	산소 소모량	ATP 합성량
약물 X	감소	감소
약물 Y	감소	감소
약물 X 이후 약물 Z	감소	감소
약물 Y 이후 약물 Z	증가	감소

〈보기〉의 ㄴ, ㄷ만이 옳은 추론이므로 정답은 ④이다.

38.

다음으로부터 추론한 것으로 옳은 것만을 〈보기〉에서 있는 대로 고른 것은?

B형 간염 바이러스는 바이러스 DNA와 그것을 둘러싼 단백질들로 되어 있다. 이 바이러스 단백질들은 체내 면역시스템에 대한 항원으로 작용하여 바이러스에 감염된 사람은 이에 대한 항체를 만들게 된다. 단백질 항원은 바이러스 DNA로부터 만들어지며, 바이러스 DNA가 체내에서 완전히 사라지면 항원도 결국 사라지게 된다. B형 간염 바이러스는 HBs 항원과 HBc 항원을 가지고 있다.

HBs 항원은 바이러스 감염 시 1~10주 이내에 혈중에 나타나며 회복되는 경우 4~6개월 후 사라진다. 6개월 이후에도 증상이 지속되고 HBs 항원이 양성이면 '만성 B형 간염'으로 진단한다. HBs 항원이 양성이지만 간의 염증 등 다른 증상이 나타나지 않는 경우는 'B형 간염 보유자'로 정의한다. HBs 항원이 소실되면서 HBs 항체가 양성이 되는데, 이는 인체에서 지속적으로 방어 항체로서 기능한다.

HBc 항원은 감염된 간세포 내에 존재하여 혈중에서는 검출되지 않는다. 반면 이에 대한 항체인 HBc 항체는 혈중에서 감염 직후부터 나타나며, M형과 G형 항체로 구분된다. M형 항체는 바이러스 복제가 활발한 시기에 나타나고, G형 항체는 급성, 만성기는 물론 회복기를 거쳐 평생 동안 지속된다.

B형 간염을 예방하기 위한 백신은 HBs 항원만을 분리하여 제조한다. 이를 주사할 경우 간염 바이러스 없이 HBs 항체를 생성하여 바이러스의 감염을 방어하게 된다.

보 기

ㄱ. HBs 항체가 양성이면서 HBc 항체가 음성이면 B형 간염 백신을 맞은 사람이다.

ㄴ. HBs 항체가 양성이면서 G형 HBc 항체가 양성인 사람은 과거에 B형 간염 바이러스에 감염된 적이 있다.

ㄷ. 만성 B형 간염 환자와 B형 간염 보유자의 차이는 체내 바이러스 DNA의 존재 유무이다.

① ㄱ   ② ㄷ   ③ ㄱ, ㄴ

④ ㄴ, ㄷ   ⑤ ㄱ, ㄴ, ㄷ

체내 항원·항체의 검출과 질병 경과의 연관 관계를 이해하고 이 관계가 함축하는 정보를 찾아내는 능력을 평가함

정답 : ③

제시문의 주요 정보를 정리하면 다음과 같다.

1) B형 간염은 B형 간염 바이러스로부터 발생하며, 감염되면 이 바이러스 DNA에서 여러 단백질 항원이 만들어진다. 우리 몸에서는 이 항원에 대해서 항체를 만들게 된다.

2) 우리 몸에서 바이러스가 사라지면, 즉 바이러스 DNA가 사라지면 항원은 사라지게 된다.

3) HBs 항원 : 바이러스 표면 항원이며, 바이러스 감염 시 곧 증가하지만 HBs 항체가 생성되면 사라진다. 혈청에 계속 존재하는 경우 만성 간염으로 분류되고, 간염의 증상이 없어도 이 항원이 지속되면 B형 간염 보유자로 정의된다.

4) HBc 항원 : 바이러스 핵심 항원이며, 이에 대한 항체는 급성기에 나타나는 M형 항체와 그 이후 나타나는 G형 항체로 나눌 수 있다.

5) 백신은 HBs 항원을 주사하여 이에 대한 항체가 생기게 하는 것이므로, HBs 항체가 생기면 백신에 의해 바이러스 면역력을 가지게 되는 것이다.

〈보기〉해설 ㄱ. B형 간염 백신은 HBs 항체 양성을 유도하기 위한 것으로, 간염 바이러스가 없어 실제로 감염되지 않으므로 HBc 항원은 만들어지지 않는다. 따라서 HBc 항체도 음성이다. 반면 과거에 간염 바이러스에 감염되었다면 HBc 항체가 양성으로 나타난다. ㄱ은 옳은 추론이다.

ㄴ. HBs 항체와 HBc 항체가 모두 양성인 것은 과거에 감염되었다는 증거이다. ㄴ은 옳은 추론이다.

ㄷ. 만성 간염 환자와 간염 보유자의 차이는 증상의 유무이며, 두 그룹 모두 체내 바이러스 DNA가 존재한다. ㄷ은 옳지 않은 추론이다.

〈보기〉의 ㄱ, ㄴ만이 옳은 추론이므로 정답은 ③이다.

39.

㉠에 대한 평가로 옳은 것만을 〈보기〉에서 있는 대로 고른 것은?

초파리의 장에는 많은 종류의 세균이 존재하는데, 이들 세균은 초파리를 죽이는 병독균, 병독균의 성장을 저해하여 초파리에게 도움을 주는 유익균, 그 외의 일반균으로 구분된다. 이들 세균의 성장은 초파리의 장세포가 분비하는 활성산소에 의해 조절되며, 활성산소의 분비는 세균이 분비하는 물질에 의해 조절된다. 활성산소가 적정량 분비될 때는 초파리에게 해를 끼치지 않지만 다량 분비될 때는 초파리의 장세포에 염증을 일으킨다. 초파리 장내세균의 종류와 이를 조절하는 메커니즘을 알기 위해 장내세균이 전혀 없는 무균 초파리에 4종류의 세균 A~D 혹은 이들 세균이 분비하는 물질 X를 주입하여 다음과 같은 실험 결과를 얻었다. 단, 세균 B와 D는 물질 X를 분비한다.

장내 주입물	활성산소 분비	초파리 생존
물질 X	분비됨	건강하게 생존
세균 A	분비되지 않음	건강하게 생존
세균 B	적정량 분비됨	건강하게 생존
세균 C	분비되지 않음	죽음
세균 D	다량 분비됨	생존했으나 만성 염증
세균 A+세균 C	분비되지 않음	죽음
세균 B+세균 C	적정량 분비됨	건강하게 생존

이 실험 결과로부터 ㉠'초파리의 장세포가 분비하는 활성산소는 병독균의 성장을 저해한다'는 가설을 도출하고 추가 실험을 실시하였다.

보기

ㄱ. 세균 A와 세균 B를 주입했을 때 활성산소가 적정량 분비되고 초파리는 건강하게 생존했다는 추가 실험 결과는 ㉠을 강화한다.

ㄴ. 물질 X와 세균 C를 주입했을 때 활성산소가 적정량 분비되고 초파리는 건강하게 생존했다는 추가 실험 결과는 ㉠을 강화한다.

ㄷ. 세균 C와 세균 D를 주입했을 때 활성산소가 다량 분비되고 초파리는 생존했지만 만성 염증이 발생했다는 추가 실험 결과는 ㉠을 강화한다.

① ㄱ   ② ㄴ   ③ ㄱ, ㄷ

④ ㄴ, ㄷ   ⑤ ㄱ, ㄴ, ㄷ

문제 풀이　정답 : ④

제시문에서 초파리를 죽이는 것이 병독균이라고 했으므로, 실험 결과로부터 세균 A~D 중 세균 C가 병독균임을 알 수 있다. 또한 세균 B와 세균 D가 분비하는 물질 X는 초파리의 장세포가 활성산소를 분비하게 한다는 것도 알 수 있다. 세균 A와 세균 C를 초파리의 장에 동시에 주입했을 때에는 초파리가 죽었으므로, 세균 A는 병독균인 세균 C가 초파리를 죽이는 것과 관련하여 아무런 역할을 하지 않은 것으로 판단할 수 있다. 그러나 세균 B와 세균 C를 초파리의 장에 동시에 주입했을 때에는 초파리가 생존하였으므로, 세균 B가 병독균인 세균 C의 성장을 저해했다고 추정할 수 있다. 이로부터 세균 B는 물질 X를 분비하고, 물질 X는 초파리의 장세포가 활성산소를 분비하게 하며, 이렇게 분비된 활성산소는 병독균의 성장을 저해한다는 추정이 가능하다. 즉 '초파리의 장세포가 분비하는 활성산소는 병독균의 성장을 저해한다'는 가설을 도출할 수 있다.

〈보기〉해설　ㄱ. 세균 A와 세균 B를 주입했을 때 활성산소가 적정량 분비되고 초파리는 건강하게 생존했다는 추가 실험 결과는 자료에 주어진 사실과 부합한다. 그러나 세균 A와 세균 B는 병독균이 아니므로, 이 실험 결과는 활성산소가 병독균의 성장을 저해한다는 가설과는 무관하다. ㄱ은 옳지 않은 평가이다.

ㄴ. 초파리의 장세포에서 활성산소가 분비되게 하는 물질 X와 병독균인 세균 C를 주입했을 때 활성산소가 적정량 분비되고 초파리는 건강하게 생존했다면, 물질 X에 의해 분비된 활성산소가 병독균인 세균 C의 성장을 저해했기 때문이라고 볼 수 있다. 따라서 이 실험 결과는 활성산소가 병독균의 성장을 저해한다는 가설인 ㉠을 강화한다. ㄴ은 옳은 평가이다.

ㄷ. 물질 X를 분비함으로써 초파리의 장세포에서 활성산소가 분비되게 하는 세균 D와 병독균인 세균 C를 주입했을 때 활성산소가 다량 분비되어 만성 염증은 발생했지만 초파리가 생존했다면, 세균 D가 분비하는 물질 X에 의해 장세포가 활성산소를 분비하고 이것이 병독균인 세균 C의 성장을 저해했기 때문이라고 볼 수 있다. 따라서 이 실험 결과는 활성산소가 병독균의 성장을 저해한다는 가설인 ㉠을 강화한다. ㄷ은 옳은 평가이다.

〈보기〉의 ㄴ, ㄷ만이 옳은 평가이므로 정답은 ④이다.

40.

다음으로부터 추론한 것으로 옳은 것만을 〈보기〉에서 있는 대로 고른 것은?

대부분의 세포는 생명 활동을 위해 금속인 철을 필요로 한다. 세포 내에 철이 부족할 경우 철을 필수적으로 사용하는 효소들이 제대로 기능을 할 수 없고, 철이 많을 경우 세포를 손상시키기 때문에 세포는 적당한 수준의 세포 내 철 농도를 유지하는 것이 필요하다. 세포 내에 철이 부족할 경우, 세포 외부로부터 철을 세포 내로 수송하는 단백질 A는 생산되지만 세포 내에서 철과 결합해 철 농도를 낮추는 단백질 B는 생산되지 않는다. 반대로 세포 내에 철이 많을 경우, 단백질 A는 생산되지 않고 단백질 B는 생산된다. 전사인자 T는 철이 많을 경우 철과 결합하고 철이 부족할 경우 철과 결합하지 않는 단백질로서, 다음 (가)~(다) 단계를 거쳐 단백질 A와 B의 생산을 조절한다.

단계 (가) : 전사인자 T와 DNA의 결합 여부는 다음 중 하나로 결정된다.

ⓐ철과 결합한 T는 DNA와 결합하고, 철과 결합하지 않은 T는 DNA와 결합하지 않는다.

ⓑ철과 결합한 T는 DNA와 결합하지 않고, 철과 결합하지 않은 T는 DNA와 결합한다.

단계 (나) : RNA C는 T가 DNA와 결합하면 생산되고, 결합하지 않으면 생산되지 않는다.

단계 (다) : 단백질 A와 B 각각의 생산 여부는 다음 중 하나로 결정된다.

ⓒRNA C가 있으면 생산되고, 없으면 생산되지 않는다.

ⓓRNA C가 있으면 생산되지 않고, 없으면 생산된다.

보 기

ㄱ. 단백질 A의 생산 조절이 (가)의 ⓐ를 거칠 경우, (다)의 ⓓ를 거칠 것이다.

ㄴ. 단백질 B의 생산 조절이 (가)의 ⓐ를 거칠 경우, (다)의 ⓒ를 거칠 것이다.

ㄷ. 단백질 B의 생산 조절이 (다)의 ⓒ를 거칠 경우, T를 만드는 유전자를 제거한 돌연변이 세포 내에서는 철이 많은 경우라도 B는 생산되지 않을 것이다.

① ㄱ   ② ㄷ   ③ ㄱ, ㄴ

④ ㄴ, ㄷ   ⑤ ㄱ, ㄴ, ㄷ

단백질 A는 철이 부족하면 생산되고 많으면 생산되지 않는 단백질이며, 단백질 B는 철이 많으면 생산되고 부족하면 생산되지 않는 단백질이다. 전사인자 T는 철이 많으면 철과 결합하고 철이 부족하면 철과 결합하지 않는 단백질로서, 단계 (가)에서 철과의 결합 여부에 따라 DNA와의 결합 여부가 결정되는 단백질이다. 최종적으로 단계 (다)에서는 RNA C의 존재 여부에 따라 단백질 A와 단백질 B의 생산 여부가 결정된다. 이를 단계와 철의 다소(철이 많고 적음)에 따라 정리하면 다음과 같다.

(1) 단계 (가)의 ⓐ와 단계 (다)의 ⓒ를 거칠 경우 :

　　철 부족 → T와 철 결합(×) → T와 DNA 결합(×) → RNA C 생산(×) → 단백질 생산(×)

　　철 많음 → T와 철 결합(○) → T와 DNA 결합(○) → RNA C 생산(○) → 단백질 생산(○)

(2) 단계 (가)의 ⓐ와 단계 (다)의 ⓓ를 거칠 경우 :

　　철 부족 → T와 철 결합(×) → T와 DNA 결합(×) → RNA C 생산(×) → 단백질 생산(○)

　　철 많음 → T와 철 결합(○) → T와 DNA 결합(○) → RNA C 생산(○) → 단백질 생산(×)

(3) 단계 (가)의 ⓑ와 단계 (다)의 ⓒ를 거칠 경우 :

　　철 부족 → T와 철 결합(×) → T와 DNA 결합(○) → RNA C 생산(○) → 단백질 생산(○)

　　철 많음 → T와 철 결합(○) → T와 DNA 결합(×) → RNA C 생산(×) → 단백질 생산(×)

(4) 단계 (가)의 ⓑ와 단계 (다)의 ⓓ를 거칠 경우 :

　　철 부족 → T와 철 결합(×) → T와 DNA 결합(○) → RNA C 생산(○) → 단백질 생산(×)

　　철 많음 → T와 철 결합(○) → T와 DNA 결합(×) → RNA C 생산(×) → 단백질 생산(○)

따라서 철이 부족하면 생산되고 많으면 생산되지 않는 단백질 A는 단계 (가)의 ⓐ와 단계 (다)의 ⓓ를 거치거나, 단계 (가)의 ⓑ와 단계 (다)의 ⓒ를 거쳐서 생산이 조절된다는 것을 알 수 있다. 또한 철이 많으면 생산되고 부족하면 생산되지 않는 단백질 B는 단계 (가)의 ⓐ와 단계 (다)의 ⓒ를 거치거나, 단계 (가)의 ⓑ와 단계 (다)의 ⓓ를 거쳐서 생산이 조절된다는 것을 알 수 있다.

〈보기〉 해설　ㄱ. 단백질 A의 생산 조절은 단계 (가)의 ⓐ와 단계 (다)의 ⓓ를 거치거나, 단계 (가)의 ⓑ와 단계 (다)의 ⓒ를 거칠 수 있으므로, 단백질 A의 생산 조절이 (가)의 ⓐ를 거칠 경우에는 (다)의 ⓓ를 거친다. ㄱ은 옳은 추론이다.

　　　　　　ㄴ. 단백질 B의 생산 조절은 단계 (가)의 ⓐ와 단계 (다)의 ⓒ를 거치거나, 단계 (가)의 ⓑ와 단계 (다)의 ⓓ를 거칠 수 있으므로, 단백질 B의 생산 조절이 (가)의 ⓐ를 거칠 경우에는 (다)의 ⓒ를 거친다. ㄴ은 옳은 추론이다.

ㄷ. 전사인자 T를 만드는 유전자를 제거한 돌연변이 세포에는 전사인자 T가 존재하지 않으므로, 철이 많고 적음과 관계없이 단계 (나)에서 RNA C가 생산되지 않는다. 따라서 단백질 B의 생산 조절이 단계 (다)의 ⓒ를 거칠 경우에는 철이 많든 적든 단백질 B가 생산되지 않고, ⓓ를 거칠 경우에는 철이 많든 적든 단백질 B가 생산된다. ㄷ은 옳은 추론이다.

〈보기〉의 ㄱ, ㄴ, ㄷ 모두 옳은 추론이므로 정답은 ⑤이다.

법학적성시험
추리논증 영역

2018학년도 추리논증 영역 출제 방향

1. 출제의 기본 방향

추리논증 시험은 제시문에서 주어진 내용을 단순히 문자적으로 이해하는 것만으로는 해결할 수 없고 제시된 글이나 상황을 논리적으로 분석하고 비판할 수 있어야 해결할 수 있도록 문제로 구성하여 추리력과 비판력을 측정하는 시험이 되도록 하였다. 특히 전공에 따른 유·불리를 최소화도록 정상적인 학업과 독서 생활을 통하여 사고력을 함양한 사람이면 누구나 해결할 수 있는 내용을 다루되, 주어진 제시문의 내용에 관한 선지식이 문제 풀이에 크게 도움이 되지 않도록 하였다.

전 학문 분야 및 일상적, 실천적 영역에 걸쳐 다양하게 문항의 제재를 선택함으로써 대학에서 특정 전공자가 유리하거나 불리하지 않도록 영역 간 균형 잡힌 제재 선정을 위해 노력하는 한편, 제시문으로 선택된 영역의 전문 지식이 문항 해결에 미치는 영향을 최소화하는 데에도 주력하였다. 시험의 성격상, 법을 비롯한 규범학의 제시문을 다소 많이 포함시켰으나, 제시문 및 질문을 최대한 순화하여 법학적 지식 없이 일상적 언어능력과 사고력만으로 제시문을 읽어 내고 문제를 해결할 수 있도록 하였다.

추리능력을 측정하는 문항은 예년에 비해서 원리적용 문제를 늘림으로써 법학적성시험의 취지에 맞추려고 노력하였다. 어떤 규정이나 원칙을 주고 그 원칙을 적용한 사례를 추리하거나 주어진 규정이나 원칙을 적용한 사례가 적절한지 평가하는 능력이 법학을 배우는 학생들에게 중요하다고 생각하여 규범 영역에서 원리적용 문제의 비중을 늘렸고, 인문과 사회과학 영역에서도 원리적용 유형의 문제를 출제하였다.

2. 출제 범위 및 문항 구성

추리논증 시험은 법학과 윤리학 등의 규범학을 비롯하여 인문, 사회과학, 자연과학과 같은 다양한 학문적인 소재를 균형 있게 다루었다. 이번 시험의 소재 구성도 예년과 큰 차이가 없었다. 법 관련 제재를 다루는 문항 9문항과 윤리학을 포함한 인문학 제재를 다루는 문항 10문항, 사회과학 제재를 다루는 문항 5문항, 자연과학과 융·복합적 제재를 다루는 문항 7문항, 그리고 일상적 논증과 논리·수리적 추리를 다루는 문항 4문항으로 구성하여 다양한 성격의 글들을 골고루 포함하였다.

올해 추리논증 시험은 원리적용의 문항을 늘리기 위해서 추리문항을 70% 정도로 늘리고, 비판(논증)문항을 30% 정도로 출제하였다.

3. 난이도

제시문의 이해도를 높이기 위해서 가능한 전문적인 용어를 순화하였고 지나치게 전문적인 글을 배제하였다. 또한 제시문의 분량이 많아 수험생들이 한정된 시간 내에 문제를 해결하지 못하는 일이 없도록 하기 위해서 문항의 글자 수를 줄여서 독해의 부담을 최소화하도록 하였고, 모든 제시문이 전공 여부에 상관없이 누구나 어렵지 않게 접근할 수 있도록 함으로써 난이도를 조절하였다..

특히 지금까지 자주 출제되었던 형식추리 문항이나 논리게임의 문항도 난도를 낮춤으로써 많은 수험생들이 해결할 수 있도록 하였다. 논증이나 논쟁적 자료를 분석하고 비판하도록 요구하는 문항들의 난도도 작년에 비해 낮추도록 하였다.

4. 출제 시 유의점

- 제시문을 분석하고 평가하는 데 충분한 시간을 사용할 수 있도록 제시문의 독해 부담을 줄이도록 하였다. 그렇게 함으로써 추리논증을 시험을 통해서 측정하고자 하는 추리능력과 비판능력을 측정할 수 있는 문항으로 구성하고자 하였다.
- 추리 문항도 복잡한 형식추리나 모형추리의 문제보다도 법학적성시험의 취지에 맞게 원리적용의 언어추리 문항을 크게 늘렸다.
- 선지식에 의해 풀게 되거나 전공에 따른 유·불리가 분명해지는 제시문의 선택과 문항의 출제를 지양하였다.
- 출제의 의도를 감추거나 오해하게 하는 질문을 피하고, 평가하고자 하는 능력을 정확히 평가할 수 있도록 간명한 형식을 취하였다.
- 문항 및 선택지 간의 간섭을 최소화하고, 선택지 선택에서 능력에 따른 변별이 이루어질 수 있도록 하였다.

01.

A~C에 대한 평가로 옳은 것만을 〈보기〉에서 있는 대로 고른 것은?

X국은 "국가의 행정은 법적 근거를 갖고서 이루어져야 한다."라는 원칙을 세우고, 헌법에 "국민의 모든 자유와 권리는 필요한 경우에 한하여 법으로써 제한할 수 있다."라고 규정하였다. 그런데 모든 행정 영역에서 행정의 내용을 법에 미리 정하기는 쉽지 않다. 그렇다면 법으로 그 내용을 정하지 않은 행정 영역에 대하여도 이 원칙이 적용되는가? 이에 관해 견해의 다툼이 있다.

A : 자유권, 재산권 등 국민의 기본적인 권리를 제한하고 침해하는 행정에 대해서만큼은 행정의 자율에 맡겨둘 수 없고 법에 근거를 두어야 하지만, 기본적 권리를 제한하지 않고 국민에게 이익이 되는 행정은 법적 근거가 없어도 행정부에서 자유롭게 시행할 수 있다.

B : 법적 근거 없이 이뤄질 수 있는 행정의 자유영역은 존재하지 않는다. 행정이 법에 근거할 때 행정기관의 자의가 방지되고 행정작용의 적법성이 확보되므로 국가의 모든 행정작용은 법에 근거해야 한다.

C : 이 원칙을 모든 행정 영역에 무조건 적용하기보다 개인과 공공에게 영향을 미치는 중요한 행정의 영역에서만 적용하는 것이 타당하다. 개인과 공공에게 영향을 미치는 중요한 사항에 대해서는 입법자가 사전에 그 근거를 법으로 정해야 한다.

보기

ㄱ. A에 따르면, 법에 시위 진압에 관한 근거가 없는 경우, 교통 편의를 위해 시위를 진압할 필요가 있더라도 행정부는 집회의 자유권을 제한하는 시위진압행위를 해서는 안 된다.

ㄴ. B에 따르면, 구호품 지급에 관한 사항이 국민에게 이익이 되더라도 법에 그 내용이 규정되어 있지 않으면 행정부는 재난 시 이재민에게 구호품을 지급할 수 없다.

ㄷ. C에 따르면, 초등학교 무상급식 정책이 개인과 공공에 영향을 미치는 중요한 사항일 경우, 이 정책은 권리를 제한하지 않는 행정이어도 그 시행에 있어 사전에 법적 근거가 필요하다.

① ㄱ   ② ㄴ   ③ ㄱ, ㄷ

④ ㄴ, ㄷ   ⑤ ㄱ, ㄴ, ㄷ

문항 성격	규범 - 논증 평가 및 문제해결
평가 목표	행정의 법률 유보의 원칙에 관하여 설명한 제시문을 이용해서 원칙의 적용 범위에 관해 다른 견해의 입장 차이를 제대로 파악하고 적용할 수 있는 능력을 평가함
문제 풀이	정답 : ⑤

제시문은 행정은 법적 근거를 갖고서 이루어져야 한다는 행정상 법률유보의 원칙을 설명하고 이 원칙을 적용할 때 법률에 근거가 없는 경우에는 어떻게 판단할 것인지에 대해, 즉 법률유보의 대상과 범위에 관한 논쟁을 제시하고 있다. A견해는 침해행정에 있어서 법률유보가 필요하다는 입장으로 권리를 제한하거나 침해하는 행정에는 법적 근거가 필요하지만, 국민에게 이익이 되는 급부행정 등에서는 법적 근거가 없어도 행정을 수행할 수 있다고 보는 입장이다. B견해는 침해행정이든 급부행정이든 모든 행정영역에 있어서 법률유보가 필요하다는 입장이다. C견해는 행정을 침해행정 또는 급부행정 등으로 구분하기보다는 기본적인 규범영역에서 중요한 행정영역인지 여부에 따라 법률유보의 필요성을 판단한다는 입장이다.

〈보기〉 해설 ㄱ. 시위를 진압하는 행위는 시위참가자의 집회와 결사의 자유를 제한하는, 기본권을 제한하는 행정이고 따라서 개인에게 영향을 미치는 중요한 사항이기도 하므로 이 경우에는 A, B, C 어떤 견해를 따르더라도 법률상 근거가 사전에 필요하다. 따라서 침해행정에 있어서는 법률유보가 필요하다고 보는 A견해에 따를 때 법에 시위 진압에 관한 근거가 없으면 행정부는 그 행위를 할 수 없다. A에 의할 때 법에 근거가 없으면 시위진압행위를 할 수 없다고 한 ㄱ은 옳은 평가이다.

ㄴ. 재난 구호품을 지급하는 것은 국민의 기본권을 제한하는 사항이 아니고 오히려 국민에게 이익이 되는 행정이다. A견해는 재난 시 구호품 지급에 관한 사항이 법률에 규정되어 있지 않아도 재난상황에서 국가는 구호품을 지급하여야 한다고 보겠지만, 침해행정이든 급부행정이든 모든 행정영역에 있어서 법률유보가 필요하다는 입장인 B는 이 경우에도 법에 근거가 있어야 구호품을 지급할 수 있다고 볼 것이다. ㄴ은 옳은 평가이다.

ㄷ. 초등학교 무상급식 정책은 기본권을 제한하지 않고 오히려 이익이 되는 행정이다. A에 의하면 법적 근거가 필요 없지만 B에 의하면 그래도 필요하다고 볼 것이다. 초등학교 무상급식 정책이 개인과 공공에게 중요하게 영향을 미치는 행정이라 한다면 C는 개인과 공공에게 중요하게 영향을 미치는 행정은 법률에 근거가 필요하다는 입장이므로 C에 의할 때 법적 근거가 필요하다고 볼 것이다. ㄷ은 옳은 평가이다.

〈보기〉의 ㄱ, ㄴ, ㄷ 모두 옳은 평가이므로 정답은 ⑤이다.

02.

〈규정〉에 따라 〈사례〉를 판단한 것으로 옳은 것만을 〈보기〉에서 있는 대로 고른 것은? (단, 기간을 계산할 때 초일(初日)은 산입하지 않고, 공휴일 여부는 무시한다.)

〈규정〉

제1조(합당) ① 정당이 새로운 당명으로 합당(이하 '신설합당'이라 한다)할 때에는 합당을 하는 정당들의 대의기관의 합동회의의 결의로써 합당할 수 있다.

② 정당의 합당은 제2조 제1항의 규정에 의하여 선거관리위원회에 등록함으로써 성립한다.

③ 본조 제1항 및 제2항의 규정에 의하여 정당의 합당이 성립한 경우에는 그 소속 시·도당도 합당한 것으로 본다. 다만, 신설합당의 경우 합당등록신청일로부터 3개월 이내에 시·도당 개편대회를 거쳐 변경등록신청을 해야 한다.

④ 신설합당된 정당이 제3항 단서의 규정에 의한 기간 이내에 변경등록신청을 하지 아니한 경우에는 그 기간만료일의 다음 날에 당해 시·도당은 소멸된다.

제2조(합당된 경우의 등록신청) ① 신설합당의 경우 정당의 대표자는 제1조 제1항의 규정에 의한 합동회의의 결의가 있는 날로부터 14일 이내에 선거관리위원회에 합당등록신청을 해야 한다.

② 제1항의 경우에 시·도당의 소재지와 명칭, 대표자의 성명 및 주소는 합당등록신청일로부터 120일 이내에 보완해야 한다.

③ 제2항의 경우에 그 기간 이내에 보완이 없는 때에는 선거관리위원회는 시·도당의 등록을 취소할 수 있다.

〈사례〉

A당과 B당은 국회의원 선거를 앞두고 2017년 5월 1일 대의기관 합동회의에서 합당 결의를 하고 C당으로 당명을 변경하였다.

보 기

ㄱ. C당으로의 합당이 성립하려면 그 대표자에 의한 합당등록신청 외에 그 소속 시·도당의 합당이 전제되어야 한다.

ㄴ. C당 소속 시·도당이 개편대회를 통해 변경등록신청을 하지 않은 경우 당해 시·도당이 소멸되는 시점은 2017년 8월 16일이다.

ㄷ. C당의 대표자가 2017년 5월 10일 합당등록신청을 한 경우 늦어도 2017년 9월 7일까지 그 소속 시·도당의 대표자의 성명을 보완하지 않으면 당해 시·도당의 등록이 취소될 수 있다.

① ㄴ   ② ㄷ   ③ ㄱ, ㄴ
④ ㄱ, ㄷ   ⑤ ㄱ, ㄴ, ㄷ

문항 성격 규범 – 언어 추리
평가 목표 규정의 구조 및 규정이 제시하고 있는 법적 요건을 분석하여 사례에 적용할 수 있는 능력을 평가함
문제 풀이 정답 : ②

〈규정〉에 따르면, 신설합당이 성립하기 위해서는 합동회의의 결의 및 합당등록이 필요하다(제1조 제1항 및 제2항, 제2조 제1항).

합당등록(신청)은 합동회의가 있는 날로부터 14일 이내에 해야 한다(제2조 제1항). 신설합당이 성립한 경우에는 그 소속 시·도당도 합당한 것으로 보는데(제1조 제3항 본문), 합당등록(신청)일로부터 3개월 이내에 변경등록(신청)을 하지 않은 경우에는 기간만료일의 다음 날에 당해 시·도당은 소멸된다(제1조 제3항 단서 및 제4항).

신설합당등록의 경우 그 소속 시·도당의 소재지와 명칭, 대표자의 성명 및 주소를 합당등록(신청)일로부터 120일 이내에 보완하지 않으면 당해 시·도당의 등록이 취소될 수 있다(제2조 제2항 및 제3항).

〈보기〉 해설 ㄱ. C당으로의 합당이 성립된 경우에 그 소속 시·도당도 합당한 것으로 본다. 따라서 C당으로의 합당이 성립하기 위해 그 소속 시·도당의 합당이 전제되어야 하는 것은 아니다. ㄱ은 옳지 않은 진술이다.

ㄴ. 합당등록(신청)일로부터 3개월 이내에 변경등록(신청)을 하지 않은 경우에 기간만료일의 다음 날에 당해 시·도당은 소멸된다. 그런데 〈사례〉에서 합당등록(신청)일이 확정되어 있지 않으므로 기간만료일을 알 수 없다. ㄴ은 옳지 않은 진술이다.

ㄷ. 신설합당등록의 경우 그 소속 시·도당의 대표자의 성명을 합당등록(신청)일로부터 120일 이내에 보완하지 않으면 당해 시·도당의 등록이 취소될 수 있다. 따라서 합당등록(신청)일인 2017년 5월 10일로부터 120일이 되는 날인 2017년 9월 7일까지 대표자의 성명을 보완하지 않으면 당해 시·도당의 등록이 취소될 수

있다. ㄷ은 옳은 진술이다.

〈보기〉의 ㄷ만이 옳은 진술이므로 정답은 ②이다.

03.

〈규정〉과 〈견해〉로부터 추론한 것으로 옳은 것만을 〈보기〉에서 있는 대로 고른 것은?

〈규정〉

A : 타인의 물건의 효용을 해한 자는 곤장 10대에 처한다.

B : 타인의 문서를 숨긴 자는 곤장 3대에 처한다.

　　단, B가 적용되는 경우에는 A는 적용하지 않기로 한다.

〈견해〉

갑 : 물건의 효용을 해하는 행위란 파손뿐 아니라 숨기는 것도 포함한다. B는 물건의 효용을 해하는 행위 중에서 문서를 숨기는 행위를 가볍게 벌하는 규정이다. 타인의 문서를 숨긴 경우에는 B가 적용된다.

을 : 물건의 효용을 해하는 행위란 파손뿐 아니라 숨기는 것도 포함한다. B는 물건 중에서 문서의 효용을 해하는 행위를 가볍게 벌하는 규정이다. 타인의 문서의 효용을 해한 경우에는 B가 적용된다.

병 : 물건의 효용을 해하는 행위란 파손만을 포함하고 숨기는 것은 포함하지 않는다. B는 물건 중에서 문서를 숨기는 것을 벌하는 규정이다. 타인의 문서를 숨긴 경우에는 B가 적용된다.

보 기

ㄱ. 갑에 따르면, 타인의 문서를 파손한 경우 B가 적용되지 않는다.

ㄴ. 을에 따르면, 타인의 문서를 파손한 경우 B가 적용된다.

ㄷ. 병에 따르면, 타인의 문서를 파손한 경우 A가 적용된다.

① ㄱ　　　　　　　　② ㄴ　　　　　　　　③ ㄱ, ㄷ

④ ㄴ, ㄷ　　　　　　⑤ ㄱ, ㄴ, ㄷ

규범 – 언어 추리

상이한 견해에 따라 각 규정이 지시하고 있는 법적 요건을 확인하고 규정 상호간의 관계를 파악할 수 있는 능력을 측정함

정답 : ⑤

제시문의 내용을 정리하면 다음과 같다.

〈규정〉 〈견해〉	〈규정〉 A의 적용범위	〈규정〉 B의 적용범위	문서의 파손에 적용되는 〈규정〉	
갑	물건의 효용을 해하는 행위 =파손+은닉	문서의 은닉(파손 ×)	〈규정〉 A	
을	물건의 효용을 해하는 행위 =파손+은닉	문서의 파손+은닉	〈규정〉 B	〈규정〉 B가 적용되는 경우에는 〈규정〉 A는 적용하지 않는다.
병	물건의 효용을 해하는 행위 =파손(은닉 ×)	문서의 은닉	〈규정〉 A	

〈보기〉 해설 ㄱ. 갑에 따르면, 타인의 문서를 파손한 경우에는 A가 적용되고 B는 적용되지 않는다. ㄱ은 옳은 추론이다.

ㄴ. 을에 따르면, 타인의 문서를 파손한 경우에는 A도 적용되고 B도 적용되지만, B가 적용되는 경우에는 A를 적용하지 않으므로, 결과적으로 A는 적용되지 않고 B가 적용된다. ㄴ은 옳은 추론이다.

ㄷ. 병에 따르면, 타인의 문서를 파손한 경우에는 A가 적용되고 B는 적용되지 않는다. ㄷ은 옳은 추론이다.

〈보기〉의 ㄱ, ㄴ, ㄷ 모두 옳은 추론이므로 정답은 ⑤이다.

04.

〈규정〉에 따라 〈사례〉를 판단한 것으로 옳은 것만을 〈보기〉에서 있는 대로 고른 것은?

〈규정〉

⑴ 주주가 소유하는 주식 1주 당 의결권 1개가 인정된다. 다만, 어떤 안건에 특별한 이해관계가 있는 주주는 주주총회에서 그 안건에 의결권을 행사하지 못한다.

⑵ 이사는 주주총회의 특별결의로 해임될 수 있다.

(3) 주주총회의 특별결의는 출석 주주의 소유 주식 수가 회사 발행주식 총수의 3분의 1 이상이고, 출석 주주 중에서 의결권을 행사할 수 있는 주주의 의결권 수의 3분의 2 이상 찬성이라는 두 가지 요건을 모두 충족하는 결의를 말한다.

〈사례〉

X주식회사의 발행주식 총수는 1,000주인데 모두 의결권이 있는 주식이다. 갑은 발행주식 총수의 34%, 을은 26%, 병은 40%를 갖고 있다. 병은 이 회사의 이사이다. 한편, 병의 이사해임 안건이 주주총회에 상정되었다. 병이 자신의 해임 안건에 대하여 특별한 이해관계가 있는 주주인지 여부가 다투어지고 있다.

보 기

ㄱ. 병이 해임 안건에 특별한 이해관계가 있다면, 갑, 을, 병이 모두 출석한 경우 갑과 을이 모두 해임에 찬성해야만 병의 해임 안건이 가결된다.

ㄴ. 병이 해임 안건에 특별한 이해관계가 없다면, 갑과 을은 불참하고 병만 출석한 경우 해임에 대한 가부의 결의를 할 수 없다.

ㄷ. 병이 해임 안건에 특별한 이해관계가 있다면, 을은 불참하고 갑과 병은 참석한 경우 갑의 찬성만으로 병의 해임을 가결할 수 없다.

① ㄱ   ② ㄴ   ③ ㄱ, ㄷ

④ ㄴ, ㄷ   ⑤ ㄱ, ㄴ, ㄷ

문항 성격	규범 – 언어 추리
평가 목표	주주총회 안건에 대한 주주의 의결권 행사와 결의요건에 관한 법규정상 원리를 사실관계에 적용할 수 있는 능력을 평가함
문제 풀이	정답 : ①

이사이면서 동시에 주주인 경우 자신의 해임 안건에 대해 특별이해관계인으로서 주주총회에서의 의결권 행사가 제한되는지 여부에 따라서 특별결의정족수 산정 시 해당 주주의 의결권 수를 포함하는지 여부가 달라질 수 있다. 특별이해관계인이 아니라고 보는 경우에는 주주총회에 출석하여 의결권을 행사함에 있어 다른 주주와 아무런 차이가 없다. 따라서 출석한 주주의 주식 수 산정에 포함됨은 물론 출석한 주주의 의결권 수를 산정할 때도 해당 주주를 포함하여 산정하여야 한다. 이에 반해 특별이해관계인이라고 보는 경우에는 주주총회에 출석은 할 수 있으나, 의결권은 행사할 수 없으므로 출석한 주주의 주식 수 산정에는 포함하여야 하지만 의결권을 행사할 수 있는 의결권 수를 산정할 때는 제외해서 결의요건 성립 여부를 판단하여야 한다.

ㄱ. 병이 이사 해임 안건에 대한 주주총회 결의에 대하여 특별한 이해관계가 있다고 보는 경우 병은 의결권을 행사할 수 없다. 갑, 을, 병이 모두 출석하였으므로 특별결의 요건의 하나인 발행주식 총수의 3분의 1 이상 출석의 요건은 갖추어졌다. 다음 요건인 출석한 주주 중에서 의결권을 행사할 수 있는 주주의 의결권 수의 3분의 2 이상의 찬성이라는 요건에 대해 살펴보면, 의결권을 행사할 수 없는 병을 제외한 갑과 을을 합한 의결권(60%)의 3분의 2인 40% 이상이 되어야 이사해임을 가결할 수 있다는 것을 알 수 있다. 갑은 34%, 을은 26%의 의결권을 보유하고 있는 바, 각자 단독 의결권은 40%에 미치지 못하므로 갑과 을이 모두 이사 해임에 찬성해야만 이사해임 안건이 가결될 수 있다. 따라서 ㄱ은 옳은 진술이다.

ㄴ. 병이 이사해임 안건에 대한 주주총회 결의에 대하여 특별한 이해관계가 없다고 보는 경우 주주총회에 갑과 을은 불참하고 병만 출석한 경우 병은 X주식회사 발행주식 총수의 40%를 보유하고 있으므로 발행주식 총수의 3분의 1 이상이라는 요건을 충족한다. 병은 의결권을 행사할 수 있는 주주이므로 병은 자신의 이사해임 안건에 대한 반대의 의결권 행사로 이사해임 안건을 부결시킬 수 있다. ㄴ은 옳지 않은 진술이다.

ㄷ. 갑(34%)과 병(40%)이 출석한 경우 발행주식 총수의 3분의 1 이상의 출석이라는 요건을 충족한다. 병이 안건에 대하여 특별한 이해관계가 있는 경우 병은 의결권을 행사할 수 없다. 따라서 의결권을 행사할 수 있는 유일한 주주인 갑(발행주식 총수의 34%)이 해임 안건에 찬성하였다면 출석한 주주 의결권 수의 100% 찬성이므로 병의 해임을 가결할 수 있다. ㄷ은 옳지 않은 진술이다.

〈보기〉의 ㄱ만이 옳은 진술이므로 정답은 ①이다.

05.

〈견해〉에 따라 판단한 것으로 옳은 것만을 〈보기〉에서 있는 대로 고른 것은?

〈견해〉

갑 : '행위 당시 행위자가 인식한 사실' 또는 '행위 당시 행위자 이외의 일반인이 인식·예견 가능했던 사실'에 기초해서 판단할 때, 그 행위에 의해 그 결과가 발생하는 것이 이례적이지 않은 경우에는 그 행위와 그 결과 사이의 인과관계가 인정된다.

을 : '행위 당시 행위자의 인식 여부 또는 일반인의 인식·예견가능성 유무와 상관없이 그 당시 객관적으로 존재한 모든 사실'에 기초해서 판단할 때, 그 행위에 의해 그 결과가 발생하는 것이 이례적이지 않은 경우에는 그 행위와 그 결과 사이의 인과관계가 인정된다.

보기

ㄱ. A가 땅콩에 대해 특이체질이라는 것을 알고 있는 X가 A에게 땅콩이 든 빵을 주어 이를 먹은 A가 땅콩에 대한 특이체질 반응을 일으켜 상해를 입은 경우, 갑과 을 모두 X의 행위와 A의 상해 사이의 인과관계를 인정한다.

ㄴ. 대낮에 보행신호에 따라 횡단보도를 건너던 B를 Y가 운전하는 트럭이 치고 지나가 B가 즉사했는데 Y는 운전 중 조는 바람에 이를 인식하지 못한 경우, 갑은 Y의 행위와 B의 사망 사이의 인과관계를 인정하지 않지만 을은 인정한다.

ㄷ. Z가 시속 10km로 자전거를 타다가 건장한 보행자 C와 부딪쳤는데 C가 아무렇지도 않다고 하여 그 자리를 떴다. 그 후 5분 정도 지나 C는 갑자기 의식을 잃고 쓰러져 병원으로 이송되었는데, 고혈압이 있는 C는 고혈압성 뇌출혈로 사망하였다. 이 경우 갑과 을 모두 Z의 행위와 C의 사망 사이의 인과관계를 인정한다.

① ㄱ   ② ㄴ   ③ ㄱ, ㄷ
④ ㄴ, ㄷ   ⑤ ㄱ, ㄴ, ㄷ

문항 성격	규범 – 언어 추리
평가 목표	인과관계의 인정에 관한 상이한 견해를 사례에 적용할 수 있는 능력을 평가함
문제 풀이	정답 : ①

인과관계의 인정에 관한 갑과 을의 견해를 다음과 같이 정리할 수 있다.

	인과관계 판단의 기초	인과관계 판단의 대상	판단의 기준
갑	'행위 당시 행위자가 인식한 사실' 또는 '행위 당시 행위자 이외의 일반인이 인식·예견 가능했던 사실'	그 행위와 그 결과 사이의 인과관계	그 행위에 의해 그 결과가 발생하는 것이 이례적이지 않은지의 여부
을	'행위 당시 행위자의 인식 여부 또는 일반인의 인식·예견가능성 유무와 상관없이 그 당시 객관적으로 존재한 모든 사실'		

〈보기〉해설 ㄱ. '행위 당시 행위자가 인식한 사실'을 기초로 하는 경우, '땅콩에 대해 특이체질이 있는 A에게 땅콩을 먹게 한 행위'에 의해 'A가 땅콩에 대한 특이체질 반응을 일으켜 상해를 입은 결과'가 발생하는 것은 이례적이지 않으므로 갑은 인과관계를 인정한다. '행위 당시 객관적으로 존재한 모든 사실'을 기초로 하는 경우에도 '땅콩에 대해 특이체질이 있는 A에게 땅콩을 먹게 한 행위'에 의해 'A가 땅콩에 대한 특이체질 반응을 일으켜 상해를 입은 결과'가 발생하는 것은 이례적이지 않으므로 을도 인과관계를 인정한다. ㄱ은 옳은 진술이다.

ㄴ. '행위 당시 행위자 이외의 일반인이 인식·예견 가능했던 사실'을 기초로 하는 경우, 'Y가 B를 트럭으로 치고 지나간 행위'에 의해 'B가 트럭에 치어 사망에 이른 결과'가 발생하는 것은 이례적이지 않으므로 갑은 인과관계를 인정한다. '행위 당시 객관적으로 존재한 모든 사실'을 기초로 하는 경우, 'Y가 B를 트럭으로 치고 지나간 행위'에 의해 'B가 트럭에 치어 사망에 이른 결과'가 발생하는 것은 이례적이지 않으므로 을도 인과관계를 인정한다. ㄴ은 갑이 인과관계를 인정하지 않는다고 기술하고 있으므로 옳지 않은 진술이다.

ㄷ. '행위 당시 행위자가 인식한 사실' 또는 '행위 당시 행위자 이외의 일반인이 인식·예견 가능했던 사실'을 기초로 하는 경우, 행위 당시 Z는 C에게 고혈압이 있는 것을 인식하지 못했고 일반인으로서도 그것을 인식·예견할 수 없었으므로 Z가 '시속 10㎞로 자전거를 타다가 건장한 C와 부딪친 행위'에 의해 'C가 고혈압성 뇌출혈로 사망한 결과'가 발생하는 것은 이례적이므로 갑은 인과관계를 인정하지 않는다. ㄷ은 갑이 인과관계를 인정한다고 기술하고 있으므로 옳지 않은 진술이다.

〈보기〉의 ㄱ만이 옳은 진술이므로, 정답은 ①이다.

06

다음 글로부터 추론한 것으로 옳지 <u>않은</u> 것은?

X국은 중소기업을 보호하기 위하여 2010년부터 중소기업 판단 규정을 적용하고 있다. 이 규정에 의하면, 1년간 매출액이 1,000억 원 이하이면 중소기업, 1,000억 원 초과이면 대기업에 해당한다. 그런데 중소기업의 매출액이 증가하여 대기업의 기준에 해당하게 되더라도 바로 그 해와 그 다음 해부터 3년간은 계속하여 중소기업으로 인정한다(이를 '중소기업보호기간'이라고 한다). 다만, 다음의 경우에는 중소기업보호기간을 인정하지 않는다.

• 중소기업(중소기업보호기간 중인 기업 포함)이 아닌 기업과 합병한 경우

• 중소기업보호기간을 적용받았던 기업이 매출액 감소로 원래 의미의 중소기업이 되었다가 매출액 증가로 다시 중소기업에 해당하지 않게 된 경우

기업별 매출액은 다음과 같다.

(단위 : 억 원)

기업＼연도	2010	2011	2012	2013	2014	2015	2016
A	900	900	900	900	900	900	2,000
B	900	900	900	900	900	2,000	3,000
C	900	900	900	900	900	900	3,000
D	900	2,000	2,000	2,000	2,000	900	2,000
E	900	900	900	2,000	2,000	2,000	2,000
갑	900	900	900	900	900	900	
을	2,000	2,000	2,000	2,000	2,000	2,000	
병	900	900	2,000	2,000	2,000	2,000	

① 2015년 A가 갑을 합병한 경우, 2016년 기준 A는 중소기업이다.
② 2015년 B가 을을 합병한 경우, 2016년 기준 B는 대기업이다.
③ 2015년 C가 병을 합병한 경우, 2016년 기준 C는 중소기업이다.
④ 2015년 D가 어떤 중소기업을 합병한 경우, 2016년 기준 D는 중소기업이다.
⑤ 2015년 E가 어떤 중소기업을 합병한 경우, 2016년 기준 E는 중소기업이다.

문항 성격 ┃ 규범 – 언어 추리

평가 목표 ┃ 중소기업 판단 규정상의 원리를 구체적 사례에 적용하여 중소기업 여부를 판단할 수 있는 능력을 평가함

문제 풀이 ┃ 정답 : ④

중소기업 판단 규정은 매출액(1,000억 원 이하 또는 1,000억 원 초과)을 기준으로 하여 중소기업과 대기업을 구별한다. 그러나 매출액만을 기준으로 하는 경우에는 중소기업이 매출액이 증가하여 대기업 기준에 해당하게 되기만 하면 그동안 중소기업에 적용되던 각종 보호관련 규정이 적용되지 못하게 되므로 중소기업 보호를 위한 규정의 취지가 몰각될 우려가 있다. 이에 따라 판단 규정은 중소기업이 매출액이 1,000억 원을 초과하더라도 일정한 기간 동안(증가한 그 해 및 그 다

음 해부터 3년) 중소기업으로 인정하는 중소기업보호기간을 두고 있다. 아울러 중소기업보호기간이 적용되지 않는 예외 규정도 두고 있는데, 중소기업이 대기업과 합병한 경우이거나 기존에 중소기업보호기간의 적용을 받던 기업이 중소기업으로 되었다가 다시 매출액이 증가하여 대기업 기준에 해당하게 된 경우에는 중소기업보호기간의 적용을 배제한다.

정답 해설 ④ D는 2015년 중소기업보호기간이 종료되고 다시 중소기업이 되었다. 이러한 D가 2015년 중소기업을 합병한 이후 2016년에는 D의 매출액이 2,000억 원으로 증가하여 대기업 기준에 해당하게 되었다. D는 중소기업보호기간을 적용받았던 기업이 매출액 감소로 원래 의미의 중소기업이 된 후 다시 매출액의 증가로 대기업 기준에 해당하게 된 경우이므로 중소기업보호기간이 적용되지 않는다. 따라서 2016년 기준 D는 대기업이다. ④는 2016년 기준 D는 중소기업이라고 하고 있으므로 옳지 않은 추론이다.

오답 해설 ① 2015년 A와 갑의 합병은 중소기업과 중소기업의 합병이다. 따라서 2015년 합병으로 매출액이 1,000억 원을 초과하게 되더라도 A는 중소기업보호기간이 적용된다. 그러므로 2016년 기준 A는 중소기업이다.

② 2015년 B는 중소기업(중소기업보호기간 적용), 을은 대기업이다. B와 을의 합병은 중소기업과 대기업 간의 합병이므로 중소기업보호기간 적용이 배제된다. 2016년 기준으로 B는 매출액이 대기업 기준에 해당하고 중소기업보호기간 적용이 배제되었으므로 대기업이다.

③ 2015년 C는 중소기업, 병도 중소기업(중소기업보호기간 중인 기업)이다. 따라서 C는 병을 합병한 이후에 매출액이 대기업 기준에 해당하게 되더라도 중소기업보호기간의 적용을 받을 수 있다. 2016년 기준 C의 매출액이 3,000억 원으로 대기업 기준에 해당하나 중소기업보호기간의 적용을 받으므로 C는 중소기업이다.

⑤ 2015년 E는 중소기업보호기간 중에 있으므로 중소기업이다. 이러한 E가 중소기업을 합병하는 경우 여전히 중소기업보호기간의 적용을 받을 수 있다. 따라서 2016년 기준 E의 매출액이 2,000억 원이지만, 중소기업보호기간 중이므로 E는 중소기업이다.

07.

〈X법〉을 〈사례〉에 적용할 때 갑이 지급받을 수 있는 보상금의 총합은?

〈X법〉

제1조(재해 등에 대한 보상) 국가의 업무 수행 중에 부상을 입거나 사망하면 재해 보상금을 지급하고, 치료로 인하여 생업에 종사하지 못하면 그 기간 동안 휴업 보상금을 지급한다. 다만, 다른 법령에 따라 국가의 부담으로 같은 종류의 보상금을 받은 자에게는 그 보상금에 상당하는 금액은 지급하지 아니한다.

제2조(재해 보상금의 지급) ① 제1조에 따른 재해 보상금은 사망 보상금과 장애 보상금으로 구분하며, 그 지급액은 다음과 같다.

　1. 사망 보상금은 고용노동부에서 공표하는 전체 산업체 월평균임금총액(사망한 해의 전년도를 기준으로 한다)의 36배에 상당하는 금액

　2. 장애 보상금은 장애등급에 따라 다음과 같이 정한다.

　　가~마. 장애등급 1급~5급 : (생략)

　　바. 장애등급 6급 : 사망 보상금의 $\frac{1}{2}$

제3조(휴업 보상금의 지급) 제1조에 따른 휴업 보상금은 통계청이 매년 공표하는 도시 및 농가가계비를 평균한 금액(전년도를 기준으로 한다)의 100분의 60에 해당하는 금액을 월 30일을 기준(31일이 말일인 경우에도 같다)으로 하여 1일 단위로 계산한 금액에 치료로 인하여 생업에 종사하지 못한 기간의 일수를 곱한 금액으로 한다.

〈사례〉

　자영업자 갑은 2016년 8월 예비군 훈련 중 자신의 과실 없이 사고로 부상을 입어 60일간의 입원 치료로 생업에 종사하지 못하였고, 장애등급 6급 판정을 받았다. 갑의 월평균 수입은 360만 원이고, 고용노동부에서 공표하는 전체 산업체 월평균임금총액은 2015년 240만 원, 2016년 250만 원이다. 통계청이 공표하는 도시 및 농가가계비를 평균한 금액은 2015년 월 100만 원, 2016년 월 120만 원이다. 한편, 갑은 위 부상과 관련하여 X법이 아닌 다른 법령에 따라 국가로부터 재해 보상금으로 400만 원을 지급받았다.

① 4,040만 원　　　　② 4,120만 원　　　　③ 4,440만 원
④ 4,464만 원　　　　⑤ 4,840만 원

문항 성격	규범 - 언어 추리
평가 목표	여러 규정들의 내용에 기초하여 사례를 해결하는 능력을 평가함
문제 풀이	정답 : ①

재해 보상금의 지급에 대한 원칙을 정하고 있는 규정, 재해 보상금의 종류 및 금액산정 기준을 정하고 있는 규정을 종합적으로 해석하고 사례에 적용하여 구체적 금액을 산정할 수 있는지를 평가하고 있다. 재해 보상금은 장애 보상금과 휴업 보상금으로 구분된다. 각 보상금의 산정 기준을 적용하여 구체적 금액을 산정할 수 있어야 한다. 보상금 지급 시 다른 법령에 따라 이미 같은 종류의 보상금을 지급받은 경우에는 이를 제외하도록 하고 있으므로 다른 법령에 따라 지급받은 보상금이 있는지를 확인해서 지급받을 수 있는 보상금의 총합을 판단하여야 한다.

정답 해설 장애 보상금은 사망 보상금(고용노동부에서 조사·공표하는 전체 산업체 월평균임금총액의 36배에 상당하는 금액)의 $\frac{1}{2}$이므로, 4,320만 원$\left(=240\text{만 원}\times36\times\frac{1}{2}\right)$이다.

통계청이 매년 조사·공표하는 도시가계비와 농가가계비를 평균한 금액의 100분의 60에 해당하는 금액은 60만 원$\left(=100\text{만 원}\times\frac{60}{100}\right)$이고 이것을 1일 단위로 계산한 금액은 2만 원$\left(=\frac{60\text{만 원}}{30\text{일}}\right)$이다. 갑이 생업에 종사하지 못한 기간이 60일이므로 2만 원에 60일을 곱하면 120만 원이 갑의 휴업 보상금이 된다.

따라서, 장애 보상금(4,320만 원)과 휴업 보상금(120만 원)을 더한 금액은 4,440만 원이 된다. 여기에서 다른 법령에 따라 국가로부터 지급받은 재해 보상금 400만 원을 제외한 4,040만 원이 보상금의 총합이 된다. 따라서 ①이 정답이다.

08.

다음 글을 근거로 판단한 것으로 옳은 것만을 〈보기〉에서 있는 대로 고른 것은?

행정청이 권한을 행사한 행위를 취소해 달라고 청구하는 소송을 취소소송이라 한다. 취소소송이 적법하기 위해서는 소송의 대상인 행정청의 행위가 다음 세 요소를 모두 갖추고 있어야 한다.

A : '행정청이 우월한 지위에서 한 공권력의 행사'여야 한다. 계약당사자처럼 행정청이 상대방과 대등한 관계에서 행한 행위는 이에 해당하지 않는다.

B : '구체적 사실에 관한 행위'여야 한다. 이는 관련자가 특정되거나 개별적이고 규율대상이 구체적인 행위를 말하고, 시행령 제정행위와 같이 규율대상이 일반적인 행위는 이에 해당하지 않는다.

C : '권리·의무에 직접적으로 영향을 미치거나, 변동을 일으키는 것'이어야 한다. 행정청의 행위에 의하여 비로소 변동이 발생하여야 하므로, 기존의 법률관계에 의하여 이미 발생한 의무를 이행하라고 독촉하는 행위는 이에 해당하지 않는다.

보 기

ㄱ. 행정청과 갑은 행정청이 갑에게 제품개발자금을 지급하되 갑의 책임으로 사업이 실패할 경우에는 행정청이 지급한 자금의 반환을 요구할 수 있도록 정한 계약을 체결하였다. 행정청은 이 계약에 따라 갑에게 개발자금을 지급하였는데, 갑의 책임으로 사업이 실패하자, 지급한 개발자금을 반환하라고 요구하였다. 행정청의 개발자금 반환 요구행위는 A, B, C 모두 갖추었다.

ㄴ. 감사기관이 P시의 공무원 을의 징계권자인 P시장에게 복무규정을 위반한 을을 징계하라고 요구하였으나, 감사기관의 징계요구는 강제성이나 구속력이 없어 P시장은 이에 따르지 않고 을에게 아무런 징계를 하지 않았다. 을이 감사기관의 징계요구에 대해 취소소송을 제기하는 것은 C를 갖추지 못하였다.

ㄷ. S시장은 S시 소유의 X토지를 병에게 적법하게 임대해 주었고, 그 후 임대차계약에서 정한 사용료산정방식에 따라 X토지를 사용한 기간 동안의 토지 사용료를 납부하라고 병에게 통보하였다. 시장이 병에게 한 X토지 사용료의 납부통보는 A와 C를 갖추지 못하였다.

① ㄱ   ② ㄴ   ③ ㄱ, ㄷ

④ ㄴ, ㄷ   ⑤ ㄱ, ㄴ, ㄷ

문항 성격 규범 – 언어 추리

평가 목표 행정권 행사에 대한 취소소송이 적법하기 위해 소송의 대상인 행정청의 행위가 갖추어야 할 요소를 제대로 이해하여 사례에 적용할 수 있는 능력을 평가함

문제 풀이 정답 : ④

행정권 행사에 대한 취소소송이 적법하기 위해 행정청의 행위가 갖추어야 할 요소 세 가지를 제시하고 있다.

(A)의 내용은 '행정청이 우월한 지위에서 한 공권력의 행사'에 관한 것으로 행정청의 개념이나

행정청과 공권력 작용의 우월성에 대한 것이다. 우월성의 이해를 돕기 위해 우월하지 않은 예인 계약상대방의 지위와 대조하여 설명하고 있다.

(B)의 내용은 '구체적 사실에 관한 행위'에 관한 것으로, 법집행행위인 처분의 특성상 일반·추상적인 규율이 아니라 개별·구체적인 사실, 사건, 특정 상대방에 대한 규율일 것을 필요로 한다는 점을 설명하고 있다.

(C)의 내용은 '권리·의무에 직접적으로 영향을 미치거나, 변동을 일으키는 것'에 관한 것으로, 바로 그 행정권의 행사로 인해 구체적인 의무가 발생하는 등의 변동이나 영향이 발생하여야 한다. 이해를 돕기 위해 그렇지 않은 경우, 즉 이미 발생한 기존의 의무를 이행하라고 독촉하는 행위는 해당하지 않는다는 점을 설명하고 있다.

〈보기〉 해설　ㄱ. 사례에서 행정청의 개발자금 반환 요구행위는 행정청과 갑 사이에서 체결된 계약에 따라 이루어진 것으로 행정청이 공권력의 주체로서 요구행위를 한 것이 아니라 계약 상대방으로서 계약상의 권리를 행사한 것이다. 따라서 이 사례는 '행정청이 우월한 지위에서 한 공권력의 행사'라는 조건을 갖추지 못한 사례이다. 갑이라는 특정인에게 자금의 반환을 요구한 행위이므로 B도 갖추었고, 행정청의 반환청구에 의하여 갑에게 비로소 자금 반환이라는 의무가 발생하였으므로 C도 갖추었다고 볼 수 있지만 A는 갖추지 못하였다. 따라서 A, B, C 모두 갖추었다고 한 ㄱ은 옳지 않은 판단이다.

ㄴ. 감사기관의 징계요구가 있어도 인사권자인 시장이 징계를 하여야 비로소 을에게 징계로 인한 권리·의무에서의 불이익이 발생하는 것이어서 감사기관의 징계요구는 아직 을의 권리·의무에 직접적으로 영향을 미치지 않은 행위이다. 따라서 감사기관의 징계요구는 C를 갖추지 못하였다. 그러므로 C를 갖추지 못하였다고 한 ㄴ은 옳은 판단이다.

ㄷ. 시장이 X토지를 적법하게 임대하였다고 하였으므로, 행정청이 우월한 지위에서 공권력의 행사로 토지 사용에 관한 허가를 내린 것이 아니라, 임대할 수 있는 시 소유지에 관하여 사경제주체로서 상대방과 대등한 위치에서 임대차계약을 체결한 것이다. 그리고 토지 사용료의 산정방식이 임대차계약에 이미 정해져 있었으므로 토지를 임차한 을이 토지 사용료를 납부해야 하는 의무는 임대차계약에 의하여 이미 발생해 있었던 것이다. 따라서 시장이 토지 사용료를 납부하라고 통보한 것은 임대차계약상 이미 발생해 있는 사용료납부의무를 이행하라고 독촉한 것에 불과하고 새로운 의무를 발생시키는 등의 영향을 일으킨 것이 아니다. 따라서 시장의 사용료납부통보는 특정인 병에게 구체적인 사용료를 납부하라고 한 것이므로 B는 갖추었으나, 대등한 계약상대방의 지위에서 행한 행

위로서 A를 갖추지 못하였고, 새로운 권리·의무의 변동을 일으킨 행위가 아니므로 C도 갖추지 못하였다. 따라서 ㄷ은 옳은 판단이다.

〈보기〉의 ㄴ, ㄷ만이 옳은 판단이므로 정답은 ④이다.

09.

다음 글로부터 추론한 것으로 옳지 <u>않은</u> 것은?

> 행정청이 허가를 내린 후에 허가의 효력을 상실시키기 위해서 그 허가를 취소하는 경우가 있다. 이러한 허가 취소는 두 유형으로 나눌 수 있다.
>
> 유형 A는 허가를 내릴 당시에는 허가를 받을 요건을 모두 갖추고 있어 허가가 내려졌는데 그 후에 의무를 위반하는 등으로 허가를 받은 자에게 책임이 있거나 공익을 위해 허가를 거둬들여야 하는 새로운 사정이 발생하여 행정청이 장래를 향해 허가의 효력을 소멸시키는 것이다. 허가가 발령 당시에는 정당하게 내려진 허가이므로 행정청은 함부로 이 유형의 허가 취소를 할 수 없고, 법에 이러한 사정이 개별적으로 허가 취소의 사유로 규정되어 있어야 한다. 허가를 받은 자에게 책임이 있어서 내려지는 유형 A의 허가 취소는 제재적 의미를 갖기 때문에 허가를 받은 자가 이미 받은 허가에 대한 신뢰를 보호해 달라고 주장할 수 없지만, 공익을 위해 허가를 거둬들여야 하는 새로운 사정이 발생해서 내려지는 유형 A의 허가 취소에 대해서는 허가에 대한 신뢰를 보호해 달라고 주장할 수 있다.
>
> 유형 B는 애초에 허가를 받을 요건을 구비하지 못하였음에도 허가가 위법 또는 부당하게 내려진 것에 대하여 행정청이 이를 바로잡기 위해 허가의 효력을 소급해서 소멸시키는 것이다. 유형 B의 허가 취소는 법에 이를 할 수 있는 사유에 관한 규정이 없어도 이뤄질 수 있다. 또한 이 유형의 허가 취소는 허가를 받은 자가 스스로 위법 또는 부당한 방법으로 허가를 받았거나 허가가 위법 또는 부당하게 내려진 사실을 알 수 있었기 때문에, 허가를 받은 자가 허가에 대한 신뢰를 보호해 달라고 주장할 수 없다.

① 허가를 받은 자가 행정청의 정당한 약관변경명령을 이행하지 않아 행정청이 허가 취소를 하는 경우는 유형 A에 해당한다.

② 허가에 필요한 시설을 갖춘 것처럼 허위의 자료를 제출하여 허가를 받은 자에 대해 행정청이 허가 취소를 하는 경우는 유형 B에 해당한다.

③ 허가가 내려진 이후 해당 사업을 폐지하기로 행정정책이 바뀌어 행정청이 그 허가를 취

소하려는 경우, 허가를 받은 자는 허가에 대한 신뢰를 보호해 달라고 주장할 수 있다.
④ 허가에 필요한 동의서의 수가 부족하였으나 이를 간과하고 허가가 내려진 것이 발견되어 행정청이 허가 취소를 하는 경우, 법에 이 사유가 허가 취소 사유로 규정되어 있지 않으면 행정청이 허가 취소를 할 수 없다.
⑤ 허가를 받은 자가 허가를 받은 날부터 정당한 사유 없이 2년이 지나도록 사업을 개시하지 않고 있어 이를 이유로 행정청이 허가 취소를 하는 경우, 법에 이 사유가 허가 취소 사유로 규정되어 있어야 행정청이 허가 취소를 할 수 있다.

문항 성격   규범 – 언어 추리
평가 목표   허가 취소의 두 유형의 설명을 이해하여 예로 든 사례가 어디에 해당하는지 판단할 수 있는 능력을 평가함
문제 풀이   정답 : ④

허가 취소는 유형 A와 유형 B로 나눌 수 있다. 유형 A는 적법·정당하게 내려진 허가를 사후적인 사유로 취소하는 것이기 때문에 법적 근거를 엄격하게 요구하고, 신뢰보호의 필요성도 더 커서 허가를 받은 자의 귀책이 없으면 신뢰를 보호해 주어야 하며, 취소의 효력도 취소 시로부터 발생하고 소급하지 않는다. 반면 유형 B는 허가가 내려질 당시 이미 위법·부당하게 내려져 이를 바로잡아야 할 필요성이 있는 경우에 하는 허가 취소이기 때문에 허가를 취소할 사유가 법에 근거가 없어도 행정청이 스스로 이를 취소하여 바로잡을 수 있고, 신뢰를 보호할 필요가 없으며 취소의 효력도 애초부터 허가를 받지 않았던 것과 같은 상태가 되도록 허가가 내려질 당시로 소급하여 발생한다.

정답 해설   ④ 허가에 필요한 동의서의 수가 부족하였으나 이를 간과하고 허가가 내려진 것은 처음부터 허가가 위법·부당하게 내려진 것이므로 유형 B의 허가 취소에 해당한다. 따라서 허가 취소의 사유로 법에 이미 사유가 규정되어 있지 않아도 이를 이유로 한 허가 취소를 할 수 있다. ④는 옳지 않은 추론이다.

오답 해설   ① 허가를 받은 자가 행정청의 정당한 약관변경명령을 이행하지 아니하여 행정청이 허가의 취소를 하는 경우는 허가가 내려질 당시에는 적법·정당하게 내려진 허가에 대해 허가를 받은 자의 사후적인 의무 위반을 이유로 허가 취소를 하는 것이다. 따라서 이는 유형 A의 허가 취소에 해당하므로 ①은 옳은 추론이다.
② 허가에 필요한 시설을 갖춘 것처럼 허위의 자료를 제출하여 허가를 받은 자에 대해 행정청이 허가의 취소를 하는 경우는 처음부터 허가가 위법·부당하게 내려진 것에 대한 허가 취소이므로 유형 B의 허가 취소에 해당한다. ②는 옳은 추론이다.

③ 허가가 내려진 이후 해당 사업을 폐지하기로 행정정책이 바뀌어 행정청이 그 허가를 취소하려는 경우는 허가가 내려질 당시에는 적법·정당하게 내려진 허가에 대해 사후에 공익상의 이유로 허가 취소를 하는 것이므로 유형 A의 허가 취소에 해당한다. 제시문에 따르면 공익상의 이유로 하는 유형 A의 허가 취소에 대해서는 허가를 받은 자는 허가에 대한 신뢰를 보호해 달라고 주장할 수 있다. 따라서 ③은 옳은 추론이다.

⑤ 허가를 받은 자가 허가를 받은 날부터 정당한 사유 없이 2년이 지나도록 사업을 개시하지 않고 있어 이를 이유로 행정청이 허가를 취소하는 경우는 허가가 내려질 당시에는 적법·정당하게 내려진 허가에 대해 허가를 받은 자의 사후적인 의무 위반을 이유로 허가 취소를 하는 경우이므로 유형 A의 허가 취소에 해당하고, 법에 이 사유가 허가 취소 사유로 규정되어 있어야 행정청이 허가 취소를 할 수 있다. 따라서 ⑤는 옳은 추론이다.

10.

다음으로부터 추론한 것으로 옳은 것만을 〈보기〉에서 있는 대로 고른 것은?

계약 위반을 두고 갑과 을이 다투는 소송에서 판사가 판결을 내리는 상황을 생각해 보자. 둘 사이의 계약에서 계약 위반이 발생하는 조건은, 첫째, 계약이 특정한 행위 X를 금지하고, 둘째, 계약 당사자가 그 금지된 행위를 하는 것이다. 갑은 을이 계약을 위반했다고 주장하는 반면, 을은 위반하지 않았다고 주장한다. 을이 계약을 위반했는지를 따지는 쟁점은 다음 두 쟁점에 달려 있다. 하나는 이 계약이 을로 하여금 행위 X를 하지 못하도록 금지하는지 여부이고, 다른 하나는 을이 실제로 행위 X를 했는지 여부이다.

세 명의 판사가 내린 판단은 각각 달랐다. 판사1은 이 계약이 행위 X를 금지하고 을이 행위 X를 했다고 본다. 판사2는 이 계약이 행위 X를 금지하는 것은 맞지만 을이 행위 X를 한 것은 아니라고 본다. 판사3은 을이 행위 X를 한 것은 맞지만 이 계약이 행위 X를 금지하는 것은 아니라고 본다. 이 경우 우리는 어떤 결론을 내리는 것이 옳을까?

각 쟁점에 대해서 다수의 판사들이 내리는 판단을 따른다는 원칙을 받아들이기로 하자. 만약 각 쟁점에 대해서 서로 다른 판단을 내리는 판사의 수가 같다면, 가장 경력이 오래된 판사의 판단에 따르기로 한다. 세 명의 판사 중 가장 경력이 오래된 판사는 판사1이다. 그렇다면 우리는 이 계약이 행위 X를 금지하고 있다고 받아들여야 하고 을이 행위 X를 한 것도 받아들여야 한다. 그럼에도 불구하고 을이 계약 위반을 한 것은 아니라고 판단해야 하는 ㉠ 곤란한 상황에 도달한다. 왜냐하면 이 다툼에서 을이 계약을 위반했다고 판단하는 판사는 한 명뿐이기 때문이다.

ㄱ. 을은 자신이 행위 X를 하지 않았다고 주장하였을 것이다.
ㄴ. 만약 다른 조건은 동일한데 판사3이 '이 계약은 행위 X를 금지하는 것도 아니고 을이 행위 X를 한 것도 아니다'라고 판단했더라면, ㉠은 발생하지 않았을 것이다.
ㄷ. 만약 다른 조건은 동일한데 판사 한 명을 추가하여 네 명이 판단하도록 했다면, ㉠은 발생하지 않았을 것이다.

① ㄱ   ② ㄴ   ③ ㄱ, ㄷ
④ ㄴ, ㄷ   ⑤ ㄱ, ㄴ, ㄷ

문항 성격 인문 – 언어 추리

평가 목표 여러 판단을 통합했을 때 생길 수 있는 역설적 상황에 관한 사례를 통해서 논리적 추론 능력을 평가함

문제 풀이 정답 : ②

제시문에서 고려하고 있는 쟁점은 다음 세 가지이다. 각 쟁점에 대해서 판사들은 '그렇다' 또는 '아니다'를 판단하는데, 이들의 판단을 통해서 어떤 결론을 이끌어 내는 데는 다수결의 원칙이 적용된다. 만약 동수라면 가장 경력이 오래된 재판관의 판단을 따른다고 한다. 제시문에 제시된 정보를 표로 나타내면 다음과 같다.

	계약이 X를 금지하는가?	을이 X를 했는가?	을이 계약 위반을 했는가?
판사1	YES	YES	YES
판사2	YES	NO	NO
판사3	NO	YES	NO
다수결에 따른 결론	YES	YES	NO

제시문에 나오는 '곤란한 상황'이란 다수결에 따를 때, 각 쟁점에 대해서 YES–YES–NO라고 답해야 하지만, 계약 위반이 발생하는 조건에 따르면 YES–YES–YES라고 해야 하는 상황을 말한다.

〈보기〉 해설 ㄱ. 을이 주장하는 바는 '자신이 계약을 위반하지 않았다.'는 것이다. 계약 위반은 (1) 계약이 X를 금지하고 (2) 을이 X를 했을 때 발생한다. 그렇다면 계약을 위반

하지 않았다는 것은 이 두 조건 중 적어도 하나가 성립하지 않는다는 것이다. 하지만 이로부터 후자의 조건, 즉 '을이 X를 했다.'는 조건이 성립하지 않는다고 추론할 수 없다. 다시 말해서 을은 자신이 X를 했지만 계약이 X를 금지하지는 않는다고 주장함으로써 '자신이 계약을 위반하지 않았다.'고 주장할 수 있다. ㄱ은 이런 가능성을 고려하지 않고 있기 때문에 옳은 추론이 아니다.

ㄴ. 위의 표에서 다른 조건은 동일하다고 가정하고 판사3이 앞의 두 쟁점에 대해서 NO-NO라고 판단한다고 하자. 그렇다면 계약 위반의 조건에 따라서 세 번째 쟁점에 대해서도 NO라고 판단해야 한다. 그렇다면 다수결에 따른 결론은 YES-NO-NO가 된다. 이는 계약 위반의 조건에 상충하지 않는다. 따라서 앞에서 말한 곤란한 상황은 발생하지 않으므로, ㄴ은 옳은 추론이다.

ㄷ. 위의 표에서 다른 조건은 동일하다고 가정하고 판사4를 추가한다고 가정하자. 판사4가 각 쟁점에 대해서 어떤 판단을 내리는지는 주어지지 않았으므로, 우리는 여러 가지 상황을 고려하여 앞서 말한 곤란한 상황이 발생하는지를 생각해야 한다. 만약 판사4의 판단에 따라서 곤란한 상황이 발생하는 경우가 있다면, ㄷ은 옳지 않은 추론이다. ㄷ은 그런 상황이 발생하지 않을 것이라고 단언하고 있기 때문이다. 만약 판사4가 YES-NO-NO라고 판단했다고 하자. 또한 판사4보다 판사1이 경력이 오래되었다고 하자. 그렇다면 다음 표에서 보듯이 곤란한 상황이 발생한다.

	계약이 X를 금지하는가?	을이 X를 했는가?	을이 계약 위반을 했는가?
판사1	YES	YES	YES
판사2	YES	NO	NO
판사3	NO	YES	NO
판사4	YES	NO	NO
다수결에 따른 결론	YES	YES	NO

따라서 곤란한 상황이 발생하지 않았을 것이라고 말하는 ㄷ은 옳지 않은 추론이다.

〈보기〉의 ㄴ만이 옳은 추론이므로, 정답은 ②이다.

11.

⊙과 ⓛ에 대한 평가로 옳은 것만을 〈보기〉에서 있는 대로 고른 것은?

많은 사람들은 ⊙동물에게도 도덕적 지위를 인정해야 한다고 주장한다. 어떤 대상에게 도덕적 지위를 부여하려면 적어도 그것이 쾌락과 고통의 감각 능력뿐만 아니라 주체적으로 지각하고 판단할 수 있는 능력까지 갖고 있어야 할 것이다. 사람들은 많은 고등 동물들이 이 두 가지 능력을 갖추었다고 판단한다. 물론 개나 고양이의 지각·판단 능력은 인간에 비해 열등하지만, 그렇다고 동물들이 주체적이지 않다고 하기는 어렵다. 단지 인간 수준에 못 미치는 것이 이유라면, 혹시라도 인간보다 훨씬 우월한 외계 종족 앞에서 우리가 주체적이지 않은 존재로 무시될 가능성이 있다. 그런 가능성이 우려된다면, 우리도 개나 고양이의 주체적 지각·판단 능력을 인정하는 편이 낫다.

로봇의 경우는 어떤가? 일반적으로 로봇의 핵심 특성으로 간주되는 지각, 정보처리, 행동출력의 세 요소는 동물의 주요 특징이기도 하다. 게다가 외부 자극을 수용하고 그 정보를 처리하여 적절한 반응을 출력하는 능력을 인정한다면, 쾌락과 고통의 감각 능력도 함께 인정하는 것이 자연스럽다. 이를테면, 로봇의 팔을 송곳으로 찔렀을 때 팔을 움츠리며 "아야!" 한다면 지금 고통을 느끼고 있다고 판단할 수 있다는 것이다. 또한 로봇을 금속이나 플라스틱이 아니라 동물의 신체와 동질적인 유기물 재료로 구성하는 일도 얼마든지 가능하다. 그렇게 보면 아마도 로봇과 동물의 차이가 분명해지는 측면은 양자의 발생적 맥락뿐일 것이다. 이렇듯 동물과 로봇의 유사성이 충분히 인정되는 상황에서, 적어도 동물에게 도덕적 지위를 부여할 수 있다고 생각하는 사람이라면, 심지어 지각 및 정보처리 능력에서 인간 수준에 필적해 있는 ⓛ로봇에게 도덕적 지위를 부여하지 못할 이유는 없을 것 같다.

보기

ㄱ. 동물과 로봇의 발생적 이력 차이가 쾌락 및 고통의 감각 능력을 평가하는 데 매우 중요한 요소로 밝혀진다면, ⊙에는 영향이 없고 ⓛ은 약화된다.

ㄴ. 동물과 로봇의 구성 소재 차이가 극복할 수 없는 것으로 밝혀진다면, ⊙은 강화되지만 ⓛ은 약화된다.

ㄷ. 인간보다 우월한 지각 및 판단 능력을 가진 대상이 존재하지 않는다면, ⊙은 약화되지만 ⓛ은 강화된다.

① ㄱ   ② ㄴ   ③ ㄱ, ㄷ
④ ㄴ, ㄷ   ⑤ ㄱ, ㄴ, ㄷ

평가 목표 제시문의 두 논증을 이해하여, 새로운 정보가 주어짐에 따라 각 주장이 강화 또는 약
화되는지 판단할 수 있는 능력을 평가함

문제 풀이 정답 : ①

본문에서 동물과 로봇에게 도덕적 지위를 부여할 수 있느냐 하는 문제와 관련하여, 두 개의 논증
이 제시되고 있다. 우선 동물의 경우에는, 동물이 도덕적 지위의 필요조건인 쾌락·고통의 감각
능력과 주체적 지각·판단 능력을 갖추었다는 근거에서 ㉠을 주장하고 있다. 이 논증에서 인간보
다 더 우월한 대상의 존재 가능성을 결정적인 전제로 사용하고 있다. 한편, 로봇의 경우에는 이른
바 유비추리를 사용하여 ㉡을 주장하고 있다. 지각·판단 능력, 쾌락·고통의 감각 능력, 로봇과 동
물의 구성 소재 등이 로봇과 동물의 유사성을 보여주는 성질들로 언급되고 양자의 발생적 이력
차이만이 유사성에 반하는 성질로 제시되었다. 이렇게 논증의 구조를 정확히 파악하고 나면, 〈보
기〉의 가정적인 상황이 주어졌을 때 ㉠ 또는 ㉡이 강화되는지 그렇지 않은지 판단할 수 있다.

〈보기〉 해설 ㄱ. 본문에 따르면 쾌락 및 고통의 감각 능력은 도덕적 지위를 부여하는 데 필요한
조건이면서 동물과 로봇의 유사성을 주장할 수 있는 한 가지 성질이다. 그리고
동물과 로봇의 발생 이력의 차이는 이 글에서 양자의 차이점으로 인정되고 있
는 사실이다. 그런데 만약 동물과 로봇의 발생적 이력 차이가 바로 그 쾌락 및
고통의 감각 능력을 평가하는 데 중요한 요소로 밝혀진다면, 로봇에게 그런 감
각 능력을 부여할 수 있다는 판단에 부정적인 영향을 미칠 것이고, 그것은 곧
동물과 로봇의 유사성을 주장하는 데에도 부정적인 영향을 미칠 것이므로, 결
과적으로 ㉡은 약화될 것이다. 하지만 ㉡을 주장할 때 ㉠은 이미 전제되어 있는
것이고 또한 ㉠을 주장하는 논증의 경우 양자의 발생적 이력 차이가 아무런 영
향을 미치지 않는 구조이므로, 양자의 발생적 이력 차이가 쾌락 및 고통의 감각
능력을 평가하는 데 중요한 요소로 밝혀진다고 하여도, ㉠에는 아무런 영향을
미치지 않는다. 따라서 ㄱ은 옳은 평가이다.

ㄴ. 로봇에 관한 어떤 증거나 정보도 ㉠을 주장하는 논증과 무관하기 때문에, 동물
과 로봇의 구성 소재 차이가 극복할 수 없는 것으로 밝혀진다고 하여도 ㉠은 강
화되지 않는다. ㄴ은 ㉠이 강화된다고 말하고 있기 때문에 옳지 않은 평가이다.

ㄷ. 인간보다 우월한 지각 및 판단 능력을 가진 대상이 존재하지 않는다면, 이런 대
상의 존재를 전제로 동물에게 주체적 지각 및 판단 능력을 부여했던 논증이 약
화될 것이므로 결과적으로 ㉠은 약화될 것이다. ㉡의 경우는 그것이 동물과 로
봇의 유사성에 근거한 결론이므로 만약 ㉠이 약화된다면 ㉡도 함께 약화된다고
주장하거나, 혹은 어쨌든 로봇은 도덕적 지위의 필요조건을 여전히 유지하는 셈

이므로(지각 및 정보처리 능력에서 인간 수준에 필적한다고 가정되어 있기 때문에) ⓒ의 강도에는 아무 영향이 없다고 주장할 수 있을 것이다. 하지만 어떻게 생각하든 적어도 ⓒ이 강화된다고 판단할 이유는 전혀 없다. 따라서 ㄷ은 옳지 않은 평가이다.

〈보기〉의 ㄱ만이 옳은 평가이므로 정답은 ①이다.

12.

다음 글에 대한 분석으로 적절한 것만을 〈보기〉에서 있는 대로 고른 것은?

'선의의 거짓말'이라는 말이 있다. 도망자의 행방을 당신이 알고 있는 상황에서 그를 죽이려고 찾아온 사람에게 그의 행방을 알려주지 않고 거짓말을 하는 경우가 전형적 사례이다. 선의의 거짓말을 두고 서로 다른 견해가 있다.

A : 선의의 거짓말의 결과가 오히려 예상 외로 나쁠 수 있다. 도망자의 행방을 사실대로 말했더라면 죽지 않았을 텐데, 선의의 거짓말을 한 결과 도리어 도망자가 그를 죽이려고 찾아온 사람과 마주쳐 죽임을 당했다고 해 보자. 이때 당신은 아마 그 죽음의 원인 제공자로 비난받아 마땅할 것이다. 누구든 거짓말을 하는 자는 그 결과에 대해 책임을 져야 하기 때문이다. 따라서 가장 합리적인 방침은 이미 알려진 죄악인 거짓말을 하지 않고, 결과는 순리에 맡기는 것이다. 비록 그 결과가 나쁘더라도 우리는 의무를 다했으므로 우리의 잘못으로 여겨지지는 않을 것이다.

B : 사실대로 말할 경우 피해자가 죽임을 당할 것이 분명한데도 사실을 말했다면 이는 비난받아 마땅할 것이다. 대부분의 일상적 경우에 우리는 우리 행위의 결과에 대해 상당 정도 확신할 수 있고, 그러한 상황에서는 불확실성 때문에 망설이지 않아도 된다. 주어진 정황상 혹은 우리에게 주어진 정보 하에서 내가 거짓말을 함으로써 피해자를 보호할 수 있으리라고 생각할 만한 충분한 이유가 있다면, 그러한 상황에서는 거짓말을 하는 것이 옳다. 물론 그러한 행위가 어떤 결과를 낳을지 우리는 절대 확신할 수 없다. 그러나 우리는 그저 최선의 결과를 낳을 것으로 생각되는 행위를 하면 될 뿐이다.

ㄱ. A는 거짓말로 인한 나쁜 결과에 대해서는 책임을 져야 하지만 사실을 말해서 얻게
되는 나쁜 결과에 대해서는 책임이 없다고 전제하고 있다.

ㄴ. B는 어떤 행위의 실제 결과가 나쁜 것으로 드러나더라도 그 행위를 하는 것이 올바
른 선택일 수 있다는 점을 인정한다.

ㄷ. A와 B 모두 행위의 옳고 그름이 그 행위의 실제 결과에 전적으로 달려 있다는 데
동의하지 않는다.

① ㄴ   ② ㄷ   ③ ㄱ, ㄴ

④ ㄱ, ㄷ   ⑤ ㄱ, ㄴ, ㄷ

문항 성격 인문 – 논쟁 및 반론
평가 목표 제시문에서 두 사람의 논쟁점이 무엇인지 세밀하게 파악하는 능력을 평가함
문제 풀이 정답 : ⑤

A의 입장은 거짓말을 하는 자는 그 결과에 대해 책임을 져야 하고, 거짓말을 하지 않는다면 어떤
경우에도 잘못으로 여겨지지 않는다는 것이다. 반면에 B의 입장은, 우리의 예상에 따라 최선의
결과를 낳을 것으로 생각되는 행위를 하면 되므로, 거짓말을 함으로써 피해자를 보호할 수 있으
리라 생각할 만한 충분한 이유가 있다면 거짓말을 하는 것이 옳다는 것이다. 그리고 B는 거짓말
을 해서 좋지 않은 결과가 나올 수도 있음을 인정하고 있다.

〈보기〉 해설 ㄱ. A의 입장은 거짓말을 하는 자는 그 결과에 대해 책임을 져야 하고, 거짓말을 하
지 않는다면 어떤 경우에도 잘못으로 여겨지지 않는다는 것이다. 따라서 A는
거짓말로 인한 나쁜 결과에 대해서는 책임을 져야 하지만, 사실대로 말해서 얻
게 되는 나쁜 결과에 대해서는 책임이 없다고 전제하고 있다. ㄱ은 적절한 분석
이다.

ㄴ. B의 입장은 우리의 예상에 따라 최선의 결과를 낳을 것으로 생각되는 행위를
하면 된다는 것이다. 그러므로 B는 (우리의 예상이 항상 일치하는 것은 아니기
때문에) 어떤 행위의 실제 결과가 나쁜 것으로 드러나더라도 그 행위를 하는 것
이 올바른 선택일 수 있다는 점을 인정한다. 따라서 ㄴ은 적절한 분석이다.

ㄷ. A는 우리가 사실대로 말했을 경우 결과가 나쁘더라도 우리의 잘못으로 여겨지
지 않는다고 말한다. 따라서 A는 행위의 옳고 그름이 그 행위의 실제 결과에 전
적으로 달려 있다는 데 동의하지 않는다. B는 최선의 결과를 낳을 것으로 생각

하는 행위를 하면 될 뿐 그것이 어떤 행위를 낳을지 확신할 수 없다고 본다. 그러므로 B도 행위의 옳고 그름이 그 행위의 실제 결과에 전적으로 달려 있다는 데 동의하지 않는다. 그러므로 ㄷ은 적절한 분석이다.

〈보기〉의 ㄱ, ㄴ, ㄷ 모두 적절한 분석이므로, 정답은 ⑤이다.

13.

다음 글로부터 추론한 것으로 옳은 것만을 〈보기〉에서 있는 대로 고른 것은?

우리는 대상이 갖고 있는 성질들을 본질적 속성과 우연적 속성으로 나눌 수 있다. 본질적 속성은 어떤 대상을 바로 그 대상이게끔 하는 성질로서 그 대상이 바로 그 대상으로서 존재하는 한 절대 잃어버릴 수 없는 것이다. 반면 우연적 속성이란 그 대상이 바로 그 대상으로 존재하는 데 반드시 필요한 것은 아니라서 그 대상으로 존재하면서도 갖고 있지 않을 수 있는 성질이다. 예를 들어, 시간을 표시해 주는 것이 시계의 본질적 속성이라면, 시침과 분침이 있다는 것은 우연적 속성이다. 문제는 이런 구분의 보편적 기준을 확립할 수 있느냐에 있다. 다음 우화에 등장하는 동물들은 저마다 기준이 다른 것처럼 보인다.

어느 날 사슴 초롱이가 암소 얼룩이를 만났다.

"너는 참 우스꽝스럽게 생긴 사슴이구나! 그래도 뿔은 멋진 걸." 하고 초롱이가 말했다.

"나는 암소지 사슴이 아니야!" 하고 얼룩이가 말했다.

"다리 네 개와 꼬리 하나와 머리에 뿔이 있는 걸 보니, 넌 틀림없이 사슴이야! 만약에 그 중에 하나라도 너한테 없다면, 당연히 나랑 같은 사슴이라 할 수 없겠지만 말이야."

"하지만 나는 '음매' 하고 우는데!"

"나도 '음매' 하고 울 수 있어." 하고 초롱이가 말했다.

"그래? 그럼 너는 네 몸에서 젖을 짜서 사람들에게 줄 수 있어? 나는 그런 일도 할 수 있단 말이야!" 하고 얼룩이가 말했다.

"그래, 맞아, 난 못해. 그러니까 너는 사람들을 위해 젖을 짜낼 수 있는 사슴인 거야!"

초롱이와 얼룩이가 토끼 깡총이를 만났다. 깡총이는 초롱이와 얼룩이를 귀가 작은 토끼들이라고 부른다. 그리고 나서 초롱이와 얼룩이와 깡총이가 함께 조랑말 날쌘이에게로 간다. 그러자 날쌘이가 그들 모두에게 "조랑말들아, 안녕!" 하고 인사를 건넨다.

ㄱ. 얼룩이가 젖을 짜낼 수 있는 성질을 암소의 본질적 속성으로 여긴다면, 얼룩이는 초롱이를 암소로 여기지 않을 것이다.

ㄴ. 만약 깡총이 머리에 뿔이 없다면, 초롱이는 깡총이를 사슴으로 여기지 않을 것이다.

ㄷ. 만약 초롱이가 날쌘이를 사슴으로 여긴다면, 날쌘이는 '음매'하고 울 수 있을 것이다.

① ㄱ　　　　　　　　② ㄷ　　　　　　　　③ ㄱ, ㄴ

④ ㄴ, ㄷ　　　　　　　⑤ ㄱ, ㄴ, ㄷ

문항 성격 인문 – 언어 추리

평가 목표 본질적 속성과 우연적 속성의 구분에 관하여 제시된 정의와 우화에 등장하는 동물들의 대화 내용으로부터 옳게 추론할 수 있는 능력을 평가함

문제 풀이 정답 : ③

본질적 속성과 우연적 속성의 정의를 정확히 이해한 후 우화의 대화 내용이 함축하는 바를 바탕으로 동물들이 '뿔이 있음', '네 발을 가짐', '꼬리가 있음', "'음매'하고 울 수 있음', '젖을 짜낼 수 있음' 등의 성질들을 제각기 어떻게 분류하고 있는지 추리할 수 있어야 한다.

〈보기〉 해설　ㄱ. 본질적 속성의 정의에 의해 만약 젖을 짜낼 수 있는 성질이 암소의 본질적 속성이라면, 암소는 암소로 존재하는 한 이 속성을 결코 상실할 수 없다. 즉, 어떤 동물이 젖을 짜낼 수 있는 성질을 가지지 않는다면 그 동물은 암소일 수 없다는 것이다. 우화에서 초롱이는 자신이 이 속성을 갖고 있지 않다고 인정하였다. 그러므로 얼룩이가 젖을 짜낼 수 있는 성질을 암소의 본질적 속성으로 여긴다면, 얼룩이는 초롱이를 암소로 여기지 않을 것이다. 따라서 ㄱ은 옳은 추론이다.

ㄴ. 우화에서 초롱이가 생각하는 사슴의 본질적 속성은 '다리 네 개와 꼬리 하나와 머리에 뿔이 있음'이다. 즉 초롱이에 따르면 어떤 것이 사슴이라면 반드시 이 세 가지 속성을 모두 갖추어야 한다. 깡총이 머리에 뿔이 없다는 것은 이 세 가지 속성 중에 하나가 결여되어 있다는 것이므로, 초롱이는 깡총이를 사슴으로 여기지 않을 것이다. 따라서 ㄴ은 옳은 추론이다.

ㄷ. 초롱이가 자신도 '음매' 하고 울 수 있다고 하였으나, 그것을 사슴의 본질적 속성으로 간주하지 않는다. 즉 초롱이의 입장에서는 '음매' 하고 울지 못하는 사슴도 존재할 수 있다. 따라서 초롱이가 날쌘이를 사슴으로 여긴다 해도, 날쌘이가 반드시 '음매' 하고 울 수 있다는 보장은 없다. 따라서 ㄷ은 옳지 않은 추론이다.

〈보기〉의 ㄱ, ㄴ만이 옳은 추론이므로 정답은 ③이다.

14.

다음 논쟁에 비추어 〈사례〉를 평가한 것으로 옳은 것만을 〈보기〉에서 있는 대로 고른 것은?

갑 : 어떤 것이 없다거나 어떤 것을 행하지 않았다는 것은 원인이 될 수 없어. 예를 들어, 철수가 화초에 물을 주지 않았다는 것이 그 화초가 죽게 된 원인이라고는 할 수 없지. 다른 것의 원인이 되기 위해서는 일단 존재하는 것이어야 하니까. 만약 철수가 화초에 뜨거운 물을 주어 화초가 죽었다면, 철수가 준 뜨거운 물이 화초가 죽게 된 원인이라고 할 수 있지. 철수가 준 뜨거운 물은 존재하는 것이니까 말이야.

을 : 원인이 되는 사건이 일어나지 않았더라면 결과도 일어나지 않았을 것이라고 판단할 수 있는지가 원인과 결과를 찾는 데 중요해. 철수가 화초에 물을 주었더라면 화초가 죽는 사건은 일어나지 않았을 거야. 그런 점에서 철수가 화초에 물을 주지 않았다는 것이 화초가 죽게 된 원인이라고 해야겠지.

병 : 이미 일어난 사건이 일어나지 않았을 상황을 상상하라는 것은 지나친 요구가 아닐까? 어떤 사건이 다른 사건의 원인인지 여부는 경험할 수 있는 것을 토대로 밝혀져야 한다고 생각해. 어떤 사건이 일어난 시점 이후에 다른 사건이 일어나는 경우에만 앞선 사건이 뒤이은 사건의 원인일 수 있어. 물론 그것만 가지고 그 사건을 원인이라고 단정할 수는 없지만 말이야.

〈사례〉

　탐험가 A는 홀로 사막으로 탐험을 떠날 예정이다. 그런데 그의 목숨을 노리는 두 사람 B와 C가 있다. A는 사막에서 생존하는 데 필수적인 물을 물통에 가득 담아 챙겨 두었다. B는 몰래 이 물통을 비우고 물 대신 소금을 넣었다. 이후 이를 모르는 C는 A가 탐험을 떠나기 직전 물통을 훔쳤다. 탐험을 떠난 A는 주변에 마실 물이 없었기 때문에 갈증 끝에 죽고 말았다.

보기

ㄱ. 갑은 A 주변에 오아시스가 없다는 것이 A가 사망한 사건의 원인이라고 보지 않을 것이다.

ㄴ. 을은 B의 행위와 C의 행위가 각각 A가 사망한 사건의 원인이라고 볼 것이다.

ㄷ. 병은 B의 행위가 A가 사망한 사건의 원인이라고 볼 것이다.

① ㄱ　　　　　　② ㄴ　　　　　　③ ㄱ, ㄷ

④ ㄴ, ㄷ　　　　　⑤ ㄱ, ㄴ, ㄷ

원인과 결과 사이의 관계에 관한 갑~병의 주장의 요지는 다음과 같다.

갑 : 어떤 것이 없다거나 어떤 것을 행하지 않았다는 것이 원인이 될 수 없다. 존재하지 않는 것은 원인이 될 수 없기 때문이다.

을 : X가 Y의 원인이라고 말하기 위해서는 X가 없었다면 Y는 일어나지 않았을 것이라고 판단할 수 있어야 한다.

병 : 경험할 수 있는 것, 즉 일어난 것만을 토대로 원인-결과 관계를 따져야 한다. 또한 X가 Y의 원인이라면, X가 Y보다 시간적으로 앞서야 한다. 하지만 X가 Y보다 시간적으로 앞선다고 해서 X가 Y의 원인이라고 단정할 수는 없다.

ㄱ. 위에서 설명한 갑의 견해에 따르면 무엇이 없다는 것은 어떤 것의 원인이 될 수 없다. 따라서 오아시스가 없다는 것은 A가 사망한 사건의 원인이 되지 않는다고 갑은 볼 것이다. ㄱ은 옳은 평가이다.

ㄴ. 을의 견해에 비추어 B의 행위와 C의 행위를 따져보면, 다음과 같다. B의 행위, 즉 물통을 비우고 물 대신 소금을 넣은 행위가 없었다고 가정해 보자. 하지만 C의 행위, 즉 물통을 훔치는 행위가 있기 때문에 A는 여전히 죽게 되었을 것이다. 여기서 중요한 것은 A의 죽음이 없었을 것이라고 단언할 수 없다는 점이다. 그렇다면 을은 B의 행위가 A가 사망한 사건의 원인이라고 보지 않을 것이다. 마찬가지 이유에서 을에 따르면, C의 행위도 A가 사망한 사건의 원인이 아니다. 따라서 ㄴ은 옳지 않은 평가이다.

ㄷ. 병에 따르면 사건의 선후만으로 인과 관계를 단정할 수 없다. B의 행위가 A의 사망 사건보다 선행하지만 이것으로 전자가 후자의 원인이라고 할 수 없다. 따라서 ㄷ은 옳지 않은 평가이다.

〈보기〉의 ㄱ만이 옳은 평가이므로, 정답은 ①이다.

15.

다음 글을 분석한 것으로 옳은 것만을 〈보기〉에서 있는 대로 고른 것은?

일상적인 조건문의 진위는 어떻게 결정되는가? 다음 예를 통해 알아보자.

K공항에서 비행기가 이륙하기 위해서는 1번 활주로와 2번 활주로 중 하나를 통해서만 가능하다. 영우는 1번 활주로가 며칠 전부터 폐쇄되어 있다는 것을 안다. 그래서 ㉠"어제 K공항에서 비행기가 이륙했다면, 1번 활주로로 이륙하지 않았다."라고 추론한다. 경수는 2번 활주로가 며칠 전부터 폐쇄되어 있다는 것과 비행기 이륙이 1번 활주로와 2번 활주로 중 하나를 통해서만 가능하다는 것을 알고 있다. 경수는 이로부터 ㉡"어제 K공항에서 비행기가 이륙했다면, 1번 활주로로 이륙했다."라고 추론한다.

위 예에서 영우와 경수가 사용한 정보들은 모두 참이며 영우와 경수의 추론에는 어떤 잘못도 없으므로 ㉠도 참이고 ㉡도 참이라고 결론 내릴 수 있다.

그런데 정말 ㉠과 ㉡이 둘 다 참일 수 있을까? 우리가 일상적으로 'A이면 B이다'라는 조건문의 진위를 파악하는 (가) 방식에 따르면, A를 참이라고 가정하고 B의 진위를 따져본다. 즉 A를 참이라고 가정할 때, B가 참으로 밝혀지면 'A이면 B이다'가 참이라고 판단하고, B가 거짓으로 밝혀지면 'A이면 B이다'가 거짓이라고 판단한다. 이에 따라 A가 참이라고 가정해 보자. 그런데 'B이다'와 'B가 아니다' 중에 하나만 참일 수밖에 없으므로, 'A이면 B이다'와 'A이면 B가 아니다'가 모두 참이라고 판단하는 것이 가능하지 않다. 그렇다면 조건문의 진위를 파악하는 이 방식에 따르면, ㉠과 ㉡ 중 최소한 하나는 참이 아니라고 결론 내려야 한다. 그러나 이는 앞의 결론과 충돌한다.

보기

ㄱ. 영우가 가진 정보와 경수가 가진 정보를 모두 가지고 있는 사람은 "어제 K공항에서는 어떤 비행기도 이륙하지 않았다."를 타당하게 추론할 수 있다.

ㄴ. 영우가 가진 정보가 참이라는 것을 아는 사람이 (가)를 적용하면 ㉡이 거짓이라고 판단할 것이다.

ㄷ. 영우나 경수가 가진 어떤 정보도 갖지 않은 사람이 (가)를 적용하면, ㉠과 ㉡이 모두 거짓이라고 판단할 것이다.

① ㄱ   ② ㄷ   ③ ㄱ, ㄴ

④ ㄴ, ㄷ   ⑤ ㄱ, ㄴ, ㄷ

문항 성격 | 인문 – 언어 추리
평가 목표 | 조건문의 진위가 어떻게 결정되는지 설명하는 글로부터 추론될 수 있는 것과 그렇지 않은 것을 판단할 수 있는 능력을 평가함
문제 풀이 | 정답 : ③

제시문은 ㉠"어제 K공항에서 비행기가 이륙했다면, 1번 활주로로 이륙하지 않았다."와 ㉡"어제 K공항에서 비행기가 이륙했다면, 1번 활주로로 이륙했다."가 모두 참일 수 있는 상황을 제시하고 있으며, 동시에 일상적인 조건문의 진위를 파악하는 (가) 방식에 따르면, ㉠과 ㉡ 모두 참일 수 없다는 것을 주장하고 있다. 이 글로부터 추론될 수 있는 것으로 옳은 것을 〈보기〉에서 찾으면 된다.

〈보기〉 해설 | ㄱ. 영우가 가진 정보는 "1번 활주로가 며칠 전부터 폐쇄되어 있다."이고 경수가 가진 정보는 "2번 활주로가 며칠 전부터 폐쇄되어 있다."와 "비행기 이륙이 1번 활주로와 2번 활주로 중 하나를 통해서만 가능하다."는 것이다. 따라서 이 정보를 모두 가지고 있는 사람은 "어제 K공항에서는 어떤 비행기도 이륙하지 않았다."를 타당하게 추론할 수 있다. 그러므로 ㄱ은 옳은 진술이다.

ㄴ. 영우가 가진 정보가 참이라는 것을 아는 사람은 "1번 활주로가 며칠 전부터 폐쇄되어 있다."가 참이라는 것을 아는 사람이다. 이 사람이 (가)를 적용하여 ㉡의 진위를 판단해 보기 위해서는 "어제 K공항에서 비행기가 이륙했다."가 참이라고 가정할 때, "1번 활주로로 이륙했다."의 진위를 판단해야 한다. 이 사람은 1번 활주로가 며칠 전부터 폐쇄되어 있다는 것을 알기 때문에 "1번 활주로로 이륙했다."를 거짓으로 판단할 것이다. 따라서 ㉡이 거짓이라고 판단할 것이다. ㄴ은 옳은 진술이다.

ㄷ. 영우나 경수가 가진 어떤 정보도 갖지 않은 사람이 (가)를 적용하여 ㉠과 ㉡ 모두 거짓이라고 판단할 수 없다. 왜냐하면 이 사람이 '어제 K공항에서 비행기가 이륙했다.'가 참이라고 가정할 때, '1번 활주로로 이륙했다.'와 '1번 활주로로 이륙하지 않았다.'가 모두 거짓이라고 판단하는 것은 가능하지 않기 때문이다. 그러므로 ㄷ은 옳지 않은 진술이다.

〈보기〉의 ㄱ과 ㄴ만이 옳은 진술이므로 정답은 ③이다.

16.

A~C에 대한 분석으로 적절한 것만을 〈보기〉에서 있는 대로 고른 것은?

대개 우리는 사실 판단과 당위 판단을 엄격히 구분한다. 예컨대 '약속한다'거나 '선언한다'고 할 때 '~한다'는 행위는 누군가가 어떤 시점에 어떤 것을 말한다는 사실의 문제인 반면, 그 말을 한 사람이 이후에 무언가를 '해야 한다'는 것은 사실의 문제와는 다른 당위의 문제라고 생각한다. 그런데 다음 논증을 보자.

⑴ 존은 다음과 같이 말한다. "나는 스미스에게 5달러를 지불하기로 약속한다."
⑵ 따라서 존은 스미스에게 5달러를 지불하기로 약속한 것이다.
⑶ 따라서 존은 스미스에게 5달러를 지불해야 한다.

사실로부터 시작해 당위를 최종 결론으로 이끌어내는 이 논증에 대해 세 사람 A, B, C는 각각 아래와 같이 평가하였다.

A : 이 논증은 ⑵에서 ⑶으로 나아가는 과정은 문제가 없지만, ⑴에서 ⑵로 나아가는 과정에 논리적 결함이 있다. 단순히 연극의 대사나 문법책의 예문을 읊은 경우라면 ⑴로부터 ⑵가 도출되지 않는다. 이런 예외적인 경우가 아니라면 ⑴로부터 ⑵가 도출되며, 이때는 존이 ⑶과 같은 의무를 지닌다고 할 수 있다.

B : 이 논증은 존이 보통의 상황에서 약속을 했다고 할 때 ⑴에서 ⑵로 나아가는 과정은 문제가 없지만, ⑵에서 ⑶으로 나아가는 과정에 논리적 결함이 있다. ⑵로부터 ⑶이 바로 도출되는 것은 아니다. 그것이 도출되려면 사실과 당위를 연결해주는 암묵적 전제를 새로 추가해야 한다.

C : 이 논증은 ⑵에서 ⑶으로 나아가는 과정에 논리적 결함이 있다. '약속한다'는 말은 때로 당위를 의미하기도 하지만 때로 누구와 어떤 약속을 한다는 객관적 사실을 표현하기도 한다. 이처럼 '약속한다'는 말은 다의적이며, ⑵에서 그것이 당위를 의미한다는 보장이 없는 한 ⑶으로 나아가는 과정은 문제가 된다.

보기

ㄱ. A가 ⑵를 당위 판단으로 여기는지 여부는 알 수 없다.
ㄴ. B는 ⑵를 사실 판단으로 여기는 반면 C는 ⑵를 당위 판단으로 여긴다.
ㄷ. A는 사실 판단에서 당위 판단이 도출될 수 있다고 보지만 C는 그렇지 않다.

① ㄴ   ② ㄷ   ③ ㄱ, ㄴ
④ ㄱ, ㄷ   ⑤ ㄱ, ㄴ, ㄷ

평가 목표 글에서 주어진 세 사람의 입장이 무엇인지를 정교하게 분석할 수 있는 능력을 평가함

문제 풀이 정답 : ④

A, B, C의 입장을 정리하면 다음과 같다.

[A의 입장]

• 연극의 대사나 문법책의 예문을 읊은 경우라면, (1)에서 (2)로 나아가는 데 문제가 있다.

• 그런 예외적인 경우가 아니라면 (1)에서 (2)로 나아갈 수 있다.

• (2)에서 (3)으로 나아가는 데는 문제가 없다.

• 따라서 (1)에서 (3)으로 나아갈 수 있다. 단, 예외적인 경우도 있다.

[B의 입장]

• 보통의 상황에서 약속을 했다고 할 때 (1)에서 (2)로 나아가는 데 문제가 없다.

• (2)에서 (3)으로 나아가는 데 문제가 있다.

• (2)에서 (3)으로 나아가려면 사실과 당위를 연결해줄 암묵적 전제를 새로 추가해야 한다.

[C의 입장]

• (2)에서 (3)으로 나아가는 데 문제가 있다.

• (1)에서 (2)로의 단계에 대해서는 언급이 없다.

• '약속한다'는 말은 다의적이다.

• (2)에서 (3)으로 나아가려면 (2)가 당위 판단이라는 보장이 있어야 한다.

• C의 입장은 원래 논증이 부당하다는 데 있다. 이 점은 A의 입장과 대비된다.

〈보기〉 해설 ㄱ. A는 (2)에서 (3)으로의 추론은 옳다고 본다. 그런데 (3)은 당위 판단이다. 이로부터 A가 (2)를 당위 판단으로 여기고 있다는 것을 추론할 수 없다. 그러려면 당위로부터만 당위가 나온다는 것을 전제해야 하는데, A가 이를 전제하고 있다고 할 수 없기 때문이다. 따라서 ㄱ은 적절한 분석이다.

ㄴ. B에 의하면, (2)로부터 (3)이 도출되려면 사실과 당위를 연결해주는 암묵적 전제가 있어야 한다. 이것은 B가 (2)를 사실로 본다는 의미이다. 한편 C는 (2)가 당위일 때도 있고 사실일 때도 있다고 말하고 있다. 따라서 C가 (2)를 당위 판단으로 여긴다는 것은 거짓이다. 그러므로 ㄴ은 적절한 분석이 아니다.

ㄷ. A는 예외적인 경우가 아니라면, (1)에서 (3)으로의 추리가 옳다고 보는 사람이다. 그런데 (1)에서 (3)으로의 추리는 사실에서 당위로의 추리이므로, (2)가 사실이든 당위이든 사실에서 당위가 도출된다고 보는 것이다. 다시 말해 (1)에서 (2)로의 단계가 사실에서 당위로 나아가는 단계인지, 아니면 (2)에서 (3)으로의 단계가 사

실에서 당위로 나아가는 단계인지를 확정하지 않고도 A가 사실 판단에서 당위 판단이 도출될 수 있다고 보고 있다는 점은 명백하다. 한편 C는 (2)에서 (3)으로 나아가는 단계에 문제가 있다고 하면서, (2)에서 그것이 당위를 의미한다는 보장이 없는 한 (3)으로 나아가는 과정은 문제가 된다고 말한다. 따라서 C는 사실 판단에서 당위 판단이 도출될 수 없다고 보는 것이다. 그러므로 ㄷ은 적절한 분석이다.

〈보기〉의 ㄱ, ㄷ만이 적절한 분석이므로, 정답은 ④이다.

17.

㉠으로 적절한 것만을 〈보기〉에서 있는 대로 고른 것은?

> 어떤 논리학 교수가 한 농부와 대화를 나누었다.
>
> 교수 : 자, 독일에 낙타가 없다고 합시다. 그리고 B라는 도시가 독일에 있다는 건 잘 아시죠? 그럼 B에 낙타가 있을까요, 없을까요?
>
> 농부 : 글쎄요, 잘 모르겠습니다. 독일에는 가본 적이 없어서요.
>
> 교수 : 다시 생각해 보시죠. 그냥 독일에 낙타가 없다고 치자는 겁니다.
>
> 농부 : 음, 다시 생각해 보니 B에 낙타가 있을 것도 같군요.
>
> 교수 : 그래요? 어째서 그렇게 생각하시죠? 제 질문을 제대로 기억하시나요?
>
> 농부 : 독일에는 낙타가 없는데, 그럴 때 B에 낙타가 있느냐, 없느냐, 물으시는 거 아닌가요? 그런데 B가 꽤 큰 도시라고 알고 있거든요. 그래서 거기에 낙타가 있을 것 같다는 생각이 드는 겁니다.
>
> 교수 : 그러지 말고 제 질문을 다시 잘 생각해 보시죠.
>
> 농부 : 아무래도 그 도시에는 확실히 낙타가 있을 것 같습니다. 왜냐하면 세상에는 큰 도시들이 있는데, 그런 곳에는 꼭 낙타들이 있는 법이니까요. B가 큰 도시라는 건 당신도 아실 테고요.
>
> 교수 : 그렇지만, 독일 안에 그 어디에도 낙타라고는 단 한 마리도 없다고 치자고 했는데 그건 어떻게 되나요?
>
> 농부 : 그건 모르겠고 하여튼 B가 큰 도시잖아요. 그러면 카자크스나 크리기즈(둘 다 낙타의 종들이다)가 거기에 있을 것입니다.

대화를 마친 직후 교수는 이 농부가 논리적 추론을 전혀 할 줄 모른다고 판단했다. 하지만 얼마 후 교수는 ⊙이 대화의 녹취록에서 찾아낸 근거를 고려하여 자신의 판단이 너무 성급했다고 생각하게 되었다.

<보 기>

ㄱ. 실제로 농부는 대화 중에 올바른 논증을 사용한 적이 있다.

ㄴ. 큰 도시에 낙타가 있고 B가 큰 도시라는 농부의 말은 거짓이 아니었다.

ㄷ. 농부는 순전히 가정적인 전제에서 시작하는 추론을 굳이 할 필요가 없다고 여긴 것 같다.

① ㄱ   ② ㄴ   ③ ㄱ, ㄷ

④ ㄴ, ㄷ   ⑤ ㄱ, ㄴ, ㄷ

문항 성격   인문 – 논증 분석

평가 목표   질문의 의도를 정확히 파악하여 주어진 자료의 암묵적인 요소들을 정확히 분석할 수 있는 능력을 평가함

문제 풀이   정답 : ③

이 문제를 해결하기 위해서는 질문의 의도를 정확히 파악하여 문제 해결에 필요한 암묵적인 요소들을 분석할 수 있어야 한다. 특히 문제의 본문이 일상적인 대화체로 되어 있기 때문에, 각 화자의 숨은 의도를 정확하게 파악하는 데 유의해야 한다.

〈보기〉 해설   ㄱ. 이 대화에서 농부의 추론 능력을 평가해 볼 만한 부분은 다음 두 곳이다.

(1) 독일에 낙타가 없다. B시는 독일에 있다. 이 전제들로부터 B시에 낙타의 존재 여부를 추론하는 부분

(2) 큰 도시에 낙타가 있다. B는 큰 도시이다. 이 전제들로부터 B시에 낙타의 존재 여부를 추론하는 부분

농부는 (1)에 대해서는 '모른다.'라고 답함으로써, 실제로 'B시에 낙타가 존재하지 않는다.'라는 결론이 타당하게 도출될 수 있음에도 불구하고 그런 판단을 내리지 않았다. 하지만 (2)와 관련하여 농부는 네 번째 발언에서 올바른 추론을 통해 'B에 낙타가 존재한다.'라는 결론을 타당하게 도출하였다.

농부는 (2)에서 올바른 논증을 통해 결론을 이끌어 내었으므로, 이 농부가 대화 중에 올바른 논증을 사용한 적이 있는 것은 분명한 사실이다. 따라서 실제로

농부가 대화 중에 올바른 논증을 사용한 적이 있다는 사실은 '농부가 논리적 추론을 전혀 할 줄 모른다.'는 판단이 성급했다고 생각할 수 있는 적절한 근거에 해당한다.

ㄴ. 어떤 논증이 설득력 있는 좋은 논증인지를 평가하는 요소는 크게 두 가지 차원으로 구분된다. 하나는 전제로부터 결론이 도출되는지와 관련된 측면이고, 다른 하나는 전제가 실제로 참인지와 관련된 측면이다. 이 중 논리적 추론 능력을 평가할 때 고려되는 측면은 전자, 즉 논리적 타당성(validity)의 차원이다. 논증에 사용된 전제가 실제로 참인지 여부는 별개의 인식론적 문제로서 논리적 추론 능력과는 무관하다고 보는 것이 일반적인 견해이다. '큰 도시에 낙타가 있다.'와 'B가 큰 도시이다.'라는 진술은 농부가 대화 중 성공적으로 사용한 논증((2)와 관련된 논증)의 전제들에 해당하며, 이 두 진술이 실제로 참이라고 해도 농부의 추론 능력의 평가와 관련된 것은 아니다. 그리고 큰 도시에 낙타가 있고 B가 큰 도시라는 농부의 말이 거짓이 아니라는 것은 이 대화의 녹취록에서는 찾아낼 수 없다. 따라서 '큰 도시에 낙타가 있고 B가 큰 도시라는 농부의 말은 거짓이 아니었다.'는 것은 '농부가 논리적 추론을 전혀 할 줄 모른다.'는 판단이 성급했다고 생각할 수 있는 이 대화의 녹취록에서 찾아낸 적절한 근거가 아니다.

ㄷ. 논리적 추론을 수행할 때 참인지 여부가 확인되지 않은 전제를 가정해야 한다는 것에 거부감을 갖는 사람들이 있다. 문제에 등장하는 농부도 (1)과 관련하여 그런 태도를 보이고 있는 것처럼 보인다. 교수는 '독일에 낙타가 없다.'고 그냥 가정하자고 여러 차례 이야기했으나("독일에 낙타가 없다고 합시다.", "그냥 독일에 낙타가 없다고 치자는 겁니다.", "독일 안에 그 어디에도 낙타라고는 단 한 마리도 없다고 치자고 했는데 그건 어떻게 되나요?"), 농부는 일관되게 (1)과 관련된 추론을 시도하려 하지 않았다. 이런 점을 고려할 때, 농부는 (1)과 관련해서 순전히 가정적인 전제에서 시작하는 추론을 굳이 할 필요가 없다고 여긴 것으로 볼 수 있다. 따라서 이로부터 농부가 논리적 추론을 전혀 할 줄 모른다고 판단한 것은 성급한 판단이라고 할 수 있다. 따라서 '농부는 순전히 가정적인 전제에서 시작하는 추론을 굳이 할 필요가 없다고 여긴 것 같다.'는 '농부가 논리적 추론을 전혀 할 줄 모른다.'는 판단이 너무 성급했다고 생각할 수 있는 이 대화의 녹취록에서 찾아낸 적절한 근거이다.

〈보기〉의 ㄱ과 ㄷ만이 적절하므로, 정답은 ③이다.

18.

A~C에 대한 평가로 옳은 것만을 〈보기〉에서 있는 대로 고른 것은?

> 우리는 나무나 별과 같은 물리적 대상이 존재한다는 점은 모두 인정한다. 수나 집합과 같은 수학적 대상도 마찬가지로 존재한다고 할 수 있을까? 물리적 대상은 특정 시점과 특정 장소에 존재한다고 말할 수 있지만, 수학적 대상은 그렇지 않다는 점에서 비시간적이고 비공간적인 대상으로 생각된다. 또한 나무나 별은 우리의 감각에 직간접으로 어떤 영향을 미친다는 점에서 인과적 대상인 반면, 수나 집합과 같은 수학적 대상은 인과적 영향을 전혀 미치지 않는다는 점에서 비인과적 대상으로 생각된다. 이처럼 비시간적이고 비공간적이고 비인과적인 대상을 '추상적' 대상이라 부르기도 한다.
>
> A : "2는 소수이다."를 참으로 받아들이면서 2의 존재를 부정할 수는 없다. 이는 우리가 "저 나무는 파랗다."를 참으로 받아들이면서 저 나무의 존재를 부정할 수는 없는 이치와 같다. 따라서 수학적 대상은 추상적 대상일 뿐 존재한다는 점에서는 물리적 대상과 다르지 않다.
>
> B : 수학적 대상은 추상적 대상이므로 그것은 비인과적 대상이다. 그러므로 그러한 대상이 있건 없건 우리의 구체적이고 물리적인 세계는 아무런 차이 없이 그대로 유지될 것이다. 따라서 수학적 대상이 존재한다고 볼 이유는 전혀 없는 것이고, 수학적 대상은 존재하지 않는다고 결론 내려야 한다.
>
> C : 추상적 대상이 우리와 어떤 인과적 관계도 맺을 수 없다면, 우리는 그 대상이 어떤 성질을 가졌는지도 알 수 없다. 우리가 나무나 별에 대한 지식을 가질 수 있는 이유는 감각을 통해 그러한 대상과 인과적 관련을 맺을 수 있다는 사실에 근거하고 있기 때문이다. 그런데 우리가 많은 수학적 지식을 가지고 있다는 것은 틀림없는 사실이다. 그렇다면 도리어 수학적 대상은 추상적 대상이 아니라고 결론 내려야 한다.

보 기

ㄱ. A는 물리적 대상만 존재한다는 것을 부정하지만 B는 그것을 받아들인다.

ㄴ. B는 수학적 대상이 추상적 대상이라고 보는 반면 C는 이를 부정한다.

ㄷ. C는 우리가 인과적 대상에 대해서만 지식을 가질 수 있다고 전제하고 있다.

① ㄴ ② ㄷ ③ ㄱ, ㄴ

④ ㄱ, ㄷ ⑤ ㄱ, ㄴ, ㄷ

정교하게 분석할 수 있는 능력을 평가함

제시문에서 수학적 대상은 비시간적·비공간적·비인과적 대상, 즉 추상적 대상이라는 점이 설명되고 있다. 그리고 수학적 대상에 관한 세 사람의 입장을 요약하면 다음과 같다.

A : 수학적 대상도 물리적 대상과 마찬가지로 존재하며, 수학적 대상은 추상적 대상이라는 점에서만 물리적 대상과 차이가 있다.

B : 수학적 대상은 추상적 대상이므로, 비인과적 대상이다. 비인과적 대상은 존재하든 하지 않든 아무런 차이도 불러오지 않는다. 따라서 수학적 대상은 존재하지 않는다.

C : 추상적 대상이 비인과적 대상이라면 우리는 그것에 대한 지식을 가질 수 없다. 나무나 별에 대한 지식을 가질 수 있는 이유는 그것이 인과적 대상이기 때문이다. 그런데 우리는 수학적 지식을 가지고 있다. 따라서 수학적 대상은 추상적 대상이 아니라고 해야 한다.

ㄱ. A는 물리적 대상뿐만 아니라 추상적 대상도 존재한다고 생각하므로 물리적 대상만 존재한다는 것을 부정한다. B는 수학적 대상과 같은 비인과적 대상은 우리의 구체적이고 물리적인 세계에 아무런 차이를 일으키지 않으므로, 비인과적 대상은 존재하지 않는다고 생각한다. 그런데 '비인과적 대상은 존재하지 않는다'는 것은 '인과적 대상만 존재한다'는 의미이다. 인과적 대상은 특정 시점과 특정 장소에 존재하므로, 인과적 대상은 모두 물리적 대상이다. 결국 B는 '물리적 대상만 존재한다'는 것을 받아들인다. ㄱ은 옳은 평가이다.

ㄴ. B는 수학적 대상이 추상적 대상이라고 보고, 바로 그 이유 때문에 그런 대상은 존재하지 않는다고 본다. 반면, C는 추상적 대상에 대해서는 지식을 가질 수 없는데, 우리는 수학적 대상에 관한 지식을 가지고 있으므로, 수학적 대상은 추상적 대상이 아니라고 결론 내린다. 따라서 ㄴ은 옳은 평가이다.

ㄷ. C의 논증을 재구성하면 다음과 같다. "수학적 대상이 추상적 대상이어서 우리와 어떤 인과적 관계도 맺을 수 없다면, 우리는 그 대상이 어떤 성질을 가졌는지 알 수 없다. 그런데 우리는 수학적 대상에 대한 지식을 가지고 있다. 따라서 수학적 대상은 추상적 대상이 아니다." 여기서 C는 첫 번째 전제를 주장할 때 "인과적 대상에 대해서만 지식을 가질 수 있다."는 것을 암묵적으로 전제하고 있다. 따라서 ㄷ은 옳은 평가이다.

〈보기〉의 ㄱ, ㄴ, ㄷ 모두 옳은 평가이므로 정답은 ⑤이다.

19.

A의 계획에 대한 평가로 옳은 것만을 〈보기〉에서 있는 대로 고른 것은?

> 연구자 A는 우리나라 기독교인들의 특성을 알아보기 위해 설문조사를 시행하려고 한다. 이를 위해서는 우리나라 기독교인을 대표할 수 있는 표본을 뽑아야 한다. 이 표본으로부터 얻은 정보에서 모집단인 우리나라 전체 기독교인의 정보를 추론하려는 것이다. 이를 위해서는 A가 뽑은 표본의 총체적 특성이 모집단인 전체 기독교인의 총체적 특성에 거의 근접해야 하며, 이러한 표본을 대표성 있는 표본이라고 한다. 표본의 대표성을 확보하기 위해서는 전국의 모든 기독교인들이 표본으로 뽑힐 확률을 동일하게 해야 한다. 또한 표본의 대표성은 많은 수의 기독교인을 뽑을수록 높아질 것이다. 만약 우리나라 모든 기독교인의 명단이 있다면, 이로부터 충분히 많은 수의 교인을 무작위로 뽑으면 된다. 하지만 그러한 명단은 존재하지 않는다. 대신 초대형교회부터 소형교회까지 전국의 모든 교회를 포함하는 교회 명단은 존재하므로, A는 이 명단으로부터 일정 수의 교회를 무작위로 뽑기로 하였다. 다음 단계로 이 교회들의 교인 명단을 확보하여 이 명단으로부터 각 교회 당 신도 일정 명씩을 무작위로 뽑기로 하였다. 이렇게 하여 A는 1,000명의 표본을 대상으로 설문조사를 실시하려고 계획한다. 여기서 고려할 점은 집단의 구성원들이 동질적일수록 그 집단으로부터 뽑은 표본은 그 집단을 더 잘 대표할 것이며, 교회처럼 자연스럽게 형성된 집단에 속한 사람들은 전체 모집단에 속한 사람들과 비교할 때 일반적으로 더 동질적이라는 사실이다.

보 기

ㄱ. 이 표본은 전국의 모든 기독교인들이 뽑힐 확률을 동일하게 하였으므로 대표성이 높다.

ㄴ. 뽑을 교회의 수를 늘리고 각 교회에서 뽑을 신도의 수를 줄이는 것보다, 뽑을 교회의 수를 줄이고 각 교회에서 뽑을 신도의 수를 늘리는 것이 표본의 대표성을 더 높인다.

ㄷ. 표본의 대표성을 높이기 위해서는 교회가 뽑힐 확률을 교인 수에 비례하여 정해야 한다.

① ㄱ ② ㄷ ③ ㄱ, ㄴ
④ ㄴ, ㄷ ⑤ ㄱ, ㄴ, ㄷ

대표성 있는 표본을 추출하는 방법인 확률표집에 관한 내용이다. 확률표집은 기본적으로 모집단의 모든 요소가 동일한 추출 확률을 갖도록 하는 균일추출확률 원리에 따르는 것으로, 이렇게 추출된 표본은 대표성이 있다. 단순 무작위 추출은 이러한 원리에 따르는 것이나, 이를 위해서는 모집단의 모든 구성요소를 포함하는 명단(표집틀)이 필요하다. 그런데 현실에서 이러한 표집틀이 존재하지 않는 경우가 많기 때문에, 그 대안으로 흔히 다단계 집락표집 방법이 사용된다. 다단계 집락표집에서는 집락의 크기가 클수록 집락의 추출 확률을 높이는 방식과 동질적인 집락에 관한 정보를 활용하여 표본을 추출하는 방식이 표본의 대표성을 높일 수 있다.

〈보기〉 해설   ㄱ. 모든 기독교인을 무작위로 추출한 것이 아니라 다단계 집락표집을 시행했기 때문에, 큰 집락(대형교회)의 교인은 작은 집락(소형교회)의 교인보다 추출확률이 작아진다. 따라서 전국의 모든 기독교인들이 뽑힐 확률이 동일하지 않다. ㄱ은 옳지 않은 진술이다.

ㄴ. 구성원이 동질적인 집단은 그렇지 않은 집단과 비교할 때 무작위로 뽑은 비교적 소수의 표본만으로도 집단을 대표할 수 있다. 제시문의 마지막 부분에서 교회가 일반적으로 동질적인 집단이라고 말하고 있으므로, 각 교회로부터 비교적 소수의 표본만을 뽑아도 그 표본은 각 교회를 대표할 수 있다. 따라서 1,000명의 표본을 뽑기 위해서는 뽑을 교회의 수를 늘리고 각 교회에서 뽑을 신도의 수를 줄이는 것이 그 반대의 경우보다 표본의 대표성을 더 높일 것이라고 추론할 수 있다. 따라서 ㄴ은 옳지 않은 진술이다.

ㄷ. 대형교회의 교인들이 소형교회의 교인보다 뽑힐 확률이 작기 때문에, 표본의 대표성을 높이기 위해서 교회의 교인 수에 비례하여 교회의 추출확률을 정해야 한다. 예를 들어 전국에 10,000개의 교회가 있고 이로부터 100개의 교회를 뽑는다고 할 때, 각 교회가 뽑힐 확률은 1/100이다. 각 교회로부터 10명의 교인을 뽑는다고 할 때, 교인 수가 1,000명인 대형교회의 특정 교인이 최종 표본에 추출될 확률은 1/10,000(=1/100×10/1,000)이다. 반면 교인 수가 100명인 소형교회의 교인이 최종 표본에 추출될 확률은 1/1,000(=1/100×10/100)이다. 결과적으로 두 교회 교인의 추출확률은 10배의 차이가 난다. 따라서 교인 수에 비례하여 대형교회의 추출확률을 소형교회보다 10배 크게 함으로써 대형교회의 교인들이 최종 표본에 추출될 확률을 소형교회의 교인들이 추출될 확률과 동일하게 만들

수 있다. 따라서 ㄷ은 옳은 진술이다.

〈보기〉의 ㄷ만이 옳은 평가이므로, 정답은 ②이다.

20.

㉠을 지지하는 사례로 옳은 것만을 〈보기〉에서 있는 대로 고른 것은?

사람들의 선호는 항상 일정해서 변하지 않는 것이 아니라 시간의 경과에 따라 변할 수 있고 이런 현상을 '시간적 비정합성'이라고 부른다. 미래의 결과들 A, B에 대해 처음에는 A를 B보다 더 선호하다가 시간이 경과함에 따라 선호가 역전되거나 선호의 차이가 좁혀지는 현상이다. 이러한 현상을 설명하는 이론으로 ㉠시간해석이론이 있다. 이 이론에 따르면, 사람은 어떤 대상의 가치를 평가할 때 마음속으로 해석하여 선호를 결정하며, 동일한 대상이라도 시간적으로 멀리 있는 경우와 가까운 경우에 대상을 바라보는 관점이 달라진다는 것이다. 사람들은 시간적으로 멀리 있는 대상에 대해서는 더 본질적인 점에 주목하는 '고차원적 수준'의 해석에 상대적으로 강하게 의지하고, 시간적으로 가까운 대상에 대해서는 더 부수적인 점에 착안하는 '저차원적 수준'의 해석에 집착한다. 예를 들어, 미래 이익에 대한 평가에서 이익의 크기 변화는 고차원적 수준이고, 그 실현 시점의 다소간 차이는 저차원적 수준이다. 결국 시간적 거리에 따라 대상에 대한 해석 수준이 달라지면서 시간적 비정합성이 발생한다고 본다.

보 기

ㄱ. 5천 원인 노트를 반값에 구매하기 위해 20분 동안 운전할 용의는 있지만, 202만 원인 냉장고를 200만 원에 구매하기 위해 20분 동안 운전하려 하지 않는다.

ㄴ. 여행 출발이 많이 남은 시점에서는 좋은 경치, 맛있는 음식 등을 상상하면서 기대에 부풀지만, 여행 출발이 다가올수록 준비물, 교통수단 등 세부 사항을 걱정하게 된다.

ㄷ. "60일 후에 배달 예정인 냉장고를 배달이 하루 늦어지면 5% 할인해 주겠다."는 제안을 받아들이지만, "내일 배달 예정인 냉장고를 배달이 하루 늦어지면 5% 할인해 주겠다."는 제안은 거부하였다.

① ㄱ   ② ㄴ   ③ ㄱ, ㄷ

④ ㄴ, ㄷ   ⑤ ㄱ, ㄴ, ㄷ

| 평가 목표 | 인간 행동을 설명하는 특정한 원리를 지지하는 사례를 옳게 판단할 수 있는 능력을 평가함 |

| 문제 풀이 | 정답 : ④ |

제시문은 시간의 경과에 따라 선호가 변하는 '시간적 비정합성' 현상을 설명하기 위해 야콥 트롭(Yaccov Trope)과 니라 리버먼(Nira Liberman)이 제시한 '시간해석이론'이라는 심리학 이론에 대한 설명이다. 〈보기〉의 사례들은 행동경제학에서 자주 언급되는 사례나 실험 결과들로서, 모두 경제학에서 전통적으로 전제하고 있는 효용이론에 의문을 제기하는 사례라고 할 수 있다. 이 가운데 제시문이 설명하는 시간해석이론을 지지하는 사례를 찾아야 한다.

| 〈보기〉 해설 | ㄱ. 금액의 크기가 클 경우보다 작을 경우에 이익의 변화에 더 민감하게 반응하는 사례로, 칸느만과 트버츠키의 전망이론(prospect theory)의 사례라고 할 수 있다. 기준점의 변화에 따른 민감도의 차이를 보여주는 사례로 시간해석이론의 기본 전제인 시간 경과에 따른 선호의 변화를 보여주지는 않는다. 따라서 시간해석이론을 지지하는 사례는 아니다. |

ㄴ. 시간이 많이 남은 경우 여행지의 선호 결정에 '고차원적 수준'인 좋은 경치, 맛있는 음식 등의 여행의 본질적 요소가 '저차원적 수준'인 준비물, 교통수단 등 세부 사항보다 더 중요시된다. 하지만 막상 여행 출발 시점이 다가올수록 세부 사항이 걱정된다는 것은 처음 여행지를 결정할 당시에 고려된 선호의 차이가 좁혀졌다는 사실을 알려준다. 따라서 시간해석이론을 지지하는 사례이다.

ㄷ. 먼 미래(60일 후)의 결정에서는 '고차원적 수준'인 냉장고 가격의 차이가 '저차원적 수준'인 하루 동안 냉장고 사용을 못하는 불편함보다 높게 평가가 되었지만, 막상 동일한 선택이 임박해서는 그 선호가 역전되는 현상으로 시간해석이론을 지지하는 실험 결과이다.

〈보기〉의 ㄴ, ㄷ만이 시간해석이론을 지지하는 사례이므로 정답은 ④이다.

21.

다음 글로부터 추론한 것으로 옳은 것만을 〈보기〉에서 있는 대로 고른 것은?

주가 변동에 관해 효율적 시장 가설은 주가가 현재 이용 가능한 모든 정보를 반영하고 있으므로 오로지 새로운 정보만이 미래의 주가 변화를 설명할 수 있다는 가설이다. 그러나 새로운 정보는 현 시점에서 예측이 불가능하므로 주가의 변동 역시 예측이 불가능하고, 따라서 미래 주가에 대한 가장 합리적인 예측치는 결국 현재 주가가 된다.

한편, 주가는 평균 회귀 성향을 가지고 있어 평균 추세 주위에서 등락을 반복하는 경향이 있다는 주장도 있다. 이런 입장을 대변하는 투자전략으로 A전략과 B전략이 있다. A전략은 가격이 오른 주식은 사고, 가격이 내린 주식은 파는 투자기법이다. 반면, B전략은 가격이 오른 주식은 팔고, 가격이 내린 주식은 사는 투자기법이다. A전략은 시장상황에 편승하여 당시에 인기 있는 주식이 당분간 상승세를 유지할 것으로 판단하고 추격매수를 수행하는 것으로, 기업의 재무 정보보다는 해당 기업 주식에 대한 시장의 평가에 더 의존하는 경향을 보인다. B전략은 주가가 급변하는 경우 이를 해당 주식의 본질적인 가치와는 괴리된 상황으로 인식하고 조만간 주가가 본질적인 가치를 반영하는 수준으로 수렴될 것이라고 생각한다.

보 기

ㄱ. 효율적 시장 가설이 옳다면 이미 시장에 알려진 정보만을 이용한 투자로는 시장의 평균 수익을 초과하는 수익을 달성할 수 없다.

ㄴ. A전략은 기업실적 대비 주가가 낮은 주식을, B전략은 기업실적 대비 주가가 높은 주식을 선호한다.

ㄷ. B전략은 A전략에 비해 주가가 평균 추세 수준으로 수렴하기 위해 상대적으로 긴 시간이 소요될 것으로 전망한다.

① ㄱ   ② ㄴ   ③ ㄱ, ㄷ
④ ㄴ, ㄷ   ⑤ ㄱ, ㄴ, ㄷ

문항 성격 사회 - 언어 추리
평가 목표 투자전략에 관한 글로부터 새로운 정보를 추론할 수 있는 능력을 평가함
문제 풀이 정답 : ①

효율적 시장 가설은 새로운 정보만이 미래의 주가 변화를 설명할 수 있다는 가설이다. 한편 A전

략이나 B전략은 주가의 주기적 등락을 전제하여 이 등락의 원인이 어디에 있는지에 따라 상반된 투자전략을 구사한다.

<보기> 해설 ㄱ. 효율적 시장 가설에 의하면 현 주가 수준은 이미 시장에 알려진 정보를 모두 담고 있으므로, 이미 시장에 알려진 정보만을 이용한 투자로는 시장에서의 평균 수익을 능가하는 수익을 올릴 수는 없다. 시장의 평균 수익을 초과하는 수익을 달성하는 투자가 있다면 그 투자는 새로운 정보를 이용한 투자이다. 따라서 ㄱ은 옳은 추론이다.

ㄴ. B전략은 주가가 급변하는 경우 이를 해당 주식의 본질적인 가치와는 괴리된 상황으로 인식하고 조만간 주가가 본질적인 가치를 반영하는 수준으로 수렴될 것이라 생각한다. 따라서 B전략은 기업실적 대비 주가가 높은 주식은 조만간 주가가 기업실적에 대응하는 수준으로 떨어질 것으로 예측하므로 선호하지 않을 것이다. 따라서 ㄴ은 옳지 않은 추론이다.

ㄷ. A전략과 B전략은 모두 주가가 장기적인 평균 추세로 수렴할 것으로 예측하고 있으나 이들의 차이는 수렴 속도이다. A전략의 경우 주가가 평균 추세에 서서히 수렴하기 때문에 단기적으로 상승한 주식은 그 상승세가 당분간은 지속될 것으로 예측하고 있다. 이에 반해 B전략의 경우 주가가 평균 추세로 수렴하는 속도가 상대적으로 빨라 최근 상승한 주가는 멀지 않아 평균 추세 부근으로 수렴할 것으로 예측한다. 따라서 A전략이 B전략에 비해 주가가 평균 추세 수준으로 수렴하기 위해 상대적으로 긴 시간이 소요될 것으로 전망한다. 따라서 ㄷ은 옳지 않은 추론이다.

<보기>의 ㄱ만이 옳은 추론이므로, 정답은 ①이다.

22.

다음 글로부터 추론한 것으로 옳은 것을 <보기>에서 고른 것은?

15세 이상 인구를 생산가능인구라고 한다. 이 중 적극적으로 노동할 의사가 있는 사람들을 경제활동인구, 나머지를 비경제활동인구라고 한다. 경제활동인구는 다시 실업자와 취업자로 구분된다. 실업자에 대한 정의는 조사대상 1주일간에 수입이 발생하는 일에 전혀 종사하지 못하고, 적극적으로 구직활동을 했으며, 일자리가 생기면 즉시 일을 시작할 수 있는 사람을 말한다. 실업자를 뺀 나머지 경제활동인구를 취업자로 정의한다.

경제활동인구 가운데 실업자의 비율로 정의되는 '실업률'은, 일을 하고 싶지만 일자리가 없어서 일을 하지 못하는 사람이 어느 정도인지를 보여주는 것으로서 노동시장의 상태를 나타내는 대표적인 통계이다. 하지만 실업률은 오랫동안 일자리를 구하지 못해 구직을 단념한 '구직단념자', 구직을 위해 취업준비를 하는 사람들, 더욱 많은 시간 동안 일하고 싶지만 마땅한 일자리를 구하지 못하여 원하는 시간보다 짧은 시간만 일하고 있는 '불완전취업자' 등의 존재를 파악하지 못하는 한계가 있다. 이 때문에 노동시장의 상태를 나타내는 지표로 실업률과 함께 생산가능인구 중 경제활동인구 비율을 나타내는 '경제활동참가율'이나 생산가능인구 중 취업자 비율을 나타내는 '고용률'을 이용하기도 한다. 단기적으로 인구의 변화가 없는 경제에서 위 경제지표들의 상호 관계가 중요한 의미를 갖는다.

보 기

ㄱ. 일자리가 증가함과 동시에 실업률이 상승할 수는 없다.
ㄴ. 실업률과 고용률을 통해 취업자 중 불완전취업자의 비중을 알 수 있다.
ㄷ. 구직단념자가 많아질수록 실업률은 하락하는 반면 고용률은 변화가 없다.
ㄹ. 실업률 하락과 고용률 하락이 동시에 발생하면 경제활동참가율도 하락한다.

① ㄱ, ㄴ　　　　　　② ㄱ, ㄷ　　　　　　③ ㄴ, ㄷ
④ ㄴ, ㄹ　　　　　　⑤ ㄷ, ㄹ

문항 성격	사회 – 언어 추리
평가 목표	통계에 관한 정의로부터 사회 현상의 변화에 관한 정보를 추론할 수 있는 능력을 평가함
문제 풀이	정답 : ⑤

실업률은 일을 하고 싶은데 일하지 못하는 사람들의 비중을 측정함으로써 고용상태를 나타내는 대표적인 통계이지만 개념과 측정방법 때문에 잠재적 실업자나 불완전취업자의 비중을 보여주지 못한다는 한계가 있다. 특히 비경제활동인구가 많은 우리나라의 경우에는 실업률이 매우 낮게 나타난다. 이 때문에 비경제활동인구의 비중을 반영하는 고용률이 실업률과 함께 고용상태를 측정하는 중요한 통계로 사용된다.

〈보기〉 해설　ㄱ. 일자리가 증가하여 취업자의 수가 증가하더라도 구직단념자 등이 새롭게 구직활동에 참여한다면 비경제활동인구가 줄어들고 실업자가 늘어나 실업률이 상승할 수 있다. 따라서 ㄱ은 옳지 않은 추론이다.

ㄴ. 실업률은 경제활동인구(=취업자+실업자) 가운데 실업자의 비중을, 고용률은 생산가능인구(=취업자+실업자+비경제활동인구) 가운데 취업자의 비중을 나타내므로 취업자들의 구성을 반영하지 못한다. 따라서 실업률과 고용률을 통해 취업자 중 불완전취업자의 비중을 알 수는 없다. ㄴ은 옳지 않은 추론이다.

ㄷ. 어떤 실업자가 적극적인 구직활동을 포기하게 되어 구직단념자가 되면 경제활동인구와 실업자의 수는 감소하지만 생산가능인구와 취업자의 수는 변화가 없다. 따라서 단기적으로 인구의 변화가 없는 경제에서 구직단념자가 많아지면 실업률은 하락하지만, 고용률은 변화가 없다. 따라서 ㄷ은 옳은 추론이다.

ㄹ. 주어진 경제지표의 정의로부터 다음 관계를 찾을 수 있다. 고용률=경제활동참가율×(1-실업률). 이 경우 실업률이 하락하고 고용이 동시에 하락하는 경우 경제활동참가율은 하락해야 한다. 따라서 ㄹ은 옳은 추론이다.

〈보기〉의 ㄷ, ㄹ만이 옳은 추론이므로 정답은 ⑤이다.

23.

다음으로부터 추론한 것으로 옳은 것만을 〈보기〉에서 있는 대로 고른 것은?

개발 중인 신약의 효과를 확인하기 위해서 실험연구를 시행한다. 약 처방에서 원래 의도한 효과를 '직접적인 생리적 효과'라고 부른다면, 이와 대비되는 효과로 '간접적인 생리적 효과'가 있다. 후자를 ⊙플라시보 효과라고 하는데 피험자가 실제 아무런 생리적 효과가 없는 가짜 약을 복용하고 있음에도 자신이 진짜 약을 처방받았다고 생각하여 그러한 생각이 몸의 상태에 영향을 주어 실제로 긍정적 신체 효과가 나타난 경우이다. 이처럼 생리적으로 활성이 없는 약이 실험에서 애초에 의도했던 효과와는 다른 방식으로 실험 결과에 영향을 끼칠 수 있는 효과가 세 가지 더 있다.

먼저 ⓒ피험자 보고편향은 긍정적 신체 효과가 없는데도 진짜 약을 처방받았다고 생각하여 자신의 기분을 보고하는 방식에서 생기는 효과를 일컫는다. ⓒ기대성 효과는 실험자가 신약의 잠재력에 대해서 분명하게 낙관적일 경우, 그 낙관적 느낌이 피험자에게도 전달되어 피험자 보고편향과 플라시보 효과를 강화하는 경우이다. ⓔ실험자 보고편향은 신약의 효과를 시험하는 실험자들이 실험의 결과에 대해 특정한 희망과 기대를 가지기 때문에 생기는 효과이다. 실험 결과가 애매할 경우 실험자들이 결과를 읽는 방식은 그들이 보고자 하는 것에 의해 강하게 영향을 받는다.

ㄱ. 동일한 예방조치로 ⊙과 ⓛ을 차단할 수 없다.

ㄴ. ⓒ과 ⓔ을 차단하기 위한 예방조치는 서로 다를 수 있다.

ㄷ. ⓔ을 차단하기 위해서는 어떤 피험자가 진짜 약을 처방하는 집단에 속하고 어떤 피험자가 가짜 약을 처방하는 집단에 속하는지에 대해 실험자가 몰라야 한다.

① ㄱ   ② ㄴ   ③ ㄱ, ㄷ

④ ㄴ, ㄷ   ⑤ ㄱ, ㄴ, ㄷ

문항 성격	사회 – 언어 추리
평가 목표	실험연구에서 나타날 수 있는 방법론적 문제에 대한 정보를 활용하여 그 문제들의 해결 방법과 그 방법으로 인한 결과에 대해서 추론할 수 있는 능력을 평가함
문제 풀이	정답 : ④

이 글은 의료적인 치료법에서 의도한 효과와 의도하지 않은 간접적 효과를 구분하고, 네 가지 간접적 효과에 의해 실험 결과가 오염되는 경우에 대해 설명하고 있다. 이러한 실험 결과 오염을 방지하는 것이 실험연구의 성패를 좌우하는 관건이 된다. 이 네 가지 효과 각각에 대해서 예방조치를 강구할 수도 있고, 연구책임자가 피험자뿐만 아니라 실제 실험을 시행하는 실험자도 피험자가 진짜 약을 복용하는지 아니면 가짜 약을 복용하는지 모르게 하는 이중눈가림(double blind) 실험 방법을 통해 이 효과들을 한꺼번에 막는 조치도 가능하다.

〈보기〉 해설   ㄱ. 피험자가 진짜 약을 처방받았는지 아니면 가짜 약을 처방받았는지 전혀 모르게 하면 ⊙ 플라시보 효과와 ⓛ 피험자 보고편향을 동시에 차단할 수 있다. 따라서 동일한 예방조치로 ⊙과 ⓛ을 차단할 수 있으므로, ㄱ은 옳지 않은 추론이다.

     ㄴ. ⓒ 기대성 효과를 차단하기 위한 예방조치가 ⓔ 실험자 보고편향을 차단하지 못할 수도 있다. 예를 들어 실험자가 피험자와 만나서 약의 효과나 이에 대한 낙관적 느낌을 간접적으로라도 전달하는 것이 금지되어 있고, 피험자가 자신이 복용하는 약이 진짜 약인지 가짜 약인지 모를 경우 ⓒ 기대성 효과를 차단할 수 있지만, 어떤 피험자가 진짜 약을 처방하는 집단에 속하는지 실험자가 안다면 ⓔ 실험자 보고편향은 차단하지 못할 수도 있다. 따라서 ⓒ과 ⓔ을 차단하기 위한 예방조치는 서로 다를 수 있다. ㄴ은 옳은 추론이다.

     ㄷ. ⓔ 실험자 보고편향은 실험자가 실험 결과에 대해 특정한 희망과 기대를 가지기 때문에 진짜 약을 처방하는 집단에 속하는 피험자에 대한 실험 결과와 가짜

약을 처방하는 집단에 속하는 피험자에 대한 실험 결과를 편향되게 보고함으로써 생기는 효과이다. 따라서 실험자 보고편향을 차단하기 위해서는 어떤 피험자가 진짜 약을 처방하는 집단에 속하고 어떤 피험자가 가짜 약을 처방하는 집단에 속하는지에 대해 실험자가 몰라야 한다. ㄷ은 옳은 추론이다.

〈보기〉의 ㄴ과 ㄷ만이 옳은 추론이므로, 정답은 ④이다.

24.

㉠에 대한 근거로 적절한 것만을 〈보기〉에서 있는 대로 고른 것은?

> 화재가 발생하여 화재의 기전에 의해 사망하는 것을 화재사라고 한다. 화재 현장에서 불완전 연소의 결과로 발생한 매연(煤煙)을 들이키면 폐 기관지 등 호흡기 점막에 새까맣게 매(煤)가 부착된다. 화재 현장에서 생성되는 다양한 유독가스 중 일산화탄소는 피해자의 호흡에 의해 혈류로 들어가 헤모글로빈에 산소보다 더 강하게 결합하여 산소와 헤모글로빈의 결합을 방해한다. 생체의 피부에 고열이 작용하면 화상이 일어나는데 그중 가장 경미한 정도인 1도 화상에서는 손상에 대한 생체의 반응으로 피부로의 혈액공급이 많아져 발적과 종창이 나타난다. 더 깊이 침범된 2, 3도 화상에서는 피부의 물집, 피하조직의 괴사 등이 나타난다. 불길에 의해 고열이 가해지면 근육은 근육 단백질의 형태와 성질이 변하여 위축되는 모양을 띤다. 근육의 위축은 그 근육에 의해 가동되는 관절 부위의 변화를 가져오게 되는데 관절을 펴는 근육보다는 굽히는 근육의 양이 더 많으므로 불길에 휩싸여 열변성이 일어난 시신은 대부분의 관절이 약간씩 굽은 모습으로 탄화된다.
>
> 한편, 화재 현장에서 변사체가 발견되어 부검이 시행되었다. 부검을 마친 법의학자는 ㉠희생자가 생존해 있을 때에 화재가 발생하여 화재의 기전에 의해 사망하였다고 판단하였다.

보기

ㄱ. 불에 탄 시체의 관절이 약간씩 굽어 있다.
ㄴ. 얼굴에 빨간 발적이나 종창이 일어난 화상이 있다.
ㄷ. 혈액 내에 일산화탄소와 결합한 헤모글로빈 농도가 높다.

① ㄱ   ② ㄴ   ③ ㄱ, ㄷ
④ ㄴ, ㄷ   ⑤ ㄱ, ㄴ, ㄷ

문항 성격 | 과학기술 – 논증 분석
평가 목표 | 제시문의 내용을 토대로 주어진 주장의 적절한 근거가 무엇인지 판단할 수 있는 능력을 평가함
문제 풀이 | 정답 : ④

제시문에서 살아있을 때 생체의 작용 혹은 반응으로만 나타날 수 있는 현상들은 폐 기관지의 매부착, 혈중 일산화탄소–헤모글로빈 농도의 증가, 발적과 종창을 동반한 1도 화상 등의 화상임을 알 수 있다.

또한 근육 단백질이 고열에 의해 변성되고 그 결과 근육의 변형과 위축이 발생하는 것은 굳이 생존 중에 고열이 가해지지 않아도 발생할 수 있는 현상임을 알 수 있다.

〈보기〉 해설 | ㄱ. 제시문의 내용상 불에 탄 시체의 관절이 굽어 있는 것은 근육이 고열에 의해 변성·위축되었기 때문이다. 이는 사망 후 고열에 노출되어도 동일한 결과가 나타난다. 따라서 ㄱ은 ㉠에 대한 근거로 적절하지 않다.

ㄴ. 화상에서 빨간 발적과 종창이 나타나는 것은 화염이나 고열에 의한 손상에 살아있는 인체가 반응하여 환부로의 혈액공급의 증가 등의 생체반응에 의한 것이다. 죽은 뒤에 고열이나 화염에 노출된 경우에는 나타나지 않는다. 따라서 ㄴ은 ㉠에 대한 근거로 적절하다.

ㄷ. 일산화탄소와 결합한 헤모글로빈은 호흡에 의해 일산화탄소가 흡입되어 혈류로 유입되어야만 증가된다. 사후에 불에 탄 경우에는 일산화탄소와 결합한 헤모글로빈의 증가를 볼 수 없다. 따라서 ㄷ은 ㉠에 대한 근거로 적절하다.

〈보기〉의 ㄴ, ㄷ만이 ㉠에 대한 근거로 적절하므로, 정답은 ④이다.

25.

다음에서 추론한 것으로 옳은 것만을 〈보기〉에서 있는 대로 고른 것은?

컴퓨터 사용자 갑, 을, 병, 정의 아이디와 패스워드를 다음 규칙으로 정하고자 한다.

• 아이디는 apple, banana, cherry, durian 중 하나이다.
• 패스워드는 apple, banana, cherry, durian 중 하나이다.
• 하나의 아이디를 두 명 이상이 같이 쓸 수 없다.
• 하나의 패스워드를 두 명 이상이 같이 쓸 수 없다.

- 사용자의 아이디와 패스워드는 같을 수 없다.
- 을의 아이디는 cherry이다.
- 정의 패스워드는 durian이다.
- 병의 아이디는 아이디가 banana인 사용자의 패스워드와 같다.

보 기

ㄱ. 정의 아이디는 apple이다.

ㄴ. 갑의 패스워드가 cherry라면 을과 병의 패스워드를 확정할 수 있다.

ㄷ. 아이디가 durian인 사용자의 패스워드로 banana를 쓸 수 있다.

① ㄱ   ② ㄷ   ③ ㄱ, ㄴ

④ ㄴ, ㄷ   ⑤ ㄱ, ㄴ, ㄷ

문항 성격	논리학·수학 – 모형 추리(논리 게임)
평가 목표	제시문의 정보로부터 가능한 경우를 나누어 따져보는 능력을 평가함
문제 풀이	정답 : ②

을의 아이디가 cherry이고 정의 패스워드가 durian이다. 그리고 병의 아이디는 아이디가 banana 인 사용자의 패스워드와 같다. 이것을 다음과 같이 표로 나타낼 수 있다.

	갑	을	병	정
아이디		cherry		
패스워드				durian

* 병의 아이디는 아이디가 banana인 사용자의 패스워드와 같다.

　그리고 각 사용자는 같은 아이디와 패스워드를 가질 수 없으므로 banana 아이디는 병이 가질 수 없고, 갑이 가지거나 정이 가질 것이다.

〈banana 아이디를 갑이 가질 경우〉

	갑	을	병	정
아이디	banana	cherry		
패스워드				durian

* 병의 아이디는 아이디가 banana인 사용자의 패스워드와 같다.

banana 아이디를 갑이 가질 경우, 사용자 정이 durian 패스워드를 가지고 있으므로 사용자 병이 durian 아이디, 정이 apple 아이디를 가질 수밖에 없다. 그러나 그렇게 되면 "병의 아이디는 아이디가 banana인 사용자의 패스워드와 같다."는 조건에 의해 사용자 갑의 패스워드는 durian이 되어야 하나 이미 사용자 정이 durian을 패스워드로 가지고 있으므로 "하나의 패스워드를 두 명 이상이 같이 쓸 수 없다."는 조건에 모순이 된다.

따라서 banana 아이디는 사용자 정이 가져야 하고 사용자 갑, 을, 병, 정의 아이디는 각각 apple, cherry, durian, banana가 된다.

	갑	을	병	정
아이디	apple	cherry	durian	banana
패스워드				durian

＊ 병의 아이디는 아이디가 banana인 사용자의 패스워드와 같다.

사용자 갑, 을, 병, 정의 아이디는 각각 apple, cherry, durian, banana이며 사용자 정의 패스워드는 durian이다. 이때 한 사용자가 같은 아이디와 패스워드를 가질 수 없다는 규칙이 있으므로 사용자 갑, 을, 병의 패스워드는 각각 (banana, apple, cherry), (cherry, apple, banana), (cherry, banana, apple)이 될 수 있다.

〈보기〉해설   ㄱ. 정의 아이디는 banana이다. 따라서 ㄱ은 옳지 않은 추론이다.

ㄴ. 갑의 패스워드가 cherry라고 하여도, 을과 병의 패스워드는 확정할 수 없다. ㄴ은 옳지 않은 추론이다.

ㄷ. 아이디가 durian인 사용자는 병인데 병의 패스워드로 banana를 쓸 수 있다. 따라서 ㄷ은 옳은 추론이다.

〈보기〉의 ㄷ만이 옳은 추론이므로, 정답은 ②이다.

26.

다음으로부터 추론한 것으로 옳은 것은?

어떤 학과의 졸업 예정자 갑~무에 대해 다음이 알려졌다.

• 취업을 한 학생은 졸업평점이 3.5 이상이거나 외국어 인증시험에 합격했다.

• 인턴 경력이 있는 학생들 중 취업박람회에 참가하지 않은 학생은 아무도 없었다.

> • 졸업평점이 3.5 이상이고 취업박람회에 참가한 학생은 모두 취업을 했다.
>
> • 외국어 인증시험에 합격하고 인턴 경력이 있는 학생들은 모두 취업을 했다.

① 취업박람회에 참가하고 취업을 한 갑은 인턴 경력이 있다.

② 외국어 인증시험에 합격했지만 취업을 하지 못한 을은 취업박람회에 참가하지 않았다.

③ 취업박람회에 참가하고 외국어 인증시험에 합격한 병은 취업을 했다.

④ 취업박람회에 참가하지 않았는데 취업을 한 정은 외국어 인증시험에 합격했다.

⑤ 인턴 경력이 있고 졸업평점이 3.5 이상인 무는 취업을 했다.

문항 성격	논리학·수학 – 모형 추리(형식적 추리)
평가 목표	제시문의 진술들로부터 주어진 정보가 타당하게 추론될 수 있는지 그렇지 않은지 판단할 수 있는 능력을 평가함
문제 풀이	정답 : ⑤

전체 해설 제시문의 진술을 간단히 표현하면 다음과 같다.

(가) 취업 → 3.5 이상 또는 외국어 인증시험

(나) 인턴 경력 → 취업박람회 참가

(다) 3.5 이상 그리고 취업박람회 참가 → 취업

(라) 외국어 인증시험 그리고 인턴 경력 → 취업

정답 해설 ⑤ 무가 인턴 경력이 있다는 것과 (나)로부터 무가 취업박람회에 참가했다는 것이 추론된다. 따라서 무는 졸업평점이 3.5 이상이고 취업박람회에 참가했다. 이 진술과 (다)로부터 무가 취업을 했다는 것이 추론된다. 따라서 ⑤는 옳은 추론이다.

오답 해설 갑, 을, 병, 정에 관한 사실이 다음과 같을 때, 제시문의 진술들은 모두 참이지만 ①, ②, ③, ④는 모두 거짓이다.

	취업	3.5 이상	외국어 인증시험	인턴 경력	취업박람회 참가	선택지	제시문의 진술들
갑	참	참	거짓	거짓	참	① 거짓 : 취업박람회에 참가하고 취업을 한 갑은 인턴 경력이 없음	참
을	거짓	거짓	참	거짓	참	② 거짓 : 외국어 인증시험에 합격했지만 취업을 하지 못한 을은 취업박람회에 참가함	참
병	거짓	거짓	참	거짓	참	③ 거짓 : 취업박람회에 참가하고 외국어 인증시험에 합격한 병은 취업을 하지 못함	참
정	참	참	거짓	거짓	거짓	④ 거짓 : 취업박람회에 참가하지 않았는데 취업을 한 정은 외국어 인증시험에 합격하지 못함	참

따라서 제시문의 진술들로부터 ①, ②, ③, ④ 중 어떤 것도 추론되지 않는다(아래 그림 참조).

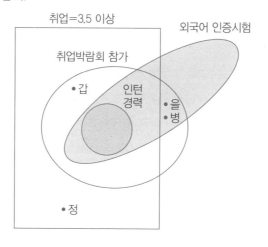

27.

다음에서 추론한 것으로 옳은 것만을 〈보기〉에서 있는 대로 고른 것은?

> 여러 개의 프로그램이 동시에 실행되면서 같은 작업을 수행하는 병렬 프로그래밍에서, 각 프로그램이 사용하는 데이터는 일정한 메모리 영역에 저장되고 공유된다. 프로그램 P1~P4와 이들이 사용하는 메모리 영역 M1~M4에 대하여 다음이 성립한다.
>
> - P1~P4만이 실행되고 각 프로그램은 M1~M4를 사용한다. 각 프로그램은 적어도 1개 이상의 메모리 영역을 사용하고 어떤 프로그램에 의해서도 사용되지 않는 메모리 영역은 없다.
> - 메모리 영역은 M1~M4의 순서대로 일렬로 연결되어 있다.
> - 전체 프로그램이 사용하는 메모리 영역의 개수의 합은 최대 6이다.
> - 어떤 프로그램도 연속되는 2개의 메모리 영역을 사용할 수 없다.
> - P1은 2개의 메모리 영역을 사용한다.
> - P2는 M2를 사용한다.
> - P4는 P2가 사용하는 메모리 영역을 1개 이상 공유한다.

보기

ㄱ. 만약 P2가 2개의 메모리 영역을 사용한다면 P3은 1개의 메모리 영역만을 사용한다.

ㄴ. M2가 3개의 프로그램에 의해서 사용될 수도 있다.

ㄷ. 만약 P4가 M4를 사용한다면 P4는 M2도 사용한다.

① ㄱ   ② ㄷ   ③ ㄱ, ㄴ

④ ㄴ, ㄷ   ⑤ ㄱ, ㄴ, ㄷ

문항 성격 논리학·수학 – 모형 추리(논리 게임)

평가 목표 제시문의 조건으로부터 주어진 명제가 추론될 수 있는지 그렇지 않은지 판단할 수 있는 능력을 평가함

문제 풀이 정답 : ③

제시문의 조건은 다음과 같다.

(가) P1~P4만이 실행되고 각 프로그램은 M1~M4를 사용한다. 각 프로그램은 적어도 1개 이상의 메모리 영역을 사용하고 어떤 프로그램에 의해서도 사용되지 않는 메모리 영역은 없다.

(나) 메모리 영역은 M1~M4의 순서대로 일렬로 연결되어 있다.

(다) 전체 프로그램이 사용하는 메모리 영역의 개수의 합은 최대 6이다.

(라) 어떤 프로그램도 연속되는 2개의 메모리 영역을 사용할 수 없다.

(마) P1은 2개의 메모리 영역을 사용한다.

(바) P2는 M2를 사용한다.

(사) P4는 P2가 사용하는 메모리 영역을 1개 이상 공유한다.

<보기> 해설　ㄱ. 만약 P2가 2개의 메모리 영역을 사용한다면, (나), (라), (바)에 의해서 P2는 메모리 영역 M2, M4를 사용하게 된다. 각 프로그램은 적어도 1개 이상의 메모리 영역을 사용하며 전체 프로그램이 사용하는 메모리 영역의 개수의 합은 최대 6이고 P1이 2개의 메모리 영역을 사용하기 때문에, P2가 2개의 메모리 영역을 사용한다면 P3와 P4는 1개의 메모리 영역만을 사용할 수 있다. 따라서 ㄱ은 옳은 추론이다.

ㄴ. P1이 메모리 영역 M1, M3를, P2가 메모리 영역 M2, M4를 사용하면 P3과 P4는 1개의 메모리 영역만을 사용할 수 있다. P4는 (사)에 의해 메모리 영역 M2, M4 중 하나를 사용해야 한다. P3는 메모리 영역 M1~M4 중에서 1개를 제약 없이 사용할 수 있다. 따라서 P3와 P4가 M2를 사용하는 경우, M2는 3개의 프로그램에 의해서 사용된다. 따라서 ㄴ은 옳은 추론이다.

	M1	M2	M3	M4
P1	○		○	
P2		○		○
P3		○		
P4		○		

ㄷ. P1이 M1, M3를 사용하고, P2가 M2, M4를 사용하고, P3가 M2를 사용하고, P4가 M4를 사용할 경우, 제시문의 조건은 모두 참이지만 "만약 P4가 M4를 사용한다면 P4는 M2도 사용한다."는 거짓이다. 따라서 ㄷ은 옳지 않은 추론이다.

	M1	M2	M3	M4
P1	○		○	
P2		○		○
P3		○		
P4				○

<보기>의 ㄱ, ㄴ만이 옳은 추론이므로, 정답은 ③이다.

28.

다음에서 추론한 것으로 옳은 것만을 〈보기〉에서 있는 대로 고른 것은?

A반 4명, B반 3명, C반 3명, D반 2명으로 구성된 동아리를 세 개의 팀으로 나누는데, 다음 조건을 만족한다.

- 각 학생은 어느 한 팀에만 포함된다.
- 각 팀은 최소한 3개의 반의 학생을 포함한다.
- 특정 반의 학생 전체를 포함한 팀은 없다.

보 기

ㄱ. 각 팀의 학생의 수가 모두 같을 수 있다.

ㄴ. A반, B반, C반으로만 구성된 6명인 팀이 있을 수 있다.

ㄷ. B반, C반, D반으로만 구성된 5명인 팀이 있을 수 없다.

① ㄱ ② ㄷ ③ ㄱ, ㄴ
④ ㄴ, ㄷ ⑤ ㄱ, ㄴ, ㄷ

문항 성격 논리학·수학 – 모형 추리(논리 게임)

평가 목표 제시문의 조건으로부터 주어진 명제가 추론될 수 있는지 그렇지 않은지 판단할 수 있는 능력을 평가함

문제 풀이 정답 : ⑤

A반을 $\{a, a_2, a_3, a_4\}$, B반을 $\{b_1, b_2, b_3\}$, C반을 $\{c_1, c_2, c_3\}$, D반을 $\{d_1, d_2\}$로 나타내자. 세 개의 팀으로 나눌 때, 제시문의 조건은 다음과 같다.

(가) 각 학생은 어느 한 팀에만 포함된다.

(나) 각 팀은 최소한 3개 반의 학생을 포함한다.

(다) 특정 반의 학생 전체를 포함한 팀은 없다.

〈보기〉 해설 ㄱ. 세 개의 팀을 $\{a_1, a_2, b_1, c_1\}$, $\{a_3, b_2, c_2, d_1\}$, $\{a_4, b_3, c_3, d_2\}$로 만들 경우, 제시문의 조건을 모두 만족하면서 각 팀의 학생 수가 4명으로 모두 같다. 따라서 ㄱ은 옳은 추론이다.

ㄴ. 세 개의 팀을 $\{a_1, a_2, b_1, b_2, c_1, c_2\}$, $\{a_3, b_3, d_1\}$, $\{a_4, c_3, d_2\}$로 만들 경우, 제시문의 조건을 모두 만족하면서 A반, B반, C반으로만 구성된 6명인 팀이 있다. 따라서 ㄴ은 옳은 추론이다.

ㄷ. B반, C반, D반으로만 구성된 5명인 팀이 있다면, (다)에 의해 그 팀은 특정 반의 학생 전체를 포함하지 않으므로, B반 2명, C반 2명, D반 1명으로 구성될 것이다. 그렇다면 B반, C반, D반에서 1명씩만 남는다. 그러나 이 경우, A반 4명, B반 1명, C반 1명, D반 1명으로 (나)를 만족하는 두 팀을 만들 수 없다. 따라서 B반, C반, D반으로만 구성된 5명인 팀이 있을 수 없다. ㄷ은 옳은 추론이다.

⟨보기⟩의 ㄱ, ㄴ, ㄷ 모두 옳은 추론이므로, 정답은 ⑤이다.

29.

다음으로부터 추론한 것으로 옳은 것만을 ⟨보기⟩에서 있는 대로 고른 것은?

우리는 여러 검사법을 이용해 사물이 가진 특징을 확인한다. 가령, 우리는 위폐 여부를 확인하기 위해 다양한 검사법을 이용하기도 한다. 그럼 훌륭한 검사법은 어떤 특징을 갖추어야 하는가? 위폐 검사법을 예로 들어 생각해 보자. 첫 번째는 위폐를 누락해서는 안 된다는 것이다. 즉 훌륭한 위폐 검사법이라면 위폐는 모두 '위폐이다'라고 판정해야 한다. 이런 특징을 가진 검사법은 완전한 검사법이라고 불린다. 두 번째는 '위폐이다'라는 판정 결과가 틀리지 말아야 한다는 것이다. 즉 해당 검사법이 '위폐이다'라고 판정한 것은 모두 위폐이어야 한다. 이런 특징을 가진 검사법은 건전한 검사법이라고 불린다. 여기서 주의할 것은 건전한 검사법이 위폐가 아닌 모든 것을 '위폐가 아니다'라고 판정하는 것은 아니라는 점이다. 건전한 검사법은 위폐가 아닌 것을 '위폐이다'라고 판정하지 않을 뿐이다. 여기서 "'위폐이다'라고 판정하지 않는다."라는 것은 '위폐가 아니다'라고 판정할 가능성과 아무런 판정 결과도 내놓지 않을 가능성을 포함한다. 이와 관련해 훌륭한 검사법이 갖추어야 할 마지막 특징은 결정가능성이다. 결정가능한 검사법은 '위폐이다'라는 판정과 '위폐가 아니다'라는 판정 중 하나의 결과를 내놓는 검사법을 말한다. 이에 결정가능한 검사법은 아무런 판정 결과도 내놓지 않을 가능성을 배제한다.

보기

ㄱ. 완전하고 건전한 위폐 검사법은 위폐인 A에 대해서 어떤 판정 결과도 내놓지 않을 수 있다.

ㄴ. 건전하고 결정가능한 위폐 검사법은 위폐가 아닌 B를 '위폐가 아니다'라고 판정한다.

ㄷ. 완전하고 결정가능한 위폐 검사법이 C에 대해서 '위폐가 아니다'라는 판정을 내리지 않았다면 C는 위폐이다.

① ㄱ   ② ㄴ   ③ ㄱ, ㄷ
④ ㄴ, ㄷ   ⑤ ㄱ, ㄴ, ㄷ

| 문항 성격 | 과학기술 – 언어 추리 |

평가 목표 특정 검사법이 갖추어야 할 세 가지 특징을 이해하고 이로부터 추론될 수 있는 진술과 그렇지 않은 진술을 판단할 수 있는 능력을 평가함

문제 풀이 정답 : ②

위폐 여부를 확인하기 위한 검사법이 갖추어야 할 완전성, 건전성, 결정가능성의 정의는 다음과 같다.

• 완전성 : 위폐를 모두 '위폐이다'라고 판정한다.

• 건전성 : '위폐이다'라고 판정된 것은 모두 위폐이다.

• 결정가능성 : 모든 것에 대해서 '위폐이다'라는 판정과 '위폐가 아니다'라는 판정 중 하나의 결과를 내놓는다.

〈보기〉 해설 ㄱ. 완전한 검사법은 위폐에 대해서 '위폐이다'라고 판정한다. 따라서 완전하고 건전한 위폐 검사법은 A가 위폐라면, '위폐이다'라는 판정 결과를 내놓는다. 따라서 ㄱ은 옳지 않은 추론이다.

ㄴ. 건전한 검사법은 위폐가 아닌 B에 대해서 '위폐이다'라고 판정하지 않는다. 즉 그 검사법은 B에 대해서 아무런 판정 결과도 내놓지 않거나 '위폐가 아니다'라고 판정한다. 이때, 결정가능성에 의해서 어떤 판정 결과도 내놓지 않을 가능성은 배제된다. 따라서 해당 검사법은 B에 대해서 '위폐가 아니다'라고 판정한다. 따라서 ㄴ은 옳은 추론이다.

ㄷ. 완전하고 결정가능한 위폐 검사법이 C에 대해서 '위폐가 아니다'라는 판정을 내리지 않았다고 가정하자. 이 검사법은 결정가능한 검사법이기 때문에 C에 대해서 '위폐이다'라는 판정을 내렸다는 것을 추론할 수 있다. 그러나 이 검사법이 건전한 검사법이라는 보장이 없기 때문에 이로부터 C가 위폐라는 것을 추론할 수 없다. 따라서 ㄷ은 옳지 않은 추론이다.

〈보기〉의 ㄴ만이 옳은 추론이므로 정답은 ②이다.

30.

다음으로부터 추론한 것으로 옳지 <u>않은</u> 것은?

> 자료와 가설 사이에 성립하는 증거 관계는 자료가 가설의 확률을 어떻게 변화시키느냐에 의해 정의된다. '자료가 어떤 가설에 대해 긍정적 증거'라는 말은 그 자료가 해당 가설이 참일 확률을 높인다는 뜻이다. 마찬가지로 '자료가 어떤 가설에 대해 부정적 증거'라는 말은 그 자료가 해당 가설이 참일 확률을 낮춘다는 뜻이다. 또한 '자료가 어떤 가설에 대해 중립적 증거'라는 말은 그 자료가 해당 가설이 참일 확률을 높이지도 낮추지도 않는다는 뜻이다. 이를 통해 하나의 자료가 서로 양립할 수 없는 여러 경쟁가설들과 어떤 관계에 있는지 추적할 수 있다. 이를 위해 경쟁가설들로 이루어진 집합을 생각해 보자. 참일 수 없는 가설은 고려할 가치가 없으므로 우리가 고려하는 경쟁가설의 확률은 모두 0보다 크다고 할 수 있다. 또한 경쟁가설 집합에 속한 가설들은 동시에 참이 될 수 없으며, 그 가설들 중 하나는 참이라고 상정한다. 그러므로 경쟁가설 집합에 속한 각 가설들이 참일 확률의 합은 1이 된다. 물론 경쟁가설 집합의 크기는 다양할 수 있다. 위 정의에 따라 경쟁가설 집합에 속한 가설들과 자료 사이의 관계를 규명할 수 있다. 가령, 경쟁가설 집합에 H1과 H2라는 두 개의 가설만 있는 경우를 생각해 보자. 이 경우 H1이 참일 확률과 H2가 참일 확률의 합은 1로 고정되어 있어 하나의 확률이 증가하면 다른 것의 확률은 감소할 수밖에 없다. 따라서 H1에 대해 긍정적 증거인 자료는 H2에 대해 부정적 증거가 된다. 비슷한 이유에서, H1에 대해 중립적 증거인 자료는 H2에 대해서도 중립적 증거가 된다.

① 어떤 자료가 세 개의 가설 각각에 대해 부정적 증거라면, 이 세 가설이 속하는 경쟁가설 집합에는 또 다른 가설이 적어도 하나는 있어야 한다.
② 어떤 자료가 경쟁가설 집합에 속한 한 가설의 확률을 1로 높이면, 그 자료는 그 집합에 속한 다른 가설에 대해 중립적 증거일 수 있다.
③ 경쟁가설 집합에 속한 어떤 가설에 대해 긍정적 증거인 자료는 그 집합에 속한 적어도 한 개의 다른 가설에 대해 부정적 증거가 된다.
④ 경쟁가설 집합 중에서 어떤 자료가 긍정적 증거가 되는 경쟁가설의 수와 부정적 증거가 되는 경쟁가설의 수는 다를 수 있다.
⑤ 경쟁가설 집합에 세 개의 가설만 있는 경우, 그 집합에 속한 가설 중 단 두 개에 대해서만 중립적인 자료는 있을 수 없다.

평가 목표　경쟁가설에 관한 정의를 주고 이로부터 추론되는 진술과 그렇지 않은 진술을 판단할 수 있는 능력을 평가함

문제 풀이　정답 : ②

정답 해설　② 어떤 자료가 경쟁가설 집합에 속한 한 가설의 확률을 1로 높였다면, 그 집합에 속한 다른 가설의 확률은 그 자료에 의해서 모두 0으로 낮아지게 될 것이다. 그렇다면 그 자료는 그 집합에 속한 다른 가설에 대해서 중립적일 수 없다. 따라서 ②는 옳지 않은 추론으로, 정답이다.

오답 해설　① ①이 거짓이라고 가정해 보자. 그렇다면 세 개의 경쟁가설만으로 구성된 집합이 있는데 어떤 자료가 이 가설 각각에 대해 부정적 증거가 된다. 하지만 이런 일은 발생할 수 없다. 어떤 자료가 세 개의 가설 각각에 대해 참일 확률을 낮춘다면, 그 합은 1이 될 수 없기 때문이다. ①이 거짓이라고 가정할 때 모순이 발생하므로, ①은 옳은 추론이다.

③ 경쟁가설 집합에 속하는 각 가설이 참일 확률의 합은 1이어야 하므로, 어떤 자료가 경쟁가설 집합에 속한 한 가설이 참일 확률을 높였다면, 그 집합에 속한 적어도 한 개의 다른 가설이 참일 확률은 낮아져야 한다. 따라서 ③은 옳은 추론이다.

④ 어떤 경쟁가설 집합이 H1, H2, H3라는 세 가설로 구성되었다고 하자. 각각이 참일 확률을 0.4, 0.3, 0.3이라고 하자. 어떤 자료가 각 가설이 참일 확률을 0.6, 0.2, 0.2로 변화시켰다고 가정하자. 그렇다면 이 자료가 긍정적인 증거가 되는 가설의 수는 1이고, 부정적인 증거가 되는 가설의 수는 2이므로, 그 수는 다르다. 따라서 ④는 옳은 추론이다.

⑤ 경쟁가설 집합에 세 개의 가설만이 있다고 하자. 이 중 두 개의 가설 각각의 확률이 어떤 자료에 의해 변하지 않았다고 하자. 확률이 변한 이후에도 경쟁가설 집합에 속한 각 가설들이 참일 확률의 합은 1이어야 한다. 따라서 나머지 한 가설의 확률이 변한다면 그 합은 1보다 작거나 1보다 크게 되므로, 나머지 한 가설의 확률도 변해선 안 된다. 따라서 ⑤는 옳은 추론이다.

31.

다음으로부터 추론한 것으로 옳은 것은?

> 여기 동전이 하나 있다. 이 동전은 앞으로 4번 던져질 것이며, 4번 던져진 이후 폐기될 것이다. 이 동전이 어느 쪽으로 치우쳐 있는지는 알 수 없으며, 각 동전 던지기는 서로 영향을 주지 않는다. 이 동전을 던졌을 때 앞면이 나올 확률은 얼마인가? 한 가지 방법은 관련된 빈도가설에 따라 확률을 결정하는 것이다. '4번 동전 던지기에서 앞면이 N번 나온다'를 빈도가설-N이라 하자. 위 동전 던지기와 관련된 빈도가설들은 모두 이런 형태이고 다른 어떤 빈도가설도 없다. 그럼 우리는 동전 던지기 결과들의 확률에 대해 말할 수 있다. 가령, '빈도가설-2에 따르면, 앞면이 나올 확률은 1/2이고 4번 모두 앞면이 나올 확률은 1/16이다'가 성립한다.
>
> 위 방식을 이용하면 특정 빈도가설이 참일 확률에 대해서도 말할 수 있다. 가령, 빈도가설-4를 생각해 보자. 이 가설은 '4번 모두 앞면이 나온다'라는 것과 같은 말이다. 따라서 '빈도가설-2에 따르면 빈도가설-4가 참일 확률은 1/16이다'가 성립한다. 이렇게 각 빈도가설은 자신을 포함해 여러 빈도가설들에 대해서 확률적 판단을 내린다.
>
> 위 빈도가설들 중, 자신 이외에 다른 가설들도 참일 수 있다고 판단하는 가설, 즉 자신과 다른 몇몇 빈도가설에 0보다 큰 확률을 부여하는 가설은 '겸손한 빈도가설'이라고 불린다. 한편, 자신 이외에 어떤 다른 빈도가설도 참일 수 없다고 판단하는 가설은 '겸손하지 않은 빈도가설'이라고 불린다. 예를 들어, 빈도가설-2는 겸손하지만 빈도가설-4는 겸손하지 않다. 왜냐하면 빈도가설-2에 따르면 자신과 다른 몇몇 빈도가설에 0보다 큰 확률이 부여되지만, 빈도가설-4에 따르면 자기 자신을 제외하고 모든 빈도가설에 0의 확률이 부여되기 때문이다. 한편, 겸손하지 않은 가설들 각각에 대해서 그 가설들이 참일 수 있다고 판단하는 가설은 '포용력 있는 빈도가설'이라고 불린다.

① 포용력 있는 빈도가설들 중 겸손하지 않은 빈도가설이 있다.
② 모든 빈도가설들에 의해 참일 수 있다고 판단되는 빈도가설이 있다.
③ 자신을 포함하여 모든 빈도가설들에 동일한 확률을 부여하는 빈도가설은 없다.
④ 자신이 참일 수 있다고 판단하는 빈도가설은 모두 포용력 있는 빈도가설이다.
⑤ 겸손한 빈도가설은 다른 어떤 가설보다 자기 자신에게 가장 낮은 확률을 부여한다.

제시문의 빈도가설과 관련된 정보와 개념은 다음과 같다. (아래에서 기호 "⇔"는 왼쪽 명제와 오른쪽 명제가 서로 필요충분조건이라는 것을 의미한다.)

- 빈도가설–N : 4번 동전 던지기에서 앞면이 N번 나온다.
- 빈도가설–N은 겸손하다 ⇔ 다음과 같은 빈도가설–K($\neq$N)가 있다 : 빈도가설–N은 빈도가설–K에 0보다 큰 확률을 부여한다.
- 빈도가설–N은 겸손하지 않다 ⇔ 빈도가설–N은 모든 빈도가설–K($\neq$N)에 0의 확률을 부여한다.
- 빈도가설–N은 포용력이 있다 ⇔ 빈도가설–N은 모든 겸손하지 않은 빈도가설–K에 0보다 큰 확률을 부여한다.

빈도가설들은 빈도가설–0, 1, 2, 3, 4밖에 없으며, 빈도가설–N이 빈도가설–K에 부여하는 확률은 다음 식에 의해 결정된다. :

$$\binom{4}{K}(N/4)^K(1-N/4)^{4-K}$$

가령, 빈도가설–2는 빈도가설–3에 다음 확률을 부여한다.

$$\binom{4}{3}(2/4)^3(1-2/4)^1 = 4/16$$

이제 각 빈도가설들이 다른 빈도가설들에 부여하는 확률은 다음과 같이 정리할 수 있다.

〈표 1〉

	앞면 확률	빈도가설–0 0번 앞면 확률	빈도가설–1 1번 앞면 확률	빈도가설–2 2번 앞면 확률	빈도가설–3 3번 앞면 확률	빈도가설–4 4번 앞면 확률
빈도가설–0	0	1	0	0	0	0
빈도가설–1	1/4	81/256	108/256	54/256	12/256	1/256
빈도가설–2	1/2	1/16	4/16	6/16	4/16	1/16
빈도가설–3	3/4	1/256	12/256	54/256	108/256	81/256
빈도가설–4	1	0	0	0	0	1

위 〈표 1〉에 따르면, 빈도가설–2는 빈도가설–3에 0보다 큰 확률(4/16)을 부여하지만 빈도가설–4는 빈도가설–3에 0의 확률을 부여한다. 위 〈표 1〉을 이용하면, 각 빈도가설의 특징은 다음과 같이 나타낼 수 있다.

〈표 2〉

	겸손 여부(○/×)	포용력 여부(○/×)
빈도가설-0	×	×
빈도가설-1	○	○
빈도가설-2	○	○
빈도가설-3	○	○
빈도가설-4	×	×

정답 해설 ③ 위 〈표 1〉에서 알 수 있듯이, 자신을 포함하여 모든 빈도가설들에 동일한 확률을 부여하는 빈도가설은 없다. 따라서 ③은 옳은 추론이다.

오답 해설 ① 위 〈표 2〉가 보여주듯이, 포용력 있는 가설은 모두 겸손하며, 겸손한 가설은 모두 포용력이 있다. 그러므로 포용력이 있는 빈도가설들 중 겸손하지 않은 것은 없다. 따라서 ①은 옳지 않은 추론이다.

② 위 〈표 1〉이 보여주듯이, 모든 가설들에 의해서 참일 수 있다고 판단되는, 즉 0보다 큰 확률을 부여받는 가설은 없다. 빈도가설-0은 빈도가설-4에 의해서 0의 확률이 부여되며, 빈도가설-1, 2, 3은 빈도가설-1이나 빈도가설-4에 의해서 0의 확률이 부여된다. 그리고 빈도가설-4는 빈도가설-0에 의해서 0의 확률이 부여된다. 따라서 모든 빈도가설에 의해서 참일 수 있다고 판단되는 빈도가설은 없다. 따라서 ②는 옳지 않은 추론이다.

④ 위 〈표 1〉의 음영부분이 보여주듯이 모든 빈도가설은 자신에게 0보다 큰 확률을 부여한다. 그렇지만 〈표 2〉에서 알 수 있듯이, 빈도가설-0과 빈도가설-4는 포용력 없는 빈도가설이다. 따라서 자신이 참일 수 있다고 판단하는 빈도가설들 중 어떤 것은 포용력 없는 빈도가설이다. 따라서 ④는 옳지 않은 추론이다.

⑤ 위 〈표 2〉가 보여주듯이, 빈도가설-1, 2, 3만이 겸손하다. 그리고 〈표 1〉의 음영부분이 보여주듯이 이런 겸손한 가설들은 자기 자신에게 가장 큰 확률을 부여한다. 따라서 ⑤는 옳지 않은 추론이다.

32.

㉠~㉢에 대한 평가로 적절한 것만을 〈보기〉에서 있는 대로 고른 것은?

대뇌피질에는 운동을 전담하는 영역, 시각을 전담하는 영역 등이 있다. 그럼 대뇌피질 속 이런 전담 영역들을 결정하는 것은 무엇인가? 최근 연구 결과에 따르면, 각 영역의 겉모습이나 구조에 의해 그 전담 영역이 결정되는 것이 아니다. 그보다 대뇌피질 영역들 사이의 연결 방식과 대뇌피질 영역과 중추신경계의 다른 영역 사이의 연결 방식에 따라 각 대뇌피질의 전담 영역이 결정된다. 즉 ㉠대뇌피질의 전담 영역은 각 영역이 가진 고유한 물리적 특징에 의해 결정되는 것이 아니라 다른 영역들과의 연결 양상에 의해 결정된다.

㉡대뇌피질로 들어오는 입력의 유형은 근본적으로 똑같다. 물론 청각과 시각은 그 성질이 다르다. 소리는 파동의 형태로 공기를 통해 전달되고, 시각은 빛의 형태로 전달된다. 그리고 시각은 색깔·결·형태를, 청각은 음조·리듬·음색을 지닌다. 이런 점들 때문에, 각 감각기관들은 서로 근본적으로 분리된 상이한 실체로 생각되곤 한다. 그러나 그런 상이한 감각이 관련 기관에서 활동 전위로 전환되고 나면, 각 기관이 뇌로 전달한 신호는 모두 똑같은 종류의 활동전위 패턴에 불과해진다. 우리 뇌가 아는 것이라곤 이들 패턴들뿐이며, 우리 자신을 비롯하여 우리가 인식한 외부 세계의 모습은 모두 그런 패턴들로부터 구축된다.

결국, ㉢뇌에 의해 파악된 외부 세계와 몸 사이의 경계는 바뀔 수 있다. 활동전위의 패턴이 전달되면, 뇌는 전달된 패턴들에 정합성을 주는 방식으로 몸의 경계를 파악한다. 이때 패턴이 흔히 몸의 일부라고 여겨지는 것에서 유래되었는지 그렇지 않은지는 중요하지 않다. 패턴이 정합적으로 전달되기만 하면, 뇌는 그 패턴만을 이용해서 그것이 유래된 것을 몸의 일부로 통합하게 된다. 외부 세계와 우리 몸에 대한 지식은 모두 패턴들로부터 구축된 하나의 모형일 뿐이다.

보 기

ㄱ. 대뇌피질 전체가 겉모습이나 구조 면에서 놀라울 정도로 균일하다는 사실은 ㉠을 강화한다.

ㄴ. 뇌기능 영상촬영 기법들을 이용하여 특정 과제가 수행될 때 평소보다 더 활성화되는 부위를 검출함으로써 얼굴인식 영역, 수학 영역 등과 같은 특화된 영역들을 확인하였다는 사실은 ㉡을 약화한다.

ㄷ. 다른 감각을 차단한 채, 작은 갈퀴를 손에 쥐고 무엇인가를 건드리도록 한다면 뇌는 작은 갈퀴를 우리 몸의 일부로 여긴다는 사실은 ㉢을 강화한다.

① ㄱ
② ㄴ
③ ㄱ, ㄷ
④ ㄴ, ㄷ
⑤ ㄱ, ㄴ, ㄷ

평가 목표 두뇌에 의한 우리 몸과 외부 세계의 인식방법에 대한 글을 읽고, 그 속에 포함된 여러 주장들이 새로운 증거에 의해 약화 또는 강화되는지 판단할 수 있는 능력을 평가함

문제 풀이 정답 : ③

제시문의 ㉠은 대뇌피질 전담 영역 결정방법에 대한 주장으로, 그 주장에 따르면 각 영역의 물리적 특징이 아니라 연결 방식에 의해서 대뇌피질의 전담 영역이 결정된다. 제시문의 ㉡은 대뇌피질로 입력되는 신호에 대한 주장으로, 그 주장에 따르면 그 신호의 유형은 모두 동일하다. 제시문의 ㉢은 뇌가 몸을 어떻게 파악하는가에 대한 주장으로, 그 주장에 따르면 뇌에 의해 파악된 외부 세계와 몸 사이의 경계는 달라질 수 있다.

〈보기〉해설 ㄱ. ㉠의 주장은 (i) 대뇌피질의 전담 영역은 각 영역의 물리적 특징에 의해서 결정되지 않고, (ii) 그 영역은 연결 방식에 의해서 결정된다는 것이다. 만약 대뇌피질 전 영역의 물리적 특징이 균일하다면 차이가 없을 것이고, 차이가 없다면 그 물리적 특징에 의해서 전담 영역이 결정된다고 말할 수 없다. 따라서 대뇌피질 전체가 겉모습이나 구조 면에서 놀라울 정도로 균일하다는 사실은 ㉠의 (i)을 강화하며, 이에 이를 포함한 ㉠도 강화한다고 말할 수 있다. 따라서 ㄱ은 적절한 평가이다.

ㄴ. 대뇌피질로 들어오는 입력의 유형이 똑같다는 사실은 대뇌피질에 전담 영역이 있다는 것을 부정하지 않는다. 이에 얼굴 인식 영역, 수학 영역이 있다는 사실은 ㉡과 충돌하지 않고, 따라서 약화하지 않는다. ㄴ은 적절하지 않은 평가이다.

ㄷ. 다른 감각을 차단한 채, 작은 갈퀴를 손에 쥐고 무엇인가를 건드리도록 한다면 뇌는 작은 갈퀴를 우리 몸의 일부로 여긴다는 사실은 뇌로 전달된 패턴이 갈퀴로부터 비롯되었다 하더라도 정합적이기만 하면 뇌는 그것을 몸의 일부로 여긴다는 것을 보여준다. 따라서 이 사실은 뇌에 의해 파악된 외부 세계와 몸 사이의 경계는 바뀔 수 있다는 주장을 강화한다. ㄷ은 적절한 평가이다.

〈보기〉의 ㄱ, ㄷ만이 적절한 평가이므로, 정답은 ③이다.

33.

다음의 가설과 실험에 대한 평가로 옳은 것만을 〈보기〉에서 있는 대로 고른 것은?

교통사고로 뇌 손상을 입은 어떤 환자는 사고 후 의사나 가족들, 친구들에게 자신의 아내가 가짜라고 말하지만 여전히 아내와 함께 식사를 하고 같은 집에 살면서 일상을 함께 보낸다. 이 환자는 자신의 아내가 가짜라고 믿고 있는가? 사람들이 이 질문에 답하는 데에 무엇을 고려하는지 알기 위해, 실험으로 다음 가설들을 평가하였다.

〈가설 1〉

사람들은 다른 사람이 어떤 믿음을 갖는지 판단할 때, 그 사람의 언어적 행동과 일치하는 믿음을 갖는다고 판단한다.

〈가설 2〉

사람들은 다른 사람이 어떤 믿음을 갖는지 판단할 때, 그 사람의 비언어적 행동과 일치하는 믿음을 갖는다고 판단한다.

〈실험 1〉과 〈실험 2〉에서 실험 참가자들에게 교통사고로 뇌 손상을 입은 K에 관한 이야기를 해 주고 "K는 그의 아내가 가짜라고 믿고 있는가?"라고 질문하였다.

〈실험 1〉

실험 참가자 120명을 무작위로 A그룹과 B그룹으로 나누었다. A그룹에게는 K가 아내를 가짜라고 말하지만 사고 전과 동일하게 아내와 일상을 보내고 있다고 이야기해 주었다. B그룹에게는 K가 아내를 가짜라고 말하면서 사고 전과 달리 아내와 일상을 보내기를 거부한다고 이야기해 주었다.

〈실험 2〉

실험 참가자 90명을 무작위로 A그룹과 B그룹으로 나누었다. A그룹에게는 K가 사고 후 단 한 번 아내에게 "당신은 가짜다."라고 말했지만 사고 전과 동일하게 아내와 일상을 보내고 있다고 이야기해 주었다. B그룹에게는 사고 후 아내에게 "당신은 가짜다."라는 말을 매일 한다는 점에서만 A그룹에게 해 준 것과 다른 K의 이야기를 해 주었다.

ㄱ. 〈실험 1〉의 결과 A그룹과 B그룹 모두에서 질문에 '예'라고 답한 사람의 비율이 95% 이상이라면, 〈가설 2〉는 약화된다.

ㄴ. 〈실험 1〉의 결과 A그룹에서 질문에 '예'라고 답한 사람의 비율은 20% 이하지만 B그룹에서 '예'라고 답한 사람의 비율은 90% 이상이라면, 〈가설 2〉는 강화된다.

ㄷ. 〈실험 2〉의 결과 A그룹에서 질문에 '예'라고 답한 사람의 비율은 10% 이하지만 B그룹에서 '예'라고 답한 사람의 비율은 90% 이상이라면, 〈가설 1〉은 약화된다.

① ㄴ   ② ㄷ   ③ ㄱ, ㄴ

④ ㄱ, ㄷ   ⑤ ㄱ, ㄴ, ㄷ

문항 성격   사회 – 논증 평가 및 문제해결

평가 목표   특정한 실험 결과가 주어진 가설을 약화하는지 강화하는지 판단할 수 있는 능력을 평가함

문제 풀이   정답 : ③

아내에 관한 말과 행동이 일치하지 않는 환자가 아내에 대해 어떤 믿음을 갖는다고 사람들이 판단하는지 알기 위해 제시문에서 가설과 실험이 제시되고 있다. 그 내용을 정리하면 다음과 같다.

〈가설 1〉 언어적 행동과 일치하는 믿음을 갖는다고 판단한다.

〈가설 2〉 비언어적 행동과 일치하는 믿음을 갖는다고 판단한다.

〈실험 1〉 A그룹과 B그룹에 K에 관한 다음 이야기를 들려주고 'K는 아내가 가짜라고 믿고 있는가?'라는 질문에 답하게 하였다.

	A그룹	B그룹
언어적 행동	아내가 가짜라고 말함	아내가 가짜라고 말함
비언어적 행동	일상을 함께 보냄	일상을 함께 보내지 않음

〈실험 2〉

	A그룹	B그룹
언어적 행동	아내가 가짜라고 한 번 말함	아내가 가짜라고 매일 말함
비언어적 행동	일상을 함께 보냄	일상을 함께 보냄

〈보기〉해설 ㄱ. 〈실험 1〉에서 A그룹과 B그룹에게 아내를 가짜라고 말한다는 점에서는 동일하지만, 비언어적 행동에서는 A그룹에게는 아내와 일상을 보내는 K의 이야기를, B그룹에게는 아내와 일상을 보내기를 거부하는 K의 이야기를 들려주었다. 따라서 사람들이 다른 사람의 믿음을 판단할 때 그 사람의 비언어적 행동과 일치하는 믿음을 갖는다고 판단한다는 〈가설 2〉가 참이라면 A그룹에서 질문에 '예'라고 답한 비율은 낮아야 하고, B그룹에서 '예'라고 답한 비율은 높아야 한다. 그러나 만약 두 그룹 모두에서 95% 이상이라는 높은 비율이 나왔다면, 이 예측과 일치하지 않고 따라서 〈가설 2〉는 약화된다. ㄱ은 옳은 평가이다.

ㄴ. ㄱ의 해설에서 설명한 것처럼, 〈가설 2〉가 참이라면 〈실험 1〉의 결과 A그룹에서 질문에 '예'라고 답한 사람의 비율은 낮아야 하고, B그룹에서 '예'라고 답한 사람의 비율은 높아야 한다. 그러므로 A그룹에서 질문에 '예'라고 답한 사람의 비율이 20% 이하이고, B그룹에서는 90% 이상이라면, 이 예측과 일치하고 따라서 〈가설 2〉는 강화된다. ㄴ은 옳은 평가이다.

ㄷ. 〈실험 2〉에서 A그룹과 B그룹에게 아내와 일상을 보낸다는 점에서는 동일하지만, A그룹에게는 아내가 가짜라는 말을 한 번 하는 K의 이야기를, B그룹에게는 매일 하는 K의 이야기를 들려주었다. 사람들이 다른 사람의 믿음을 판단할 때 그 사람의 언어적 행동과 일치하는 믿음을 갖는다고 판단한다는 〈가설 1〉이 참이라면, A그룹에서 질문에 '예'라고 답한 사람의 비율보다 B그룹에서 '예'라고 답한 사람의 비율은 더 높아야 한다. 따라서 〈실험 2〉의 결과 A그룹에서 '예'라고 답한 사람의 비율은 10% 이하지만, B그룹에서는 90% 이상이라면, 이 예측과 일치하고 따라서 〈가설 1〉은 강화된다. ㄷ은 옳지 않은 평가이다.

〈보기〉의 ㄱ과 ㄴ만이 옳은 평가이므로, 정답은 ③이다.

34.

㉠을 평가한 것으로 적절한 것만을 〈보기〉에서 있는 대로 고른 것은?

종양억제유전자는 정상세포가 암세포로 전환되는 것을 억제한다. 대표적인 종양억제유전자인 p53 유전자는 평상시에는 소량 발현되지만, DNA 손상 등의 외부 자극에 반응하여 발현량이 증가한다. p53 유전자의 발현에 의해 생성되는 p53 단백질은 세포 내에서 세포자살 유도, 세포분열 정지, 물질대사 억제 등의 기능을 수행한다. ㉠발현량이 증가된 p53 단백질의 물질대사 억제 기능이 암 발생을 억제한다는 가설을 검증하려 한다.

<실험>

A, B, C 형태의 p53 돌연변이 단백질을 각각 발현하는 생쥐 실험군 a, b, c와 함께, 대조군으로 정상 생쥐와 p53 유전자가 제거된 생쥐 x를 준비하였다. 모든 실험 대상 생쥐에 대해 DNA를 손상시키는 조작을 가하였고 실험 대상 생쥐에서 p53 단백질의 발현량을 측정하고, 발현된 p53 단백질의 세포 내 기능을 확인하였다. 이후 일정 기간 동안의 암 발생률을 확인하였다.

<실험 결과>

- DNA를 손상시키는 자극에 반응하여 정상 생쥐의 p53 단백질과 생쥐 실험군 a, b의 A, B 돌연변이 p53 단백질의 발현량은 증가한 반면, 생쥐 실험군 c의 C 돌연변이 p53 단백질의 발현량은 변화가 없었다.
- 생쥐 실험군 a는 암 발생률이 정상 생쥐와 동일하였고, 생쥐 실험군 b, c와 x는 정상 생쥐에 비해 암 발생률이 높았다.

보기

ㄱ. 실험군 a의 p53 단백질에서 세포자살 유도 기능은 사라졌지만 세포분열 정지, 물질대사 억제 기능은 여전히 남아 있다면 가설은 약화된다.

ㄴ. 실험군 b의 p53 단백질에서 물질대사 억제 기능은 사라졌지만 세포자살 유도, 세포분열 정지 기능은 여전히 남아 있다면 가설은 강화된다.

ㄷ. 실험군 c의 p53 단백질에서 세포자살 유도, 물질대사 억제 기능은 사라졌지만 세포분열 정지 기능은 여전히 남아 있다면 가설은 강화된다.

① ㄱ   ② ㄴ   ③ ㄱ, ㄷ
④ ㄴ, ㄷ   ⑤ ㄱ, ㄴ, ㄷ

문항 성격   과학기술 – 논증 평가 및 문제해결

평가 목표   p53 단백질의 기능 중 물질대사 억제 기능이 암 발생을 억제한다는 가설이 실험 결과에 의해 강화 또는 약화되는지 판단할 수 있는 능력을 평가함

문제 풀이   정답 : ②

실험 결과는 다음 표와 같이 요약된다. 여기서 정상 생쥐는 대조군1, p53 유전자가 결손된 생쥐 x는 대조군2이다.

	자극에 반응한 p53 발현량 증가 여부	암 발생
정상 생쥐	발현량 증가(정상 단백질)	대조군1
a	발현량 증가(돌연변이 단백질)	대조군1과 동일
b	발현량 증가(돌연변이 단백질)	증가
c	발현량 증가 없음(돌연변이 단백질)	증가
x	비발현(p53 유전자 아예 없음)	증가

〈보기〉해설 ㄱ. 물질대사 억제 기능을 여전히 보유한 p53 단백질의 발현이 증가한 실험군 a의 암 발생이 정상 생쥐와 동일하므로 가설이 약화되지 않는다. 따라서 ㄱ은 적절하지 않은 평가이다.

ㄴ. 실험군 b의 경우 세포자살 유도, 세포분열 정지 기능은 남아 있지만 물질대사 억제 기능이 사라진 p53 단백질의 발현이 증가했으나, 암 발생은 증가되었으므로, p53 단백질이 암 발생을 억제하는 데에 물질대사 억제 기능이 필요하다는 가설을 강화한다. 따라서 ㄴ은 적절한 평가이다.

ㄷ. 실험군 c의 경우 세포자살 유도, 물질대사 억제 기능은 사라졌지만 세포분열 정지 기능은 보유하고 있는 p53 단백질의 발현이 증가되지 않았다. 따라서 암 발생 증가가 p53 단백질의 발현이 증가되지 않은 것 때문인지, 아니면 p53 단백질의 돌연변이로 인한 세포자살 유도 기능의 상실 때문인지, 아니면 물질대사 억제 기능의 상실 때문인지 알 수 없다. 따라서 ㄷ은 적절하지 않은 평가이다.

〈보기〉의 ㄴ만이 적절한 평가이므로 정답은 ②이다.

35.

다음으로부터 추론한 것으로 옳은 것만을 〈보기〉에서 있는 대로 고른 것은?

염색체에는 짧은 염기서열 단위가 여러 번 반복되는 STR(short tandem repeat)이라는 부위들이 존재한다. STR의 반복횟수는 개인에 따라 다양하며, 부모로부터 자식에게 유전된다. STR의 반복횟수를 검사 및 대조하여 유전자 감식에 이용한다. 예를 들어, 두 검체를 가지고 상염색체 STR을 통해 아버지와 자식 관계를 검사할 때, 부모의 STR 한 쌍 중 자식은 한쪽만을 받으므로 동일한 STR 부위에서 한 쌍 중 하나의 반복횟수는 반드시 동일해야 한다. 만약 그렇지 않으면 친자 관계의 가능성은 배제된다. 성염색체인 Y염색체는 상염색체와는 달리 쌍을 이루지 않고 1개만 존재하며 아버지의 것이 아들에게 그대로 유전된다. 그러므로 아버지와 아들의 Y염색체 STR의 검사 결과는 동일하다. 반면 미토콘드리아 DNA는 염색체와는 무관하게 독립적인 유전을 하는데, 어머니의 것이 아들과 딸에게 그대로 유전되지만 아버지의 것은 자식에게 전해지지 않는다. 따라서 미토콘드리아 DNA 염기서열의 동일성 여부가 모계 추정에 활용된다.

비행기 추락 지역에 흩어진 다수의 시체 파편에 대해 DNA 감식이 시행되었다. 유가족 갑과 우선 발견된 유해 파편 검체의 DNA 감식 결과가 다음 〈표〉와 같았다. 각 STR 부위의 유전형은 반복횟수로 표기되며, 상염색체는 한 쌍이므로 두 개의 숫자로, Y염색체는 한 개이므로 한 개의 숫자로 표기된다. 예를 들어 어떤 상염색체 STR 부위의 유전형이 (9–11)이라면 (11–9)로 표기해도 무방하다. 미토콘드리아 DNA 감식 결과는 염기서열의 특징을 그리스 문자로 표기하였다.

〈표〉 갑과 검체들의 DNA 감식 결과

DNA 부위 이름	갑	검체 A	검체 B	검체 C
상염색체 STR1	15–15	10–15	13–13	12–15
상염색체 STR2	10–11	11–12	9–10	9–11
상염색체 STR3	7–9	8–9	5–7	8–8
Y염색체 STR1	8	8	10	8
Y염색체 STR2	12	12	12	12
Y염색체 STR3	10	10	8	12
미토콘드리아 DNA	α형	β형	α형	α형

보 기

ㄱ. 검체 A는 갑의 친부일 가능성이 있다.
ㄴ. 검체 B는 갑의 이종사촌(이모의 자녀)일 가능성이 있다.
ㄷ. 검체 C는 갑의 이복형제일 가능성이 있다.

① ㄱ　　　　　　② ㄷ　　　　　　③ ㄱ, ㄴ
④ ㄴ, ㄷ　　　　　⑤ ㄱ, ㄴ, ㄷ

문항 성격	과학기술 – 언어 추리
평가 목표	유전자 감식의 원리를 이해한 후 간단한 감식 결과의 해석을 실제로 할 수 있는 능력을 평가함
문제 풀이	정답 : ③

STR, Y염색체 STR, 미토콘드리아 DNA 감식 결과를 종합하여 부자관계, 동일모계, 동일부계 여부를 판단하는 문제이다.

<보기> 해설 ㄱ. 검체 A는 갑과 STR 유전형 한 쌍 중 적어도 한쪽씩은 일치한다. 또한 Y염색체 STR 결과가 완전히 일치한다. 따라서 갑과 A는 부자관계의 가능성이 있다. 아버지의 미토콘드리아 DNA는 자식에게 유전되지 않으므로 미토콘드리아 DNA가 서로 다른 것은 부자관계의 가능성을 배제하지 않는다. 따라서 ㄱ은 옳은 추론이다.

ㄴ. 검체 B는 갑과 미토콘드리아 DNA만 일치한다. 이는 부자관계의 가능성과 동일부계의 가능성은 배제되며, 동일모계의 가능성만 배제되지 않음을 의미한다. 이종사촌은 이모의 자녀이므로 어머니들로만 이어진 모계가 공유된다. 따라서 ㄴ은 옳은 추론이다.

ㄷ. 검체 C는 갑과 미토콘드리아 DNA만 일치한다. 이는 부자관계의 가능성과 동일부계의 가능성은 배제되며, 동일모계의 가능성만 배제되지 않음을 의미한다. 이복형제는 아버지를 공유하므로 Y염색체 STR이 일치해야 한다. C와 갑의 Y염색체 STR은 서로 다르므로 이복형제일 가능성이 배제된다. 따라서 ㄷ은 옳지 않은 추론이다.

<보기>의 ㄱ, ㄴ만이 옳은 추론이므로 정답은 ③이다.

법학적성시험
추리논증 영역

2017

2017학년도 추리논증 영역 출제 방향

1. 출제의 기본 방향

추리논증 시험은 대학에서 정상적인 학업과 독서 생활을 하여 사고력을 함양한 사람이면 누구나 해결할 수 있는 내용을 다루되, 주어진 제시문의 내용에 관한 선지식이 문제 풀이에 도움이 되지 않도록 하였다.

그리고 제시문에 주어진 내용을 단순히 문자적으로 이해하는 것만으로는 해결할 수 없고, 제시된 글이나 상황을 논리적으로 분석하고 비판해야 해결할 수 있도록 문항을 구성하여 사고력, 즉 추리력과 비판력을 측정하는 시험이 되도록 노력하였다.

추리능력을 측정하는 문항은 수리추리 문제보다는 일상언어 추리능력이 법학적성시험의 취지에 맞다는 판단에 따라 다양한 소재의 일상언어 추리 문항을 늘리고, 비판능력을 측정하는 문항도 주어진 정보를 평가하고 그 정보를 토대로 문제를 해결하는 능력을 측정하는 문항을 늘리기로 하였다.

전 학문 분야 및 일상적 · 실천적 영역에 걸쳐 다양하게 문항의 제재를 선택함으로써 대학에서 특정 전공자가 유리하거나 불리하지 않도록 영역 간에 균형 잡힌 제재 선정을 위해 노력하는 한편, 제시문으로 선택된 영역의 전문 지식이 문항 해결에 미치는 영향을 최소화하는 데에도 주력하였다. 시험의 성격상 규범 영역의 제시문을 다소 많이 포함하였으나, 제시문 및 질문을 최대한 순화하여 일상적 언어능력과 사고력만으로 제시문을 읽어 내고 문제를 해결할 수 있도록 하였다.

2. 출제 범위 및 문항 구성

추리논증 시험은 인문, 사회, 자연, 규범 영역의 다양한 학문적인 소재뿐만 아니라 사실이나 견해, 정책이나 실천적 의사 결정 등을 다루는 일상적 소재도 포함하고 있다. 이번 시험에서도 소재 구성은 큰 차이가 없었다. 규범 제재를 다루는 문항들(1~11번)과 인문 제재를 다루는 문항들(12~19번), 사회과학 제재를 다루는 문항들

(23~29번), 자연과학과 융·복합적 제재를 다루는 문항들(30~35번), 그리고 일상적 논증과 논리·수리적 추리를 다루는 문항들(20~22번)로 구성하여 다양한 성격의 글을 골고루 포함하였다.

올해 추리논증 시험은 추리문항 40%, 비판문항 60% 정도로 출제하였다. 특히 법학적성시험이 법학전문대학원에서 수학능력과의 상관성을 높이기 위해서는 추리논증 시험에서 논증 분석 및 평가 능력을 측정하는 것이 중요하다는 지적에 따라, 이번 추리논증 시험에서는 추리문항에서는 수리추리 문항을 배제하고 일상언어 추리문항의 수를 늘렸고, 비판문항은 문제해결능력을 묻는 문항의 비중을 높였다.

3. 난이도

문항의 글자 수를 줄여 독해의 부담을 최소화하였고, 제시문을 가능한 한 순화하여 비전공자들이 어렵지 않게 접근할 수 있도록 함으로써 난이도를 조정하였다.

특히 지금까지 자주 출제되었던 복잡한 수리추리 문항이나 논리게임의 문항을 2문항으로 난도를 낮춤으로써 많은 수험생이 해결할 수 있도록 하였다. 모형추리 문항도 사회경제학적 상황에서 추리하는 문항으로, 지나치게 형식적으로 추론하는 문항이 아니어서 수험생들이 풀이에 대해 자신감을 가지고 접근할 수 있도록 함으로써 체감 난도와 실제 난도를 낮추었다.

논증이나 논쟁적 자료를 분석하고 비판하도록 요구하는 문항들의 난도도 너무 높지 않도록 하였다.

4. 출제 시 유의점

- 제시문을 분석하고 평가하는 데 시간을 사용할 수 있도록 제시문의 독해부담을 줄였다. 그렇게 함으로써 법학적성시험이 측정하고자 하는 추리능력과 비판능력을 측정할 수 있는 문항으로 구성하고자 하였다.
- 복잡한 수리추리 문제를 출제하지 않고, 그럼에도 주어진 정보로부터 새로운 정보를 이끌어 내는 능력인 추리능력의 측정이 법학적성시험의 중요한 목적이

라는 점을 감안하여 가능한 한 다양한 학문 영역을 제재로 한 언어추리 문제를 확대하였다.

• 선지식에 의해 풀게 되거나 전공에 따른 유불리가 분명해지는 제시문의 선택과 문항의 출제를 지양하였다.

• 출제의 의도를 감추거나 오해하게 하는 질문을 피하고, 평가하고자 하는 능력을 정확히 평가할 수 있도록 간명한 형식을 취하였다.

• 문항 및 선택지 간의 간섭을 최소화하고, 선택지 선택에서 능력에 따른 변별이 이루어질 수 있도록 하였다.

01.

다음 글에 대한 평가로 옳지 <u>않은</u> 것은?

> X국 헌법에 따르면 정당의 목적이나 활동이 민주적 기본질서에 위배될 때, 정부는 헌법재판소에 그 해산을 제소할 수 있고, 정당은 헌법재판소의 심판에 의하여 해산된다. 이는 정당존립의 특권을 보장하기 위해, 법령으로 해산되는 일반 결사와는 달리 헌법재판소의 판단으로 해산 여부가 결정되도록 한 것이다. 강제 해산의 대상이 되는 정당은 정당으로서의 등록을 완료한 기성(既成) 정당에 한한다. 정당이 설립한 연구소와 같은 방계조직 등은 일반 결사에 속할 뿐이다. 그런데 중앙선거관리위원회에 창당신고를 하였으나 아직 정당으로서 등록을 완료하지 않은 창당준비위원회를 기성 정당과 동일하게 볼 수 있는지에 대하여 견해가 대립한다.
>
> A : 창당준비위원회는 정치적 목적을 가진 일반 결사일 뿐이다. 그 해산 여부는 정당 해산의 헌법상 사유와 절차가 요구되지 않고 일반 결사의 해산 방식으로 결정해야 한다.
>
> B : 창당준비위원회는 정당에 준하는 것이다. 그 해산 여부는 기성 정당과 같이 헌법상의 사유와 절차가 요구된다.
>
> C : 정당설립의 실질적 요건을 기준으로, 아직 이를 갖추지 못한 창당준비위원회는 일반 결사와 동일하게 보고, 이미 이를 완비하였지만 현재 등록절차를 진행하고 있는 창당준비위원회는 정당에 준하는 것으로 보아야 한다.

① 창당준비위원회는 등록기간 안에 등록신청을 하지 아니하면 X국 '정당법'에 따라 특별한 절차 없이 자동 소멸된다는 주장이 옳다면, 이는 A의 설득력을 높인다.

② 집권 여당과 정부가 그 목적이나 활동이 민주적 기본질서에 반하지 않는 반대당의 성립을 등록 이전에 손쉽게 봉쇄할 수 있다는 주장이 옳다면, 이는 A의 설득력을 낮춘다.

③ 창당준비위원회는 앞으로 설립될 정당의 주요 당헌과 당규를 실질적으로 입안한다는 주장이 옳다면, 이는 B의 설득력을 높인다.

④ 정당설립의 실질적 요건을 갖춘 창당준비위원회에게 정당등록은 지극히 통과의례의 과정이라는 주장이 옳다면, 이는 C의 설득력을 낮춘다.

⑤ 정당설립의 실질적 요건을 강화할수록 C는 A와 비슷한 결론을 내릴 것이다.

문항 성격	법·규범 – 논쟁 및 반론
평가 목표	헌법상 위헌정당 해산제도가 기성(既成) 정당 외에 창당준비과정에 있는 창당준비위원회에 적용될 수 있는지와 관련된 논쟁을 분석하고 평가할 수 있는 능력을 평가함

창당준비위원회 해산과 관련된 논쟁을 보면, A는 창당준비위원회는 어디까지나 정당이 아니므로 정당의 특권을 가질 수 없고 언제든 법령에 의해 용이하게 해산이 가능하다는 입장이다. B는 창당준비위원회가 사실상 정당의 핵심을 구성하는 조직이므로 이에 대하여 헌법상 특권을 인정하고 해산도 까다로운 절차를 통해 이루어져야 한다고 주장한다. C는 일종의 절충설로 창당준비위원회가 이미 정당의 실질적 요건을 충족하였다면 이는 정당으로 보아 특권을 인정하고, 그렇지 않다면 일반 결사로 보자는 주장이다.

정답 해설   ④ C는 단순히 정당의 정당등록이 아닌 실질적 요건 충족에 따라 정당의 성립유무를 판단하고 특권을 인정하자는 것이다. 따라서 정당등록이 통과의례의 형식에 불과하다는 사실은 실질적 요건을 강조하는 C의 설득력을 높인다. 그러므로 ④는 옳지 않은 진술이다.

오답 해설   ① 창당준비위원회는 '정당법' 상 등록 기간 안에 등록신청을 하지 아니한 때는 특별한 절차 없이 자동 소멸된다는 주장이 옳다면, 이는 창당준비위원회가 정당과 다르고 창당준비위원회가 반드시 정당으로 이어지지 않는다는 점을 보여 주므로 A의 설득력을 높인다.

② 집권 여당과 정부가 그 목적이나 활동이 민주적 기본질서에 반하지 않는 반대당의 성립을 등록 이전에 손쉽게 봉쇄할 위험성이 있다는 주장은 A처럼 창당준비위원회를 일반 결사로 보아 이의 해산을 용이하게 할 때 나타날 수 있는 남용 가능성을 지적하고 있다. 만약 이러한 지적이 옳다면, A는 민주주의를 위해 정당존립의 특권을 보호하고자 하는 X국 헌법의 취지에 부합하지 않기 때문에 설득력이 낮아진다.

③ 창당준비위원회가 앞으로 설립될 정당의 주요 당헌과 당규를 실질적으로 입안한다는 주장이 옳다면, 이는 창당준비위원회가 정당이나 다름없는 조직이기 때문에 보호를 해 주어야 한다는 B의 설득력을 높인다.

⑤ 정당설립의 실질적 요건을 강화하면 할수록 창당준비위원회가 정당으로 인정되기가 어려워질 것이며, C에 따라 창당준비위원회가 일반 결사로 인정되는 경우가 많아질 것이다. 따라서 정당설립의 실질적 요건을 강화할수록 C는 창당준비위원회를 일반 결사로 취급하자는 A와 결과적으로 비슷한 입장을 취할 것이다.

02.

다음 글로부터 추론할 수 있는 A국 법원의 입장으로 옳은 것은?

1940년대 말 이후부터 A국은 제2차 세계대전의 패배에 따른 여러 가지 법적 청산 작업을 진행하였다. 이때 나치 체제에 협력하였던 나치주의자들은 형사상 책임을 졌을 뿐만 아니라 회사로부터도 해고되었다. 더 나아가 당시에는 회사의 사용자가 나치 체제에 동조한 '혐의'가 있는 근로자에 대하여도 해고하는 일이 자주 있었고, 이러한 해고의 유효 여부의 다툼에서 A국 법원은 혐의가 있다는 것만으로도 해고의 정당한 이유가 있다고 보았다. 그런데 당시 A국 Y사의 기능공이었던 갑은 1951년 3월 나치 체제에 동조한 사실이 있다는 혐의로 A국 검찰에 소환 조사를 받고 형사재판을 기다리고 있었는데, 이러한 일이 발생하자 Y사의 사용자 을은 갑에게 해고 통고를 하였다. 갑이 이 해고의 무효를 주장하였지만 A국 법원은 1951년 12월 을의 해고는 정당한 이유 있는 해고라고 판시하였다. 그런데 그 후 1954년 갑은 나치 체제에 동조한 사실이 없었던 것으로 최종 밝혀졌다. 이에 갑은 1955년 법원을 상대로 자신의 해고가 잘못된 것임을 주장하면서 해고 무효를 구했으나, 법원은 당시 해고가 무효는 아니라고 했다. 근로 계약의 양 당사자에게 중요한 것은 '신뢰'로서 사용자가 근로자에 대하여 인간적 신뢰를 잃게 되면 근로 관계를 지속하게 하는 것을 기대할 수 없기 때문이라는 것이 그 이유이다. 하지만 갑의 사정을 고려하여 특이한 청구권을 갑에게 인정하는 판결을 내렸다. 즉, 갑에게 Y사 사용자 을로 하여금 자신을 신규로 고용해 줄 것을 요구할 수 있는 청구권을 인정하였던 것이다. 그리고 이러한 청구권을 행사할 경우, 을은 갑을 고용할 의무가 발생한다고 판결하였다.

① 갑의 해고 결정은 무죄 판결에 의해 소급적으로 소멸한다.
② 갑의 해고에 대한 정당성의 판단 기준 시점은 해고 통고 시이다.
③ 해고의 정당한 사유나 원인이 없는 경우라도 갑의 해고는 적법하다.
④ 해고와 달리 갑의 신규 고용 여부를 정당화하는 사유에서는 신뢰관계가 고려되지 않는다.
⑤ 무죄 추정의 원칙에 따라 갑에게 범죄 혐의가 있다는 사실만 가지고는 근로 관계 지속을 위한 신뢰가 깨진다고 볼 수 없다.

제시문의 1954년 판결은, 1951년 판결을 잘못된 것으로 본 것이 아니라, 1951년 판결로부터 발생된 법적 결과가 추후적으로 교정될 필요가 있다는 판결이다. 그러한 추후 교정조치가 바로 재고용이다. 즉 당시 시점에서 해고는 법적으로 정당했지만, 그러한 결과 무죄였던 자가 직장을 잃은 셈이 되었으니, 그 결과를 바르게 교정할 필요가 있다고 본 것이다. 그러므로 해고를 소급해서 무효라고 하지 않고, 당시 해고는 유효하되 추후에 재고용할 기회를 제공하는 판결을 한 것이다. 한편, 당시 해고가 정당한 사유를 '신뢰'라는 점에 있다고 하였다.

정답 해설 ② '신뢰'를 근거로 당시의 해고 통고가 정당했으며, 무효로 할 수 없다는 판결로 미루어 볼 때, 해고의 정당성을 판단하는 시점은 Y의 최종 판결 이후가 아닌, 해고 통고 시임을 알 수 있다.

오답 해설 ① 나치 체제에 협력했다는 혐의에 대한 무죄판결로 인해 해고를 소급해서 무효라고 하지 않고, 당시 해고는 유효하되, 추후에 재고용할 기회를 제공하는 판결을 한 것이다. 따라서 해고 결정이 소급적으로 소멸한다는 것은 옳지 않은 진술이다.

③ A국 법원은 해고가 정당한 사유로 '신뢰'가 깨진 것을 들었다. 따라서 해고의 정당한 사유나 원인이 없는 경우라도 갑의 해고는 적법하다는 것은 옳지 않은 진술이다.

④ 해고에 정당한 사유가 없으면 소급하여 무효가 되어야 한다. 그런데 당시 법원은 해고가 정당하다고 판단한 반면 신규고용청구권을 인정하였다. 해고의 정당한 이유는 당시 나치 체제에 동조한 혐의가 있어 신뢰관계를 잃었기 때문이라는 것이다. 그런데 무죄판결을 받음으로써 해고를 정당화한 신뢰관계의 상실이라는 이유가 더 이상 근거가 없게 되었다. 이것으로부터 고용에서 신뢰관계가 중요한 요건임을 추론할 수 있다. 이처럼 신규고용청구권을 통해 신규고용을 인정한 것은 신뢰관계를 고려하였기 때문이다. 설령 이러한 추론이 어렵다고 하더라도 신뢰관계를 고려하지 않았다고 단정할 수는 없다. 그런데 ④는 "신뢰관계가 고려되지 않는다."라고 하였기 때문에 옳지 않은 진술이다.

⑤ 법원은 유죄가 아니어도 혐의가 있는 것만으로 신뢰관계가 깨져 해고가 정당화된다고 판단했다. 따라서 혐의가 있다는 사실만 가지고는 근로관계 지속을 위한 신뢰가 깨진다고 볼 수 없다는 것은 법원의 입장으로 옳지 않은 진술이다.

03.

다음 글로부터 추론한 것으로 옳은 것은?

> 친자 관계는 자연적 출산 또는 입양에 의해 성립한다. 이에 따를 경우 보조 생식 의료를 통해 태어난 아이는 누구의 아이인가? '보조 생식 의료'라 함은 시험관 아기 시술, 배아이식 및 인공 수정을 가능하게 하는 임상적 · 생물학적 시술 및 이와 동일한 효과를 갖는 시술로, 자연적 과정 외의 생식을 가능하게 하는 모든 의료 기술을 말한다.
>
> A국에서는 자신의 체내에 생식세포가 주입되거나 배아가 이식된 결과 아이를 출산하면 출산한 여성이 아이의 모(母)로 확정된다. 그리고 부(父)의 결정에 있어 가장 중요한 요건은 보조 생식 의료에 동의하였는지 여부인데, 법이 정한 동의의 요건만 갖추면 자녀와의 혈연 관계와 여성과의 혼인 관계라는 요건이 없어도 법적 부의 지위가 인정된다. 더구나 남성뿐만 아니라 여성이라도 이 동의라는 요건만 갖추면 혼인 여부와 상관없이 부가 될 수 있다. 한편 대리모 계약을 금지하고 있지는 않지만 그 계약을 강제 이행할 수는 없는 것으로 하고 있다.
>
> B국에서는 보조 생식 의료에 있어서 "사람은 생식 가능한 남녀로부터 태어난다."라고 하는 자연적 섭리를 중시한다. 따라서 보조 생식이 행해질 수 있는 경우는 '질병의 치료'라고 하는 목적에 의해 제한된다. B국에서 난자 또는 정자를 제3자로부터 받는 등 보조 생식 의료를 행하기 위해서는 남녀 모두 자연적으로 생식 가능하다고 간주되는 연령에 있고, 혼인 관계에 있어야 한다. 또한 시술 시점에 의뢰한 남녀가 함께 생존하고 시술에 동의해야 한다. 출산한 사람만이 모로 되고 이 여성과의 혼인 관계에 따라 부가 확정된다. B국에서는 대리모 계약을 선량한 풍속에 반한다고 하여 무효로 하고 있다.

① A국에서는 여성도 다른 여성의 보조 생식 의료에 동의할 경우 그 출산한 여성과 부부로 인정된다.

② A국에서 대리모에게 난자를 제공한 의뢰인이 모가 되기 위해서는 그 출생한 자를 입양하는 방법밖에 없다.

③ B국에서는 자연적으로 생식이 불가능한 모든 자가 보조 생식 의료를 통해 합법적으로 자녀를 가질 수 있게 되었다.

④ B국에서 아이를 갖기 위한 여성이 남편의 동의를 얻어 보조 생식 의료를 통해 다른 남성의 정자를 제공받아 출산하면 그 아이의 부는 정자를 제공한 자이다.

⑤ A국과 B국 모두 '제3자를 위해 출산을 하는 계약은 무효'라는 내용의 법규정을 가지고 있다.

문항 성격	법·규범 – 언어 추리
평가 목표	보조 생식 의료에 관한 글로부터 친자관계가 어떻게 이루어지는지를 파악하는 능력을 평가함
문제 풀이	정답 : ②

제시문은 보조 생식 의료에 대한 각국 법의 상황 가운데 영국과 프랑스를 대비하여 설명한 것이다. 보조 생식 의료에 대하여 우리나라에서도 법률 제정을 서두르고 있는데, 각국은 자국의 상황 및 도덕관, 사회적 동의 등에 따라 서로 많이 다른 내용의 법을 가지고 있다. 그 가운데 가장 진보적인 나라가 영국인 데 반하여 가장 보수적인 나라가 프랑스이다. 영국은 「인간 수정 및 배아 발생에 관한 법률(Human Fertilisation and Embryology Act)」이라는 특별법으로 규율하고 있어, 여성도 동의라는 특별한 절차를 밟으면 부와 같은 부모가 될 수 있으므로, 모와 모의 부모도 가능하게 된다. 이에 반하여 프랑스는 민법전(Code civil des Français)에서 정하고 있는데, 생식 가능 연령에 있는 가정이 아기를 갖지 못할 경우 치료의 목적으로 보조 생식 의료를 허용하고 있다.

| 정답 해설 | ② A국에서는 보조 생식 의료를 통해서도 출산한 자만이 아이의 모로 된다. 따라서 대리모에게 난자를 제공한 의뢰인이 모가 되기 위해서는 입양이라는 절차를 밟아야 한다. |

| 오답 해설 | ① A국에서 여성도 다른 여성의 보조 생식 의료에 동의할 경우 여성이 남성을 대신하여 부가 될 수 있는 것이지, 부부로 되는 것은 아니다. |

③ B국에서는 생식 가능 연령의 부부만이 보조 생식 의료를 이용할 수 있다. 따라서 모든 자가 이용할 수 있다는 것은 옳은 추론이 아니다.

④ B국에서는 출산한 자가 모로 확정되고 이 모와의 관계를 통해 부가 정해진다. 따라서 정자를 제공한 자가 부가 된다는 것은 옳은 추론이 아니다.

⑤ A국에서는 대리모 계약을 금지하고 있지는 않다. 따라서 '제3자를 위해 출산을 하는 계약은 무효' 라는 내용의 법규정을 가지고 있다는 것은 옳은 추론이 아니다.

04.

갑과 을의 주장에 대한 판단으로 옳은 것만을 〈보기〉에서 있는 대로 고른 것은?

갑: 범죄의 불법성을 판단하는 척도가 범죄를 행하는 자의 의사에 있다고 믿는 것은 잘못이다. 범죄의 의사는 사람마다 다르고 심지어 한 사람에 있어서도 그 사상, 감정, 상황의 변화에 따라

시시각각 달라질 수 있기 때문이다. 범죄의 척도를 의사에서 찾는다면 개인 의사의 경중에 따른 별도의 법을 만들어야 할 것이다. 따라서 처벌은 의사가 아닌 손해의 경중을 기준으로 차등을 두어야 한다.

을: 갑은 범죄자의 '의사'를 객관화할 수 없다고 전제하고 있다. 그러나 범죄자의 '의사'를 몇 가지 기준에 의해서 유형화한다면 의사 자체의 경중도 판단할 수 있다. 우선, 의도한 범죄의 경중을 기준으로 삼는 경우, 더 중한 결과를 발생시키는 범죄를 행하려는 의사가 더 경한 결과를 발생시키는 범죄를 행하려는 의사보다 중하다. 다음으로 의욕의 정도를 기준으로 삼는 경우, 결과 발생을 의도한 범죄자의 의사가 결과 발생을 의도하지 않고 단지 부주의로 손해를 발생시킨 범죄자의 의사보다 중하다. 따라서 처벌은 손해뿐만 아니라 범죄자의 의사의 경중 또한 고려하여 차등을 두어야 한다.

<보기>

ㄱ. 살인의 의사를 가지고 가격하였으나 상해의 결과가 발생한 경우와 폭행의 의사를 가지고 가격하였으나 사망의 결과가 발생한 경우를 동일하게 처벌한 법원의 태도는 갑의 주장에 부합한다.

ㄴ. 강도의 의사로 행위를 하였으나 강도는 실패하고 중(重)상해의 결과를 발생시킨 경우와 살인의 의사로 행위를 하였으나 역시 중상해의 결과를 초래한 경우에 있어서 전자를 중하게 처벌한 법원의 태도는 갑과 을의 주장 모두에 부합하지 않는다.

ㄷ. 살인의 의사가 있었으나 그 행위에 나아가지 않은 경우와 부주의로 사람을 다치게 한 경우에 있어서 전자를 처벌하지 않고 후자만 처벌한 법원의 태도는 갑과 을의 주장 모두에 부합한다.

① ㄱ   ② ㄷ   ③ ㄱ, ㄴ
④ ㄴ, ㄷ   ⑤ ㄱ, ㄴ, ㄷ

문항 성격 법·규범 – 논증 평가 및 문제 해결

평가 목표 범죄의 처벌에 있어서 그 기준에 대한 두 주장을 이해하여, 〈보기〉의 범죄 및 의사에 대한 법원의 태도가 각 주장에 부합하는지 평가할 수 있는 능력을 평가함

문제 풀이 정답 : ④

제시된 주장은 처벌의 기준을 무엇으로 할 것이냐에 대한 논쟁을 서술한 것이다. 갑의 주장은 형사상 범죄에 있어서는 필히 개인의 손해라는 결과 발생이 존재하게 되므로 이것만을 기준으로 처벌해도 된다는 주장이며, 을의 주장은 피해자가 받게 되는 손해뿐만 아니라 범인의 의사도 고려

해야 한다는 주장이다.

ㄱ. 갑의 주장은 처벌의 기준이 의사가 아닌 손해의 경중에 있다는 것이다. 따라서 범인의 의사의 존재 여부나 경중은 묻지 않고 오직 범행의 결과, 즉 피해자가 입은 손해의 경중을 기준으로 해야 한다. 갑의 주장에 의한다면 상해와 사망이 라는 결과만을 가지고 판단해야 하는 바, 사망의 결과가 발생한 후자를 더욱 무 겁게 처벌해야 한다. 따라서 전자와 후자를 동일하게 처벌한 법원의 태도는 갑 의 주장에 부합하지 않으므로 ㄱ은 옳지 않은 판단이다.

ㄴ. 강도의 의사와 중상해의 결과, 그리고 살인의 의사와 중상해의 결과가 발생한 경우에 있어서 갑의 주장에 의한다면 손해의 경중만을 판단해야 하므로 전자와 후자를 동일하게 처벌해야 한다. 을의 주장에 의한다면 결과가 동일하다 하더 라도 의사의 경중을 고려해야 하므로 후자를 더욱 무겁게 처벌해야 한다. 따라 서 전자를 중하게 처벌한 법원의 태도는 갑과 을의 주장 모두에 부합하지 아니 하므로 ㄴ은 옳은 판단이다.

ㄷ. 살인의 의사는 있으나 손해가 없는 경우, 그리고 부주의와 사람이 다친 결과가 발생한 경우에 있어서 갑의 주장에 의한다면 아무런 손해가 없는 전자의 경우 는 처벌이 가능하지 않고 손해가 발생한 후자의 경우에만 처벌이 가능하다. 을 의 주장에 의하면 처벌은 손해뿐만 아니라 의사의 경중 또한 고려하여 차등을 두어야 한다. 따라서 손해가 발생하지 않은 전자의 경우에는 처벌하지 않고 후 자의 경우에만 처벌한 것은 을의 주장에도 부합한다. 결국 후자만을 처벌한 법 원의 태도는 갑과 을의 주장 모두에 부합하므로 ㄷ은 옳은 판단이다.

〈보기〉의 ㄴ, ㄷ만이 갑과 을의 주장에 대한 옳은 판단이므로 정답은 ④이다.

05.

다음 글에 대한 평가로 옳은 것만을 〈보기〉에서 있는 대로 고른 것은?

K국 형법은 "미성년자를 약취(略取)한 사람은 10년 이하의 징역에 처한다."라고 하여 '미성년 자약취죄'를 규정하고 있다. 이 규정에서 '약취'라고 하는 것은 폭행·협박을 행사하거나 정당한 권한 없이 사실상의 힘을 사용하여 미성년자를 생활관계 또는 보호관계로부터 약취행위자나 제3 자의 지배하에 옮기는 행위를 의미한다. 그런데 '정당한 권한 없이 사실상의 힘을 사용하여'의 해 석에 관해서는 아래와 같이 견해가 나뉜다.

〈견해 1〉

미성년자약취죄가 보호하고자 하는 법익(法益)은 미성년자의 평온·안전이다. 따라서 미성년자의 평온·안전을 해치지 않는 한 부모 일방이 다른 일방의 동의 없이 미성년자의 거소를 옮기는 행위만으로는 정당한 권한 없이 사실상의 힘을 사용한 것에 해당하지 않는다.

〈견해 2〉

미성년자약취죄가 보호하고자 하는 법익은 미성년자의 자유와 보호자의 보호·양육권이다. 따라서 부모 일방이 다른 일방의 동의 없이 미성년자의 거소를 옮기는 행위는 정당한 권한 없이 사실상의 힘을 사용한 것에 해당한다.

보 기

ㄱ. 부모가 이혼하였거나 별거하는 상황에서 미성년의 자녀를 부모의 일방이 평온하게 보호·양육하고 있는데, 부모 중 다른 일방이 폭행·협박을 행사하여 그 보호·양육 상태를 깨뜨리고 자녀를 탈취하여 자기 또는 제3자의 사실상 지배하에 옮긴 경우라면, 위의 어떠한 견해에 따르더라도 미성년자약취죄에 해당한다.

ㄴ. 부모가 함께 동거하면서 미성년의 자녀를 보호·양육하여 오던 중 부(父)가 모(母)나 그 자녀에게 어떠한 폭행·협박을 행사하지 않고 그 자녀를 데리고 종전의 거소를 벗어나 다른 곳으로 옮겨 자녀에 대한 보호·양육을 적절히 한 경우, 〈견해 1〉에 따르면 미성년자약취죄에 해당하지 않는다.

ㄷ. 보호·양육하던 미성년자를 종전에 거주하던 K국 거주지에서 부의 동의 없이 모가 국외로 이전하는 행위로 인해, K국 국적을 가진 자녀가 생활환경 등이 전혀 다른 외국에서 부의 보호·양육이 배제된 채 정신적·심리적 충격을 겪는 경우, 〈견해 1〉에 따르면 미성년자약취죄에 해당하지 않지만 〈견해 2〉에 따르면 미성년자약취죄에 해당한다.

① ㄱ   ② ㄷ   ③ ㄱ, ㄴ

④ ㄴ, ㄷ   ⑤ ㄱ, ㄴ, ㄷ

문항 성격	법·규범 – 논증 평가 및 문제 해결
평가 목표	K국 형법상 '미성년자약취죄'의 범죄 구성 요건과 그에 대한 해석을 주어진 상황에 대해 적용하여 옳게 판단할 수 있는 능력을 측정함
문제 풀이	정답 : ③

K국 형법은 미성년자약취죄를 처벌함에 있어서 폭행·협박의 행사 또는 정당한 권한 없이 사실

상의 힘을 사용하여 미성년자를 약취행위자나 제3자의 지배하에 옮기는 행위가 존재할 것을 요구한다. 그러나 '정당한 권한 없이 사실상의 힘을 사용하여'의 해석에 관해서는 견해가 갈리는 바, 〈견해 1〉은 부모 중 한 사람이 다른 한 사람의 동의 없이 미성년자의 거소를 옮기는 행위가 미성년자의 평온·안전을 해치게 되는 경우에는 정당한 권한 없이 사실상의 힘을 사용한 것에 해당하게 되고, 〈견해 2〉는 부모 한 사람이 다른 한 사람의 동의 없이 미성년자의 거소를 옮기는 행위 자체가 정당한 권한 없이 사실상의 힘을 사용한 것에 해당하게 된다.

〈보기〉 해설 ㄱ. 부모 중 다른 일방이 폭행·협박을 행사하여 자녀를 탈취한 후 자기 또는 제3자의 지배하에 옮기는 경우에는, 미성년자의 거소를 옮김에 있어서 부모 한 사람의 동의가 있었느냐와 관계없이 K국 형법에 따라 미성년자약취죄가 성립된다. 왜냐하면 K국 형법은 폭행·협박의 행사와 정당한 권한 없이 사실상의 힘을 사용한 것 중 하나의 요건만 갖추면 미성년자약취죄를 인정하기 때문이다. 따라서 〈견해 1〉에 의하더라도, 또한 〈견해 2〉에 의하더라도 미성년자약취죄에 해당하므로 ㄱ은 옳은 평가이다.

ㄴ. 부가 모나 자녀에 대해 폭행·협박의 행사 없이 자녀의 거소를 옮겨 보호·양육을 적절히 하였다면, 〈견해 1〉에 따를 경우 설령 모의 동의가 없었다고 하더라도 정당한 권한 없이 사실상의 힘을 사용한 것으로 볼 수 없다. 보호·양육이 적절히 이루어져서 자녀의 평온·안전을 해치지 않았기 때문이다. 따라서 자녀의 거소가 이전된 후 자녀에 대한 보호·양육이 적절히 이루어진 이 경우에는 〈견해 1〉에 의하면 미성년자약취죄에 해당하지 않는다. 따라서 ㄴ은 옳은 평가이다.

ㄷ. 〈견해 1〉에 따르면 부모 일방이 다른 일방의 동의 없이 미성년자의 거소를 옮기는 행위가 미성년자의 평온·안전을 해치지 않는 경우에만 정당한 권한 없이 사실상의 힘을 사용한 것에 해당하지 않는다. 따라서 부의 동의 없이 미성년자를 외국에 데려가서 그로 인해 미성년자가 정신적·심리적 충격을 겪게 된 경우, 〈견해 1〉에 따르면 정당한 권한 없이 사실상의 힘을 사용한 것에 해당하여 미성년자약취죄가 성립한다. 〈견해 2〉에 따른다면 부의 동의 없이 미성년자의 거소를 옮긴 행위이므로 정당한 권한 없이 사실상의 힘을 사용한 것에 해당하여 미성년자약취죄가 성립한다. ㄷ은 〈견해 1〉에 따르면 미성년자약취죄에 해당하지 않는다고 말하고 있으므로 틀린 평가이다.

〈보기〉의 ㄱ, ㄴ만이 옳은 평가이므로 정답은 ③이다.

06.

고대 국가 R의 상속법 〈원칙〉에 근거해서 〈판단〉을 평가할 때, 옳은 것만을 〈보기〉에서 있는 대로 고른 것은?

〈원칙〉

상속은 가장(家長)의 유언에 따라야 한다. 유언으로 정한 대로 상속이 이루어질 수 없으면, 법이 정한 방법에 따라 상속이 이루어져야 한다. 법정상속은 직계비속이 균분으로, 직계비속이 없을 경우 직계존속이 균분으로, 직계존속이 없으면 배우자의 순으로 이루어진다. 태아는 상속인의 지위를 갖는다. 가장은 배우자 및 직계비속 중 상속인에서 제외하려는 자가 있을 경우 반드시 유언으로 그를 지정해야 한다. 만약 상속인으로 지정되지도 제외되지도 않은 직계비속이 있을 경우 가장의 유언은 무효이다. 상속인의 지위를 상실하게 할 수 있는 조건을 부가하여 상속인을 지정한 가장의 유언은 무효이다.

〈판단〉

아직 자녀가 없는 가장 A는 아내가 임신한 상태에서 "태아와 아내만을 상속인으로 지정한다. 만약 아들이 태어나면, 그가 내 재산의 2/3를 상속받고 나머지는 내 아내가 상속받는다. 그러나 만약 아들이 아니라 딸이 태어나면, 그녀가 내 재산의 1/3을 상속받고 나머지는 아내가 상속받는다."와 같은 유언을 남기고 사망하였다. 그런데 아내는 A의 예상과 달리 아들 1명과 딸 1명의 쌍둥이를 출산하였다. 이에 대해 법률가 X는 "유언자의 의사에 따라 유산을 7등분하여 아들이 4, 아내가 2, 딸이 1을 갖도록 하는 것이 올바르다."고 판단하였다.

보 기

ㄱ. X는 "아들과 딸은 각각 1/2씩 상속을 받아야 하며 아내는 상속을 받을 수 없다."고 판단해야 했다.

ㄴ. X는 "'만약 ……이 태어나면'이라는 조건을 부가하여 상속인을 지정하고 있기 때문에 A의 유언은 처음부터 무효이다."고 판단해야 했다.

ㄷ. X는 "A가 아들 또는 딸이 출생하는 경우에 대하여 유언을 한 것이지 아들과 딸이 동시에 출생하는 경우에 대하여 한 것은 아니었다."고 판단해야 했다.

① ㄴ   ② ㄷ   ③ ㄱ, ㄴ

④ ㄱ, ㄷ   ⑤ ㄱ, ㄴ, ㄷ

문항 성격	법·규범 – 논증 평가 및 문제 해결
평가 목표	R국의 상속법 〈원칙〉을 이해하고 이 원칙에 의거하여 〈판단〉의 내용을 평가하는 능력을 측정함
문제 풀이	정답 : ④

이 문제는 『로마법대전』에 있는 사건을 소재로 작성되었다. R국의 상속법 〈원칙〉에 따르면, 상속은 가장의 유언에 따라야 한다. 다만 가장이 배우자와 직계비속 중 상속인에서 제외하고자 하는 이가 있을 때에는 반드시 이를 유언으로 지정해야 한다. 만약 상속인으로 지정되지도 제외되지도 않은 직계비속이 있을 경우에는 유언은 무효가 된다. 나아가 상속인의 지위를 상실하게 할 수 있는 조건을 부가하여 상속인을 지정한 가장의 유언은 무효이다.

그런데 〈판단〉에서 가장 A는 상속인이 2명임을 전제로 하여 유언을 한 것이다. 그런데 실제로는 이란성 쌍둥이가 태어났기 때문에 아들, 딸, 배우자가 상속인 후보가 되었다. 만약 가장이 직계비속 2명과 배우자 1명 중 2명을 상속인으로 지정하여 유효한 유언을 하기 위해서는 상속인에서 배제된 자를 상속제외인으로 지정해야 한다. 그런데 사례의 경우 가장 A의 유언 속에는 상속제외인이 지정되어 있지 않기 때문에 유언은 무효가 된다.

상속법 〈원칙〉에 따르면 유언이 정하고 있는 내용대로 상속이 이루어지지 못하게 될 경우 법정상속이 이루어지게 된다. 법정상속 순위는 직계비속이 균분으로, 직계비속이 없을 경우 직계존속이 균분으로, 직계존속이 없으면 배우자가 상속을 받는다. 이를 사례에 적용하면 직계비속인 아들과 딸이 균분으로 1/2씩 상속을 받게 되고, 배우자는 상속을 받지 못하게 된다.

| 〈보기〉 해설 | ㄱ. 법률가 X의 판단에 대해, A의 유언이 무효라는 것을 확인한 후 법정상속에 따라 결론을 내렸어야 한다고 평가하고 있기 때문에 옳은 평가이다. |

ㄴ. 상속법 〈원칙〉에 따르면 상속인의 지위를 상실하게 할 수 있는 조건을 부가한 유언은 무효이지만, 본 사례의 "만약 ……이 태어나면"이라는 문구는 이미 상속인의 지위를 취득한 태아에게 그의 상속분을 정하는 내용의 유언에 불과하다. 따라서 위 문구를 상속인의 지위를 상실하게 하는 조건에 대한 것이라고 해석하면서, 법률가 X의 판단에 대해 A의 유언이 처음부터 무효라고 판단했어야 했다고 평가하는 것은 틀린 평가이다.

ㄷ. 법률가 X의 판단에 대해 "A가 아들 또는 딸이 출생하는 경우에 대하여 유언을 한 것이지 아들과 딸이 동시에 출생하는 경우에 대하여 한 것은 아니었다."고 판단하면서 '상속인으로 지정되지도 제외되지도 않은 직계비속이 있을 경우 가장의 유언은 무효가 된다'는 상속법 〈원칙〉이 적용되는지 판단했어야 했다는 것이 옳은 평가이다. 따라서 ㄷ은 옳은 평가이다.

〈보기〉의 ㄱ, ㄷ만이 옳은 평가이므로 정답은 ④이다.

07.

19세기 X국의 저작권법 개정 논쟁에 대한 평가로 옳은 것만을 〈보기〉에서 있는 대로 고른 것은?

A : 지금까지 작가와 출판가는 작품을 적은 부수만 출간하여 일반 대중의 1개월분 급여 정도의 높은 가격으로 판매해 왔다. 이 때문에 일반 대중은 뛰어난 작품들을 접하기 어려웠다. 이러한 문제는 작가에게 수십 년 동안 독점적 출판권을 부여하는 현행 저작권법에 의해 비롯되었다. 국가는 새로운 작품의 공급이 감소되지 않도록 작가에게 창작의 유인책을 줄 필요가 있지만, 그것은 창작 비용을 회수할 수 있을 정도에 그쳐야 한다. 현재 작가는 최초 출판 후 1년 내에 창작 비용을 충분히 회수할 수 있다. 저작권법은 독점적 출판권을 1년으로 제한하고, 그 이후에는 모든 출판가들이 소매가의 5%를 로열티로 작가에게 지불하고 자유롭게 출판할 수 있도록 개정되어야 한다. 대중도 저렴한 가격으로 뛰어난 작품을 접할 수 있을 것이다. 사실 독점적 권리는 희소한 재화에 대해서만 인정되는 권리이다. 일단 출간된 작품은 인쇄비용 문제를 제외하면 무한정 출판될 수 있다. 아무리 소비해도 줄지 않는 재화는 모든 사람이 자유롭게 향유해야 한다.

B : 고급작품은 고상한 학문과 예술을 다루지만, 저급작품은 선정적 내용만 다룬다. 책 가격이 떨어져도 대중이 고급작품을 구매하려 할 것인가? 그들은 교육을 받지 않았기에 선정적 작품만을 읽으려 한다. 반면 고급작품을 높게 평가하는 교양인은 아무리 책 가격이 높더라도 구매하려 한다. 작가는 자신의 책을 높은 가격에 판매함으로써 합당한 대우를 받을 자격이 있다. 즉, 그는 자신이 원하는 방식과 기간으로 출판 조건을 결정하고, 이 조건에 부합하는 출판사와 자유롭게 계약을 체결할 자연적 권리를 가진다. 국가는 작가의 이러한 자연적 권리를 보호해야 할 의무가 있다.

보기

ㄱ. 작가마다 작품을 창작하는 데 들인 비용은 천차만별이어서 국가가 작가의 창작 비용 회수기간을 일률적으로 정할 수 없다는 주장이 옳다면, 이는 A의 설득력을 낮춘다.

ㄴ. 특정한 원인에 의해 재화의 공급이 제한될 경우, 그 재화에 대한 독점적 권리를 인정할 수 있다는 주장이 옳다면, 이는 A의 설득력을 낮춘다.

ㄷ. 계약을 누구와 어떻게 체결할 것인지는 당사자가 결정해야 한다는 주장이 옳다면, 이는 B의 설득력을 낮춘다.

① ㄱ   ② ㄷ   ③ ㄱ, ㄴ

④ ㄴ, ㄷ   ⑤ ㄱ, ㄴ, ㄷ

제시문은 1876년 영국 의회에 설치된 '왕립저작권위원회'에서 치열하게 전개되었던 '로열티시스템 도입' 논쟁을 소재로 작성되었다. A는 로열티시스템 도입을 찬성하는 주장이다. A는 재화가 희소할 경우 독점적 권리를 인정할 수 있지만, 그렇지 않을 경우에는 독점적 권리를 제한하거나 인정하지 말아야 한다고 전제하고 있다. 문학작품의 경우, 창작에 대한 적절한 인센티브를 제공하지 않는다면 문학작품의 공급이 감소함으로써 결국 출판시장에 공급되는 문학작품의 양이 희소해지기 때문에 독점적 권리를 인정하여 공급이 적절하게 이루어질 수 있도록 해야 한다. 그러나 그것은 창작비용이 충분히 회수될 수 있는 정도에 그쳐야 하는데, 왜냐하면 일단 창작된 작품은 인쇄비용 문제를 제외하면 무한정 출판할 수 있는데, 이럴 경우 독점적 권리로서의 출판권을 인정해야 하는 근거가 사라지기 때문이다.

B는 로열티시스템 도입 반대론자의 주장이다. B는 계약을 누구와 어떻게 체결할 것인지는 당사자가 결정해야 한다고 전제하고 있다. 문학작품의 경우, 작가는 자신이 원하는 방식과 기간으로 출판조건을 결정하고 이 조건에 부합하는 출판사와 자유롭게 계약을 체결할 자연적 권리를 가진다. 따라서 비록 그 자신이 어떠한 가격으로 책을 출판하든지 간에 자신의 작품을 그 가격에 따라 구매하고자 하는 사람에게 판매할 수 있는 독점적 출판권을 가져야 한다고 주장하고 있다. B는 국가가 로열티시스템을 통하여 작가의 독점적 출판권을 제한할 권한이 없다고 주장한다.

ㄱ. A는 작가에게 창작의 유인책으로서 1년간의 독점적 출판권을 부여하여 작가가 창작비용을 회수할 수 있도록 해야 한다고 주장하고 있다. 그러나 예를 들어, 저급작품을 창작할 때보다 고급작품을 창작할 때 창작비용이 훨씬 크기 때문에, 고급작품의 작가가 국가에 의해 일률적으로 정해진 1년간의 독점적 출판기간 내에 창작비용을 회수할 수 없다면 A의 설득력은 낮아지게 된다. 따라서 작가마다 작품을 창작하는 데 들인 비용이 천차만별이어서 국가가 작가의 창작비용 회수기간을 일률적으로 정할 수 없다는 주장이 옳다면, 이는 A의 설득력을 낮춘다. 따라서 ㄱ은 옳은 평가이다.

ㄴ. A는 창작의 유인책이 제공되지 않으면 문학작품의 공급이 제한될 수 있기 때문에 작가에게 독점적 권리를 인정해야 한다고 보고 있다. 다만, A는 창작비용을 회수할 수 있는 정도에서 독점적 권리를 1년으로 제한해야 한다고 주장하고 있을 뿐이다. 나아가 만약 재화의 공급이 제한된다면, 그 재화는 아무리 소비해도 줄지 않는 재화가 아니라 A가 언급하고 있는 희소한 재화가 된다. 따라서 특정한 원인에 의해 재화의 공급이 제한될 경우, 그 재화에 대한 독점적 권리를

인정할 수 있다는 주장이 옳다면, 이는 A의 견해와 부합하는 것으로 A의 설득력을 낮추지 않는다. 따라서 ㄴ은 옳지 않은 평가이다.

ㄷ. B에 따르면, 작가는 자신이 원하는 방식과 기간으로 출판조건을 결정하고 이 조건에 부합하는 출판사와 자유롭게 체결할 수 있는 자연적 권리를 가진다. 따라서 계약을 누구와 어떻게 체결할 것인지는 당사자가 결정해야 한다는 주장이 옳다면, 이는 B의 설득력을 높인다. 따라서 ㄷ은 옳지 않은 평가이다.

〈보기〉의 ㄱ만이 옳은 평가이므로 정답은 ①이다.

08.

〈사실 관계〉의 (가)와 (나)에 들어갈 방법으로 옳은 것은?

채무자가 채무를 이행할 수 있는데도 하지 않을 경우, 채권자가 직접 돈을 뺏어오거나 할 수 없고 법원에 신청하여 강제적으로 채무를 이행하게 할 수밖에 없다. 이렇게 강제로 이행하게 하는 방법은 상황에 따라 다른데, K국에서 법으로 인정하고 있는 방법은 세 가지이다. 'A방법'은 채무자가 어떤 행위를 하여야 하는데 하지 않는 경우, 채무자의 비용으로 채권자 또는 제3자에게 하도록 하여 채권의 내용을 실현하는 방법이다. 'B방법'은 목적물을 채무자로부터 빼앗아 채권자에게 주거나 채무자의 재산을 경매하여 그 대금을 채권자에게 주는 것과 같이, 국가 기관이 직접 실력을 행사해서 채권의 내용을 실현하는 방법이다. 이 방법은 금전·물건 등을 주어야 하는 채무에서 인정되며, 어떤 행위를 해야 하는 채무에 대하여는 인정되지 않는다. 'C방법'은 채무자만이 채무를 이행할 수 있는데 하지 않을 경우에 손해배상을 명하거나 벌금을 과하는 등의 수단을 써서 채무자를 심리적으로 압박하여 채무를 강제로 이행하도록 만드는 방법이다. 'C방법'은 채무자를 강제하여 자유의사에 반하는 결과에 이르게 하는 것이므로 다른 강제 수단이 없는 경우에 인정되는 최후의 수단이다.

〈사실 관계〉
- K국은 통신회사가 X회사 하나였는데 최근 통신서비스 시장 개방에 따라 다수의 다른 통신회사가 설립되어 공급을 개시하였다.
- K국의 X회사는 소비자 Y에게 계약에 따라 통신서비스를 제공할 의무가 있는데 요금 인상을 주장하며 이행하지 않았다. Y가 X회사의 강제 이행을 실현할 수 있는 방법은 통신서비스 시장 개방 전에는 (가) 방법, 시장 개방 후에는 (나) 방법이다.

	(가)	(나)		(가)	(나)		(가)	(나)
①	A	C	②	B	A	③	B	B
④	C	A	⑤	C	C			

법·규범 − 논증 평가 및 문제 해결

강제 이행의 세 가지 방법을 글을 통해 분석하여 사실 관계에서 제시하는 문제를 적절히 해결할 수 있는 능력을 측정함

정답 : ④

제시문은 강제 이행의 세 가지 제도를 구분하여 설명한 것이다. 제시문을 통해 직접강제와 대체집행, 간접강제를 이해해야 한다. 'A방법'은 대체집행을 의미하는데, 채무자가 어떤 행위를 하여야 하는데 하지 않는 경우, 급부 내용을 제3자로 하여금 실현시키고 그 비용을 채무자에게 부담시킴으로써 마치 채무자 자신이 자발적으로 실현한 것과 같은 상태를 만드는 방법이다. 'B방법'은 직접강제로서, 국가권력으로 직접급부를 실현하는 방법인데, 물건의 인도를 목적으로 하는 채무, 즉 '주는 채무'에서만 인정된다. 'C방법'은 간접강제로서, 채무자만이 채무를 이행할 수 있는데 하지 않을 경우에 허용되는 방법으로, 다른 강제 수단이 없는 경우에 인정되는 최후의 수단이다.

통신서비스는 금전·물건 등을 주어야 하는 채무가 아니라 어떤 행위를 해야 하는 채무이다. 시장 개방 전에는 X회사가 아니면 서비스를 할 수 없으므로 간접강제, 즉 'C방법'에 의할 수밖에 없다. 그러나 시장 개방 후에는 다른 통신 회사를 통해서 서비스를 할 수 있기 때문에 A방법으로 할 수 있다. A방법이 가능하면, C방법은 다른 강제 수단이 없을 경우에 인정되는 최후의 수단이므로 C방법으로는 할 수 없다. 따라서 시장 개방 전에는 C방법, 시장 개방 후에는 A방법이므로 정답은 ④이다.

09.

다음 글로부터 추론한 것으로 옳은 것만을 〈보기〉에서 있는 대로 고른 것은?

A국은 각 지방자치단체에 대한 재정적 지원제도인 교부금제도를 시행하고 있다. 각 지방자치단체의 수입은 국가로부터의 교부금과 지방자치단체의 자체수입금으로 구성된다. 국가는 지방자치단체가 제출한 자체수입예상액과 지출예상액을 고려하여 국가가 판단한 총지출규모를 수립한후 필요한 교부금을 지급한다.

A국은 아래의 교부금 중 하나를 선택하여 모든 지방자치단체에 지급할 수 있다.

• 동액교부금: 모든 지방자치단체에 대해 획일적으로 동일한 금액이 지급되는 교부금
• 동률교부금: 각 지방자치단체의 자체수입금에 비례하는 금액이 지급되는 교부금
• 보통교부금: 각 지방자치단체의 자체수입금이 국가가 수립한 총지출규모를 충당하지 못하는 경우 국가가 그 재정부족분만큼 지급하는 교부금. 다만 자체수입금이 풍부하여 재정부족분이 발생하지 않는 지방자치단체에 대해서는 보통교부금이 지급되지 않음(이를 '불교부단체' 라 함).

보기

ㄱ. A국이 보통교부금을 지급할 경우, 불교부단체를 제외한 모든 지방자치단체는 자체수입금 증대를 위한 최대의 재정적 노력을 기울일 것이다.

ㄴ. 국가가 수립한 각 지방자치단체의 총지출규모가 동일한 상황에서 재정부족분이 많이 발생하는 지방자치단체(갑)와 상대적으로 적게 발생하는 지방자치단체(을)가 있다면, 보통교부금을 지급받을 때에는 갑이 을에 비해, 동률교부금을 지급받을 때에는 을이 갑에 비해 언제나 많이 받는다.

ㄷ. 국가가 수립한 각 지방자치단체의 총지출규모가 같고 각 지방자치단체의 자체수입금액이 같다면, 어떠한 교부금에 의하더라도 각 지방자치단체가 지급받는 교부금의 액수는 동일하다.

① ㄱ   ② ㄷ   ③ ㄱ, ㄴ
④ ㄴ, ㄷ   ⑤ ㄱ, ㄴ, ㄷ

문항 성격   법 · 규범 – 언어 추리
평가 목표   A국에 주어진 재정적 조건들과 이에 따른 재정 개념들을 이해하여 각 교부금이 지급되었을 때 발생하는 결과를 적절히 추론할 수 있는지 평가함

A국의 각 지방자치단체의 수입은 스스로 조달한 자체수입금과 국가가 지급한 교부금으로 구성된다. 국가는 각 지방자치단체가 제출한 자체수입예상액과 지출예상액을 고려하여 국가가 판단한 총지출규모를 수립한 후 필요한 교부금을 지급한다. A국은 '동액교부금', '동률교부금', '보통교부금' 중 하나를 선택하여 모든 지방자치단체에 지급한다.

〈보기〉 해설 ㄱ. 보통교보금은 각 지방자치단체의 자체수입금이 국가가 수립한 총지출규모를 충당하지 못할 경우 그 부족분만큼 지급되는 교부금이다. 따라서 부족분이 발생하면 그 액수와 관계없이 총지출규모에 이를 때까지 지급하게 되므로 지방자치단체는 자체수입금을 증가시킬 필요를 느끼지 못할 것이다. 결국 각 지방자치단체는 자체수입금 증대를 위한 노력을 하지 않을 것이므로 ㄱ은 옳지 않은 추론이다.

ㄴ. 보통교부금은 재정부족분만큼 지급되므로 재정부족분이 많이 발생하는 갑은 재정부족분이 상대적으로 적게 발생하는 을에 비해 보통교부금을 많이 지급받는다. 그리고 각 지방자치단체의 총지출규모가 동일한 상황에서 갑이 을보다 재정부족분이 많이 발생한다면 갑의 자체수입금은 을의 자체수입금보다 적은 것이다. 동률교부금은 자체수입금에 비례하여 지급되므로, 이 경우 을은 갑에 비해 동률교부금을 언제나 많이 받는다. 따라서 ㄴ은 옳은 추론이다.

ㄷ. 국가가 수립한 각 지방자치단체의 총지출규모가 같고, 각 지방자치단체의 자체수입금액도 같은 경우, 동액교부금을 지급한다면 각각의 지방자치단체가 받는 교부금 액수는 동일하다. 자체수입금에 비례하는 금액이 지급되는 동률교부금을 지급한다면, 각 지방자치단체의 자체수입금액이 같으므로 지급받는 교부금의 액수도 같게 된다. 마지막으로 보통교부금의 경우, 재정부족분만큼 지급하게 되므로 총지출규모가 같고 자체수입금액이 같다면 각 지방자치단체의 재정부족분도 같게 되고, 이 상황에서 보통교부금의 액수도 같게 된다. 따라서 ㄷ은 옳은 추론이다.

〈보기〉의 ㄴ, ㄷ만이 옳은 추론이므로 정답은 ④이다.

10.

다음 논쟁에 대한 분석으로 옳은 것만을 〈보기〉에서 있는 대로 고른 것은?

남성 우월주의를 표방하는 단체에 소속된 회원 백여 명이 도심에 모여 나체로 행진하는 시위를 하겠다는 계획을 밝혔다. 이를 두고 다음과 같은 논쟁이 벌어졌다.

갑: 다른 사람에게 직접적인 물리적 위해를 줄 것이 분명히 예상되는 경우를 제외한다면, 어떤 행위도 할 수 있는 권리가 보장되어야 해. 자신의 의사를 밝히는 행위 자체가 다른 사람에게 물리적 위해를 준다고는 볼 수 없지.

을: 그렇다면 예를 들어 인종차별을 옹호하는 단체가 시위를 하겠다는 것도 허용해야 할까? 공동체 구성원의 다수가 비도덕적이라고 여기는 가치를 떠받드는 행위를 금지하는 것은 당연해.

병: 인종차별이 정당하다고 주장하면서 시위를 하면 많은 사람들로부터 공격을 받기 쉽지 않을까?

갑: 그런 경우라면 시위자를 공격하는 사람의 행위를 막아야지, 시위 자체를 막아서는 안 되지.

을: 물리적 충돌이 생기는 건 불행한 일이지만 문제의 핵심은 아니야. 왜 그런 일이 생겨나겠어? 결국 대다수 사람들이 보기에 비도덕적인 견해를 공공연하게 지지하니까 직접적인 물리적 위해를 서로 주고받게 되는 거지.

병: 직접적인 물리적 위해가 중요한 게 아니란 점에는 동의해. 하지만 내가 보기에 한 사람의 행동이 다른 사람들에게 불쾌하게 받아들여지는지가 중요하지. 그들의 주장이 옳다 해도 이 시위를 막아야 하는 것은 그 행위가 충분히 불쾌하게 받아들여지기 때문이야. 만약 사람들의 눈에 잘 띄지 않는 장소와 시간에 시위를 한다면 다른 이야기가 되겠지.

보기

ㄱ. 시위대가 시민들로부터 물리적 위해를 받을 가능성이 시위 허용 여부를 결정하는 데 중요한 요소인지에 대해서 갑과 을은 의견을 달리한다.

ㄴ. 시위대의 주장이 대다수 시민의 윤리적 판단에 부합하는지가 시위 허용 여부를 결정하는 데 중요한 요소인지에 대해서 을과 병은 의견을 달리한다.

ㄷ. 나체 시위를 불쾌하게 여길 사람이 시위를 회피할 수 있을 가능성이 시위 허용 여부를 결정하는 데 중요한 요소인지에 대해서 갑과 병은 의견을 달리한다.

① ㄱ   ② ㄴ   ③ ㄱ, ㄷ

④ ㄴ, ㄷ   ⑤ ㄱ, ㄴ, ㄷ

| 평가 목표 | 사회적으로 논란이 되는 사안을 두고 벌어지는 논쟁에서 논점을 파악하여 논쟁 참여자들이 동의할 것과 동의하지 않을 것을 구분하는 능력을 평가함 |

| 문제 풀이 | 정답 : ④ |

시위를 허용해야 하는지를 놓고 갑은 그들이 주장하는 내용과 상관없이 그들의 행위가 다른 사람에게 직접적이고 물리적인 위해가 되지 않는 한 허용해야 한다는 입장이고, 을은 시위대가 지지하는 가치가 대다수의 사람들에게 비도덕적으로 받아들여진다면 허용해서는 안 된다는 입장이며, 병은 시위가 많은 사람들에게 불쾌하게 여겨진다면 허용해서는 안 된다는 입장이다.

〈보기〉해설 ㄱ. 갑은 시위대가 시민들로부터 물리적으로 위해를 받는다면, '시위자를 공격하는 사람의 행위를 막아야지, 시위 자체를 막아서는 안 된다'는 견해를 밝히고 있다. 따라서 시위대가 시민들에게 물리적 위해를 받을 가능성이 시위 허용 여부를 결정하는 데 중요한 요소가 아니다. 을 역시 문제의 핵심은 물리적 충돌 여부에 있지 않다고 밝히고 나서, 중요한 것은 그들의 시위가 대다수 사람들에게 비도덕적으로 받아들여지는가에 있다고 주장한다. 따라서 을도 시위대가 시민들에게 물리적 위해를 받을 가능성이 시위 허용 여부를 결정하는 데 중요한 요소가 아니라는 데 동의한다. 따라서 ㄱ은 갑과 을이 의견을 달리한다고 말하므로 옳지 않은 진술이다.

ㄴ. 을은 시위대의 주장이 대다수 시민의 윤리적 판단에 부합하는지가 시위 허용 여부를 결정하는 데 중요한 요소라고 밝히고 있지만, 병은 '그들의 주장이 옳다 해도' 이 시위를 막아야 하는 이유가 다른 사람에게 충분히 불쾌하게 받아들여지기 때문이라고 주장한다. 따라서 시위대의 주장이 대다수 시민의 윤리적 판단에 부합하는지가 시위 허용 여부를 결정하는 데 중요한 요소인지에 대해 을과 병은 의견을 달리한다. 따라서 ㄴ은 옳은 진술이다.

ㄷ. 제시문 마지막에서 병은 '(시위가) 다른 사람들의 눈에 잘 띄지 않는다면' 허용할 수도 있음을 시사한다. 반면에 갑은 제시문 처음에서 다른 사람에게 직접적인 물리적 위해를 줄 것이 분명히 예상되는 경우를 제외한다면, 어떤 행위도 할 수 있는 권리가 보장되어야 한다고 주장하고 있다. 따라서 갑에 따르면 나체 시위를 불쾌하게 여길 사람이 시위를 회피할 가능성은 시위 허용 여부를 결정하는 데 중요한 요소가 아니라는 점을 추론할 수 있다. 따라서 갑과 병은 의견을 달리하므로 ㄷ은 옳은 진술이다.

〈보기〉의 ㄴ, ㄷ만이 옳은 진술이므로 정답은 ④이다.

11.

A~C에 대한 분석으로 옳은 것만을 〈보기〉에서 있는 대로 고른 것은?

> A: 유용성의 원리가 의미하는 바는, 한 행위가 그것과 관련되는 사람들의 행복을 증가시키느냐 아니면 감소시키느냐에 따라서 그 행위를 용인하거나 부인한다는 점이다. 오직 유용성의 원리만이 구체적이고, 관찰 가능하며, 검증 가능한 옳은 행위의 개념을 산출할 수 있다. 어떤 범위와 기간까지 고려하여 유용성을 평가할 것인지도 각 행위가 행해지는 상황을 통해 충분히 결정 가능하다. 따라서 행위자의 개별 행위에 직접 적용되는 유용성의 원리만이 도덕적 고려의 대상이 되어야 한다.
>
> B: 유용성의 원리는 개별 행위보다는 행위 규칙과 연관되어야 한다. 한 행위가 아니라, "거짓말을 하지 말라."와 같은 행위 규칙이 유용한지 아닌지를 물어야 한다. 거짓말을 허용하는 것보다 허용하지 않는 규칙이 장기적인 관점에서 더 많은 유용성을 산출한다면, 당장 거짓말하는 행위가 유용하다 할지라도 이를 금하고 그 규칙을 따르도록 해야 한다. 유용성이 입증된 행위 규칙들이 마련되면, 행위자는 매 행위의 유용성을 일일이 계산할 필요 없이 그 규칙에 부합하는 행위를 하는 것만으로 옳은 행위를 수행할 수 있다.
>
> C: 유용성의 원리는 하나의 통일적 삶, 즉 하나의 전체로서 파악하고 평가할 수 있는 삶 속에서만 판단되고 적용되어야 한다. 인간은 그가 만들어 내는 허구 속에서뿐만 아니라 자신의 행위와 실천에 있어서도 '이야기하는 존재'이다. "나는 무엇을 해야만 하는가?"라는 물음은 이에 선행하는 물음, 즉 "나는 어떤 이야기의 부분인가?"라는 물음에 답할 수 있을 때에만 제대로 답변될 수 있다. 나는 나의 가족, 나의 도시, 나의 부족, 나의 민족으로부터 다양한 부채와 유산, 기대와 책무들을 물려받는다. 이런 것들은 나의 삶에 주어진 사실일 뿐만 아니라, 나의 행위가 도덕적이기 위해 부응해야 할 요소이기도 하다.

보기

> ㄱ. A와 B에 따르면, 한 명의 전우를 적진에서 구하기 위해 두 명의 전우가 죽음을 무릅쓰는 행위가 도덕적일 수 있다.
> ㄴ. A와 C에 따르면, 거짓말을 하는 것이 상황에 따라 옳을 수 있다.
> ㄷ. A, B, C 모두 유용성의 원리를 도덕적 판단의 기준으로 고려한다.

① ㄱ   ② ㄷ   ③ ㄱ, ㄴ
④ ㄴ, ㄷ   ⑤ ㄱ, ㄴ, ㄷ

인문 – 논증 평가 및 문제 해결

도덕적 판단에서 유용성의 원리가 구체적 행위와 규칙 가운데 어느 것에 대해 적용되어야 하며, 또 얼마만큼 적용되어야 하는지에 대해 제시된 서로 다른 견해를 파악하고 그 함축된 의미를 분석하는 능력을 평가함

정답 : ⑤

유용성의 원리란 한 행위의 옳고 그름을 그 행위가 낳는 사람들의 행복을 통해 판단할 것을 요구하는 원리를 말한다. 그런데 이 유용성의 원리가 적용되는 대상을 A는 개별 행위, B는 행위 규칙으로 본다는 점에서 둘은 다르다. 다른 한편으로 이 유용성의 원리가 도덕적 판단의 유일한 기준이냐, 아니면 여러 기준 중의 하나이냐에 따라 A, B와 C의 견해가 다르다. A와 B는 도덕적 판단의 기준으로 유용성의 원리 하나만을 제시하는 데 반해, C는 그 원리가 각 개인이 그의 가족, 도시, 부족, 민족으로부터 물려받은 부채와 유산, 기대와 책무하에서 적용되어야 한다고 주장하고 있다.

ㄱ. 한 명의 전우를 구하기 위해 두 명의 전우가 죽음을 무릅쓰는 행위가 도덕적으로 옳은지는, A에서는 그 행위가 가져올 행복에 의해 결정되어야 하고, B에서는 이 상황에 적용될 규칙에 비추어 결정되어야 한다. A의 경우, 비록 두 명의 목숨이 희생된다고 하더라도 목숨을 구한 전우가 공동체에 매우 중요한 인물이라면 그를 구하는 것이 관련된 사람들에게 더 큰 행복을 가져올 가능성이 있다. 또 설령 실제로 목숨을 구하지 못한다 하더라도 그 한 명을 구하려고 시도하는 것이 공동체 전체의 사기를 진작시킴으로써 더 큰 행복을 가져올 가능성이 있다. 따라서 A에 따르면 이 행위가 도덕적일 수 있다. 그리고 B의 경우, '사상자의 수가 최소가 되도록 행동하라.'는 규칙보다는 '위험에 처한 아군을 구하는 데 최선을 다하라.'는 규칙이 장기적인 관점에서 더 많은 유용성을 산출할 수 있다면, 이 경우 이 행위가 도덕적일 수 있다. 따라서 ㄱ은 옳은 분석이다.

ㄴ. A는 개별 행위의 옳고 그름을 각 상황에서 그 행위가 가져올 결과를 가지고 평가한다. 따라서 어떤 상황에서는 거짓말이 좋은 결과를 가져올 수도 있기 때문에, A에 따르면 거짓말이 상황에 따라 옳을 수 있다. 또 C에서도 많은 경우 거짓말이 그른 행위라고 하더라도, 가족이나 공동체가 부과한 책무를 수행하기 위해 거짓말을 하는 것이 오히려 옳은 경우를 충분히 생각할 수 있다. 따라서 ㄴ은 옳은 분석이다.

ㄷ. A는 개별 행위에 대한 도덕적 판단의 기준으로 유용성의 원리를 적용할 것을 주장하며, B는 행위 규칙의 옳고 그름을 판단하는 기준으로 유용성의 원리를 적용해야 한다고 하며, C는 비록 공동체의 부채와 유산, 기대와 책무를 염두에

두어야 한다는 단서를 달고 있지만, 그 아래에서 유용성 원리의 적용을 말하고 있으므로 A, B, C 모두 유용성의 원리를 도덕적 판단의 기준으로 고려하고 있다. 따라서 ㄷ은 옳은 분석이다.

〈보기〉의 ㄱ, ㄴ, ㄷ 모두 옳은 분석이므로 정답은 ⑤이다.

12.

⊙에 대한 반론으로 적절한 것만을 〈보기〉에서 있는 대로 고른 것은?

인간은 생각하고, 대화하는 등의 '인지 기능'도 하고, 음식을 소화시키고, 이리저리 움직이는 등의 '신체 기능'도 한다. 이 두 기능 모두 인간의 몸이 하는 기능이다. 인간에게 죽음이란 인간의 몸이 하는 기능이 멈추는 사건이다. 그런데 사람에 따라서는 인지 기능은 멈추었지만 신체 기능은 멈추지 않은 시점을 맞기도 한다. 이 시점의 인간은 죽은 것인가? 인간의 몸이 가진 두 기능 중 죽음의 시점을 정하는 데 결정적인 기능은 무엇인가?

죽음의 시점을 정하는 데 결정적인 요소는 인지 기능이라는 견해를 취해 보자. 이 견해에 따르면 죽음은 인지 기능의 정지이다. 하지만 예를 들어 어젯밤 당신은 아무런 인지 작용도 없는 상태에서 꿈도 꾸지 않는 깊은 잠에 빠져 있었다고 해보자. 죽음이 인지 기능의 정지라면, 당신은 어젯밤에 죽어 있었다고 해야 한다. 하지만 당신은 오늘 여전히 살아 있다. 이런 반례를 피하기 위해서 이 견해를 수정할 필요가 있다. 즉, 죽음은 인지 기능이 일시적으로 정지하는 것이 아니라 영구히 정지하는 것이다. 이 ⊙ 수정된 견해에 따르면 당신은 어젯밤 죽은 상태에 있지 않았다. 왜냐하면 오늘 당신은 살아 있기 때문이다.

보 기

ㄱ. 철수는 어제 새벽 2시부터 3시까지 꿈 없는 잠을 자고 있다가, 3시에 심장마비로 사망했다. 3시부터 철수는 인지 기능과 함께 신체 기능도 멈추게 된 것이다. ⊙에 따르면 철수는 어제 새벽 2시부터 이미 죽어 있었다. 하지만 이때 철수는 분명 살아 있었다고 해야 한다. 그때 철수를 깨웠다면 그는 일어났을 것이기 때문이다.

ㄴ. '부활'은 모순적인 개념이 아니다. 죽었던 철수가 부활했다고 상상해 보자. 부활한 철수는 다시 인지 기능을 갖게 될 것이다. ⊙에 따르면, 철수는 부활 이전에도 죽어 있던 것이 아니라고 해야 한다. 하지만 철수는 부활 이전에 죽어 있었다. 그렇지 않았다면 철수가 '죽음에서 부활했다'고 말할 수조차 없고 '부활'은 모순적인 개념이 되고 만다.

ㄷ. 철수가 주문에 걸려서 인지 기능이 작동하지 않은 상태로 잠을 자게 되었다고 해보자. 그런데 이 주문은 영희가 철수에게 입맞춤을 하면서 풀려 버렸다. ⊙에 따르면, 철수는 주문에 걸려 있던 동안 죽은 것이다. 하지만 잠에 빠져든 후에도 철수는 분명 살아 있다고 해야 한다. 영희의 입맞춤으로 철수는 깨어났기 때문이다.

① ㄱ   ② ㄷ   ③ ㄱ, ㄴ
④ ㄴ, ㄷ   ⑤ ㄱ, ㄴ, ㄷ

문항 성격 인문 – 논쟁 및 반론

평가 목표 다소 생소한 주장 및 견해를 이해하고, 주어진 사례들의 논지를 파악하여 적절한 반론을 찾는 능력을 평가함

문제 풀이 정답 : ③

제시문은 죽음의 시점을 인간의 몸이 가진 두 기능, 즉 신체 기능과 인지 기능과 관련하여 다루고 있다. 저자는 '죽음의 시점을 결정하는 데 더 중요한 요소는 인지 기능의 정지 여부'라는 견해를 먼저 검토한다. 그런데 이 견해는 인지 기능이 없는 채로 깊은 잠을 자는 사람을 두고 '죽었다'고 판정해야 하는 반례에 부딪힌다. 이에 대해서 저자는 '죽음이란 인지 기능이 영구히 정지하는 것'이라는 수정된 견해를 고려한다. 이 수정된 견해에 따르면 깊은 잠에 빠진 사람을 두고 죽은 사람이라고 말할 수는 없다. 왜냐하면 그는 인지 기능이 영구히 정지한 것이 아니라 잠정적으로 정지했을 뿐이기 때문이다. 이제 이 수정된 견해에 대해서도 반론이 생길 수 있다. 이 문항은 이에 대해 제기할 수 있는 반론으로 적절한 것만을 선택해야 한다.

〈보기〉해설 ㄱ. 수정된 견해에 따르면 철수의 인지 기능은 새벽 2시부터 영구히 정지했으므로 그때부터 죽었다고 해야 한다. 하지만 철수의 심장이 마비되어 신체 기능까지 멈춘 것은 3시이므로 우리의 직관에 따르면 2시에 철수는 아직 살아 있었다고 해야 한다. ㄱ은 바로 이 점을 지적함으로써 수정된 견해가 상식적 판단과 어긋남을 지적하고 있으므로 적절한 반론이다.

ㄴ. 여기에 제시된 논증은 '부활'이라는 상상 가능하고 무모순적인 개념이 수정된 견해에서는 모순적인 개념이 됨을 지적한다. 이를 적절히 지적하고 있다면 이 논증을 수정된 견해에 대한 반론이라고 충분히 볼 수 있다. '부활'이 상상 가능하다면 죽었던 철수가 부활했다고 상상할 수 있고, 또한 부활했으므로 그의 인지 기능이 다시 작동한다고 가정할 수 있다. 그런데 그렇다면 수정된 견해는 부활 이전의 철수가 죽지 않았다고 해야 한다. 그 당시 그의 인지 기능은 영구

히 정지된 것이 아니기 때문이다. 그렇다면 애초에 철수는 부활했다고 할 수도 없다. 왜냐하면 철수가 부활하려면 죽었어야 하기 때문이다. 이로써 수정된 견해는 '부활' 개념을 모순적으로 만든다. 따라서 이 논증은 수정된 견해에 대한 적절한 반론이다.

ㄷ. 철수는 주문에 걸려 인지 기능이 정지한 채로 있다가 영희에 의해 다시 인지 기능을 회복했다. 따라서 수정된 견해에 따르면 철수는 죽어 있다고 할 수 없다. 그런데 ㄷ은 "㉠(수정된 견해)에 따르면, 철수는 주문에 걸려 있던 동안 죽은 것이다."라고 주장하고 있다. 이는 수정된 견해를 잘못 이해한 것이다. 이 논증은 수정되기 이전의 견해에 대한 반론일 수는 있어도 수정된 견해에 대한 반론일 수는 없으므로 ㄷ은 적절하지 않은 반론이다.

〈보기〉의 ㄱ, ㄴ만이 적절한 반론이므로 정답은 ③이다.

13.

다음으로부터 추론한 것으로 옳지 <u>않은</u> 것은?

존재하는 것 중에는 '좋은 것'도 있고, '나쁜 것'도 있으며, '좋지도 나쁘지도 않은 것'도 있다. 덕, 예컨대 분별력과 정의는 좋은 것이다. 이것의 반대, 즉 우매함과 부정의는 나쁜 것이다. 반면에 유익하지도 해롭지도 않은 것은 덕도 아니며 덕의 반대도 아니다. 건강, 즐거움, 재물, 명예, 그리고 이것들의 반대인 질병, 고통, 가난, 불명예가 바로 그런 것이다. 이것들은 선호되거나 선호되지 않을 수는 있어도, 좋은 것도 아니고 나쁜 것도 아니다. 오히려 이것들은 차이가 없는 것이다. 여기서 '차이가 없는 것'은 행복에 대해서도, 불행에 대해서도 어떤 기여도 하지 않는 것을 의미한다. 왜냐하면 이런 것이 없어도 행복할 수 있기 때문이다. 이런 것을 얻는 과정에서 행복하거나 불행할 수는 있을지라도 말이다. 차갑게 만드는 것이 아니라 뜨겁게 만드는 것이 뜨거운 것의 고유한 속성인 것처럼, 해를 끼치는 것이 아니라 유익하게 하는 것이 좋은 것의 고유한 속성이다. 그런데 건강과 재물은 해를 끼치지도 않고 유익하게 하는 것도 아니다. 건강과 재물은 좋게 사용될 수도 또한 나쁘게 사용될 수도 있다. 좋게 사용될 수도 있고 나쁘게 사용될 수도 있는 것은 좋은 것이 아니다.

– 디오게네스, 『철학자 열전』–

① 건강의 반대, 즉 질병은 좋은 것이 아니다.
② 재물을 얻는 과정에서 행복할 수 있다.
③ 나쁜 것이 아닌 것은 좋은 것이다.
④ 건강과 재물은 좋은 것이 아니다.
⑤ 분별력은 나쁘게 사용될 수 없다.

문항 성격	인문 – 언어 추리
평가 목표	고전 문헌의 내용을 파악하고 그로부터 추론할 수 있는 내용과 추론할 수 없는 내용을 구별할 수 있는 능력을 평가함
문제 풀이	정답 : ③

제시문에서는 '좋은 것', '나쁜 것', '좋지도 나쁘지도 않은 것'을 구분하여 각각에 대해 설명하고 있다. 제시문에 따르면, 덕 예컨대 분별력과 정의는 좋은 것이고, 이것의 반대, 즉 우매함과 부정의는 나쁜 것이다. 유익하지도 해롭지도 않은 것은 좋지도 나쁘지도 않은 것이다. 건강, 즐거움, 재물, 명예, 그리고 이것들의 반대인 질병, 고통, 가난, 불명예가 좋지도 나쁘지도 않은 것이다. 이것들은 차이가 없는 것이다. 이 제시문의 내용을 파악하여 이로부터 추론할 수 있는 진술과 추론할 수 없는 진술을 구별할 수 있어야 한다.

정답 해설 ③ 제시문 첫 문장에서 '좋은 것', '나쁜 것', '좋지도 나쁘지도 않은 것'은 구별되고 있으며, 각 범주에 속하는 것들이 있다. 따라서 나쁜 것이 아니라고 해서 모두 좋은 것이라고 할 수 없다. '좋지도 나쁘지도 않은 것'에 속할 수도 있기 때문이다.

오답 해설 ① 제시문에서 질병은 "선호되거나 선호되지 않을 수는 있어도, 좋은 것도 아니고 나쁜 것도 아니다."라고 명시하고 있다. 따라서 질병은 좋은 것이 아니라고 추론하는 것은 옳다.

② 재물은 '차이가 없는 것'에 속하는데, 제시문에서는 이런 것이 행복에 기여할 수는 없지만, 이런 것을 얻는 데 행복하거나 불행할 수는 있다고 밝히고 있다.

④ 건강과 재물 모두 '좋은 것도 아니고 나쁜 것도 아니다.'라고 제시문은 밝히고 있다.(제시문 5번째 문장과 6번째 문장)

⑤ 분별력이 나쁘게 사용될 수 있다면 이는 좋은 것이 아니다.(제시문 마지막 문장에서 추론됨.) 그런데 분별력은 덕에 속하고 덕은 좋은 것이다. 그러므로 분별력은 나쁘게 사용될 수 없다.

14.

다음 글에 대한 분석으로 옳은 것만을 〈보기〉에서 있는 대로 고른 것은?

우리 행위가 우리 자신의 자유로운 선택의 결과일 때에만 우리는 그 행위에 도덕적 책임을 진다. 그러나 만약 인간 행위가 결정론적 인과 법칙에 의해 전적으로 지배된다면, 어떻게 내 행위가 자유로운 행위였다 할 수 있는지의 질문이 제기될 수 있다. 이에 대해 "우리가 자유 의지를 가지고 있고 자유롭게 행위한다는 것을 우리는 누구보다 잘 알고 있습니다. 여기에는 아무 문제가 없습니다."라고 주장하는 것은 문제의 해결이 아니다. 만약 우리가 우리의 의지가 자유롭다는 것을 정말로 안다면, 우리의 의지가 자유롭다는 것은 참일 수밖에 없다. 사실이 아닌 어떤 것을 알 수는 없기 때문이다. 그러나 "우리의 의지는 자유롭지 않으므로 어느 누구도 우리 의지가 자유롭다는 것을 알지 못한다."는 주장 역시 가능하다. 사람들이 자신들이 자유롭게 행위한다고 믿는다는 것은 분명한 사실이다. 그러나 자유롭게 행위한다고 느낀다는 것이 우리가 실제로 자유롭다는 점을 입증하지는 못한다. 그것은 단지 우리가 행위의 원인에 대해 인식하고 있지 못함을 보여줄 뿐이다.

보 기

ㄱ. 이 글에 따르면, 자유로운 선택에 의한 것이지만 도덕적 책임을 지지 않는 행위는 있을 수 없다.

ㄴ. 이 글에 따르면, 우리가 무언가를 안다는 것은 그것이 참임을 함축한다.

ㄷ. 우리가 자유롭게 행했다고 여기는 많은 행위들을 인과 법칙적으로 설명할 수 있다면, 이 글의 논지는 약화된다.

① ㄴ   ② ㄷ   ③ ㄱ, ㄴ

④ ㄱ, ㄷ   ⑤ ㄱ, ㄴ, ㄷ

문항 성격   인문 – 논증 분석

평가 목표   논증의 내용 및 구조를 정확하게 파악할 수 있는 능력을 측정함

문제 풀이   정답 : ①

인간 행위 역시 결정론적 인과 법칙에 의해 지배된다면 어떻게 자유로운 행위가 가능한지의 문제가 논의되고 있다. 이 문제에 대한 한 가지 입장을 소개하고 있으며, 글쓴이는 이러한 입장을 비판하고 있다. 이 입장에 의하면, 우리가 자유롭게 행위 한다고 하는 것보다 더 분명한 사실은 없

으며 우리는 이를 이미 알고 있다고 주장한다. 이에 대해 글쓴이는 우리가 자유롭다고 느낀다는 것 자체가 우리가 실제로 자유롭다는 것을 보여 주지는 못한다고 주장한다.

<보기> 해설   ㄱ. 제시문의 첫 번째 문장에서 우리 행위가 우리 자신의 자유로운 선택의 결과일 때에만 우리는 그에 대해 도덕적 책임을 진다고 말하고 있다. 즉, 자유로운 선택의 결과가 아닌 것에 대해서는 도덕적 책임을 질 필요가 없다. 이는 행위가 자유롭게 행해졌다는 것이 그에 대한 도덕적 책임을 묻기 위한 필요조건임을 말하지만, 충분조건임을 의미하지는 않는다. 따라서 글쓴이는 자유로운 선택에 의한 것이지만 도덕적 책임을 지지 않는 행위는 있을 수 없다는 어떤 주장도 하고 있지 않다. 따라서 ㄱ은 옳지 않은 진술이다.

ㄴ. 글쓴이에 의하면, 우리의 의지가 자유롭다는 것을 우리가 정말로 안다면 우리 의지가 자유롭다는 것은 참일 수밖에 없다. 왜냐하면 "사실이 아닌 어떤 것을 알 수는 없기 때문이다." 여기서 글쓴이가 가정하고 있는 것은 우리가 무언가를 안다는 것은 그것이 참임을 함축한다는 것이다. 따라서 ㄴ은 옳은 진술이다.

ㄷ. 이 글의 논지는 우리가 자유롭다고 느낀다는 사실이 우리가 실제로 자유롭다는 것을 보여 주지는 못한다는 것이다. 따라서 많은 인간 행위들에 대한 인과 법칙적 설명이 존재한다고 해도 이 글의 논지는 약화되지 않는다. 따라서 ㄷ은 옳지 않은 진술이다.

<보기>의 ㄴ만이 옳은 진술이므로 정답은 ①이다.

15.

다음 글에 대한 분석으로 옳은 것만을 <보기>에서 있는 대로 고른 것은?

⊙ 내가 이전에 먹었던 빵은 나에게 영양분을 제공하였다. 과거에 경험한 이런 한결같은 사실을 근거로, ⓒ 미래에 먹을 빵도 반드시 나에게 영양분을 제공할 것이라고 결론 내릴 수 있을까?

어떤 사람들은 미래에 관한 이런 명제가 과거에 관한 명제로부터 올바르게 추리된다고 주장한다. 즉 전제가 참이면 결론도 반드시 참이라는 의미에서, 미래에 관한 명제가 과거에 관한 명제로부터 추리된다고 말한다. 하지만 그들이 말하는 그 추리가 연역적으로 타당하게 이끌어진 추리가 아니라는 점은 명백하다. 왜냐하면 그 경우 전제가 참이더라도 결론이 거짓일 수 있기 때문이다. 그렇다면 그 추리는 어떤 성질을 지닌 추리인가?

만약 어떤 사람이 그 추리가 경험에 근거해서 결론이 필연적으로 따라나오는 추리라고 주장한다면, 그 사람은 논점 선취의 오류를 범하는 것이다. 왜냐하면 경험에 근거해서 결론이 필연적으로 따라나오는 추리가 되려면, ⓒ 미래가 과거와 <u>똑같다</u>는 것을 기본 전제로 가정해야 하기 때문이다. 만일 자연의 진행 과정이 변할 수도 있다고 생각할 수 있다면, 모든 경험은 소용이 없게 될 것이며 아무런 추리도 할 수 없게 되거나 아무런 결론도 내릴 수 없게 될 것이다. 따라서 경험을 근거로 하는 어떠한 논증도 미래가 과거와 똑같을 것이라는 점을 증명할 수는 없다. 왜냐하면 그런 논증은 모두 미래가 과거와 똑같을 것이라는 그 가정에 근거해 있기 때문이다.

보기

ㄱ. ⓒ을 참이라고 가정하면 ㉠으로부터 ㉡을 추리할 수 있다.
ㄴ. ⓒ이 거짓이라면 ㉡의 참을 확신할 수 없다.
ㄷ. ⓒ을 정당화할 수 있는, 경험에 근거한 추리란 없다.

① ㄱ   ② ㄷ   ③ ㄱ, ㄴ
④ ㄴ, ㄷ   ⑤ ㄱ, ㄴ, ㄷ

문항 성격   인문 – 논증 분석

평가 목표   귀납에 관한 귀납적 정당화는 논점 선취의 오류를 범한다는 것을 보이는 논증을 제시문으로 사용하여 논증 분석 능력을 평가함

문제 풀이   정답 : ⑤

제시문은 미래에 관한 주장이 과거에 관한 주장으로부터 추리된다는 주장은 논점 선취의 오류를 범한다는 점을 밝히고 있다.

〈보기〉 해설   ㄱ. 세 번째 단락에서 ⓒ을 기본 전제로 가정해야 과거 경험에 근거해서 미래에 관한 결론이 필연적으로 따라나온다고 말하고 있다. 따라서 ㄱ은 옳은 진술이다.

             ㄴ. 세 번째 단락에서 글쓴이는 ⓒ이 거짓일 가능성을 논의하며, 그 경우 "아무런 추리도 할 수 없게 되거나 아무런 결론도 내릴 수 없게 될 것"이라 말하고 있다. 따라서 ㄴ은 옳은 진술이다.

             ㄷ. 세 번째 단락 끝 부분에서 글쓴이는 "경험을 근거로 하는 어떠한 논증도 미래가 과거와 똑같을 것이라는 점을 증명할 수는 없다."고 말하고 있다. 따라서 ㄷ은 옳은 진술이다.

             〈보기〉의 ㄱ, ㄴ, ㄷ 모두 옳은 진술이므로 정답은 ⑤이다.

16.

다음 논쟁에 대한 분석으로 옳은 것만을 〈보기〉에서 있는 대로 고른 것은?

> 설거지를 하던 철수는 수지로부터의 전화벨 소리에 깜짝 놀라고 접시를 깨뜨린다. 접시를 깬 이유가 무언지 생각해본 철수는 '수지가 자신에게 전화를 건 사건'이 '자신이 깜짝 놀란 사건'의 원인이며, '자신이 깜짝 놀란 사건'이 '자신이 접시를 깬 사건'의 원인이라고 추론한다. 왜냐하면 철수는 다음의 원리를 받아들이기 때문이다.
>
> 원리A : 임의의 사건 a, b에 대하여, a가 b의 원인이라는 것은 a가 발생하지 않았더라면 b가 발생하지 않았다는 것이다.
>
> 이어서 철수는 다음의 원리를 통해 '수지가 전화를 건 사건'이 '자신이 접시를 깬 사건'의 원인이라고 결론 내린다.
>
> 원리B : 임의의 사건 a, b, c에 대하여, a가 b의 원인이고 b가 c의 원인이라면, a는 c의 원인이다.
>
> 철수는 자신이 접시를 깬 것은 수지 때문이라며 수지를 원망한다. 이에 수지는 다음의 사례를 들어 반박한다. 사실 어젯밤 철수의 집에 누군가 몰래 침입하여 폭탄을 설치하였다. 오늘 아침 수지가 다행히 폭탄을 발견하였고 이를 제거하였다. 철수는 무사히 출근할 수 있었다. 수지는 다음과 같이 말한다.
>
> "'만약 누군가가 폭탄을 설치하지 않았더라면, 내가 폭탄을 제거할 일이 없었을 것'이라는 점은 당연하지. 그렇다면 원리A에 의해 '누군가 폭탄을 설치한 사건'이 '내가 그 폭탄을 제거한 사건'의 원인이라 해야 할 거야. 마찬가지 방식으로 '내가 폭탄을 제거한 사건'이 '네가 출근한 사건'의 원인이라고 해야 하겠지. 그런데 원리B에 의하면, '누군가 폭탄을 설치한 사건'이 '네가 출근한 사건'의 원인이라고 말해야 할 거야. 누군가 폭탄을 설치했기 때문에 네가 출근할 수 있었다는 게 말이 된다고 생각하니?"

보기

ㄱ. '철수가 접시를 구입하지 않았더라면, 철수는 접시를 깨지 않았을 것'이라는 것은 당연하다. 하지만 '철수가 접시를 구입한 것'이 '철수가 접시를 깬 사건'의 원인이라고 말하는 것은 부적절해 보인다. 그렇다면 이는 원리A를 약화한다.

ㄴ. 철수의 추론은 '수지가 자신에게 전화 걸지 않았더라면, 자신은 접시를 깨지 않았을 것'이라는 전제를 사용한다.

ㄷ. 수지의 추론은 '자신이 폭탄을 제거하지 않았더라면, 철수는 출근하지 못했을 것'이라는 전제를 사용한다.

① ㄱ   ② ㄴ   ③ ㄱ, ㄷ

④ ㄴ, ㄷ   ⑤ ㄱ, ㄴ, ㄷ

문항 성격	인문 – 논쟁 및 반론
평가 목표	일상적 원인 판단과 관련된 지문을 이용하여 주어진 논증의 논리적 구조를 정확하게 파악할 수 있는 능력을 평가함
문제 풀이	정답 : ③

어떤 두 사건 사이의 인과 관계에 관한 철수의 추론이 제시된 후 이에 대한 수지의 비판이 제시된다. 철수는 원리A와 원리B를 근거로 '수지가 자신에게 전화를 건 사건'이 '자신이 접시를 깬 사건'의 원인임을 주장한다. 이에 대해 수지는 원리A와 원리B를 동시에 모두 받아들이는 것이 어떤 불합리한 결과를 낳는지의 예를 보임으로써 철수를 반박한다.

〈보기〉해설 ㄱ. 원리A는 '원인' 개념에 대한 일종의 정의 혹은 분석에 해당한다. 만약 'X가 발생하지 않았더라면, Y가 발생하지 않았다는 것'이 참임에도 불구하고 X는 Y의 원인이 아닌 것으로 보이는 상황이 존재한다면 이는 원리A를 약화한다. 따라서 ㄱ은 옳은 진술이다.

ㄴ. 철수의 추론은 원리A와 원리B 이외에 두 개의 전제를 갖는데, 하나는 '수지가 자신에게 전화를 걸지 않았더라면, 자신이 깜짝 놀라지 않았을 것'라는 것이고, 다른 하나는 '자신이 깜짝 놀라지 않았더라면, 자신은 접시를 깨지 않았을 것'이라는 것이다. 이 두 전제로부터 원리A에 의해 철수는 '수지가 자신에게 전화를 건 사건'이 '자신이 깜짝 놀란 사건'의 원인이라는 것과 '자신이 깜짝 놀란 사건'이 '자신이 접시를 깬 사건'의 원인이라는 것을 추론한다. 그리고 이 둘로부터 원리B에 의해 '수지가 자신에게 전화를 건 사건'이 '자신이 접시를 깬 사건'의 원인임을 추론한다. '수지가 자신에게 전화를 걸지 않았더라면, 자신이 깜짝 놀라지 않았을 것'이라는 것은 철수의 추론의 함축이지 전제가 아니다. 따라서 ㄴ은 옳은 진술이 아니다.

ㄷ. 수지가 '자신이 폭탄을 제거한 사건'이 '철수가 출근한 사건'의 원인임을 주장할 때 수지는 '자신이 폭탄을 제거하지 않았더라면, 철수는 출근하지 못했을 것'이 참이라고 전제하고 있다. 이로부터 수지는 원리A를 통해 두 사건 사이의 인과 관계를 추론한다. 따라서 ㄷ은 옳은 진술이다.

〈보기〉의 ㄱ, ㄷ만이 옳은 진술이므로 정답은 ③이다.

17.

다음 논쟁에 대한 평가로 적절한 것만을 〈보기〉에서 있는 대로 고른 것은?

> 갑: 당신 진열장이 마음에 들어 내가 어제 당신이 요구한 대로 100만원을 주고 구입했는데, 왜 물품을 인도하지 않습니까?
>
> 을: 그 100만원 외에 그 진열장을 이루고 있는 부품 가격으로 100만원을 더 지불해야합니다. 진열장을 사려면 부품들도 함께 구입해야 하는데, 그 금액을 아직 받지 못했습니다.
>
> 갑: 진열장과 그 부품들이 따로따로라고요? 도대체 무슨 근거로 그 둘이 다르다는 겁니까?
>
> 을: 진열장과 그 부품들은 성질이 다릅니다. 진열장은 세련된 조형미를 갖추고 있지만 그 부품들엔 그런 것이 없습니다. 또 진열장을 분해하면 진열장은 더 이상 존재하지 않지만 그 부품들은 여전히 존재합니다. 따라서 둘은 별개의 사물입니다.
>
> 갑: 당신은 마치 가구 판매자로서의 당신과 가구 제작자로서의 당신이 별개의 사람인 듯이 이야기하는군요. 그건 관념적인 구별이고 실제 당신은 하나가 아닙니까? 진열장은 특정한 형태로 조합된 부품들일 뿐입니다. 둘은 다르지 않습니다. 나는 특정한 형태로 조합되어 진열장을 만드는 부품들을 구매했고, 따라서 그 부품들은 자동으로 따라오는 것입니다. 당신은 분해된 부품들이 아니라 특정한 형태로 조합된 부품들을 저에게 건네주기만 하면 됩니다.

보기

ㄱ. 을은 '서로 다른 성질을 지녔다면 서로 다른 사물' 이라고 가정하고 있다.

ㄴ. 부품이 진열장으로 조립 · 가공되면서 창출되는 가치의 대가가 처음 지불한 100만원에 이미 포함되어 있다면 을의 주장은 강화된다.

ㄷ. 을의 논리에 따르면 부품 역시 부분들로, 또 그것들을 더 작은 부분들로 나눌 수 있으므로, 부분들에도 값이 있다면 진열장을 받기 위해 거의 무한대의 비용을 지불해야 할 수도 있다.

① ㄴ   ② ㄷ   ③ ㄱ, ㄴ
④ ㄱ, ㄷ   ⑤ ㄱ, ㄴ, ㄷ

문항 성격 인문 – 논쟁 및 반론

평가 목표 성질이 다르면 서로 다른 사물이라는 가정을 토대로 진열장과 그 진열장을 이루고 있는 부품이 별개임을 주장하는 비합리적 견해가 갖는 불합리한 결과와 문제점을 파악하고 평가하는 능력을 측정함

정답 : ④

한 사물을 진열장으로 규정할 때와 그것을 이루는 부품으로 규정할 때 사물의 성질이 다르다는 것을 근거로 을이 둘이 별개의 사물임을 주장하고, 별도의 금액을 요구하고 있다. 하지만 갑은 가구 판매자로서의 을과 가구 제작자로서의 을이 별개의 사람인 듯이 말하는 것은 관념적인 구별이고 실제로는 동일인이듯이, 진열장과 특정한 형태로 조합된 부품은 동일하다고 반박하고 있다.

〈보기〉 해설 ㄱ. 을은 진열장은 조형미를 갖춘 반면 그 부품들은 그렇지 않으며, 진열장은 분해되면 더 이상 존재하지 않는 반면 그 부품들은 그렇지 않다는 등, 둘의 성질이 다르다는 것을 근거로 둘이 별개임을 주장하고 있다. 따라서 을이 '서로 다른 성질을 지녔다면 서로 다른 사물'이라고 가정하고 있다는 것은 적절한 평가이다.

ㄴ. 부품이 진열장으로 조립 · 가공되면서 창출되는 가치의 대가가 진열장에 대해 지불한 100만원에 이미 포함되어 있다면 진열장값으로만 100만원을 받았으므로 그 부품들에 대한 값을 더 받아야 한다는 을의 주장은 강화되지 않는다. 따라서 ㄴ은 적절한 평가가 아니다.

ㄷ. 을은 진열장 외에 그 진열장을 이루는 부품들의 가격을 별도로 요구하므로, 부분들에도 값이 있다면 그 부품들 역시 이를테면 좌우의 부분들로 나뉠 수 있고 그 좌, 우 각 부분에 대해 별도의 가격을 요구할 수 있으며, 또 그 좌, 우 각 부분에 대해 또 좌우의 부분들로 나누는 것이 가능하므로 거의 무한대의 금액을 요구하는 것이 가능하다. 따라서 ㄷ은 적절한 평가이다.

〈보기〉의 ㄱ, ㄷ만이 적절한 평가이므로 정답은 ④이다.

18.

A~C를 분석한 것으로 적절하지 <u>않은</u> 것은?

A: 개인의 어떤 행동이 자신에게만 영향을 주고 다른 사람에게는 아무런 손해도 입히지 않는다면, 그런 행동에 대한 국가의 간섭은 정당화되지 않는다. 다만 다른 사람의 이익을 침해하는 행동에 대해서는 침해 당사자가 당연히 책임을 져야 하며, 사회 전체의 이익을 보호하기 위해 국가는 다른 사람의 이익 침해 행동에 대해 처벌을 가할 수 있다.

B: 다른 사람에게 손해를 입힐 때만 국가의 간섭이 정당화되기는 하지만, 그렇다고 그런 간섭이 언제나 정당화될 수 있다고 생각해서는 안 된다. 사람이 살다 보면 합법적인 목표를 추

구하는 과정에서 불가피하게 다른 사람에게 아픔이나 상실감을 줄 수도 있다. 원하는 대상을 놓고 서로 경쟁한 결과 실패한 사람은 어떤 의미에서 손해를 입었다고 할 수 있지만 그렇다고 해서 그런 경쟁을 국가가 나서서 꼭 막아야 하는 것은 아니다.

C: 다른 사람에게 손해를 입히거나 또는 손해를 입힐 가능성이 있을 때는 국가의 간섭이 정당화된다. 그래서 때로는 국가가 사후에 범죄 행위를 적발하고 그 범죄자를 처벌하는 것뿐만 아니라 사전에 확실한 예방 조치를 취해야 할 경우도 있다. 어떤 사람이 분명히 범죄를 저지를 것이라는 판단이 서면, 국가가 실제 그런 일이 일어날 때까지 아무런 조치도 취하지 않은 채 그냥 방관만 해서는 안 되고 그것을 막기 위해 어떤 식으로든 개입해야 한다.

① A는 B보다 국가가 간섭할 수 있는 행동의 범위를 넓게 잡고 있다.
② C는 A보다 국가가 간섭할 수 있는 행동의 범위를 넓게 잡고 있다.
③ 오직 자신에게만 영향을 주는 행동은 있을 수 없다면 A와 B는 사실상 같은 견해이다.
④ A와 B에 따르면, 국가가 어떤 행동을 간섭했다면 그 행동은 다른 사람에게 손해를 입힌 행위이다.
⑤ A와 C에 따르면, 다른 사람에게 손해를 입힌 행동 가운데는 국가의 간섭 대상이 아닌 것은 없다.

문항 성격 인문 – 논증 평가 및 문제 해결

평가 목표 개인에 대한 국가의 간섭 문제와 관련하여 서로 다른 세 견해의 차이를 정확히 파악하고 그런 견해 차이가 함축하는 바를 이해하는지를 평가함

문제 풀이 정답 : ③

A는 타인의 이익을 침해하는 것을 국가 간섭의 필요충분조건으로, B는 그것을 필요조건으로 보지만 충분조건은 아닌 것으로, C는 그것을 충분조건으로 삼으면서 또한 침해할 가능성도 충분조건으로 보는 견해이다.

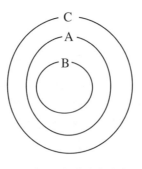

〈그림〉 국가 간섭의 범위

③ A는 다른 사람에게 손해를 입히는 행동 모두에 대한 국가의 간섭이 정당화된다고 주장하는 데 반해, B는 다른 사람에게 손해를 입히는 행동 중 어떤 것은 국가의 간섭이 정당화되지 않는다고 주장하고 있다. 따라서 A와 B가 같은 견해가 되려면 다른 사람에게 손해를 입혔는데도 국가의 간섭이 정당화되지 않는 행동은 없어야 하는데, '오직 자신에게만 영향을 주는 행동은 있을 수 없다'는 것이 그것을 의미하는 것은 아니므로 ③은 옳지 않은 진술이다. '오직 자신에게만 영향을 주는 행동은 있을 수 없다'는 것은 자신에게만 영향을 주고 다른 사람에게는 아무런 영향도 주지 않는 행동의 집합을 배제할 뿐, 자신에게 영향을 주고 다른 사람에게 손해나 이익을 주는 행동의 집합을 배제하지는 않는다. 따라서 다른 사람에게 손해를 주는 행동인데 국가의 간섭 대상이 아닌 행동이 존재할 여지는 여전히 남아 있다.

① A에서는 타인에게 손해를 입히는 행동과 국가가 간섭할 수 있는 행동의 외연은 서로 일치한다. 반면에 B에서는 타인에게 손해를 입히는 행동만이 국가가 간섭할 수 있는 행동이지만, 타인에게 손해를 입히는 행동 중 국가가 간섭할 수 없는 행동이 있다. 따라서 A는 B보다 국가가 간섭할 수 있는 행동의 범위를 넓게 잡고 있다. 따라서 ①은 옳은 진술이다.

② A에서는 타인에게 손해를 입히는 행동과 국가가 간섭할 수 있는 행동의 외연은 서로 일치하지만, C에서는 그뿐만 아니라 타인에게 손해를 입힐 '가능성'이 있는 행동 또한 국가가 간섭할 수 있는 행동이므로 ②는 옳은 진술이다.

④ A와 B에 따르면, 타인에게 손해를 주는 것이 국가 간섭의 필요조건이므로 타인에게 손해를 주지 않았다면 국가가 간섭하지 않았을 것이다. 즉, 국가가 어떤 행동을 간섭했다면 그것은 타인에게 손해를 입힌 행동이라는 주장이 성립한다. 따라서 ④는 옳은 진술이다.

⑤ A와 C에서는 타인에게 손해를 입히는 것이 국가 간섭의 충분조건이므로(그리고 C의 경우 하나의 충분조건이 더 있다), 타인에게 손해를 입힌 행동인데도 국가의 간섭 대상이 아닌 것은 없다. 따라서 ⑤는 옳은 진술이다.

19.

다음 논증의 지지 관계를 분석한 것으로 적절하지 <u>않은</u> 것은?

> ㉠ 자연권이란 개개인이 자신의 생명을 보존하기 위해 원할 때는 언제나 자신의 힘을 사용할 수 있는 자유를 의미하는 것으로, 모든 사람에게 동등하게 보장된 것이다. 반면 ㉡ 자연법이란 이성에 의해 발견된 계율 또는 일반규칙으로서, 그러한 규칙의 하나에 따르면 인간은 자신의 생명을 보존하는 수단을 박탈하거나, 자신의 생명 보존에 가장 적합하다고 생각되는 행위를 포기하는 것이 금지된다. 권리는 자유를 주는 반면, 법은 자유를 구속한다.
>
> ㉢ 인간의 자연 상태는 만인에 대한 만인의 전쟁 상태이며, ㉣ 이 상태에서 모든 이성적 인간은 적에 맞서 자신의 생명을 보존하는 데 도움이 되는 것은 어떤 것이든 사용할 수 있다. 따라서 ㉤ 그런 상태에서는 모든 사람은 모든 것에 대해, 심지어는 상대의 신체에 대해서도 권리를 갖게 된다. ㉥ 상대의 신체에 대한 권리는 그 신체를 훼손할 권리까지 포함하므로, ㉦ 모든 것에 대한 이러한 자연적 권리가 유지되는 한 인간은 누구도 안전할 수 없다. 그런데 자연법은 생명의 안전한 보존에 가장 적합하다고 생각되는 행위를 결코 포기해서는 안 된다고 명하고 있으므로, ㉧ 모든 사람은 평화를 이룰 희망이 있는 한 그것을 얻기 위해 노력하지 않으면 안 된다. 그렇다면 이성이 우리에게 명하는 또 하나의 계율은 이렇게 요약될 수 있다. ㉨ 평화와 자기 방어에 필요하다고 생각하는 한 우리는 모든 사물에 대한 자연적 권리를 기꺼이 포기하고, 우리가 다른 사람에게 허용한 만큼의 자유에 스스로도 만족해야 한다.

① ㉠이 ㉣의 근거로 제시되고 있다.

② ㉢과 ㉣이 ㉤의 근거로 제시되고 있다.

③ ㉤이 ㉥의 근거로, 그리고 이 ㉥이 다시 ㉦의 근거로 제시되고 있다.

④ ㉡이 ㉧의 근거로 제시되고 있다.

⑤ ㉦과 ㉧이 ㉨의 근거로 제시되고 있다.

문항 성격	인문 – 논증 분석
평가 목표	제시문에 나타난 진술들의 내용으로부터 지지 관계를 파악하여 근거로부터 최종 주장을 도출해 가는 과정을 파악하는 능력을 평가함
문제 풀이	정답 : ③

제시문은 자연권과 자연법에 대한 기본적인 주장을 근거로 모든 사물에 대한 자연적 권리를 스스로 포기해야 한다는 최종 주장을 엄밀한 논증을 통해 이끌어 내는 글이다. 이 논증의 전체적인 구

조는 다음과 같다.

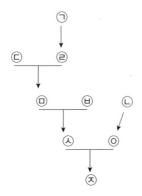

정답 해설 ③ ㅁ은 자연 상태에서 모든 사람은 모든 것에 대해, 심지어는 상대의 신체에 대한 권리까지 갖게 된다는 진술이고, ㅂ은 ㅁ에서 이야기된 내용 중 상대의 신체에 대한 권리가 어떤 권리를 포함하고 있는지 알려 주고 있는 별도의 진술이다. 따라서 ㅁ이 ㅂ의 근거로 제시된다는 ③의 진술은 잘못된 분석이다. 위의 구조도에서 보듯이 ㅁ과 ㅂ이 ㅅ의 근거로 제시된다고 해야 옳은 진술이다.

오답 해설 ① ㄹ은 ㄱ에서 일반적으로 진술된 자연권의 내용이 자연 상태에서는 어떤 것인지 재진술한 것이므로, ㄱ은 ㄹ의 근거로 제시되고 있다.

② 자연 상태는 전쟁 상태이며(ㄷ), 전쟁 상태에서는 어떤 것이든 사용할 권리가 있다는 주장(ㄹ)으로부터, 자연 상태에서는 모든 것에 대한 권리를 갖는다(ㅁ)는 결론을 이끌어 내고 있으므로 ㄷ과 ㄹ이 ㅁ의 근거로 제시되고 있다.

④ 자연법의 명령(ㄴ)으로부터 ㅇ이 도출된다고 제시문(ㅇ이 포함된 문장)에 명시되어 있으므로 ㄴ은 ㅇ의 근거로 제시되고 있다.

⑤ 안전을 위해서는 어떤 방안이든 찾으려 노력하지 않으면 안 되는데(ㅇ), 모든 것에 대한 자연적 권리가 유지되면 인간은 누구도 안전할 수 없으므로(ㅅ), 모든 것에 대한 자연적 권리가 제한되어야 한다(ㅈ)는 형태의 논증 구조를 이루고 있으므로, ㅅ과 ㅇ으로부터 ㅈ이 도출된다는 진술은 옳다.

20.

다음으로부터 추론한 것으로 옳지 <u>않은</u> 것은?

> 어느 회사가 새로 충원한 경력 사원들에 대해 다음과 같은 정보가 알려져 있다.
>
> • 변호사나 회계사는 모두 경영학 전공자이다.
> • 경영학 전공자 중 남자는 모두 변호사이다.
> • 경영학 전공자 중 여자는 아무도 회계사가 아니다.
> • 회계사이면서 변호사인 사람이 적어도 한 명 있다.

① 여자 회계사는 없다.
② 회계사 중 남자가 있다.
③ 회계사는 모두 변호사이다.
④ 회계사이면서 변호사인 사람은 모두 남자이다.
⑤ 경영학을 전공한 남자는 회계사이면서 변호사이다.

문항 성격 논리학 · 수학 – 모형 추리(형식적 추리)
평가 목표 주어진 정보의 논리 구조를 이해하고 추론하는 능력을 평가함
문제 풀이 정답 : ⑤

두 번째 조건과 세 번째 조건에서 남자와 여자를 구분하고 있다는 점을 고려하여 다음과 같이 첫 번째 조건을 그림으로 표현할 수 있다.(경영학 전공자 집합이 변호사 집합과 회계사 집합을 모두 포함하고 있다.)

경영학 전공자			
변호사	변호사 & 회계사	회계사	남
변호사	변호사 & 회계사	회계사	여
경영학 전공자			

경영학 전공자 중 남자는 모두 변호사라는 두 번째 조건을 그림으로 표현하면 다음과 같다.(음영 부분은 그 영역에 포함되는 사람이 전혀 없다는 것을 의미한다.)

경영학 전공자			
변호사	변호사 & 회계사	회계사	남
변호사	변호사 & 회계사	회계사	여
경영학 전공자			

경영학 전공자 중 여자는 아무도 회계사가 아니라는 세 번째 조건을 그림으로 표현하면 다음과 같다.

경영학 전공자			
변호사	변호사 & 회계사	회계사	남
변호사	변호사 & 회계사	회계사	여
경영학 전공자			

마지막으로, 회계사이면서 변호사인 사람이 적어도 한 명 있다는 네 번째 조건을 다음과 같이 표시할 수 있다.

경영학 전공자			
변호사	변호사 & 회계사 (최소 1명)	회계사	남
변호사	변호사 & 회계사	회계사	여
경영학 전공자			

정답 해설　⑤ 경영학을 전공한 남자는 모두 변호사여야 한다. 그러나 이로부터 경영학을 전공한 남자가 모두 회계사이면서 변호사라는 것이 추론되지 않는다. 그림에서 경영학을 전공한 남자 중 회계사가 아닌 변호사가 있을 수 있다는 것을 확인할 수 있다. 따라서 ⑤는 옳지 않은 추론이다.

오답 해설　① 여자 회계사가 있다고 가정하면, 첫 번째 조건에 의해 여자 회계사는 경영학 전공자라는 것이 추론된다. 그러나 이것은 "경영학 전공자 중 여자는 아무도 회계사가 아니다."라는 세 번째 조건에 모순된다. 그러므로 여자 회계사는 없다.

② 네 번째 조건에 의해 회계사인 사람이 적어도 한 명 있다는 것을 추론할 수 있다. 그 사람은 첫 번째 조건에 의해 경영학 전공자이다. 그런데 경영학 전공자이고 회계사인 그 사람은 세 번째 조건에 의해 여자가 아니다. 따라서 그 사람은 회계사이면서 남자이다. 그러므로 회계사 중 남자가 있다는 것을 추론할 수 있다.

③ 누군가가 회계사라면, 첫 번째 조건에 의해 그 사람은 경영학 전공자라는 것이 추론된다. 세 번째 조건에 의해 그 사람은 여자가 아닌 남자라는 것을 추론할 수 있고, 두 번째 조건에 의해 그 사람은 변호사라는 것을 추론할 수 있다. 따라서 회계사는 모두 변호사이다.

④ 누군가가 회계사이면서 변호사라면, 첫 번째 조건에 의해 그 사람은 경영학 전공자라는 것이 추론된다. 세 번째 조건에 의해 그 사람은 여자가 아닌 남자라는 것을 추론할 수 있다. 따라서 회계사이면서 변호사인 사람은 모두 남자이다.

21.

다음으로부터 추론한 것으로 옳지 <u>않은</u> 것은?

아래 배치도에 나와 있는 10개의 방을 A, B, C, D, E, F, G 7명에게 하나씩 배정하고, 3개의 방은 비워두었다. 다음 〈정보〉가 알려져 있다.

1호		6호
2호		7호
3호		8호
4호		9호
5호		10호

〈정보〉

- 빈 방은 마주 보고 있지 않다.
- 5호와 10호는 비어 있지 않다.
- A의 방 양옆에는 B와 C의 방이 있다.
- B와 마주 보는 방은 비어 있다.
- C의 옆방 가운데 하나는 비어 있다.

- D의 방은 E의 방과 마주 보고 있다.
- G의 방은 6호이고 그 옆방은 비어 있다.

① 1호는 비어 있다.
② A의 방은 F의 방과 마주 보고 있다.
③ B의 방은 4호이다.
④ C와 마주 보는 방은 비어 있다.
⑤ D의 방은 10호이다.

문항 성격 논리학 · 수학 – 모형 추리(논리 게임)

평가 목표 주어진 정보로부터 참일 수밖에 없는 것과 그렇지 않은 것을 구분하는 능력을 평가함

문제 풀이 정답 : ⑤

먼저 두 번째 정보와, 일곱 번째 정보를 다음과 같이 표시할 수 있다.

1호	6호 G
2호	7호 빈방
3호	8호
4호	9호
5호 빈방 아님	10호 빈방 아님

세 번째 정보와 다섯 번째 정보에 의해 다음과 같은 방 조합이 가능하다는 것을 추론할 수 있다.

(조합 1)	(조합 2)
B	빈방
A	C
C	A
빈방	B

A가 오른쪽 방에 있다면 (조합 1)은 가능하지 않으므로, (조합 2)를 생각할 수 있다. 그런데 B와 마주 보는 방은 비어 있다는 네 번째 조건에 의해 (조합 2)도 가능하지 않으므로, A는 오른쪽 방에 있을 수 없고 왼쪽 방에 있다.

A가 왼쪽 방에 있다면, (조합 2)로만 가능하다. 왜냐하면 (조합 1)은 B가 1호 방에 있을 수밖에 없는데, 이 경우 B와 마주 보는 방은 비어 있다는 네 번째 조건에 위배되기 때문이다. 따라서 다음과 같은 두 가지 방 배정만이 가능하다는 것을 알 수 있다. (E와 D는 서로 바뀌어도 된다.)

1호 빈방	6호 G
2호 C	7호 빈방
3호 A	8호 F
4호 B	9호 빈방
5호 D/E	10호 E/D

정답 해설 ⑤는 옳지 않은 추론이다. 왜냐하면 위 그림과 같이 D의 방은 5호일 수도 있기 때문이다.

오답 해설 위의 그림에 비추어 볼 때 ①, ②, ③, ④는 모두 옳은 추론이다.

22.

다음으로부터 추론한 것으로 옳은 것만을 〈보기〉에서 있는 대로 고른 것은?

대형 전시실 3개와 소형 전시실 2개를 가진 어느 미술관에서 각 전시실별로 동양화, 서양화, 사진, 조각, 기획전시 중 하나의 주제로 작품을 전시하기로 계획하였다. 설치 작업은 월요일부터 금요일까지 〈작업 계획〉에 따라 하루에 한 전시실씩 진행한다.

〈작업 계획〉

• 동양화 작품은 금요일 이전에 설치한다.

• 수요일과 금요일에는 대형 전시실에 작품을 설치한다.

• 조각 작품을 설치한 다음다음날에 소형 전시실에 사진 작품을 설치한다.

• 기획전시 작품을 설치한 다음다음날에 대형 전시실에 작품을 설치하는데, 그 옆 전시실에는 서양화가 전시된다.

보 기

ㄱ. 서양화 작품은 수요일에 설치한다.

ㄴ. 동양화 전시실과 서양화 전시실은 옆에 있지 않다.

ㄷ. 기획전시가 소형 전시실이면 조각은 대형 전시실이다.

① ㄴ   ② ㄷ   ③ ㄱ, ㄴ

④ ㄱ, ㄷ   ⑤ ㄱ, ㄴ, ㄷ

논리학 · 수학 – 모형 추리(논리 게임)

주어진 조건들의 분석을 통한 추론 능력을 평가함

정답 : ②

두 번째 조건을 적용하면 수요일, 금요일은 대형 전시실에 작품을 설치한다.

요일	월	화	수	목	금
전시실			대형		대형
전시 주제					

세 번째 조건에 따라 조각 작품을 설치한 다음다음날에 소형 전시실에 사진 작품을 설치하므로 작업 계획은 다음과 같아야 한다.

요일	월	화	수	목	금
전시실			대형	소형	대형
전시 주제		조각		사진	

네 번째 조건에 따라 기획전시 작품을 설치한 다음다음날에 대형 전시실에 작품을 설치하므로 기획전시 작품은 월요일 또는 수요일에 설치해야 한다.

그렇지만 기획전시 작품을 설치한 다음다음날에 작품을 설치하는 대형 전시실은 그 옆에 서양화 작품을 전시하므로 서양화가 아닌 작품을 전시해야 한다. 따라서 남아 있는 동양화 작품이 설치되고, 동양화 전시실은 서양화 전시실의 옆이 된다. 따라서 작업계획은

월	화	수
기획	조각	동양화 (서양화 옆)

또는

수	목	금
기획	사진	동양화 (서양화 옆)

인데, 첫 번째 조건에 의해 동양화 작품은 금요일 이전에 설치되어야 하므로 동양화는 수요일에, 남은 금요일에는 서양화 작품을 설치하여야 한다. 따라서 최종 작업계획은 다음과 같다.

요일	월	화	수	목	금
전시실			대형	소형	대형
전시 주제	기획	조각	동양화	사진	서양화

ㄱ. 서양화 작품은 금요일에 설치해야 하므로 ㄱ은 옳지 않은 진술이다.

ㄴ. 동양화 전시실과 서양화 전시실은 옆에 있어야 하므로 ㄴ은 옳지 않은 진술이다.

ㄷ. 전시실의 크기가 결정되지 않은 것이 2개이다. 소형 전시실이 2개이고 사진이 소형 전시실이므로, 기획전시가 소형 전시실이면 조각은 대형 전시실이다. 따라서 ㄷ은 옳은 진술이다.

〈보기〉의 ㄷ만이 옳은 진술이므로 정답은 ②이다.

23.

가설 A~C에 대한 평가로 옳은 것만을 〈보기〉에서 있는 대로 고른 것은?

A: 기온과 공격성 사이에는 정(+)의 상관관계가 있다. 기온이 높아지면 공격적인 행동이 증가한다.

B: 기온과 공격성의 관계는 역 U자 형태를 나타낸다. 집단과 개인의 공격성은 매우 덥거나 매우 추울 때보다도 중간 정도의 기온에서 두드러진다.

C: 기온과 공격 행동 간에 유의미한 관계가 나타난다고 하더라도 기온이 공격 행동을 유발한다고 볼 수는 없다. 기온과 공격성 간의 관계는 단지 공격 행동의 기회가 기온에 따라 달라지기 때문에 나타나는 효과일 뿐이다.

보 기

ㄱ. 섭씨 30도가 넘는 무더운 여름 날 신호등이 주행 신호로 바뀌어도 계속 정지해 있는 차량이 있을 때, 운전자들이 신경질적으로 경적을 누르는 횟수와 경적을 계속 누르고 있는 시간이 증가했고 이런 행동은 에어컨이 없는 차량의 운전자들에게서 특히 강하게 나타났다는 실험 연구 결과는 A를 강화한다.

ㄴ. 한여름 낮 시간에 실내 온도가 섭씨 30도 이상으로 올라갈 때 냉방 장치가 없는 장소보다 냉방 장치가 가동되는 장소에서 폭력 범죄가 더 많이 발생한다는 연구 결과는 B를 약화한다.

ㄷ. 한여름에 같은 심야 시간대일지라도 유흥가가 한적해지는 주중보다 유흥가가 북적거리는 주말에 폭력 범죄가 훨씬 더 많이 발생한다는 사실은 C를 약화한다.

① ㄱ   ② ㄴ   ③ ㄱ, ㄷ
④ ㄴ, ㄷ   ⑤ ㄱ, ㄴ, ㄷ

사회 - 논증 평가 및 문제 해결

기온 - 공격성 사이에 나타나는 실제 관찰 결과에 기초하여 기온과 공격성 간의 관계에 대한 각 가설을 옳게 평가하고 있는지를 측정함

정답 : ①

A는 기온과 공격성 간에 정(+)의 관계를 가정하며 기온이 높을수록 공격성이 높아진다고 본다. B는 기온과 공격성 간에는 역 U자의 관계가 있다고 가정하며 매우 춥거나 매우 더울 때보다 중간 정도의 기온에서 공격성이 가장 높게 발현된다고 본다. 즉, 공격성은 기온이 높을수록 증가하지만 어떤 임계치를 넘어선 다음부터는 공격성이 감소한다고 본다. C는 기온과 공격 행동 간에 유의미한 관계가 있다고 하더라도 기온이 직접적으로 공격 행동을 유발하는 것으로 보지는 않는다. C에 따르면 기온이 공격 행동의 기회에 영향을 미치고, 이 기회의 많고 적음의 정도가 공격 행동의 빈도에 영향을 주는 것으로 본다.

<보기> 해설 ㄱ. 바깥 기온이 섭씨 30도가 넘는 무더운 여름이라는 상황을 염두에 두면, 에어컨이 있는 차량 운전자는 에어컨을 가동할 것이라 기대할 수 있고, 그 결과 에어컨이 있는 차량의 실내 온도는 에어컨이 없는 차량의 실내 온도보다 낮을 것이라고 예측할 수 있다. 신경질적으로 경적을 누르는 행동은 공격성의 한 형태를 보여 주며, 제시된 내용을 보면 에어컨이 없는 차량 운전자의 공격성이 에어컨이 있는 차량 운전자의 공격성보다 더 강한 것으로 나타난다. 여기서 에어컨이 없는 차량 운전자는 에어컨이 있는 차량 운전자보다 상대적으로 높은 기온 상태에 있을 것이므로, 기온이 높을수록 공격성이 높다고 보는 A의 견해와 일치한다. 따라서 ㄱ은 옳은 진술이다.

ㄴ. 한여름·낮 시간에 실내 온도가 섭씨 30도 이상으로 올라갈 때 냉방 장치가 없는 장소는 높은 기온을 보일 것이다. 한편, 동일한 조건에서 냉방 장치가 가동되는 장소의 온도는 앞의 냉방 장치가 없는 장소의 온도보다 내려갈 것이므로 B에서 언급하는 중간 정도의 기온에 더 가까울 것이다. B는 기온과 공격성의 관계가 역 U자 형태를 나타내어 매우 덥거나 추울 때보다 중간 정도의 기온일 때 공격성이 두드러진다고 주장하고 있다. 이 주장은 더울 때보다 중간 정도의 기온일 때 공격성이 더 높아진다는 주장을 포함한다. 따라서 한여름 낮 시간에 실내 온도가 섭씨 30도 이상으로 올라갈 때 냉방 장치가 없는 장소(높은 기온)보다 냉방 장치가 있는 장소(중간 정도의 기온에 더 가까움)에서 폭력 범죄가 더 많이 발생한다는 연구 결과는 B의 주장에 부합하므로 B를 약화하지 않는다. 따라서 ㄴ은 틀린 진술이다.

ㄷ. 한여름 같은 심야 시간대의 주중 유흥가의 기온이나 주말 유흥가의 기온 사이

에는 별 차이가 없을 것이다. 따라서 한여름 같은 심야 시간대에서 한적한 주중 유흥가보다 북적거리는 주말 유흥가에서 폭력 범죄가 더 많이 발생했다면, 기온이 공격 행동의 빈도 변화를 야기했다고 볼 수는 없다. 그러나 주말 유흥가에 사람 수가 증가함에 따라 공격 행동 기회의 차이가 생겼고 이것이 공격 행동 빈도 차이의 원인일 가능성은 있기 때문에 C를 약화하지는 못한다. 따라서 ㄷ은 틀린 진술이다.

〈보기〉의 ㄱ만이 옳은 진술이므로 정답은 ①이다.

24.

다음 글에 대한 분석으로 옳은 것만을 〈보기〉에서 있는 대로 고른 것은?

> 일반적으로 과학적 탐구는 관찰과 관찰한 것(자료)의 해석으로 압축된다. 특히 자료의 해석은 객관적이고 올바르며 엄밀해야 한다. 그런데 간혹 훈련받은 연구자들조차 사회 현상을 해석할 때 분석 단위를 혼동하거나 고정관념, 속단 등으로 인해 오류를 범하기도 한다. 예를 들어 집단, 무리, 체제 등 개인보다 큰 생태학적 단위의 속성에 대한 판단으로부터 그 단위를 구성하는 개인들의 속성에 대한 판단을 도출하는 경우(A 오류), 편견이나 선입견에 사로잡혀 특정 집단에 특정 성향을 섣불리 연결하는 경우(B 오류), 집단의 규모를 고려하지 않고, 어떤 집단이 다른 집단보다 특정 행위의 발생 건수가 많다는 점으로부터 그 집단은 다른 집단보다 그 행위 성향이 강할 것이라고 속단하는 경우(C 오류) 등이 이에 해당한다. 이와 같은 오류들로 인해 과학적 탐구 결과가 왜곡될 수 있으므로 주의가 필요하다.

보기

ㄱ. 상대적으로 젊은 유권자가 많은 선거구가 나이 든 유권자가 많은 선거구보다 여성 후보에게 더 많은 비율로 투표했다는 사실로부터 젊은 사람이 나이 든 사람보다 여성 후보를 더 지지한다고 결론을 내린다면, A 오류를 범하게 된다.

ㄴ. 외국인과 내국인 사이에 발생한 범죄가 증가하고 있다는 자료로부터 가해자가 외국인이고 피해자가 내국인인 범죄가 증가한다고 결론을 내린다면, B 오류를 범하게 된다.

ㄷ. 자살자 수가 가장 많은 연령대는 1,490명을 기록한 50~54세라는 통계로부터 50~54세의 중년층은 다른 연령대보다 자살 위험성이 가장 크다고 결론을 내린다면, C 오류를 범하게 된다.

① ㄴ　　　　　　　　　② ㄷ　　　　　　　　　③ ㄱ, ㄴ
④ ㄱ, ㄷ　　　　　　　⑤ ㄱ, ㄴ, ㄷ

A 오류는 어떤 집단이 갖는 속성이 그 집단을 구성하는 개인들의 속성과 반드시 일치하는 것은 아님에도 불구하고 생태학적 단위(집단, 무리, 체제 등)에 대한 결론(판단)을 개인의 속성에 대한 판단에 그대로 적용할 때 발생한다. B 오류는 주어진 자료만으로는 특정 집단이 특정 성향을 갖고 있다고 판단할 수 없음에도 불구하고, 선입견이나 편견이 작용하여 특정 집단과 특정 성향을 섣불리 연결할 때 발생한다. C 오류는 어떤 집단이 다른 집단보다 특정 행위의 발생 건수가 많은 것은 단지 그 집단이 다른 집단보다 집단의 규모가 크기 때문에 나타난 것일 수 있으므로, 집단의 규모를 고려하지 않은 채 다른 집단보다 그 행위 성향이 강할 것이라고 속단할 때 발생하는 오류이다.

〈보기〉 해설　ㄱ. 젊은 유권자가 많은 선거구가 나이 든 유권자가 많은 선거구보다 여성 후보에 대해 더 많은 비율로 투표했다는 사실은 젊은 유권자가 많은 선거구의 여성 후보 지지율이 나이 든 유권자가 많은 선거구의 여성 후보 지지율보다 높다는 점을 보여 줄 뿐 젊은 사람이 나이 든 사람보다 여성 후보의 지지율이 더 높다는 사실을 보여 주지는 않는다. 젊은 사람이 나이 든 사람보다 여성 후보의 지지율이 더 높다는 주장을 하기 위해서는 각 선거구의 연령 집단별 투표 행위에 대한 자료가 있어야 한다. 이런 자료가 제시되어 있지 않음에도 불구하고 연령 분포가 다른 선거구들의 투표 결과로부터 각 선거구에 속한 개인 행위자(투표자)의 연령별 투표 성향을 단정하는 것은 개인보다 큰 생태학적 단위의 특성에 대한 판단으로부터 그 단위를 구성하는 개인의 속성에 대한 판단을 도출하는 경우이므로 A 오류에 해당한다. 따라서 옳은 진술이다.

　　　　　　　ㄴ. 외국인과 내국인 사이에 범죄가 발생했다는 사실만으로는 누가 가해자이고 누가 피해자인지 옳게 추정할 수 없다. 그런데 외국인과 내국인 사이에 발생한 범죄가 증가하고 있다는 자료로부터 가해자가 외국인이고 피해자가 내국인인 범죄가 증가한다고 결론을 내리고 있으므로, 해당 연구자는 외국인이 범죄를 저지를 가능성이 높다는 편견이나 선입견을 갖고 이런 결론을 내린 것으로 볼 수 있다. 따라서 옳은 진술이다.

ㄷ. 예를 들어 50~54세의 자살자 수는 1,490명이고 인구수는 100만 명, 70~74세의 자살자 수는 1,000명이고 인구수는 50만 명이라면, 50~54세의 인구 1만 명당 자살자 수는 14.9명이고 70~74세의 인구 1만 명당 자살자 수는 20.0명으로, 자살 성향은 70~74세가 더 높다. 따라서 연령 집단별 인구 규모를 고려하지 않고 어떤 연령 집단이 다른 연령 집단보다 관찰된 행위 건수가 많다는 점으로부터 그 연령 집단은 다른 연령 집단보다 그 행위 성향이 강할 것이라고 판단한다면 C오류를 범하게 된다. 따라서 옳은 진술이다.

〈보기〉의 ㄱ, ㄴ, ㄷ 모두 옳은 진술이므로 정답은 ⑤이다.

25.

다음 글에 대한 평가로 옳은 것만을 〈보기〉에서 있는 대로 고른 것은?

> 특정 학생이 공부를 잘할 것이라거나 못할 것이라는 교사의 기대와 그 학생의 실제 성적 간에는 유의미한 관계가 나타난다. A와 B는 그 관계를 설명하는 견해이다.
>
> A: 교사가 공부를 잘할 것이라 믿는 학생의 성적은 향상되지만 공부를 못할 것이라 믿는 학생의 성적은 떨어진다. 교사의 기대 효과는 교사와 학생 간 상호작용을 통해 실현된다. 예를 들어 성적이 좋아질 것이라고 생각되는 학생에게 질문 기회를 더 많이 주고 칭찬과 격려를 아끼지 않는 등 긍정적으로 반응하는 것은 그 기대에 부응하고자 하는 학생의 노력을 유도함으로써 성적 향상으로 이어진다. 반대로 성적이 좋지 않을 것이라고 생각되는 학생에게는 긍정적인 반응을 적게 하고 부정적인 반응을 많이 함으로써 해당 학생의 학업에 대한 관심은 낮아지고 이는 성적 하락으로 귀결된다.
>
> B: 교사의 기대가 높은 학생의 성적이 높게 나타나는 것은 교사의 예측 능력이 뛰어나기 때문이다. 교사는 특정 학생에 대한 정보나 상징적 상호작용을 통해 학업에 대한 기대를 형성하는데, 과거의 교육 경험에 기반을 둔 이러한 기대는 매우 예측력이 높다. 따라서 교사의 기대 효과는 존재하지 않으며, 교사의 기대가 높은 학생의 성적이 높고 기대가 낮은 학생의 성적이 낮은 것은 학생의 지적 능력에 대한 교사의 정확한 예측을 반영하는 것일 뿐이다.

ㄱ. 질병으로 휴직한 담임교사 후임으로 새로운 교사가 부임해옴에 따라 이전만큼 담임교사로부터 높은 기대와 관심을 받지 못하게 된 학생들의 성적이 크게 하락했다면, A는 강화된다.

ㄴ. 학생에 대한 교사의 기대 수준과 학생의 실제 성적을 비교하였을 때 그 값의 편차가 교육 경험이 없는 새내기 교사보다 경험이 매우 많은 교사에게서 더 크게 나타났다면, B는 강화된다.

ㄷ. 교사가 학생들에 대해 가지고 있는 기대치와 학생들의 실제 성적을 동일 시점에서 측정하여 비교하였을 때 기대치가 높은 학생들의 성적은 높았고 기대치가 낮은 학생들의 성적은 낮았다면, A는 강화되고 B는 약화된다.

① ㄱ   ② ㄴ   ③ ㄱ, ㄷ
④ ㄴ, ㄷ   ⑤ ㄱ, ㄴ, ㄷ

문항 성격 사회 – 논증 평가 및 문제 해결

평가 목표 교사의 기대와 학생의 성적 간 관계를 설명하는 기대 효과 가설과 예측 가설을 바탕으로 특정 연구 결과가 두 가설 중 어떤 것을 강화하거나 약화하는지 평가하는 능력을 측정함

문제 풀이 정답 : ①

기대 효과 가설(A)에 의하면, 학생에 대해 어떤 기대를 갖는 교사가 자신의 기대에 맞추어 학생에게 행동하고 학생도 교사의 이런 행동에 부합하는 방식으로 서로 상호작용함으로써 결과적으로는 교사의 기대와 학생의 성적은 유의미한 관계를 보이게 된다. 반면에 예측 가설(B)은 교사는 학생들의 성적에 대해 과거의 교육 경험에 기반을 둔 높은 예측력을 가지고 있으므로, 교사의 기대가 높은 학생의 성적이 높고 기대가 낮은 학생의 성적이 낮은 것은 학생의 지적 능력에 대한 교사의 정확한 예측 능력을 반영한 것일 뿐이라고 설명한다.

〈보기〉 해설 ㄱ. A에 의하면, 교사가 학생들에게 긍정적인 기대와 관심을 부여하게 되면 그 학생들은 교사의 기대에 부응하기 위해 열심히 공부를 하게 됨으로써 성적이 향상된다. 따라서 A의 이런 입장에 따르면, 교사와 학생 간의 긍정적인 상호작용이 중단되는 것은 학생들의 성적이 낮아지는 원인이 될 수 있다. 질병으로 휴직한 담임교사의 후임으로 새로운 담임교사가 부임한 후 이전만큼 담임교사로부터 높은 기대와 관심을 받지 못하게 된 학생들에게 큰 폭의 성적 하락이 나타

났다면, 교사와 학생 간의 긍정적인 상호작용이 중단된 것 때문에 학생들의 성적이 하락한 것으로 볼 수 있으므로 A를 강화한다. 따라서 ㄱ은 옳은 진술이다.

ㄴ. B에서 교사는 특정 학생에 대한 정보나 상징적 상호작용을 통해 그 학생의 학업 성취에 대한 기대를 형성하고, 과거의 교육 경험에 기반을 둔 이러한 기대는 매우 예측력이 높다고 했으므로, 과거의 교육 경험이 많을수록 학생의 성적에 대한 교사의 예측의 정확성은 높다고 할 수 있다. 이에 따라 교사의 기대 수준과 학생의 실제 성적 간 편차는 교육 경험이 많을수록 작을 것이다. 따라서 교육 경험이 없는 새내기 교사보다 교육 경험이 매우 많은 교사에게서 그 편차가 더 크게 나타났다면, B는 강화되지 않는다. 따라서 ㄴ은 틀린 진술이다.

ㄷ. 동일 시점에 학생에 대한 교사의 기대치와 학생들의 성적을 측정했더니 기대치가 높은 학생들의 성적은 높았고 기대치가 낮은 학생들의 성적은 낮았다는 결과는 교사의 기대치와 학생의 성적 간에 유의미한 관계가 있다는 사실을 보여준다. 그런데 A나 B 모두 이 사실을 전제하고 있고 단지 왜 그런 결과가 나타나는지에 대한 설명을 달리하는 것일 뿐이므로, 기대치와 성적 간에 유의미한 관계가 있다는 사실만으로는 A, B 주장 어느 것도 강화하거나 약화하지 못한다. 따라서 ㄷ은 틀린 진술이다.

〈보기〉의 ㄱ만이 옳은 진술이므로 정답은 ①이다.

26.

〈비판〉에 대한 분석으로 옳은 것만을 〈보기〉에서 있는 대로 고른 것은?

덕 윤리학에 의하면 올바른 행동이란 덕을 갖춘 사람이 할 법한 행동을 말한다. 여기서 덕을 갖춘 사람이란 좋은 삶을 영위하기 위해 필요한 어떤 특정한 성격 특성을 가진 사람을 말한다. 이러한 성격 특성은 단순하고 일시적인 경향성이 아니라 다른 특성 및 성향들과 지속적으로 긴밀하게 결합되어 있는 어떤 복합적인 심리적 경향성이다. 예를 들어, 정직한 사람이 된다는 것은 "가능한 한 정직한 사람들과 함께 일하고, 자식도 정직한 사람으로 기르려고 하며, 부정직함을 싫어하고 개탄한다."와 같은 복합적 경향성을 가진 특정 유형의 사람이 된다는 의미이다.

〈실험 결과〉

쇼핑몰 내 공중전화 박스 밖에서 서류를 떨어뜨린 후 얼마나 많은 사람들이 서류 줍는 일을 도와주는지 살펴본 결과, 공중전화의 동전 반환구에서 운 좋게 동전을 주운 사람들은 그렇지 않은 사람들보다 서류 줍는 일을 도와줄 확률이 훨씬 높았다.

〈비판〉

　우리는 보통 사람들의 행동이 그의 성격에서 기인한다고 생각하지만, 〈실험 결과〉는 사람들이 처한 상황이 그들의 행동에 영향을 미친다는 것을 보여 준다. 특히 이는 타인을 돕는 행위가 여러 상황에서 일관적으로 발휘되지 않음을 보여 준다. 이것은 덕 윤리학이 주장하는 성격 특성이란 존재하지 않음을 보여 준다. 따라서 덕 윤리학은 올바른 윤리 이론일 수 없다.

보 기

ㄱ. 〈비판〉은 '어떤 이론이 가정하고 있는 중심 요소가 실제로 존재하지 않는 것으로 판명된다면 그 이론에는 심각한 문제가 있다' 는 원리에 의존하고 있다.

ㄴ. 〈비판〉은 '우리의 행동 성향이 일시적이고 상황에 크게 좌우된다면 우리는 좋은 삶을 영위할 수 없다' 고 가정하고 있다.

ㄷ. 〈비판〉은 '덕 윤리학이 주장하는 친절함의 덕을 지닌 사람이라면 여러 상황 하에서 일관되게 친절한 행동을 하는 성향을 가질 것' 이라 가정하고 있다.

① ㄱ　　　　　　　　② ㄴ　　　　　　　　③ ㄱ, ㄷ
④ ㄴ, ㄷ　　　　　　⑤ ㄱ, ㄴ, ㄷ

문항 성격　사회 – 논쟁 및 반론

평가 목표　심리학적 연구 결과를 근거로 특정한 윤리 이론을 비판하는 내용의 글을 이용하여 논증이 암묵적으로 가정하고 있는 전제를 찾을 수 있는 능력을 평가함

문제 풀이　정답 : ③

행위의 올바름 및 성격 특성에 관한 덕 윤리학자들의 기본 주장이 소개된 후 이와 유관해 보이는 사회심리학적 실험 결과가 제시되고 있고, 이를 근거로 덕 윤리학을 비판하는 상황주의자들의 논증이 제시되고 있다. 상황주의자들은 덕 윤리학에서 덕이란 안정적이고 일관적인 성격 특성으로 가정되지만, 심리학적 실험들은 사람들의 행동이 성격이 아니라 상황에 의해 크게 좌우된다는 점을 지적함으로써, 덕 윤리학에서 가정하는 성격 특성은 존재하지 않으며, 따라서 덕 윤리학에는 심각한 문제가 있음을 주장하고 있다.

〈보기〉 해설　ㄱ. 〈비판〉에 의하면, 덕 윤리학에 문제가 있는 이유는 그 이론에서 가정하는 성격 특성이라는 것이 실제로 존재하지 않는다고 믿을 이유가 있기 때문이다. 이러

한 비판은 '어떤 이론이 가정하고 있는 중심 요소가 실제로 존재하지 않는 것으로 판명된다면 그 이론에는 심각한 문제가 있다.'와 같은 일반적인 원리를 암묵적으로 가정하고 있다.

ㄴ. "우리의 행동 성향이 일시적이고 상황에 크게 좌우된다면 우리는 좋은 삶을 영위할 수 없다."와 같은 주장은 덕 윤리학자들이 할 법한 주장일 뿐, 〈비판〉이 가정 혹은 전제하고 있는 바가 아니다. 덕 윤리학을 비판하는 입장에서는 "우리의 행동 성향이 일시적이고 상황에 크게 좌우되더라도 우리는 좋은 삶을 영위할 수 있다."고 주장할 수도 있을 것이다.

ㄷ. 〈비판〉은 덕 윤리학이 주장하는 친절함의 덕을 지닌 사람이라면 여러 상황하에서 일관되게 친절한 행동을 보여줄 것이라 전제하면서, 덕 윤리학이 주장하는 그런 성격 특성이 존재하지 않음을 실험 결과가 보여 준다고 논증한다.

〈보기〉의 ㄱ, ㄷ만이 옳은 진술이므로 정답은 ③이다.

27.

다음 논쟁에 대한 평가로 옳은 것만을 〈보기〉에서 있는 대로 고른 것은?

A: 인간은 이기적인 존재다. 인간은 주어진 상황에서 자신의 이익을 극대화하려고 노력한다. 다음과 같은 가상적 상황을 생각해 보자. 1천 원을 갑과 을이 나눠 가져야 한다. 먼저 갑이 각자의 몫을 정해 을에게 제안한다. 을이 이 제안을 받아들이면 그 제안대로 상황은 종료된다. 하지만 만약 을이 이 제안을 받아들이지 않으면 갑과 을 모두 한 푼도 받지 못하고 상황은 종료된다. 인간이 이기적이라면, 을은 제안을 거절해서 한 푼도 받지 못하는 것보다 돈을 조금이라도 받는 것을 선호할 것이므로 갑이 아무리 적은 돈을 제안해도 받아들일 것이다. 이를 예상한 갑은 당연히 을에게 최소한의 돈만 제안할 것이다. 따라서 갑은 허용되는 최소한의 액수, 예를 들어 10원만을 을에게 주고 나머지 990원을 자신이 가질 것이다.

B: 인간은 이기적인 존재만은 아니다. 위와 같은 이기적인 결과를 실제 실험에서는 거의 찾아보기 힘들다. 갑의 역할을 하는 사람이 돈을 거의 전부 차지하겠다고 제안하는 사례는 극히 드물었다. 많은 경우 상대방에게 40% 이상의 몫을 제안하는 관대함을 보였다.

C: 이제 조금 ㉠ 변형된 실험을 고려해 보자. 위와 같이 갑이 먼저 제안하지만 을은 이 제안을 거부할 수 없으며 이를 갑이 알고 있다. 이때 갑의 제안 금액이 달라지는지를 관찰하였다.

ㄱ. 만약 ㉠에서 갑이 10원만을 제안한다면 B의 주장이 약화된다.

ㄴ. 만약 갑이 을을 이기적인 사람이라고 확신한다면 ㉠에서 10원만을 제안할 것이다.

ㄷ. ㉠의 결과를 통해 B에서 갑의 관대한 행동의 원인이 을의 거부 가능성에 영향을 받는
지 알아볼 수 있다.

① ㄱ   ② ㄴ   ③ ㄱ, ㄷ

④ ㄴ, ㄷ   ⑤ ㄱ, ㄴ, ㄷ

문항 성격 사회 – 논쟁 및 반론

평가 목표 경제학의 기본 가정인 인간의 이기성이 가상적 실험 상황과 실제 실험에서 어떻게 발
현되는지 판단하고 그 원인을 추론할 수 있는 능력을 평가함

문제 풀이 정답 : ③

제시문의 A는 전통 경제학이 가정하는 인간의 이기성을 가상적 실험 상황에서 설명한다. 반면에
B는 인간의 행동이 이기성만으로는 설명되지 않는다는 점을 실제 실험 결과를 통해 주장한다. B
의 주장은 결국 인간의 행동은 이타심(관대함)도 포함하고 있다는 것이다. 이에 C에서는 B의 실
험에서 상대방의 거부 가능성을 제거함으로써 관대한 결과가 이기적 고려에 의한 것인지, 아니면
진짜 이타심에 의해 영향을 받는지 알아보기 위해 변형된 실험을 도입한다. 변형된 실험에서 달
라진 점은 오직 을의 거부 가능성만을 제거했다는 점이다.

〈보기〉 해설 ㄱ. 변형된 실험에서 갑이 을에게 10원만을 제안했다면, B의 결과와 차이를 보이
는 것이고, 갑은 을이 거부할 수 없다는 점을 고려하여 자신의 관대한 제안을
변경하려 한다는 것을 추론할 수 있다. 결국 갑의 B에서의 행동은 순수한 이타
심의 결과라기보다 상대의 거부 가능성 때문에 나온 행동임을 알 수 있고, 따라
서 B의 주장인 인간은 이타심을 갖는 존재라는 주장을 약화한다.

ㄴ. 변형된 실험에서 을은 갑의 제안을 거부할 수 없다. 따라서 갑이 을을 이기적인
사람이라고 확신하든 확신하지 않든, 갑이 이타적인 사람이라면 B에서와 유사
한 관대한 제안을 할 것이고, 갑이 이기적인 사람이라면 10원만을 제안할 것이
다. 따라서 ㄴ은 옳지 않은 진술이다.

ㄷ. 변형된 실험은 기존 실험에서 을의 거부 가능성만을 제거한 상황이다. 따라서
그 결과가 B와 유사한지를 살핌으로써 갑의 관대한 행동의 원인이 을의 거부
가능성에 영향을 받는지 알아볼 수 있다.

〈보기〉의 ㄱ과 ㄷ만이 옳은 진술이므로 정답은 ③이다.

28.

다음 글로부터 추론한 것으로 옳은 것만을 〈보기〉에서 있는 대로 고른 것은?

시장에 나온 상품의 양이 유효수요를 초과하는 경우, 그 상품가격의 구성부분들(지대, 임금, 이윤) 중 일부는 그 자연율 이하의 대가를 받을 수밖에 없다. 만약 그것이 지대라면, 토지 소유자의 이해관계는 즉시 그의 토지의 일부를 그 사업으로부터 거둬들이도록 할 것이고, 만약 그것이 임금 또는 이윤이라면 노동자 또는 고용주의 이해관계는 그들의 노동 또는 자본의 일부를 그 사업으로부터 줄이도록 할 것이다. 이리하여 시장에 나오는 상품의 양은 겨우 유효수요를 만족시키는 데 충분한 수준이 될 것이다. 따라서 상품가격의 모든 구성부분들은 그들의 자연율로 상승할 것이고, 상품의 가격은 자연가격으로 상승할 것이다.

이와는 반대로, 시장에 나오는 상품의 양이 유효수요보다 적다면, 상품가격의 구성부분들 중 일부는 그 자연율을 웃도는 대가를 받게 될 것이다. 만약 그것이 지대라면, 여타의 토지 소유자의 이해관계는 당연히 이 상품의 제조에 더 많은 토지를 제공하게 만들 것이고, 그것이 임금 또는 이윤이라면, 여타의 모든 노동자와 제조업자들의 이해관계는 그 상품을 제조하여 시장에 내보내는 데 더 많은 노동과 자본을 사용하게 만들 것이다. 그리하여 시장에 나오는 상품의 양은 곧 유효수요를 만족시키는 데 충분하게 될 것이다. 따라서 가격의 모든 구성부분들은 곧 그들의 자연율 수준으로 하락할 것이며, 전체 가격은 자연가격으로 하락할 것이다.

– 애덤 스미스, 『국부론』 –

보 기

ㄱ. 궁극적으로 모든 토지의 소유주들이 얻는 지대는 그 자연율을 향해 움직이는 경향을 보인다.

ㄴ. 노동자들이 노동의 자연율 수준을 안다면, 이 수준을 자신의 노동을 어디에 투입할 것인지를 결정하는 하나의 준거로 삼을 수 있다.

ㄷ. 자동차 가격과 그 중간재인 철강 가격이 동시에 자연가격 이하로 떨어지는 경우, 자동차 산업의 자본 소유주는 자신의 자본을 자동차 산업에서 회수할 것이다.

① ㄱ   ② ㄷ   ③ ㄱ, ㄴ
④ ㄴ, ㄷ   ⑤ ㄱ, ㄴ, ㄷ

사회 – 언어 추리

경제학 고전에 나타난 가격 결정 상황에 대한 설명을 통해 그 구성부분들의 가격 변화와 상품가격의 상대적 변화를 추론할 수 있는 능력을 평가함

정답 : ③

제시문은 경제학 고전인 애덤 스미스의 국부론의 일부이다. 상품 가격을 그 상품 생산에 참여한 요소들의 대가로 구분하여 각각의 구성부분들이 그 자연율과 차이를 보일 때 어떻게 그 자연율로 수렴하고, 이것이 그 합인 상품가격을 자연가격으로 수렴하게 만들 것인지를 설명하고 있다. 이 때 각 구성부분들의 변화 방향 간에 어떤 관계가 성립할 수 있는지를 이해하는 것이 중요한 논점이고 이를 추론할 수 있어야 한다.

ㄱ. 토지의 대가인 지대가 그 자연율과 차이를 보일 때 제시문은 그 토지 소유자의 이해관계에 따라 토지를 회수하거나 추가 투입함으로써 자연율 수준으로 수렴할 것이라고 설명하고 있다.

ㄴ. 제시문에서 생산 요소의 소유주들은 요소를 통한 자신들의 소득이 자연적인 수준에 미달하거나 초과하는 데에 따라 요소의 철수와 투입을 결정한다. 따라서 노동의 경우 노동자가 임금의 자연율 수준을 안다면, 이 수준을 자신의 노동을 어디에 투입 또는 철수할지를 결정하는 하나의 준거로 삼을 수 있다.

ㄷ. 자동차 가격과 그 생산 요소인 철강 가격이 동시에 자연가격 이하로 떨어진다고 하자. 이 경우 철강은 자동차의 생산 요소이므로 자동차의 생산 비용도 하락하게 된다. 이때 철강 가격의 하락 효과가 자동차 가격의 하락보다 더 크다면 자동차 생산에 투입되는 자본의 소유주에게 돌아가는 이윤은 이전보다 증가할 수 있다. 따라서 자동차 산업의 자본 소유주는 자동차 산업에서 자본을 회수하지 않을 수 있다.

〈보기〉의 ㄱ과 ㄴ만이 옳은 진술이므로 정답은 ③이다.

29.

다음 글로부터 추론한 것으로 옳은 것만을 〈보기〉에서 있는 대로 고른 것은?

세 명의 위원 갑, 을, 병으로 구성된 위원회에서 세 명의 후보 a1, a2, b 중 한 사람을 선발하는 상황을 고려해 보자. a1과 a2는 동일한 A당(黨)에 속한 사람이고, b는 다른 B당 사람이다. 각 위원의 후보에 대한 선호는 다음과 같이 알려져 있다. (예를 들어, a1>b는 a1을 b보다 선호한다

는 의미다.)

위원	선호
갑	a1>a2>b
을	a2>a1>b
병	b>a1>a2

위원회의 결정은 다수결 투표에 따른다. 각 위원은 자신의 선호에 따라 정직하게 투표에 임할 수도 있고, 전략적으로 투표에 임할 수도 있다. 전략적 투표란 자신이 더 선호하는 후보가 선발되게 만들기 위해 정직하지 않게 투표를 하는 행위다. 예를 들어, 위원 갑이 a1이 최종 선발될 가능성이 없다고 판단하여 자신이 가장 싫어하는 b가 당선되는 경우를 막기 위해 a2에게 투표하는 것이 이에 해당한다.

보 기

ㄱ. 1차 투표에서 후보 세 명을 대상으로 투표한 후 만약 승자가 없다면 갑이 최종 결정한다고 하자. 이 경우 전략적 투표를 허용하더라도 정직하게 투표한 결과와 같다.

ㄴ. A당의 두 후보 중 한 사람을 1차 선발하고, 그 승자를 b와 결선하여 최종 승자를 결정하는 방식을 고려하자. 이 경우 위원 을은 전략적 투표를 할 유인이 있다.

ㄷ. A당과 B당 중 하나를 1차 투표로 결정하고, 만약 A당이 선택되면 a1과 a2의 결선의 승자를, 만약 B당이 선택되면 b를 최종 승자로 결정하는 방식을 고려하자. 이 경우 전략적 투표를 허용하면 b가 선발될 것이다.

① ㄱ   ② ㄷ   ③ ㄱ, ㄴ
④ ㄴ, ㄷ   ⑤ ㄱ, ㄴ, ㄷ

문항 성격   사회 – 모형 추리(논리 게임)
평가 목표   다수결 투표 방식에서 정직한 투표(sincere voting)와 전략적 투표(strategic voting)가 가능한 상황에서 어떠한 행동을 보일 것인지 판단하는 능력을 평가함
문제 풀이   정답 : ①

제시문의 상황에서 전략적 투표의 가능성을 이해하고 투표자가 전략적 투표를 통해 결과를 변화시킬 수 있는지를 판단하는 것이 중요하다.

〈보기〉 해설   ㄱ. 세 후보 전체에 대해 정직하게 투표하면 세 후보 모두 한 표씩을 얻게 되어 승

자가 결정되지 못한다. 이 경우 갑의 결정을 따라야 하는데 갑은 a1을 선택할 것이다. 위원 을과 병의 전략적 투표 유인을 고려해 보자. 을은 a1보다 a2의 당선을 위해 1차 투표에서 a1이나 b를 선택할 수 있지만 이런 전략적 투표는 결과를 변화시킬 수 없거나 더 나쁜 결과를 얻게 될 것이므로 전략적 투표 유인이 없다. 동일한 논리로 위원 병도 전략적 투표 유인이 없다. 따라서 전략적 투표를 허용하더라도 정직하게 투표한 결과와 같다.

ㄴ. 먼저 1차에서 A당 후보 간 투표를 진행하고, b와 결선하는 방식을 고려하자. 선호에 따라 정직하게 투표할 경우, 1차에서 a1이 선발되고 a1과 b를 결선하게 되면 a1이 최종적으로 선발된다. 이제 위원 을이 a2를 당선시키기 위해 전략적 투표에 대한 유인을 가지는지 생각해 보자. 만약 을이 1차에서 a2가 아닌 a1에 투표하더라도 최종 승자는 a1이 되므로 이득이 없다. 따라서 을에게는 전략적 투표 유인이 없다.

ㄷ. A당과 B당 간의 1차 투표 후 A당이 선택되면 a1과 a2의 결선의 승자를, B당이 선택되면 b를 최종 승자로 결정하는 방식을 고려하자. 정직한 투표를 통한 최종 승자는 a1이다. 이때 위원 을이나 병의 전략적 투표 가능성이 있는가? 을의 경우, 1차 투표에서 B당을 지지하면 b가 최종 승자가 되므로 더 나쁜 결과가 된다. 따라서 전략적 투표 유인이 없다. 위원 병도 역시 2차 투표에서 전략적으로 a2를 지지하는 것이 더욱 나쁜 결과를 낳으므로 전략적 투표 유인이 없다. 따라서 전략적 투표를 허용하더라도 최종 승자는 a1이다.

〈보기〉의 ㄱ만이 옳은 진술이므로 정답은 ①이다.

30.

다음 글로부터 추론한 것으로 옳지 <u>않은</u> 것은?

우리는 다양한 사건을 관찰하여 여러 정보를 획득한다. 이때 우리가 획득하는 정보의 양은 해당 사건의 관찰과 관련된 우리 상태에 따라 달라진다. 특히 어떤 관찰 이후 우리가 획득하는 정보의 양은 해당 관찰에 대해 느끼는 놀라움의 정도에 비례한다. 우리는 검은 까마귀를 관찰했을 때보다 흰 까마귀를 관찰했을 때 더 많이 놀란다. 이런 경우에 우리는 검은 까마귀를 관찰했을 때보다 흰 까마귀를 관찰했을 때 더 많은 정보를 획득한다. 여기서 말하는 놀라움의 정도는 예측의 정도와 반비례한다. 좀처럼 예측되기 어려운 사건이 일어나면 더 놀라움을 느끼고, 쉽게 예측되는 사건이 일어나면 덜 놀라움을 느낀다. 그럼 이 예측의 정도는 어떻게 측정할 수 있는가? 한 가지 방법은 확률을 이용하는 것이다. 즉 어떤 사건을 관찰하기 전에 우리가 그 사건에 부여하고 있었던 확률이 작으면 작을수록 예측의 정도는 더 작아진다. 저 앞에 있는 까마귀의 색을 확인하기 전이라고 해보자. 분명 우리는 그 까마귀가 검은 색이라는 것보다 흰색이라는 것에 더 작은 확률을 부여한다. 바로 이런 확률의 차이를 통해 우리가 검은 까마귀의 관찰보다 흰 까마귀의 관찰을 더 약하게 예측한다는 것을 드러낼 수 있다.

① 서로 다른 두 사람이 무언가를 관찰한 후에 획득한 정보의 양이 서로 같다고 하더라도 그들이 관찰한 사건은 다를 수 있다.

② 어떤 사람이 서로 다른 두 사건을 관찰했을 때 느끼는 놀라움의 정도의 차이는 그 사람이 관찰 이전에 두 사건에 부여했던 확률의 차이에 반비례한다.

③ 어떤 사건이 발생했다는 것을 관찰했을 때 획득되는 정보의 양은 그 사건이 발생하지 않았다는 것을 관찰했을 때 획득되는 정보의 양과 서로 반비례한다.

④ 어떤 사건이 반드시 일어날 수밖에 없다고 생각하는 사람이 그 사건이 일어나는 것을 관찰했을 때 획득하는 정보의 양은 그 어떤 정보의 양보다 크지 않다.

⑤ 주사위를 던져서 나올 결과들에 대해 서로 다른 확률을 부여하는 사람이 있다면, 해당 주사위 던지기의 결과 중 무엇을 관찰하든 그가 느끼는 놀라움의 정도는 서로 다르다.

문항 성격	과학기술 – 언어 추리
평가 목표	정보의 양을 측정하는 방법에 대한 설명을 듣고, 놀라움의 정도, 예측의 정도, 확률, 정보의 양 사이의 관계를 추론할 수 있는 능력을 평가함
문제 풀이	정답 : ②

제시문에 따라 다음 사항들을 알 수 있다.

• 정보의 양은 놀라움의 정도에 비례한다.

• 놀라움의 정도는 예측의 정도에 반비례한다.

• 예측의 정도는 (관찰 이전에 부여한) 확률, 즉 사전 확률에 비례한다.

정답 해설 ② 놀라움의 정도는 사전 확률에 반비례한다. 하지만 놀라움의 정도의 차이는 사전 확률의 차이에 반비례한다고 말할 수 없다. 놀라움의 정도와 사전 확률 사이의 반비례관계가 수학적으로 어떻게 제시되느냐에 따라서 두 가지 차이는 서로 비례할 수 있으며, 다른 관계에 있을 수 있다. 따라서 단정적으로 반비례한다고 말할 수 없다.

① 정보의 양은 관찰한 사건의 내용과 무관하다. 가령, (공평한) 주사위를 던져 짝수의 눈이 나왔을 때 획득되는 정보의 양과 (공평한) 동전을 던져 앞면이 나왔을 때의 정보의 양은 같다. 두 사건이 일어날 사전 확률이 동일하기 때문이다. 하지만 그때 관찰한 사건, 즉 짝수의 눈이 나왔다는 것과 앞면이 나왔다는 것은 서로 다른 사건이다. 따라서 ①은 옳은 진술이다.

③ 어떤 사건이 발생했다는 것을 관찰했을 때의 정보의 양이 클수록 그 사건의 사전 확률은 작아지고, 그 사건이 발생한다는 것에 대한 사전 확률이 작아질수록 발생하지 않는다는 것에 대한 사전 확률은 커진다.(어떤 사건이 발생할 확률과 어떤 사건이 발생하지 않을 확률의 합은 1이다.) 곧, 해당 사건이 발생하지 않았다는 것을 관찰했을 때 획득하는 정보의 양은 작아진다. 따라서 발생했다는 것을 관찰했을 때 획득되는 정보의 양과 발생하지 않았다는 것을 관찰했을 때의 정보의 양은 서로 반비례하므로 ③은 옳은 진술이다.

④ 어떤 사건이 반드시 일어날 수밖에 없다고 생각하는 사람은 그 사건에 최대의 사전 확률값 1을 부여한다. 정보의 양과 확률은 반비례하기 때문에 반드시 일어날 수밖에 없는 사건을 관찰한 사람은 최소량의 정보를 획득한다. 따라서 ④는 옳은 진술이다.

⑤ 주사위 던지기의 결과에 서로 다른 사전 확률을 부여하는 사람들은 예측의 정도가 서로 다르고, 따라서 놀라움의 정도도 서로 다르다. 따라서 ⑤는 옳은 진술이다.

31.

다음 글로부터 추론한 것으로 옳지 않은 것은?

증거는 가설을 입증하기도 하고 반증하기도 한다. 물론, 어떤 증거는 가설에 중립적이기도 하다. 이렇게 증거와 가설 사이에는 입증 · 반증 · 중립이라는 세 가지 관계만이 성립하며, 이 외의 다른 관계는 성립하지 않는다. 그럼 이런 세 관계는 어떻게 규정될 수 있을까? 몇몇 학자들은 이 관계들을 엄격한 논리적인 방식으로 규정한다. 이 방식에 따르면, 어떤 가설 H가 증거 E를 논리적으로 함축한다면 E는 H를 입증한다. 또한 H가 E의 부정을 논리적으로 함축한다면 E는 H를 반증한다. 물론 H가 E를 함축하지 않고 E의 부정도 함축하지 않는다면, E는 H에 대해서 중립적이다. 이런 증거와 가설 사이의 관계는 '논리적 입증 · 반증 · 중립'이라고 불린다.

그러나 증거와 가설 사이의 관계는 확률을 이용해 규정될 수도 있다. 가령 우리는 "E가 가설 H의 확률을 증가시킨다면 E는 H를 입증한다."고 말하기도 한다. 이와 비슷하게 우리는 "E가 H의 확률을 감소시킨다면 E는 H를 반증한다."고 말한다. 물론 E가 H의 확률을 변화시키지 않는다면 E는 H에 중립적이라고 하는 것이 자연스럽다. 이런 증거와 가설 사이의 관계에 대한 규정은 '확률적 입증·반증·중립'이라고 불린다.

그렇다면 논리적 입증과 확률적 입증은 어떤 관계가 있을까? 흥미롭게도 H가 E를 논리적으로 함축한다면 E가 H의 확률을 증가시킨다는 것이 밝혀졌다. 반면에 그 역은 성립하지 않는다. 우리는 이 점을 이용해 입증에 대한 두 규정들 사이의 관계를 추적할 수 있다.

① E가 H를 논리적으로 반증하지 않고 H에 논리적으로 중립적이지도 않다면, E는 H에 확률적으로 중립적이지 않다.
② E가 H를 논리적으로 입증한다면 E의 부정은 H를 논리적으로 반증한다.
③ E가 H를 논리적으로 반증한다면 E의 부정은 H를 확률적으로 입증한다.
④ E가 H에 확률적으로 중립적이라면 E는 H를 논리적으로 입증하지 않는다.
⑤ E가 H를 확률적으로 입증하지 않는다면 E는 H를 논리적으로 반증한다.

문항 성격	과학기술 – 언어 추리
평가 목표	논리적 입증·반증·중립의 개념과 확률적 입증·반증·중립의 개념을 이해하고 그 개념들 사이의 관계를 논리적으로 추론하는 능력을 평가함
문제 풀이	정답 : ⑤

제시문에 따라 다음 사항들을 알 수 있다. (여기서 기호 '⇔'는 왼쪽 명제로부터 오른쪽 명제를 도출할 수 있고, 오른쪽 명제로부터 왼쪽 명제를 도출할 수 있다는 것을 의미한다. (7)의 '⇒'는 왼쪽 명제로부터 오른쪽 명제를 도출할 수 있다는 것을 의미한다.)

(1) H가 E를 논리적으로 함축한다. ⇔ E가 H를 논리적으로 입증한다.

(2) H가 ~E를 논리적으로 함축한다. ⇔ E가 H를 논리적으로 반증한다.

(3) H가 E를 함축하지도, ~E를 함축하지도 않는다. ⇔ E는 H에 논리적으로 중립이다.

(4) E가 H의 확률을 증가시킨다. ⇔ E가 H를 확률적으로 입증한다.

(5) E가 H의 확률을 감소시킨다. ⇔ E가 H를 확률적으로 반증한다.

(6) E가 H의 확률을 변화시키지 않는다. ⇔ E는 H에 확률적으로 중립이다.

(7) H가 E를 논리적으로 함축한다. ⇒ E는 H의 확률을 증가시킨다.

((1)~(6)에서 ⇒ 방향은 제시문에서 직접적으로 기술되고 있다. 한편, ⇐ 방향은 추론에 의해서 성립한다. 가령, 'E가 H를 논리적으로 입증한다'로부터 'E가 H를 논리적으로 반증하지 않고 E는 H에 논리적으로 중립이 아니다'라는 것이 도출된다. 그리고 'E가 H를 논리적으로 반증하지 않는다'로부터 'H가 ~E를 논리적으로 함축하지 않는다'는 것이 도출되고, 'E는 H에 논리적으로 중립이 아니다'라는 것으로부터 'H가 E를 함축하거나 ~E를 함축한다'는 것이 도출된다. 결국, 'E가 H를 논리적으로 입증한다'로부터 'H가 ~E를 논리적으로 함축하지 않으며, H가 E를 논리적으로 함축하거나 ~E를 논리적으로 함축한다'가 성립한다. 이에 'E가 H를 논리적으로 입증한다'로부터 'H가 E를 논리적으로 함축한다'가 도출된다. 나머지도 마찬가지다.)

정답 해설 ⑤ E가 H를 확률적으로 입증하지 않는다고 가정하자. 그럼 ((4)에 의해서) E는 H의 확률을 증가시키지 않는다. 그러면 ((7)에 의해서) H는 E를 논리적으로 함축하지 않는다. 이는 곧 ((1)에 의해서) H가 E를 논리적으로 입증하지 않는다는 것이다. 논리적으로 입증하지 않으면 논리적으로 반증하거나 논리적으로 중립일 뿐이므로 논리적으로 반증한다는 것이 도출되지 않는다. 따라서 ⑤는 옳은 진술이 아니다.

오답 해설 ① E가 H를 논리적으로 반증하지 않고 H에 논리적으로 중립적이지도 않다면, E는 H를 논리적으로 입증한다. E가 H를 논리적으로 입증하면, ((1)에 의해) H가 E를 논리적으로 함축한다. ((7)에 의해서) H가 E를 논리적으로 함축하면 E는 H의 확률을 증가시키고, ((4)에 의해서) E가 H를 확률적으로 입증한다. 이로부터 E는 H에 확률적으로 중립적이지 않다는 것이 도출된다. 따라서 ①은 추론될 수 있으며, 오답이다.

② ((1)에 의해서) E가 H를 논리적으로 입증하면, H는 E를 논리적으로 함축한다. H가 E를 논리적으로 함축하면, H는 ~~E를 논리적으로 함축한다. 즉, H는 ~E의 부정을 논리적으로 함축하므로 ((2)에 의해서) ~E는 H를 논리적으로 반증한다. 따라서 ②는 추론될 수 있으며, 오답이다.

③ ((2)에 의해서) E가 H를 논리적으로 반증한다면, H는 ~E를 논리적으로 함축한다. 따라서 ((7)에 의해서) ~E는 H의 확률을 증가시키므로 ((4)에 의해서) ~E는 H를 확률적으로 입증한다. 따라서 ③은 추론될 수 있으며, 오답이다.

④ E가 H에 확률적으로 중립적이라면, E는 H를 확률적으로 입증하지 않는다. 따라서 ((4)에 의해서) E는 H의 확률을 증가시키지 못한다. 그러므로 ((7)에 의해서) H는 E를 논리적으로 함축하지 않는다. 따라서 ((1)에 의해서) E는 H를 논리적으로 입증하지 않는다. 따라서 ④는 추론될 수 있으며, 오답이다.

32.

다음 글로부터 추론한 것으로 옳은 것만을 〈보기〉에서 있는 대로 고른 것은?

과학자들은 "속성 C는 속성 E를 야기한다."와 같은 인과 가설을 어떻게 입증하는가? 다른 종류의 가설들과 마찬가지로 인과 가설 역시 다양한 사례들에 의해 입증된다. 예를 들어 과학자들은 '폐암에 걸린 흡연자의 사례'와 '폐암에 걸리지 않은 비흡연자의 사례'가 "흡연이 폐암을 야기한다."는 인과 가설을 입증한다고 생각한다. 'C와 E를 모두 가진 사례'와 'C와 E를 모두 결여한 사례'가 "C가 E를 야기한다."를 입증한다는 것이다. 여기서 문제의 두 사례들이 해당 인과 가설을 입증하기 위해서는 두 사례 중 하나는 다른 사례의 '대조 사례'여야 한다. 물론, C와 E를 모두 가진 사례와 C와 E를 모두 결여한 사례들이 언제나 서로에 대한 대조 사례가 되는 것은 아니며, 다음 조건들을 만족해야만 "C가 E를 야기한다."를 입증하는 대조 사례라 할 수 있다.

- 두 사례는 속성 C의 존재 여부를 제외한 거의 모든 측면에서 유사하다.
- 속성 E를 가진다는 것을 설명할 때, 속성 C를 가진다는 것보다 더 잘 설명하는 다른 속성 P가 존재하지 않는다.
- 속성 E의 결여를 설명할 때, 속성 C의 결여보다 더 잘 설명하는 다른 속성 Q가 존재하지 않는다.

예를 들어, 오랫동안 흡연한 60대 폐암 환자 갑과 담배에 전혀 노출되지 않고 폐암에도 걸리지 않은 신생아 을은 "흡연이 폐암을 야기한다."를 입증하는 좋은 대조 사례가 아니다. 갑과 을은 흡연 이외에도 많은 차이가 있으며, 흡연을 하지 않았다는 것보다 신생아라는 것이 을이 폐암에 걸리지 않았다는 것을 보다 잘 설명하기 때문이다.

보기

ㄱ. 전혀 다른 가정에 입양되어 자란 일란성 쌍둥이 갑과 을이 모두 조현병에 걸렸다면 갑과 을은 "유전자가 조현병을 야기한다."는 인과 가설을 입증하는 대조 사례이다.

ㄴ. β형 모기에 물린 이후 말라리아에 걸린 갑과 β형 모기에 물리지 않고 말라리아에 걸리지 않은 을이 "β형 모기에 물린 것이 말라리아를 야기한다."는 인과 가설을 입증하는 대조 사례가 되기 위해서는 적어도 말라리아에 대한 선천적 저항력과 관련해 갑과 을 사이에는 별 차이가 없다는 것이 밝혀져야 한다.

ㄷ. 총 식사량을 줄이면서 저탄수화물 식단을 시작한 이후 체중이 줄어든 갑과 총 식사량을 줄이지 않고 일반적인 식단을 유지하여 체중 변화가 없었던 을이 "저탄수화물 식단이 체중 감소를 야기한다."는 인과 가설을 입증하는 대조 사례가 되기 위해서는 적어도

> 갑의 체중 감소가 저탄수화물 식단보다 총 식사량의 감소에 의해서 더 잘 설명되지 않아야 한다.

① ㄱ   ② ㄴ   ③ ㄱ, ㄴ

④ ㄴ, ㄷ   ⑤ ㄱ, ㄴ, ㄷ

문항 성격	과학기술 – 언어 추리
평가 목표	인과 가설을 입증하는 데 사용되는 대조 사례의 특성과 기준을 이해하고, 이를 개별 사례에 적용하는 능력을 평가함
문제 풀이	정답 : ④

C와 E를 모두 가진 사례와 C와 E를 모두 결여한 사례가 인과 가설을 입증하는 사례가 되기 위해서는 서로에게 대조 사례여야 한다. 이때 대조 사례가 되기 위해서는 다음 세 조건을 만족해야 한다.

(1) 두 사례는 C의 존재 여부를 제외한 거의 모든 측면에서 유사하다.

(2) E를 가진다는 것을 설명할 때, C를 가진다는 것보다 더 잘 설명하는 다른 속성 P가 존재하지 않는다.

(3) E를 결여한다는 것을 설명할 때, C를 결여한다는 것보다 더 잘 설명하는 다른 속성 Q가 존재하지 않는다.

〈보기〉 해설   ㄱ. "유전자가 조현병을 야기한다."는 것을 입증하는 대조사례가 되기 위해서는 '(특정) 유전자를 가지고 조현병에 걸린 사례'와 '(특정) 유전자를 가지지 않고 조현병에 걸리지 않은 사례'가 필요하다. 하지만 모두 조현병에 걸린 일란성 쌍둥이의 경우, 위의 두 사례에 해당하지 않는다. 따라서 ㄱ은 옳지 않은 진술이다.

      ㄴ. "β형 모기에 물린 것이 말라리아를 야기한다."를 위한 대조사례가 되기 위해서는 해당 사례들이 원인, 즉 모기에 물렸다는 것 이외의 속성에 대해서는 유사해야 한다. 만약 말라리아에 대한 선천적 저항력과 관련해 갑과 을이 다르다면 이 조건, 즉 (1)을 만족하지 못한다. 따라서 갑과 을이 대조사례가 되기 위해서는 말라리아에 대한 선천적 저항력과 관련해 갑과 을 사이에 별 차이가 없다는 것이 밝혀져야 한다. 따라서 ㄴ은 옳은 진술이다.

      ㄷ. "저탄수화물 식단이 체중 감소를 야기한다."는 것을 입증하는 대조사례는 '저탄수화물 식단을 하고 체중이 감소한 사례'와 '저탄수화물 식단을 하지 않고 체중이 감소하지 않은 사례'여야 한다. 이 외에 다른 조건, 즉 총 식사량의 증

감이 서로 다르다면, 이 총 식사량의 증감이 저탄수화물 식단보다 체중 감소를 더 잘 설명해서는 안 된다. 이는 (2) 또는 (3)이 요구하는 바이다. 따라서 ㄷ은 옳은 진술이다.

〈보기〉의 ㄴ과 ㄷ만이 옳은 진술이므로, 정답은 ④이다.

33.

다음 글로부터 추론한 것으로 옳은 것만을 〈보기〉에서 있는 대로 고른 것은?

> 모든 생명체는 탄수화물, 지질, 단백질, 핵산 등의 유기물로 이루어진 유기체이다. 유기물이란 탄소에 수소, 산소, 질소, 인 등이 결합한 탄소화합물이다.
>
> 생명체는 자신의 몸을 구성하는 탄소를 얻는 방식에 따라 독립영양생물과 종속영양생물로 분류된다. 독립영양생물은 탄소가 산화된 형태인 이산화탄소로부터 탄소를 얻고, 종속영양생물은 독립영양생물 혹은 다른 종속영양생물로부터 유래된 유기물로부터 탄소를 얻는다.
>
> 또한 생명체가 살아가기 위해서는 몸을 구성하는 유기물 성분 뿐 아니라, 에너지도 필요하다. 에너지를 얻는 방식에 따라 생명체는 광영양생물과 화학영양생물로 분류된다. 광영양생물은 광합성을 통해 에너지를 빛으로부터 얻고, 화학영양생물은 화학반응을 통해 에너지를 화합물로부터 얻는다.
>
> 따라서 모든 생명체는 에너지를 얻는 방식과 탄소를 얻는 방식에 따라 광독립영양생물, 광종속영양생물, 화학독립영양생물, 화학종속영양생물 중 하나로 분류되며, 지구에는 각각의 그룹에 해당되는 생명체들이 존재한다.

보기

ㄱ. 화성에서 광독립영양생물이 발견된다면 화학종속영양생물도 존재할 것이다.

ㄴ. 지구에서 식물을 포함하는 모든 광독립영양생물이 사라진다면 화학종속영양생물인 모든 동물 또한 사라질 것이다.

ㄷ. 빛이 닿지 않는 바다 속 10km에서 살면서, 해저 화산으로부터 나오는 무기물인 황화수소를 산화시켜 에너지를 얻고, 이 에너지를 이용해 이산화탄소로부터 유기물을 합성하여 살아가는 박테리아는 화학독립영양생물이다.

① ㄱ   ② ㄷ   ③ ㄱ, ㄴ

④ ㄴ, ㄷ   ⑤ ㄱ, ㄴ, ㄷ

과학기술 – 언어 추리

탄소를 얻는 방법과 에너지를 얻는 방법에 따라 생명체를 네 가지 생물로 분류할 수 있다는 것을 이해하고 각 분류군 상호 간의 관계를 파악할 수 있는 능력을 평가함

정답 : ②

생명체에게 필요한 영양분은 두 가지 방식으로 사용되는데, 하나는 생명체를 구성하는 물질로 사용되는 것이며, 다른 하나는 생명 활동을 위한 에너지로 사용되는 것이다. 예를 들어 화학종속영양생물인 인간의 경우, 섭취하는 음식물 중 일부는 몸을 구성하는 성분으로 사용되며, 일부는 다양한 생명활동을 위한 에너지원으로 사용된다. 광독립영양생물인 식물의 경우는 직접적으로 '음식물'을 섭취하지 않고, 빛으로부터 에너지를 얻고 이를 이용하여 탄소가 가장 많이 산화된 형태인 이산화탄소(일반적으로 생물학에서는 무기물로 취급하나, 유기화학에서는 탄소화합물에 속하는 것으로 판단해서 최근에는 유기물에 포함하기도 함)로부터 유기물을 합성한다.

실제 생명과학에서는 에너지를 얻는 방법과 탄소원을 얻는 방법뿐 아니라, 환원력에 필요한 전자를 얻는 방법에 의해서도 생명체를 더욱 세분화할 수 있으나, 제시문에 있는 내용을 바탕으로 생명체를 분류하면 다음과 같다.

	에너지를 얻는 방식	탄소를 얻는 방식	생명체 종류
광독립영양생물	빛에너지	이산화탄소	식물, 미생물
광종속영양생물	빛에너지	유기물	미생물
화학독립영양생물	화학에너지	이산화탄소	미생물
화학종속영양생물	화학에너지	유기물	동물, 곰팡이, 버섯, 미생물

〈보기〉해설 ㄱ. 독립영양생물이 존재한다고 해서 반드시 종속영양생물이 있을 이유는 없기 때문에, 화성에서 광독립영양생물이 발견된다고 하여도 화학종속영양생물이 존재하지 않을 수 있다. 따라서 ㄱ은 옳지 않은 진술이다.

ㄴ. 지구에서 식물을 포함하는 광독립영양생물이 사라진다고 해도 화학독립영양생물은 남아 있기 때문에, 이들에 의존해 살아가는 화학종속영양생물은 살아갈 수 있다. 따라서 ㄴ은 옳지 않은 진술이다.(실제로 빛이 없는 곳에서 무기화합물로부터 에너지를 얻고, 이 에너지를 이용해 이산화탄소로부터 유기물을 합성하는 생명체인 화학독립영양생물은 해저 화산 근처에 많이 존재하고 있으며, 이 화학독립영양생물을 먹이로 하여 살아가는 동물 또한 존재한다.)

ㄷ. 빛이 없는 곳에서 살면서 에너지를 무기물인 황화수소로부터 얻으므로, 제시문에 의하면 이 박테리아는 화학영양생물이다. 또한 이 박테리아는 이산화탄소로부터 유기물을 합성하므로 독립영양생물이다. 따라서 이 박테리아는 화학독립

34.

(A)와 (B)에 대한 평가로 옳은 것만을 〈보기〉에서 있는 대로 고른 것은?

대부분의 포유동물은 다섯 가지 기본적인 맛인 단맛, 쓴맛, 신맛, 짠맛 그리고 감칠맛을 느낄 수 있으며, 이 맛들은 미각세포에 존재하는 맛 수용체에 의해 감지된다. 많은 포유동물들은 단맛과 감칠맛을 선호하는데, 일반적으로 단맛은 과일을 포함한 식물성 먹이에 대한 정보를 제공하고, 감칠맛은 단백질 성분의 먹이에 대한 정보를 제공한다. 단맛과 감칠맛과는 달리, 쓴맛은 몸에 좋지 않은 먹이에 대한 정보를 제공한다.

사람과 달리 고양이는 단맛을 가진 음식을 선호하지 않는데, 고양이의 유전자 분석 결과 단맛 수용체 유전자에 돌연변이가 일어나 기능을 할 수 없다는 사실이 밝혀졌다. 육식동물로 진화한 고양이는 단맛 수용체 유전자가 작동하지 않아도 사는 데 지장이 없기 때문이라는 진화론적 설명이 가능하다. 즉, (A) 생명체는 게놈의 경제학을 통해 유전자가 필요 없을 경우 미련 없이 버린다는 것이다.

이후 연구자들이 진화적으로 가깝지 않은 서로 다른 종에 속하는 육식 포유동물들의 단맛 수용체 유전자를 연구한 결과, 단맛 수용체 유전자에 돌연변이가 일어나 단맛 수용체가 정상적으로 기능을 할 수 없음을 확인하였다. 단맛 수용체 유전자의 돌연변이가 일어난 자리는 종마다 달랐는데, 이는 서로 다른 종의 동물들이 육식에만 전적으로 의지하는 동물로 진화해 가는 과정에서 독립적으로 유전자 변이가 일어났음을 의미한다. 즉, 단맛 수용체 유전자의 고장은 수렴진화의 예로서, (B) 진화적으로 가깝지 않은 서로 다른 종의 생물이 적응의 결과, 유사한 형질이나 형태를 보이는 모습으로 진화했다는 것이다.

보 기

ㄱ. 진화적으로 서로 가깝지 않은 다른 종의 잡식동물인 집돼지와 불곰은 쓴맛 수용체 유전자의 개수가 줄어든 결과로 보다 강한 비위와 왕성한 식욕을 가지게 되었다는 사실이 밝혀졌다. 이는 (A)를 약화하고 (B)를 강화한다.

ㄴ. 진화적으로 서로 가깝지 않은 다른 종의 육식동물인 큰돌고래와 바다사자는 먹이를 씹지 않고 통째로 삼키는 형태로 진화한 결과로 단맛 수용체 유전자뿐 아니라 감칠맛 수

용체 유전자에도 돌연변이가 일어나 기능을 할 수 없게 되었다는 사실이 밝혀졌다. 이는 (A)와 (B) 모두를 강화한다.

ㄷ. 사람과 오랑우탄의 공동조상은 과일 등을 통해 충분한 양의 비타민C를 섭취할 수 있도록 진화한 결과로 비타민C 합성 유전자에 돌연변이가 일어나 기능을 할 수 없게 되었으며, 이로 인해 진화적으로 서로 가까운 사람과 오랑우탄이 비타민C를 합성하지 못한다는 사실이 밝혀졌다. 이는 (A)를 강화하고 (B)를 약화한다.

① ㄱ   ② ㄴ   ③ ㄱ, ㄷ

④ ㄴ, ㄷ   ⑤ ㄱ, ㄴ, ㄷ

문항 성격 과학기술 – 논증 평가 및 문제 해결

평가 목표 포유동물이 맛을 느낄 때 사용되는 미각 수용체 유전자 중 일부가 육식동물로 진화하는 과정에서 돌연변이로 인해 기능을 상실하게 되는 진화적 원리를 제시문으로부터 이해하고, 이를 바탕으로 보기에 주어진 진술의 진위를 파악하는 능력을 평가함

문제 풀이 정답 : ②

인간을 포함한 대부분의 포유동물은 다섯 가지 기본적인 맛, 즉 단맛, 쓴맛, 신맛, 짠맛, 감칠맛을 각 맛에 해당하는 미각 수용체를 이용하여 느낄 수 있는데, 단맛은 주로 식물성 먹이에 대한 정보를 주고 감칠맛은 주로 동물성 먹이에 대한 정보를 제공한다. 육식 동물로 진화한 경우, 식물성 먹이에 대한 정보를 제공하는 단맛은 느낄 필요가 없기 때문에 많은 육식동물의 경우 단맛 수용체 유전자에 돌연변이가 일어나 기능을 할 수 없는 경우가 많다. 이는 생명체가 진화하는 과정에서 필요 없는 유전자는 돌연변이를 통해 더 이상 기능을 할 수 없게 된다는 것을 의미한다.

서로 다른 종에 속하는 육식동물의 경우 단맛 수용체 유전자에 일어난 돌연변이의 위치가 서로 다르다는 사실이 밝혀졌는데, 이는 공동조상에서 단맛 유전자에 돌연변이가 일어나 후손으로 전달된 것이 아니라, 후손으로 갈라진 이후 각 종에서 단맛 유전자에 돌연변이가 일어났다는 것을 의미한다. 즉, 서로 다른 종의 육식동물에서 발견되는 단맛 유전자의 돌연변이는 진화적으로 가깝지 않은 종들이 육식이라는 공통의 환경에 적응한 결과, 유사한 형질을 보이는 모습으로 진화하는 수렴진화의 예이다.

〈보기〉 해설 ㄱ. "집돼지와 불곰은 쓴맛 수용체 유전자의 개수가 줄어든 결과로 보다 강한 비위와 왕성한 식욕을 가지게 되었다"는 것은 서로 다른 종에 속하는 생명체가 유사한 형질을 보이는 모습으로 진화했다는 (B)를 강화시킬 수는 있지만, (A)를 약화하지는 않는다. 왜냐하면 유전자의 변화가 원인이 되어 왕성한 식욕을 가

지게 되었다는 것은, (A)에서 주장한 내용인 "유전자가 필요 없을 경우 미련 없이 버린다"는 것과 직접적인 관련이 없기 때문이다. (유전자가 필요 없을 경우에도 유전자를 버리지 않는 사례가 있다면 (A)가 약화될 것이다.) 따라서 ㄱ은 옳지 않은 진술이다.

ㄴ. 먹이를 씹지 않고 통째로 삼키는 형태로 진화한 큰돌고래와 바다사자는 육식동물임에도 불구하고, 식물성 먹이에 대한 정보를 주는 단맛뿐만 아니라 단백질 성분의 맛에 대한 정보를 주는 감칠맛도 느낄 필요가 없다고 추론할 수 있다. 따라서 이들에게서 단맛 수용체 유전자뿐만 아니라 감칠맛 수용체 유전자에도 돌연변이가 일어나 기능을 할 수 없게 되었다는 것은 필요 없는 유전자를 버린다는 (A)를 강화하고, 진화적으로 서로 가깝지 않은 생물이 적응의 결과 둘 다 단맛과 감칠맛을 느끼지 못하는 유사한 형태를 보이는 모습으로 진화했기 때문에 수렴진화를 했다는 (B)도 강화한다. 따라서 ㄴ은 옳은 진술이다.

ㄷ. 사람과 오랑우탄의 공동조상은 과일 등을 통해 충분한 양의 비타민C를 섭취할 수 있도록 진화한 결과로 비타민C 합성 유전자에 돌연변이가 일어나 기능을 할 수 없게 되었다는 것은 필요 없는 유전자를 버린다는 (A)를 강화하는 것으로 볼 수 있다. 하지만 공동조상으로부터 돌연변이 비타민C 합성 유전자를 그대로 물려받았기 때문에 진화적으로 서로 가까운 사람과 오랑우탄이 비타민C를 합성하지 못한다는 사실은 진화적으로 가깝지 않은 서로 다른 종들이 적응의 결과 수렴진화를 했다는 (B)와는 관련이 없으므로 (B)를 약화하지 못한다. 따라서 ㄷ은 옳지 않은 진술이다.

〈보기〉의 ㄴ만이 옳은 진술이므로 정답은 ②이다.

35.

다음 글로부터 추론한 것으로 옳은 것만을 〈보기〉에서 있는 대로 고른 것은?

세포 내에는 수천 가지 이상의 서로 다른 단백질들이 존재하는데, 이들은 서로 간의 작용, 즉 상호작용을 통해 다양한 생명현상에 관여한다. 단백질의 상호작용 중 가장 대표적인 것은 2개 이상의 서로 다른 단백질이 결합을 통해 상호작용하는 것이다. 이때 2개의 단백질이 서로 결합하는 경우 두 단백질은 직접적으로 결합하지만, 3개 이상의 서로 다른 단백질이 결합하여 상호작용하는 경우에는 이 중 두 단백질 사이에 직접적인 결합이 존재하지 않을 수 있다.

세포 내에 존재하는 어떤 단백질을 분리하기 위해 가장 널리 사용되는 방법 중 하나는 단백질과 결합할 수 있는 능력을 가진 항체를 이용하는 것이다. 단백질 A를 분리할 경우, 단백질 A에 결합할 수 있는 항체 X와, 자성(磁性)을 가지면서 항체 X에 결합할 수 있는 항체 Y를 이용한다. 먼저, 항체 X와 항체 Y를 단백질 A가 들어있는 용액에 첨가하여 결합 반응을 유도한다. 이후 자성을 가진 물질이 금속에 붙는 성질을 이용하여 자성을 가진 항체 Y를 금속을 이용해 용액에서 분리하면, 항체 X뿐 아니라 항체 X에 결합된 단백질 A도 함께 분리할 수 있다.

〈실험 및 결과〉

단백질 A와 상호작용하는 세포 내 단백질이 무엇인지 알아보기 위해서 위의 항체 X와 항체 Y를 이용하여 실험을 수행한다. 실험군으로 세포 내의 모든 단백질을 포함하고 있는 세포추출물에 항체 X와 항체 Y를 첨가하여 결합 반응을 유도한 후, 금속을 이용해서 항체 Y를 분리하고 이와 함께 분리된 모든 단백질의 종류를 분석한다. 항체 X와의 결합이 아니라 금속 또는 항체 Y와의 결합으로 분리되는 단백질을 파악하기 위해, 대조군으로는 동일한 세포추출물에 항체 Y만 첨가하여 결합 반응을 유도한 후 실험군과 동일한 분리 및 분석을 수행한다.

실험 결과, 실험군에서는 항체 X 및 항체 Y와 더불어 단백질 A, B, C, D가 검출되었고, 대조군에서는 항체 Y와 단백질 B만 검출되었다. 항체 X와 단백질 사이의 결합을 분석한 결과, 항체 X는 단백질 A뿐 아니라 B에도 직접 결합했으며, 단백질 C와 D에는 직접 결합할 수 없었다.

보기

ㄱ. 단백질 A, C, D는 자성을 갖지 않는다.
ㄴ. 단백질 B가 대조군에서 검출된 이유는 자성을 갖기 때문이다.
ㄷ. 단백질 C와 단백질 D 둘 다 단백질 A와 직접 결합하는 단백질이다.

① ㄱ   ② ㄷ   ③ ㄱ, ㄴ
④ ㄴ, ㄷ   ⑤ ㄱ, ㄴ, ㄷ

문항 성격   과학기술 – 언어 추리
평가 목표   세포 내에 존재하는 다양한 종류의 단백질을 항체를 이용하여 분리하는 방법에 대한 내용을 제시문을 통해 파악하고, 이를 적용하여 단백질 복합체의 분리 및 단백질 상호 간의 결합관계에 대한 추론 능력을 평가함
문제 풀이   정답 : ①

세포 내에는 수천 가지 이상의 서로 다른 단백질들이 상호작용을 통해 복잡한 생명현상을 나타내

는데, 이 단백질들 사이의 상호작용을 구체적으로 연구하기 위해서는 어떤 단백질들이 상호간에 결합을 할 수 있는지를 파악하는 것이 중요하다. 단백질을 분리하기 위해 가장 많이 사용되는 방법 중 하나는 분리를 원하는 단백질과 특이적으로 결합하는 성질을 가지고 있는 항체를 이용하는 것이다. 분리를 원하는 단백질 A가 있을 경우, 주로 사용되는 방법은 단백질 A에 특이적으로 결합하는 항체 X와 항체 X에 특이적으로 결합하는 항체 Y를 사용하는 것이다. 이때 항체 Y에는 자성을 가지는 물질을 부착하여, 금속을 이용해 쉽게 분리하는 방법을 사용한다. 일반적으로 항체는 특정 단백질에만 결합하는 능력을 가지고 있지만, 실제 실험과정에서는 항체의 교차결합으로 인해 분리를 원하는 단백질 이외에 다른 단백질들도 분리될 수 있기 때문에 대조군 실험을 통해 실험군에서 분리를 원하지 않는 단백질이 분리되었는지를 파악하는 실험을 수행한다.

〈보기〉 해설 　ㄱ. 단백질 A, C, D는 대조군에서 분리되지 않았기 때문에 모두 자성을 갖지 않는다. 만일 이들 중 자성을 가지는 단백질이 있다면, 실험군처럼 금속을 이용하는 과정을 거치는 대조군에서도 분리되었을 것이다. 따라서 ㄱ은 옳은 진술이다.

　ㄴ. 단백질 B가 자성을 갖지 않더라도 항체 Y에 결합해서 분리될 수도 있다. 즉, 단백질 B가 대조군에서 검출되었다는 사실만으로는 단백질 B가 자성을 가지고 있다는 판단을 할 수 없다. 따라서 ㄴ은 옳지 않은 진술이다.

　ㄷ. 예를 들어 단백질 A와 단백질 C가 직접적인 결합을 하고, 단백질 C와 단백질 D가 직접적인 결합을 하는 경우(항체 X – 단백질 A – 단백질 C – 단백질 D), 단백질 D는 A와 직접적인 결합이 없더라도 항체 X를 이용해 A를 분리하는 과정을 통해 분리될 수 있다. 따라서 "단백질 C와 단백질 D 둘 다 단백질 A와 직접 결합하는 단백질이다."는 옳지 않은 진술이다.

〈보기〉의 ㄱ만이 옳은 진술이므로 정답은 ①이다.

법학적성시험
추리논증 영역

2019

2016학년도 추리논증 영역 출제 방향

1. 출제의 기본 방향

추리논증 시험은 대학에서 정상적인 학업과 독서 생활을 통하여 사고력을 함양한 사람이면 누구나 해결할 수 있는 내용을 다루되, 주어진 제시문의 내용에 관한 선지식이 문제 풀이에 도움이 되지 않도록 하였다. 그리고 제시문에서 주어진 내용을 단순히 문자적으로 이해하는 것만으로는 해결할 수 없고 제시된 글이나 상황을 논리적으로 분석하고 비판할 수 있어야 해결할 수 있도록 문항을 구성하여 사고력, 즉 추리력과 비판력을 측정하는 시험이 될 수 있도록 노력하였다.

내용 제재를 선택하는 데 있어서는 전 학문 분야 및 일상적·실천적 영역에서 소재를 찾아 활용하였다. 대학에서 특정 전공자가 유리하거나 불리하지 않도록 영역 간 균형 잡힌 제재 선정을 위해 노력하는 한편, 제시문으로 선택된 영역의 전문 지식이 문항 해결에 미치는 영향을 최소화하는 데에도 주력하였다. 시험의 성격상, 법을 비롯한 규범학의 제시문을 다소 많이 포함시켰으나, 제시문 및 질문을 최대한 순화하여 법학적 지식 없이 일상적 언어 능력과 사고력만으로 제시문을 읽어 내고 문제를 해결할 수 있도록 하였다.

2. 출제 범위 및 문항 구성

추리논증 시험은 법학과 윤리학 등의 규범학을 비롯하여 인문, 사회과학, 자연과학과 같은 다양한 학문적인 소재뿐만 아니라 사실이나 견해, 정책이나 실천적 의사결정 등을 다루는 일상적 소재도 포함하도록 하고 있다. 이번 시험에서도 소재 구성은 큰 차이가 없었다. 법 관련 제재를 다루는 문항들(1~9번)과 윤리학을 포함한 인문 제재를 다루는 문항들(10~17번), 사회과학 제재를 다루는 문항들(18~25번), 자연과학과 융복합적 제재를 다루는 문항들(26~29번), 그리고 일상적 논증과 논리·수리적 추리를 다루는 문항들(30~35번)로 구성하여 다양한 성격의 글들을 골고루 포함하고 또 다양한 유형의 추리 능력 및 비판 능력을 측정할 수 있도록 하였다. 특히 법학전문대학원 교육에 필요한 논증 분석 및 평가 능력을 측정하는 것이 중요하다는 지적에 따라 이번 추리논증 시험에서는 복잡한 수리 추리 문항의 수를 줄이고 법과 규범에 관한 논증 평가 문항의 수를 늘렸다.

법학 전공자가 유리하지 않도록 하는 범위 내에서 법 관련 제재를 다양하게 사용하려고 하였다. 또한 법 관련 제재를 다루는 문항의 경우, 문제 해결에 다소 집중력이 필요한 문항을 포함시켰다.

3. 난이도

제시문의 분량 및 내용의 수준은 다수의 수험생이 한정된 시간 내에 문제를 충분히 해결할 수 있도록 조정하였으며, 수리 추리나 논리 게임의 추리 문항의 경우 문항이 지나치게 어려워지지 않도록 노력하였고, 논증이나 논쟁적 자료를 분석하고 비판하도록 요구하는 문항들의 난이도는 예년과 비슷하거나 약간 어려운 수준을 유지하려고 하였다. 예년에 비해 추리 문항의 수도 줄고 난도도 낮추어 체감 난도는 낮게 나타날 수 있지만, 비판 문항이 늘어 전체 분량이 늘어났고 글에 대한 깊이 있는 분석이 요구되어 실제 원점수의 평균점수는 예년에 비해 다소 낮아질 것으로 예상된다.

4. 출제 시 유의점

- 추리논증 시험으로 평가하고자 하는 능력이 법학전문대학원 교육에 필요한 추리 능력과 비판 능력임을 고려하여 추리 문항 수와 비판 문항 수 간의 적절한 비율을 유지하고자 하였다.
- 시험의 적절한 변별력을 위하여 난이도별 문항 수 간의 적정 비율을 유지하고자 하였다.
- 선지식에 의해 풀게 되거나 전공에 따른 유·불리가 분명해지는 제시문의 선택과 문항의 출제를 지양하였다.

- 출제의 의도를 감추거나 오해하게 하는 질문을 피하고, 평가하고자 하는 능력을 정확히 평가할 수 있도록 간명한 형식을 취하였다.
- 문항 및 선택지 간의 간섭을 최소화하고, 선택지 선택에서 능력에 따른 변별이 이루어질 수 있도록 하였다.

01.

다음 견해들에 대한 평가로 옳은 것만을 〈보기〉에서 있는 대로 고른 것은?

> A : 보편적 도덕으로서의 인권이념은 강대국이 약소국을 침략하기 위한 이데올로기였다. 16세기 스페인의 아메리카 대륙 침략은 비도덕적인 관습으로 핍박받는 원주민 보호 등, 보편적 도덕 가치의 전파라는 명분으로 이루어졌다. 그러나 스페인의 인도적 개입은 자국의 이익을 도모 하였던 것에 불과하였다. 인도적 군사개입은 주권국가의 자율성을 짓밟는 것으로서 정당화될 수 없다.
>
> B : 인권은 개별국가 각각의 정치적 맥락 속에서 이룩한 구체적인 산물이다. 주권국가는 고유의 문 화적·도덕적 가치에 따라 인권의 구체적 모습을 발전시킬 권한을 갖는다. 그러나 이를 인정 하더라도 모든 주권국가들이 보호해야 하는 최소한의 도덕적 인권조차 부정한다면 인종청소와 대량학살과 같은 사태를 막을 수 없을 것이다. 국제사회는 개별국가의 고유한 인권을 존중해야 할 의무가 있지만, 최소한의 도덕적 인권을 지키기 위해 인도적 군사개입을 할 권한을 갖는다.
>
> C : 특정 가치가 특정 국가의 자의에 따라 보편적 권리로 간주되었던 역사를 부정할 수는 없다. 그러나 역사적으로 보편적 인권이 확장되어 왔으며 법을 통해 규범성을 갖게 되었음도 인정 해야 한다. 오늘날 대부분의 나라들은 '세계인권선언'에 동참하고 인권 규약을 비준하는 등 인권 이념을 국제법적으로 승인하고 있다. 인권은 보편적인 법적 권리인 것이다. 따라서 인도 적 군사개입은 국제법으로 정한 요건과 한계를 준수하였을 때에만 인정될 수 있다.

보 기

> ㄱ. A와 B는 보편적 인권을 부정하지만 C는 인정한다.
> ㄴ. 만약 "어떠한 국가도 다른 규정에 정한 바가 없을 경우 무력을 사용하여 다른 주권국가 를 침략할 수 없다."라는 국제법 규정이 있다면, 이러한 규정은 C를 약화한다.
> ㄷ. B와 C는 어떤 국가가 종교적 가치에 따라 사상·표현의 자유를 억압하고 있다는 근거 만으로는 인도적 군사개입을 인정할 수 없다고 본다.

① ㄱ   ② ㄷ   ③ ㄱ, ㄴ
④ ㄱ, ㄷ   ⑤ ㄴ, ㄷ

문항 성격	법·규범 - 논쟁 및 반론
평가 목표	인도적 군사개입과 관련된 지문을 이용하여 세 가지 주장을 이해하고, 주장들의 논쟁 점이 무엇인지를 파악하는 능력을 측정함

인도적 군사개입의 정당성 논쟁에 관한 글이다. 이와 관련하여 제시문은 인도적 군사개입 부정론과 제한적 긍정론으로 구성되어 있다. 제시문에서의 첫 번째 쟁점은 인권은 보편적인 권리인가의 문제이다. 보편적 인권이란 어떠한 국가의 국민인지와 관계없이 사람이라면 마땅히 보호받아야 할 권리이고, 때문에 모든 국가는 이를 존중해야 하는 의무를 지니고 있음을 전제한다. 보편적 인권의 존재를 인정할 경우, 특정 국가가 자국 국민의 보편적 인권을 침해한다면 국제사회는 그 국가에 대해 인도적 견지에서 군사개입을 할 수 있는 근거를 갖게 된다. 반면 보편적 권리를 부정하거나 개별국가의 특수한 권리일 뿐이라고 한다면, 국제사회는 인도적 군사개입의 근거를 가질 수 없게 된다. 두 번째 쟁점은 인권은 도덕적 권리인가. 또는 법적 권리인가의 문제이다. 만약 인권이 도덕적 권리라고 본다면 일종의 규범 원리로 이해할 수 있지만, 자연법과 같이 그 요건과 한계가 불명확해진다. 그러나 법적 권리로 본다면 요건과 한계는 국제사회의 합의를 통해 규정될 필요가 있다.

　　A는 보편적인 도덕적 권리로서의 인권이란 강대국의 이데올로기에 불과한 것이며, 이에 기초한 인도적 군사개입은 주권국가의 자율성을 침해하는 것으로 보고 있다. B는 인권은 개별 주권국가들이 각각의 정치적 맥락에서 이룩한 특수한 권리이지만, 그와 동시에 인종청소와 대량학살과 관계 있는 최소한의 인권에 대해서는 보편적 권리라고 보고 있다. 또한 후자의 최소한의 인권은 도덕적 권리임을 명시하면서, 이에 근거한 경우에만 인도적 군사개입을 인정하고 있다. C는 역사적으로 인권은 법적 권리였으며, 특히 오늘날의 경우 국제법적으로 대부분의 나라들이 동의하는 법적 권리로 발전하였다고 판단한다. 때문에 C는 보편적 인권을 인정하면서도, 이에 따른 인도적 군사개입은 국제법으로 정한 요건과 한계를 준수할 때에만 정당화될 수 있다고 보고 있다.

<보기> 해설　ㄱ. A는 보편적 인권이란 강대국이 약소국을 침략하기 위한 이데올로기로 보기 때문에 보편적 인권을 부정한다. 반면 B는 최소한의 도덕적 인권은 모든 주권국가들이 보호해야 하는 것으로 보기 때문에, C는 인권은 보편적인 법적 권리로 보기 때문에 각각 보편적 인권을 인정한다. ㄱ은 B는 보편적 인권을 부정한다고 했기 때문에 틀린 진술이다.

　　　　　　ㄴ. C는 국제법으로 정한 한계와 요건을 준수한다면 인도적 군사개입을 인정할 수 있다고 본다. 만약 국제법 규정이 원칙적으로 어떠한 국가도 무력을 사용하여 다른 주권국가를 침략할 수 없다고 되어 있어도 예외적으로 '다른 규정에 정한 바가 있을 경우'에 허용한다고 정하고 있으면, 이는 C의 내용과 부합하기 때문에 C를 약화하지는 않는다. ㄴ은 옳지 않은 진술이다.

　　　　　　ㄷ. B와 C는 어떤 국가가 종교적 가치에 따라 사상·표현의 자유를 억압하고 있다는 근거만으로는 인도적 군사개입을 인정할 수 없다고 할 것이다. 왜냐하면 B

의 경우 그것이 인종청소와 대량학살과 관계 있는 최소한의 도덕적 인권을 침해하는 것은 아니기 때문이며, C의 경우 국제법으로 정한 요건과 한계를 준수하였는지의 여부를 판단해야 하기 때문이다. ㄷ은 옳은 진술이다.

〈보기〉의 ㄷ만이 옳은 진술이므로 정답은 ②이다.

02.

다음 견해들에 대한 평가로 옳지 <u>않은</u> 것은?

X국 헌법 제34조는 "모든 국민은 인간다운 생활을 할 권리를 가진다."라고 정하고 있는데, 이 조항의 해석으로 여러 견해가 제시되고 있다.

A : 법적 권리는 그 내용이 구체적이고 의미가 명확해야 한다. 그런데 '인간다운 생활' 이라는 말은 매우 추상적이고, 사람마다 그 의미를 다르게 해석할 수 있는 여지를 광범위하게 제공한다. 따라서 위 조항은 국민에게 법적 권리를 부여하는 것이 아니라 모든 국민이 인간다운 생활을 할 수 있도록 노력하라고 하는 법률 제정의 방침을 제시하고 있을 뿐이며, 그것을 재판의 기준으로 삼을 수는 없다.

B : 위 조항은 국민에게 법적 권리를 부여하고 있다. 하지만 그 자체로는 아직 추상적인 권리에 불과하기 때문에 그에 근거하여 국가기관을 상대로 구체적인 요구를 할 수는 없고, 입법부가 그 권리의 내용을 법률로 구체화한 다음에라야 비로소 국민은 국가기관에 주장하여 실현할 수 있는 구체적인 법적 권리를 가지게 된다.

C : 위 조항은 국민에게 법적 권리를 부여하지만, 그 권리의 구체적인 내용은 잠정적이다. 그 권리의 확정적인 내용은 국민이나 국가기관이 구체적인 사태에서 다른 권리나 의무와 충돌하지는 않는지, 충돌할 경우 어느 것이 우선하는지, 그 권리를 실현하는 데 재정상황 등 사실적인 장애는 없는지 등 여러 요소를 고려하여 판단한다. 국민은 이렇게 확정된 권리를 국가기관에 주장하여 실현할 수 있다.

D : 위 조항에 규정된 '인간다운 생활' 의 수준은 최소한의 물질적인 생존 조건에서부터 문화생활에 이르기까지 여러 층위로 나누어 생각할 수 있다. 위 조항은 그중에서 적어도 최소한의 물질적인 생존 조건이 충족되는 상태에 대하여는 어떤 경우에도 구체적인 법적 권리를 인정하는 것이며, 사회의 여건에 따라서는 이를 넘어서는 상태에 대한 구체적인 법적 권리도 바로 인정할 수 있다.

① A에 대하여는, 헌법 제34조의 문언에 반하는 해석을 하고 있다는 비판을 할 수 있다.

② B에 의하면, 국가가 그 권리의 구체적인 내용을 법률로 정하지 않을 경우 국민은 자신의 권리를 실현할 수 없다.

③ C에 대하여는, 헌법 제34조의 구체적인 내용을 사람마다 달리 이해할 수 있어서 권리의 내용이 불안정하게 된다고 비판할 수 있다.

④ D가 인정하는 구체적인 법적 권리가 실현될 수 있을지는 사회여건에 따라 다를 수 있다.

⑤ A, B, C는 국가의 다른 조치가 없다면 헌법 제34조를 근거로 법원에 구체적인 권리 주장을 할 수 없다는 점에 견해를 같이한다.

문항 성격 법 · 규범 – 언어 추리

평가 목표 헌법에 규정된 '인간다운 생활을 할 권리'의 법적 성격에 대한 여러 견해들을 분석하고 비판적으로 평가할 수 있는 능력을 측정함

문제 풀이 정답 : ⑤

전형적인 법적 권리는 법원의 소송절차를 통하여 실현될 수 있다. 그런데 X국 헌법 제34조의 "모든 국민은 인간다운 생활을 할 권리를 가진다." 등의 사회적 기본권은 국가의 재정이 뒷받침되고 법률로 일반적인 기준이 정해진 다음에라야 실현될 수 있는 경우가 많다. 그래서 사회적 기본권의 성질에 대하여 다양한 이론이 제시되고 있다. 이 문항은 그러한 이론들 중 몇 가지를 간단히 소개하고 있다.

A는 위와 같은 사회적 기본권의 특징에 주목하여, 그것을 법적 권리로 인정하지 않는다.

B는 그것을 법적 권리로 인정하기는 하지만, 그 내용이 법률로 구체화되기 전에는 곧바로 국가기관에 주장하여 실현할 수 없다고 본다.

C는 위 조항이 국민에게 법적 권리를 일단 잠정적으로 인정하며, 그 확정적인 내용은 구체적인 사태에서 다른 권리나 의무와의 관계 및 사실적인 요소들을 고려하여 국민이나 국가기관이 판단할 수 있다고 본다.

D는 위 조항에 규정된 '인간다운 생활'의 내용으로 주장될 수 있는 여러 차원을 제시하고, 그 중 최소한의 물질적 생존 조건에 대하여는 바로 구체적인 법적 권리를 인정해서 별도의 입법조치 없이 실현할 수 있다고 보며, 사회의 여건에 따라서는 더 높은 수준에서 구체적인 법적 권리가 인정될 수 있다고 본다.

정답 해설 ⑤ A에 따르면 헌법 제34조는 국민에게 구체적인 법적 권리를 부여하는 것이 아니며, B에 따르면 헌법 제34조는 입법으로 구체화되어야 국민이 국가기관에 주장하여 실현할 수 있는 법적 권리가 있다고 보기 때문에, 국가의 다른 조치가

없다면 헌법 제34조를 근거로 법원에 구체적인 권리 주장을 할 수 없다. 하지만 C는 국민이나 국가기관이 그 권리의 확정적인 내용을 판단하여 실현할 수 있다고 하므로, 그 권리의 실현을 위하여 반드시 사전에 입법조치가 있어야 하는 것이 아니다. 따라서 C에 따르면 국민은 국가의 다른 조치가 없더라도 헌법 제34조를 근거로 법원에 구체적인 권리 주장을 할 수 있다. 따라서 ⑤는 옳지 않은 진술이다.

오답 해설

① A는 헌법 제34조가 "모든 국민은 인간다운 생활을 할 권리를 가진다."라고 규정하고 있음에도 불구하고, 그로부터 법적 권리가 인정되는 것은 아니라고 주장하므로 헌법 제34조의 문언에 반하는 해석을 한다는 비판을 받을 수 있다. ①은 옳은 진술이다.

② B는 입법부가 그 권리의 내용을 법률로 구체화하기 전에는 국민에게 국가기관에 주장하여 실현할 수 있는 구체적인 법적 권리를 인정하지 않는다. 따라서 ②는 옳은 진술이다.

③ C에 따르면 그 권리의 확정적인 내용은 국민이나 국가기관이 구체적인 사태에서 여러 가지 규범적 · 사실적 고려를 한 판단을 통해 밝혀진다. 그런 판단은 사람에 따라 다를 수 있으므로, 그 권리의 확정적인 내용은 사람마다 다르게 이해할 수 있어서 불안정할 수 있다. 따라서 ③은 옳은 진술이다.

④ D는 최소한의 물질적인 생존 조건에 대하여는 어떤 경우에도 구체적인 법적 권리가 인정된다고 하지만, 사회여건에 따라서는 국가가 국민에게 최소한의 물질적인 생존 조건도 보장하지 못할 수도 있다. 따라서 ④는 옳은 진술이다.

03.

A, B 주장에 대한 분석으로 옳은 것만을 〈보기〉에서 있는 대로 고른 것은?

P국의 민사소송에서 당사자란 자기의 이름으로 국가의 권리보호를 요구하는 자와 그 상대방을 말한다. 당사자가 적법하게 소송을 수행할 수 있으려면 당사자능력, 당사자적격, 소송능력 등의 당사자자격을 갖추어야 한다. 당사자능력은 소송의 주체가 될 수 있는 일반적인 능력을 말한다. 대표적으로 살아있는 사람이라면 누구나 민사소송의 주체가 될 수 있다. 당사자적격이란 특정한 소송사건에서 정당한 당사자로서 소송을 수행하고 판결을 받기에 적합한 자격이다. 이는 무의미한 소송을 막고 남의 권리에 대하여 아무나 나서서 소송하는 것을 막는 장치이기도 하다. 소송능

력이란 당사자로서 유효하게 소송상의 행위를 하거나 받기 위해 갖추어야 할 능력을 말한다.

A : 인간이 아닌 자연물인 올빼미는 적법하게 소송을 수행할 수 없다. 왜냐하면 소송의 주체가 될 수 있는 당사자능력을 현행법은 사람이나 일정한 단체에만 인정하고 있기 때문이다. 그리고 어떤 존재에게 당사자능력을 인정할지는 소송사건의 성질이나 내용과는 관계없이 일반적으로 정해져야 법과 재판의 안정성을 확보할 수 있다. 따라서 법에서 명시적으로 인정하는 자 이외에는 당사자능력을 추가로 인정할 수 없다.

B : 적법하게 소송을 수행할 수 있는 자격을 누군가에게 인정할지 여부는 그에게 법으로 보호할 이익이 있는지에 따라서 판단해야 한다. 만약 어떤 사람이 살고 있는 곳의 환경이 대규모 공사로 심각하게 훼손될 위험에 처하였다면, 우리는 그 사람에게 이익침해가 있다고 보아 법으로 보호받을 수 있는 자격과 기회를 인정하여야 한다. 민사소송의 당사자가 갖추어야 할 여러 가지 자격이란 이를 구체화한 것일 뿐이다. 그렇다면 자기가 살고 있는 숲이 파괴될 위험에 처한 올빼미에게 법으로 보호받을 자격과 기회를 부정할 이유는 없다. 다만 원활한 소송 진행을 위하여 시민단체가 올빼미를 대리하여 소송을 수행할 수 있을 것이다.

보 기

ㄱ. A, B는 모두, 소송에서 당사자능력을 인정받기 위해서는 침해되는 이익이 있어야 한다는 점을 전제하고 있다.
ㄴ. A에 따르면, 올빼미가 현실적으로 이익을 침해당하더라도 법 개정이 없이는 소송을 수행할 수 없다.
ㄷ. 법규정의 명문에 반하는 해석이 허용된다면 B는 강화된다.

① ㄱ   ② ㄴ   ③ ㄱ, ㄷ
④ ㄴ, ㄷ   ⑤ ㄱ, ㄴ, ㄷ

문항 성격	법·규범 – 논쟁 및 반론
평가 목표	자연물이 직접적인 소송 당사자가 될 수 있는지에 관하여 P국의 민사소송법을 토대로 대립되는 두 견해를 이해하고, 당사자자격에 관한 제시문의 내용을 중심으로 대립되는 각 주장을 바르게 평가할 수 있는 능력을 측정함
문제 풀이	정답 : ④

위 문제는 자연물의 권리 소송에 대한 것이다. 자연물의 권리 소송은 자연물이 직접적인 소송 당사자가 되고 인간이 그에 대한 대변인이 되어 당사자인 자연이 침해당하고 있는 이익, 즉 자연이

가지고 있는 가치의 침해에 대해 판단을 하고 이에 근거한 판결을 요구하는 소송에서 당사자자격을 인정할 수 있는지를 판단한다. A는 대법원 2006. 6. 2.자 2004마1148, 2004마1149 결정을 소재로 한 주장이고, B는 모턴 판결(Sierra Club v. Morton, Secretary of the Interior, 405 U. S. 727(1972))을 소재로 올빼미로 각색하여 P국의 민사소송법제를 가정하여 당사자자격을 인정할 수 있는지에 관한 주장을 상정한 것이다. 한쪽에서는 당사자능력을 인정하지 않았고 한쪽에서는 당사자자격을 인정해야 한다는 내용을 대립시킴으로써 두 대립하는 입장이 공통적으로 전제하는 것과 각 주장에 대하여 강화 또는 약화시키는 논거를 찾는 문제이다.

〈보기〉 해설　ㄱ. B는 현행법상 당사자자격의 규정을 무시하고 별도로 피침해 이익이 있는 주체에게는 당사자자격을 부여하여야 한다고 주장함으로써 자연물인 올빼미에게도 당사자자격을 인정하는 것이므로 당사자자격 인정을 위해서는 당사자가 침해되는 이익이 있어야 함을 전제하고 있다고 말할 수 있다. 그러나 A는 침해되는 이익이 무엇인지에 관하여는 전혀 언급하지 않고 있으며, 오로지 당사자자격 중 당사자능력을 형식적으로만 파악하여 현행법을 기준으로 당사자능력을 사람이나 단체에 대하여만 인정하고 있으므로 당사자가 침해되는 이익이 있어야 함을 전제하고 있지는 않다. 그러므로 ㄱ은 옳지 않은 진술이다.

ㄴ. A에 따르면 현행법상 당사자능력이 있으려면 명문의 규정에 따라 사람 또는 단체이어야 하므로 올빼미가 당사자능력을 가지려면 현행법을 개정해야 한다. 따라서 ㄴ은 옳은 진술이다.

ㄷ. B는 현행법상 올빼미가 당사자자격이 인정되지 않음에도 불구하고 당사자자격을 인정하려는 것이므로 현행법의 명문의 규정에 반하는 해석이 허용된다면 B는 강화된다. 따라서 ㄷ은 옳은 진술이다.

〈보기〉의 ㄴ, ㄷ만이 옳은 진술이므로 정답은 ④이다.

04.
다음에 대한 평가로 옳은 것만을 〈보기〉에서 있는 대로 고른 것은?

자유를 박탈하는 징역형의 경우, 기간이 동일하다면 신분, 경제력 등의 차이와 무관하게 범죄자들이 느끼는 고통은 동일하다고 간주되고 있다. 때문에 형벌 기간이 범죄자의 책임에 비례하도록 한다면, 동일한 범죄에 대해서는 동일한 고통을 부과해야 한다는 '고통평등의 원칙' 뿐만 아니라, 형벌은 범죄자의 책임의 양과 일치해야 하며 이를 초과해서 안 된다는 '책임주의 형벌원칙'을 모두 충족할 수 있다.

그러나 벌금형에 있어서 총액벌금형제를 채택하고 있는 A국 형법은 '고통평등의 원칙'이 적용되기 어렵다. 총액벌금형제란 벌금을 부과할 때 단순히 법률에 규정된 형량의 범위 내에서 벌금액을 결정하여 선고하는 것을 말한다. 이 경우 불법과 책임이 동일한 행위에 대하여 동일한 벌금을 부과할 수 있을 것이다. 하지만 범죄자마다 경제적 능력이 다르기 때문에 실제로는 경제적 능력이 작은 사람이 더 큰 고통을 받게 되어 '고통평등의 원칙'에 반하게 된다. 물론 법원이 선고할 때에는 범행의 동기, 범죄자의 연령과 지능 등 범죄자의 행위와 관련된 책임의 정도를 추론할 수 있는 것들을 참작하여 형량을 조정할 수 있다. 하지만 범죄자의 경제적 능력은 이러한 사유에 해당하지 않기 때문에 총액벌금형제의 문제점을 극복할 수 없다.

이러한 이유로 일수벌금형제의 도입이 요구된다. 일수벌금형제란 행위의 불법 및 행위자의 책임의 크기에 따라 벌금 일수(日數)를 정하고, 고통평등의 원칙을 충족시키기 위해 행위자의 경제적 능력에 따라 일일 벌금액을 차별적으로 정한 뒤 이를 곱하여 최종벌금액을 산정하는 벌금부과 방식이다.

보기

ㄱ. 범죄예방 효과는 형벌이 주는 고통에 비례한다고 전제한다면, 경제적 능력이 높은 사람에 대한 범죄예방 효과는 총액벌금형제보다 일수벌금형제가 클 것이다.

ㄴ. 경제적 능력이 같더라도 동일한 벌금을 통해 느끼는 고통의 정도는 다를 수 있다는 점은 일수벌금형제 도입론을 약화한다.

ㄷ. 일수벌금형제 도입론은 징역형에서 기간을 정할 때 충족되는 원칙들이 벌금형에서 일수를 정하는 것만으로도 충족된다고 본다.

① ㄱ   ② ㄷ   ③ ㄱ, ㄴ

④ ㄱ, ㄷ   ⑤ ㄱ, ㄴ, ㄷ

문항 성격	법·규범 – 논증 평가 및 문제 해결
평가 목표	일수벌금형제 도입론과 관련된 제시문을 이용하여, 일수벌금형제 도입론의 취지, 내용 및 문제점을 파악하는 능력을 측정함
문제 풀이	정답 : ③

일수벌금형제 도입론에 대한 글이다. 제시문은 형벌은 '책임주의 형벌원칙'과 '고통평등의 원칙'을 충족해야 한다고 전제한 후, 징역형은 두 가지 원칙이 충족하고 있지만, 현행 총액벌금형제를

따르고 있는 벌금형은 '책임주의 형벌원칙'에는 부합하더라도 '고통평등의 원칙'은 충족하지 못한다고 평가한다. 이러한 이유로 제시문은 일수벌금형제 도입이 필요하다고 본다. 일수벌금형제는 범죄자의 책임의 양에 따라 일수를 정할 수 있기 때문에 '책임주의 형벌원칙'을 충족시킬 수 있을 뿐만 아니라, 범죄자의 경제적 능력에 따라 일일 벌금액을 차별적으로 정하기 때문에 '고통평등의 원칙'을 충족시킬 수 있다고 본다. 〈보기〉의 진술들은 제시문에 기초하여 올바른 추론과 평가 능력을 측정하기 위한 것들이다.

〈보기〉 해설　ㄱ. 벌금형의 경우 범죄자가 벌금이 부과될 때 느끼는 고통에 따라 범죄예방 효과가 발생할 것이다. 그런데 총액벌금형제에 있어서는 경제적 능력이 고려되지 않았기 때문에 경제적 능력이 큰 사람이 실제 벌금이 부과될 때 느끼는 고통은 크지 않을 수 있으며, 이 경우 범죄예방의 효과를 기대할 수 없게 된다. 그러나 일수벌금형제의 경우 경제적 능력을 고려하여 최종벌금액을 산정하기 때문에 경제적 능력이 큰 사람에게는 총액벌금형제보다 실제 벌금이 부과될 때 느끼는 고통을 크게 할 수 있으며, 이에 따라 범죄예방의 효과를 높일 수 있다. ㄱ은 옳은 진술이다.

ㄴ. 일수벌금형제 도입론은 동일한 범죄행위에 대해 동일한 고통을 느끼기 위해서는 경제적 능력을 고려하여 일일 벌금액을 정해야 한다고 주장한다. 이것은 경제적 능력이 다를 경우 동일한 벌금에 대해 상이한 고통을 느끼고, 경제적 능력이 같을 경우 동일한 고통을 느낀다는 점을 가정하고 있다. 그런데 실제 부자라고 할지라도 각자의 인생관, 도덕관 또는 재산획득의 원인 등의 요인으로 인하여 동일한 벌금에 대해 상이한 고통을 느낄 수 있다. 예를 들어 1,000만원의 벌금에 대하여 자기 자신의 노력으로만 재산을 획득한 인색한 부자는 매우 큰 고통을 느낄 수 있지만, 단지 우연적 요인으로 재산을 얻은 낭비벽이 있는 부자는 큰 고통을 느끼지 않을 수 있다. 이처럼 경제적 능력이 같더라도 동일한 벌금을 통해 느끼는 고통의 정도가 다르다면, 일수벌금형제 도입론을 지지하는 가정이 충족되지 않기 때문에 일수벌금형제 도입론은 약화된다. ㄴ은 옳은 진술이다.

ㄷ. 제시문의 일수벌금형제 도입론은 징역형에 있어서는 기간을 정할 때 '고통평등의 원칙'과 '책임주의 형벌원칙'이 충족된다고 보는 반면, 일수벌금형제의 경우 일수를 정할 때에는 '책임주의 형벌원칙'이, 일일 벌금액을 정할 때에는 '고통평등의 원칙'이 충족된다고 설명하고 있다. 따라서 ㄷ은 옳지 않은 진술이다.

〈보기〉의 ㄱ, ㄴ만이 옳은 진술이므로 정답은 ③이다.

05.

다음에 대한 평가로 옳은 것만을 〈보기〉에서 있는 대로 고른 것은?

P국 근로기준법은 "추가근로수당은 통상임금의 150% 이상으로 한다."라고 정하고 있지만, 통상임금이 무엇인지는 따로 정하고 있지 않다. 정기상여금이 통상임금에 해당하는지에 대하여 명확한 판결도 없었다.

X회사 노사는 정기상여금을 통상임금에서 제외하기로 단체협약을 체결하였다. 이후 X회사의 노동자가 그것도 통상임금에 포함되는 것으로 보아야 한다고 주장하면서, 그에 따른 추가근로수당 미지급분을 달라고 하는 소를 제기하였다.

이 재판에서 법관들은 정기상여금이 통상임금에 포함된다고 근로기준법을 해석해야 하며, 이와 어긋난 기존의 노사협약이 있는 경우에는 추가근로수당 미지급분을 청구할 수 있다고 판단하였다. 그런데 추가근로수당 미지급분 청구를 허용할 수 없는 예외를 인정할지에 대하여 다음과 같이 상반된 견해가 제시되었다.

A : 근로기준법의 효력은 당사자의 의사에 좌우될 수 없는 것이 원칙이다. 하지만 이 재판의 결과를 계기로 추가근로수당 미지급분을 청구하는 것이 임금협상 당시 서로가 전혀 생각하지 못한 사유를 들어서 노동자 측이 그때 합의한 임금수준을 훨씬 초과하는 예상 외의 이익을 추구하는 것이고, 그 결과 사용자에게 예측하지 못한 큰 재무부담을 지워서 중대한 경영상의 어려움이 발생하거나 기업의 존립이 위태로워진다면 이는 노사관계의 기반을 무너뜨릴 정도로 서로의 신의를 심각하게 저버리는 처사가 된다. 따라서 그런 특별한 사정이 있는 경우 추가근로수당 미지급분 청구는 신의에 반하는 것으로서 허용될 수 없다.

B : 근로기준법에서 정하고 있는 근로조건은 당사자의 합의로도 바꿀 수 없다. 그런 법의 내용을 오해한 데서 비롯한 신뢰보다는, 법에 따른 정당한 권리행사를 보호할 필요가 훨씬 크다. 또, 기업 경영의 중대한 어려움이나 기업 존립의 위태로움은 그 내용이 막연하고 불확정적이어서, 개별 사안에서 그 판단이 어렵다. 따라서 그런 예외를 인정할 수 없다.

보 기

ㄱ. 임금협상을 할 때 법원이 정기상여금을 통상임금으로 인정하는 판결을 곧 할 것이라는 사실을 X회사의 노사가 알았다면 A가 인정하는 예외적인 경우에 해당하지 않는다.

ㄴ. 노사관계는 자율적으로 형성되고 발전하는 것이 바람직하다는 요청을 A는 B보다 더 중요하게 생각한다.

ㄷ. 다른 기업들이 추가근로수당 미지급분 지급 여부를 이 판결에 따라 결정한다면, 법적 분쟁이 생길 가능성은 A를 따를 때가 B를 따를 때보다 더 높다.

① ㄱ   ② ㄷ   ③ ㄱ, ㄴ
④ ㄴ, ㄷ   ⑤ ㄱ, ㄴ, ㄷ

문항 성격   법 · 규범 − 논쟁 및 반론
평가 목표   재판에 나타나는 실천적인 논쟁을 정확하게 이해하고 평가할 수 있는 능력을 측정함
문제 풀이   정답 : ⑤

근로기준법에 규정된 통상임금에 정기상여금을 포함하면, 통상임금을 기준으로 하는 추가근로수당이 오르게 된다. P국 법원은 정기상여금을 통상임금으로 보기로 하였고, 이런 해석을 기존에 정기상여금을 통상임금에서 배제한 노사협약에도 적용하기로 하였다. 따라서 기존의 노사협약에서 정기상여금을 통상임금에 포함하지 않은 경우에, 노동자들은 정기상여금을 통상임금에 포함하여 산정한 추가근로수당을 기준으로 하여 그동안 지급받지 못한 추가근로수당을 청구할 수 있는 것이 원칙이다. 이런 원칙에 대하여 일정한 경우에 예외를 인정할지를 두고서 A와 B가 다투고 있다. A는 노사의 신뢰관계를 심각하게 저버리는 것으로 평가될 수 있는 예외적인 경우에는 추가근로수당 미지급분 청구를 허용하면 안 된다는 입장인 데 반하여, B는 그런 예외를 인정하지 않는다.

〈보기〉 해설   ㄱ. A는 이 재판의 결과를 계기로 추가근로수당 미지급분을 청구하는 것이 "임금협상 당시 서로가 전혀 생각하지 못한 사유"일 때 예외를 인정한다. 그런데 법원이 정기상여금을 통상임금으로 인정하는 판결을 곧 할 것이라는 사실을 X회사의 노사가 알았다면, 그런 조건을 갖추지 못한 것이 되므로 예외에 해당하지 않는다. 따라서 ㄱ은 옳은 진술이다.

        ㄴ. A는 B와 달리 근로기준법과 그에 대한 법원의 해석을 획일적으로 적용하지 않고, 추가근로수당 미지급분을 청구하는 것이 노사관계의 기반을 무너뜨릴 정도로 노사의 신의를 심각하게 저버리는 데 해당하는 경우에는 예외적으로 청구를 허용하지 않는다. 따라서 A는 B보다 노사관계의 자율적인 형성과 발전을 더 중요하게 생각한다고 평가할 수 있다. 따라서 ㄴ은 옳은 진술이다.

        ㄷ. 다른 기업들이 추가근로수당 미지급분 지급 여부를 이 판결에 따라 결정한다면, B에 따르면 예외 없이 그것을 지급할 것인데 A에 따르면 A가 인정하는 예외에 해당하는지를 판단해야 할 필요가 제기될 수 있다. 게다가 A는 그런 예외를 인정할 수 있는 요건으로 "이 재판의 결과를 계기로 추가근로수당 미지급분을 청구하는 것이 임금협상 당시 서로가 전혀 생각하지 못한 사유를 들어서 노동자 측이 그때 합의한 임금수준을 훨씬 초과하는 예상 외의 이익을 추구하는 것으로, 그 결과 사용자에게 예측하지 못한 큰 재무부담을 지워서 중대한 경

영상의 어려움이 발생하거나 기업의 존립이 위태로워진다."고 하는, 복잡하고 판단에 논란이 많을 수 있는 요건을 제시하였다. 그중에서 기업 경영의 중대한 어려움이나 기업 존립의 위태로움이라고 하는 요건이 충족되는지에 대한 판단이 어려운 점은 B도 지적하였다. 따라서 A를 따를 때가 B를 따를 때보다 법적 분쟁이 생길 가능성이 더 높을 것이다. ㄷ은 옳은 진술이다.

〈보기〉의 ㄱ, ㄴ, ㄷ 모두 옳은 진술이므로 정답은 ⑤이다.

06.

다음에서 추론한 것으로 옳은 것만을 〈보기〉에서 있는 대로 고른 것은?

> 혼인 중 일정 금액을 납입하여 장래 퇴직한 후에 받을 것으로 기대되는 연금의 경우, 이혼 상대방이 연금 수령자에게 재산분할을 청구할 수 있는지, 청구할 수 있다면 어떻게 분할할지에 대해 의견이 대립되고 있다.
>
> A : 이혼 전 퇴직하여 이미 받은 연금만이 분할 대상이 된다. 이혼 후 받게 될 연금은 장래 발생 여부가 불확실하기 때문에 재산분할의 대상이 될 수 없다.
>
> B : 이혼일에는 퇴직 후 받게 될 연금총액을 현재 가치로 산정한 후 그 금액에 대해서만 이혼 상대방의 연금형성 기여율만큼 미리 지급하고, 연금 수령자는 퇴직 시에 연금총액을 지급받도록 해야 한다.
>
> C : 이혼일에는 이혼 상대방의 연금형성 기여율만을 정하여 둔 후, 퇴직일에는 실제 받게 될 연금총액 중 이혼일에 정했던 기여율만큼 이혼 상대방에게 지급해야 한다.
>
> D : 이혼일에는 연금 수령자가 그날에 사퇴한다면 받게 될 연금액 중 이혼 상대방의 연금형성 기여율에 해당하는 금액만을 결정한 후, 실제 퇴직 시에는 그 금액에 물가상승률을 반영하여 이혼 상대방에게 지급해야 한다.

보기

ㄱ. 이혼 상대방이 연금형성에 기여했음에도 불구하고 연금분할 여부가 이혼절차의 종결 시점에 따라 결정되는 것은 불합리하다면, A는 약화된다.

ㄴ. 만약 이혼 후 회사의 퇴직연한이 65세에서 60세로 바뀌었기 때문에 연금 수령자가 연금 전액을 수령하기 위한 최소한의 근속연수를 채우지 못하는 경우가 발생한다면, 연

금 수령자에게는 B보다 D가 더 유리하다.

ㄷ. 만약 이혼 후 연금 자산운용의 수익률 증가로 인하여 연금 수령자가 이혼 시 예상했던 것보다 더 많은 연금을 받게 된다면, 이혼 상대방에게는 C보다 B가 더 유리하다.

① ㄱ   ② ㄴ   ③ ㄱ, ㄴ

④ ㄱ, ㄷ   ⑤ ㄴ, ㄷ

문항 성격 법 · 규범 – 언어 추리

평가 목표 연금분할 여부 및 방법에 대한 '가상'의 논쟁으로 구성된 제시문을 이용하여 각 의견들이 사실관계 속에서 어떻게 적용될 수 있는지를 파악하는 능력을 측정함

문제 풀이 정답 : ③

부부가 이혼하였을 때 연금분할의 대상 및 지급 시기와 A, B, C, D는 다음 표와 같이 서로 대립되고 있다.

	분할 대상	지급 시기
A	이혼 전 퇴직하여 이미 받은 연금	이혼일
B	퇴직 후 받게 될 연금총액의 현재 가치	이혼일
C	실제 퇴직하였을 때 받게 될 연금총액	퇴직일
D	이혼일에 사퇴한다면 받게 될 연금액	퇴직일

A의 경우 연금 수령자의 퇴직일 전에 이혼절차가 종결될 수도 있고 계속 진행될 수 있기 때문에 퇴직일 및 이혼절차 종결시점에 따라 연금 수령자 및 이혼 상대방에게 불리 또는 유리할 수 있다. B와 C의 경우 이혼일에 예상한 연금총액 및 퇴직일에 실제 받는 연금총액이 다를 경우 연금 수령자 및 이혼 상대방에게 불리 또는 유리할 수 있다.

〈보기〉 해설 ㄱ. A에 의하면 만약 이혼 상대방이 연금형성에 기여했음에도 불구하고 이혼시점이 퇴직일 후라면 연금분할을 받을 수 없다. 만약 이것이 불합리하다면 A는 약화된다. ㄱ은 옳은 진술이다.

ㄴ. 만약 이혼 후 회사의 퇴직연한이 65세에서 60세로 바뀌었기 때문에, 연금 수령자가 연금 전액을 수령하기 위한 최소한의 근속연수를 채우지 못하는 경우가 발생한다면, 연금총액은 이혼일에 예상한 것보다 실제 퇴직일에 실제 받게 되는 것이 적게 된다. B의 경우 이미 이혼일에 예상한 연금총액을 대상으로 지급하였기 때문에 연금 수령자에게는 불리할 것이다. 반면 D의 경우 이혼일에 예상하였던 연금총액보다 퇴직일에 실제 받게 될 연금총액이 적다고 하더라도,

이미 이혼일 기준으로 사퇴할 경우 받게 될 연금액만을 대상으로 하고 있기 때문에 연금 수령자에게는 B보다 D가 더 유리하게 된다. ㄴ은 옳은 진술이다.

ㄷ. 만약 이혼 후 연금 자산운용의 수익률 증가로 인하여 이혼 시 예상했던 것보다 더 많은 연금을 받게 된다면, 연금총액은 이혼일에 예상한 것보다 실제 퇴직일에 받게 되는 것이 더 많게 된다. C의 경우 퇴직일에 실제 받게 될 연금총액을 대상으로 하기 때문에 이혼 상대방에게는 유리할 것이다. 반면 B의 경우 이미 이혼일에 예상한 연금총액을 대상으로 지급하였기 때문에 이혼 상대방에게는 적어도 C보다 B가 더 불리하게 된다. ㄷ은 틀린 진술이다.

〈보기〉의 ㄱ, ㄴ만이 옳은 진술이므로 정답은 ③이다.

07.

다음에서 추론한 것으로 옳은 것만을 〈보기〉에서 있는 대로 고른 것은?

> 권리를 가진 자만이 타인에게 권리를 이전해 줄 수 있다. 하지만 예외적으로, 물건의 일종인 동산에 대하여는 거래 시에 물건이 매도인의 것이라고 믿은 매수인이 유효한 거래에 의하여 넘겨 받는 경우라면 무권리자(소유권이 없는 자)로부터도 물건에 대한 권리를 취득할 수 있다. 예컨대, 갑이 병의 자전거를, 갑의 소유가 아니라는 사실을 모르고 있는 을에게 돈을 받고 넘겨주면, 그 자전거가 갑의 것이 아니기 때문에 원래는 을의 것이 되지 않는다고 보아야겠지만, 예외적으로 이러한 경우 을은 그 자전거가 갑의 소유가 아님을 알지 못하였기 때문에 즉시 을의 것이 된다. 거래의 안전을 보호하기 위해 이러한 예외가 필요하다.
>
> 그런데 거래의 목적물인 동산이 도품인 경우에는 도품의 성질 때문에, 거래 시에 그 물건이 매도인의 것이라고 매수인이 믿고 유효한 거래에 의하여 넘겨 받았다 하더라도 무권리자(소유권이 없는 자)로부터 그 물건에 대한 권리를 취득할 수는 없다고 보아야 한다. 즉 위의 예에서 자전거가 병으로부터 절취된 경우라면 거래의 안전보다는 진정한 소유자로서의 병의 권리를 우선적으로 고려하여 갑이 을에게 병의 자전거를 매도하고 넘겨주었다 해도 을의 것이 되는 것이 아니라 여전히 병의 것으로 남는 것으로 보아야 한다.
>
> 반면, 돈은 물건이라는 측면과 가치(비물건)라는 측면 모두를 가지고 있다. 돈을 물건으로 보면 동산과 동일하게 취급하여야 한다. 하지만, 돈을 가치로 본다면 돈은 물건으로서의 성질이 부정되며 그 돈을 가지고 있는 사람에게 속하는 것으로 보아야 한다.

ㄱ. 도품 아닌 시계를 갑이 을에게 매도하고 넘겨주었는데, 을은 그 시계가 갑의 것이 아님을 알고 있었다. 을이 다시 정에게 그 시계를 매도하고 넘겨주었는데, 이 때 정은 을이 시계의 소유자라고 믿었다. 정은 시계에 대하여 유효하게 권리를 취득한다.

ㄴ. 돈을 물건으로 보는 경우, 갑이 을에게 도품인 돈을 넘겨주었는데, 을은 그 돈이 도품이라는 사실을 몰랐으며 갑의 것이라고 믿었음에도 불구하고 그 돈은 을의 것이 되지 못한다.

ㄷ. 돈을 가치로 보는 경우, 갑이 을에게 돈을 주었는데, 을은 갑이 그 돈을 훔쳤다는 사실을 알고 있었다 하더라도 그 돈은 을의 소유가 된다.

① ㄱ   ② ㄴ   ③ ㄱ, ㄷ

④ ㄴ, ㄷ   ⑤ ㄱ, ㄴ, ㄷ

문항 성격 법 · 규범 – 언어 추리

평가 목표 현행 법규정을 단순화하여 가공된 민법상 선의취득에 관한 법리를 이해하고 이를 사례에 바르게 적용할 수 있는 능력을 측정함

문제 풀이 정답 : ⑤

동산의 선의취득에 관한 법리를 단순화하여, 거래 시에 물건이 매도인의 것이라고 믿은 매수인이 유효한 거래에 의하여 넘겨 받는 경우라면 무권리자(소유권이 없는 자)로부터도 물건에 대한 권리를 취득할 수 있는 원칙과 그에 대한 예외로서 도품에 관한 특칙, 다시 그에 대한 예외적인 사례인 돈에 관한 적용 여부를 이해하여 각 사례에 적용할 수 있는지를 묻는 문제이다. 제시문 두 번째 문단 이하의 주장에 따라, 동산에 관한 선의취득이 인정된다 하더라도 도품인 경우에는 소유권자가 달라질 수 있고, 도품이라 하더라도 돈의 경우에는 이것이 적용되지 않는 점을 이해한다면 문제를 쉽게 해결할 수 있다.

〈보기〉 해설 ㄱ. 도품 아닌 시계를 갑이 을에게 매도하고 넘겨주었는데, 을은 그 시계가 갑의 것이 아님을 알고 있었기 때문에 제시문의 원칙에 의하여 소유권을 취득하는 상태가 아니다. 그러므로 소유권을 취득하지 못한 을은 여전히 소유권이 없다. 다시 정에게 그 시계를 매도하고 넘겨주었는데, 이 때 정은 을이 시계의 소유자라고 믿었기 때문에 무권리자 을로부터 선의취득하여 시계에 대하여 유효하게 권리를 취득한 것이다. ㄱ은 옳은 진술이다.

ㄴ. 돈을 물건으로 보는 경우, 갑이 을에게 도품인 돈을 넘겨주었다면, 도품성이 인정되므로 을은 그 돈이 도품이라는 사실을 몰랐고 갑의 것이라고 믿었음에도

불구하고 을의 것이 되지 않는다. ㄴ은 옳은 진술이다.

ㄷ. 제시문 마지막 문장에 따르면, 돈을 가치로 보는 경우에는 그 돈을 가지고 있는 자의 소유가 되므로, 갑이 을에게 돈을 주었는데, 을은 갑이 그 돈을 훔쳤다는 사실을 알고 있었다 하더라도 그 돈은 을의 소유가 된다. ㄷ은 옳은 진술이다.

〈보기〉의 ㄱ, ㄴ, ㄷ 모두 옳은 진술이므로 정답은 ⑤이다.

08.

다음에서 추론한 것으로 옳은 것만을 〈보기〉에서 있는 대로 고른 것은?

행정청의 법적 행위의 위법 여부는 원칙적으로 각각의 행위별로 독립적으로 검토되어야 한다. 그러나 둘 이상의 행위가 연속적으로 행해지는 경우 일정한 요건 하에서 행정청의 앞선 행위의 하자를 이유로 후속 행위의 위법을 인정하는 경우가 있다.

만약 앞선 행위의 하자를 다툴 수 있는 제소기간이 지나서 취소소송으로 더 이상 다툴 수 없음에도 불구하고, 후속 행위를 다투는 취소소송에서 앞선 행위의 하자를 후속 행위의 위법사유로 계속해서 주장할 수 있게 한다면, 법적 안정성이나 제소기간을 둔 취지가 훼손되므로, 행정행위 상호간의 하자는 승계되지 않는 것이 원칙이다. 그러나 앞선 행위와 후속 행위가 서로 결합하여 하나의 법적 효과를 완성하는 경우에는, 앞선 행위에 대한 하자를 다투는 제소기간이 경과하였더라도 앞선 행위의 하자를 후속 행위의 위법사유로 주장할 수 있도록 함으로써 후속 행위의 효력을 제거하는 것을 인정한다.

예컨대, 행정청이 갑에게 건축물의 철거명령(앞선 행위)을 내렸으나, 갑이 이를 스스로 이행하지 않아 행정청이 직접 갑의 건축물을 철거하는 대집행 절차(후속 행위)에 이르게 된 경우, 철거명령과 대집행 절차는 서로 별개의 법적 효과를 발생시키는 독립적 행위로 인정된다. 또한 대집행 절차를 구성하는 일련의 단계적인 행위들(대집행의 계고, 실행의 통지, 실행, 비용징수)은 서로 결합하여 하나의 법적 효과를 발생시키는 행위로 인정된다.

다른 한편으로 앞선 행위의 하자가 중대하고 명백하여 제소기간의 적용을 받지 않는 무효에 해당한다면, 법적 안정성의 가치에 비해 권리구제의 필요성이 크므로 앞선 행위와 후속 행위가 서로 결합하여 하나의 법적 효과를 발생시키는지 여부를 묻지 아니하고 앞선 행위의 하자를 후속 행위의 위법사유로 주장할 수 있다.

262

ㄱ. 철거명령에 하자가 있었으나 이에 대한 제소기간이 지났고 그 하자가 무효가 아니라면, 대집행 계고 처분 취소소송에서 철거명령의 하자를 대집행 계고 처분의 위법사유로 주장할 수 없다.

ㄴ. 철거명령이 무효인 경우, 철거명령과 대집행 계고가 서로 결합하여 하나의 법적 효과를 발생시키는지 여부에 관계없이, 대집행 계고 처분 취소소송에서 철거명령의 하자를 대집행 계고 행위의 위법사유로 주장할 수 있다.

ㄷ. 철거명령과 대집행 절차상의 행위가 서로 결합하여 하나의 법적 효과를 발생시키는지 여부에 관계없이, 비용징수 처분 취소소송에서 대집행 계고 행위의 하자를 비용징수 행위의 위법사유로 주장할 수 있다.

① ㄱ   ② ㄴ   ③ ㄱ, ㄷ
④ ㄴ, ㄷ   ⑤ ㄱ, ㄴ, ㄷ

문항 성격 법·규범 – 언어 추리

평가 목표 행정법상 하자의 승계에 관한 법리를 이해하고, 이를 사례에 적용하여 해결할 수 있는 능력을 측정함

문제 풀이 정답 : ⑤

행정법상 하자의 승계라 함은, 행정청의 선행행위(앞선 행위)와 후행행위(후속 행위)가 연속하여 발하여지는 경우에 선행행위에 대하여 제소기간이 경과하여 더 이상 소로써 다툴 수 없게 된 경우라 하더라도 후행행위를 다투는 소송에서 선행행위의 위법성을 끌어와 후행행위의 효력을 제거하는 것을 인정할 것인가를 의미한다. 이러한 하자의 승계가 인정되기 위한 전제로서 선행행위와 후행행위가 서로 결합하여 하나의 법적 효력을 이루어야 한다는 것이 필요하다. 다만, 제소기간과 무관하게 예외 없이 주장할 수 있는 선행행위의 무효사유에 해당하는 경우에는 선행행위와 후행행위가 서로 결합하여 하나의 효력을 발생시키는지 여부와 상관없이 하자의 승계가 인정될 수 있다는 점에 유의하고, 제시된 원리를 정확히 파악하여 사례에 적용하면 쉽게 해결할 수 있다.

〈보기〉 해설 ㄱ. 철거명령에 하자가 있었으나 이에 대한 제소기간이 지났고 그 하자가 무효가 아니라면, 그 후속행위로서 대집행 절차의 하나인 대집행 계고 처분은 철거명령과 서로 결합하여 하나의 법적 효력을 발생시키지 않는다고 제시문에 나와 있으므로 철거명령의 하자를 대집행 계고 처분의 위법사유로 주장할 수 없다. ㄱ은 옳은 진술이다.

ㄴ. 철거명령이 무효라면, 앞선 행위와 후속 행위가 서로 결합하여 하나의 법적 효과를 발생시키는지 여부에 관계없이 앞선 행위의 하자를 다툴 수 있으므로, 대집행 계고 처분 취소소송에서도 철거명령의 하자를 대집행 계고 행위의 위법사유로 주장할 수 있다. ㄴ은 옳은 진술이다.

ㄷ. 대집행 계고와 비용징수 처분은 대집행 절차를 이루는 행위들로서 서로 결합하여 하나의 법적 효과를 발생시키므로 비용징수 처분 취소소송에서 대집행 계고 행위의 하자를 비용징수 행위의 위법사유로 주장할 수 있으며, 철거명령과 대집행 절차상의 행위는 따질 필요가 없으므로 ㄷ은 옳은 진술이다.

〈보기〉의 ㄱ, ㄴ, ㄷ 모두 옳은 추론이므로 정답은 ⑤이다.

09.

다음에서 추론한 것으로 옳은 것만을 〈보기〉에서 있는 대로 고른 것은?

제대로 조직된 국가에서 사형은 정말 유용하고 정당한가? 인간들은 무슨 권리로 그들의 이웃을 살해할 수 있는가? 주권과 법의 토대를 이루는 권리가 그것이 아님은 분명하다. 법은 각자의 개인적 자유 중 최소한의 몫을 모은 것일 뿐인데, 자신의 생명을 빼앗을 권능을 타인에게 기꺼이 양도할 자가 세상에 어디 있겠는가? 개인의 자유 가운데 희생시킬 최소한의 몫에 어떻게 모든 가치 중 최대한의 것인 생명 자체가 포함될 수 있겠는가? 만약 그렇다 하더라도, 자살을 금지하는 다른 원칙과 어떻게 조화될 수 있겠는가?

그러니 사형은 권리의 문제가 아니라, 사회가 자신의 존재를 파괴당하지 않기 위해서 시민에 대하여 벌이는 전쟁행위이다. 따라서 국가가 자유를 상실할 기로에 서거나, 무정부상태가 도래하여 무질서가 법을 대체할 때가 아니라면 시민의 죽음은 불필요하며, 그런 비상한 상황이 아닌 다음에는 한 사람의 죽음이 타인들의 범죄를 억제하는 유일한 방법이어서 사형이 필요하고 정당한 경우가 있을 수 있는지만이 문제된다.

결심이 선 인간이 사회를 침해하는 것을 사형이 막지 못한다는 것을 모든 시대의 경험이 입증하고 있지만, 이것으로는 부족하다고 의심하는 이들을 설득하는 데는 인간의 속성을 살펴보기만 해도 된다. 인간의 정신에 무엇보다 큰 효과를 미치는 것은 형벌의 강도가 아니라 지속성이다. 우리의 감수성은 강력하지만 일시적인 충격보다는 미약하더라도 반복된 인상에 훨씬 쉽고도 영속적으로 영향을 받기 때문이다. 범죄자가 처형되는 무섭지만 일시적인 장면을 목격하는 것이 아니라, 일하는 짐승처럼 자유를 박탈당한 채 노동해서 사회에 끼친 피해를 갚아나가는 인간의 모습을 오래도록 보는 것이 범죄를 가장 강력하게 억제한다.

– 베카리아(1738–1794), 『범죄와 형벌』 –

보 기

ㄱ. 법에 따른 지배가 구현되고 있는 평화로운 나라에서 사형은 허용되지 않는다.
ㄴ. 형벌의 주된 목적은 범죄자의 잘못된 습관을 교정하는 데 있다.
ㄷ. 형벌의 공개집행에 반대한다.

① ㄱ   ② ㄴ   ③ ㄱ, ㄷ
④ ㄴ, ㄷ   ⑤ ㄱ, ㄴ, ㄷ

문항 성격 법·규범 – 언어 추리

평가 목표 근대의 대표적인 사형폐지론자인 베카리아(1738–1794)의 글을 제시문으로 하여 이로부터 함축되는 진술을 파악하는 능력을 측정함

문제 풀이 정답 : ①

베카리아는 제시문에서 다음과 같은 주장을 하고 있다.

(1) 주권과 법의 토대는 개인들이 내어놓은 자유에 기초하는데, 개인들이 자신의 생명을 주권과 법의 처분에 맡길 이유가 없으므로, 사형을 국가의 권리로 생각할 수 없다.

(2) 국가는 자유를 상실할 기로에 서거나 무정부상태가 도래하는 경우가 아니고서는 시민의 생명을 박탈할 수 없다.

(3) 사형이 범죄를 억제할 유일한 방법이어서 허용될 가능성은 없다.

〈보기〉 해설 ㄱ. 제시문에서는 "국가가 자유를 상실할 기로에 서거나, 무정부상태가 도래하여 무질서가 법을 대체할 때"에만 시민에 대한 전쟁행위로서 국가가 시민의 목숨을 박탈하는 것이 허용될 가능성이 인정된다. "법에 따른 지배가 구현되고 있는 평화로운 나라"는 거기에 해당하지 않으며, 이 경우에는 범죄를 억제하는 유일한 방법일 때만 사형이 허용될 가능성이 있다고 한다. 그런데 사형이 범죄를 억제하는 유일한 방법일 가능성은 마지막 문단에서 부정되고 있다. 그러므로 "법에 따른 지배가 구현되고 있는 평화로운 나라에서 사형은 허용되지 않는다."라고 추론할 수 있다.

ㄴ. 제시문에서 형벌의 목적은 주로 범죄를 억제하는 데서 찾아지고 있다. 따라서 "형벌의 주된 목적은 범죄자의 잘못된 습관을 교정하는 데 있다."는 옳게 추론

되는 진술이 아니다.

ㄷ. 제시문으로부터 형벌의 공개집행의 반대가 추론되지 않는다. 오히려 "우리의 감수성은 강력하지만 일시적인 충격보다는 미약하더라도 반복된 인상에 훨씬 쉽고도 영속적으로 영향을 받기 때문이다. 범죄자가 처형되는 무섭지만 일시적인 장면을 목격하는 것이 아니라, 일하는 짐승처럼 자유를 박탈당한 채 노동해서 사회에 끼친 피해를 갚아나가는 인간의 모습을 오래도록 보는 것이 범죄를 가장 강력하게 억제한다."는 주장으로부터는 형벌의 공개집행에 찬성한다고 추론할 여지도 있다. 따라서 "형벌의 공개집행에 반대한다."는 옳게 추론되는 진술이 아니다.

〈보기〉의 ㄱ만이 옳게 추론되는 진술이므로 정답은 ①이다.

10.

다음 주장들에 대한 평가로 옳은 것만을 〈보기〉에서 있는 대로 고른 것은?

A : 인간은 일해야만 하는 유일한 동물이다. 일에 몰두하는 것은 그 자체로는 즐겁지 않고 사람들은 일을 다른 목적 때문에 떠맡는다. 반대로 놀이에 몰두하는 것은 그 자체로 즐거우며 놀이 이상의 목적을 의도하지 않는다. 인간은 무위도식하려는 강력한 경향성을 가지고 있어 일 안하고 놀수록 일하려고 결심하는 것은 힘들다. 그러므로 어린 시절부터 일을 위한 숙련성이 양성되어야 한다. 교과를 배우는 것도 목적의 도달에 숙련되기 위해서이다. 숙련성의 양성을 위해서는 강제가 동원되어야 하는데 학교 밖에서 이것이 가능하겠는가? 학교에서 놀이를 통해 교과를 배우도록 하는 것은 일종의 공상이다.

B : 인간은 일을 통해 자신을 창조한다. 성인은 외적으로 요구되는 것에 대해 자신의 노력을 기울임으로써 일하지만, 어린이가 일하는 과정은 내적 자아를 구성하는 과정이다. 그래서 성인은 일을 위해 최소한의 노력으로 최대한의 효과를 얻으려는 법칙을 사용하지만, 어린이는 일하면서 최대한의 에너지를 소비하며 사소한 일을 행하는 데에도 모든 잠재력을 사용한다. 어린이는 일을 하면서 놀이를 하는 것이다. 그러므로 교육기관은 어린이가 일을 통해 자신을 창조할 수 있는 환경 및 교구를 제공해야 한다.

C : 인간은 놀이할 때 비로소 완전한 인간이 된다. 일은 세계를 이용해야 할 대상으로 보는 활동인 반면, 놀이는 세계를 설명하고 이해하고자 하는 마음이 담긴 활동이다. 놀이는 그 어떤 것

의 수단이 아니며 그 자체로 의미와 가치를 지닌다. 철학, 과학, 역사는 세계에 대한 이해와 설명으로 들어가는 각기 다른 모험들이다. 이런 교과를 배워서 철학자, 역사가, 과학자의 사유 방식을 탐구하는 동안 우리는 일하는 것이 아니라 이들과 대화를 통해 놀이하는 것이다. 학교는 직업적 숙련성을 양성하는 장소가 아니다.

보 기

ㄱ. '수학 교과를 놀이하면서 배우는 것은 불가능하다' 라는 주장에 A는 동의하고 B와 C는 동의하지 않는다.

ㄴ. '학교는 일을 위한 공간이다' 라는 주장에 A는 동의하고 B와 C는 동의하지 않는다.

ㄷ. '과학을 배우는 이유는 일을 위한 쓸모 때문이다' 라는 주장에 A는 동의하고 C는 동의하지 않는다.

① ㄱ   ② ㄴ   ③ ㄱ, ㄷ
④ ㄴ, ㄷ   ⑤ ㄱ, ㄴ, ㄷ

문항 성격   인문 – 논증 평가 및 문제 해결

평가 목표   '교육에서 일과 놀이'라는 소재를 사용하여 이와 관련된 전형적 세 입장이 동의하는 것과 동의하지 않는 것을 추론하여 평가하는 능력을 측정함

문제 풀이   정답 : ③

교육에 있어 일과 놀이의 관계에 대한 전형적인 세 가지 입장들(칸트, 프뢰벨, 오크쇼트)이 제시되어 있다. 칸트는 일과 놀이가 강제의 유무에 의해 구별된다고 보고 교과가 강제에 의해 배워져야 한다고 주장하는 반면, 프뢰벨은 어린이가 일하는 방식의 '유희성'에 주목하여 학교가 이러한 '일의 유희성'을 계발해야 한다고 본다. 이에 비해 학교가 일을 위한 숙련 학습장이 아니라고 보는 오크쇼트는 놀이에 동반되는 '세계 이해성'을 학교가 계발해야 한다고 본다.

⟨보기⟩ 해설   ㄱ. 제시문에서 수학 교과를 놀이하면서 배우는 것은 불가능하다는 것은 A의 입장이라는 것은 분명하게 알 수 있다. 왜냐하면 교과를 배우는 것이 숙련성의 양성을 위해서이고 또 숙련성을 양성하기 위해서는 강제가 동원되어야 한다고 분명히 말하고 있기 때문이다. 다음으로 수학을 놀이의 방식으로 배울 수 있도록 교구를 계발해야 한다는 것이 B의 입장이라는 것, 그리고 수학이야말로 놀이로서의 세계 이해의 전형적 교과라는 것을 C가 주장하고 있다는 것도 제시문에서 알 수 있다. 그래서 놀이를 통한 수학 교과 학습의 가능성은 A에서는 부정되고 B, C에서는 긍정된다. ㄱ은 옳은 진술이다.

ㄴ. "'학교는 일을 위한 공간이다' 라는 주장에 A는 동의하고 B와 C는 동의하지 않는다."는 제시문에서 추론할 수 없다. 왜냐하면 B가 학교에서 일을 배우되 '창의적 활동으로서의 일'을 배운다고 주장하기 때문이다. 즉 B는 학교는 일을 위한 공간이라는 데 동의한다. ㄴ은 옳은 진술이 아니다.

ㄷ. "'과학을 배우는 이유는 일을 위한 쓸모 때문이다' 라는 주장에 A는 동의하고 C는 동의하지 않는다."는 제시문으로부터 추론할 수 있다. 제시문에서 A는 학교에서 배우는 교과는 숙련을 위한 것이라고 보고 있는 반면, C는 과학을 배우는 것이 일, 즉 세계를 이용해야 할 대상으로 보는 활동이 아니라, 이해를 위한 학문으로 보고 있기 때문이다. ㄷ은 옳은 진술이다.

〈보기〉의 ㄱ, ㄷ만이 옳은 진술이므로 정답은 ③이다.

11.

다음 논쟁에 대한 평가로 옳지 <u>않은</u> 것은?

> 갑 : 법적으로 장기는 판매 대상이 되지 못합니다. 장기는 인신의 일부이고, 인신은 인간 존엄성의 기반이기 때문입니다. 성매매는 비록 단기간이라고 해도 성판매자의 인신에 대한 사용권한을 매수자에게 준다는 점에서 인간 존엄성 원칙에 위배됩니다.
>
> 을 : 성적 서비스 제공 역시 노동의 일종이지 않을까요. 노동을 제공하고 그 대가로 금전적 보상을 받는다는 점에서는 다른 직업과 다를 바 없다고 봅니다. 직업선택의 자유를 보장하는 것은 인간 존엄성의 중요한 내용을 이룹니다.
>
> 갑 : 모든 선택의 자유가 인정되어야 하는 것은 아닙니다. 마약복용은 그것이 자율적 선택에 기인하는 것이라고 해도 국가의 개입이 가능합니다. 어떻게 사는 것이 인간의 존엄성을 지키는 것인지를 전적으로 국민 개인의 판단에 맡길 수는 없습니다.
>
> 을 : 마약복용을 성매매와 같은 것으로 볼 수 없습니다. 성매매가 당사자들에게 어떤 해악을 끼치는지 의심스러우며, 설령 해악을 끼친다고 해도 그것이 정상적인 인지능력을 가진 성인들 간에 이뤄지는 것이라면 당사자들 스스로 위험을 감수한 해악입니다.
>
> 갑 : 성매매가 상호 선택에 의한 것이라 할지라도 성매매를 통해 팔리는 것은 남성이 마음대로 권력을 행사할 수 있는 여성상, 즉 종속적 여성상입니다. 성매매는 여성의 종속성을 재생산함으로써 여성 억압의 전형을 보여줍니다.

을 : 우리 사회의 다양한 제도와 관행을 살펴볼 때 결혼, 외모성형 등도 성매매 못지않게 여성의
고정된 성정체성을 재생산하는데, 유독 성매매만 법적으로 금지하는 것은 설득력이 없습
니다.

① 유모(乳母)가 자신의 인신에 대한 사용권한을 매수자에게 준다고 해서 비난받지 않는
다는 사실은 을의 입장을 강화한다.
② 성매매의 불법화로 인해 성판매자가 범죄자로 취급받는 적대적 환경 때문에 자신의
권리조차 행사할 수 없게 된다는 주장은 을의 입장을 지지한다.
③ 자발적 선택으로 노예가 되기로 계약했다고 하더라도 노예노동이 금지되고 있다는 사
실은 갑의 입장을 강화한다.
④ 마약복용은 행위자가 인지능력을 제대로 발휘하지 못하는 상태에서 행해진다는 주장
은 갑의 입장을 지지한다.
⑤ 미스 코리아 대회가 여성의 고정된 성정체성을 확대 재생산함에도 불구하고 시행되고
있다는 사실은 을의 입장을 강화한다.

문항 성격　법·규범 – 논쟁 및 반론
평가 목표　성매매 논쟁에서 찬반 입장을 명확하게 분석하고 상호 비판의 근거를 비교하는 능력
을 측정함
문제 풀이　정답 : ④

제시문에서 갑과 을은 성매매의 금지 혹은 허용에 관하여, 판매를 허용할 수 있는 대상인가, 선택
의 자유에 해당하는가, 종속성을 강화하는가라는 기준을 두고 이 기준에 성매매가 해당하는지 아
닌지를 논쟁하고 있다. 이 문제는 논쟁 당사자들의 논거를 파악하고 있는지, 어디가 논점인지, 상
대방을 잘 반박하고 있는지 등을 평가한다.

정답 해설　④ 갑은 마약복용은 그것이 자율적 선택에 기인하는 것이라고 해도 인간의 존엄성
과 관련되는 것이기 때문에 국가의 개입이 가능하듯이, 성매매가 자율적 선택에
기인하는 것이라고 해도 국가의 개입이 가능하다고 말한다. 따라서 마약복용이
행위자가 인지능력을 제대로 발휘하지 못하는 상태에서 행해진다면, 마약복용
의 선택과 성매매 선택의 유사성은 약화되기 때문에 마약복용에 국가가 개입하
듯이 성매매도 국가가 개입해야 한다는 주장은 약화되거나 최소한 강화되지는
않는다. 그러므로 ④는 옳지 않은 진술로 정답이다.

오답 해설　① 유모가 자신의 젖을 아이에게 제공하는 것이 인신의 사용권을 양도하는 것이고

이런 인신의 사용권에 대한 판매가 비난받지 않는다면, 성매매도 다를 바 없다고 말할 수 있기 때문에 이것은 성매매를 찬성하는 을의 입장을 강화한다.

② 제시문에서 을은 성적 서비스 제공 역시 노동의 일종으로 직업선택의 자유를 보장해야 한다고 주장하고 있다. 따라서 성매매의 불법화로 인해 성판매자가 범죄자로 취급받는 적대적 환경 때문에 자신의 권리조차 제대로 행사할 수 없게 된다는 주장은 성매매의 불법화가 성판매자의 권리를 훼손한다는 주장이므로, 을의 입장을 지지한다.

③ 갑은 성매매가 자발적 선택이라고 하여도 국가가 개입할 수 있다고 주장하고 있으므로, 자발적 선택으로 노예가 되기로 계약했다고 하더라도 노예노동이 금지되고 있다는 사실은 갑의 입장을 강화한다.

⑤ 을은 결혼, 외모성형 등도 성매매 못지않게 여성의 고정된 성정체성을 재생산하는데, 유독 성매매만 법적으로 금지하는 것은 설득력이 없다고 주장하고 있다. 다른 예로 미스 코리아 대회가 여성의 고정된 성정체성을 확대 재생산함에도 불구하고 법적으로 금지되지 않고 시행되고 있다는 사실은 성매매가 여성의 고정된 성정체성을 재생산하더라도 법적으로 금지하는 것은 설득력이 없다는 을의 입장을 강화한다.

12.

아래 글의 저자가 암묵적으로 전제하는 것으로 옳지 <u>않은</u> 것은?

육식을 정당화하는 사람들은 동물들이 서로 잡아먹는 것을 근거로 들 때가 있다. '그래, 너희들이 서로 먹는다면, 내가 너희들을 먹어서는 안 될 이유가 없지'라고 생각하는 것이다. 그러나 이런 주장에 대해 제기될 수 있는 반박은 명백하다. 먹기 위해 다른 동물을 죽이지 않으면 살아남을 수 없는 많은 동물들과 달리, 사람은 생존을 위해 반드시 고기를 먹을 필요가 없다. 나아가 동물은 여러 대안을 고려할 능력이나 식사의 윤리성을 반성할 능력이 없다. 그러므로 동물에게 그들이 하는 일에 대한 책임을 지우거나, 그들이 다른 동물을 죽인다고 해서 죽임을 당해도 괜찮다고 판정하는 것은 타당하지 않다. 반면에 인간은 자신들의 식사습관을 정당화하는 일이 가능한지를 고려하지 않으면 안 된다.

한편 어떤 사람들은 동물들이 서로 잡아먹는다는 사실은 일종의 자연법칙이 있다는 것을 의미하는 것으로 간주하곤 한다. 그것은 더 강한 동물이 더 약한 동물을 먹고 산다는 일종의 '적자생존'의 법칙을 말한다. 그들에 따르면, 우리가 동물을 먹는 것은 이러한 법칙 내에서 우리의 역할을 하는 것일 뿐이다. 그러나 이런 견해는 두 가지 기본적인 잘못을 범하고 있다. 첫째로, 인간이 동물을 먹는 것이 자연적인 진화 과정의 한 부분이라는 주장은 더 이상 설득력이 없다. 이는 음식을 구하기 위해 사냥을 하던 원시문화에 대해서는 참일 수 있지만, 오늘날처럼 공장식 농장에서 가축을 대규모로 길러내는 것에 대해서는 참일 수 없다. 둘째로, 가임 여성들이 매년 혹은 2년마다 아기를 낳는 것은 의심할 여지없이 '자연스러운' 것이지만, 그렇다고 해서 그 과정에 간섭하는 것이 그릇된 것임을 의미하지는 않는다. 우리가 하는 일의 결과를 평가하기 위해서 우리에게 영향을 미치는 자연법칙을 알 필요가 있음을 부정할 필요는 없다. 그러나 이로부터 어떤 일을 하는 자연적인 방식이 개선될 수 없음이 따라 나오지는 않는다.

① 반성 능력이 없는 존재에게는 책임을 물을 수 없다.
② 자신의 생존에 위협이 되는 행위는 의무로 부과할 수 없다.
③ 어떤 행위의 대안을 고려할 수 있는 존재는 윤리적 대안이 있는데도 그 행위를 하는 경우라면 그것을 정당화해야 한다.
④ 공장식 농장의 대규모 사육은 자연스러운 진화의 과정이 아니다.
⑤ 자연적인 방식이 개선되면 기존의 자연법칙은 더 이상 유효하지 않다.

문항 성격　인문 – 논증 분석

평가 목표　육식 옹호를 비판하는 윤리학의 제시문을 이용하여 암묵적인 전제가 무엇인지를 정교하게 파악하는 능력을 측정함

문제 풀이　정답 : ⑤

본문에서 글쓴이는 '동물들도 다른 동물을 먹기 때문에 인간도 다른 동물을 먹어도 된다.' 는 주장에 근거하는 논변을 반박하고 있다. 글쓴이의 논증은 크게 두 부분으로 구성된다.

첫 번째 부분에서는 인간과 동물의 차이에 근거해서 '동물들은 다른 동물을 먹는다.' 는 것으로부터 '인간도 다른 동물들을 먹어도 된다.' 고 추론할 수 없음을 보이고 있다. 글쓴이는 동물은 이성적 반성 능력이 없기 때문에, 동물은 자신의 식사 방법에 대한 책임을 질 필요가 없지만, 인간은 동물이 갖지 못한 이성적 반성 능력을 갖고 있기 때문에 자신의 식사 방식에 대해 책임져야 한다고 주장한다.

두 번째 부분에서 글쓴이는 인간의 육식에 대한 조금 다른 정당화로서, '동물이 다른 동물을 먹는 행위는 자연 과정의 일부이고, 인간의 육식 역시 그런 행위에 해당하므로, 인간의 육식은 자연 과정의 일부로서 정당하다.' 는 논변을 비판하고 있다. 첫째로 그는 오늘날 인간의 육식은 자연 과정

의 일부가 아니라, 자연적 필요를 벗어난 행위라는 점을 지적한다. 둘째로 그는 어떤 종류의 행위가 자연 과정의 일부라고 해서 그런 행위를 수정하거나 금지하는 일이 부당한 것은 아님을 보인다.

정답 해설 ⑤ 저자는 두 번째 단락 마지막 두 문장에서 우리가 자연법칙을 알 필요가 있지만 그로부터 자연적인 방식이 개선될 수 없음이 따라 나오지는 않는다고 말하고 있을 뿐이다. 이러한 주장을 이끌어 내기 위해 "자연적인 방식이 개선되면 기존의 자연법칙은 더 이상 유효하지 않다."를 암묵적으로 전제하지는 않는다. 저자는 예컨대 가임 여성이 매년 혹은 2년마다 아기를 낳는 것과 같은 자연적인 방식이 개선될 경우 기존의 자연법칙이 유효한지 그렇지 않은지에 대해 어떤 언급도 하지 않고 있다.

오답 해설 ① 저자는 첫 번째 단락에서 "동물은 여러 대안을 고려할 능력이나 식사의 윤리성을 반성할 능력이 없다. 그러므로 동물에게 그들이 하는 일에 대한 책임을 지우거나, 그들이 다른 동물을 죽인다고 해서 죽임을 당해도 괜찮다고 판정하는 것은 타당하지 않다."라고 말하고 있다. 여기서 저자는 "반성 능력이 없는 존재에게는 책임을 물을 수 없다."를 암묵적으로 전제하고 있다.

② 저자는 첫 번째 단락에서 "먹기 위해 다른 동물을 죽이지 않으면 살아남을 수 없는 많은 동물들과 달리, 사람은 생존을 위해 반드시 고기를 먹을 필요가 없다."라고 말하고 있고, 바로 이어서 위 ①에서 말한 내용을 말하고 있다. 다시 말해서 동물은 다른 동물을 먹지 않으면 살아남을 수 없으므로, 먹지 말라는 것을 의무로 부과할 수 없지만, 인간은 다른 동물을 먹지 않아도 살아남을 수 있으므로 동물을 먹지 말라는 것을 의무로 부과할 수 있다는 것을 전제한다. 따라서 ②는 이 글의 저자가 암묵적으로 전제하는 것이다.

③ 저자는 첫 번째 단락에서 "나아가 동물은 여러 대안을 고려할 능력이나 식사의 윤리성을 반성할 능력이 없다. … 반면에 인간은 자신들의 식사습관을 정당화하는 일이 가능한지를 고려하지 않으면 안 된다."라고 말하고 있다. 다시 말해서 동물은 어떤 행위(고기를 먹는 것)의 대안을 고려할 수 있는 존재가 아니지만 인간은 그럴 수 있는 존재이므로, 윤리적 대안(고기를 먹지 않는 것)이 있는데도 그 행위(고기를 먹는 것)를 하는 것을 정당화해야 한다는 말이다. 따라서 ③은 이 글의 저자가 암묵적으로 전제하는 것이다.

④ 저자는 두 번째 단락에서 "인간이 동물을 먹는 것이 자연적인 진화 과정의 한 부분이라는 주장은 더 이상 설득력이 없다. 이는 … 오늘날처럼 공장식 농장에서 가축을 대규모로 길러내는 것에 대해서는 참일 수 없다."라고 말하고 있다. 저자는 여기서 공장식 농장의 대규모 사육은 자연스러운 진화의 과정이 아니라는 것을 암묵적으로 전제하고 있다.

13.

다음 견해들에 대한 분석으로 옳은 것만을 〈보기〉에서 있는 대로 고른 것은?

> 온실가스의 배출이 국제적으로 기후변화와 자연재해를 일으킨다고 알려져 있다. 다음은 기후변화에 대응하기 위해 온실가스의 배출을 제한하는 경우 그 부담을 각국에 공정하게 분배하기 위한 견해들이다.
>
> A : 지구상의 모든 사람들은 평등한 대기 이용 권리를 가지므로 각 개인이 배출할 권리를 갖는 온실가스의 양은 동등해야 한다. 따라서 각 국가가 가지는 온실가스 배출권은 그 국가의 인구에 비례해서 주어져야 한다.
>
> B : 과거에 온실가스를 많이 배출한 국가들은 온실가스를 저장할 수 있는 대기의 능력 중 자신의 몫의 일부를 이미 사용한 것이므로 그만큼 장래 온실가스를 배출할 권리를 적게 가져야 한다.
>
> C : 국제적으로 온실가스 배출량을 제한함으로써 얻을 이익이 더 큰 국가들, 즉 온실가스로 인한 자연재해의 피해가 배출 제한 이후 더 많이 경감되는 국가들이 그 이익의 양에 비례해서 국제적 비용을 더 많이 지불하도록 해야 한다.
>
> ※ 각 국가는 자기 이익을 극대화하려는 성향을 가진다고 가정한다.

보 기

ㄱ. 사치성 소비를 위한 온실가스 배출 권리와 필수 수요 충족을 위한 온실가스 배출 권리에 차별을 두는 것이 합당하다면 A는 약화된다.

ㄴ. 과거 세대의 행위에 대해 현재 세대에게 책임을 지울 수 없다는 이유로 B를 비판한다면, B는 과거 화석 연료를 이용한 산업화 과정을 거친 국가들이 현재 1인당 국민총생산도 일반적으로 높다는 사실을 들어 이 비판을 약화할 수 있다.

ㄷ. 온실가스로 인해 자연재해의 피해를 크게 입은 국가와 온실가스를 많이 배출한 국가가 일치하지 않고, 현재 인구가 많은 국가일수록 과거에 온실가스를 더 많이 배출했다면, 현재 인구가 많은 국가는 A보다는 C에 더 동의할 것이다.

① ㄴ   ② ㄷ   ③ ㄱ, ㄴ

④ ㄱ, ㄷ   ⑤ ㄱ, ㄴ, ㄷ

문항 성격　사회 – 논쟁 및 반론

평가 목표　온실가스 배출을 제한하는 데 소요되는 부담을 국제적으로 어떻게 분담해야 하는지를 둘러싼 세 견해를 제시하고, 그것이 어떤 함의와 장단점을 갖는지를 추리하고 평가하

는 능력을 측정함

정답 : ③

국제적으로 영향을 미치는 환경 문제인 온실가스 배출을 제한한다고 할 때, 이를 위한 부담을 분배하는 세 가지 원칙을 제시문은 제시하고 있다.

　　A는 개인의 평등한 대기 이용권을 근거로 인구 비례로 배출권을 주어야 한다는 입장이고, B는 기존에 온실가스를 배출한 양의 차이를 근거로 이를 보정할 수 있는 방향으로 배출권을 조절해야 한다는 입장이며, C는 배출을 제한함으로써 더 큰 이익을 얻는 국가가 더 큰 부담을 지는 수익자 부담원칙을 제안하고 있다.

〈보기〉 해설　ㄱ. 사치성 소비를 위한 배출 권리와 필수 수요 충족을 위한 배출 권리에 차별을 둔다는 것은 필수 수요 충족에 더 많은 가중치를 주는 것이 될 것이며, 따라서 단순히 인구수에 비례하여 배출권을 할당하는 것은 합당하지 않은 측면이 있다는 것을 함축한다. 단순히 인구수에 비례하여 할당할 경우, 자연 환경에 따라 필수 수요량이 다른 나라들 간의 차이를 반영하지 못할 뿐만 아니라, 총량은 같지만 경제적 여건에 따라서 사치성 소비 수요량이 상대적으로 더 큰 비중을 차지하는 나라와 필수 수요가 더 큰 비중을 차지하는 나라 간의 차이 또한 반영하지 못하기 때문이다. 따라서 ㄱ은 옳은 분석이다.

　　　　　　ㄴ. 이미 과거에 온실가스를 많이 배출한 나라는 그 만큼 배출권을 줄여야 한다는 B의 주장에 대해 "과거 세대의 행위에 대해 현재 세대에게 책임을 지울 수 없다."고 비판하는 쪽은 과거 세대의 행위와 현재 세대의 행위가 분리되어 별개로 고려되어야 한다는 것을 전제한다. 따라서 이 전제의 문제점을 지적한다면, B는 이 비판에 대해 재비판할 수 있다. ㄴ에 제시된 B의 응답인 "과거 화석 연료를 많이 이용한 국가들이 현재 1인당 국민총생산도 높다."는 내용은 과거 세대의 행위가 현재 세대의 혜택으로 이어지고 있음을 보여 주고 있으므로, 이 전제에 대한 적절한 문제 제기라 할 수 있다. 따라서 ㄴ은 올바른 분석이다.

　　　　　　ㄷ. 현재 인구가 많은 국가는 우선 인구 비례로 온실가스 배출권을 배분하자는 A의 주장이 자신에게 유리하다고 판단할 것이다. 하지만 다른 한편, ㄷ에 따르면 인구가 많은 국가는 과거에 온실가스를 더 많이 배출했고, 온실가스를 더 많이 배출한 국가는 그로 인한 피해를 크게 입은 국가가 아니므로, C의 입장 역시 자신에게 유리하다고 판단할 수 있다. 현재 인구가 많은 국가에는 A와 C 모두 유리하므로, 현재 주어진 자료만으로는 A보다 C에 더 동의할 것이라는 결론을 내릴 수가 없다. 따라서 ㄷ은 옳지 않은 분석이다.

〈보기〉의 ㄱ, ㄴ만이 옳은 분석이므로 정답은 ③이다.

14.

다음 논쟁에 대한 분석으로 옳지 <u>않은</u> 것은?

> 갑 : 자유주의 사회의 시민 대다수는 사실적 행위인과성과 이에 기초한 법적 책임소재가 분명할 때에만 누군가에게 합당하게 의무를 부과할 수 있다고 믿는다. 이에 따르면 대한민국의 시민인 우리는 아프리카 등지에 사는 사람들의 재산을 강탈한 적이 없으므로 그들의 가난에 대해 책임질 일도 없다. 따라서 우리는 먼 나라의 빈곤을 감축하는 데 일조해야만 한다는 막연한 느낌 때문에 불편해할 이유가 없다. 자유주의 사회의 도덕은 최대의 '자선'을 장려하는 적극적 도덕이 아니라 행위를 규제하는 최소의 공리로서 '가해금지의 원칙'에 충실할 것을 요구하는 소극적 도덕을 근간으로 한다. 그렇기 때문에 나의 가해행위에 대한 사죄의 차원을 넘어선 적극적 자선은 자유주의적 개인에게 가외의 기특한 행동으로 여겨질 수는 있어도 보편적 승인과 준수를 요하는 의무일 수는 없다.
>
> 을 : 분명한 행위인과성과 이에 기초한 책임소재에 입각하여 부과된 의무만이 구속력을 갖는다는 견해는 정당한 근거도 없이 유지되어 온 윤리적 통념에 불과하다. 이 통념의 영향권을 벗어나면 윤리적 책임은 힘의 기능이라고 생각할 여지가 분명히 존재한다. 다시 말해 윤리적인 책임의 본래적인 대상은 적법한 발언권과 로비력을 가진 강하고 자립적인 주체가 아니라 권리를 주장할 힘조차 없는 무력하고 의존적인 주체이며, 이 작고 무력한 주체에 대한 크고 유력한 주체의 윤리적 반응이 바로 책임이라고 생각할 수 있는 것이다. 여기서 무력한 주체를 무력하게 만든 장본인이 내가 아니라는 사실은 조금도 중요하지 않다. 중요한 것은 그보다 더 크고 유력한 나와 같은 사람들이 그를 돕지 않으면 그는 어쩔 수 없이 죽게 된다는 사실뿐이다. 우리는 이 확장된 책임의 개념으로 동등한 법적 지위를 전제로 한 기존의 협소한 의무 개념을 극복하고 지구적 양극화 시대의 인간 존엄을 바로세우기 위한 의무론의 새로운 지평을 열어 가야 한다.

① 을은 어떤 윤리적 기준에 많은 사람이 찬성한다는 것과 그것이 옳다는 것은 각기 다른 문제라고 볼 것이다.

② 을은 가난한 나라를 도와주는 부자 나라는 나중에 어려울 때 도움 받을 수 있을 것이기 때문에 도울 의무가 있다고 볼 것이다.

③ 갑은 원조의 의무에서 핵심은 행위주체가 도와줄 수 있는 힘이 있느냐이지 그 외의 것은 부차적이라고 보는 것에 반대할 것이다.

④ 을은 설령 가난한 나라가 과거 부자 나라에게 피해를 끼쳤다 하더라도 이것과 상관없이 부자 나라는 가난한 나라를 도울 의무가 있다고 볼 것이다.

⑤ 갑은 가난한 나라가 부자 나라로부터 도움 받기를 원하는지 아닌지와 상관없이 부자 나라는 가난한 나라를 도울 의무가 있다는 것에 반대할 것이다.

문항 성격	인문 – 논쟁 및 반론
평가 목표	가난한 나라에 대한 원조를 도덕적으로 강제할 수 있는지의 문제와 관련한 논쟁을 분석하고 쌍방의 논거를 적절하게 평가할 수 있는 능력을 측정함
문제 풀이	정답 : ②

이 문제는 원조의 의무에 대한 상반된 논증을 분석하고 비교해 보도록 하는 문제이다. 제시문에서 갑은 사실적 행위인과성과 이에 기초한 법적 책임소재가 분명한 경우에만 누군가에게 합당한 방식으로 원조의 의무를 부과할 수 있다고 주장한다. 반면에 을은 그러한 행위인과성과 법적 책임소재가 분명하지 않은 경우에도 어떤 사람이 다른 사람의 도움을 절실히 필요로 하는 상황 그 자체가 원조의 의무를 발생시키는 충분조건이 된다고 주장한다. 기아에 허덕이는 먼 나라 사람들의 불행한 상황을 외면할 것인가, 아니면 그러한 상황을 개선하기 위해 모종의 도움을 제공할 것인가 하는 문제와 관련하여 갑과 을은 상이한 실천적 결론을 이끌어 낸다. 5개의 선택지는 갑과 을의 상이한 주장이 지닌 함의를 비판적으로 분석하고 비교하며 평가해 보도록 유도한다.

정답 해설 ② 을은 가난한 나라를 도와주어야 하는 의무의 성립 조건은 '도와주는 자의 힘'이라고 말하지 '나중에 도움 받을 수 있음'이라고 말하고 있지 않다. 그러므로 ②는 옳지 않은 분석으로 정답이다.

오답 해설 ① 을은 자유주의 사회 시민 대다수가 찬성하는 행위인과성과 이에 기초한 책임소재에 입각하여 부과된 의무만이 구속력을 갖는다는 통념을 비판하고 있으므로 ①은 옳은 진술이다.

③ 갑은 행위를 규제하는 최소의 공리로서 '가해금지의 원칙'에 충실할 것을 요구하는 소극적 도덕에 찬성하고 있으므로, 원조의 의무에서 핵심은 행위주체가 도와줄 수 있는 힘이 있느냐이지 그 외의 것은 부차적이라고 보는 것에 반대할 것이다. ③은 옳은 진술이다.

④ 을에게 중요한 것은 도움을 줄 수 있는 자의 힘이고 그 외의 것은 부차적이다. ④는 옳은 진술이다.

⑤ 갑은 부자 나라가 가난한 나라를 도울 의무가 있다는 것에 반대할 것이다. 따라서 ⑤는 옳은 진술이다. 을이라면 가난한 나라가 부자 나라로부터 도움 받기를 원하는지에 상관없이 부자 나라에 원조 의무가 있다고 볼 것이다.

15.

다음 논쟁으로부터 적절하게 추론할 수 있는 것은?

> 갑 : 자유지상주의자는 출생과 같은 행운에 의한 이득은 사기, 절도 등 권리침해로 취한 것이 아니므로, 각 개인이 가질 자격을 갖는다고 본다. 그러나 타고난 재능에 의한 불평등을 그냥 개인들의 문제로 치부하는 것은 도덕적으로 무책임한 태도이다. 사회 · 경제적 불평등은 가장 불리한 사회구성원들에게 혜택을 주는 경우에만 허용되어야 한다. 그런데 타고난 재능은 오직 우연에 의해 개인의 것이 되었으며, 그러한 우연적 자산에 혜택을 주는 것은 개인이 노력한 결과에 혜택을 주는 것과 달리 최소수혜자의 복지를 증진하는 데 아무런 기여도 하지 않는다. 따라서 이러한 자산은 본질적으로 공동의 것이며, 사회는 그것을 활용해 얻은 결과물에 대해 우선적으로 소유권을 주장할 수 있어야 한다.
>
> 을 : 당신이 기반하고 있는 원칙은 사실상 ⓐ 정체불명의 '우리'를 가정하고 있다. 우연히 '여기'에 놓인 자산에 대해 한 개인이 우선적 소유권을 주장할 수 없다고 해서, 그것이 곧바로 이 세상 모든 사람들이 동등한 소유권을 주장할 수 있음을 의미하지는 않는다. 이 점에서 당신의 원칙은 공리주의와 마찬가지로 일종의 공유 원칙이다. 왜냐하면 공리주의 역시 개인들을 모두의 행복을 위한 수단으로 사용하고, 공리의 최대화에 기여한다는 계산에 바탕해서만 개인의 권리와 개인 간의 차이를 옹호하기 때문이다. 하지만 이러한 원칙은 개인들에 우선하는 도덕적 연대를 전제해야 한다. 협동적인 공동체가 우리의 이상임은 분명하다. 하지만 그 공동체는 개인의 덕을 존중하는 공동체여야 한다. 그렇다면 사회적 공유의 범위는 상당히 제한될 수밖에 없다. 또한 공동선을 이유로 개인들의 다원성과 독자성을 위반할 가능성 역시 경계하지 않을 수 없다. 이 점에서 당신은 공리주의와 똑같은 반론에 부딪힐 수밖에 없다.

① ⓐ가 한 사회 속의 특정 집단이나 계층이 아니라 그 사회 전체를 의미하는 것이라면, 갑은 을의 비판에서 벗어날 수 있다.

② 갑은 공리주의자와 마찬가지로 공동체 전체의 이익 총량을 증대할 수 있다면 소유에 관한 개인의 권리는 어느 정도 제한될 수 있다고 본다.

③ 을은 우연적 재능으로 얻은 혜택에 대해 개인이 우선적 소유권을 가질 수 있음을 부정하지 않는다.

④ 을은 개인의 다원성과 독자성이 공유 원칙과 충돌하지 않을 경우 전자를 우선하지만, 충돌할 경우 후자를 우선해야 한다고 본다.

⑤ 을이 개인의 우연적 자산을 사회의 공동 자산으로 삼는 견해에 반대하는 까닭은 그것을 공동의 자산으로 공유해도 이것이 최소 수혜자의 복지 증진으로 이어지는 것은 아니라고 보기 때문이다.

갑은 "사회ㆍ경제적 불평등은 가장 불리한 사회구성원들에게 혜택을 주는 경우에만 허용되어야 한다."는 원칙에 입각하여 볼 때 우연적 재능의 혜택을 각 개인이 갖는 것은 이 원칙에 부합하지 않으므로 그 혜택을 사회가 공유해야 한다고 주장한다.

반면 을은 우연적 재능의 혜택을 각 개인이 누릴 수 없다고 해서 거기서 바로 사회 전체가 공유해야 한다는 결론이 나오는 것은 아니라는 점을 지적하고 있다. 을은 갑의 논변이 공유 원칙을 가정하고 있다고 지적하면서, 이 공유 원칙은 무조건적으로 적용되어서는 안 되고, 개인의 덕을 존중하고, 개인의 다원성과 독자성이 유지되는 선에서만 적용될 수 있음을 피력하고 있다.

정답 해설 ③ 을은 "하지만 그 공동체는 개인의 덕을 존중하는 공동체여야 한다. 그렇다면 사회적 공유의 범위는 상당히 제한될 수밖에 없다. 또한 공동선을 이유로 개인들의 다원성과 독자성을 위반할 가능성 역시 경계하지 않을 수 없다."라고 말하고 있다. 여기서 을은 우연적 재능으로 얻은 혜택을 개인이 갖는 것이 개인의 덕을 존중하는 데 더 기여한다면 개인이 우선적 소유권을 가질 수 있음을 부정하지는 않을 것이다. 따라서 ③은 적절하게 추론될 수 있는 진술이다.

오답 해설 ① 을은 정체불명의 '우리'를 사회 전체를 의미하는 것으로 쓰고 있으며, 사회 전체를 의미하기 때문에 문제가 있다고 지적하고 있다. '사회 전체' 또는 '세상 모든 사람들'이 공유한다면 옳다고 보는 생각을 비판하고자 하므로, 갑은 오히려 을의 비판 정면에 놓이게 된다. ①은 적절하게 추론할 수 있는 진술이 아니다.

② 갑은 공동체 전체의 이익 총량 증대를 기준으로 삼는 공리주의자와 달리 최소 수혜자의 복지 증진을 기준으로 삼으므로, 총량을 증대시키더라도 최소 수혜자의 복지 증진을 오히려 악화시킨다면 개인의 권리를 제한하는 데 반대할 것이다. ②는 적절하게 추론할 수 있는 진술이 아니다.

④ 을에게는 개인의 다원성과 독자성이 공유 원칙보다 더 중요하므로, 공유 원칙과 충돌하든 충돌하지 않든 전자를 우선해야 한다고 볼 것이다. 따라서 충돌 시 공유 원칙을 우선할 것이라고 보는 ④는 적절하게 추론할 수 있는 진술이 아니다.

⑤ 을이 개인의 우연적 자산을 사회적으로 공유하는 것에 반대하는 경우가 있는 것은 맞지만, 그 이유에 대한 설명이 잘못되었다. 최소 수혜자의 복지 증진은 을이 아니라 갑이 주장하는 원칙이며, 을이 갑의 이 원칙에 동의하는지는 제시문

278

에서 확인할 수 없다. 을이 사회적 공유에 반대한다면 그 이유는 그러한 공유가 개인의 덕이나 개인의 다원성이나 독자성을 훼손하기 때문이라고 보는 것이 제시문의 내용에 합당하다. ⑤는 적절하게 추론할 수 있는 진술이 아니다.

16.

[A]에 들어갈 진술 중 을의 반박을 약화할 수 있는 갑의 주장으로 가장 적절한 것은?

> 등산을 좋아하는 X는 가을에 에베레스트 등반을 계획하고 있었다. 그런데 그 해 봄에 임신 2개월째라는 것을 알게 되었다. X는 분명히 그 해에 아이를 가질 예정이었다. 그러나 그 시기는 등반을 마친 이후였는데 실수로 먼저 임신을 하게 되었다. 그는 등반 이후에 다시 아이를 갖기로 하고 낙태 수술을 받았다.
>
> Y도 임신을 계획하고 있었다. 다만 치료차 복용 중이던 약 때문에 바로 아이를 가지면 아이에게 장애가 생기게 되지만, 3개월 후 완치된 다음에 임신하면 건강한 아이를 갖게 된다는 것을 알았다. 그러나 Y는 기다리지 않고 곧 아이를 가졌다.
>
> Y에게서 장애가 있는 아이가 태어났다. 아이가 자라서 "엄마는 왜 그때 나를 낳았어요? 3개월 후에 임신했다면 나는 장애를 안 가지고 태어났을 텐데요."라고 말한다. 이에 Y는 "그때 3개월을 기다려 임신했다면 너는 안 태어났을 거야. 다른 아이가 태어났겠지. 장애가 있긴 해도 너는 그렇게라도 태어났기에 이런 말도 할 수 있는 거야. 나는 네게 잘못한 것이 없어."라고 말한다.
>
> 갑 : X의 행동은 옳지 못하다. 인간의 생명은 마음에 들지 않는다고 대체할 수 있는 성격의 것이 아니다.
>
> 을 : 그럼 Y의 사례는 어떻게 생각하는가?
>
> 갑 : Y가 뭔가 잘못하지 않았나? Y는 장애가 없는 아이를 가질 수도 있었는데 장애가 있는 아이를 가졌으니까.
>
> 을 : 당신의 입장은 일관되지 않다. 당신의 말대로 아이가 대체 가능하지 않다면 아이의 항의보다 Y의 대답이 더 정당해야 한다. Y는 아이가 대체 가능하지 않다고 생각하고 있으니까.
>
> 갑 : 내가 X에 적용한 기준은 Y에 적용할 수 없다.
>
> | [A] |
> | --- |

① X는 산모의 생명이나 건강 이외의 다른 이유로 낙태를 할 수 있다고 생각했고, Y는 어떤 것도 낙태의 이유가 될 수 없다고 생각했기 때문이다.

② X는 만족스러운 삶의 질을 가질 아이를 낳지 않은 것에 잘못이 있고, Y는 덜 만족스러운 삶의 질을 가진 아이를 낳은 것에 잘못이 있기 때문이다.

③ X는 7개월을 기다렸다면 태어났을 아이를 존재하지 않게 하였고, Y는 3개월을 기다렸다면 가졌을 아이를 존재하지 않게 했기 때문이다.

④ X는 이미 존재한 생명에 대해 결정을 했고, Y는 아직 생명이 존재하기 전에 결정을 내렸기 때문이다.

⑤ X는 누구인지 모르는 아이에게 해를 끼쳤고, Y는 누구인지 아는 아이에게 해를 끼쳤기 때문이다.

문항 성격 인문 – 논증 평가 및 문제 해결

평가 목표 낙태를 비판하는 윤리학의 제시문을 이용하여 반박을 약화할 수 있는 주장을 찾는 능력을 측정함

문제 풀이 정답 : ④

위 문항은 대체 불가능성을 근거로 낙태를 비판하는 논증을 소재로 하고 있다. 낙태를 찬성하는 사람들 중에서는 지금 낙태를 하더라도 나중에 다시 임신을 하면 세계에 존재하는 행복의 양은 똑같으므로 낙태가 문제될 것이 없다는 입장이 있다. 을은 갑이 X의 경우에는 대체 불가능성을 이용해서 X의 낙태를 비판하면서, Y의 경우에는 대체 불가능하다는 점에서 Y의 대답이 더 정당하다고 주장해야 하는데, 아이의 항의가 더 정당하다고 생각하는 비일관성을 보이고 있다고 지적하고 있다. 따라서 을의 반박을 약화시키기 위해서는 갑이 사실은 비일관성을 보이고 있지 않고 대답하면 된다. 갑은 대체 불가능성이라는 원칙이 X에는 적용되지만 Y에는 적용되지 않는다고 말하면 될 것이다. 다시 말해서 [A]에는 X에는 대체 불가능성을 적용할 수 있지만 Y에는 적용할 수 없는 이유가 들어가면 된다.

정답 해설 ④ 갑이 태아는 대체 불가능하다는 입장을 가지고 있다고 하더라도 X의 아이와 Y의 아이가 똑같은 경우가 아니라고 한다면 을의 비판을 약화할 수 있다. 다시 말해서 X는 이미 있는 태아에 대해 대체 가능한 것으로 결정했고, Y는 태아가 아직 존재하기 전에 결정을 내린 것이다. 즉, "X는 이미 존재한 생명에 대해 결정을 했으므로 대체 불가능성이 적용되지만, Y는 아직 생명이 존재하기 전에 결정을 내렸으므로 대체 불가능성을 적용할 수 없다."가 바로 갑이 하려고 하는 말이므로, ④가 [A]에 들어가면 을의 반박은 약화된다.

① 지금 을은 대체 불가능성을 가지고 갑을 비판하고 있다. 따라서 대체 불가능성과 상관없는 진술들은 을의 주장을 약화할 수 없다. ⓐ은 산모의 생명이나 건강 이외의 다른 이유로 낙태를 할 수 있느냐 없느냐가 X와 Y의 차이점인데, 이것은 대체 가능성과 상관이 없으므로 을의 반박을 약화할 수 없다. 답지 ①을 [A] 자리에 넣어 문장을 완성하면 "X는 산모의 생명이나 건강 이외의 다른 이유로 낙태를 할 수 있다고 생각했으므로 대체 불가능성이 적용되지만, Y는 어떤 것도 낙태의 이유가 될 수 없다고 생각했으므로 대체 불가능성을 적용할 수 없다."인데, 이것은 갑이 하려고 하는 말이 아니다. 이하 ②, ③, ⑤도 이런 식으로 구성해 보면 갑이 하려고 하는 말이 아님을 알 수 있다.

② 만족스러운 삶의 질을 가질 수 있느냐 없느냐도 대체 가능성과 상관이 없으므로 을의 반박을 약화할 수 없다.

③ 태어났을 아이를 존재하지 않게 하느냐, 가졌을 아이를 존재하지 않게 하느냐도 대체 가능성과 상관이 없으므로 을의 반박을 약화할 수 없다.

⑤ 누구인지 모르는 아이에게 해를 끼쳤느냐, 누구인지 아는 아이에게 해를 끼쳤느냐도 대체 가능성과 상관이 없으므로 을의 반박을 약화할 수 없다.

17.

다음 논증에 대한 비판으로 가장 적절한 것은?

로크는 자연에 있는 사물들이 "적어도 다른 사람들도 좋은 상태로 사용할 만큼 충분히 남아있는 한" 그 사물을 노동을 통해 소유할 수 있다고 주장한다. 이러한 로크의 제한조건이 의미하는 바는 "다른 사람들의 상황을 더 나쁘게 하지 않는 한에서만" 소유권이 인정된다는 것이다. 그러나 로크의 이 제한조건이 현재에는 더 이상 만족될 수 없다고 한다면 어떻게 될까? 만약 그렇다면 우리는 "이전에 우리가 인정했던 소유권을 포함해서 그 어떤 소유권도 성립할 수 없다."라는 놀라운 결론을 이끌어낼 수 있다.

우선 "로크의 제한조건에 위배된다."를 곧 "다른 사람들의 상황을 더 나쁘게 한다."라는 것으로 정의하자. 그리고 ⓐ 어떤 종류의 사물 t가 여러 사람들에 의해 소유되어 이제 그것이 충분히 남아 있지 않아, Z는 그 사물을 사용할 수 없게 되었다고 가정하자. 즉, Z가 사용할 수 있는 좋은 상태의 충분한 사물 t가 세상에 존재하지 않는다고 가정해 보자. 그렇다면 Z 바로 전에 t를 소유한 Y의 행위는, Z가 t를 사용할 자유를 갖지 못하게 하여 Z의 상황을 더 나쁘게 하였으므로 로크의 제한조건에 위배된다. 그런데 더 거슬러 올라가, ⓑ Y가 t를 소유하기 바로 전에 t를 소유한 X 역시 Y를 더 나쁜 상황에 빠뜨린 셈이다. 왜냐하면 ⓒ X가 t를 소유함으로써 Y는 로크의 제한조건에 위배되지 않고서는 t를 소유하지 못하게 되었고, X의 소유는 결국 Y의 소유가 로크의 제한조건에 위배되게끔 만들었기 때문이다. 따라서 ⓓ X의 소유 역시 로크의 제한조건에 위배된다. 이와 같은 방식으로, X 전에 t를 소유한 W에 대해서도, W는 X를 더 나쁜 상황에 빠뜨렸으므로, W의 소유는 로크의 제한조건에 위배된다고 말할 수 있다. ⓔ 같은 방식으로 계속 추론하다보면, t를 최초로 소유한 A의 소유 역시 로크의 제한조건에 위배된다고 말하지 않을 수 없다.

① ⓐ의 가정은 현실에 부합하지 않는다. 자연에는 아직 모든 사람들이 사용하기에 충분할 정도로 많은 자원이 남아 있다.

② ⓑ는 ⓒ로부터 도출되지 않는다. 만약 Y 바로 전에, X가 아니라 W가 t를 소유했다면 W가 Y를 나쁜 상황에 빠뜨렸을 것이므로, X가 Y를 더 나쁜 상황에 빠뜨렸다고 볼 수 없다.

③ ⓒ의 주장은 받아들일 수 없다. X가 t를 소유해도, Y가 로크의 제한조건에 위배되지 않고 t를 소유할 여지가 여전히 남아 있다.

④ ⓓ는 ⓑ로부터 도출되지 않는다. X가 Y를 더 나쁘게 한 방식은 Y가 Z를 그렇게 한 방식과 차이가 있음을 간과하고 있다.

⑤ ⓔ의 진술은 의심스럽다. 어떤 사물을 최초로 소유한 자를 확정하기란 거의 불가능하므로 우리는 한 사물의 소유에 대해 누가 최초로 로크의 제한조건을 위반하는지를 판단할 수 없다.

문항 성격	인문 – 논쟁 및 반론
평가 목표	미끄러운 비탈길 논증에서 애매모호하게 사용된 개념을 정확히 찾아 논증의 오류를 적절히 평가하고, 반박하는 능력을 측정함
문제 풀이	정답 : ④

제시문에서는 소유권의 성립에 관련한 로크의 제한조건과 "이러한 로크의 제한조건이 현재 만족될 수 없다면 과거에도 만족될 수 없었다."는 이른바 zip back 논증이 소개되어 있다. 이 zip back 논증은, 연역논증으로서, "미끄러운 비탈길" 논증 유형에 속하는 것으로 간주될 수 있다. 미끄러운 비탈길 논증은 일반적으로 개념의 애매모호함에 의존한다. 잘 알려진 "모든 태아가 인간이다."는 결론을 옹호하는 미끄러운 비탈길 논증은 '인간' 개념의 애매모호함에 의존한다. 마찬가지로 제시문의 zip back 논증도 "로크의 제한조건에 위배된다."는 개념의 애매모호함에 의존하는 오류를 범하고 있는 것으로 분석될 수 있다.

④ 논증의 오류를 정확히 지적한 진술이다. 제시문의 내용에 따르면 X가 Y를 더 나쁘게 한 방식과 Y가 Z를 더 나쁘게 한 방식에는 질적인 차이가 있다. Y에 의해 나빠진 Z의 상황이란, 제시문에서 명시적으로 밝히고 있듯이, 'Z가 사용할 수 있는 사물 t가 더 이상 존재하지 않는 상황'을 가리킨다. 반면 X에 의해 나빠진 Y의 상황이란, 'Y가 사물 t를 소유하면 로크의 제한조건을 위배하는 상황'을 가리킨다. 로크의 제한조건을 "다른 사람들의 상황을 더 나쁘게 한다."는 느슨한 의미로 이해하지 않고, 로크가 기술한 "다른 사람들도 좋은 상태로 사용할 만큼 (사물들이) 충분히 남아 있지 않게 한다."로 이해한다면, Y의 소유는 로크의 제한조건에 위배되지만, X의 소유는 그렇지 않다. 제시문의 논증은 "상황을 더 나쁘게 한다."는 표현의 이러한 애매성에 의존하고 있고, ④는 이 점을 지적하고 있으므로 적절한 비판이다.

① 제시문의 논증의 목적은 가정 ⓐ가 참이라고 할 때 소결론 ⓔ가 도출되는지를 입증하는 데 있다. 따라서 ⓐ의 가정이 거짓이더라도 제시문의 논증에는 어떠한 영향도 미치지 않는다. 따라서 ①의 비판은 제시문 논증에 대한 적절한 비판일 수 없다.

② "나쁜 상황에 빠뜨렸다."를 느슨한 의미로 받아들이는 한 X가 Y를 나쁜 상황에 빠뜨렸다는 ⓑ는 ⓒ로부터 도출 가능하다. 왜냐하면 ⓒ에 따르면 X는 Y의 소유를 로크의 제한조건에 위배되게끔 만든 만큼은 Y를 나쁘게 만든 것이 사실이기 때문이다. ⓑ가 ⓒ로부터 도출되지 않는다고 하려면, 이를테면 X가 Y의 소유를 로크의 제한조건에 위배되게끔 만든 것은 로크가 의미하는 나쁜 상황이 아니라는 점을 지적해야 한다. 하지만 ②는 엉뚱한 W를 끌어들여 결론을 부정하고 있으므로 적절한 비판일 수 없다.

③ ⓒ의 주장을 받아들일 수 없는 근거가 잘못되었다. X가 t를 소유하면, Y가 남은 t를 소유하게 되므로 Y의 소유는 정의상 로크의 제한조건을 위배하지 않을 수 없다. 제시문에서 더 이상 사물 t를 소유할 수 없는 자로 Z를 가정하고, 그 'Z 바로 전에 t를 소유한' 자가 'Y'라고 정의하고 있기 때문이다. 따라서 Y가 로크의 제한조건에 위배되지 않고 t를 소유할 여지는 없다.

⑤ ⓔ에서 주장하는 것은 "최초로 t를 소유한 자가 실제로 그 누구이든 상관없이 그 자의 소유는 로크의 제한조건에 위배된다."는 것이다. 다시 말하면, ⓔ가 의미하는 바는, 만약 우리가 최초로 t를 소유한 자를 'A'로써 지칭하고자 약속한다면, A가 실제로 누구인지 몰라도 우리는 "A의 소유는 로크의 제한조건에 위배된다."는 진술을 확실하게 주장할 수 있다는 것이다. 따라서 A가 누군지를 알 수 없다는 사실은 ⓔ를 조금도 약화하지 않는다.

18.

〈자료〉를 토대로 다음 주장들을 옳게 평가한 것은?

> 갑 : 자살의 원인은 존재의 어려움으로 인한 절망이다. 삶의 짐이 버거울 때 사람들은 자살을 생
> 각하게 되는 것이다. 통계에 따르면 1873~1878년 동안 16,264명의 기혼자들이 자살한 데
> 비해, 미혼자의 자살자 수는 11,709명에 불과하다. 따라서 결혼과 가족은 자살의 가능성을 높
> 인다. 미혼자는 기혼자보다 쉬운 삶을 산다고 할 수 있다. 결혼은 여러 종류의 부담과 책임을
> 부과하기 때문이다.
>
> 을 : 그 통계 자료를 자세히 보면 미혼자의 상당수는 16세 미만이고, 기혼자는 모두 16세 이상이
> 다. 그리고 16세까지는 자살 경향이 매우 낮다. 미혼자들이 낮은 자살 경향을 보이는 것은 미
> 혼이기 때문이 아니라 대다수가 미성년자이기 때문이다. 결혼이 자살에 미치는 영향을 알기
> 위해서는 기혼자와 16세 이상 미혼자만 비교해야 한다. 16세 이상인 기혼자와 미혼자의 인구
> 백만 명당 자살 건수를 비교하면, 미혼자는 1730이나 기혼자는 154.5이다. 따라서 결혼은 자
> 살을 막는 효과가 있다.
>
> 병 : 결혼이 최소한 자살 가능성을 높이지 않는다는 점에 동의한다. 하지만 미혼자의 자살률은 기
> 혼자의 자살률의 고작 1.12배로, 둘 사이의 차이는 미미하다. 결혼의 자살 예방 효과를 확신
> 하기 어렵다.
>
> 〈자료〉
>
> ㄱ. 1848~1857년의 통계를 보면, 미혼자의 평균 연령은 27~28세, 기혼자의 평균 연령은
> 40~45세이다. 이 기간의 연령별 자살률은 연령대가 높아질수록 증가한다. 만약 연령이 자살
> 에 영향을 미치는 유일한 요소라면, 기혼자의 인구 백만 명당 자살률은 140 이상이고 미혼자
> 의 인구 백만 명당 자살률은 97.9 이하여야 한다. 하지만 실제 자살률은 기혼자보다 미혼자가
> 더 높다.
>
> ㄴ. 1889~1891년 통계에 의하면, 미혼 여성의 자살률은 기혼 여성 자살률의 1.56배이고 미혼 남
> 성의 자살률은 기혼 남성 자살률의 2.73배이다.
>
> ㄷ. 1889~1891년 통계는 미혼 여성의 자살률이 배우자와 사별한 여성의 자살률의 0.84배이고
> 미혼 남성의 자살률은 배우자와 사별한 남성의 자살률의 1.32배임을 보여 준다.
>
> ㄹ. 인구 대비 혼인 건수는 수십 년 동안 큰 변화가 없었으나, 자살률은 3배로 증가하였다.

① ㄱ은 을이 병의 주장을 반박하는 근거가 된다.
② ㄴ은 병이 을의 주장을 반박하는 근거가 된다.

③ ㄷ은 갑을 강화한다.

④ ㄹ은 을을 강화한다.

⑤ ㄹ은 병을 약화한다.

| **문항 성격** | 사회 – 논쟁 및 반론 |

평가 목표 결혼이 자살에 미치는 영향에 관한 다양한 견해들 중 어느 것이 타당한지를 주어진 〈자료〉를 갖고 평가할 수 있는 능력을 측정함

문제 풀이 정답 : ①

갑은 사람들이 삶의 버거움에 절망을 느끼며, 이 경우 자살의 가능성이 높아진다고 본다. 제시문을 보면, 1873–1878년 동안 기혼자 중 자살한 사람은 16,264명이고 미혼자 중 자살한 사람은 11,709명으로 나타나고 있어, 이를 토대로 해석할 때 결혼과 가족은 버거운 부담과 책임을 지우기 때문에 자살 가능성을 높인다는 견해를 취하고 있다. 이와 달리 을은 결혼과 가족은 자살을 예방하는 효과가 있다고 본다. 병은 을이 제시하는 증거에 대해 비판적으로 바라보고 의문을 제기하며, 결혼의 자살 예방 효과를 확신하기 어렵다고 말하고 있다.

정답 해설 ① 병은 을이 해석한 16세 이상 미혼자의 자살률(173)과 기혼자의 자살률(154.5)의 차이가 12%밖에 나지 않기 때문에 결혼이 자살을 억제하는 효과를 인정할 수 없다는 견해를 취한다. ㄱ은 기혼자의 평균 연령이 미혼자의 평균 연령보다 훨씬 높다는 사실, 그리고 연령대가 올라갈수록 자살률이 높아진다는 사실을 보여 준다. 을이 16세 이상의 연령대 모두를 통틀어서 비교했을 때 기혼자의 자살률이 미혼자의 자살률보다 약간 낮았지만, ㄱ이 사실이라면 결혼의 효과는 사실 과소추정된 것으로 볼 수 있다. 만약 연령이 자살에 영향을 미치는 유일한 요인이라면 기혼자의 자살률은(140 이상) 미혼자의 자살률(97.9 이하)보다 최소 43%([140/97.9]×100) 더 커야 한다. 그런데 실제 미혼자의 자살률이 기혼자의 자살률보다 더 높다는 사실은 결혼이 자살을 예방하는 데 큰 영향을 미쳤다는 것을 의미한다. 따라서 ㄱ은 결혼의 자살 예방 효과를 확신하기 어렵다는 병의 주장을 반박하는 데 을이 사용할 수 있는 자료가 된다. 따라서 ①은 옳은 진술이다.

오답 해설 ② 병은 결혼의 자살 예방 효과를 확신하기 어렵다고 주장한다. 그런데 ㄴ을 보면, 미혼 여성의 자살률은 기혼 여성의 자살률보다 56% 더 높고, 미혼 남성의 자살률은 기혼 남성의 자살률보다 173% 더 높다. 성별에 관계없이 미혼자의 자살률은 기혼자의 자살률보다 최소 56% 이상 더 높으므로 이는 결혼이 자살을 막는

효과가 있다는 을의 주장을 뒷받침하는 증거가 된다. 따라서 병은 ㄴ을 이용하여 을의 주장을 반박할 수 없다. ②는 옳지 않은 평가이다.

③ 갑은 결혼이 자살을 유도한다고 주장한다. ㄷ을 보면, 미혼 여성의 자살률은 배우자와 사별한 여성의 자살률의 84%에 불과하므로 여성의 경우에는 결혼 후 배우자와의 사별이 미혼보다 자살을 유도하는 효과가 있다고 말할 수도 있다. 하지만 미혼 남성의 자살률은 배우자와 사별한 남성의 자살률보다 32% 더 크기 때문에 남성의 경우에는 미혼이 결혼 후 배우자와의 사별보다 자살을 유도하는 효과가 더 큰 것으로 나타난다. 결혼 후 배우자와의 사별이 자살에 미치는 효과가 성별에 따라 달라지고 있으며, 더욱이 ㄷ은 근본적으로 결혼이 자살에 미치는 효과에 대한 자료는 아니기 때문에, ㄷ은 갑의 주장을 강화한다고 볼 수 없다. ③은 옳지 않은 평가이다.

④ ㄹ을 보면, 인구 대비 혼인 건수는 수십 년 동안 큰 변화가 없었다고 했으므로 그 기간 동안 혼인율은 일정했다고 보아야 한다. 그런데 이 기간 동안 자살률은 3배로 증가하였기 때문에, 이런 결과가 나타나기 위해서는 결혼 이외의 다른 변인이 자살에 영향을 미쳐야 한다. 을은 결혼이 자살을 막는 효과가 있다고 주장하고 있는데, ㄹ은 결혼 이외에 다른 변인이 자살에 영향을 미쳤다는 것을 보여 주므로, 최소한 ㄹ은 을의 주장을 강화하지는 않는다. ④는 옳지 않은 평가이다.

⑤ ㄹ은 자살이 결혼이 아닌 다른 요인에 의해 영향을 받는다는 점을 말해 주며, 결혼의 자살 예방 효과에 대해서는 말해 주는 바가 없다. 따라서 ㄹ은 결혼의 자살 예방 효과를 확신하지 못한다는 병의 주장을 약화하지 않는다. ⑤는 옳지 않은 평가이다.

19.

다음을 분석한 것으로 옳지 <u>않은</u> 것은?

ⓐ A국 식약청은 특정 질환에 대한 신약을 출시하려는 제약 회사에게 위약시험을 통해 신약의 효능을 입증하도록 요구한다. 즉, 치료약인 것처럼 제시되지만 실제 약효가 전혀 없는 가짜 약품(위약)으로 치료받은 환자들과 비교하여 신약으로 치료받은 환자들의 치료 효과가 우월해야 신약의 출시가 허용된다. 이미 해당 질환에 대한 치료 효능이 입증되어 신약과 비교 가능한 약품이 존재하더라도, 신약 제조사는 신약에 대한 위약시험을 거쳐야 한다.

반면 ⓑ H선언은 기존 약품 중 효능이 가장 좋은 것과 신약의 효능을 비교하는 동등성시험으로 신약의 효능 입증 시험을 해야 한다고 요구한다. H선언의 윤리적 기준에 따르면, 효과적인 치료법이 있는 경우 의사는 환자에게 그것을 제공할 윤리적·법적 의무를 갖는다. 동등성시험으로 신약의 효능을 검증하는 것은 환자에게는 치료를 제공하고 의사에게는 안전성과 효능에 대한 비교 가능한 정보를 제공한다.

이러한 윤리적 원칙들에도 불구하고 ⓒ 몇몇 의사들은 향정신성 의약품에 대한 임상 시험에는 다른 기준이 적용되어야만 한다고 주장한다. 이들에 따르면, 향정신성 의약품의 효능을 검증하는 것은 어려운데, 특히 우울증의 경우, 치료의 성패는 대개 환자 개인의 주관에 따라 결정된다. 때문에 동등성시험으로 신약 효과를 평가하는 방법은 부적절하다는 것이다. 이런 주장은 만약 위약이 약리 효과를 검증하는 항상적 기준을 제공하는 것으로 가정할 수 있다면 타당할 수도 있다. 하지만 ⓓ 시험 참가자들이 평가하는 위약의 효과는 일정치 않고 상당히 가변적인 것으로 알려지고 있다. 정신과 치료의 경우에 위약 효과는 특히 가변적이고 예측 불가능할 수 있는데, 신약의 약리적 평가에 상대적으로 큰 영향력을 미치는 개인의 주관이 위약에 대한 효과의 평가에도 동일하게 개입하기 때문이다. 이러한 결과는 약품의 실질적 효능을 측정할 수 있다고 가정되는 확고한 준거점으로서의 위약 개념에 의문을 제기한다.

① 기존 시판 약품과 비교해서 신약의 효능이 더 우월하다고 입증되었을 경우에도, ⓐ는 이 신약의 출시를 불허할 수 있다.

② 동등성시험 대신 위약시험에 참여하는 환자들이 그 기간 동안 효과적인 약품으로 치료받을 수 있는 기회를 박탈당한다는 점은 ⓑ가 위약시험으로 신약의 효능을 검증하는 방식을 비판하는 논거가 된다.

③ 알레르기 치료제로 속인 위약을 먹은 환자 집단의 알레르기 증상이 실제 완화되었다면, 이는 ⓑ가 주장하는 동등성시험의 필요성을 약화하는 근거가 된다.

④ ⓒ는 향정신성 의약품의 경우 위약시험이 동등성시험보다 환자의 주관적 판단이 초래하는 오류로부터 상대적으로 자유롭다고 전제하고 있다.

⑤ 무작위로 선정된 대상자가 치료 효과를 주관적으로 평가하는 50차례 위약시험 결과, 50개 신약 치료 집단 간 응답의 분포 및 평균값에는 유의미한 차이가 없었고 50개 위약 치료 집단 간 응답의 분포 및 평균값에는 유의미한 차이가 있었다면, 이는 ⓓ를 지지하는 근거가 된다.

문제 풀이 정답 : ③

글쓴이는 동등성시험이 아니라 위약시험으로 신약의 효능을 평가해야 한다는 A국 식약청이나 ⓒ의 몇몇 의사들의 주장이 왜 타당하지 못한지 다음과 같은 논거로써 반론을 제기하고 있다.

A국 식약청은 신약의 효능을 동등성시험이 아니라 위약시험을 통해 실시하도록 제도적으로 요구하고 있다. 이에 대해 H선언은 위약시험은 그 시험 기간 동안 아무런 약리적 효과가 없는 위약을 처방받는 환자들에게 치료받을 수 있는 기회를 박탈하기 때문에 윤리적으로 문제가 있다고 보고, 대신 이미 약리적 효과가 입증된 기존의 의약품과 비교하여 신약의 효능을 평가하는 동등성시험이 적용되어야 한다고 주장한다. 하지만 몇몇 의사들은 정신과 치료의 경우, 치료 효과는 환자의 주관적 평가에 좌우되기 때문에 동등성시험이 아닌 위약시험이 적용되어야 한다고 반론을 제기한다. 이런 주장의 이면에는 위약시험에서 사용되는 위약의 효과는 상대적으로 환자의 주관적 평가로부터 덜 영향을 받는다는 전제가 깔려 있다. 그러나 글쓴이는 위약의 효과가 평가하는 사람들의 주관에 따라 상당한 편차가 발생한다는 기존 연구 결과들은, 위약으로 약품의 실질적 효능을 측정할 수 있다고 보는 A국 식약청이나 ⓒ의 몇몇 의사들의 주장과 달리, 위약이 신약의 약효 평가의 확고한 준거점이 되지 못한다는 주장의 증거가 된다고 보고 있다.

정답 해설 ③ ⓑ의 H선언은 신약의 효능성을 검증할 때 동등성시험을 사용해야 하는 이유로 시험에 참가하는 환자들이 치료받을 수 있는 기회를 박탈하지 않으면서도(윤리적 기준의 준수) 약품의 안전성과 효능에 대한 비교 가능한 정보(과학적 비교) 둘 다를 제공한다는 점을 든다. H선언에 따르면, 위약시험은 위약이 적용되는 집단에게 시험 기간 동안 치료받을 수 있는 기회를 제한하기 때문에, 비록 그 방법으로 약효의 효능이 검증될 수 있다고 하더라도 H선언의 윤리적 기준을 위반하는 것이 된다. 설령 위약이 적용되는 집단이 약리적 효과가 아닌 심리적 효과 때문에 치료가 되었더라도 그것이 H선언에서 강조하는 동등성시험의 중요성을 약화하지는 못한다. 왜냐하면 위약시험에서의 위약의 치료 효과는 우연적인 것으로 간주할 수 있어 위약시험에서는 여전히 환자가 치료받을 수 있는 기회가 제한된다고 볼 수 있으므로, 동등성시험의 필요성에 대한 논거가 약화되지 않기 때문이다. 따라서 ③은 옳지 않은 진술로 정답이다.

오답 해설 ① 제시문의 "이미 해당 질환에 대한 치료 효능이 입증되어 신약과 비교 가능한 약품이 존재하더라도, 신약 제조자는 신약에 대한 위약시험을 거쳐야 한다."고 서술되어 있는 부분은 A국 식약청은 신약에 대한 동등성시험 여부에 관계없이 의

무적으로 위약시험을 거치도록 요구하고 있다는 것을 의미한다. 이로부터 만약 동등성시험만 하고 위약시험을 하지 않았을 경우라면 A국 식약청은 그 신약의 출시를 불허할 수 있다는 점을 추론할 수 있다. 따라서 ①은 옳은 진술이므로 오답이다.

② ⓑ는 효과적인 약품이 존재한다면 의사들은 이를 환자에게 제공할 법적·윤리적 의무가 있다고 주장한다. 그런데 위약은 실질적인 약리적 효과가 없기 때문에 위약시험에서 위약을 적용받은 환자 집단은 그 시험 기간 동안 효과적인 약품으로 치료받을 수 있는 기회가 박탈된다. 이런 사실은 ⓑ가 위약시험으로 신약의 효능을 검증하는 방식을 비판하는 논거가 된다. 따라서 ②는 옳은 진술이므로 오답이다.

④ ⓒ는 동등성시험으로 우울증 치료제와 같은 향정신성 의약품의 약효를 검증하는 방법은 약효의 효과가 환자의 주관적 평가 결과에 의해 크게 영향을 받기 때문에 부적절하다면서, 신약의 효능 검증에는 다른 기준이 적용되어야 한다고 주장하고 있다. 여기서 그 '다른 기준'은 문맥상으로 볼 때 위약시험임을 알 수 있다. 글쓴이는 ⓒ의 이러한 주장이 타당하기 위해서는 위약이 약리 효과를 검증할 수 있는 항상적 기준을 제공할 수 있음을 전제해야 한다고 말하고 있다. 그러므로 ⓒ는 위약시험은 동등성시험보다 환자의 주관적 판단이 초래하는 오류로부터 상대적으로 자유롭다고 전제하고 있음을 추론할 수 있다. 따라서 ④는 옳은 진술이므로 오답이다.

⑤ 만약 위약의 효과에 대한 시험 참가자들의 평가 결과가 일정하고 가변적이지 않다면, 동일한 의약품에 대해 반복해서 실시한 위약시험에서의 위약의 효과에 대한 평가 결과는 균질해야 한다. 한편, 무작위로 선정된 대상자 중 신약을 적용받은 경우 50개 집단 간 응답의 분포와 평균값에 유의미한 차이가 없다는 점은 50개 신약 집단의 응답 분포가 유사하고 약리 효과에 대한 평가 결과들은 비슷했다는 점을 나타낸다. 이는 신약의 약리 효과 이외의 다른 요인들이 신약의 효능 평가에 영향을 거의 미치지 않았거나, 영향을 미쳤더라도 평가 결과에 미친 영향력의 정도가 응답자에 따라 크게 다르지 않았음을 의미한다. 반면 위약을 적용받은 경우 50개 집단 사이에는 약리 효과에 대한 응답 분포와 평균값이 유의미한 차이가 있다고 했기 때문에, 위약의 효과에 대한 50개 집단의 평가 결과들은 제각각이었음을 알 수 있다. 유사한 특징을 지닌 시험 참가자들의 위약에 대한 평가 결과가 시험마다 다르게 나타난다는 것은 신약의 효과를 검증하기 위한 준거로서의 위약의 효과가 일정하지 않고 가변적이며 평가자들의 주관에 크게 영향을 받는다는 점을 의미한다. 따라서 ⑤는 옳은 진술이므로 오답이다.

20.

〈가설〉과 〈실험〉의 관계에 대한 진술로 옳은 것만을 〈보기〉에서 있는 대로 고른 것은?

> 〈가설〉
>
> 인적 자본 가설은 기업에 채용될 남녀의 확률이 다르게 나타나는 현상을 생산성을 나타내는 인적 자본의 성별 차이로써 설명한다. 인적 자본은 교육 수준, 직무 경험, 직무에 대한 능력 및 헌신 등 업무 수행에 필요한 인적 특성을 뜻하는데, 이 가설은 여성이 남성에 비해 이러한 인적 자본이 부족하다는 점을 강조한다. 기업의 입장에서 낮은 인적 자본은 낮은 생산성으로 이어지기 때문에 여성 대신 남성을 선호한다는 것이다.
>
> 이에 반해 차별 가설은 교육 수준이 동일하고 직무 경험도 비슷하며 유사한 능력을 갖췄다고 하더라도 같은 직무에 지원할 경우 여성이 남성보다 채용될 확률이 낮은 현상에 주목한다. 차별 가설은 여성이 특정 업무에 적합하지 않으며 업무 수행 능력 등이 남성보다 뒤떨어진다는 고용주의 편견과 고정 관념으로 인해 채용상의 불이익을 받는다고 설명한다.
>
> 〈실험〉
>
> 갑은 오케스트라 단원 채용에 관한 자료를 가지고 두 가설을 검증해 보았다. 채용 시험은 서류 심사와 연주 심사라는 두 단계로 이루어진다. 우선 서류 심사로 일정 배수의 지원자를 뽑는다. 서류 심사를 통과한 지원자들은 연주 능력 등 오케스트라 단원으로서 요구되는 최소한의 인적 자본을 갖추고 있는 것으로 간주된다. 최종 합격 여부는 서류 심사를 통과한 지원자를 대상으로 한 연주 심사 점수에 의해 결정된다.
>
> 갑이 모은 자료를 보면 연주 심사는 두 가지 형태가 있었는데, 하나는 평가자들이 지원자의 성별을 파악할 수 있는 공개 평가 방식이었고, 다른 하나는 연주자를 커튼으로 가려 성별을 알 수 없게 하는 방식이었다. 자료 검토 결과, 지원자들은 두 방식에 무작위로 배정되었다고 간주할 수 있었다. 갑은 각 방식에 따라 연주 심사에 응한 남성과 여성의 수를 파악한 후 채용된 남성과 여성의 수를 분석하였다.
>
>   * 서류 심사에서는 지원자의 성별이 노출되지 않으며, 연주 심사의 평가는 지원자의 인적 자본 변인들이나 성별에 의해서만 이루어진다고 가정한다.
>
>   ** 남성 합격률＝(남성 합격자 수/연주 심사에 응한 남성 지원자 수)×100
>
>   여성 합격률＝(여성 합격자 수/연주 심사에 응한 여성 지원자 수)×100

ㄱ. 공개 연주 심사의 여성 합격률이 커튼으로 가린 연주 심사의 여성 합격률보다 유의미
하게 높다는 결과는 인적 자본 가설을 지지한다.

ㄴ. 공개 연주 심사에서 여성 합격률이 남성 합격률보다 유의미하게 낮다는 결과는 차별
가설을 지지한다.

ㄷ. 커튼으로 가린 연주 심사에서 여성의 합격률이 남성의 합격률보다 유의미하게 낮다는
결과는 인적 자본 가설을 지지한다.

① ㄱ　　　　　　　② ㄴ　　　　　　　③ ㄷ
④ ㄴ, ㄷ　　　　　　⑤ ㄱ, ㄴ, ㄷ

문항 성격　사회 – 논쟁 및 반론

평가 목표　대립되는 가설들이 타당하려면 어떤 검증 방법이 적용되어야 하는지, 그리고 그런 방법으로부터 도출된 결과들이 실제 가설의 타당성을 입증할 수 있는 근거가 되는지 판단할 수 있는 능력을 측정함

문제 풀이　정답 : ③

제시문에서는 성별 채용 확률의 차이를 설명하는 인적 자본 가설과 차별 가설을 기술한 후, 가설을 검증하는 연구 설계를 제시하고 있다. 이 실험에서 중요한 것은 실기 시험에서 얼굴을 볼 수 있도록 하는 공개 시험과 얼굴을 볼 수 없게 커튼으로 가린 연주 시험으로 나누어 합격률을 조사하였다는 것이다. 이러한 실험 설계에서 커튼으로 가린 연주 시험은 성별이 연주 심사 결과의 평가에 영향을 미칠 수 있는 가능성을 통제하기 위한 방법이다. 따라서 커튼으로 가린 연주 심사의 여성 합격률이 공개 시험에서의 여성 합격률에 비해 더 높다면 이는 차별 가설을 지지하는 결과로 해석할 수 있다. 한편, 연주 심사 결과는 오직 인적 자본 요인이나 성별 요인에 의해서만 이루어진다고 가정하고 있기 때문에, 오직 인적 자본 요인만으로 평가가 이루어지는 커튼으로 가린 연주 시험의 결과는 인적 자본 가설의 타당성을 평가하는 데도 활용할 수 있다.

〈보기〉 해설　ㄱ. 공개 연주 심사 결과는 순수한 연주 실력(인적 자본)과 성별 효과 둘 다에 의해 영향을 받을 수 있으며, 커튼으로 가린 연주 심사는 연주 실력만이 이에 영향을 미치게 된다. 만약 인적 자본 가설이 타당하다면 심사 결과는 오로지 연주 실력만으로 평가되었다는 것을 의미하므로, 공개 연주 심사 결과와 커튼으로 가린 연주 심사의 결과는 큰 차이가 없어야 한다. 즉 공개 연주 심사이든 커튼으로 가린 연주 심사이든 남성의 합격률은 여성의 합격률보다 항상 높아야 한다. 하지만 ㄱ에는 준거가 되는 남성 합격률에 대한 정보가 제시되어 있지 않고, 여성 합

격률 또한 공개 심사의 경우와 커튼으로 가린 심사의 경우가 다르게 나타나고 있어, 인적 자본 가설을 지지하는 결과로 볼 수 없다. ㄱ은 옳지 않은 진술이다.

ㄴ. 공개 연주 심사에서는 연주자의 외모가 드러나므로 연주자의 연주 실력(인적 자본)뿐만 아니라 외모(성별 효과) 또한 평가자의 평가 결과에 영향을 미칠 수 있다. 따라서 비록 공개 심사의 여성 합격률이 남성 합격률에 비해 유의미하게 낮다고 하더라도, 그 평가 결과에 영향을 미친 요인이 인적 자본 효과인지 성별 효과인지 판단할 수 없으므로, 이 결과만 가지고서는 차별 가설을 지지한다고 볼 수 없다.

ㄷ. 커튼으로 가린 연주 심사에서는 성별 효과는 통제되고 오로지 인적 자본 효과(연주 실력)만 평가에 영향을 미치게 된다. 지원자들이 무작위로 배정된 상태에서 커튼으로 가린 연주 심사 결과 여성 합격률이 남성 합격률보다 유의미하게 낮았다는 것은 남성이 여성보다 상대적으로 연주 실력이 더 뛰어났음을 의미하므로, 이는 인적 자본 가설을 지지한다.

〈보기〉의 ㄷ만이 타당하므로 정답은 ③이다.

21.

〈주장〉을 비판하기 위한 논거로 적절한 것만을 〈보기〉에서 있는 대로 고른 것은?

아래 그림은 2010년경에 33개 OECD 회원국이 시장소득과 처분가능소득이라는 두 가지 기준에서 자국에 대해 조사한 지니계수를 함께 나타낸 것이다. 여기에서 '지니계수'란 소득분배의 불평등 정도를 나타내는 수치로서, 0은 완전평등, 1은 완전불평등한 상태이며 수치가 클수록 불평등이 더욱 심한 소득분배 상황을 나타낸다. '시장소득'은 정부의 개입 없이 애당초 시장에서 획득한 소득을 말하며, '처분가능소득'은 정부에 세금을 납부하거나 보조금을 받은 이후의 재분배된 소득이다.

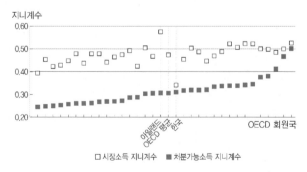

〈주장〉

한국은 소득이 상당히 평등하게 분배되어 있는 나라이다. 시장소득 기준으로는 OECD 회원국 중에서 가장 평등한 나라이며, 처분가능소득 기준으로도 OECD 회원국 가운데 중위권에 속한다. 한국 사회에서 소득이 불평등하게 분배되고 있다는 일부의 주장은 현실과 거리가 먼 것이다. 따라서 우리나라에서 소득불평등을 개선하기 위한 추가적인 재분배 정책은 필요하지 않다.

보 기

ㄱ. 시장소득 지니계수가 가장 높은 아일랜드의 경우, 시장소득 지니계수와 처분가능소득 지니계수의 차이가 가장 크다.

ㄴ. 소득세 자료가 아니라 가계설문조사에 기초한 우리나라 소득분포통계의 경우에는 상층 소득자에서 표본의 누락이 심각하며 금융소득의 경우도 상당히 과소 보고된다고 알려져 있다.

ㄷ. 소득분포통계 조사 방법이 나라마다 다르다는 점을 감안한다면 지니계수를 국가 간에 비교하는 것은 큰 의미가 없고 시장소득 지니계수와 처분가능소득 지니계수 사이의 차이가 중요하다.

① ㄱ　　　　　　　② ㄷ　　　　　　　③ ㄱ, ㄴ
④ ㄴ, ㄷ　　　　　　⑤ ㄱ, ㄴ, ㄷ

문항 성격 사회(경제학) − 논증 평가 및 문제 해결
평가 목표 통계적 데이터에 근거한 논쟁적 주장을 비판할 수 있는 논거를 찾는 능력을 측정함
문제 풀이 정답 : ④

그래프에 나타낸 33개 OECD 회원국 가운데 한국의 시장소득 지니계수가 가장 낮고 처분가능소득 지니계수는 평균에 가깝다. 〈주장〉은 이를 근거로 한국은 재분배 이전에 소득불평등이 가장 낮은 나라이며 재분배 결과 OECD 회원국의 중위권 수준이라고 판단한다. 이러한 판단에 기초하여 한국이 소득분배가 불평등한 나라라는 주장이 자료에 기초하지 않은 비현실적인 것이라고 비판하며, 한국에서 추가적인 재분배 정책이 필요하지 않다고 주장한다.

이 〈주장〉을 적절하게 비판하기 위해서는 〈주장〉이 근거로 삼고 있는 자료의 한계를 제시하거나, 자료에 대한 〈주장〉의 해석이 타당하지 않음을 지적하는 것이 필요하다.

〈보기〉 해설　ㄱ. 재분배 효과가 가장 큰 아일랜드의 경우에는 재분배 이전의 시장소득이 가장 불평등하게 분배된 나라라는 사실을 지적하는 것이므로, 시장소득 불평등 정도가 가장 작은 한국의 경우에는 추가적인 재분배 정책이 필요하지 않다는 〈주장〉

을 약화하지 않으므로 비판의 논거가 되지 않는다.

ㄴ. 한국의 소득분포통계의 조사 방법의 특성으로 인해 한국의 지니계수가 제시된 자료보다 더 높을 가능성이 크다는 사실을 지적하는 것이므로, 제시된 자료에 기초하여 한국의 소득불평등 정도가 낮다고 판단하는 〈주장〉을 비판하는 논거가 된다.

ㄷ. 제시된 자료가 각국이 자국의 지니계수를 조사하여 보고한 것에 기초한 것이므로 조사 방법이 나라마다 다르다면 이를 국가 간에 비교하는 것보다 각국의 시장소득 지니계수와 처분가능소득 지니계수의 차이를 비교하는 것이 중요하다고 지적함으로써, 한국의 경우에는 소득재분배가 적게 이루어지는 나라 중 하나라는 사실을 들어 〈주장〉을 비판할 수 있는 논거를 제시하고 있다.

〈보기〉의 ㄴ, ㄷ만이 〈주장〉을 비판하기 위한 논거로 적절하므로 정답은 ④이다.

22.

다음에서 추론한 것으로 옳은 것만을 〈보기〉에서 있는 대로 고른 것은?

2007년에 스페인의 정부 부채는 GDP의 43%에 불과하여 66% 수준이었던 독일보다도 낮았다. 따라서 지난 2008년의 세계금융위기 이전까지만 해도 스페인은 모범적으로 재정을 운영한다고 여겨졌다. 온화한 날씨와 아름다운 해변 때문에 유럽의 플로리다로 불리는 스페인은 2002년에 유로화로 통합되면서 유럽의 다른 나라들로부터 자본이 흘러들어와 엄청난 건설 경기 호황과 인플레이션을 경험했다. 다른 유럽 국가들에 비해 상대적으로 높은 물가와 낮은 생산성 때문에 스페인의 수출은 경쟁력을 상실했지만, 건설 경기 덕분에 전반적으로 호황이 유지되었다. 하지만 부동산 거품이 꺼지게 되자 실업률이 치솟는 등 경제가 침체하여 정부 재정은 큰 적자를 기록하게 되었다. 만약 스페인이 유로화를 사용하지 않고 여전히 구(舊)화폐인 페세타를 사용하고 있었더라면, 정부는 팽창적인 통화정책을 통해 비교적 신속하게 문제를 해결할 수 있었을 것이다. 또 만약 스페인이 정치통합 없이 화폐통합을 이룬 유로 지역의 한 나라가 아니라 미국의 한 주(州)였더라면 지금처럼 상황이 악화되지는 않았을 것이다. 호황이었을 때 다른 주로부터 노동자들이 몰려들어 그처럼 과도한 임금 상승이나 물가 상승이 발생하지 않았을 것이고, 위기가 닥쳤다 해도 연방정부로부터 지원을 받아 실업을 비롯한 여러 가지 어려움이 그처럼 심각한 수준에 처하지 않았을 것이며 연방정부가 통화정책을 사용해 경제를 회복시킬 수 있었을 것이기 때문이다. 하지만 미국의 한 주가 아니라 유로 지역의 한 국가인 스페인은 느리고도 고통스러운 디플레이션 과정을 통해서만 경쟁력을 다시 회복할 수 있을 것이다.

보 기

ㄱ. 스페인의 재정적자는 스페인 경제 침체의 원인이 아니라 결과이다.

ㄴ. 유로 지역에 속한 스페인은 경제 침체에 대응할 수 있는 통화정책 수단을 갖고 있지 않기 때문에 디플레이션 과정을 통해서만 경쟁력 회복이 가능한 상태에 처하게 되었다.

ㄷ. 스페인이 유로화가 아니라 미국과 정치통합 없이 달러화로 화폐통합을 했더라도 비슷한 어려움에 처했을 것이다.

① ㄱ   ② ㄷ   ③ ㄱ, ㄴ
④ ㄴ, ㄷ   ⑤ ㄱ, ㄴ, ㄷ

문항 성격 사회(경제학) – 언어 추리

평가 목표 세계금융위기 이후 스페인의 경제 위기에 대한 글로부터 함축되는 진술을 추론할 수 있는 능력을 측정함

문제 풀이 정답 : ⑤

세계금융위기 이후인 2010–2011년경에 스페인은 매우 어려운 경제 침체 상황에 처하게 되었는데, 스페인이 이렇게 어려운 상황에 처하게 된 것은 흔히 지적하는 것처럼 방만한 재정 운영이 원인이 아니고 정치통합 없는 화폐통합을 하였기 때문이라는 주장이 제시문의 핵심적인 논지이다. 제시문은 이를 논증하기 위해 첫째, 경제 침체 이전에 스페인의 재정 운영이 건전했다는 증거나 평가를 제시하고 둘째, 화폐통합을 하지 않았다면 팽창적인 통화정책을 통해 문제를 해결할 수 있었을 것이라는 주장을 제시하며 셋째, 스페인이 유로 지역의 한 나라가 아니라 미국의 한 주였다면 어떤 사태가 전개되었을지를 서술함으로써 화폐통합을 정치통합과 동시에 했더라면 이렇게 어려운 상황에 처하지 않았을 것이라는 주장을 제시하고 있다. 이 문항은 이러한 핵심적인 주장들과 이를 논증하는 방식을 이해하여 〈보기〉에 제시된 진술들을 추론할 수 있는지 판단할 수 있는 능력을 평가한다.

〈보기〉 해설 ㄱ. 스페인의 경우에는 경제 침체 이전에 정부 재정 부담이 비교적 적었고 모범적인 재정 운영이라는 평가를 받았지만 부동산 거품이 꺼져 실업률이 치솟고 경제가 침체함에 따라 재정적자가 커지게 되었다는 진술들을 종합할 때, 스페인의 재정적자는 경제 침체의 원인이 아니라 결과임을 추론할 수 있다.

ㄴ. 스페인이 유로화를 사용하지 않고 구화폐를 여전히 사용하고 있었더라면 팽창

적인 통화정책을 사용하여 비교적 신속하게 경제 침체에서 벗어날 수 있었을 것인데, 그렇게 할 수 없는 스페인은 느리고도 고통스러운 디플레이션 과정을 통해서만 경쟁력을 회복할 수 있을 것이라는 진술들을 종합할 때, 스페인이 자국 통화를 단독으로 발행할 수 없는 화폐통합으로 인하여 경제 침체에 대응할 수 있는 통화정책 수단을 갖고 있지 않기 때문에 디플레이션 과정을 통해서만 경쟁력 회복이 가능한 상태에 처하게 되었음을 추론할 수 있다.

ㄷ. 스페인이 이렇게 어려운 상황에 처하게 된 것은 정치통합 없는 화폐통합을 하였기 때문이라는 논증으로부터, 스페인이 유로화가 아니라 미국의 달러화와 화폐통합을 했더라도 정치통합을 동시에 하지 않았다면 비슷한 어려움에 처하게 되었을 것임을 추론할 수 있다.

〈보기〉의 ㄱ, ㄴ, ㄷ 모두 옳은 추론이므로 정답은 ⑤이다.

23.

다음 글에 나타난 견해를 비판하는 논거로 가장 적절한 것은?

음모론은 기존에 알려진 사실들을 그 이면에 숨겨진 원인으로 설명하는데, 음모론에 등장하는 가설들은 상식에 비춰볼 때 너무 예외적이어서 많은 경우 터무니없다는 반응을 불러일으킨다. 그렇지만, 어떤 사람들은 음모론 속 가설들이 기존 사실들을 무척 잘 설명한다는 것을 근거로 그 가설이 참이라고 생각하기도 한다. 그럼, 그런 높은 설명력을 가진다는 것이 음모론에 등장하는 가설에 대한 과학적 근거라고 할 수 있는가?

사실, 과학적 추론들 중에도 가설의 뛰어난 설명력을 근거로 가설의 채택 여부를 결정하는 것이 있다. 그런 추론은 흔히 '최선의 설명으로의 추론'이라고 부른다. 이 추론은 기존 증거를 고려하여 가장 그럴듯한 가설, 즉 해당 증거에 대해서 가장 개연적인 설명을 제공하는 가설을 골라낸다. 이와 더불어 그 추론은 가설의 이론적 아름다움, 즉 단순성과 정합성 등을 파악하여 미래 증거에 대해서도 가장 좋은 설명을 제공할 것 같은 가설을 찾아낸다. 이렇듯 최선의 설명으로의 추론은 기존 증거와 미래 증거를 모두 고려하여 가장 그럴듯하면서도 아름다운 가설을 채택하는 과정이다.

이런 점을 생각해볼 때, 음모론 속 가설의 설명력이 그 가설에 대한 과학적 근거를 제공하지 못한다는 것은 분명하다. 왜냐하면 그런 가설들은 예외적인 원인을 이용하여 기존 증거에 대해서는 놀라운 설명을 제공하지만, 그 예외적인 원인의 뛰어난 설명력을 유지하기 위해서 복잡하고 비정합적일 수밖에 없게 되어 미래 증거에 대한 올바른 설명을 제공할 수 없기 때문이다.

① 기존 증거를 잘 설명하는 음모론의 가설들은 미래에 대한 예측의 부정확성이 높을 뿐 예측 자체를 못하는 것은 아니다.

② 과학사에 등장했던 이론적으로 아름다운 가설들은 대개 기존 증거들에 대해 충분히 개연적인 설명을 제공하는 가설들이었다.

③ 몇몇 놀라운 과학적 성취는 그 초기에 기존 증거들을 제대로 설명하지 못했지만 그것의 뛰어난 이론적 아름다움 때문에 일부 과학자들에게 채택되기도 했다.

④ 기존 증거들을 잘 설명하지만 복잡한 형태로 제시된 가설들이 후속 연구에 의해서 설명력을 훼손하지 않은 채 이론적으로 단순하고 아름다워지는 경우가 많다.

⑤ 음모론에 등장하는 가설에 대한 사람들의 믿음은 그 가설이 갖추고 있는 과학적 근거보다는 그것을 믿게 되었을 때 얻을 수 있는 정신적 혹은 사회적인 이익에 의해서 결정된다.

문항 성격	과학기술 – 논증 평가 및 문제 해결
평가 목표	음모론의 과학적 정당성을 다루는 제시문을 이용해서, 음모론에 대한 비판과 그 비판에 대한 재비판을 파악하는 능력을 측정함
문제 풀이	정답 : ④

제시문의 내용을 정리하면 다음과 같다.

- 첫 번째 문단 : 음모론이 가진 놀라운 설명력으로 인해서 많은 사람들이 음모론의 가설을 믿으려 한다. 과연 음모론의 설명력은 그것의 과학적 근거라고 할 수 있는가?

- 두 번째 문단 : 과학에서 설명력을 근거로 가설 채택 여부를 결정하는 경우가 있다. 그것은 최선의 설명으로의 추론이다. 최선의 설명으로의 추론은 기존 증거와 미래 증거를 모두 고려하여, 가장 그럴듯하면서도 가장 아름다운 가설을 채택하는 과정이다.

- 세 번째 문단 : 음모론은 기존 증거에 대해서 놀라운 설명을 제공하지만 이를 위해 복잡하고 비정합적일 수밖에 없다. 이에 음모론은 미래 증거에 대해서 설명을 제공할 수 없다. 이에 음모론의 설명력은 과학적 근거가 아니다.

정답 해설	④ 이 선택지가 말하는 것은 기존 증거들을 잘 설명하는 가설들은 후속 연구를 통해서 이론적 아름다움을 갖추게 되는 경우가 많다는 것이다. 이에 음모론도 후속 연구를 통해서 이론적 아름다움을 갖추게 될 수 있으며 미래 증거를 잘 설명할 수 있다. 따라서 제시문의 주장인 음모론은 기존 증거에 대해 놀라운 설명을 제공하지만 미래 증거에 대해 설명을 제공할 수 없다는 주장을 올바르게 논박하는 근거라고 할 수 있다.
오답 해설	① 예측 자체를 할 수 있다는 것은 제시문을 비판하는 논거가 아니다. 정확한 예측

을 할 수 있다는 것이 논거가 되어야 한다.

② 음모론에 대한 제시문의 주장은 음모론은 그럴듯한 가설이지만, 이론적으로 아름답지 않다는 것이다. 이에 이론적으로 아름다운 가설이 어떤 특징을 가지고 있는가는 음모론에 대한 제시문의 주장에 대한 비판이라고 할 수 없다.

③ 음모론은 기존 증거들을 잘 설명하지만 미래 증거에 대한 올바른 설명을 제공하지 않아, 좋은 과학적 근거를 갖추지 못했다는 것이 제시문의 비판의 요지이다. 그래서 음모론이 좋은 과학적 근거를 갖추지 못했다는 주장에 대한 비판 논거가 되기 위해서는 음모론처럼 기존 증거를 잘 설명할 수 있는 과학적 가설을 언급해야 한다. 이 선택지에서 언급된 과학적 성취는 기존 증거를 잘 설명하지 못하는 것이기에 음모론이 좋은 과학적 근거를 갖추지 못했다는 주장을 비판하는 논거가 될 수 없다.

⑤ 이 사실은 위 제시문의 글쓴이도 받아들일 수 있을 것이다. 이 사실은 음모론이 과학적 근거를 갖추지 못했다는 주장에 대한 어떤 비판도 제공하지 못한다.

24.

다음에서 추론한 것으로 옳은 것만을 〈보기〉에서 있는 대로 고른 것은?

유권자들이 오로지 후보자의 정치성향만을 고려하여 투표한다고 가정할 때, 다음과 같은 한 지역구의 선거 상황을 생각해 보자.

극좌 　　중도좌 　　중도 　　중도우 　　극우

이 지역구에는 매우 많은 유권자가 존재하는데, 정치성향에 따른 이들의 분포는 위의 그림과 같다. 즉 이 지역구의 유권자들은 극좌에서 극우까지 연속적으로 동일한 비율로 균등하게 분포되어 있다. 후보자들은 위에 제시된 5가지의 정치성향 중 하나만을 선택하여 공표할 수 있고, 유권자는 자신의 정치성향과 가장 가까운 정치성향을 공표한 후보자에게 투표한다. 극좌, 중도좌, 중도, 중도우, 극우 간의 간격은 동일하고, 동일한 정치성향을 선택한 후보자가 둘 이상이면 해당 득표를 균등하게 나누어 갖는다. 가령 두 후보자 A, B가 출마하고 A는 '중도좌', B는 '극우'를 선택한다면, A는 5/8를 득표하고 B는 3/8를 득표하게 된다. 당선 결과는 가장 많은 표를 얻는 후보자가 당선되는 다수결 원칙으로 결정되며, 최다 득표자가 둘 이상이면 임의로 승자를 결정한다.

그런데 각 후보자는 하나의 정치성향을 반드시 공표해야 하며, 다른 후보자의 선택에 대응하여 자신의 당선 가능성을 극대화하는 방향으로 자신의 정치성향을 바꾼다고 하자. 가령 앞의 예에서 B는 자신의 성향을 '중도'로 바꿈으로써 자신의 득표를 3/8에서 5/8로 바꾸어 당선 가능성을 극대화할 수 있다. 만약 정치성향의 변경이 당선 가능성에 변화를 가져오지 않는다면 더 이상 정치성향을 바꾸지 않는다. 모든 후보자가 더 이상 자신의 정치성향을 변경할 유인이 없어지면 균형에 이르렀다고 한다.

<보 기>

ㄱ. 후보자가 2명인 경우, 두 후보자 모두 '중도'를 선택하는 것이 균형이다.

ㄴ. 후보자가 3명인 경우, 균형에서 각 후보자의 당선 가능성은 모두 같다.

ㄷ. 후보자가 4명인 경우, 균형에서 모든 후보자가 같은 정치성향을 선택한다.

① ㄱ   ② ㄷ   ③ ㄱ, ㄴ

④ ㄱ, ㄷ   ⑤ ㄴ, ㄷ

문항 성격	사회 – 논리 게임
평가 목표	선거에서 정치성향 선택 문제를 위치 선정 경쟁이라는 게임 상황으로 제시하여, 게임의 상황과 균형 개념을 이해하고 이를 후보자가 2명, 3명, 4명인 상황에 적용할 수 있는 능력을 측정함
문제 풀이	정답 : ①

정치성향 선택 문제를 게임 이론의 내시균형(Nash equilibrium)을 이해할 수 있는 상황으로 제시하였다. 선거에서 후보자가 자신의 당선 가능성을 극대화하기 위해 정치성향을 바꾸는 상황을 가정하여 균형을 찾도록 함으로써 후보자들이 상대방의 전략을 주어진 것으로 가정하고 최적 대응을 찾아가는 상황이 제시되어 있다.

제시문의 내용에 따라 복수의 후보자들의 선택에 따른 당선 가능성을 계산하고 선택의 변경이 당선 가능성의 변화를 초래하는지 따짐으로써 균형을 찾아내거나 〈보기〉에서 '균형'이라고 진술된 상황이 각 후보자가 더 이상 선택을 변경할 유인이 없는 진정한 균형 상황인지 따져보아야 한다. 각 후보자가 당선 가능성을 계산하여 정치성향을 선택하고 바꾸는 구체적인 과정을 후보자가 2명인 상황에 대해 제시문에서 예를 들어 소개하고 있다. 제시문에서 설명한 바를 확장하면, 후보자가 2명인 경우에는 후보자가 모두 '중도'를 공표하여 각자의 당선 가능성이 1/2이 되는 상황이 균형임을 알 수 있다.

후보자가 3명인 경우에는 각 후보자가 '중도좌', '중도', '중도우'를 하나씩 공표하는 것이 균형이 된다. 이 상황에서 '중도좌'를 선택한 후보는 3/8을 득표하여 당선 가능성은 1/2이 된다. 이 상황에서 이 후보자가 다른 어떤 선택을 하더라도 당선 가능성은 0이 되므로 이 후보자가 선택을 변경할 유인은 없다. '중도우'를 선택한 후보의 경우도 마찬가지이다. '중도'를 선택한 후보의 경우에는 2/8를 득표하여 당선 가능성은 0이지만, 이 상황에서 선택을 변경한다 하더라도 당선 가능성은 여전히 0이 된다. 따라서 이 상황은 균형이다.

<보기> 해설 ㄱ. 앞의 해설에서 설명한 바와 같이, 제시문에서 설명한 바를 확장하면 후보자가 2명인 경우에는 후보자가 모두 '중도'를 공표하여 각자의 당선 가능성이 1/2이 되는 상황이 균형임을 알 수 있다. 따라서 ㄱ은 옳게 추론한 것이다.

ㄴ. 앞의 해설에서 설명한 바와 같이, 후보자가 3명인 경우에는 각 후보자가 '중도좌', '중도', '중도우'를 하나씩 공표하는 것이 균형이며, 이 경우에 각자의 당선 가능성은 1/2, 0, 1/2이므로, 각 후보자의 당선 가능성은 같지 않다. ㄴ은 옳게 추론한 것이 아니다.

ㄷ. 후보자가 4명인 경우에 모두 같은 정치성향을 선택하는 상황에서는, 한 후보자가 선택을 바꿈으로써 당선 가능성을 1/4에서 1로 증가시킬 수 있다. 따라서 이 상황은 균형이 될 수 없다. ㄷ은 옳게 추론한 것이 아니다.

<보기>의 ㄱ만이 옳게 추론한 것이므로 정답은 ①이다.

25.

다음 주장에 대한 평가로 옳은 것만을 <보기>에서 있는 대로 고른 것은?

인간의 심리는 자연선택에 의한 진화의 산물이다. 즉, 우리의 마음이나 감정은 번식 가능성의 증대라는 기준으로 진행되는 자연선택의 산물이라는 것이다. 예를 들어 토사물, 배설물, 상한 음식, 시체 등의 자극이 일으키는 혐오감은 강한 불쾌감과 함께 때로는 구역질까지 동반하는 정서로 인간이 지니는 보편적인 감정 중의 하나이다. 번식이나 생존과 같은 고도의 생물학적 충동에서는 혐오 체계가 억제되기도 하지만, 대체로 혐오를 느낀 사람들은 혐오를 유발한 자극을 회피하는 행동을 한다. 왜 우리는 이처럼 역겨워하는 정서를 경험할까?

구체적인 대상들에 대한 혐오감은 전염성 병원체를 옮길 수 있는 매개체를 회피하게끔 자연선택에 의해 설계된 적응이다. 혐오를 주로 일으키는 자극은 유해한 미생물의 온상이므로 몸속에 들여서는 안 되는 것들이다. 혐오를 유발하는 토사물, 배설물, 상한 음식 등은 상당수의 전염성 세균이나 바이러스를 포함한다. 기침할 때 나오는 침이나 콧물은 체내에 들어오면 폐결핵이나 인플

루엔자 등을 옮길 수 있다. 특히 낯선 사람의 분비물은 우리 면역 체계가 방어하기 어려운 낯선 병원체를 전파하기 쉽기 때문에 혐오 정도가 더 심하다.

보 기

ㄱ. 건강한 사람이 병에 걸리고 난 후, 같은 자극에 대해서 혐오감을 더 강하게 느낀다면, 위 주장은 약화된다.

ㄴ. 대변에서 풍기는 냄새에 혐오감을 느끼는 정도는 그 냄새가 자신의 것에서 나든지 다른 사람의 것에서 나든지 차이가 없다면, 위 주장은 약화된다.

ㄷ. 목이 말라 곧 죽을 것 같은 상황에서는 깨끗해 보이지 않는 물에 혐오감을 덜 느끼면서 마신다면, 위 주장은 약화된다.

① ㄱ　　　　　　　　② ㄴ　　　　　　　　③ ㄷ
④ ㄱ, ㄷ　　　　　　　⑤ ㄴ, ㄷ

문항 성격 과학기술 – 논증 평가 및 문제 해결
평가 목표 혐오라는 정서가 수행하는 진화적 기능이 무엇인지 설명하는 가설을 이해하고 이를 약화할 수 있는 가정적 정보를 찾을 수 있는지 평가함
문제 풀이 정답 : ②

혐오라는 정서가 수행하는 진화적 기능이 무엇인지 설명하는 가설을 이해하고 이를 약화할 수 있는 가정적인 정보를 찾을 수 있는지 평가하는 문제이다. 인간이 진화한 역사를 통해서 전염성 병원체가 지속적으로 존재하면서 생존상의 큰 위협이 되었음을 감안하면, 병원체 혹은 병원체를 포함하고 있는 대상과의 접촉을 피하는 방어 기제가 혐오라는 정서로 진화했으리라고 이 가설은 제안한다.

〈보기〉 해설　ㄱ. 혐오감이 전염성 병원체와의 접촉을 피하기 위함이라면, 건강한 사람이 병에 걸리고 난 후 특히 병원체를 더 피해야 할 필요가 있으므로 건강할 때보다 같은 자극에 의해서도 더 강한 혐오를 느낄 수 있다. 따라서 "건강한 사람이 병에 걸리고 난 후, 같은 자극에 대해서 혐오감을 더 강하게 느낀다."라는 정보는 저자의 주장을 강화할 수는 있어도 약화하지는 않는다. ㄱ은 옳은 평가가 아니다.

ㄴ. 제시문의 마지막 문장 "특히 낯선 사람의 분비물은 우리 면역 체계가 방어하기 어려운 낯선 병원체를 전파하기 쉽기 때문에 혐오 정도가 더 심하다."로부터 우리는 자신의 대변보다 타인의 대변에 대해 더 강한 혐오 반응을 경험할 것이라고 추론할 수 있다. 따라서 "대변에서 풍기는 냄새에 혐오감을 느끼는 정도는 그 냄새가 자신의 것에서 나든지 다른 사람의 것에서 나든지 차이가 없다."라

는 정보는 저자의 주장을 약화할 것이다. ㄴ은 옳은 평가이다.

ㄷ. 우리는 병원체를 피하는 목표뿐만 아니라 목마름, 배고픔, 성욕, 지위 상승욕
등 다양한 목표를 항상 동시에 추구한다. 만일 다른 목표가 더 시급하고 중요한
상황이라면 혐오감을 잠시 억제하는 비용을 감수해서라도 그 목표를 추구하게
끔 우리의 신체가 진화했을 것이다. 제시문에서는 첫 번째 단락에서 "번식이나
생존과 같은 고도의 생물학적 충동에서는 혐오 체계가 억제되기도 하지만"이
라고 서술되어 있다. 따라서 "목이 말라 곧 죽을 것 같은 상황에서는 깨끗해 보
이지 않는 물에 혐오감을 덜 느끼면서 마신다."라는 주장은 저자의 주장을 강
화할 수는 있어도 약화하지는 않으므로, ㄷ은 옳은 평가가 아니다.

〈보기〉의 ㄴ만이 글쓴이의 주장에 대한 옳은 평가이므로 정답은 ②이다.

26.

다음에서 제시된 논증의 설득력을 약화하는 것만을 〈보기〉에서 있는 대로 고른 것은?

> 지금껏 지구에 존재했던 다양한 생물종들이 모두 하나의 원시 조상으로부터 유래했다는 다윈
> 의 주장은 합리적인 근거를 가지고 있다. 그것은 바로 지구의 모든 생물들이 DNA라는 공통 유전
> 물질을 가지고 있다는 것이다. 이 DNA는 네 가지 뉴클레오티드로 구성되어 있으며, 이들에 담긴
> 생명체의 유전 정보가 세대 간 전달된다. 수천만 개를 훨씬 상회하는 분자들 중, DNA만이 유전
> 정보의 보존과 복제를 가능하게 하는 구조를 가지고 있다는 점은 무척 놀라운 일이다. 왜냐하면
> 생명체가 유전 정보를 후대에 전달하기 위하여 DNA를 사용해야 할 어떤 필연적인 이유도 없기
> 때문이다. 그럼에도 불구하고 지구에 현존하는 모든 생물종은 DNA를 통해 그 정체성을 유지하
> 고 있다. 이것이 바로 다윈의 주장이 설득력을 갖는 이유다.

보기

ㄱ. 남극에서 화석의 형태로 발견된 어느 고생물을 조사한 결과 그것의 유전물질은 DNA
와 다른 구조를 지녔던 것임이 밝혀졌다.

ㄴ. 생물학적으로 가능한 모든 형태의 생명체들은 유전물질로 DNA를 사용할 수밖에 없다
는 사실이 밝혀졌다.

ㄷ. 지구에 존재하는 생명체들은 DNA가 유전물질의 역할을 하는 여러 외계 생명체들로부
터 기원했다는 사실이 밝혀졌는데, 그중 하나는 다른 모든 것들의 조상이었다.

① ㄴ   ② ㄷ   ③ ㄱ, ㄴ

④ ㄱ, ㄷ   ⑤ ㄱ, ㄴ, ㄷ

문항 성격   과학기술 − 논증 평가 및 문제 해결

평가 목표   지구 생물의 원시 조상의 수에 대한 논증을 파악하고, 그 논증을 약화시킬 수 있는 가능한 논거들을 파악하는 능력을 평가함

문제 풀이   정답 : ③

제시문의 전제는 지구의 모든 생물들이 DNA라는 유전물질을 이용해서 유전한다는 사실이며, 제시문의 결론은 지구에 존재했던 다양한 생물종들이 모두 하나의 원시 조상으로부터 유래했다는 것이다. 이 논증을 약화하기 위해서는 전제의 신뢰성을 떨어뜨리거나, 전제와 결론 사이의 관계가 긴밀하지 않다는 것을 논증해야 한다.

〈보기〉 해설   ㄱ. 해당 논증을 약화하는 한 가지 방법은 전제의 신뢰성을 감소시키는 것이다. ㄱ은 지구상의 생명체 중에서 DNA와 다른 유전물질을 가지고 있다는 사실을 언급하기에, 지구상의 생명체가 공통적인 유전물질을 가지고 있다는 전제의 신뢰성을 떨어뜨린다. 따라서 이는 논증을 약화하는 사례이다.

ㄴ. 이 논증를 비판하는 다른 한 가지 방법은 주장과 근거 사이의 관련성을 약화하는 것이다. "생물학적으로 가능한 모든 형태의 생명체들은 유전물질로 DNA를 사용할 수밖에 없다."는 것으로부터, '원시 조상이 하나이든, 그렇지 않은 생물학적으로 가능한 모든 형태의 생명체들은 유전물질로 DNA를 사용할 수밖에 없다.'는 것이 도출된다. 이런 결론은 모든 생명체가 유전물질로 DNA를 사용한다는 것이 원시 조상의 수와 관련이 없다는 것을 보여 준다. 따라서 이는 논증을 약화하는 사례이다.

ㄷ. ㄷ에 따르면 지구상의 생명체들이 여러 개의 외계 생명체들로부터 기원했지만, 지구 생명체들의 원시 조상은 하나이다. 왜냐하면 그 외계 생명체들 중 하나가 다른 모든 것들의 조상이기 때문이다. 따라서 이 선택지는 해당 논증의 설득력을 약화하지 않는다.

〈보기〉의 ㄱ, ㄴ만이 제시된 논증의 설득력을 약화하는 것이므로 정답은 ③이다.

27.

A, B에 대한 평가로 옳은 것만을 〈보기〉에서 있는 대로 고른 것은?

> 다음은 모기가 인간의 혈액을 섭취하는 과정에서 섭취한 혈액 속의 액체성분을 꽁무니로 분비하는 이유에 대한 가설들이다.
>
> A : 인간의 혈액은 적혈구 등의 세포성분과 혈장으로 불리는 액체성분으로 구성되어 있다. 모기가 인간의 혈액을 섭취할 때 단백질 성분이 풍부한 세포성분을 더 많이 몸속에 저장할수록 알을 더 많이 생산한다. 따라서 모기가 인간의 혈액을 섭취하는 과정에서 액체성분을 분비하는 것은 더 많은 세포성분을 몸속에 저장하기 위한 행동이다.
> B : 급격한 온도 변화는 곤충의 생리에 좋지 않은 영향을 미친다. 평소 인간보다 낮은 체온을 가진 모기는 인간의 혈액을 섭취할 때 고온 스트레스의 위험에 직면하게 된다. 따라서 모기가 인간의 혈액을 섭취하는 과정에서 액체성분을 분비하는 것은 증발 현상을 이용하여 체온 상승을 조절하기 위한 행동이다.

보 기

ㄱ. 세포성분이 정상이고 모기의 체온과 같은 온도의 혈액을 섭취한 모기로부터 분비되는 액체성분의 양보다, 세포성분이 정상보다 적고 모기의 체온과 같은 온도의 혈액을 섭취한 모기로부터 분비되는 액체성분의 양이 많다면, A는 강화된다.

ㄴ. 세포성분이 없고 인간의 체온과 같은 온도의 혈액을 섭취한 모기로부터는 액체성분이 분비되지만, 세포성분이 없고 모기의 체온과 같은 온도의 혈액을 섭취한 모기로부터는 액체성분이 분비되지 않는다면, B는 강화된다.

ㄷ. 세포성분이 정상이고 모기의 체온과 같은 온도의 혈액을 섭취한 모기로부터 분비되는 액체성분의 양보다, 세포성분이 정상보다 적고 인간의 체온과 같은 온도의 혈액을 섭취한 모기로부터 분비되는 액체성분의 양이 많다면, A와 B 모두 강화된다.

① ㄱ   ② ㄷ   ③ ㄱ, ㄴ

④ ㄴ, ㄷ   ⑤ ㄱ, ㄴ, ㄷ

문항 성격   과학기술 – 논증 평가 및 문제 해결

평가 목표   모기가 혈액을 섭취하는 과정에서 꽁무니로 액체성분을 분비하는 이유에 대한 가설들을 제시하고 이 가설들의 타당성을 논리적으로 평가하는 능력을 측정함

일반적으로 많은 종류의 모기들에서 수컷들은 동물의 혈액을 섭취하지 않고 식물의 체액만을 먹이로 이용하지만, 암컷들은 알을 생산하기 위해 필요한 단백질 성분이 많이 필요하기 때문에 동물의 혈액을 섭취한다. 많은 모기 종들에서 암컷 모기는 동물의 혈액을 섭취하는 과정에서 꽁무니로 액체성분을 분비하는 현상이 관찰되었는데, 이 현상을 설명하기 위해 본 문항에 제시된 가설을 포함하여 다양한 가설들이 제시되었다. 가장 유력한 가설들 중 하나는 암컷 모기들이 흡혈한 후, 숙주로부터 안전하게 도망갈 수 있는 몸무게를 유지하면서 최대한 많은 양의 단백질이 풍부한 세포성분을 몸속에 농축하여 저장하기 위해서 액체성분을 분비한다는 가설이다. 이외에도 최근에는, 나방이나 벌 등의 곤충들이 비행 중 날개 근육에 의해 발생하는 온도를 낮추기 위해 입을 통해 액체성분을 분비하고 증발시키는 것처럼, 모기도 항온동물의 혈액을 섭취하는 과정에서 받는 고온 스트레스를 줄이기 위해 꽁무니로 액체성분을 분비하고 물방울 형태로 유지함으로써 증발열을 이용한다는 가설이 제시되었다. 본 문항은 이 가설들 중 일부를 단순화하여 가설 A(인간의 혈액은 적혈구 등의 세포성분과 혈장으로 불리는 액체성분으로 구성되어 있다. 모기가 인간의 혈액을 섭취할 때 단백질 성분이 풍부한 세포성분을 더 많이 몸속에 저장할수록 알을 더 많이 생산한다. 따라서 모기가 인간의 혈액을 섭취하는 과정에서 꽁무니로 액체성분을 분비하는 이유는 더 많은 세포성분을 몸속에 저장하기 위한 행동이다)와 가설 B(급격한 온도 변화는 곤충의 생리에 좋지 않은 영향을 미친다. 평소 인간보다 낮은 체온을 가진 모기는 인간의 혈액을 섭취할 때 고온 스트레스의 위험에 직면하게 된다. 따라서 모기가 인간의 혈액을 섭취하는 과정에서 꽁무니로 액체성분을 분비하는 이유는 증발 현상을 이용하여 체온 상승을 조절하기 위한 행동이다)로 제시하고 이 가설들을 평가할 수 있는 능력을 측정하는 문항이다.

〈보기〉 해설   ㄱ. ㄱ에서는 혈액의 온도를 모기의 체온과 같은 온도로 설정한 후, 세포성분이 서로 다른 혈액을 모기가 섭취하도록 했을 때 세포성분이 더 적은 혈액을 섭취한 모기로부터 더 많은 양의 액체성분이 분비된다는 결과를 제시하였다. 즉, 온도 차이에 따른 액체성분의 분비량은 통제를 하고, 세포성분 차이에 따른 분비량의 차이를 측정함으로써 가설 A의 타당성을 검증하기 위한 실험을 제시하였다. 가설 A에 따르면 모기가 혈액을 섭취할 때 액체성분을 분비하는 이유가 세포성분을 몸속에 더 많이 저장하기 위해서이다. 따라서 모기가 세포성분이 정상인 혈액을 섭취할 때보다 세포성분이 정상보다 적은 혈액을 섭취할 때 더 많은 액체성분이 분비된다는 결과는 가설 A를 강화한다. 따라서 ㄱ은 옳은 평가이다.

ㄴ. ㄴ에서는 세포성분이 없는 혈액으로 통제 요인을 설정한 후, 모기의 체온과 같은 혈액을 섭취했을 때에는 액체성분이 분비되지 않지만 인간의 체온과 같은 온도의 혈액을 섭취했을 때에는 액체성분이 분비된다는 결과를 제시하였다.

즉, 세포성분에 따른 분비량 차이는 통제를 하고, 온도에 의한 분비량 차이를 측정함으로써 가설 B의 타당성을 검증하기 위한 실험을 제시하였다. 가설 B에 따르면 모기가 혈액을 섭취할 때 액체성분을 분비하는 이유는 높은 온도의 혈액을 섭취할 때 일어나는 고온 스트레스를 피하기 위해서이다. 이 가설은 모기의 체온보다 높은 온도의 혈액을 섭취할 때 액체성분이 분비된다는 것을 의미한다. 따라서 모기의 체온과 같은 혈액을 섭취했을 때는 액체성분이 분비되지 않지만 모기의 체온보다 높은 인간의 체온과 같은 온도의 혈액을 섭취한 모기로부터는 액체성분이 분비된다는 결과는 가설 B를 강화한다. 따라서 ㄴ은 옳은 평가이다.

ㄷ. ㄷ에 제시된 실험은 혈액의 세포성분과 온도 두 가지 모두 변인으로 설정되어 있다. 세포성분이 정상보다 적은 혈액이라는 조건과 모기의 체온보다 높은 인간의 체온과 같은 혈액이라는 조건 모두 액체성분의 분비량을 증가시키는 요인이므로 이 실험 결과는 가설 A와 B를 동시에 약화시키지는 않는다. 하지만, 세포성분과 온도 두 가지 모두 변인으로 설정되어 있어 어떤 요인에 의해 분비량이 증가되어 있는지는 확인할 수 없다. 예를 들어, 가설 A에 따라 액체성분이 분비되지만 가설 B에 따라서는 액체성분이 분비되지 않는 경우(가설 A는 강화, 가설 B는 약화) 혹은 가설 A에 따라 액체성분이 분비되지 않고 가설 B에 따라 액체성분이 분비되는 경우(가설 A는 약화, 가설 B는 강화)에도 ㄷ의 조건처럼 세포성분이 정상보다 적고 인간의 체온과 같은 혈액을 섭취한 모기에서 더 많은 양의 액체성분이 분비되기 때문이다. 따라서 가설 A와 B가 모두 강화된다는 ㄷ은 옳은 평가가 아니다.

〈보기〉의 ㄱ, ㄴ만이 옳은 평가이므로 정답은 ③이다.

28.

다음에서 추론한 것으로 옳은 것만을 〈보기〉에서 있는 대로 고른 것은?

사람의 유전 정보는 대부분 핵에 있는 22쌍의 상염색체와 1쌍의 성염색체로 구성되는 DNA에 보관되어 있다. 남자의 경우 아버지와 어머니로부터 물려받은 상염색체는 재조합을 통해 서로 섞일 수 있지만, X와 Y로 이루어진 성염색체는 서로 섞이지 않는다. 또한, X염색체는 어머니로부터 아들과 딸에게로 유전되는데 반해, Y염색체는 아버지로부터 아들로 유전되며 딸에게는 유전되지 않는다. 핵에 존재하는 DNA 이외에 사람의 유전 정보의 일부는 미토콘드리아 DNA에 보관되어 있으며, 어머니의 미토콘드리아는 아들과 딸에게 전해지지만, 아버지의 미토콘드리아는 자식에게 전해지지 않는다. DNA를 통한 혈연관계 감정에는 이러한 Y염색체와 미토콘드리아의 특성이 활용된다.

러시아 로마노프 왕조의 마지막 황제인 니콜라이 2세와 황후인 알렉산드라 그리고 5명의 자식들은 볼셰비키 혁명 이후 살해당한 후 매장되었다. 1991년 이들의 유골이 매장된 곳이 공식적으로 발굴되었으며, 이후 유골이 누구의 것인지를 밝히기 위해 DNA를 이용한 혈연관계 검사가 진행되었다. 이때 영국 엘리자베스 여왕의 남편인 필립 공의 DNA도 사용되었는데, 필립 공의 외할머니는 알렉산드라 황후와 자매지간으로 영국 빅토리아 여왕의 외손녀이다. 한편 당시 발굴된 유골 중에는 연령 및 성별 추정으로 판단할 때 아들인 알렉세이와 딸인 아나스타샤로 추정되는 유골이 없어서 이들이 살아남은 것은 아닌가 하는 의혹이 제기된 적이 있다.

보 기

ㄱ. 본인이 아나스타샤라고 주장하는 여인이 나타났다. 필립 공의 미토콘드리아 DNA와 이 여인의 미토콘드리아 DNA를 이용한 혈연관계 검사를 통해 서로 관계가 없다는 결과가 나온다면, 이 여인이 아나스타샤가 아님을 알 수 있다.

ㄴ. 알렉세이로 추정되는 유골이 발견되었다. 유골의 Y염색체 DNA와 필립 공의 아들인 찰스 왕세자의 Y염색체 DNA를 이용한 혈연관계 검사를 통해 서로 관계가 없다는 결과가 나온다면, 이 유골이 알렉세이의 유골이 아님을 알 수 있다.

ㄷ. 미토콘드리아 DNA를 이용한 혈연관계 검사를 수행한다면, 니콜라이 2세 유골은 니콜라이 2세 누이의 외손자와 외손녀 모두와 혈연관계가 있다는 결과가 나올 것이다.

① ㄱ   ② ㄴ   ③ ㄱ, ㄷ
④ ㄴ, ㄷ   ⑤ ㄱ, ㄴ, ㄷ

문항 성격	과학기술 – 언어 추리
평가 목표	사람의 유전 정보가 들어 있는 Y염색체와 미토콘드리아의 유전 특성에 대한 제시문을 이해하고 이를 유전자 검사를 이용한 혈연관계 검증 과정에 적용하여 추리하는 능력을 측정함
문제 풀이	정답 : ③

최근 법의학 등에서 많이 활용되고 있는 DNA를 활용한 유전자 검사 방법 중 특히 혈연관계 검증에 주로 사용되는 미토콘드리아 DNA와 Y염색체 DNA의 유전적 특성 및 DNA 유전자 검사를

통해 혈연관계를 검증한 대표적인 사례인 러시아 로마노프 왕조의 예를 제시하였다.

Y염색체 DNA는 아버지로부터 딸에게는 유전되지 않고 아들로만 유전되기 때문에 부계 혈연관계 파악에만 이용될 수 있으며, 미토콘드리아는 아버지로부터는 아들과 딸 모두에게 유전되지 않지만 어머니로부터는 아들과 딸 모두로 유전되기 때문에 모계 혈연관계 파악에 이용될 수 있음을 추론할 수 있고, 이를 활용하여 〈보기〉에 제시된 선택지의 진위를 파악할 수 있는 능력이 있는가를 측정하는 문항이다.

〈보기〉해설 ㄱ. 미토콘드리아 DNA는 어머니로부터 아들과 딸 모두에게 유전되므로, 빅토리아 여왕의 외손녀로서 자매지간인 필립 공의 외할머니와 알렉산드라 황후는 빅토리아 여왕과 같은 미토콘드리아 DNA를 가진다. 따라서 필립 공과 아나스타샤도 빅토리아 여왕과 같은 미토콘드리아 DNA를 가진다. 따라서 아나스타샤라고 주장하는 여인이 진짜 아나스타샤라면, 미토콘드리아 DNA를 이용한 혈연관계 검사를 통해서 필립 공과 서로 관계가 있는 것으로 나올 것이다.

빅토리아 여왕의 후손 모두는 같은 미토콘드리아 DNA를 가지고 있으므로, 아나스타샤라고 주장하는 여인이 빅토리아 여왕의 후손 중 한 명이라면 아나스타샤가 아님에도 불구하고 필립 공과 같은 미토콘드리아 DNA를 가지고 있을 수 있다. 따라서 미토콘드리아 DNA를 이용한 혈연관계 검사 결과 필립 공과 아나스타샤로 주장하는 여인이 서로 관계가 있다는 사실만으로는 이 여인이 아나스타샤임을 확정할 수는 없다. 하지만, 미토콘드리아 DNA를 이용한 혈연관계 검사를 통해 아나스타샤라고 주장하는 여인과 필립 공이 혈연관계가 없다는 것으로 나온다면 이 여인이 아나스타샤가 아님을 알 수 있다. 따라서 ㄱ은 옳은 추론이다.

ㄴ. Y염색체는 아버지에게서 아들로 유전되므로, 필립 공의 아들인 찰스 왕세자의 Y염색체와 니콜라이 2세의 아들인 알렉세이의 Y염색체는 서로 다른 부계 유전을 통해 유전된 것이다. 따라서 필립 공(혹은 찰스 왕세자)과 니콜라이 2세(혹은 알렉세이)의 부계 혈연관계가 서로 같지 않은 상황에서 이들의 Y염색체를 혈연관계 검사에 이용할 수 없다. 즉, Y염색체를 이용해서 혈연관계 검사를 한다면, 실제 유골이 알렉세이의 것이더라도 찰스 왕세자와 알렉세이의 유골은 서로 혈연관계가 없다고 나올 것이다. 따라서 ㄴ은 옳지 않은 추론이다.

ㄷ. 미토콘드리아 DNA는 모계 유전을 통해 전해지므로 같은 어머니로부터 태어난 니콜라이 2세와 니콜라이 2세 누이는 니콜라이 2세의 어머니와 같은 미토콘드리아 DNA를 가질 것이고, 니콜라이 2세 누이의 외손자와 외손녀 모두 이들과 같은 미토콘드리아 DNA를 가질 것이다. 따라서 미토콘드리아 DNA를 이용한

308

혈연관계 검사를 통해 이들 모두 혈연관계가 있다는 결과가 나올 것이므로, ㄷ은 옳은 추론이다.

〈보기〉의 ㄱ, ㄷ만이 옳은 추론이므로 정답은 ③이다.

29.

(라)에 대한 추론으로 옳은 것을 〈보기〉에서 고른 것은?

> 면역체계는 다양한 종류의 항원을 인식하고 파괴하는 방어메커니즘으로, 면역체계의 특징 중 하나는 기억 메커니즘을 가진다는 것이다. 즉, 특정 항원 P에 대한 면역 반응이 유도되면 이후에 이 항원과 동일하거나 유사한 항원은 기억 메커니즘에 의해 효율적으로 제거되고, 어떤 항원 Q가 그 기억 메커니즘에 의해서 효율적으로 제거되면 P와 Q는 동일하거나 유사한 항원이다.
> 면역체계는 외부 인자뿐 아니라, 암세포도 항원으로 인식하여 효율적으로 제거함으로써 암이 발생하는 것을 방지하는 역할을 수행한다. 암세포는 다양한 종류의 바이러스 혹은 화합물에 의해 유도될 수 있는데, 암 유발 물질의 종류에 따라 서로 같거나 다른 종류의 항원성을 가지는 암세포가 유도될 수 있다.
>
> 〈실험〉
>
> (가) 바이러스 SV40으로부터 유발된 암세포 (A1, A2) 및 화합물 니트로벤젠으로부터 유발된 암세포 (B1, B2)를 분리하였다.
>
> (나) 암세포에 노출된 적이 없어 암세포를 이식하면 암이 발생되는 4마리의 생쥐를 준비한 후, 2마리의 생쥐 (X1, X2)에는 A1을 이식하였고, 다른 2마리의 생쥐 (Y1, Y2)에는 B1을 이식하였다. 이들 암세포를 항원으로 하는 면역반응이 유도될 수 있는 충분한 시간이 지난 후, 수술을 통해 암세포로부터 형성된 암조직을 제거하여 암을 완치시켰다.
>
> (다) 암이 완치된 2마리의 생쥐 (X1, Y1)에는 A2를, 암이 완치된 다른 2마리의 생쥐 (X2, Y2)에는 B2를 이식하였다. 이들 암세포를 항원으로 하는 면역반응이 유도될 수 있는 충분한 시간 동안 생쥐를 키우며 암 발생 여부를 관찰한 결과, X1에서만 암이 발생되지 않았다.
>
> (라) (다)실험에서 암이 발생한 생쥐들은 암조직을 제거하여 암을 완치시킨 후, 이 생쥐들 (X2, Y1, Y2) 및 (다)실험에서 암이 발생하지 않은 X1에게 또 다시 암세포를 이식한 후 암 발생 여부를 관찰하였다.

① ㄱ, ㄴ   ② ㄱ, ㄷ   ③ ㄱ, ㄹ
④ ㄴ, ㄹ   ⑤ ㄷ, ㄹ

문항 성격 과학기술 – 논리 게임

평가 목표 생물학에서 중요한 개념인 면역체계의 기억 메커니즘에 대한 내용과 기억 메커니즘을 통해 면역체계가 암세포를 제거함으로써 암 발생을 억제할 수 있다는 내용을 활용하여 논리적인 추론 능력을 측정함

문제 풀이 정답 : ⑤

면역체계는 기억 능력을 가지고 있기 때문에 특정 항원에 대한 면역반응이 유도되면, 이 후 이 항원과 동일하거나 유사한 항원을 쉽게 제거할 수 있다. 암세포도 항원의 일종으로, 특정 암세포에 대한 면역반응이 유도되면 이와 유사하거나 동일한 암세포는 쉽게 제거되지만, 이와 전혀 다른 암세포는 효율적으로 제거되지 않아 암이 발생하게 된다. 본 문항은 이러한 면역체계의 특징과 암의 발생과의 관계를 제시된 실험 결과로부터 논리적으로 추론할 수 있는지 측정하는 문항이다.

암세포 A1에 의해 면역반응이 유도된 생쥐 X1은 암세포 A2에 의해서 암이 발생하지 않았다는 실험 (다)의 결과는 암세포 A1과 암세포 A2가 같은 종류의 항원성을 가지는 암세포라는 것을 의미한다. 또한, 암세포 A1에 의해 면역반응이 유도된 생쥐 X2는 암세포 B2에 의해서, 암세포 B1에 의해 면역반응이 유도된 생쥐 Y1은 암세포 A2에 의해서, 암세포 B1에 의해 면역반응이 유도된 생쥐 Y2는 암세포 B2에 의해서 암이 발생한다는 실험 (다)의 결과는 A1과 B2가 서로 다른 항원성을 가지며, B1과 A2가 서로 다른 항원성을 가지며, B1과 B2가 서로 다른 항원성을 가진다는 것을 의미한다. 이로부터 암세포들의 항원성은 A1=A2≠B1≠B2라는 것을 추론할 수 있다. 실제로 SV40과 같은 바이러스들이 유발하는 암세포는 유사한 과정을 통해 암세포로 변형되었기 때문에 대부분 동일한 항원성을 가지며, 니트로벤젠과 같은 화합물에 유발되는 암세포는 암세포로 변형되는 과정이 다양하기 때문에 서로 다른 항원성을 가지는 경우가 대부분이다. 결론적으로, 생쥐 X1은 A1과 A2에 대해 면역반응이 유도되었기 때문에 A1과 A2에 의해 암이 발생하지 않음을 추론할 수 있고, 생쥐 X2는 A1과 B2에 의해 면역반응이 유도되었기 때문에 A1과 B2뿐 아니라 A1과 동일하거나 유사한 A2에 의해서도 암이 발생하지 않음을 추론할 수 있고, 생쥐 Y1은 B1과 A2

에 의해 면역반응이 유도되었기 때문에 B1과 A2뿐만 아니라 A2와 동일하거나 유사한 A1에 의해서도 암이 발생하지 않음을 추론할 수 있고, 생쥐 Y2는 B1과 B2에 의해서 면역반응이 유도되었기 때문에 B1과 B2에 의해 암이 발생하지 않음을 알 수 있다. 이를 간략히 표로 나타내면 다음과 같다.

	1차 면역	2차 면역	최종 면역	A1 이식	A2 이식	B1 이식	B2 이식
생쥐 X1	A1(=A2)	A2(=A1)	A1, A2	암 ×	암 ×	암 ○	암 ○
생쥐 X2	A1(=A2)	B2	A1, A2, B2	암 ×	암 ×	암 ○	암 ×
생쥐 Y1	B1	A2(=A1)	A1, A2, B1	암 ×	암 ×	암 ×	암 ○
생쥐 Y2	B1	B2	B1, B2	암 ○	암 ○	암 ×	암 ×

〈보기〉해설 ㄱ. 암세포 A1과 암세포 A2는 항원성이 유사하거나 동일하기 때문에, 암세포 A2에 의해 면역반응이 유도된 생쥐 Y1에 암세포 A1을 이식하면 암이 발생하지 않는다. 따라서 ㄱ은 옳지 않은 추론이다.

ㄴ. 암세포 A1과 암세포 A2는 항원성이 유사하거나 동일하기 때문에, 암세포 A1에 의해 면역반응이 유도된 생쥐 X2에 암세포 A2를 이식하면 암이 발생하지 않는다. 따라서 ㄴ은 옳지 않은 추론이다.

ㄷ. 암세포 B1은 암세포 A1, 암세포 A2, 암세포 B2와 항원성이 동일하거나 유사하지 않기 때문에, 암세포 B1에 의해 면역반응이 유도되지 않은 생쥐 X1과 생쥐 X2는 암세포 B1에 의해 암이 발생했을 것이다. 따라서 ㄷ은 옳은 추론이다.

ㄹ. 암세포 B2는 암세포 A1, 암세포 A2, 암세포 B1과 항원성이 동일하거나 유사하지 않기 때문에, 암세포 B2에 의해 면역반응이 유도되지 않은 생쥐 X1과 생쥐 Y1은 암세포 B2에 의해 암이 발생했을 것이다. 따라서 ㄹ은 옳은 추론이다.

〈보기〉의 ㄷ, ㄹ만이 옳은 추론이므로 정답은 ⑤이다.

30.

〈사례〉에 대해 추론한 것으로 옳은 것만을 〈보기〉에서 있는 대로 고른 것은?

우리는 미래에 일어날 사건의 확률을 결정하기 위해 관련된 여러 정보를 이용한다. 그럼 어떤 정보도 없는 경우에는 어떻게 확률을 결정해야 하는가?

갑 : 동전에 대한 아무 정보도 없다면, 그 동전을 던졌을 때 앞면이 나온다는 것을 더 믿을 이유가 없고, 뒷면이 나온다는 것을 더 믿을 이유도 없다. 따라서 우리는 앞면이 나온다는 것과 뒷면이 나온다는 것이 동일한 확률 0.5를 가진다고 생각해야 한다.

을 : 그렇지 않다. 동전이 어느 쪽으로도 편향되지 않았다는 정보를 획득한 경우를 생각해 보자. 이 경우, 누구나 인정하듯이, 앞면이 나온다는 것의 확률은 0.5여야 한다. 이에, 당신의 입장은 편향되지 않았다는 정보가 있는 경우와 그렇지 않은 경우를 구분하지 못한다. 편향되지 않았다는 정보를 가지고 있을 때와 달리, 그런 정보가 없을 때는 앞면이 나올 확률의 최솟값은 0이고 최댓값은 1이라고만 말할 수 있을 뿐이다.

〈사례〉

구슬 100개가 잘 섞여 있는 항아리가 있다. 각 구슬들의 색깔은 붉거나, 희거나, 검으며, 각 구슬들의 재질은 나무이거나 금속이다. "붉은색 구슬은 모두 50개다."라는 정보는 주어졌지만, 다른 색 구슬의 개수에 대한 정보는 주어지지 않았다. 그리고 "나무로 된 흰색 구슬의 개수와 금속으로 된 흰색 구슬의 개수는 같다."라는 정보는 주어졌지만, 다른 구슬에 대해서는 이런 정보가 주어지지 않았다. 이제 이 항아리에서 무작위로 구슬을 하나 뽑을 것이다.

보기

ㄱ. 나무로 된 흰색 구슬이 뽑힐 확률에 대해서 갑과 을은 동일한 값을 부여할 것이다.

ㄴ. 붉은색 구슬이 뽑힐 확률이 흰색이 아닌 구슬이 뽑힐 확률보다 크지 않다는 것에 대해서 갑과 을은 동의할 것이다.

ㄷ. 나무로 된 구슬은 모두 흰색이라는 정보가 주어진다면, 흰색 구슬이 뽑힐 확률이 검은색 구슬이 뽑힐 확률보다 작지 않다는 것에 대해서 갑과 을은 동의할 것이다.

① ㄱ   ② ㄴ   ③ ㄱ, ㄴ
④ ㄱ, ㄷ   ⑤ ㄴ, ㄷ

문항 성격 과학기술 – 언어 추리

평가 목표 확률값을 결정하는 두 가지 모형을 파악하고, 그 모형에서 사용하는 원리를 개별 사례에 적용하는 능력을 측정함

문제 풀이 정답 : ②

갑과 을의 입장 차이를 정확하게 파악하고 그것을 특정 사례에 적용하여 추론하는 문제이다. 여기서 갑은 선택지들에 대한 어떤 정보도 없으면 동일한 확률을 가져야 한다고 말하며, 을은 그런

경우 가능한 확률의 최댓값과 최솟값만을 알 수 있다고 말한다. 이런 입장에 따랐을 때, 〈사례〉와 관련된 확률은 다음과 같이 나타낼 수 있다. (아래의 표에서 예컨대 '[0, 0.25]'는 최솟값이 0이고 최댓값이 0.25라는 것을 의미한다.)

갑	붉은색	흰색	검은색	합계
나무	0.25	0.125	0.125	0.5
금속	0.25	0.125	0.125	0.5
합계	0.5	0.25	0.25	1

을	붉은색	흰색	검은색	합계
나무	[0, 0.5]	[0, 0.25]	[0, 0.5]	
금속	[0, 0.5]	[0, 0.25]	[0, 0.5]	
합계	0.5	[0, 0.5]	[0, 0.5]	1

〈보기〉 해설 ㄱ. 갑은 나무 재질로 된 흰색 구슬이라는 것에 대해서 0.125의 값을 할당하지만, 을은 그 값이 0보다 크고 0.25보다 작다고 말할 뿐이다. 따라서 갑과 을이 동일한 값을 부여한다고 말할 수 없다. ㄱ은 옳지 않은 추론이다.

ㄴ. 갑은 붉은색 구슬이 나올 확률에 대해서 0.5, 희지 않은 구슬이 나올 확률에 대해서 0.75를 할당한다. 한편, 을은 붉은색 구슬이 나올 확률에 대해서 0.5, 희지 않은 구슬이 나올 확률에 대해서 최솟값이 0.5, 최댓값이 1이라고 말할 것이다. 따라서 붉은색 구슬이 뽑힐 확률이 흰색이 아닌 구슬이 뽑힐 확률보다 크지 않다는 것에 대해서 갑과 을은 동의할 것이다. ㄴ은 옳은 추론이다.

ㄷ. 나무로 된 구슬이 모두 흰색이라는 정보로부터, 붉은색 구슬과 검은색 구슬은 모두 금속으로 되어 있다는 사실만을 추론할 수 있다. 그러나 이 정보만으로 흰색 구슬과 검은색 구슬 사이의 비율을 알아낼 수 없다. 따라서 을은 이 정보가 주어지기 전과 동일하게 흰색 구슬이 뽑힐 확률과 검은색 구슬이 뽑힐 확률에 대해 최솟값이 0, 최댓값이 0.5라고 말할 뿐이다. 따라서 흰색 구슬이 뽑힐 확률이 검은색 구슬이 뽑힐 확률보다 작지 않다는 것에 대해서 을은 동의하지 않을 것이다. ㄷ은 옳지 않은 추론이다.

〈보기〉의 ㄴ만이 옳은 추론이므로 정답은 ②이다.

31.

다음에서 추론한 것으로 옳은 것만을 〈보기〉에서 있는 대로 고른 것은?

어떤 국가는 A, B, C, D, E, F의 6개 주(州)로 구성되어 있다. 각 주는 하나의 덩어리 형태이며 다음과 같이 접경을 이루고 있다.

- A는 C 이외의 모든 주와 접경을 이루고 있다.
- B는 A, C, D, F와만 접경을 이루고 있다.
- C는 B, D와만 접경을 이루고 있다.
- D, E, F는 서로 접경을 이루지 않는다.

이제 빨강, 주황, 초록, 파랑, 보라의 5개 색을 사용하여 6개 주를 색칠하려고 한다. 각 주는 하나의 색만을 사용하여 색칠되어야 한다. 또한 아래와 같은 조건들이 주어진다.

〈조건1〉 A는 초록색으로 칠한다.
〈조건2〉 C와 F는 보라색으로 칠한다.
〈조건3〉 접경을 이룬 주끼리 같은 색을 사용해서는 안 된다.
〈조건4〉 파란색과 보라색은 접경을 이룬 주끼리 사용될 수 없다.
〈조건5〉 5개의 색이 모두 사용되어야 한다.

보기

ㄱ. E는 파란색이다.
ㄴ. B가 주황색이면 D는 빨간색이다.
ㄷ. 위의 조건들 중 〈조건5〉를 없애면 최소 3개의 색으로 6개의 주를 모두 색칠할 수 있다.

① ㄱ   ② ㄷ   ③ ㄱ, ㄴ
④ ㄴ, ㄷ   ⑤ ㄱ, ㄴ, ㄷ

문항 성격	논리학 · 수학 – 논리 게임
평가 목표	제시문에 주어진 지도 정보를 이용하여 각 주(州)의 배치 및 정렬 능력을 파악하고, 추가로 주어진 일부 주(州)의 색상 정보를 이용하여 나머지 주(州)의 색상 정보를 추리하는 능력을 측정함
문제 풀이	정답 : ③

제시문에 주어진 내용을 바탕으로 6개 주의 접경 형태를 그림으로 표시하면 아래와 같다.

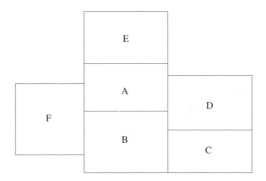

색상에 대해서는 〈조건1〉과 〈조건2〉에 의해 A는 초록색, C와 F는 보라색으로 칠해진다.

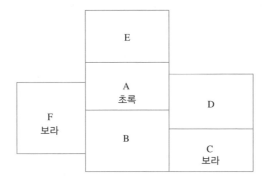

〈조건3〉에 의해 접경을 이룬 주끼리는 같은 색을 사용할 수 없으므로 B와 D에는 빨간색이나 주황색이나 파란색이 사용되어야 한다. 그런데 〈조건4〉에 의해 파란색과 보라색은 접경을 이룬 주끼리 사용될 수 없으므로, B와 D에는 빨간색이나 주황색이 사용되어야 한다. 그리고 〈조건5〉에 의해 5개의 색이 모두 사용되어야 하므로, E에는 파란색이 사용되어야 한다. 이 정보를 그림으로 표시하면 아래와 같다.

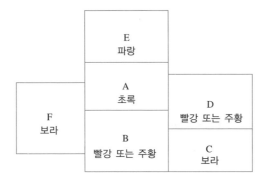

<보기> 해설 ㄱ. 위의 그림에서 E는 파란색이므로, ㄱ은 옳은 추론이다.

ㄴ. 위의 그림에서 B와 D는 빨강 또는 주황색인데, 만약 B가 주황색이면 접경을 이룬 주는 같은 색을 사용할 수 없으므로 D는 빨간색이 되어야 한다. 따라서 ㄴ은 옳은 추론이다.

ㄷ. 만약 5개의 색을 모두 사용하지 않아도 된다면 E는 파란색 대신에 빨강 또는 주황 또는 보라색으로 색칠할 수 있다. 그러나 B와 D는 서로 접경을 이루고 있으므로 빨강, 주황 모두 사용되어야 한다. 따라서 최소 4개의 색으로 6개 주를 모두 색칠할 수 있으므로, ㄷ은 옳은 추론이 아니다.

<보기>에서 ㄱ, ㄴ만이 옳은 추론이므로 정답은 ③이다.

32.

다음에서 추론한 것으로 옳은 것만을 <보기>에서 있는 대로 고른 것은?

3개의 상자 A, B, C가 다음 조건을 만족한다.

• A, B, C 중 적어도 하나에는 상품이 들어 있다.
• A에 상품이 들어 있고 B가 비었다면 C에도 상품이 들어 있다.
• C에 상품이 들어 있다면 상품이 들어 있는 상자는 2개 이상이다.
• A와 C 중 적어도 하나는 빈 상자이다.

보 기

ㄱ. A에 상품이 들어 있다면 B에도 상품이 들어 있다.
ㄴ. B에 상품이 들어 있다면 A와 C 중 적어도 하나에는 상품이 들어 있다.
ㄷ. C에 상품이 들어 있다면 B에도 상품이 들어 있다.

① ㄱ   ② ㄴ   ③ ㄱ, ㄷ
④ ㄴ, ㄷ   ⑤ ㄱ, ㄴ, ㄷ

문항 성격 논리학 · 수학 – 형식적 추리
평가 목표 주어진 정보를 이용하여 정확한 추론을 할 수 있는 능력을 평가함
문제 풀이 정답 : ③

조건1 : A, B, C 중 적어도 하나에는 상품이 들어 있다.

조건2 : A에 상품이 들어 있고 B가 비었다면 C에도 상품이 들어 있다.

조건3 : C에 상품이 들어 있다면 상품이 들어 있는 상자는 2개 이상이다.

조건4 : A와 C 중 적어도 하나는 빈 상자이다.

조건1에 의하여 모든 상자가 비어 있는 경우는 없다.

A에 상품이 들어 있는 경우 조건4에 의하여 C는 빈 상자이다. 한편 조건2에 의하여 B가 비었다면 C에도 상품이 들어 있어야 하는데, 이것은 조건4에 위배되므로, B에는 상품이 들어 있어야 한다.

A에 상품이 없는 경우 조건3에 의해 C에만 상품이 들어 있을 수는 없으므로 상품은 B와 C, 또는 B에만 들어 있을 수 있다.

따라서 상품은 A와 B, 또는 B와 C, 또는 B에만 들어 있다.

〈보기〉해설   ㄱ. A에 상품이 들어 있는 경우 B가 비었다면 조건2에 의해 C에도 상품이 들어 있어야 한다. 그러나 이것은 조건4에 위배되므로, A에 상품이 들어 있는 경우 B에도 상품이 들어 있어야 한다. 그러므로 ㄱ은 옳은 추론이다.

ㄴ. 상품이 들어 있는 상자로 가능한 경우가 A와 B, 또는 B와 C, 또는 B이므로 B에만 상품이 들어 있을 수도 있다. ㄴ은 옳은 추론이 아니다.

ㄷ. C에 상품이 들어 있는 경우 조건4에 의해 A는 빈 상자이고, 조건3에 의해 상품이 들어 있는 상자는 2개 이상이므로, B에도 상품이 들어 있다. ㄷ은 옳은 추론이다.

〈보기〉의 ㄱ, ㄷ만이 옳은 추론이므로 정답은 ③이다.

33.

다음에서 추론한 것으로 옳은 것만을 〈보기〉에서 있는 대로 고른 것은?

일렬로 위치한 5개 사무실에 회사 A, B, C, D, E가 입주해 있다. 각 회사는 로고 색이 한 가지 색으로 되어 있고, 음료와 과자를 하나씩 생산하며, 수출대상국이 한 국가씩 있다. 5개 회사의 로고 색, 음료, 과자, 수출대상국은 모두 다르다.

로고 색 : 연두색, 회색, 보라색, 하늘색, 검정색

음료 : 생수, 커피, 이온음료, 녹차, 주스

과자 : 와플, 전병, 비스킷, 마카롱, 쌀과자

수출대상국 : 싱가포르, 중국, 태국, 일본, 대만

- 생수를 생산하는 회사의 사무실은 정 가운데 위치한다.
- C회사의 사무실은 가장 왼쪽에 위치하고, 보라색 로고의 회사 사무실 옆에 위치한다.
- 연두색 로고의 회사는 커피를 생산하고, 그 사무실은 회색 로고의 회사 사무실 왼쪽에 붙어 있다.
- A회사의 로고는 하늘색이다.
- 검정색 로고의 회사는 싱가포르로 수출하며, 와플을 생산하는 회사 사무실 옆에 위치한다.
- 태국에 수출하는 회사의 사무실은 주스를 생산하는 회사의 사무실 오른쪽에 붙어있다.

보 기

ㄱ. A회사는 생수를 생산한다.
ㄴ. 싱가포르에 수출하는 회사는 주스를 생산한다.
ㄷ. 보라색 로고의 회사는 중국에 수출한다.

① ㄱ   ② ㄴ   ③ ㄷ
④ ㄱ, ㄴ   ⑤ ㄴ, ㄷ

문항 성격   논리학 · 수학 – 논리 게임
평가 목표   주어진 정보를 이용하여 배치에 관한 추론을 할 수 있는지를 평가함
문제 풀이   정답 : ①

주어진 조건에 번호를 붙이면 다음과 같다.

1. 생수를 생산하는 회사의 사무실은 정 가운데 위치한다.
2. C회사의 사무실은 가장 왼쪽에 위치하고, 보라색 로고의 회사 사무실 옆에 위치한다.
3. 연두색 로고의 회사는 커피를 생산하고, 그 사무실은 회색 로고의 회사 사무실 왼쪽에 붙어 있다.
4. A회사의 로고는 하늘색이다.
5. 검정색 로고의 회사는 싱가포르로 수출하며, 와플을 생산하는 회사 사무실의 옆에 위치한다.
6. 태국에 수출하는 회사의 사무실은 주스를 생산하는 회사의 사무실 오른쪽에 붙어있다.

1로부터 생수를 생산하는 회사, 2로부터 C회사, 보라색 로고의 회사의 위치를 알 수 있다.
3으로부터 연두색 로고의 회사, 회색 로고의 회사, 커피를 생산하는 회사의 위치를 알 수 있다.

회사	C회사				
로고 색깔		보라색		연두색	회색
음료			생수	커피	
과자					
수출대상국					

4로부터 A회사, 하늘색 로고의 회사의 위치를 알 수 있다. 이로부터 검정색 로고의 회사의 위치를 알 수 있다.

5로부터 싱가포르로 수출하는 회사, 와플을 생산하는 회사의 위치를 알 수 있다.

회사	C회사		A회사		
로고 색깔	검정색	보라색	하늘색	연두색	회색
음료			생수	커피	
과자		와플			
수출대상국	싱가포르				

6으로부터 주스를 생산하는 회사, 태국으로 수출하는 회사의 위치는 다음 두 가지 경우가 가능하다.

〈경우 1〉

회사	C회사		A회사		
로고 색깔	검정색	보라색	하늘색	연두색	회색
음료	주스		생수	커피	
과자		와플			
수출대상국	싱가포르	태국			

〈경우 2〉

회사	C회사		A회사		
로고 색깔	검정색	보라색	하늘색	연두색	회색
음료		주스	생수	커피	
과자		와플			
수출대상국	싱가포르		태국		

〈보기〉 해설   ㄱ. 어떤 경우든 상관없이 A회사는 생수를 생산하므로, ㄱ은 옳은 추론이다.

ㄴ. 위 해설에서 설명했듯이 6으로부터 주스를 생산하는 회사의 위치는 두 가지 경우가 가능하다. 따라서 싱가포르에 수출하는 회사가 주스를 생산한다고 추론할

수 없다. ㄴ은 옳은 추론이 아니다.

ㄷ. 두 가지 경우들을 보면 보라색 로고의 회사가 중국에 수출한다고 추론할 수 없다. ㄷ은 옳은 추론이 아니다.

〈보기〉의 ㄱ만이 옳은 추론이므로 정답은 ①이다.

34.

다음에서 추론한 것으로 옳은 것만을 〈보기〉에서 있는 대로 고른 것은?

도시의 두 지점 사이를 건물을 가로지르지 않고 도로만으로 이동하였을 때의 최단 거리를 '도로거리'라 하고, 두 지점 간에 장애물이 없는 최단 거리를 '직선거리'라고 한다. 직선거리가 적용되는 공간을 유클리드 공간이라고 하고, 도로거리가 적용되는 공간을 도로 공간이라고 한다. 모든 도로는 같은 크기의 정사각형으로 이루어진 바둑판 모양이고 도로 공간에서의 모든 지점은 도로의 교차점에서만 정의된다고 가정한다.

아래 그림에서 실선은 A지점에서 B지점까지의 직선거리를, 점선은 도로거리를 표시한다.

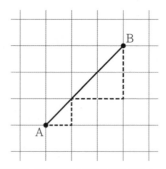

보 기

ㄱ. A지점까지의 도로거리와 B지점까지의 도로거리가 같은 모든 지점들은 유클리드 공간에서 한 직선 위에 있다.

ㄴ. 서로 같은 도로거리에 있는 세 지점을 유클리드 공간에서 선분으로 서로 연결하면 정삼각형 모양이 된다.

ㄷ. 한 지점에서 같은 도로거리에 있는 모든 지점을 유클리드 공간에서 정사각형 모양이 되도록 연결할 수 있다.

① ㄱ   ② ㄴ   ③ ㄷ

④ ㄱ, ㄴ   ⑤ ㄴ, ㄷ

문항 성격   논리학·수학 – 수리 추리

평가 목표   공간 지각 능력 및 논리적 사고 능력을 평가함

문제 풀이   정답 : ③

유클리드 공간에서 A지점까지의 직선거리와 B지점까지의 직선거리가 같은 모든 지점들은 두 점 A, B를 잇는 선분의 수직이등분선 위에 있지만 도로 공간에서는 한 직선 위에 있지 않다.

유클리드 공간에서 서로 같은 직선거리에 있는 세 지점을 선분으로 서로 연결하면 정삼각형 모양이 된다. 그러나 도로 공간에서 서로 같은 도로거리에 있는 세 지점을 선분으로 서로 연결하면 정삼각형 모양이 되지 않는다.

유클리드 공간에서 한 지점에서 같은 직선거리에 있는 모든 지점들은 한 원 위에 있지만, 도로 공간에서 한 지점에서 같은 도로거리에 있는 지점들을 정사각형 모양이 되도록 연결할 수 있다.

〈보기〉 해설   ㄱ. 아래 그림과 같이 A, B 두 지점에서 같은 도로거리에 있는 지점들은 검은색 점들이다. 이들을 직선거리로 일렬로 연결하면 중간 부분에는 직선 형태가 되지만, 양 끝에서는 직선, 각이 꺾어진 선 등의 형태가 나올 수 있다. 따라서 ㄱ은 옳은 추론이 아니다.

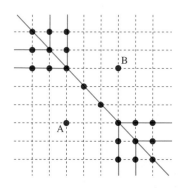

ㄴ. 아래 그림과 같이 도로거리로 서로 4블록인 세 지점을 직선으로 연결하면 정삼각형이 아닌 이등변삼각형이 된다. ㄴ은 옳은 추론이 아니다.

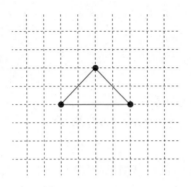

ㄷ. 아래 그림에서 보듯이 한 지점을 중심으로 도로거리가 2블록인 지점을 모두 표
　시하면 검정색 지점들이 된다. 이 검정색 지점들을 직선으로 연결하면 다이아
　몬드형 정사각형이 된다. ㄷ은 옳은 추론이다.

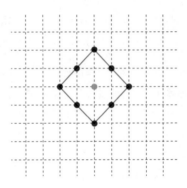

〈보기〉의 ㄷ만이 옳은 추론이므로 정답은 ③이다.

35.

〈그림〉의 라우터에서 입력포트에 대기 중인 패킷들이 모두 출력포트로 전달되는
데 걸리는 최소 시간은?

　　라우터는 입력포트로 들어오는 패킷을 목적지 방향에 연결된 출력포트로 전달하는 역할을 한
다. 〈그림〉의 라우터는 어떤 패킷이 입력포트 A, B, C, D 중 하나로 들어와서 X, Y, Z 출력포트
중 하나로 나가는 구조를 가지고 있다. 입력포트 A, B, C, D에는 각각 4개의 패킷이 도착해 있고,

각각의 패킷은 자신의 출력포트인 X, Y, Z로 나가기 위해 대기 중이다.

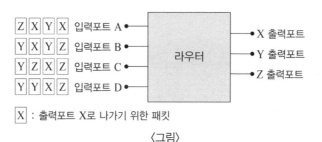

⟨그림⟩

라우터는 출력포트만 겹치지 않으면 서로 다른 입력포트에서 서로 다른 출력포트로 동시에 패킷을 전달할 수 있다. 예를 들어, ⟨그림⟩에서 입력포트 A, B의 첫 번째 패킷은 출력포트가 각각 X, Z이므로 동시에 전달될 수 있다. 그러나 입력포트 B, C, D의 첫 번째 패킷과 같이 출력포트가 같으면 동시에 전달되지 못하고 이들 중 하나만 무작위로 선택되어 출력포트로 전달되고 나머지 두 패킷은 앞선 패킷의 출력이 완료될 때까지 기다려야 한다. 그리고 한 입력포트에 대기 중인 패킷들은 입력포트에 들어온 순서에 따라 출력포트로 전달된다. 모든 패킷의 길이는 동일하고, 입력포트에 있는 하나의 패킷이 출력포트로 전달되는 데 걸리는 시간은 1ms(1/1000초)이다.

① 9ms   ② 8ms   ③ 7ms
④ 6ms   ⑤ 5ms

문항 성격 과학기술 – 논리 게임
평가 목표 제시문에 주어진 라우터의 특성과 대기 중인 패킷의 특성을 파악하여 최단 시간에 입력포트에 대기 중인 패킷들을 출력포트로 전달할 수 있는 방법을 찾아내는 능력을 평가함
문제 풀이 정답 : ③

문제에서 목적지별로 패킷의 수를 세면 X 5개, Y 6개, Z 5개로 출력포트 Y로 가는 패킷이 6개로 가장 많다. 그리고 각 입력포트 A, B, C, D의 첫 번째 패킷들의 목적지는 X와 Z뿐이다. 따라서 각 입력포트의 첫 번째 대기 중인 패킷에서는 Y로 가는 패킷이 전달될 수 없기에 라우터가 동작하기 시작한 후부터 1ms까지를 제외하고 그 다음 ms부터 매회 Y로 가는 패킷이 하나씩 존재하더라도 최소한 7ms가 필요하다. 이 때 Y로 가는 패킷은 1ms 이후부터 7ms까지 매번 포함되어 있어야 한다. 출력포트가 겹쳐서 하나의 패킷만 내 보내야 할 때에는 뒤에 Y로 가는 패킷이 대기하고 있거나 대기 중인 패킷이 많은 패킷을 우선적으로 내 보내면 최소 시간에 패킷을 모두 전달할

수 있다. 아래의 표를 보면 입력포트에 있는 모든 패킷을 7ms만에 모두 출력포트로 전달할 수 있기 때문에 입력포트에 대기 중인 패킷들이 출력포트로 전달되는 데 걸리는 최소 시간은 7ms 이다.

	0ms	1ms	2ms	3ms	4ms	5ms	6ms	7ms
A 입력포트	Z X Y X	Z X Y	Z X Y	Z X	Z X	Z X	Z	
B 입력포트	Y X Y Z	Y X Y	Y X	Y X	Y X	Y	Y	
C 입력포트	Y Z X Z	Y Z X	Z Y Z X	Z Y Z X	Y Z	Y		
D 입력포트	Y Y X Z	Y Y X	Z Y Y X	Y Y	Y			

정답 해설 위 해설에서 알 수 있듯이 입력포트에 대기 중인 모든 패킷을 출력포트로 전달하기 위해서는 최소 7ms가 소요되므로 ③이 정답이다.

2012

법학적성시험
추리논증 영역

2015학년도 추리논증 영역 출제 방향

1. 출제의 기본 방향

추리논증 시험은 대학에서 정상적인 학업과 독서 생활을 통하여 사고력을 함양한 사람이면 누구나 접근할 수 있는 내용을 다루되, 주어진 제시문을 단순히 이해하는 것, 제시문과 관련된 분야의 지식을 보유한 것만으로는 해결할 수 없고 제시된 글이나 상황을 논리적으로 분석하고 비판할 수 있어야 해결할 수 있도록 문항을 구성하여 사고력, 즉 추리력과 비판력을 측정하는 시험이 될 수 있도록 노력하였다.

내용 제재를 선택하는 데 있어서는 전 학문 분야 및 일상적 · 실천적 영역에서 소재를 찾아 활용하였다. 대학에서 특정 전공자가 유리하거나 불리하지 않도록 영역 간 균형잡힌 제재 선정을 위해 노력하는 한편, 제시문으로 선택된 영역의 전문 지식이 문항 해결에 미치는 영향을 최소화하는 데에도 주력하였다. 시험의 성격 상, 법 관련 제시문을 다소 많이 포함시켰으나, 제시문 및 질문을 최대한 순화하여 법학적 지식 없이 일상적 언어 능력과 사고력만으로 제시문을 읽어 내고 문제를 해결할 수 있도록 하였다.

2. 문항 구성

인문, 사회, 자연과학을 소재로 하는 문항들의 경우 소재 활용의 원칙이나 범위에 있어서 예년과 차이가 없었다. 법 관련 제재를 다루는 문항들(1~9번) 이외에 다른 영역의 문항들로는 인문 제재를 다루는 문항들(10~16번, 28번), 사회과학 제재를 다루는 문항들(25~27번, 31~33번), 자연과학 제재를 다루는 문항들(17번, 21~24번), 과학과 철학의 융복합적 제재를 다루는 문항들(29~30번) 그리고 전형적으로 논리/수리적 추리를 다루는 문항들(18~20번, 34~35번) 등으로, 다양한 성격의 글들을 골고루 포함하고 또 다양한 유형의 추리 능력 및 비판 능력을 골고루 측정할 수 있도록 하였다.

3. 출제 시 유의점 및 난이도

제시문의 분량 및 내용의 함량은 다수의 수험생이 한정된 시간 내에 문제를 해결하는 데 충분하도록 유의하였으며, 수리추리나 논리게임의 추리 문항의 경우 문항이 지나치게 어려워지지 않도록 노력하였고, 논증이나 논쟁적 자료를 분석하고 비판하도록 요구하는 문항들의 난이도는 예년과 비슷하거나 약간 어려운 수준을 유지하려고 하였다.

내용 영역에 있어서 동양과 서양, 고전과 현대, 국내와 국제 관련 소재를 두루 활용하려고 하였으며, 법학 전공자가 유리하지 않도록 하는 범위 내에서 법 관련 제재를 다양하게 사용하려고 하였다. 또한 법 관련 제재를 다루는 문항의 경우, 문제 해결에 다소 집중력이 필요한 문항을 포함시켰다.

01.

다음 글로부터 추론한 것으로 옳은 것만을 〈보기〉에서 있는 대로 고른 것은?

우리 헌법은 국가가 개인이 가지는 불가침의 기본적 인권을 확인하고 이를 보장할 의무를 진다고 규정함으로써, 소극적으로 국가가 국민의 기본권을 침해하는 것을 금지하는 데 그치지 않고 적극적으로 국민의 기본권을 타인의 침해로부터 보호할 의무를 부과하고 있다. 국가가 소극적 방어권으로서의 기본권을 제한하는 경우, 자유와 권리의 본질적 내용을 침해할 수는 없으며 침해 범위도 필요 최소한도에 그쳐야 한다. 그러나 국가가 적극적으로 국민의 기본권을 보호해야 하는 경우에는 설사 그 보호의 정도가 국민이 바라는 이상적인 수준에 미치지 못한다고 해서 헌법 위반으로 보기는 어렵다. 국가가 기본권 보호의무를 어떻게, 어느 정도로 이행할지는 국가의 정치·경제·사회·문화적인 제반 여건을 고려하여 정책적으로 판단해야 하는 재량의 범위에 속하기 때문이다. 따라서 헌법재판소는 이러한 재량을 존중하는 취지에서 소위 과소보호금지원칙을 적용하여 국가의 기본권 보호의무 위반 여부를 판단한다. 이 원칙에 따르면 국가는 국민의 기본권 보호를 위하여 적절하고 효율적인 최소한의 보호조치를 취해야 하고, 이에 미치지 못하는 경우에만 기본권 보호의무를 위반한 것으로 판단된다.

보기

ㄱ. 건축 공사장의 먼지로 주변 주민들의 주거권이라는 기본권이 침해된다고 인정된다. 그런데 국가가 건축 경기 활성화를 이유로 아무 규제 조치도 취하지 않는다면 이는 주거권 보호의무 위반이다.

ㄴ. 농어촌 지역에 약국이 부족해서 주민들의 건강권이라는 기본권이 침해된다고 인정된다. 이에 주민 수와 상관없이 일정한 면적마다 약국을 설치하는 것이 적절하고 효율적인 최소한의 조치로 평가되는데, 제시된 면적보다 10배 이상 넓은 면적 단위마다 약국을 설치하도록 국가가 조치했다면 이는 건강권 보호의무 위반이다.

ㄷ. 확성장치 사용에 의한 소음으로 환경권이라는 기본권이 침해된다고 인정된다. 이에 확성장치의 '전면적 사용 금지', '특정 시간대별 사용제한', '사용 대수 제한' 등이 적절하고 효율적인 조치로 평가받고 있는데 국가가 그중 효율성이 중간 정도라 평가받는 '사용 대수 제한' 조치를 취했다면 이는 환경권 보호의무 위반이다.

① ㄴ   ② ㄷ   ③ ㄱ, ㄴ   ④ ㄱ, ㄷ   ⑤ ㄱ, ㄴ, ㄷ

이를 구체적인 사례에 적용하여 판단할 수 있는지 측정함

문제 풀이 정답 : ③

제시문의 설명에 따르면 국가는 국민의 기본권을 침해하여서는 안 되는 소극적 의무를 지는 동시에 적극적으로 국민의 기본권을 타인의 침해로부터 보호할 의무를 지닌다. 특히 기본권을 보호할 의무에 있어서는 이의 구체적 이행을 국가의 정치 · 경제 · 사회 · 문화적인 제반 여건을 감안하여 정책적으로 판단해야 하는 재량의 범위에 속하는 것으로 본다. 그에 따라 헌법재판소는 국가가 기본권 보호의무를 제대로 이행하였는지 여부를 판단함에 있어 이러한 재량을 존중하는 차원에서 과소보호금지원칙을 적용하는데, 이에 따르면 국가는 국민의 기본권 보호를 위하여 적절하고 효율적인 최소한의 보호조치를 취해야 하고 이에 미치지 못하는 경우에만 기본권 보호의무를 위반한 것으로 판단된다.

〈보기〉 해설 ㄱ. 공사장 주변 주민들의 기본권이 침해됨에도 불구하고 국가는 아무런 보호조치를 취하고 있지 않다. 기본권 보호의무의 이행의 방법, 정도에 대한 국가의 재량을 인정하더라도 적절하고 효율적인 최소한의 보호조치를 취할 의무는 여전히 존재하고 이에 미치지 못하면 보호의무 위반이라는 제시문의 취지상, 아무런 조치를 취하지 않는 것은 기본권 보호의무 위반이다. 따라서 ㄱ은 옳은 추론이다.

ㄴ. 농어촌 지역의 약국 부족으로 주민의 건강권이 침해됨에 따라 일정 면적마다 약국을 설치하도록 하는 조치가 적절하고 효율적인 최소한의 조치라 평가되고 있다. 이러한 조치를 취해야 할 의무가 국가의 기본권 보호의무라 할 수 있는데, 이러한 조치에서 제시된 최소한의 기준에 못 미치는 조치를 취하면 기본권 보호의무 위반인 것이다. 사례에서 제시된 면적 단위보다 10배 이상이나 넓은 면적 단위마다 약국을 설치하도록 하는 조치는 제안된 최소한의 조치에 크게 못 미치는 것으로 기본권 보호의무 위반이라 판단된다. 따라서 ㄴ은 옳은 추론이다.

ㄷ. 이 사례에서는 확성장치 소음이 환경권을 침해함에 기본권 보호를 위한 몇 가지 정책안들이 제시되고 있다. 이들은 일단 모두 적절하고 효율적인 조치로 평가되고 있기 때문에 이 중 어느 것을 선택해도 적절하고 효율적인 최소한의 보호조치를 취한 것으로 보아야 하고 중간 정도의 효율성을 갖는 확성장치 사용 대수 제한 조치를 취하면 기본권 보호의무를 이행한 것으로 보아야 한다. 따라서 ㄷ은 옳지 않은 추론이다.

〈보기〉 중 ㄱ과 ㄴ만이 옳은 추론이므로 정답은 ③이다.

02.

다음 글로부터 추론한 것으로 옳은 것만을 〈보기〉에서 있는 대로 고른 것은?

형사법은 형법과 형사소송법 등으로 구성된다. 형법은 범죄와 형벌에 관한 내용을, 형사소송법은 범죄의 수사, 공소의 제기, 공판절차, 유·무죄의 선고 등 형사절차를 규정하고 있다.

형법의 경우 원칙적으로 범죄와 형벌은 행위자가 행위할 당시의 법규정에 의해서만 결정되어야 한다. 행위할 당시 범죄가 되지 않았던 행위를 이후에 법을 제정 또는 개정하여 처벌하거나, 범죄를 저지를 당시에 규정되었던 처벌의 범위를 넘어서 나중에 중하게 처벌한다면, 어떠한 국민도 자유롭게 자신의 삶을 살아갈 수 없게 된다. 그러나 이러한 원칙은 국가 형벌권이 국민에게 불이익을 줄 경우에만 해당할 뿐, 만약 과거의 국가 형벌권이 남용되었다는 반성에 근거하여 형을 감경 또는 면제할 때에는 적용되지 않는다.

그런데 형사소송법의 경우에도 형법상의 원칙이 적용되어야 하는지에 대해서는 견해가 대립되고 있다. A견해는 형사소송법이 국가 형벌권을 실현하는 절차를 규율할 뿐 범죄와 형벌 그 자체를 정하는 것은 아니기 때문에 형법상 원칙이 적용될 필요는 없다는 입장이다. 반면, B견해는 형사소송법이 절차에 관한 규정이지만 이것을 새롭게 만들거나 바꾸는 것이 국가 형벌권을 이용하여 국민에게 불이익을 주는 경우와 실질적으로 다르지 않다면, 행위자가 행위를 할 당시의 규정이 적용되어야 한다는 입장이다.

보기

ㄱ. 헌법재판소의 위헌결정으로 인하여 형벌에 관한 법률이 소급하여 효력을 상실하였다면, 당해 법률조항이 적용되어 공소가 제기된 사건에 대해 무죄판결이 선고되어야 한다.

ㄴ. 형사소송법상 친고죄는 고소기간 내에 고소가 있어야 검사가 공소를 제기할 수 있다. 만약 행위자가 친고죄에 해당하는 범죄를 저지른 후 고소기간이 경과되지 않은 상태에서 법률이 개정되어 친고죄의 고소기간이 연장되었다면, A견해에 의할 경우 개정된 법률은 당해 행위자에게 적용된다.

ㄷ. 행위자가 범죄를 저지른 후 외국에 도피해 있는 동안 공소시효가 완성되었음에도 불구하고, 만약 행위자가 외국에 있는 기간 동안은 공소시효가 정지되는 것으로 형사소송법이 개정되었다면, B견해에 의할 경우 행위자가 귀국하여 그에 대한 공소제기 여부를 판단할 때 외국에 도피해 있던 기간은 제외하고 공소시효 기간을 계산해야 한다.

① ㄱ   ② ㄴ   ③ ㄷ   ④ ㄱ, ㄴ   ⑤ ㄱ, ㄷ

문제 풀이   정답 : ④

형법상의 죄형법정주의, 특히 소급효금지의 원칙의 적용 및 예외와 관련된 문제이다. 형법상 소급효금지의 원칙에 따르면 범죄와 형벌은 행위할 당시의 법규정에 의해서만 규정되어야 한다. 또한 형사소송법에 대해서도 소급효금지원칙이 적용되는가에 대해서 견해가 대립되는데, 이를 부정하는 A견해와 절차법규범의 제정 · 개정이라고 해도 실질적으로 새롭게 형벌법규를 제정 · 개정하여 행위자를 처벌하는 것과 다르지 않다면 소급효금지원칙이 적용되어야 한다는 B견해가 제시되어 있다. 형법상 소급효금지의 원칙 및 형사소송법상의 A견해와 B견해를 이해하고, 각각의 견해에 의하면 구체적인 경우에 어떠한 결론에 이르게 될 것인지를 추론하는 문제이다.

〈보기〉 해설   ㄱ. 제시문에서 소급효금지원칙은 행위자에게 불리한 소급효를 금지하는 것임을 알 수 있다. 헌법재판소의 위헌결정으로 인하여 형벌에 관한 법률 또는 법률조항이 소급하여 그 효력을 상실한 경우, 당해 형벌법규의 효력이 소급적으로 상실되는 것은 행위자에게 유리한 소급효이다. 따라서 당해 형벌법규가 적용되어 공소가 제기된 사건에 대해서 무죄판결이 선고되어야 한다. ㄱ은 옳은 추론이다.

ㄴ. A견해는 절차법규범에 대한 소급효금지원칙의 적용을 부정하는 입장이다. 따라서 행위자가 친고죄에 해당하는 범죄를 저지른 후 고소기간이 경과되지 않은 상태에서, 법률이 개정되어 친고죄의 고소기간이 연장된 경우, 개정된 법률은 당해 행위자에게 적용된다. ㄴ은 옳은 추론이다.

ㄷ. B견해는 절차법규범의 제정 · 개정이라고 해도 소급효금지원칙이 적용되어야 한다는 입장이다. 공소시효가 완성된 후에 행위자가 외국에 있는 기간 동안 공소시효가 정지되게 한 형사소송법 규정을 행위자에게 적용하는 것은, 공소시효 완성으로 처벌되지 않게 된 행위자를 실질적으로 새롭게 형벌법규를 제정 · 개정하여 처벌하는 것이 된다. 따라서 B견해에 의하면, 개정된 형사소송법은 당해 행위자에게 적용되어서는 안 되므로, 공소시효 기간을 계산함에 있어서 행위자가 외국에 있었던 기간을 제외해서는 안 된다. ㄷ은 옳지 않은 추론이다.

〈보기〉의 ㄱ과 ㄴ만이 옳은 추론이므로 ④가 정답이다.

03.

다음 글로부터 추론한 것으로 옳은 것만을 〈보기〉에서 있는 대로 고른 것은?

법은 여러 종류의 규칙들이 결합하여 이루어지는 체계이고, 그 기저에는 '무엇이 법인가'에 대한 규칙인 '승인규칙'이 자리한다. 승인규칙은 '사회적 규칙'의 일종이다. 사회적 규칙은 어떤 집단에서 구성원 대부분이 어떤 행위를 반복적으로 할 때 존재한다는 점에서 집단적인 습관과 비슷하지만, 그에 대한 준수의 압력이 있고, 그로부터의 일탈은 잘못된 것으로 비판받으며, 그래서 적어도 일부 구성원들이 그 행동을 집단 전체가 따라야 하는 일반적인 기준으로 보는 반성적이고 비판적 태도를 가진다는 점에서 습관과 구별된다. 사회적 규칙에 대하여 사회구성원 다수는 그것을 행동의 기준이나 이유로 받아들이고 사람들의 행위에 대한 비판적인 태도를 정당화하는 근거로 여기는 '내적 관점'을 취한다.

승인규칙은 법관들과 공직자들 및 시민들이 일정한 기준에 비추어서 법을 확인하는 관행 또는 실행으로 존재한다. 그럴 때 그들은 그 규칙에 대하여 내적 관점을 가지고 있다. 그 체계의 다른 규칙들에 대한 효력기준을 제공하는 궁극적인 규칙이기 때문에, 승인규칙에 대하여는 다시 효력을 물을 수는 없고, 과연 그것이 실제와 부합하는지, 그런 승인규칙을 가진 법체계가 없는 것보다 나은지, 그것을 지지할 타산적 근거나 도덕적 의무가 있는지 등의 문제가 제기될 수 있을 뿐이다. 어딘가에 법이 있다고 할 수 있기 위해서는 법관들이 그 규칙을 내적 관점에서 올바른 판결의 공적이고 공통된 기준으로 여겨야 한다. 이는 법체계 존재의 필수조건이다. 통일적이고 계속적이지 않다면 법체계가 존재한다고 할 수 없고, 법체계의 통일성과 계속성은 법관들이 법적 효력에 대한 공통의 기준을 수용하는 데 달려 있기 때문이다.

보기

ㄱ. 어떤 사회에 소수의 채식주의자가 있다면, "육식을 하면 안 된다."는 것이 그 사회의 사회적 규칙이다.

ㄴ. 법으로 음주를 금지하지 않는 나라의 국민이 법으로 음주를 금지하는 나라의 이야기를 하면서 "그 나라에서는 술을 마시면 안 된다."고 할 때, 그는 '내적 관점'을 취하고 있다.

ㄷ. 군주가 법을 제정하는 나라와 의회에서 법을 제정하는 나라의 승인규칙은 다르다.

① ㄱ   ② ㄷ   ③ ㄱ, ㄴ   ④ ㄴ, ㄷ   ⑤ ㄱ, ㄴ, ㄷ

문항 성격	법·규범 - 일상 언어 추리
평가 목표	특정한 법이론으로부터 추론될 수 있는 진술들과 그렇지 않은 진술들을 구분할 수 있는 능력 평가
문제 풀이	정답 : ②

제시문에서 법은 규칙들의 체계이며, 그 기저에는 무엇이 법인지에 대한 규칙인 승인규칙이 있다고 설명되고 있다. 승인규칙은 일종의 사회적 규칙인데, 사회적 규칙이란 어떤 집단 구성원 대부분이 그것을 행동의 기준이나 이유로 받아들이고 사람들의 행위에 대한 비판적 태도의 근거로 삼는 규칙이다. 어딘가에 법이 있다고 할 수 있으려면 적어도 그 곳의 법관들 사이에는 승인규칙이 올바른 판결의 공통된 기준으로 수용되고 있어야 한다. 이런 내용을 토대로 〈보기〉의 옳고 그름을 판단하면 된다.

〈보기〉 해설 ㄱ. 제시문에서 사회적 규칙은 어떤 집단에서 구성원 대부분이 어떤 행위를 반복적으로 하고 사회구성원 다수가 그것에 대하여 내적 관점을 취할 때 존재한다고 설명하고 있다. 따라서 채식주의자가 다수가 아니라 소수인 사회에서 "육식을 하면 안 된다."는 것은 사회적 규칙이 아니다. ㄱ은 옳은 추론이 아니다.

ㄴ. 제시문에 따르면 '내적 관점'은 자기가 속한 집단의 규칙을 수용하여 반성적이고 비판적인 태도를 취할 때 취하는 관점이다. 보기 ㄴ에서 말하는 이는 자신이 속한 사회가 아니라 다른 사회의 규범을 반성적이고 비판적 태도 없이 기술하고 있으므로, 제시문에서 설명하는 내적 관점을 취하고 있지 않다. 보기 ㄴ은 옳은 추론이 아니다.

ㄷ. 제시문에 따르면 승인규칙은 사회의 구성원들이 법을 확인하는 기준이며, 실제와 부합하는지 문제될 수 있고, 법체계의 통일성과 계속성을 부여한다. 그리고 승인규칙은 법관들과 공직자들 및 시민들이 일정한 기준에 비추어서 법을 확인하는 관행 또는 실행으로 존재한다. 이로부터 국가마다 승인규칙이 다를 수 있음을 알 수 있고, 법을 제정하는 권한이 어디에 있는지는 승인규칙의 핵심적인 내용이므로 '군주가 법을 제정하는 나라와 의회에서 법을 제정하는 나라'의 승인규칙은 다르다는 것을 추론할 수 있다. 따라서 ㄷ은 옳은 추론이다.

〈보기〉의 ㄷ만이 옳은 진술이므로 정답은 ②이다.

04.

다음 글로부터 추론한 것으로 옳은 것을 〈보기〉에서 고른 것은?

A : 특허법은 발명을 장려하여 기술 발전을 촉진해야 한다. 발명가가 혁신적인 기술을 만들려면 상당한 노동이 요구된다. 하지만 노동의 산물로부터 이익을 얻을 수 없다면, 어느 누구도 노동을 하려 하지 않을 것이다. 때문에 국가는 당해 기술이 최초로 공개된 신규의 것으로서 산업상 이용 가능할 정도로 충분히 개발이 완료된 것이라면, 발명가에게 독점적 특허권을 부여함으로써 독점적 이익을 얻을 수 있게 해야 한다. 그러나 독점적 특허권은 기술의 사회적 이용을 가로막아 사회 전체의 효율성을 감소시킬 수 있다. 때문에 국가는 발명가가 당해 기술의 내용을 구체적으로 공개하고, 제한된 기간 동안에만 독점권을 행사할 수 있게 해야 한다.

B : 특허법은 기술 발전을 촉진하여 사회적 이익을 증대하기 때문에 반드시 요구되지만, 그로 인해 발생하는 사회적 손실을 최소화할 필요가 있다. 독점적 특허권을 통해 발명가가 얻을 수 있는 막대한 이익은 치열한 특허 경쟁과 과도한 중복 투자를 유발하는데, 이때 경쟁에 탈락한 사람들의 투자 비용은 모두 사회적 손실이 된다. 특히 특허법이 개발이 충분히 완료된 기술이어야 함을 요구한다면 특허 경쟁은 오랫동안 지속될 수밖에 없고 그에 비례하여 사회적 손실은 커지게 된다. 이러한 이유로 국가는 아직 기술 개발이 완료되지 않았어도 장래 혁신적인 것으로 개발될 가능성이 있는 발명에 대해 독점적 특허권을 부여함으로써 중복 투자가 발생할 수 있는 기간을 단축시켜야 한다. 또한 개선 단계에서의 경쟁을 제한하기 위해 발명가에게 앞으로 개발될 수 있는 기술의 구체적 개선 과정들을 조정할 수 있는 광범위한 권한을 부여해야 한다. 더불어 발명가가 개발 가능한 기술을 상업화하여 독점적 이익을 얻으려면 더 오랜 기간이 필요하기 때문에 특허권의 보호 기간도 연장해야 한다.

보 기

ㄱ. A는 특허법의 목적이 기술 발전을 통한 사회적 효율성의 증대라고 보는 반면, B는 그렇지 않다.

ㄴ. A는 '만약 B에 따라 특허법을 제정한다면 최초 발명가는 특허권을 통해 보다 큰 독점적 이익을 얻을 수 있으므로 특허 경쟁은 더 치열해져 결국 B가 우려하는 사회적 비용은 줄지 않을 것이다'라고 반박할 수 있다.

ㄷ. 신약 개발 과정에서 최초의 아이디어가 상업화 단계에 이르기 위해서는 너무 오랜 시간과 많은 비용이 든다면 B의 설득력은 높아진다.

ㄹ. 수많은 기존 발명에 근거하여 혁신적 연구가 이루어져야만 신제품을 개발할 수 있는 생명공학 분야에서, 발명가의 조정 권한을 광범위하게 인정할 경우 혁신적 신제품이 시장에 등장하는 속도가 늦어진다면, B의 설득력은 높아진다.

① ㄱ, ㄴ   ② ㄱ, ㄷ   ③ ㄴ, ㄷ   ④ ㄴ, ㄹ   ⑤ ㄷ, ㄹ

문항 성격	법 · 규범 – 논쟁 및 반론
평가 목표	논쟁 분석을 통한 추론 능력을 평가함
문제 풀이	정답 : ③

특허법의 정당화 근거에 대한 논쟁이다. A에 따르면 발명가가 혁신적인 기술을 만들려면 상당한 노동이 요구되기 때문에 그에 대한 동기를 부여함으로써 발명가에게 독점적 권리를 인정해야 한다. 하지만 그러한 독점적 특허권은 기술의 사회적 이용을 막을 위험성이 있기 때문에 발명가의 이익과 공공의 이익 사이에 균형을 잡을 필요성이 제기된다. 따라서 A는 당해 기술이 최초로 공개된 신규(新規)의 것으로서 산업상 이용 가능할 정도로 충분히 개발이 완료된 것이어야 하며, 발명가는 당해 기술의 내용을 구체적으로 공개할 것을 특허권의 인정 요건으로 주장한다. 더불어 특허권의 보호기간을 발명가가 충분히 보상받을 수 있는 기간으로 제한하려 한다.

B는 특허권을 얻기 위한 치열한 특허경쟁과 중복투자는 사회적 비용을 증대시킬 수 있기 때문에 특허법은 이러한 중복투자를 최대한 줄일 수 있도록 해야 한다고 주장한다. 이러한 이유로 A는 아직 기술 개발이 완료되지 않았어도 장래 혁신적인 것으로 개발될 가능성이 있는 발명에 대해 특허권을 부여함으로써 특허경쟁을 조기에 차단해야 하며, 개선 단계에 대한 조정권한을 최초의 발명가에게 부여함으로써 개선단계에서의 특허경쟁도 차단해야 한다고 주장한다. 또한 실질적으로 독점적 이익은 상업화 단계에서 얻을 수 있게 되는데, 특허취득 이후 상업화 단계까지는 오랜 기간이 필요하기 때문에 특허권의 보호기간을 연장해야 한다는 입장을 취한다.

문제를 해결하기 위해서는 A의 주장과 B의 주장의 근거들을 이해하고 각각의 주장에 의하면 구체적 상황에서 어떠한 결론에 이르게 될 것인지를 올바로 추론할 수 있어야 한다.

〈보기〉 해설   ㄱ. A는 특허권을 통해 발명을 장려하고 기술 발전을 촉진시켜 사회적 부를 증대시키면서도 특허권이 사회적 효율성을 감소시킬 위험성을 고려하여 일정한 요건 하에서만 특허권을 인정하려 한다. B는 A의 주장에 따를 경우 치열한 특허경쟁에 의해 사회적 손실이 발생할 수 있기 때문에 기술 개발이 완료되지 않았어도 장래 혁신적인 것으로 개발될 가능성이 있는 발명에 대해 특허권을 부여함으로써 사회적 효율성을 증대시키려고 한다. 즉 A, B이론은 수단과 방법의 측면에서만 구별될 뿐 모두 특허권의 목적을 기술 발전을 통한 사회적 효율성의 증대라고 보고 있다. 그러므로 ㄱ은 옳지 않은 추론이다.

ㄴ. B는 특허 경쟁에서 발생할 수 있는 사회적 비용을 줄이기 위해 아직 기술 개발이 완료되지 않았어도 개발 가능한 단계에서도 광범위한 특허권을 부여해야 한다고 주장한다. 하지만, 같은 이유로 만약 초기에 더 광범위한 특허권을 부여할 경우 발명가들의 기대이익은 더 커지게 되기 때문에 결국 개발의 초기 단계에서 더 치열한 특허 경쟁이 발생할 수 있어 결국 B가 우려하는 사회적 비용은

줄지 않을 것이라는 반박이 가능하다. ㄴ은 옳은 추론이다.

ㄷ. 만약 신약 개발 과정에서 최초의 아이디어가 상업화 단계에 이르기 위해서는 너무 오랜 시간과 많은 비용이 든다면, B가 주장하는 것처럼 기술 개발이 완료되지 않았어도 혁신적인 발명에 대해서는 특허권을 제공하고 특허권의 보호 기간을 더 늘림으로써 발명가의 오랜 개발 시간과 많은 비용을 상쇄할 정도의 충분한 이익을 얻을 수 있다는 보장을 주어야 신약이 개발되어 사회적 효율성이 증대될 수 있을 것이다. 따라서 신약 개발 과정에서 최초의 아이디어가 상업화 단계에 이르기 위해서는 너무 오랜 시간과 많은 비용이 든다면, B의 설득력은 높아진다. ㄷ은 옳은 추론이다.

ㄹ. B는 발명가의 조정 권한을 광범위하게 인정해야 한다고 주장하고 있다. 그런데 만약 수많은 기존 발명에 근거하여 혁신적 연구가 이루어져야만 신제품을 개발할 수 있는 생명공학 분야에서 B의 주장에 따라 발명가의 조정 권한을 광범위하게 인정할 경우 혁신적 신제품이 시장에 등장하는 속도가 늦어진다면 발명가의 광범위한 조정 권한에 의해 사회적 효율성이 낮아지게 될 것이다. 따라서 발명가의 조정 권한을 광범위하게 인정해야 한다고 주장하는 B의 설득력은 낮아진다. ㄹ은 옳지 않은 추론이다.

〈보기〉의 ㄴ과 ㄷ만이 옳은 추론이므로 ③이 정답이다.

05.

〈사례〉별로 그것의 정당성을 인정하는 〈주장〉들을 모두 골라 바르게 배열한 것은?

대통령의 특권인 사면에는 일반 사면과 특별 사면이 있다. 일반 사면은 죄의 종류를 지정하여 이에 해당하는 모든 죄인에 대해 형의 선고의 효력을 소멸시키며 형의 선고를 받지 않은 자에 대해서는 공소권을 소멸시키는 것을 말한다. 특별 사면은 형의 선고를 받은 특정인에 대해 형의 집행을 면하는 것을 말한다. 대통령의 사면권은 사법부 결정을 무효화한다는 점에서 남용에 대한 우려가 제기되어 왔고 그 행사에는 일정한 제한이 필요하다는 논의가 있다.

〈주장〉

갑 : 일반 사면이든 특별 사면이든 정권에 대립하는 정적을 포용하는 대승적 차원에서만 그 행사

가 정당화될 것입니다.

을 : 일반 사면이든 특별 사면이든 폭넓게 인정될 필요가 있지만, 정적이나 측근에 대한 특별 사면은 대통령의 사면권 남용의 적나라한 모습이므로 정당화될 수 없습니다.

병 : 특정인만을 대상으로 하지 않는 일반 사면은 대통령에 의하여 남용될 가능성이 낮아 큰 문제가 없지만, 특별 사면은 그렇지 않아 일정한 제한이 필요합니다. 헌정 질서를 파괴 또는 교란하는 행위를 한 자나 뇌물 수수를 한 범죄자의 경우에 한해서는 특별 사면을 허용하지 않도록 해야 합니다.

정 : 다들 사면권 행사의 절차적 정당성은 고려하지 않는군요. 대통령의 사면권 행사에는 전면적인 재량을 인정할 필요가 있지만 권력분립 원칙상 이에 대한 절차적 견제 장치는 필요합니다. 일반 사면이나 특별 사면 모두 관련 심의 기관의 심의 과정을 거치고 국회의 동의도 받아야 정당화될 것입니다.

〈사례〉

(가) 헌정 질서를 교란한 죄로 징역형을 선고받고 대통령과 정치적으로 대립 중인 야당 대표 A에 대하여 대통령은 야당과의 연립정부를 구성하기 위하여 관련 심의 기관의 심의를 거치고 국회의 동의를 받아 사면을 내렸다.

(나) 대통령의 최측근인 B가 간통죄로 기소되어 벌금형을 선고받았는데 그의 정치적 복귀를 돕고자 대통령은 관련 심의 기관의 심의를 거쳤지만 국회의 동의를 받지는 않고 B에 대하여 사면을 내렸다.

(다) 소비자보호법을 위반하여 300만 원 이하의 벌금형을 받은 자 모두에 대하여, 경기 활성화 차원에서 대통령은 관련 심의 기관 심의를 거치고 국회의 동의를 받아 형의 선고의 효력을 소멸시키는 사면을 내렸다.

	(가)	(나)	(다)
①	갑	병, 정	을, 정
②	정	갑, 병	을, 병, 정
③	갑, 정	병	을, 정
④	갑, 정	병, 정	병, 정
⑤	갑, 정	병	을, 병, 정

대통령의 특별한 권한으로 사면권이 존재하는데 이에 대한 남용에 대한 우려가 꾸준히 제기되어
왔고 이를 제한하는 방법에 대한 다양한 주장을 갑, 을, 병, 정이 하고 있다. 갑의 주장에 따르면
일반 사면, 특별 사면을 특별히 구분하지 않고 모두의 경우에 있어 정적을 포용하는 차원에서만
사면을 허용해야 한다고 한다. 그리고 을의 주장에 따르면 을도 역시 일반 사면, 특별 사면을 구
분하지 않는데 갑과 달리 폭넓게 사면에 대한 재량을 대통령에게 인정해야 한다고 한다. 일반 사
면에 대해서는 특별한 제한을 제시하지 않고 있지만 정적이나 측근에 대한 특별 사면은 정당화될
수 없다고 한다. 병의 경우에는 일반 사면과 특별 사면을 구분하여 전자에 대해서는 제한을 할 필
요가 없지만 후자에 대하여는 헌정 질서 파괴 교란 행위를 한 자나 뇌물수수 범죄자의 경우에 한
해서는 특별 사면을 허용해서는 안 된다고 한다. 정은 앞선 주장들과 달리 절차적인 측면에 집중
하는데 기본적으로 내용적인 측면에서 제한을 인정하지는 않고 있다. 다만 모든 종류의 사면에
있어 관련 심의 기관의 심의와 국회의 동의를 모두 받아야 사면이 정당화된다고 한다.

사례 (가)는 헌정 질서를 교란한 자이자 대통령과 정치적으로 대립하는 정적인 야당 대표 A에 대
한 특별 사면에 관한 내용이다. 절차적으로는 관련 심의 기관의 심의와 국회의 동의를 모두 받아
진행되었다. 따라서 정적에 대한 사면이므로 갑에 의해서 정당화되며 심의와 동의를 모두 거쳤으
므로 정에 의해서 정당화되는 사면권 행사이다. 다만 정적에 대한 특별 사면이므로 을에 의해서
는 정당화되지 않고 헌정 질서 교란 자에 대한 특별 사면이므로 병에 의해서도 정당성을 인정받
을 수 없다. 따라서 사례 (가)의 정당성을 인정하는 〈주장〉은 갑과 정이다.

사례 (나)는 간통죄를 저지른 측근에 대한 특별 사면이며 절차에 있어서는 관련 심의 기관의 심
의만 거치고 국회의 동의를 받지 않은 채 진행되었다. 정적에 대한 사면이 아니므로 갑에 의해서
는 정당화되지 않으며, 측근에 대한 사면이므로 을에 의해서도 정당화되지 않는다. 그리고 헌정
질서 파괴나 뇌물수수의 범죄를 저지른 것이 아니므로 병에 의해서는 정당화되지만 국회의 동의
를 받지 않았으므로 정에 의해서는 정당화될 수 없다. 따라서 사례 (나)의 정당성을 인정하는 〈주
장〉은 병이다.

사례 (다)는 경기 활성화 차원에서 진행된 일반 사면으로 관련 심의 기관의 심의와 국회의 동
의라는 절차를 거쳐 진행되었다. 정치적인 이유가 고려되지 않은 사면으로 정적에 대한 사면으로
볼 수 없으므로 갑에 의해서는 정당화될 수 없지만, 일반 사면이므로 을과 병에 의해서는 정당화
되고, 심의와 동의 절차를 거쳤으므로 정에 의해서 정당화된다. 따라서 사례 (다)의 정당성을 인
정하는 〈주장〉은 을, 병, 정이다.

(가)에서의 대통령의 사면권 행사는 갑, 정에 의해서만 정당성을 인정받고, (나)에서의 대통령의 사면권 행사는 병에 의해서만 정당성을 인정받으며, (다)에서의 대통령의 사면권 행사는 을, 병, 정에 의해서만 정당성을 인정받는다. 따라서 정답은 ⑤이다.

06.

〈규정〉으로부터 추론한 것으로 옳은 것만을 〈보기〉에서 있는 대로 고른 것은?

〈규정〉

(가) A법은 상시 사용하는 근로자 수가 5명 이상인 모든 사업장에 적용한다. 다만, 사용자가 그와 동거하는 친족만을 사용하는 사업장에 대하여는 적용하지 아니한다.

(나) (가)에서의 '상시 사용하는 근로자 수'는, 해당 사업장에서 법 적용 사유 발생일 전 1개월 동안 사용한 근로자의 '연인원'을 같은 기간 중의 '가동일수'로 나누어 산정한다. 여기서 '연인원'이라 함은 특정 업무를 위해 일정한 기간 동안 동원된 총 인원수를 말하는데, 예를 들면 열흘 동안 매일 다섯 사람이 근로하여 완성한 일의 연인원은 50명이다. 그리고 '가동일수'는 실제 사업장이 운영된 일수를 말한다.

(다) 위 (나)에 따라 해당 사업장에서 상시 사용하는 근로자 수를 산정한 결과 법 적용 사업장에 해당하는 경우에도, 가동일수의 일별로 근로자 수를 파악하였을 때 법 적용 기준에 미달한 일수가 가동일수의 2분의 1 이상인 경우, A법이 적용되지 않는다.

(라) 연인원의 산정 시, 사용자에게 고용되어 있지 않은 파견근로자는 제외되지만 해당 사업장의 사용자에 고용된 단시간 근로자(하루 중 일부 시간만 근무하는 근로자)는 포함된다.

보 기

ㄱ. 법 적용 사유 발생일 전 1개월 동안, 가동일수가 20일이며, 처음 10일은 6명, 나중 10일은 4명이 사용자에게 고용되어 근무하였다면 당해 사업장에 A법은 적용된다.

ㄴ. 법 적용 사유 발생일 전 1개월 동안, 사용자에게 고용된 4명의 근로자가 오전 중 3시간을 매일 근무하고, 사용자에게 고용된 또 다른 4명의 근로자가 오후 중 3시간을 매일 근무한 사업장에 A법은 적용된다.

ㄷ. 법 적용 사유 발생일 전 1개월 동안, 동거하는 친족 3명과 단시간 근로자 2명이 당해 사업장에서 사용자에게 고용되어 고정적으로 매일 근무하였고 이에 더하여 사용자에게 고용되어 있지 않은 파견근로자 2명이 함께 매일 근무하였다면 당해 사업장에 A법은 적용되지 않는다.

① ㄱ   ② ㄴ   ③ ㄱ, ㄷ   ④ ㄴ, ㄷ   ⑤ ㄱ, ㄴ, ㄷ

A법이 적용되는 사업장에 대한 규정을 제시한 후 몇 가지 사례에 A법이 적용되는지 묻는 문제이다. A법은 상시 사용하는 근로자 수가 5명 이상인 사업장에 적용되는데 상시 사용하는 근로자 수는 연인원(일정 기간 동원된 총 인원수)을 가동일수(실제 사업장 운영일수)로 나누어 계산한다. 다만 이러한 계산에 의해서 상시 사용하는 근로자 수가 5명 이상이라 하더라도 가동일수 일별로 근로자 수를 파악하였을 때 5명에 미달한 일수가 전체 가동일수의 2분의 1 이상이면 A법은 적용되지 않는다. 또한 친족만으로 구성된 사업장에는 A법이 적용되지 않으며 연인원 계산 시 파견근로자는 제외되지만 단시간 근로자는 포함된다.

〈보기〉 해설 ㄱ. 연인원은 처음 10일 6명, 나중 4일 6명이므로 (10일×6명)+(10일×4명)=100명으로 계산된다. 가동일수는 20일이므로 결국 상시 사용하는 근로자 수는 5명이다. (가)의 조건을 충족하였으므로 A법이 적용되는 것처럼 보인다. 하지만 (다)의 기준을 적용하여 보면 사례가 (가)를 충족하더라도 법 적용 기준인 5명에 미달한 일수가 10일이고 이는 전체 가동일수 20일의 2분의 1 이상이므로 A법은 적용되지 않는다. ㄱ은 옳지 않은 추론이다.

ㄴ. 가동일수 1개월간 매일 8명의 단시간 근로자가 사용되었다. (라)에 따라 단시간 근로자도 연인원 산정 시 포함된다. 결국 상시 사용하는 근로자 수는 (8명×1개월/1개월=) 8명이고 (다)는 해당하지 않으므로 A법은 적용된다. ㄴ은 옳은 추론이다.

ㄷ. 사례에서 고정적으로 매일 근무한 근로자는 총 7명이다. 하지만 연인원 산정 시 사용자에게 고용되어 있지 않은 파견근로자는 제외하고 단시간 근로자는 포함하므로, 결국 상시 사용하는 근로자 수는 (5명×1개월 /1개월=) 5명이다. 그리고 이 사업장은 친족과 단시간 근로자로 구성되어 결국 친족만을 사용하는 사업장이 아니므로 (가)의 적용배제 규정은 적용되지 않는다. 또한 (다)도 해당사항 없으므로 사례에는 A법이 적용된다. ㄷ은 옳지 않은 추론이다.

〈보기〉 중 ㄴ만이 옳은 추론이므로 정답은 ②이다.

07.

다음 글로부터 추론한 것으로 옳지 <u>않은</u> 것은?

> 민사소송에서는 원칙적으로 당사자가 절차의 개시와 종결을 주도하고, 심판의 대상과 범위를 정한다. 그리하여 법원은 당사자가 판결을 신청한 사항에 대하여 그 신청 범위 내에서만 판단하여야 한다. 따라서 당사자가 신청한 사항과 별개의 사항에 대해서 판결하여서는 안 된다. 예컨대, 원고가 불법행위를 이유로 손해배상을 청구한 경우에 계약불이행과 같이 그와 다른 이유를 근거로 하여 손해배상을 명할 수는 없다. 또, 당사자가 신청한 것보다 적게 판결하는 것은 허용되지만, 신청의 범위를 넘어서 판결하여서는 안 된다.
>
> 이와 관련하여, 신체상해로 인한 손해배상을 청구하는 경우에 심판대상을 어떻게 볼지 견해가 엇갈린다. A견해는 치료비 등의 적극적인 손해와 치료기간 동안 얻지 못한 수입 등의 소극적인 손해, 그리고 정신적 손해를 구별하여 서로 다른 세 개의 심판대상으로 보고, B견해는 그 전체가 하나의 심판대상이라고 본다.
>
> 〈사례〉
> * 갑은 을에게 1,000만 원을 빌려주었다.
> * 병은 정의 잘못으로 교통사고를 당하였고, 정에게 치료비 2,000만 원, 치료기간 동안 얻지 못한 임금 7,000만 원, 정신적 손해 1,000만 원의 손해에 대한 배상을 청구하였다. 법원은 병이 입은 손해를 치료비 3,000만 원, 치료기간 동안 얻지 못한 임금 4,000만 원, 정신적 손해 3,000만 원으로 평가하였다.

① 갑은 을에게 빌려준 돈 1,000만 원을 지급하라고 청구하였지만 법원이 판단하기에 빌려준 돈은 500만 원이고 을에게 받을 매매대금이 500만 원이라면, 법원은 500만 원을 한도로 하여 갑의 청구를 받아들이는 판결을 할 수 있다.

② 갑이 을에게 빌려준 돈 500만 원을 지급하라고 청구하였다면, 법원이 판단하기에 빌려준 돈이 1,000만 원이라도 법원은 500만 원을 한도로 하여 갑의 청구를 받아들이는 판결을 할 수 있다.

③ A견해에 따르면, 법원은 치료비의 경우 2,000만 원을 한도로 하여 병의 청구를 받아들이는 판결을 할 수 있다.

④ B견해에 따르면, 법원은 1억 원을 한도로 하여 병의 청구를 받아들이는 판결을 할 수 있다.

⑤ 어떤 견해에 따르든, 원고가 신청한 교통사고 손해배상액의 총액이 법원이 인정한 손해배상액의 총액보다 적은 경우에 원고가 신청한 액수보다 적은 금액을 배상하라고 판결할 수는 없다.

문항 성격	법·규범 - 일상 언어 추리
평가 목표	법규정을 이해하고 구체적인 사안에 적용하는 능력을 평가함
문제 풀이	정답 : ⑤

제시문에 서술된 민사소송의 원칙(처분권주의) 및 그와 관련한 견해를 정확하게 이해하고 사례에 적용하여 올바른 판단을 할 것을 요구하는 문제이다. 제시문의 원칙에 따르면, 민사소송에서 심판의 대상과 범위는 원칙적으로 원고가 정한다. 또, 신체상해로 인한 손해배상을 청구하는 경우에 심판대상을 어떻게 볼지에 대하여 서로 다른 두 견해가 제시되고 있다. 이러한 내용에 비추어 선택지의 옳고 그름을 판단하면 된다.

정답 해설 ⑤ 제시문에 의하면 신체상해로 인한 손해배상을 청구하는 경우에 적극적 손해, 소극적 손해, 그리고 정신적 손해를 구별하여 서로 다른 세 개의 심판대상으로 보는 A견해와 그 전체가 하나의 심판대상이라고 보는 B견해가 있다. 그러나 어떤 견해를 취하든 법원이 당사자가 신청한 것보다 적게 판결하는 것은 허용되지만, 신청의 범위를 넘어서 판결하여서는 안 된다. 따라서 원고가 신청한 교통사고 손해배상액의 총액이 법원이 인정한 손해배상액의 총액보다 적은 경우에도 (어떤 견해를 따르든 상관없이) 원고가 신청한 액수보다 적은 금액을 배상하라고 법원은 판결할 수 있다. 따라서 ⑤는 옳지 않은 추론으로 정답이다.

오답 해설 ① 제시문에 따르면, 민사소송에서 법원은 당사자가 판결을 신청한 사항에 대하여 그 신청 범위 내에서만 판단하여야 한다. 따라서 법원은 갑이 을에게 빌려준 돈 1,000만 원에 대하여, 갑이 신청한 범위 내에서만 판결을 할 수 있다. 그래서 법원은 500만 원을 한도로 하여 갑의 청구를 받아들이는 판결을 할 수 있다. 옳은 추론이다.

② 위와 같은 이유로, 법원은 갑이 신청한 500만 원을 한도로 하여 갑의 청구를 받아들이는 판결을 할 수 있다. 옳은 추론이다.

③ A견해는 치료비 등의 적극적인 손해와 치료기간 얻지 못한 수입 등의 소극적인 손해 및 정신적 손해를 별개의 심판대상으로 여기며, 이 각각에 대해 법원은 제시문에서 설명된 민사소송의 원칙을 적용한다. 따라서 병이 치료비로 청구한 금액보다 법원이 평가한 치료비가 더 많은 경우에도, 법원은 병이 청구한 범위 내

에서만 판결할 수 있다. 그래서 법원은 치료비의 경우 2,000만 원을 한도로 하여 병의 청구를 받아들이는 판결을 할 수 있다. 옳은 추론이다.

④ B견해는 신체상해로 인한 손해배상을 청구할 경우에 심판대상을 손해의 유형에 따라서 나누어 보지 않고, 전체 손해를 하나로 본다. 따라서 병의 전체 청구액이 1억 원이고, 병의 손해에 대한 법원의 전체 평가액이 1억 원이므로 법원은 1억 원을 한도로 하여 병의 청구를 받아들이는 판결을 할 수 있다. 옳은 추론이다.

08.

Y의 소유권자에 대하여 A와 B의 판단이 일치하지 <u>않는</u> 경우는?

〈사건 개요〉

갑은 을 소유의 소 X를 훔쳐 병에게 팔았다. 갑은 이러한 사실을 병에게 말하지 않았기 때문에 병은 매수할 당시 X가 도둑맞은 소임을 알지 못했다. X는 병의 농장에서 송아지 Y를 출산하였다. 그 후 을은 병의 농장에서 X를 찾게 되었고, 병에게 X와 Y를 모두 자기에게 반환하라고 요구하고 있다.

〈법률〉

원래의 소유권자는 도둑맞은 물건(도품)을 매수한 사람에게 자신의 소유물을 반환하라고 요구할 수 있다. 그러나 매수자가 그 물건을 매수하였을 당시에 도품인 것을 알지 못한 상태에서 2년 동안 보유하였을 때에는 도품에 대한 소유권을 갖게 된다.

〈논쟁〉

A : Y는 X의 일부로 보아 판단해야 해. 〈법률〉에 따라 아직 일정한 기간이 지나지 않았기 때문에 병이 X를 소유할 수 없다고 판단된다면 그 경우에 Y도 을의 것이어야 해. 이 경우 X가 Y를 을의 농장에서 수태하였든 병의 농장에서 수태하였든 그것은 고려할 필요가 없어. 또한 〈법률〉이 정한 기간이 지나 병이 X의 소유권을 갖게 되면 병은 Y도 소유하게 돼.

B : 항상 Y를 X의 일부로 판단할 수는 없어. 물론 병이 X를 소유할 수 있을 정도로 〈법률〉이 정한 기간이 지났다면 Y도 병의 소유가 된다는 점은 당연해. 하지만 그러한 기간이 지나지 않은 경우에도 병이 X를 매수한 다음에 Y가 수태되었고, Y가 태어날 때까지 X가 도품인 줄 병이 몰랐다면, 병은 Y를 가질 자격이 있어. 이 경우만은 X와 Y의 소유를 별개로 생각해야 해.

① X가 Y를 수태한 것이 도난되기 전이었고, Y의 출산 이후 X가 도품임을 병이 알았는데 그 시점이 매수 이후 2년이 지나기 전인 경우

② X가 Y를 수태한 것이 도난되기 전이었고, Y의 출산 이후 X가 도품임을 병이 알았는데 그 시점이 매수 이후 2년이 지난 뒤인 경우

③ X가 Y를 수태한 것이 매수 이후이었고, Y의 출산 이후 X가 도품임을 병이 알았는데 그 시점이 매수 이후 2년이 지나기 전인 경우

④ X가 Y를 수태한 것이 매수 이후이었고, Y의 출산 이후 X가 도품임을 병이 알았는데 그 시점이 매수 이후 2년이 지난 뒤인 경우

⑤ X가 Y를 수태한 것이 매수 이후이었고, Y의 출산 이전에 X가 도품임을 병이 알았는데 그 시점이 매수 이후 2년이 지나기 전인 경우

문항 성격 법·규범 – 일상 언어 추리

평가 목표 사실관계에 규칙을 적용할 수 있는 능력 평가

문제 풀이 정답 : ③

이 문제를 해결하기 위해서는 〈법률〉과 A와 B가 펼치는 주장들을 이해하여, 사건에 올바로 적용할 수 있는 능력이 필요하다.

X의 경우, A와 B 모두 병이 X를 소유할 수 있기 위해서는 적용 법률에 따라 매수한 지 2년 동안 X가 도품임을 몰랐어야 한다고 말하고 있다. 때문에 A와 B는 병이 X를 매수한 지 2년 동안 몰랐다면 X를 반환할 필요는 없지만 2년 전에 알았다면 반환해야 한다는 데 모두 동의할 것이다.

그러나 Y의 경우, A와 B는 서로 다른 견해를 가지고 있다. A는 Y는 X의 일부이기 때문에 X를 소유한 자는 Y도 소유한다고 말하고 있다. 반면, B는 항상 Y를 X의 일부로 판단해서는 안 된다고 말하고 있다. 때문에 X와 Y의 소유에 대해서 각각 분리해서 판단해야 한다. 〈논쟁〉에 따르면 병의 Y의 소유에 대해, B가 A와 의견을 달리하는 경우는 법률이 정한 기간이 지나지 않았지만, 수태 시점이 X를 매수한 이후이고, Y가 태어날 때까지 X가 도품인 줄 모르는 경우이다.

정답 해설 ③ X가 Y를 수태한 것이 매수 이후이었고, Y의 출산 이후 X가 도품임을 병이 알았는데 그 시점이 매수 이후 2년이 지나기 전인 경우에는 A와 B의 판단이 일치하지 않는다. 왜냐하면 병이 X가 도품임을 알게 된 시점이 매수 이후 2년이 지나기 전이므로 〈법률〉에 의하면 원래 주인 을이 X에 대한 소유권을 갖게 된다. 이 경우 A는 Y도 X의 일부이므로 을은 Y에 대한 소유권도 갖게 된다고 판단할 것이다. 그러나 B는 Y가 항상 X의 일부인 것으로 판단하지 않고, 병이 X를 매수한 다음에 Y가 수태되었고 Y가 태어날 때까지 X가 도품인 줄 몰랐으므로, 병은

Y의 소유권을 가진다고 판단할 것이다.

① X가 도품임을 병이 알게 된 시점이 매수 이후 2년이 지나기 전이었기 때문에 〈법률〉에 의하면 을이 X에 대한 소유권을 가진다. A는 Y를 X의 일부로 여기기 때문에, 을이 Y의 소유권도 가진다고 판단할 것이다. Y를 항상 X의 일부로 보지 않는 B도 X가 도품임을 병이 알게 된 시점이 매수 이후 2년이 지나기 전이었고, X가 Y를 수태한 것이 도난되기 전이었기 때문에 을이 Y의 소유권자라고 판단할 것이다.

② X가 도품임을 병이 알게 된 시점이 매수 이후 2년이 지난 경우이기 때문에 〈법률〉에 의하면 병이 X를 소유하고, A는 Y를 X의 일부로 보기 때문에 병이 Y의 소유권자라고 판단할 것이다. B도 병이 Y의 소유권자라고 판단할 것이다. 왜냐하면 병이 X를 소유할 수 있을 정도로 〈법률〉이 정한 기간이 지났으므로 Y도 병의 소유가 된다고 판단할 것이기 때문이다. A와 B 둘 다 병이 X를 소유하는 경우에는 Y도 병이 소유해야 한다고 판단할 것이다.

④ X가 도품임을 병이 알게 된 시점이 매수 이후 2년이 지난 경우이기 때문에 병이 X를 소유하고, A는 Y를 X의 일부로 보기 때문에 병이 Y의 소유권자라고 판단할 것이다. B도 병이 Y의 소유권자라고 판단할 것이다. 왜냐하면 병이 X를 소유할 수 있을 정도로 〈법률〉이 정한 기간이 지났으므로 Y도 병의 소유가 된다고 판단할 것이기 때문이다. A와 B 둘 다 병이 X를 소유하는 경우에는 (X가 Y를 수태한 시점이 매수 이전이든 매수 이후이든 상관없이) Y도 병이 소유해야 한다고 판단할 것이다.

⑤ X가 도품임을 병이 알게 된 시점이 매수 이후 2년이 지나기 전이었기 때문에 을이 X의 소유권을 가질 것이다. A는 Y를 X의 일부로 보기 때문에 Y의 소유권도 을이 가질 것이라고 판단할 것이다. B도 (비록 병이 X를 매수한 이후에 Y가 수태되었다고 하더라도) X가 Y를 출산하기 이전에 X가 도품임을 병이 알았으므로, 을이 Y의 소유권자라고 주장할 것이다.

09.

갑~병의 견해에 대한 판단으로 옳은 것만을 〈보기〉에서 있는 대로 고른 것은?

> 갑 : 오늘 흥미로운 사건의 재판이 있었어. 피고인은 피해자를 칼로 찔렀다는 점을 인정했지만 자신이 피해자를 살해하지는 않았다고 주장했지. 이 사건이 흥미로운 점은 피해자가 나타나지 않는다는 거야. 사건 발생 이후로 피해자를 목격했다는 사람도 없고 피해자의 시체도 발견되지 않았어. 하지만 피고인이 인정했듯이 피해자는 많은 피를 흘렸어. 일반적으로 사람은 혈액량의 30%를 잃으면 사망할 확률이 높은데, 경찰 수사에 따르면 피해자는 혈액량의 40%에 해당하는 피를 현장에서 쏟은 것으로 추정된다고 해. 피고인의 진술과 주변 사람들의 증언을 고려할 때, 피해자가 사망했을 것은 확실해. 나는 피고인이 피해자를 살해한 범인이라고 판결을 내리는 것이 옳다고 생각해.
>
> 을 : 여러 증거를 종합할 때, 누군가 피해자를 살해했다면, 피고인이 그런 일을 저질렀다는 점은 분명하지. 하지만 시체의 발견 여부는 다른 증거와는 차원이 다른 중대한 문제라는 걸 염두에 두어야 해. 피해자의 혈흔을 지우기 위해서 근처 해안가에서 바닷물을 떠다가 자동차 좌석을 씻었다는 피고인의 주장이 참일 수 있지 않을까? 만약 그렇다면 피고인이 주장하고 있듯이 피해자가 혈액량의 40%를 잃었다는 추정은 잘못일 가능성이 있어. 피고인이 피해자를 살해했을 가능성을 부정하지는 않지만, 피고인이 피해자를 살해하지 않았다고 합리적으로 의심할 여지는 여전히 있다고 보여.
>
> 병 : 물론 여러 가지를 의심해 볼 수 있지. 심지어 피해자가 자신의 혈액을 평소 조금씩 모으고 있었고 이를 자동차 좌석에 부어서 자신이 죽은 것처럼 위장한 후 잠적했을 가능성도 있지. 하지만 여러 정황을 고려할 때, 그런 의심을 '합리적'이라고 여길 수는 없어. 모든 증거는 피고인이 살인을 저지른 자가 분명함을 말하고 있어. 하지만 문제는 살인 사건이 성립하기 위한 조건이야. 이 사건은 시체를 발견하지 못한 사건이야. 시체를 발견하지 못했다면, 살인 사건은 성립할 수 없어.

보기

ㄱ. '피해자가 사망했다는 것은 확실하다'는 견해에 갑과 병은 동의할 것이다.

ㄴ. '피고인이 살인 사건의 범인이라고 판결을 내리는 것이 옳다'는 견해에 을은 동의하지 않지만 병은 동의할 것이다.

ㄷ. '피해자가 살해된 시체로 발견된다면 피고인이 살인범이라는 점은 확실하다'는 견해에 갑, 을, 병 모두 동의할 것이다.

① ㄱ   ② ㄴ   ③ ㄱ, ㄷ   ④ ㄴ, ㄷ   ⑤ ㄱ, ㄴ, ㄷ

문항 성격	법·규범 – 논증 분석
평가 목표	재판 증거에 대한 진술들을 토대로 이루어진 의견들의 요지를 이해하고 논쟁자들이 서로 동의할 진술과 동의하지 않을 진술을 찾아낼 수 있는 능력을 측정함
문제 풀이	정답 : ③

화제가 되고 있는 어떤 사건에 대해 갑은 피해자의 시체는 발견되지 않았지만 피해자는 사망했을 것이 분명하고 피고인이 피해자를 살해한 범인임이 분명하기에 그렇게 판결 내리는 것이 옳다고 본다. 을은 피해자가 살해되었다면 그 범인은 피고인이라고 생각하지만 시체가 발견되지 않았기 때문에 피해자가 살아 있을 가능성이 있다고 본다. 끝으로 병은 피해자가 사망했을 것과 피고인이 피해자를 살해했을 것이 분명하다는 점을 받아들이지만 시체가 발견되지 않았으므로 살인 사건이 성립하지 않는다고 본다. 병은 이 사건이 살인 사건임을 부정하고 있기 때문에 피고인이 살인 사건의 범인이라고 판결 내리는 것에 동의하지 않을 것이다.

〈보기〉 해설
ㄱ. 갑과 병은 모두 피해자가 사망했다는 것이 확실하다고 본다. 제시문에서 갑은 "피해자가 사망했을 것은 확실해."라고 명시적으로 말하고 있고 병은 "모든 증거는 피고인이 살인을 저지른 자가 분명함을 말하고 있어."라고 말한다. 따라서 ㄱ은 옳은 판단이다.

ㄴ. 을은 피고인이 피해자를 살해하지 않았다고 합리적으로 의심할 여지는 여전히 있다고 보기 때문에 '피고인이 살인 사건의 범인이라고 판결을 내리는 것이 옳다.'는 견해에 동의하지 않을 것이다. 병도 시체가 발견되지 않아서 이 사건이 살인 사건으로 성립할 수 없다고 보기 때문에 '피고인이 살인 사건의 범인이라고 판결을 내리는 것이 옳다.'는 견해에 동의하지 않을 것이다. 따라서 ㄴ은 옳지 않은 판단이다.

ㄷ. 갑과 병은 피고인이 살인을 저지른 것이 분명하다고 생각한다. 따라서 '피해자가 살해된 시체로 발견된다면 피고인이 살인범이라는 점은 확실하다.'는 견해에 동의할 것이다. 한편 을은 피고인이 살인을 했는지 의심의 여지가 있다고 생각하지만 그렇게 생각하는 이유는 시체가 발견되지 않았기 때문이다. 을은 "누군가 피해자를 살해했다면, 피고인이 그런 일을 저질렀다는 점은 분명하지."라고 말하고 있으므로 '피해자가 살해된 시체로 발견된다면 피고인이 살인범이라는 점은 확실하다.'는 견해에 동의할 것이다. 따라서 ㄷ은 옳은 판단이다.

〈보기〉 중 ㄱ과 ㄷ만이 옳은 판단이므로 정답은 ③이다.

10.

(A)에 들어갈 두 진술로 적절한 것을 〈보기〉에서 고른 것은?

> 인간 다수의 이익을 위해서 영장류를 포함한 동물 소수에게 고통을 가하는 동물 실험은 도덕적
> 으로 정당화될 수 있는가? 인간이 아닌 동물은 도덕적 고려의 대상이 될 수 없다는 주장은 논외
> 로 하겠다. 도덕적 고려의 대상이 되어야 하는지는 고통을 느끼는 감각 능력이 있는지에 달려 있
> 기 때문이다. 어떤 종에 속하는지에 상관없이 고통을 느낄 수 있는 개체들의 이익은 서로 동등하
> 게 고려되어야 한다.
>
> 동물 실험을 크게 두 가지 경우로 나눠 생각할 수 있다. 하나는 인간의 사소한 이익을 위해서
> 동물이 상당한 고통을 겪는 경우이고, 다른 하나는 인간의 상당한 이익을 위해서 동물이 상당한
> 고통을 겪는 경우이다. 화장품이나 식용 색소와 같은 제품을 개발하기 위해서 하는 동물 실험이
> 전자에 속한다. 이를 통해서 생기는 이익은 동물에게서 박탈되는 이익에 비해 사소하기에 이런 동
> 물 실험은 도덕적으로 정당화될 수 없다. 그렇다면 후자의 경우는 어떤가? 나는 후자의 동물 실
> 험도 도덕적으로 정당화될 수 없다고 생각한다. 동물은 대개의 인간과는 달리 자신의 먼 미래를
> 계획할 수 없다는 이유에서 인간의 이익이 동물의 이익보다 더 크지만, 그렇다고 해도 동물 실험
> 을 통해서 동물에게 고통을 줌으로써 그 이익을 박탈할 수는 없다. 다음 두 진술을 함께 받아들임
> 으로써 나의 주장은 정당화된다.
>
> | (A) |
> | --- |

보기

(가) 갓난아기는 자신의 먼 미래를 계획할 수 없다.
(나) 갓난아기는 누린 이익이 없으므로 박탈될 이익도 없다.
(다) 다른 인간의 이익을 위해서 갓난아기의 이익을 박탈할 수 없다.
(라) 동물 실험을 통해서 얻게 될 인간의 상당한 이익과 그 실험에서 박탈될 동물의 이익은
　　상쇄된다.
(마) 이익을 포기하는 것이 도덕적으로 정당한 행위라고 해서 다른 사람에게 이를 하라고
　　명령할 수는 없다.

① (가)와 (다)　　　　② (가)와 (라)　　　　③ (나)와 (다)
④ (나)와 (마)　　　　⑤ (라)와 (마)

문항 성격	인문 – 논증 분석

평가 목표 동물 실험에 반대하는 논증의 요지를 파악하고 이를 완성하기 위해서 필요한 전제를 찾을 수 있는지를 물어봄으로써 논증을 구성하는 능력을 측정하고자 함

문제 풀이 정답 : ①

제시문에서는 동물 실험에 반대하는 논증이 제시되고 있다. 글쓴이는 동물 실험을 두 가지로 나눈다. 하나는 인간의 사소한 이익을 위해서 동물이 상당한 고통을 겪는 실험이고, 다른 하나는 인간의 상당한 이익을 위해서 동물이 상당한 고통을 겪는 실험이다. 글쓴이는 전자의 동물 실험은 동물 실험을 통해 생기는 이익이 동물에게서 박탈되는 이익에 비해 사소하기에 도덕적으로 정당화될 수 없다고 주장한다. 그리고 빈 칸 (A)에 들어갈 논거는 후자의 동물 실험이 도덕적으로 정당화될 수 없다는 글쓴이의 논증을 정당화하는 것이어야 한다.

정답 해설 ① (A)에는 인간의 상당한 이익을 위해 동물이 상당한 고통을 겪는 후자의 동물 실험을 반대하는 논거를 제시해야 한다. 제시문에서 동물은 대개의 인간과는 달리 자신의 먼 미래를 계획할 수 없으므로 인간의 이익이 동물의 이익보다 더 크고, 따라서 인간의 이익을 위해 동물의 이익을 박탈할 수 있다는 주장이 후자의 동물 실험을 정당화한다고 볼 수 있다. 그러므로 이 주장을 공격할 수 있다면 후자의 동물 실험을 반대하는 논거가 될 것이다. "갓난아기는 자신의 먼 미래를 계획할 수 없다."와 "다른 인간의 이익을 위해서 갓난아기의 이익을 박탈할 수 없다."가 이 주장을 공격하는 논거일 것이다. 왜냐하면 갓난아기가 자신의 먼 미래를 계획할 수 없는데도 불구하고 다른 인간의 이익을 위해 갓난아기의 이익을 박탈할 수 없다면, 동물도 인간과는 달리 자신의 먼 미래를 계획할 수 없음에도 불구하고 인간의 이익을 위해 동물의 이익을 박탈할 수 없을 것이기 때문이다. 따라서 (가)와 (다)가 (A)에 들어갈 적절한 진술이다.

오답 해설 ② "(가) 갓난아기는 자신의 먼 미래를 계획할 수 없다."와 "(라) 동물 실험을 통해서 얻게 될 인간의 상당한 이익과 그 실험에서 박탈될 동물의 이익은 상쇄된다."를 받아들인다고 하자. (라)는 동물 실험에서 얻는 인간의 이익과 동물의 이익이 서로 동일하다는 것을 의미한다. 하지만 글쓴이는 이를 받아들이지 않을 것이다. 글쓴이는 동물 실험을 통해서 얻는 인간의 이익이 더 크다는 것을 받아들이고 있기 때문이다. 또한 (가)를 받아들이는 것은 (라)와 무관하다. 따라서 (가)와 (라)는 (A)에 들어갈 두 진술로 적절하지 않다.

③ (나)와 (다)를 동시에 받아들인다는 것 자체에서 충돌이 발생한다. (나)는 갓난아기에게는 이익이 없다는 것을 말하고 있고 (다)는 갓난아기의 이익을 박탈할 수 없음을 말한다. (다)가 공허한 주장이지 않기 위해서는 갓난아기의 이익이 있어

야 한다. 따라서 (나)와 (다)는 그 자체로 충돌을 일으키기 때문에 동물 실험을
반대하는 주장을 지지하는 어떤 근거의 역할도 하지 못한다.

④ (나)와 (마)를 받아들인다고 하자. 그러나 (마)가 할 수 있는 역할이 없기 때문에
동물 실험을 반대하는 주장을 지지하는 어떤 근거의 역할도 하지 못한다. 먼저
(마)의 '이익'이 누구의 이익인지가 분명하지 않다. 그 이익을 인간 자신의 이익
이라고 해석한다면, 인간의 이익을 포기하는 것은 동물 실험을 하지 않는 것이
될 터인데 이를 명령할 수 없다는 것은 글쓴이의 논증과는 무관하거나 반대되
는 주장이다. 또한 (마)의 '이익'을 동물의 이익이라고 해석한다면, 동물 실험이
정당한 행위라는 것을 옹호하는 것이 되기 때문에 동물 실험에 반대하는 글쓴
이의 주장과 상충된다.

⑤ ④에 대한 설명에서 밝혔듯이 (마)를 받아들이는 것은 동물 실험을 반대하는 주
장을 지지하는 어떤 근거의 역할도 하지 못한다. 그리고 (라)는 동물 실험을 통
해 얻게 될 인간의 이익과 그 실험에서 박탈될 동물의 이익이 같다는 것만을 말
할 뿐이다.

11.

갑~병에 대한 판단으로 옳지 <u>않은</u> 것은?

갑 : 금욕이 인간을 자유롭게 만든다. 고통을 견디는 것을 습관화하고 쾌락의 추구를 삼가도록 습
관화하라. 우리 삶의 궁극 목표는 일체의 필요와 외적 가치로부터의 자유, 즉 자족성이다. 온
갖 욕망들로부터 내적으로 자유로워지고 어떠한 정념에도 휘둘리지 않는 부동심이 자족적 삶
의 특징이다. 금욕의 훈련에 의해 슬픔이나 기쁨에도 전혀 무관심한 부동심의 경지에 이를 수
있다.

을 : 금욕주의는 숨겨진 쾌락주의다. 자유를 지향하는 금욕도 결국은 고도의 정신적 기쁨을 지향한
다는 점에서 소극적 쾌락주의와 다름없다. 금욕주의자들이 버린 것은 순수하지 않은 것, 즉 육
체의 쾌락이나 그로부터 파생되는 쾌락일 뿐, 그들조차도 순수한 것은 함양하였다. 그 이름이
야 어떠하든 이 순수한 것 또한 쾌락과 다름없으며, 쾌락이야말로 쾌락 이외의 그 무엇인가
를 위한 것이 아닌 유일무이의 본래적 가치이다. 그런 점에서 금욕을 위한 금욕은 어리석다.

병 : 금욕을 위한 금욕은 어리석다기보다는 도덕의 명령에 대한 은밀한 혐오를 감추고 있다. 자신
에게 잘못이 없는데도 스스로를 고통으로 몰아넣기 때문이다. 고통의 추구가 아니라 오히려

쾌락의 추구가 의무이다. 욕구가 충족되지 않은 자신의 처지에 대한 불만족의 누적은 더 중요한 의무들을 위반하게 하는 커다란 유혹이 될 수 있기 때문이다. 그런 점에서 쾌락의 추구는 간접 의무이다. 즉, 의무 수행에 장애가 되지 않을 만큼은 쾌락을 추구해야 한다는 것이다.

① 쾌락은 추구할 만하다는 것에 을은 동의하고, 갑은 동의하지 않을 것이다.
② 욕망을 절제하여 도달한 상태도 쾌락의 상태라는 것에 갑과 을은 동의할 것이다.
③ 일체의 욕망 추구를 금지하는 것에 갑은 동의하고, 을과 병은 동의하지 않을 것이다.
④ 쾌락보다 상위의 가치가 있다는 것에 갑과 병은 동의하고, 을은 동의하지 않을 것이다.
⑤ 쾌락 추구의 허용 근거가 쾌락 자체에 있다는 것에 을은 동의하고, 병은 동의하지 않을 것이다.

문항 성격	인문 – 논쟁 및 반론
평가 목표	금욕주의, 쾌락주의, 의무론의 쾌락과 욕망에 관한 태도의 차이점과 공통점을 정확히 파악하고 있는지 측정함
문제 풀이	정답 : ②

갑은 쾌락의 추구를 삼가며 부동심을 추구하는 금욕주의자이며, 을은 쾌락만을 유일의 본래적 가치로 보면서 여타의 모든 가치를 쾌락으로 환원하고자 하는 쾌락주의자이다. 병은 쾌락에 대해 제한적으로만 그 수단적 가치를 인정하는 의무론자이다. 쾌락과 욕망에 관한 갑, 을, 병 세 사람의 태도의 차이점과 공통점에 대한 이해를 묻는 문항이다.

정답 해설 ② 욕망을 절제하여 도달한 상태도 쾌락의 상태라는 것은 을의 주장일 뿐이다. 갑은 금욕의 훈련에 의해 슬픔이나 기쁨에도 전혀 무관심한 부동심의 경지에 이를 수 있다고 함으로써 욕망을 절제하면 기쁨에도 전혀 무관심한 상태에 이를 수 있다고 주장할 뿐 그런 상태를 쾌락의 상태라고 볼 여지를 두지 않고 있다. 따라서 욕망을 절제하여 도달한 상태가 쾌락의 상태라는 것에 을은 동의하겠지만 갑은 동의하지 않을 것이다.

오답 해설 ① 을은 쾌락이야말로 유일무이의 본래적 가치이며 그런 점에서 이 유일무이의 본래적 가치를 추구하지 않는 금욕을 위한 금욕이 어리석다고 말함으로써 쾌락이 추구할 만하다는 것에 동의할 것이다. 갑은 쾌락의 추구를 삼가도록 습관화할 것을 주장함으로써 쾌락이 추구할 만하다는 것에 동의하지 않을 것이다.

③ 갑은 금욕이 인간을 자유롭게 만들며 금욕의 훈련에 의해 부동심의 경지에 이

를 수 있다고 주장함으로써 일체의 욕망 추구를 금지하는 것에 동의할 것이다. 을은 쾌락이야말로 유일무이의 본래적 가치이고 금욕을 위한 금욕은 어리석다고 말함으로써 일체의 욕망 추구를 금지하는 것에 동의하지 않을 것이다. 병은 불만족의 누적은 의무 수행에 장애가 될 수 있음을 지적하며 의무 수행에 장애가 되지 않을 만큼은 쾌락의 추구가 필요하다고 인정한다. 따라서 병은 일체의 욕망 추구를 금지하는 것에는 동의하지 않을 것이다.

④ 갑은 자족성을 위해 쾌락의 추구를 삼가도록 습관화하라고 말함으로써 쾌락보다 상위의 가치가 있다는 것에 동의할 것이다. 을은 쾌락이 유일무이의 본래적 가치라고 말함으로써 쾌락보다 상위의 가치가 있다는 것에 동의하지 않을 것이다. 병은 의무 수행에 장애가 되지 않을 만큼은 쾌락을 추구해야 하고, 그런 점에서 쾌락의 추구가 간접 의무라고 말함으로써 쾌락보다 상위의 가치가 있다는 것에 동의할 것이다.

⑤ 을은 쾌락이 유일무이의 본래적 가치라고 말함으로써 쾌락 추구의 허용 근거가 쾌락 자체에 있다는 것에 동의할 것이다. 병은 욕구 불만족의 누적으로 더 중요한 의무들을 위반하지 않도록 쾌락 추구를 허용한다는 점에서 쾌락 추구를 더 중요한 의무를 수행하기 위해 필요한 하나의 조건으로 보고 있다. 따라서 병은 쾌락 추구의 허용 근거가 쾌락 자체에 있다는 것에 동의하지 않을 것이다.

12.

다음 대화를 분석한 것으로 옳지 <u>않은</u> 것은?

소크라테스 : 자네 생각으로는 어떤 이는 좋은 것을 원하지만 ⒶⒶ <u>어떤 이는 나쁜 것을 원한다는</u> 건가?

메논 : 네.

소크라테스 : 나쁜 것을 원하는 자는 ㉠ <u>나쁜 것을 좋은 것인 줄로 여기고서 원하는 자인가,</u> 아니면 나쁜 것인 줄 알면서도 원하는 자인가?

메논 : 양쪽 다 있습니다.

소크라테스 : 나쁜 것인 줄 알면서도 원하는 자는 ㉡ <u>그 나쁜 것이 자신에게 이로울 줄로 여기고서 원하는 자인가,</u> 아니면 해로울 줄 알고서 원하는 자인가?

메논 : 두 부류 다 있습니다.

소크라테스 : 또한 그 나쁜 것이 자신에게 이로울 것으로 여기는 자들은 그 나쁜 것이 나쁜 줄을
　　　　　아는 자일까?

메논 : 적어도 그건 전혀 아닐 것입니다.

소크라테스 : 그렇다면 그는 나쁜 것을 원하는 자는 아니네. 나쁜 줄 몰라서 그게 좋은 줄로 여긴
　　　　　거니까 실상 그런 사람은 ⓒ 좋은 것을 원하는 자임이 명백하네.

메논 : 적어도 그들은 그런 것 같습니다.

소크라테스 : 한편 자네 주장처럼, ㉣ 나쁜 것이 해로울 줄로 여기면서도 그 나쁜 것을 원하는 자
　　　　　는, 그것으로 해서 자신이 해로움을 당할 것임을 알고 있을까?

메논 : 그야 물론입니다.

소크라테스 : 그러나 이들은 해로움을 당하는 자를 비참한 자로 간주하겠지?

메논 : 그것 또한 필연적입니다.

소크라테스 : 하지만 ㉤ 비참하기를 원하는 자가 있을까?

메논 : 없을 것으로 생각됩니다.

소크라테스 : 그렇다면 Ⓑ 아무도 나쁜 것을 원하지는 않네.

메논 : 참으로 맞는 말씀입니다.

－ 플라톤, 「메논」 －

① 메논은 Ⓐ에 대한 견해를 바꾸었다.
② 메논은 나쁜 것이 나쁜 줄을 아는 자에 ㉠이 포함되지 않는다고 인정하였다.
③ 소크라테스는 ㉠과 ㉡을 모두 ⓒ에 포함시켰다.
④ 메논은 ㉣이 있을 수 있다는 견해를 유지하였다.
⑤ ㉤이 있다면 메논은 Ⓑ에 동의할 필요가 없다.

문항 성격　인문 － 논증 분석

평가 목표　플라톤의 고전 중 하나인 「메논」에서 나쁜 것을 원하는 사람도 있을 수 있는가에 관한
　　　　　대화 부분을 소재로 결론에 이르는 추론 방식을 이해하고 적용하는 능력을 평가하고
　　　　　자 함

문제 풀이　정답 : ④

제시문의 대화는 나쁜 것을 원하는 사람도 있다는 메논의 주장이 성립할 수 없음을 소크라테스가
논박해 가는 과정이다. 이 과정에서 소크라테스는 나쁜 것을 원하는 사람을 (1) 나쁜 것을 좋은 줄
로 여기고서 원하는 자와, (2) 나쁜 줄 알면서 원하는 자로 구분한 다음, 다시 후자를 (2)-(a) 그 나

쁜 것이 이로울 줄 여기고서 원하는 자와 (2)-(b) 해로울 줄 알면서 원하는 자로 다시 구분한다. 그러는 가운데 소크라테스는 (1)과 (2)-(a)는 결국 좋은 것을 원하는 자임을 보이고, (2)-(b)는 있을 수 없다는 쪽으로 인정하도록 메논을 유도한다. 이리하여 나쁜 것을 원하는 사람도 있다는 메논의 원래 주장과 모순되는 결론을 메논이 받아들이도록 하는 것이 소크라테스의 전략이다. 따라서 이 문항에서는 소크라테스가 메논을 유도해 가는 과정을 바르게 이해했는지가 정답을 찾는 관건이 된다.

정답 해설 ④ 메논은 원래 ㉣의 '나쁜 것이 해로울 줄로 여기면서도 그 나쁜 것을 원하는 자'가 있다고 보았다(메논의 세 번째 대답 "두 부류 다 있습니다."에서). 그러나 대화의 맨 끝에서 ⑧ "아무도 나쁜 것을 원하지는 않네."라는 소크라테스의 주장에 동의함으로써 나쁜 것을 원하는 사람은 없음을 인정하였다. 즉, 해로울 줄로 여기든 그렇지 않든 간에 도대체 나쁜 것을 원하는 사람은 있을 수 없다고 인정함으로써 ㉣이 있을 수 있다는 견해를 포기하였다.

오답 해설 ① 당초에 메논은 ⑧ "어떤 이는 나쁜 것을 원한다."는 점을 인정하였다. 그러나 메논은 대화의 맨 끝에서 ⑧와 모순인 ⑧ "아무도 나쁜 것을 원하지 않네."라는 소크라테스의 말에 "참으로 맞는 말씀입니다."라고 긍정함으로써 자신이 당초에 참이라고 인정한 견해를 부정하였다.

② 제시문의 중간 부분에서 소크라테스는 "또한 그 나쁜 것이 자신에게 이로울 것으로 여기는 자들은 그 나쁜 것이 나쁜 줄을 아는 자일까?"라고 질문하였고 이에 대해 메논은 "적어도 그건 전혀 아닐 것입니다."라고 답변하고 있다. 따라서 메논은 나쁜 것이 나쁜 줄을 아는 자에 나쁜 것이 자신에게 이로울 것으로 여기고서 원하는 자가 포함되지 않는다는 것을 인정하였다. 그렇다면 메논은 '나쁜 것이 나쁜 줄을 아는 자'에 ㉠의 '나쁜 것을 좋은 것인 줄로 여기고서 원하는 자'도 포함되지 않는다는 것을 인정한 것으로 보아야 한다. 나쁜 것을 좋은 것인 줄로 여기고서 원하는 자는 나쁜 것이 자신에게 이로울 것으로 여기고서 원하는 자일 것이기 때문이다.

③ ㉠의 '나쁜 것을 좋은 것인 줄로 여기고서 원하는 자'는 나쁜 것이 "나쁜 줄 몰라서 그게 좋은 줄로 여긴 거니까 실상 그런 사람은 좋은 것을 원하는 자임이 명백하네."라는 소크라테스의 말에서 알 수 있듯이 소크라테스가 ㉢의 '좋은 것을 원하는 자'에 포함시켰음을 알 수 있다.

소크라테스는 ㉡의 '그 나쁜 것이 자신에게 이로울 줄로 여기고서 원하는 자'가 그 나쁜 것이 나쁜 줄을 아는 자가 아니라는 메논의 동의를 받고서 역시 ㉠의 경우와 마찬가지로 나쁜 것을 원하는 자가 아님, 즉 실상은 ㉢의 '좋은 것을 원하는 자'에 포함시켰다.

⑤ ⑧의 아무 것도 나쁜 것을 원하지는 않는다는 결론은 나쁜 것을 원한다는 사람 중에서 있을 수 있는 모든 경우들에 대해 그 각각이 성립할 수 없다고 배제한 끝에 도출되는 결론이다. 이 글에서 마지막으로 배제되는 경우가 '나쁜 것이 해로울 줄로 여기면서도 나쁜 것을 원하는 자'이다. 이러한 자는 '그것으로 해서 자신이 해로움을 당할 것임을 알고 있는 자'이면서 또한 '해로움을 당하는 자를 비참한 자로 간주하는 자'이기도 하다. 그런 점에서 이러한 자는 '해로움을 당하기를 원하는 자'이기도 하며 또한 그런 자는 '비참한 자이기를 원하는 자'이 기도 하다. 그러므로 만일 그런 '비참한 자이기를 원하는 자'가 없다면 '나쁜 것이 해로울 줄로 여기면서도 나쁜 것을 원하는 자' 또한 있을 수 없다. 그래서 "아무도 나쁜 것을 원하지 않네."라는 소크라테스의 결론이 최종적으로 성립할 수 있다.

따라서 만일 ⑩의 '비참하기를 원하는 자'가 있다면 '나쁜 것이 해로울 줄로 여기면서도 나쁜 것을 원하는 자'가 없다고 배제할 수 없고, 소크라테스의 결론은 도출되지 않는다. 그러므로 ⑩이 있다면 메논은 ⑧에 동의할 필요가 없다.

13.

다음 글을 분석한 것으로 옳지 <u>않은</u> 것은?

가장 강한 자라고 하더라도 자기의 힘을 권리로, 복종을 의무로 바꾸지 않고서는 언제나 지배 자 노릇을 할 수 있을 만큼 강하지는 않다. 따라서 '강자의 권리'라는 구절이 언뜻 반어적인 의미 를 가진 것으로 보이면서도 실제로 하나의 근본 원리인 것처럼 여겨지는 것에 대하여 뭔가 설명 이 필요하다. ⓐ <u>힘이란 물리력인데, 물리력이 어떻게 도덕적 결과를 가져올 수 있는지 나는 이해 할 수 없다.</u> ⓑ <u>힘에 굴복하는 것은 어쩔 수 없어서 하는 행동이요 기껏해야 분별심에서 나온 행 동이지 의무에서 나온 행동은 아니다.</u>

ⓒ <u>만일 강자의 권리라는 것이 있어서, 힘이 권리를 만들어낸다고 해보자.</u> 그렇다면, 원인이 바 뀜에 따라 결과도 달라지므로, 최초의 힘보다 더 강한 힘은 최초의 힘에서 생긴 권리까지도 차지 해 버릴 것이다. 힘이 있어서 불복한다면 그 불복종은 정당한 것이 되며 강자는 언제나 정당할 터 이므로 오직 중요한 점은 강자가 되는 것뿐이다. ⓓ <u>힘이 없어질 때 더불어 없어지고 마는 권리란 도대체 무엇인가?</u> ⓔ <u>강도가 덮쳤을 때 내가 강제로 지갑을 내주어야 할 뿐만 아니라 지갑을 잘</u>

감출 수 있을 때에도 강도의 권총이 권력이랍시고 양심에 따라 지갑을 내줄 의무가 있는 것은 아니다. ⓕ 어쩔 수 없어서 복종해야 한다면 의무 때문에 복종할 필요는 없으며 복종을 강요받지 않을 경우에는 복종할 의무도 없다. 권리에 복종하라는 말이 만약 힘에 복종하라는 말이라면, 이는 좋은 교훈일지는 몰라도 하나마나한 말로서, ⓖ 나는 그러한 교훈이 지켜지지 않는 일은 결코 없으리라고 장담할 수 있다. ⓗ '강자의 권리'라는 말에서 '권리'는 '힘'에 덧붙이는 것이 없으며, 따라서 공허한 말이다.

– 루소, 「사회계약론」–

① ⓑ가 ⓐ를 뒷받침하려면 '물리적인 것'과 '도덕적인 것'의 구별이 전제되어야 한다.

② ⓒ~ⓗ에서 글쓴이는 '강자의 권리'라는 구절로부터 불합리한 귀결이 나옴을 보임으로써 '강자의 권리'를 부정하는 논증을 펴고 있다.

③ ⓔ는 ⓑ의 예시이다.

④ ⓖ에서 글쓴이가 '장담'하는 근거는 ⓕ이다.

⑤ ⓓ와 ⓗ는 둘 다 힘에서 나오는 '권리'라는 것은 무의미한 말임을 지적하고 있다.

문항 성격	인문 – 논증 분석
평가 목표	루소의 「사회계약론」 제1부 제3절 '강자의 권리에 관하여'의 논증을 사용하여, 논증에 등장하는 각 진술들 간의 관계를 이해할 수 있는 능력을 측정함
문제 풀이	정답 : ④

이 문항은 아무리 강한 자라도 영원한 지배자가 될 수 없음에도 불구하고 강자에게는 강자라는 이유로 무엇인가 지배권이 있고 약자에게는 약자라는 이유로 강자에게 복종해야 할 의무가 있는 것처럼 여겨지는 통념을 논박하는 루소의 논증을 다루고 있다. 루소는 강자의 권리를 가정한다고 할 때 그것이 함축하는 바를 여러 비유와 사례들을 들어 비판적으로 분석하여 정당하지 못한 강자의 힘에 굴복하지 말아야 할 이유를 제시한다. 이 과정에서 루소의 서술 방식은 단선적이지 않고 다소 중층적이며 모호한 비유를 활용하여 논지 전개 과정의 파악이 쉽지 않다. 이 점을 어느 정도 정확히 파악하고 있는지를 측정하는 것이 이 문항의 출제 의도이다.

| 정답 해설 | ④ ⓖ에서 글쓴이가 '장담'한 내용은 "'힘에 복종하라'는 교훈이 지켜지지 않는 일이 결코 없으리라."는 것이다. 이 장담의 근거는 ⓑ에 있다. 더 정확히는 ⓑ 중에서도 "힘에 굴복하는 것은 어쩔 수 없어서 하는 행동이오."가 장담의 근거다. 즉, 누구나 예외 없이 물리적 자연법칙에 따르지 않을 수 없듯이 누구든 예외 없이 보다 강한 힘에 복종하지 않을 도리가 없다는 말이다. |

반면 ⓕ는 힘에 복종할 필요가 있는 경우에도 의무 때문에 복종하는 것이 아니라는 것과 힘에 복종할 필요가 없는 경우에는 아예 의무도 없다는 것을 주장함으로써, 힘에의 복종 여부가 의무와는 무관한 문제임을 지적할 뿐이다. 즉, ⓕ는 힘에의 복종과 의무의 무관성을 주장할 뿐, 힘에 복종하라는 교훈이 반드시 지켜질 것이라는 장담의 근거 역할을 하는 것이 아니다.

① '물리적인 것'과 '도덕적인 것'의 구별이 전제되지 않는다면 양자를 동일시할 수도 있다는, 즉 '물리적 힘'과 '도덕적 힘'이 같을 수 있다는 말이다. 그래서 '물리적 힘'에 의해 굴복을 강요받아 어쩔 수 없이 하는 행동이 곧 '도덕적 힘'에 의해 의무감에서 하게 된 행동이 되어 버린다. 이 경우 ⓐ에서 언급하는 "어떻게 물리적 힘이 도덕적 결과를 가져올 수 있는지"가 설명된다는 점에서 그것을 이해할 수 없다는 주장 ⓐ가 반박된다.

② ⓒ부터 ⓗ까지는 논박하고자 하는 결론인 '강자의 권리'가 있다는 것을 전제할 때 어떤 불합리한 귀결이 나오는지를 보여 주는 일종의 귀류법 논증이다. 강자의 권리가 있다고 가정해도 그로부터 강자에게 복종해야 할 의무가 있다거나, 혹은 강자가 정당하게 복종을 강요할 권리가 있다는 도덕적으로 유의미한 결론이 도출되지는 않으며, 다만 "강자의 힘이 있다."는 식의 공허한 동어반복이 도출되거나 "강자(힘)에 복종하라."는 식의 ('강자의 권리'를 구태여 전제할 필요도 없는) 하나마나한 교훈만을 함축할 뿐이라는 것이다.

③ ⓔ에서 "강도가 덮쳤을 때 내가 강제로 지갑을 내주어야 한다."는 대목은 ⓑ의 앞 대목인 "힘에 굴복하는 것은 어쩔 수 없어서 하는 행동이요."라는 주장의 사례에 해당하며, ⓔ에서 "지갑을 잘 감출 수 있을 때에도 양심에 따라 지갑을 내줄 의무가 있는 것은 아니다."라는 대목은 ⓑ의 뒷 대목인 "의무에서 나온 행동은 아니다."라는 주장의 사례에 해당한다.

⑤ ⓓ는 수사적 표현으로, 힘이 없어질 때 더불어 없어지는 권리라는 것이 무엇인지 알고 보면 힘 그 자체가 없어졌다는 점 이외에 그에 따라 추가로 없어진 것은 없다는 것을, 즉 (힘과는 별개인 어떤) 권리라는 것이 추가로 없어진 것이 아니라는 점을 지적한다. 요컨대 "힘이 없어지면 권리도 없어진다."는 말을 분석해 보았자 사실상 "힘이 없어지면 힘이 없어진다."와 같은 무의미한 동어반복이 나올 것임을 시사하고 있다.

ⓗ 또한 강자의 권리란 말은 결국 강자의 힘이란 말에 불과하다는 말임을 지적하고 있다. 다시 말하여 "강자(즉, 힘 있는 자)는 권리가 있다."는 말은 "힘 있는 자는 힘이 있다."는 동어반복에 불과하니, 역시 이때도 '권리'란 '힘'에 무엇인가 의미를 덧붙이는 것이 없는 무의미한 말임을 지적하고 있다.

14.

다음 글로부터 추론한 것으로 옳은 것만을 〈보기〉에서 있는 대로 고른 것은?

옛날 주나라는 정전제를 실시하여 토지를 분배하였다. 요즘 학자들은 그렇게 분배할 만큼 토지가 풍족하지 않다거나 전국 사유지의 소유권을 모두 바꿀 수는 없다는 이유로 정전제의 부활이 불가능하다고 말한다. 그러나 지금 군호(軍戶)를 상대로 실시하고 있는 둔전제의 원리를 전국에 확대하면 정전제의 부활도 불가능하지 않다.

둔전제에서는 군호마다 토지 50무(畝)를 경작하는데, 전국의 둔전은 약 70만 경(頃)으로 전국 토지 면적 약 700만 경의 10분의 1이나 된다. 이를 나머지 10분의 9의 토지에 확대하는 개혁은 결코 불가능한 일이 아니다. 또한 전국적으로 둔전이 아닌 일반 토지 가운데 3분의 1은 국유지이므로, 사유지의 소유권을 건드리지 않고도 많은 민호(民戶)에게 토지를 분배할 수 있다. 물론 지금 전국의 민호는 약 1,000만 호를 헤아리니, 1호마다 50무씩 지급하려면 국유지만으로는 토지가 부족하다. 그렇다고 하더라도 모든 사유지의 소유권을 죄다 바꿀 필요는 없다. 1호마다 50무씩 분배한 뒤에도 1억 3천만 무에 달하는 사유지가 남기 때문이다.

보기

ㄱ. 군호는 약 140만 호일 것이다.
ㄴ. 둔전이 아닌 전국의 국유지는 약 420만 경일 것이다.
ㄷ. 개혁의 실시로 소유권 변동이 일어날 수 있는 사유지는 전국 사유지 면적의 절반을 넘지 않을 것이다.

① ㄱ   ② ㄷ   ③ ㄱ, ㄴ   ④ ㄱ, ㄷ   ⑤ ㄴ, ㄷ

문항 성격	인문 – 수리추리
평가 목표	16~17세기 중국의 개혁사상가였던 황종희의 토지제도 개혁 주장으로부터 둔전의 면적과 둔전을 경작하는 군호의 수, 국유지와 사유지의 면적 등을 계산할 수 있는지를 측정함
문제 풀이	정답 : ①

제시문의 설명에 따르면 현재 군호가 분배받아 경작하고 있는 둔전은 약 70만 경이고, 이는 전체 토지의 10분의 1에 해당한다. 따라서 전체 토지 면적은 약 700만 경이다. 이를 바탕으로 일반 토지 면적 약 630만 경의 구성이 어떻게 이루어져 있고, 여기에 약 1,000만 호에 이르는 민호에게

50무씩 토지를 분배할 경우, 사유지의 몇 퍼센트가 국가의 분배 대상이 되는 토지에 포함될 것인지를 계산해 보는 추리 문항이다.

<보기> 해설 ㄱ. 군호마다 50무씩 경작하는 둔전이 전국에 약 70만 경이다. 그런데 전국에 둔전 아닌 일반 토지는 전국의 민호 약 1,000만 호에게 50무씩, 즉 약 5억 무를 나누어 준 뒤 1억 3천만 무가 남는다고 하였으므로 약 6억 3천만 무이다. 그런데 전국의 토지 면적은 약 700만 경이고, 그중 둔전이 약 70만 경이므로 일반 토지는 약 630만 경이다. 그러므로 630만 경은 6억 3천만 무와 같은 면적이 되고, 1경은 100무로 계산된다는 것을 추론할 수 있다. 둔전은 약 70만 경, 즉 약 7,000만 무이므로, 50무씩 경작하는 군호의 총수는 약 140만 호로 계산할 수 있으므로 옳은 추론이다.

ㄴ. ㄱ의 추론에 따르면 당시 전체 토지는 둔전은 약 70만 경, 일반 토지는 약 630만 경으로 합쳐서 약 700만 경이다. 그런데 일반 토지 가운데 사유지가 3분의 2이고, 국유지가 3분의 1이라고 하였으므로, 전국의 사유지는 약 420만 경, 국유지는 약 210만 경임을 추론할 수 있다. 따라서 둔전을 제외한 전국의 국유지가 약 420만 경이라는 것은 옳지 않은 추론이다.

ㄷ. ㄴ의 추론에 따르면 전국의 사유지는 약 420만 경이고, 전국의 국유지는 약 210만 경이다. 그런데 민호마다 50무씩 나누어 주더라도 1억 3천만 무, 즉 130만 경의 사유지가 남는다고 하였으므로, 전국 사유지 중 소유권 변동이 일어날 수 있는 최대 면적은 약 130만 경을 뺀 290만 경이 된다. 290만 경은 전국 사유지 면적 420만 경의 약 69%에 해당하므로, 소유권 변동이 일어날 수 있는 사유지는 전국 사유지 면적의 절반을 훨씬 넘을 것이므로, 절반을 넘지 않을 것이라는 것은 옳지 않은 추론이다.

<보기>의 ㄱ만이 옳은 추론이므로 ①이 정답이다.

15.

다음 글로부터 추론한 것으로 옳은 것만을 <보기>에서 있는 대로 고른 것은?

> 고대 아테네의 클레이스테네스는 지연과 혈연에 따른 참주의 출현을 방지하기 위해 다음과 같이 행정을 개편하였다. 모든 아테네인들을 총 139개의 데모스에 등록하게 한 다음, 아테네를 세

지역(도시, 해안, 내륙)으로 나누어 각 지역에 데모스를 할당하였다. 그 방식은 우선 각 지역에 균등하게 데모스를 할당하되, 남는 데모스는 도시 지역에 포함시키는 것이었다.

다음으로 각 지역마다 10개씩의 트리튀스를 만들고, 그 안에 데모스를 할당하였다. 그 방식은 우선 각 트리튀스에 균등하게 데모스를 할당하되, 남는 데모스는 1개의 트리튀스에 포함시키는 것이었다.

그런 다음 추첨으로 각 지역마다 트리튀스 1개씩을 뽑아 3개의 트리튀스로 1개의 필레를 구성하였다. 그리고 각 필레에서 추첨으로 50명씩 뽑아 평의회를 구성하였다. 역사가 A는 필레에 포함된 데모스 1개의 정원을 100명으로 가정할 경우, 각 지역에 거주하는 아테네인이 평의회에 뽑힐 확률을 분석하였다.

보 기

ㄱ. 트리튀스는 최소 4개의 데모스를 포함한다.
ㄴ. 필레는 최대 31개의 데모스를 포함한다.
ㄷ. A의 가정에 따르면, 평의회에 뽑힐 확률이 가장 낮은 사람은 도시 지역 거주자이다.

① ㄱ　　　　② ㄷ　　　　③ ㄱ, ㄴ　　　　④ ㄴ, ㄷ　　　　⑤ ㄱ, ㄴ, ㄷ

문항 성격　인문 – 수리추리

평가 목표　고대 아테네의 클레이스테네스가 실시한 행정 개혁의 내용을 바탕으로, 데모스와 트리튀스의 분배 방식, 필레의 구성 방식 등을 추론할 수 있는지 측정함

문제 풀이　정답 : ⑤

제시문의 설명에 따르면 모든 아테네인들은 139개의 데모스에 등록되고, 도시, 해안, 내륙의 세 지역에 데모스를 분배하는데, 각 지역에 균등하게 분배하고 남는 데모스는 도시 지역에 분배하므로 도시는 47개의 데모스, 해안은 46개의 데모스, 내륙도 46개의 데모스가 할당된다. 이어서 각 지역마다 두어진 10개의 트리튀스에 균등하게 배분하고 남는 데모스는 1개의 트리튀스에 배정할 때, 도시 지역은 9개의 트리튀스에 4개 데모스가, 1개의 트리튀스에는 11개의 데모스가 배정된다. 그리고 해안과 내륙 지역은 9개의 트리튀스에 4개 데모스가, 1개의 트리튀스에는 10개의 데모스가 배정된다.

도시 (47개의 데모스)	해안 (46개의 데모스)	내륙 (46개의 데모스)
트리튀스(4개의 데모스)	트리튀스(4개의 데모스)	트리튀스(4개의 데모스)
트리튀스(4개의 데모스)	트리튀스(4개의 데모스)	트리튀스(4개의 데모스)
트리튀스(4개의 데모스)	트리튀스(4개의 데모스)	트리튀스(4개의 데모스)
트리튀스(4개의 데모스)	트리튀스(4개의 데모스)	트리튀스(4개의 데모스)
트리튀스(4개의 데모스)	트리튀스(4개의 데모스)	트리튀스(4개의 데모스)
트리튀스(4개의 데모스)	트리튀스(4개의 데모스)	트리튀스(4개의 데모스)
트리튀스(4개의 데모스)	트리튀스(4개의 데모스)	트리튀스(4개의 데모스)
트리튀스(4개의 데모스)	트리튀스(4개의 데모스)	트리튀스(4개의 데모스)
트리튀스(4개의 데모스)	트리튀스(4개의 데모스)	트리튀스(4개의 데모스)
트리튀스(11개의 데모스)	트리튀스(10개의 데모스)	트리튀스(10개의 데모스)

〈보기〉 해설 ㄱ. 총 139개의 데모스를 지역별로 균등하게 할당하되 남는 데모스는 도시 지역에 포함시키므로 해안 지역에 46개, 내륙 지역에 46개, 도시 지역에 47개 데모스가 할당된다. 또한 해안 지역과 내륙 지역의 10개 트리튀스 중 9개 트리튀스에 각 4개씩, 나머지 1개 트리튀스에 10개의 데모스가 포함된다. 반면 도시 지역은 10개 트리튀스 중 9개 트리튀스에 각 4개씩, 나머지 1개 트리튀스에 11개의 데모스가 포함된다. 따라서 해안 지역, 내륙 지역, 도시 지역 모두 트리튀스마다 최소 4개의 데모스를 포함하게 되므로 옳은 추론이다.

ㄴ. 각 지역마다 트리튀스 1개씩을 뽑아 3개의 트리튀스로 1개의 필레를 구성하였으므로, 각 지역마다 제일 많은 데모스를 포함한 트리튀스가 필레를 구성할 경우 필레는 31개(도시 11개+해안 10개+내륙 10개)의 데모스를 포함하므로 옳은 추론이다.

ㄷ. 필레가 구성된다면 이 필레의 구성원이 평의회에 뽑힐 확률은 어느 지역 출신이든 관계없이 모두 같다. 따라서 도시 지역 거주자가 평의회에 뽑힐 확률이 해안이나 내륙 지역 거주자의 확률과 다르다면, 그 이유는 각 유형의 필레가 구성될 경우 도시 지역 거주자가 그 필레에 포함될 확률이 해안이나 내륙 지역 거주자가 그 필레에 포함될 확률과 다르기 때문이다.

먼저 구성 가능한 필레 중 가장 많은 유형(72.9%=9×9×9/1,000)의 필레는 도시, 해안, 내륙 지역에서 각각 400명의 인구를 가진 트리튀스가 뽑혀 구성되는 필레로, 구성 가능한 필레 중 구성원이 평의회에 뽑힐 확률이 가장 높은 필레이다(확률은 50/1,200). 그런데 이 필레가 구성될 경우 도시 지역 거주자가 이 필레의 구성원이 될 확률은 400/4,700이고 해안 또는 내륙 지역 거주자는 400/4,600으로, 도시 지역 거주자가 이 필레의 구성원이 될 확률이 해안이나 내륙 지역 거주자가 이 필레의 구성원이 될 확률보다 더 낮다.

한편 도시 지역 거주자가 해안이나 내륙 지역 거주자보다 필레의 구성원이 될 확률이 높은 그런 필레가 구성될 가능성이 있다. 예컨대 도시 지역에서 1,100명의 인구를 가진 트리튀스가 뽑히고, 해안과 내륙 지역에서 각각 1,000명의 인구를 가진 트리튀스가 뽑혀서 구성된 필레는 도시 지역 거주자가 이 필레의 구성원이 될 확률은 1,100/4,700이고 내륙 및 해안 지역 거주자의 확률은 1,000/4,600으로 도시 지역 거주자가 높다. 그러나 이 필레가 구성될 가능성 (0.1%=1×1×1/1,000)은 매우 낮다.

결론적으로 각 400명의 인구를 가진 트리튀스 9개와 1,000명의 인구를 가진 트리튀스 1개로 구성되는 해안이나 내륙 지역과 비교해 볼 때 도시 지역에는 100명의 추가 인구가 각 400명의 인구를 가진 9개의 트리튀스가 아니라 훨씬 더 많은 인구를 가진 트리튀스, 즉 1,000명의 인구를 가진 트리튀스 1개에 더해지기 때문에, 필레를 구성하는 대부분의 경우에 해당하는 각 지역에서 400명의 인구를 가진 트리튀스를 뽑아 필레를 구성하는 경우에는 도시 지역 거주자가 이 필레에 포함될 확률이 해안이나 내륙 지역 거주자가 이 필레에 포함될 확률보다 낮아진다. 반면에 100명의 추가 인구가 더해져서 1,100명의 인구를 가진 트리튀스가 필레 구성에 포함되는 경우는 도시 지역 거주자가 해안이나 내륙 지역 거주자보다 필레의 구성원이 될 확률이 높아지기도 하지만, 그 경우의 수가 매우 작다. 따라서 도시 지역 거주자는 해안이나 내륙 지역 거주자보다 평의회에 뽑힐 확률이 더 낮게 된다.

〈보기〉의 ㄱ, ㄴ, ㄷ이 모두 옳은 추론이므로 ⑤가 정답이다.

16.

다음 글로부터 추론한 것으로 옳은 것만을 〈보기〉에서 있는 대로 고른 것은?

고대 로마 공화정에서는 전투 단위인 켄투리아가 민회를 구성하는 역할도 하였다. 민회에서 1켄투리아는 1표를 행사하였다. 켄투리아의 수는 최고 등급인 기병이 18개였고, 보병은 재산 등급에 따라 1등급 80개, 2등급 20개, 3등급 20개, 4등급 20개, 5등급 30개였으며, 재산이 기준에 미달하는 최하 등급이 5개로 편제되어, 총 투표수는 193표였다. 투표는 높은 등급인 기병부터 등급 순서대로 찬반 투표를 시행하였다. 각 등급의 투표는 한꺼번에 이루어졌는데, 그 결과 찬성표나 반대표가 과반을 넘는 순간 투표는 중지되었다. 그러다가 기원전 241년경, 켄투리아의 개편이 단행되었다. 개편 이후, 기병 켄투리아와 최하 등급 켄투리아의 수는 이전과 동일하였으나, 1등급부터 5등급까지는 70개씩의 켄투리아를 두게 되었다.

역사가 A와 B는 켄투리아의 개편 이후 민회의 투표 방식을 추론하는 데에 이견을 보였다. A는 개편 이후에도 이전처럼 1켄투리아가 1표를 행사하는 방식으로 투표하였다고 가정하였다. 반면 B는 개편에도 불구하고 총 투표수는 개편 이전과 마찬가지로 193표였고, 개편 이후 2등급에서 4등급의 투표수는 과거와 같았지만 1등급 중 10표가 줄고 이 10표가 5등급에 가산되었다고 보았다.

보 기

ㄱ. 개편 이전에 2등급 켄투리아는 투표하지 못할 수도 있었다.
ㄴ. A의 가정에 따를 경우, 3등급 켄투리아는 투표하지 못할 수도 있었다.
ㄷ. B의 가정에 따를 경우, 3등급 켄투리아는 투표하지 못할 수도 있었다.

① ㄱ   ② ㄷ   ③ ㄱ, ㄴ   ④ ㄱ, ㄷ   ⑤ ㄴ, ㄷ

| 문항 성격 | 인문 – 수리추리 |

| 평가 목표 | 로마 공화정에서 민회를 구성하는 켄투리아의 등급에 따른 투표 방식을 추론할 수 있는지 측정함 |

| 문제 풀이 | 정답 : ④ |

제시문의 설명에 따르면 기원전 241년경 켄투리아의 개편 이전, 민회의 총 투표수 193표 중 기병이 18, 보병 1등급 80, 2등급 20, 3등급 20, 4등급 20, 5등급 30, 최하 등급 5표였다. 이중 과반수를 추론해 본다. 개편 이후 역사가 A의 가정에 따를 경우 총 투표수는 373표로 늘어나는 반면, B의 가정에 따를 경우 총 투표수는 193표이지만 1등급이 70표, 5등급이 40표로 바뀐다. 이러한 변경을 기존의 투표 방식에 적용했을 때 어느 등급의 찬반 투표에서 과반수가 확정되는가를 추론해 보는 문항이다.

켄투리아 수와 투표수를 표로 정리하면 다음과 같다.

개편 이전		개편 이후			
등급	켄투리아 수	투표수	등급	켄투리아 수	A에 따른 투표수	B에 따른 투표수
기병	18	18	기병	18	18	18
보병 1등급	80	80	보병 1등급	70	70	70
2등급	20	20	2등급	70	70	20
3등급	20	20	3등급	70	70	20
4등급	20	20	4등급	70	70	20
5등급	30	30	5등급	70	70	40
최하 등급	5	5	최하 등급	5	5	5
계	193개	193표	계	373개	373표	193표

〈보기〉해설   ㄱ. 개편 이전 켄투리아 회의 총 투표수는 193표였으므로, 과반수는 97표이다. 민회에서 순서대로 투표할 때, 기병 18표와 평민 1등급 79표가 의견이 일치되었다면 97표에서 결정이 나고 투표는 중지되었을 것이다. 따라서 평민 2등급이 투표할 수 없었을 것이므로 옳은 추론이다.

ㄴ. A의 가정에 따라 확대 개편된 1켄투리아가 1표를 행사한다고 가정해 보자. 이 경우 기병 18표, 평민 1등급 70표, 2등급 70표, 3등급 70표, 4등급 70표, 5등급 70표, 최하 등급 5표 등 총 373표였으므로, 과반수는 187표였다. 따라서 기병, 1등급, 2등급의 의견이 일치되더라도 158표(18+70+70)에 불과하므로, 여전히 3등급이 투표를 해야 할 것이다. 그러므로 ㄴ은 옳지 않은 추론이다.

ㄷ. B의 가정에 따르면, 기병 18표, 평민 1등급 70표, 2등급 20표, 3등급 20표, 4등급 20표, 5등급 40표, 최하 등급 5표의 순서로 투표했으므로, 기병, 1등급, 2등급 투표수를 모두 합치면 108표로 총 투표수 193표의 과반을 넘는다. 따라서 B의 가정에 따르면 기병, 1등급, 2등급의 의견이 일치되었다면 3등급 켄투리아는 투표하지 못할 수도 있었으므로 옳은 추론이다.

〈보기〉의 ㄱ, ㄷ만이 옳은 추론이므로 ④가 정답이다.

17.

다음으로부터 추론한 것으로 옳은 것만을 〈보기〉에서 있는 대로 고른 것은?

디지털 통신에서 0과 1로 구성된 데이터 비트들을 전송하다 보면 오류로 인해 일부 데이터가 0에서 1로 혹은 1에서 0으로 바뀌어 전달될 수 있다. 송신자(sender)는 수신자(receiver) 쪽에서 오류를 탐지하는 데 도움을 주고자 부가 비트를 붙여 전송한다. 〈그림 1〉에서 행렬의 5행과 5열이 부가 비트에 해당하고, 그 이외의 비트는 데이터 비트에 해당한다. 송신자는 데이터의 각 행과 각 열에서 1의 개수를 세어 1의 개수가 홀수이면 1을, 짝수이면 0을 부가 비트로 부여한다. 이렇게 만들어진 부가 비트를 데이터 비트들과 함께 전송하면 수신자는 부가 비트를 포함하여 각 행과 열의 1의 개수를 세어 짝수이면 정상 수신, 홀수이면 오류로 간주한다. 〈그림 2〉와 같이 2행 2열의 데이터 비트가 전송 중 1에서 0으로 변경되면 수신자 측에서는 2행과 2열에서 1의 개수가 홀수가 되어 오류가 났음을 알 수 있다. 그러나 행과 열 각각에서 짝수 개의 데이터 비트들이 변경될 경우 부가 비트를 사용하더라도 수신자 측에서 오류를 탐지해 내지 못한다. 〈그림 2〉의 A 영역에 있는 4개의 데이터 비트가 모두 0에서 1로 바뀌는 경우에는 3행, 4행, 3열, 4열에서 각각 1의 개수가 짝수이므로 오류를 탐지해 내지 못한다.

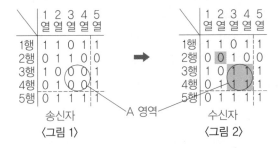

수신자가 〈그림 3〉과 같은 정보를 수신하였고 부가 비트에는 오류가 없다고 가정하자.

	1열	2열	3열	4열	5열
1행	0	1	0	1	0
2행	1	0	1	0	1
3행	1	0	0	1	1
4행	0	1	1	1	1
5행	1	0	1	1	1

수신자
〈그림 3〉

ㄱ. 〈그림 3〉의 2행과 3행에서 오류가 발생하였다.

ㄴ. 〈그림 3〉의 2열과 4열에서는 오류가 발생하지 않았다.

ㄷ. 〈그림 3〉에서 오류가 발생한 데이터 비트는 4개 이상이다.

① ㄱ　　　　② ㄴ　　　　③ ㄷ　　　　④ ㄱ, ㄷ　　　　⑤ ㄴ, ㄷ

문항 성격　과학기술 – 논리 퍼즐

평가 목표　이 문제는 주어진 정보를 분석하여 데이터에 어떤 오류가 발생할 수 있는지 추론할 수 있는 능력을 측정함.

문제 풀이　정답 : ①

문제에서 수신자는 다음의 그림과 같은 데이터와 부가 비트를 수신하였고 부가 비트에는 오류가 없다고 가정하였다. 이때 부가 비트 정보가 데이터 비트 정보와 맞지 않는 것은, 즉 각 행과 열에서 1의 개수가 홀수가 되는 것은, 색으로 표시한 부분이다. 따라서 2행과 3행, 1열과 3열에 있는 데이터 비트에서 오류가 났음을 알 수 있다. 이때 데이터에서 오류는 최소 2비트이며 오류가 발생한 데이터는 2행 1열과 3행 3열, 혹은 2행 3열과 3행 1열이 될 수 있다. 이 외에 1행 2열, 1행 4열, 4행 2열, 4행 4열에서 모두 0에서 1로 바뀌어 오류가 났을 수도 있다. 그러나 이 경우에는 1의 개수는 짝수가 되어 오류를 검출하지 못한다.

```
0 1 0 1 | 0
1 0 1 0 | 1
1 0 0 1 | 1
0 1 1 1 | 1
1 0 1 1 | 1
```
수신자

〈보기〉 해설　ㄱ. 〈그림 3〉의 2행과 3행에서 1의 개수가 홀수이므로 오류가 발생한 것을 알 수 있다. ㄱ은 옳은 추론이다.

ㄴ. 1행 2열, 1행 4열, 4행 2열, 4행 4열에서 모두 0에서 1로 바뀌어 오류가 났을 수도 있다. 그러나 이 경우에는 1의 개수는 짝수가 되어 오류를 검출하지 못한다. 따라서 ㄴ은 옳지 않은 추론이다.

ㄷ. 2행과 3행, 1열과 3열에서 1의 개수가 홀수이므로 오류가 났음을 알 수 있다. 이때 데이터에서 오류는 최소 2비트이며 오류가 발생한 데이터는 2행 1열과 3행 3열, 혹은 2행 3열과 3행 1열이 될 수 있다. ㄷ은 옳지 않은 추론이다.

〈보기〉의 ㄱ만이 옳은 추론이므로 ①이 정답이다.

18.

다음으로부터 추론한 것으로 옳은 것만을 〈보기〉에서 있는 대로 고른 것은?

> 수리 센터에서 A, B, C, D, E 5가지 부품의 불량에 대해 조사한 결과 다음 사실이 밝혀졌다.
> • A가 불량인 제품은 B, D, E도 불량이다.
> • C와 D가 함께 불량인 제품은 없다.
> • E가 불량이 아닌 제품은 B나 D도 불량이 아니다.

보 기

> ㄱ. E가 불량인 제품은 C도 불량이다.
> ㄴ. C가 불량인 제품 중에 A도 불량인 제품은 없다.
> ㄷ. D는 불량이 아니면서 B가 불량인 제품은, C도 불량이다.

① ㄱ   ② ㄴ   ③ ㄱ, ㄷ   ④ ㄴ, ㄷ   ⑤ ㄱ, ㄴ, ㄷ

문항 성격 논리학 · 수학 – 형식적 추리
평가 목표 주어진 조건으로부터 논리적 구조를 분석하여 문제를 해결하는 능력을 측정함
문제 풀이 정답 : ②

주어진 조건을 집합들 사이의 포함 관계로 표현하면 다음과 같다.

• A가 불량인 제품은 B, D, E도 불량이다: A가 불량인 제품들의 집합이 B가 불량인 제품들의 집합에도, D가 불량인 제품들의 집합에도, E가 불량인 제품들의 집합에도 포함된다는 것을 의미한다.

• C와 D가 함께 불량인 제품은 없다: C가 불량인 제품들의 집합과 D가 불량인 제품들의 집합의 교집합이 공집합이라는 것을 의미한다.

• E가 불량이 아닌 제품은 B나 D도 불량이 아니다: 이 진술은 'B가 불량이거나 D가 불량인 제품은 E가 불량인 제품이다.' 와 동일한 의미를 가진다. 따라서 B가 불량인 제품들의 집합과 D가 불량인 제품들의 집합의 합집합이 E가 불량인 제품들의 집합에 포함된다는 것을 의미한다.

이 정보들을 참이게 하는 상황들 중 하나의 상황을 그림으로 표현하면 다음과 같다. 각각의 영역은 불량인 제품들의 집합을 의미한다.

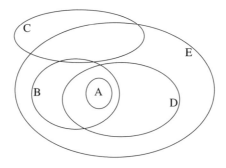

ㄱ. 주어진 조건들을 모두 만족하는 위의 그림에서 E가 불량인 제품들의 집합이 C
가 불량인 제품들의 집합에 포함되어 있지 않다. 그러므로 'E가 불량인 제품은
C도 불량이다.'는 옳지 않은 추론이다.

ㄴ. C가 불량이라고 가정해 보자. 이 경우 두 번째 조건 'C와 D가 함께 불량인 제
품은 없다.'에 의해 D는 불량이 아니다. D는 불량이 아니므로, 첫 번째 조건 'A
가 불량인 제품은 B, D, E도 불량이다.'에 의해 A는 불량이 아니라는 것이 추
론된다. A가 불량이라면 D도 불량이기 때문이다. 그러므로 C가 불량이라면 A
는 불량이 아니라는 것이 성립한다. 즉 C가 불량인 제품 중에 A도 불량인 제품
은 없다가 성립한다. 따라서 ㄴ은 옳은 추론이다(그림에서 C와 D의 교집합이
공집합이고, A가 D에 포함되므로 C와 A의 교집합이 공집합이다).

ㄷ. 주어진 조건들을 모두 만족하는 위의 그림에서 D가 불량인 제품들의 집합의
여집합과 B가 불량인 제품들의 집합의 교집합이 C집합에 포함되어 있지 않다.
그러므로 'D가 불량이 아니면서 B가 불량인 제품은, C도 불량이다.'는 옳지 않
은 추론이다.

〈보기〉의 ㄴ만이 옳은 추론이므로 ②가 정답이다.

19.
다음으로부터 추론한 것으로 옳은 것은?

> 동물 애호가 A, B, C, D가 키우는 동물의 종류에 대해서 다음 사실이 알려져 있다.
> • A는 개, C는 고양이, D는 닭을 키운다.
> • B는 토끼를 키우지 않는다.

- A가 키우는 동물은 B도 키운다.
- A와 C는 같은 동물을 키우지 않는다.
- A, B, C, D 각각은 2종류 이상의 동물을 키운다.
- A, B, C, D는 개, 고양이, 토끼, 닭 외의 동물은 키우지 않는다.

① B는 개를 키우지 않는다.
② B와 C가 공통으로 키우는 동물이 있다.
③ C는 키우지 않지만 D가 키우는 동물이 있다.
④ 3명이 공통으로 키우는 동물은 없다.
⑤ 3종류의 동물을 키우는 사람은 없다.

문항 성격 논리학 · 수학 – 배치 및 정렬
평가 목표 주어진 명제로부터 다른 명제를 추론할 수 있는 능력을 측정한다.
문제 풀이 정답 : ③

주어진 조건은 다음과 같다.

1번째 조건: A는 개, C는 고양이, D는 닭을 키운다.

2번째 조건: B는 토끼를 키우지 않는다.

3번째 조건: A가 키우는 동물은 B도 키운다.

4번째 조건: A와 C는 같은 동물을 키우지 않는다.

5번째 조건: A, B, C, D 각각은 2종류 이상의 동물을 키운다.

6번째 조건: A, B, C, D는 개, 고양이, 토끼, 닭 외의 동물은 키우지 않는다.

6번째 조건에 의하면 동물 애호가 A, B, C, D는 개, 고양이, 토끼, 닭 외의 동물을 키우지 않는다. 이것을 표로 나타내면 다음과 같다.

〈표 1〉

	A	B	C	D
개				
고양이				
토끼				
닭				

1, 2번째 조건을 표에 나타내면 다음과 같다.

〈표 2〉

	A	B	C	D
개	○			
고양이			○	
토끼		×		
닭				○

3번째 조건에 의하면 A가 키우는 동물은 B도 키우므로, B는 개를 키우고, A는 토끼를 키우지 않는다.

〈표 3〉

	A	B	C	D
개	○	○		
고양이			○	
토끼	×	×		
닭				○

4번째 조건에 의하면 A와 C는 같은 동물을 키우지 않으므로 C는 개를 키우지 않고, A는 고양이를 키우지 않는다.

〈표 4〉

	A	B	C	D
개	○	○	×	
고양이	×		○	
토끼	×	×		
닭				○

5번째 조건에 의해, A, B, C, D 각각은 2종류 이상의 동물을 키우므로, A는 닭을 키운다. 그리고 3번째 조건에 의해 A가 닭을 키우므로 B도 닭을 키우고, 4번째 조건에 의해 C는 닭을 키우지 않는다.

<표 5>

	A	B	C	D
개	○	○	×	
고양이	×		○	
토끼	×	×		
닭	○	○	×	○

A, B, C, D 각각은 2종류 이상의 동물을 키운다는 5번째 조건에 의해, C는 토끼를 기른다.

<표 6>

	A	B	C	D
개	○	○	×	
고양이	×		○	
토끼	×	×	○	
닭	○	○	×	○

이제 〈표 6〉에서 주어진 조건을 사용하여 더 추론할 수 있는 것은 없다.

정답 해설 ③ 위의 표에 의하면, C는 키우지 않지만 D가 키우는 동물로 닭이 있다. 그러므로 ③이 옳은 추론으로 정답이다.

오답 해설 ① 〈표 6〉에 의하면 B는 개를 키우므로 옳은 추론이 아니다.

② 〈표 6〉에 의하면 개, 토끼, 닭은 B와 C가 공통으로 키우는 동물이 아니고, 고양이는 공통으로 키우는지 알 수 없다. 따라서 옳은 추론이 아니다.

④ 〈표 6〉에 의하면 닭은 A, B, D가 공통으로 키우는 동물이므로 옳은 추론이 아니다.

⑤ 〈표 6〉에 의하면 B와 D는 3종류의 동물을 키우는지 알 수 없다. 따라서 옳은 추론이 아니다.

20.

다음으로부터 추론한 것으로 옳은 것은?

> 어떤 회사가 A, B, C, D 네 부서에 한 명씩 신입 사원을 선발하였다. 지원자는 총 5명이었으며, 선발 결과에 대해 다음과 같이 진술하였다. 이중 1명의 진술만 거짓으로 밝혀졌다.
>
> 지원자 1 : 지원자 2가 A 부서에 선발되었다.
>
> 지원자 2 : 지원자 3은 A 또는 D 부서에 선발되었다.
>
> 지원자 3 : 지원자 4는 C 부서가 아닌 다른 부서에 선발되었다.
>
> 지원자 4 : 지원자 5는 D 부서에 선발되었다.
>
> 지원자 5 : 나는 D 부서에 선발되었는데, 지원자 1은 선발되지 않았다.

① 지원자 1은 B 부서에 선발되었다.
② 지원자 2는 A 부서에 선발되었다.
③ 지원자 3은 D 부서에 선발되었다.
④ 지원자 4는 B 부서에 선발되었다.
⑤ 지원자 5는 C 부서에 선발되었다.

문항 성격 논리학 · 수학 – 배치 및 정렬
평가 목표 몇 개의 참과 거짓인 진술로부터 다른 진술을 추론할 수 있는 능력을 측정한다.
문제 풀이 정답 : ④

먼저 지원자 4와 지원자 5의 진술을 보면, 지원자 5는 D 부서에 선발되었다는 것을 추론할 수 있다. 왜냐하면 지원자 5가 D 부서에 선발되지 않았다면 지원자 4와 지원자 5의 진술 모두 거짓이 되는데, 조건에 의하면 1명의 진술만이 거짓이기 때문이다.

이제 지원자 5가 D 부서에 선발되었다는 것과 A, B, C, D 네 부서에 한 명씩 신입 사원이 선발되었다는 조건에 의해 지원자 1의 진술과 지원자 2의 진술 둘 다 참일 수 없다는 것이 추론된다. 왜냐하면 둘 다 참이면 지원자 2는 A 부서에 선발되었고, 지원자 3은 D 부서에 선발되어야 하는데 이미 지원자 5가 D 부서에 선발되었기 때문이다. 그래서 지원자 1의 진술이 거짓인 경우와 지원자 2의 진술이 거짓인 경우로 나누어 추론해 볼 수 있다.

(경우 1) 지원자 1의 진술이 거짓이고 다른 진술들이 모두 참인 경우

지원자 3은 A 부서에 선발되었고, 지원자 5는 D 부서에 선발되었다. 지원자 1은 선발되지 않

았고, 지원자 4는 C 부서가 아닌 다른 부서에 선발되었다. 지원자 2는 A 부서에 선발되지 않았다. 이것을 표로 정리하면 다음과 같다.

〈표 1〉

	A 부서	B 부서	C 부서	D 부서
지원자 1	×	×	×	×
지원자 2	×			
지원자 3	○	×	×	×
지원자 4			×	
지원자 5	×	×	×	○

A, B, C, D 네 부서에 한 명씩 신입 사원을 선발하였다는 것으로부터 지원자 2는 C 부서에 선발되었고, 따라서 지원자 4는 B 부서에 선발되었다는 것을 추론할 수 있다.

〈표 2〉

	A 부서	B 부서	C 부서	D 부서
지원자 1	×	×	×	×
지원자 2	×	×	○	×
지원자 3	○	×	×	×
지원자 4	×	○	×	×
지원자 5	×	×	×	○

(경우 2) 지원자 2의 진술이 거짓이고 다른 진술들이 모두 참인 경우

지원자 2는 A 부서에 선발되었고, 지원자 3은 A와 D 부서에 선발되지 않았으며, 지원자 4는 C 부서가 아닌 다른 부서에 선발되었으며, 지원자 5는 D 부서에 선발되었고, 지원자 1은 선발되지 않았다. 이것을 표로 나타내면 다음과 같다.

〈표 3〉

	A 부서	B 부서	C 부서	D 부서
지원자 1	×	×	×	×
지원자 2	○	×	×	×
지원자 3	×			×
지원자 4			×	
지원자 5	×	×	×	○

이로부터 각 부서는 한 명씩 신입 사원을 선발했으므로, A와 D 부서는 지원자 4를 선발하지 않았고, 결국 지원자 4는 B 부서에 선발되었다는 것을 추론할 수 있다. 그리고 지원자 3은 C 부서에 선발되었다는 것을 추론할 수 있다.

〈표 4〉

	A 부서	B 부서	C 부서	D 부서
지원자 1	×	×	×	×
지원자 2	○	×	×	×
지원자 3	×	×	○	×
지원자 4	×	○	×	×
지원자 5	×	×	×	○

정답 해설 ④ 〈표 2〉와 〈표 4〉에 의하면 지원자 1과 지원자 2 중 누가 거짓을 말했든 상관없이 지원자 4는 B 부서에 선발되었으므로 옳은 추론이다.

오답 해설 ① 〈표 2〉와 〈표 4〉에 의하면 지원자 1은 선발되지 않았으므로 옳지 않은 추론이다.
② 〈표 2〉에 의하면 지원자 2는 C 부서에 선발되었고, 〈표 4〉에 의하면 A 부서에 선발되었다. 따라서 A 부서와 C 부서 중 정확히 어느 부서에 선발되었는지 알 수 없으므로 옳지 않은 추론이다.
③ 〈표 2〉에 의하면 지원자 3은 A 부서에 선발되었고, 〈표 4〉에 의하면 C 부서에 선발되었다. 따라서 지원자 3은 A 또는 C 부서에 선발되었으므로 옳지 않은 추론이다.
⑤ 〈표 2〉과 〈표 4〉에 의하면 지원자 5는 D 부서에 선발되었으므로 옳지 않은 추론이다.

21.

다음 글로부터 추론한 것으로 옳은 것은?

과학자가 자신이 수행한 연구 결과의 우선권을 인정받기 위해 만족해야 할 조건으로 다음을 고려할 수 있다.

F-조건 : 연구 결과는 산출 당시 관련 학문의 지식에 비추어 최초의 것이어야 한다.
I-조건 : 연구 결과는 다른 사람의 연구 내용을 그대로 가져온 것이 아닌, 독립적으로 성취한 것이어야 한다.

P-조건 : 연구 결과가 동료 연구자에게 학술지, 저서 등을 통해 공개되어야 한다.

- 16세기 초 델 페로는 3차 방정식의 한 형태인 '약화된' 3차 방정식의 해법을 최초로 발견하였으나 이를 학계에 공개하지 않고 죽었다. 동시대의 타르탈리아는 독자적으로 '약화된' 3차 방정식을 포함한 3차 방정식의 일반 해법을 최초로 발견하였지만 이를 다른 사람에게 공개하지 않았다. 이 소식을 들은 카르다노는 타르탈리아를 설득하여 이 해법을 알게 되었지만 타르탈리아의 허락 없이는 해법을 공개하지 않겠다는 약속을 했기에 그 내용을 출판할 수 없었다. 그러다가 카르다노는 델 페로가 타르탈리아보다 먼저 '약화된' 3차 방정식의 해법을 발견했다는 사실을 알게 되었고, 이를 근거로 3차 방정식의 일반 해법을 1545년 「위대한 기예」라는 저서에서 발표하였다.
- 뉴턴은 미적분법을 누구보다 먼저 1666년부터 연구해 왔지만 완성된 전체 내용을 공식적으로 출판하지는 않고 있었다. 그 후 라이프니츠는 1675년부터 미적분법에 대한 독자적 연구를 수행하였고, 완성된 내용을 정리하여 1684년 논문으로 출판하였다. 뉴턴은 1687년에야 자신의 미적분법 연구를 「프린키피아」를 통해 처음으로 공식 발표하였다.

① F-조건만을 적용하면, 델 페로는 3차 방정식의 일반 해법에 대한 우선권을 가진다.
② I-조건만을 적용하면, 타르탈리아가 아니라 카르다노만이 3차 방정식의 일반 해법에 대한 우선권을 가진다.
③ F-조건과 I-조건을 모두 적용하면, 타르탈리아와 뉴턴 모두 우선권을 가진다.
④ 세 조건을 모두 적용하면, 우선권을 가지는 사람은 아무도 없다.
⑤ '약화된' 3차 방정식의 해법에 대해 델 페로와 타르탈리아 모두 우선권을 가지도록 허용하는 조건만을 적용하면, 미적분법에 대해 라이프니츠만 우선권을 가진다.

문항 성격	과학기술 – 일상 언어 추리
평가 목표	과학 연구 결과에 대해 우선권(priority)을 인정받기 위해 필요한 여러 조건을 제시한 후, 수학사에서 잘 알려진 우선권 논쟁의 두 사례에 적용하여 누가 어떤 조건 하에서 우선권을 인정받을 수 있는지 추론하는 능력을 평가함
문제 풀이	정답 : ③

과학 연구의 우선권과 관련하여 흔히 언급되는 조건이 제시문에서 제시된 세 조건이다. 즉, 연구 결과가 '최초'임을 강조하는 F-조건과 연구 결과가 표절이 아니고 독립적으로 연구된 것임을 강조하는 I-조건, 그리고 연구 결과가 동료 학자들이 참고할 수 있도록 출판될 것을 요구하는 P-조건이다. 이 문제는 각각의 조건을 '약화된 3차 방정식의 해법', '3차 방정식의 일반 해법', 그리

고 미적분법의 발견과 관련된 여러 과학자들에게 적용하여 올바른 결론을 추론해 낼 수 있는지를 묻는 방식으로 구성되었다.

정답 해설 ③ F−조건은 연구 결과가 최초의 것이어야 한다는 조건이고, I−조건은 연구 결과가 독립적으로 성취한 것이어야 한다는 조건이다. 타르탈리아는 독자적으로 3차 방정식의 일반 해법을 최초로 발견하였으므로, F−조건과 I−조건을 모두 적용했을 때 우선권을 가진다. 뉴턴은 미적분법을 누구보다 먼저 연구해서 라이프니츠가 1975년부터 독자적으로 연구를 수행하기 전에 이미 전체 내용을 완성했다. 그러므로 F−조건과 I−조건을 모두 적용했을 뉴턴은 우선권을 지닌다. ③은 옳은 추론이다.

오답 해설 ① 델 페로는 '약화된' 3차 방정식의 해법을 가장 먼저 발견했으므로 F−조건을 만족한다. 하지만 제시문에 따르면 델 페로는 3차 방정식의 일반 해법을 발견하지는 못했다.

② 제시문에 따르면 카르다노는 델 페로와 타르탈리아가 발견한 3차 방정식 해법 관련 내용을 출판하기만 했을 뿐 '독자적으로' 이 해법들을 발견한 것은 아니다. 3차 방정식의 일반 해법을 독자적으로 최초로 발견한 사람은 타르탈리아이다.

④ 뉴턴은 세 조건 모두를 만족한다. 우선 라이프니츠는 뉴턴이 미적분법의 "완성된 전체 내용"을 출판하지 않고 가지고 있는 상태에서 미적분법 연구를 시작했으므로 뉴턴은 F−조건과 I−조건을 만족한다. 그리고 뉴턴은 뒤늦게라도 1687년 자신의 연구 결과를 출판했으므로 P−조건도 만족한다.

⑤ '약화된' 3차 방정식의 해법은 델 페로와 타르탈리아에 의해 각각 '독자적으로' 발견되었다. 반면 두 사람 모두 자신의 연구 결과를 발표하지 않았으므로 P−조건은 만족하지 않고, 델 페로가 타르탈리아보다 먼저 '약화된' 3차 방정식의 해법에 도달하였으므로 오직 델 페로만 F−조건을 만족한다. 그러므로 이 두 사람에게 동시에 우선권을 부여하는 조건은 I−조건이다. I−조건을 미적분법에 대해 적용하면 뉴턴과 라이프니츠 모두 상대방 연구와 무관하게 '독자적'으로 미적분법에 도달했으므로 둘 다 우선권을 가진다.

22.

가설 A, B를 평가한 것으로 옳은 것은?

> 조류가 군집을 이루어 생활하는 경우가 많다는 사실은 큰 집단을 이루어 살기 위해 치러야 하는 비용이 많다는 점을 고려할 때 설명하기 쉽지 않다. 집단 내의 개체수가 많을수록 둥지를 마련하고 짝을 쟁취하기 위한 경쟁이 치열해진다. 게다가 모여 사는 새떼에는 전염성 질병과 기생충이 퍼질 가능성도 높다. 이러한 잠재적 비용에도 불구하고 새들이 군집 생활을 하는 현상을 설명하기 위해 다음 두 가설이 제안되었다.
>
> A : 새들이 군집을 형성하는 이유는 집단에 합류함으로써 개체가 얻는 이익이 홀로 생활할 때에 비해 크기 때문이다. 예를 들어, 포식자에 공동으로 대응해서 잡아먹힐 위험을 줄일 수 있고, 먹이를 찾거나 환경에 효율적으로 대응하기 위한 정보를 보다 쉽게 얻을 수 있다.
> B : 새들의 군집 생활은 단지 모든 개체가 서식지와 배우자를 선택할 때 본능적으로 동일한 '규칙'을 적용하기 때문에 나타나는 부산물에 불과하다. 예를 들어, 각 개체는 먹이가 풍부하고 포식자가 적은 서식지를 선호하며, 일반적으로 암컷은 강하거나 새끼에게 헌신적인 수컷을 선호한다.

① 네브래스카의 벼랑제비 둥지에서 제비벌레 등을 제거하기 위해 순한 살충제로 훈증하면 그러지 않았을 경우에 비해 새끼들의 생존율이 증가한다는 사실은 A의 설득력을 높인다.
② 아이오와의 둑방제비는 먹이를 얻기 위해 군집을 떠날 때 많은 먹이를 물고 온 다른 제비를 따라가지 않고 사방으로 흩어져 날아간다는 사실은 A의 설득력을 높인다.
③ 뉴질랜드의 동박새 수컷들은 새벽에 경쟁적으로 노래를 부르는데, 영양 상태가 좋을수록 더 오랫동안 복잡한 노래를 부르고 대다수의 암컷들이 복잡한 노래를 길게 부른 수컷을 선호한다는 사실은 B의 설득력을 높인다.
④ 혹독한 추위를 견뎌야 하는 남극의 수컷 펭귄은 암컷이 먹이를 구하러 간 사이에 서로 몸을 붙여 체온을 유지하며 바깥쪽과 안쪽 자리를 서로 번갈아 바꾼다는 사실은 B의 설득력을 높인다.
⑤ 1950년대 영국의 군집 생활을 하는 푸른박새들 사이에서 문간에 놓아둔 우유병 뚜껑에 구멍을 내고 크림을 마시는 새로운 행동이 순식간에 퍼졌다는 사실은 B의 설득력을 높인다.

문항 성격 과학기술 − 평가 및 문제 해결

평가 목표 조류가 군집을 이루는 경우가 많다는 사실을 설명하기 위한 두 가설에 대해 추가적으로 제시된 경험적 사실이 각각의 가설의 설득력에 어떤 영향을 미치는지 파악하는 능력을 평가함

문제 풀이 정답 : ③

제시문은 우선 조류가 군집 생활을 한다는 경험적 사실이 조류학자들에게 설명하기 쉽지 않은 현상임을 강조한다. 그 이유는 군집 생활은 치열한 경쟁이나 기생충 감염 등 치러야 하는 비용이 크기 때문이다. 제시문의 후반부에 이러한 비용에도 불구하고 새들이 군집 생활을 하는 이유는 군집 생활이 주는 '이득'이 크기 때문이라는 A가설과 새들의 군집 생활은 서식지와 배우자의 선호가 같기 때문에 나타나는 부산물에 불과하다는 B가설을 소개한다. 그런 다음 선택지에 제시된 세계 곳곳의 조류행동학적 사실이 각각의 가설의 설득력에 어떤 영향을 줄 것인지를 평가하도록 문제가 구성되었다.

정답 해설 ③ 뉴질랜드 동박새 수컷은 "영양 상태가 좋을수록 더 오랫동안 복잡한 노래를" 부른다면 이는 복잡한 노래를 오래 부를 수 있는 능력이 배우자로서 우수한 수컷에 대한 '정직한 신호(honest signal)'가 됨을 의미한다. 동박새 암컷 대다수가 이런 수컷을 선호한다는 것은 '복잡한 노래를 오랫동안 부르는 수컷'에 대해 동일한 배우자 선호를 보여 줌을 의미하므로 B의 설득력을 높인다. 그러므로 정답이다.

오답 해설 ① 네브래스카 벼랑제비 둥지를 살충제로 청소하면 새끼들이 더 잘 살아남는다는 사실은 벼랑제비의 둥지가 제비벌레 등의 기생충에 오염되어 있고 이 오염이 새끼의 생존율에 영향을 끼친다는 점을 함축한다. 이는 군집 생활이 "전염성 질병과 기생충이 퍼질 가능성"을 높이는 비용을 초래한다는 제시문의 처음 문단의 내용과 일관된 것이지 그 비용에도 불구하고 왜 군집 생활이 나타나는지를 설명하려는 두 가설과는 무관한 사실이다. 그러므로 오답이다.

② A가설은 군집 생활이 조류에게 먹이를 찾거나 하는 과정에서 동료들로부터 정보를 얻는 데 유리하다는 점을 지적하고 있다. 그런데 만약 A가설이 옳다면 아이오와의 둑방제비는 먹이를 많이 물고 온 제비를 따라가는 경우가 그렇지 않을 경우보다 많을 것이다. 설사 다른 이유 때문에 이런 현상이 관찰되지 않는다고 하더라도 먹이를 찾아 둥지를 떠날 때 "사방으로 흩어져 날아간다는 사실"은 A가설의 설득력을 높이지는 않는다. 그러므로 오답이다.

④ 펭귄이 혹독한 추위를 견디기 위해 서로 몸을 밀착하고 번갈아 가며 바깥 자리를 서로 바꾸어 선다는 사실은 군집 생활이 줄 수 있는 이익의 사례이다. 그러

므로 남극 펭귄의 사례는 A가설의 설득력을 높여 줄 것이지, 이 사실은 B가설의 설득력을 높여주지는 않는다. 그러므로 오답이다.

⑤ 1950년대 푸른박새가 "우유병 뚜껑에 구멍을 내고 크림을 마시는 새로운 행동"을 보였다는 사실이 이 행동이 본능적으로 등장했을 가능성이 낮음을 의미한다. 게다가 B가설은 "서식지와 배우자를 선택할 때" 적용되는 '규칙'의 동일함을 강조하고 있으므로 우유 크림에 대한 선호는 이에 해당되지도 않는다. 그리고 이 행동이 "순식간에 퍼졌다."는 사실은 군집 내의 푸른박새 개체들 사이의 학습을 통해 퍼졌을 가능성을 암시한다. 그러므로 영국 푸른박새의 행동은 A가설의 설득력을 높일 수 있지만, B가설의 설득력을 높이지 않는다. 그러므로 오답이다.

23.

㉠에 대한 분석으로 옳은 것은?

고생대 오르도비스기가 시작될 때 지구는 해수 온도가 45℃에 이를 정도로 뜨거웠을 것으로 추정된다. 하지만 오르도비스기 후반기로 갈수록 지구는 차츰 냉각되어 실루리아기로 넘어설 즈음에는 빙하기가 시작되었다. 과학자들은 오르도비스기 초기의 지구 대기에 현재 수준의 14~22배에 이를 것으로 추정되는 풍부한 양의 이산화탄소가 있었음에도 불구하고 빙하기가 시작되었다는 사실을 설명하는 데 어려움을 겪어 왔다. 오르도비스기의 기후 조건에서는 이산화탄소 농도가 최소한 현재 수준의 8배 이하로 떨어져야만 빙하기가 시작될 수 있다고 여겨지는데, 이런 극적인 이산화탄소 감소를 설명해 줄 수 있는 인과 작용을 찾기 어려웠던 것이다.

이산화탄소 감소의 원인에 대한 가장 유력한 이론은 당시 활발해진 화산 활동을 통해 만들어진 많은 양의 광물이 풍화 과정에서 대기 중의 이산화탄소를 흡수했다는 것이다. 하지만 최근의 추산에 따르면 이 지구화학적 과정만으로는 오르도비스기 말기에 빙하기가 시작되기 위해 필요한 이산화탄소 농도 감소를 완전히 설명하기 어렵다. 그래서 일부 과학자들이 추가적으로 고려하는 원인이 최초의 육상 식물인 이끼다. 오르도비스기 중반에 등장한 이끼는 유기산을 분비하여 암석으로부터 막대한 양의 칼슘과 마그네슘을 분리했다. 이것들이 대기 중의 이산화탄소와 결합하여 엄청난 양의 석회암이 만들어졌다. 또한 이끼에 의한 풍화로 바다에 유입된 무기물 중에는 인과 철도 있었는데, 이것들은 바다에서 해조류가 번성하는 데 필수적인 요소였다. 덕분에 급속하게 늘어난 해조류는 많은 양의 이산화탄소를 대기로부터 흡수했다. ㉠ 지구 최초의 육상 식물은 지구를 차츰 냉각시켜 결국 빙하기가 시작되는 데 중요한 역할을 담당했던 것이다.

① 오르도비스기에는 이산화탄소가 온실 기체로 기능하지 않았다고 ㉠은 전제하고 있다.

② 오르도비스기에 대기 중 이산화탄소 양이 급격히 감소한 것은 지구가 급격히 냉각되었기 때문이라고 ㉠은 전제하고 있다.

③ 오르도비스기 해조류의 생장 과정에서 방출되는 물질에 이끼의 번성을 억제하는 성분이 포함되어 있었다면 ㉠의 설득력은 강화된다.

④ 오르도비스기의 이끼가 호흡과 대사 과정에서 방출하는 이산화탄소의 양이 석회암의 형성 과정에서 흡수되는 이산화탄소의 양보다 많다면 ㉠의 설득력은 약화된다.

⑤ ㉠에 대해 이 글에서 제시된 논거를 활용하면, 오늘날 대기 중 이산화탄소의 양이 오르도비스기 말 빙하기가 시작되기 직전보다 훨씬 적은데도 현재가 빙하기가 아닌 이유를 설명할 수 있다.

문항 성격	과학기술 – 평가 및 문제 해결
평가 목표	주어진 과학적 가설에 대해 추가적인 정보가 주어졌을 때 그 정보가 가설과 정합적인지, 가설의 설득력을 강화하는지 여부 등을 포함한 다양한 수준의 논증 분석 능력을 평가함
문제 풀이	정답 : ④

제시문은 고생대 오르도비스기에서 실루리아기로 넘어가는 시기에 발생한 빙하기의 원인에 대한 여러 인과 작용을 소개한다. 우선 제시문은 온실 기체 역할을 하는 이산화탄소 농도가 오르도비스기에 무척 높았음에도 빙하기가 시작되었다는 '역설적 사실'에 주목하고, 이산화탄도 농도를 낮춘 인과 작용으로 물리적 과정에 의한 암석의 풍화와 당시 최초로 등장한 육상 식물인 이끼에 의한 화학적 풍화 그리고 이 과정에서 바다로 흘러들어간 무기질에 의해 촉진된 해조류의 번성을 들고 있다. 제시문의 핵심은 이산화탄소 농도가 높으면 당연히 기후가 계속해서 따뜻해야 한다는 전제(즉, 이산화탄소가 온실 기체 역할을 한다는 과학적 사실)에서 출발하여, 이끼와 해조류가 오르도비스기에 이산화탄소 농도를 낮추는 인과적 역할을 할 수 있었음을 설명하는 것이다. 문제는 이끼가 수행한 이산화탄소 농도 감소 역할과 이에 따른 빙하기의 도래에 대한 최근 가설인 ㉠에 관한 판단을 묻는 방식으로 구성되었다.

정답 해설 ④ 이끼가 오르도비스기의 이산화탄소 농도를 낮출 수 있었던 이유 중의 하나는 이끼가 "유기산을 분비하여 암석으로부터 막대한 양의 칼슘과 마그네슘을 분리"했고, "이것이 대기 중의 이산화탄소와 결합하여" 석회암을 만들었기 때문이다. 그런데 이 과정에서 감소된 이산화탄소 양보다 이끼가 호흡과 대사 과정에서 오르도비스기 대기 중에 방출한 이산화탄소 양이 더 많았다면 이 두 인과 작용의 효과를 합했을 때 이끼가 대기 중의 이산화탄소 양을 줄여 빙하기가 시작되는 데 중요한 역할을 했다는 ㉠의 설득력은 약화된다.

오답 해설 ① 오르도비스기에 이산화탄소가 급격히 감소해야만 빙하기가 시작될 수 있다고 제시문에서 설명하고 있다. 즉 오르도비스기의 기후 조건에서는 이산화탄소 농도가 최소한 현재 수준의 8배 이하로 떨어져야만 빙하기가 시작될 수 있다는 것이다(이산화탄소의 감소가 빙하기 시작의 필요조건인 이유는 이산화탄소가 지구의 온도를 높이는 온실 기체로 기능하였기 때문일 것이다). 따라서 "오르도비스기에는 이산화탄소가 온실 기체로 기능하지 않았다고 ㉠이 전제하고 있다."는 진술은 옳지 않은 분석이다. 만약 오르도비스기에 이산화탄소가 온실 기체로 기능하지 않았다고 가정하면, 이산화탄소의 감소가 빙하기가 시작되기 위한 요소라는 제시문의 내용이 설명될 수 없기 때문이다.

② ㉠을 비롯한 제시문의 전체 내용은 온실 기체 역할을 하는 이산화탄소가 급격하게 감소되었기 때문에 오르도비스기 말기에 빙하기가 올 수 있었다는 가정하에서 이산화탄소 감소에 책임이 있는 인과 작용을 찾으려는 데 초점이 맞추어져 있다. 그러므로 ②는 제시문과 ㉠이 결과로 간주하는 것을 원인으로 간주하여 인과 관계를 뒤집어 서술하고 있다. 그러므로 오답이다.

③ 제시문에 따르면 오르도비스기의 이끼는 풍화 과정을 통해 해조류의 번성을 도왔고 그렇게 만들어진 해조류는 "많은 양의 이산화탄소를 대기로부터 흡수"했다. 이처럼 제시문은 이끼가 해조류의 번성에 도움을 주어 오르도비스기의 이산화탄소 농도를 낮추었다고 보고 있다. 그런데 만약 해조류가 성장하면서 "이끼의 번성을 억제하는 성분"을 방출했다면, 이러한 이끼의 해조류 도움은 약화되고, 결과적으로 ㉠이 가정하고 있는 이끼와 해조류의 이산화탄소를 줄이는 기능은 감소하여, ㉠의 설득력이 약화될 것이다. 그러므로 오답이다.

⑤ 제시문에서 제시된 과제는 오르도비스기 초기의 이산화탄소 농도가 "현재 수준의 14~22배"에서 말기의 "8배 이하로" 감소해야만 빙하기를 설명할 수 있다는 것이었고 이에 대해 ㉠은 이끼와 조류의 이산화탄소 농도의 감소 역할을 암석의 풍화 작용에 더해 제시하고 있다. 그러므로 설사 ㉠이 맞더라도 오르도비스기 말기의 이산화탄소 농도는 현재 수준보다 훨씬 높은데도 빙하기가 도래한 셈이 된다. 결국 ㉠이 제시한 인과 작용만으로는 오르도비스기 말기보다 이산화탄소 농도가 현저하게 낮은 "현재가 빙하기가 아닌 이유"를 설명할 수 없다. 그러므로 오답이다.

24.

〈이론〉을 반박하는 관찰 결과만을 〈보기〉에서 있는 대로 고른 것은?

> 증후군 A는 손가락이 굳는 증상에서 시작하여 피부가 딱딱해져서 끝내는 몸 전체가 굳는 증상을 보이는 희귀 질환이다. 이 질환은 대개 45세에서 55세 사이에 발병하는데, 심한 경우 혈관과 폐까지 경화가 진행되어 사망한다. 이 질환의 정확한 발병 원인이 알려져 있지 않다. 최근 한 연구팀은 증후군 A에 걸린 여성의 혈액을 조사하였다. 이 여성은 27년 전 출산한 적이 있는데, 임신 당시 태아에서 유래한 세포('태아 유래 세포')가 27년이 지난 시점에도 이 여성의 혈액에 잔존하고 있었다. 이를 발견한 연구 팀은 다음 〈이론〉을 제시하였다.
>
> 〈이론〉
>
> 여성이 임신을 하게 되면 면역 체계가 태아 유래 세포를 외부 침입자로 인식하여 제거하지만, 산모의 세포와 태아 유래 세포가 유사할 경우 태아 유래 세포 중 일부가 면역 체계에 의하여 제거되지 않고 남아 있을 수 있다. 이 경우 이 세포들은 산모의 혈액 속을 떠돌다가 다양한 세포로 분화하는데 이 과정에서 면역 체계는 더 이상 이 태아 유래 세포를 외부 침입자로 여기지 않는다. 시간이 흘러 원인 불명의 계기로 산모의 면역 체계에 특정한 변화가 생기는 경우가 있을 수 있는데, 이 경우 면역 체계가 이 세포들을 외부 침입자로 인식하여 공격하게 되면 증후군 A가 발병한다. 현재까지 알려진 증거로 볼 때 증후군 A는 이와 같은 경로 이외로는 발병할 수 없다.

보 기

ㄱ. 임신 경험이 있는 증후군 A 환자의 혈액에서 태아 유래 세포가 발견되지 않았다.

ㄴ. 임신 경험은 있지만 증후군 A의 증상은 없는 여성의 혈액에서 태아 유래 세포가 발견되었다.

ㄷ. 임신 경험이 있고 면역 체계에 문제가 있는 여성에게서 증후군 A의 증상이 나타나지 않았다.

① ㄱ   ② ㄴ   ③ ㄱ, ㄷ   ④ ㄴ, ㄷ   ⑤ ㄱ, ㄴ, ㄷ

문항 성격   과학기술 – 평가 및 문제 해결

평가 목표   특정 증후군이 보여 주는 증상을 토대로 제시된 〈이론〉이 반박되는 관찰 결과를 찾아 내도록 함으로써 인과 관계에 대한 귀납적 이론을 평가하는 능력을 측정함

문제 풀이   정답 : ①

〈이론〉은 증후군 A의 발병 기제에 대한 가설을 제시하고 있다. 이에 따르면 증후군 A가 발병하기 위해서는 다음과 같은 두 조건이 필요하며 또한 다른 방식으로는 증후군 A가 발병할 수 없다고 주장한다.

(1) 태아 유래 세포의 존재

(2) 이유를 알 수 없는 면역 체계의 변화

이를 달리 말하면, (1)과 (2)가 있으면 증후군 A가 발병하고, A가 발병했다면 (1)과 (2)가 성립한다는 것이다. 즉, [(1) & (2)] ↔ A 발병

〈보기〉 해설   ㄱ. 〈이론〉이 맞다면, A가 발병할 경우, (1)과 (2)가 성립해야 한다. 그런데 A가 발병했음에도 (1)이 성립하지 않았다. 이 경우 〈이론〉이 반박된다. 따라서 ㄱ은 〈이론〉을 반박하는 관찰 결과이다.

ㄴ. (1)이 성립하고 A가 발병하지 않은 경우이다. 이 경우 〈이론〉은 면역 체계의 변화가 없었다고 주장할 것이므로 〈이론〉은 반박되지 않는다. 따라서 ㄴ은 〈이론〉을 반박하는 관찰 결과가 아니다.

ㄷ. 면역 체계에 문제가 있다고 해서 증후군 A를 발병시키는 특정 문제인지 알 수 없다. 또한 면역 체계의 문제가 증후군 A를 발병시키는 특정 문제라고 하더라도, ㄷ은 〈이론〉을 반박하는 관찰 결과가 아니다. 왜냐하면 (1)이 성립하지 않아서 A가 발병하지 않았다고 말할 수 있기 때문이다.

〈보기〉 중 ㄱ만이 〈이론〉을 반박하는 관찰 결과이므로, ①이 정답이다.

25.

다음 글로부터 추론한 것으로 옳은 것만을 〈보기〉에서 있는 대로 고른 것은?

한 경제의 노동량을 계산하는 것은 그 자체로 중요한 문제일 뿐 아니라 노동량의 변화 추이를 파악하거나 국가 간 노동량 비교를 위해서도 필요하다. 경제 전체의 노동량을 계산하기 위해서는 숙련도가 다른 노동을 적절한 비율로 환산할 필요가 있다. 숙련노동 1시간과 미숙련노동 1시간을 동일하게 취급할 수는 없기 때문이다. 숙련도가 다른 두 노동이 동일한 상품을 협업 없이 독립적으로 생산한다고 하자. 이 두 노동 간 환산에 관해 다음과 같은 제안이 있다. 단, 하나의 상품은 하나의 가격을 갖는다.

A : 각 노동의 단위 시간당 보수를 계산하여 그 비율을 환산율로 삼는다.

B : 각 노동의 단위 시간당 생산물의 시장 가치를 계산하여 그 비율을 환산율로 삼는다. (시장 가치=생산량×가격)

보 기

ㄱ. A와 B에 따른 환산율이 동일할 수 있다.

ㄴ. 생산물 가격이 변동하면 B에 따른 환산율도 변한다.

ㄷ. 설비 증가에 따라 노동의 단위 시간당 생산량이 같은 비율로 증가할 때 그에 따른 잉여 증가분을 설비 소유자가 모두 가져간다면, A는 숙련도가 다른 두 노동 간의 숙련도 차이를 반영하지 못한다.

① ㄱ   ② ㄴ   ③ ㄷ   ④ ㄱ, ㄴ   ⑤ ㄱ, ㄴ, ㄷ

문항 성격 사회 – 일상 언어 추리

평가 목표 이질적인 노동 간 환산율을 결정하는 두 방법에 대한 설명을 이해하고 각 방법이 구체적인 상황에서 함축하는 것을 추리할 수 있는 능력을 측정함

문제 풀이 정답 : ①

제시문은 생산물은 동일하지만 숙련도가 다른 두 노동 간 환산율을 산정하는 두 방법을 제시하고 있다. A는 단순히 각 노동의 단위 시간당 보수에 따라 환산율을 계산하는 방법이다. B는 각 노동의 단위 시간당 생산물의 가치, 즉 생산량과 가격의 곱에 따라 환산율을 계산하는 방법인데, 제시문에서 두 노동이 동일한 상품을 생산하고 일물일가의 법칙이 성립한다고 했으므로 결국 B는 각 노동의 생산량에 비례하여 환산율을 정하는 것과 동일하다.

〈보기〉 해설 ㄱ. 노동의 단위 시간당 보수가 노동 생산물의 시장 가치와 비례한다면 A와 B에 따른 환산율은 동일할 것이므로, ㄱ은 옳은 추론이다. 예컨대 비숙련 노동 X는 1시간당 1만 원의 보수를 받고, 숙련 노동 Y는 1시간당 2만 원의 보수를 받을 경우 노동의 환산율은 1:2이다. 그리고 비숙련 노동 X의 1시간당 생산물의 시장 가치가 2만 원이고, 숙련 노동 Y의 1시간당 생산물의 시장 가치가 4만 원이라면, 이 경우에도 노동의 환산율은 1:2로 보수를 기준으로 한 환산율과 동일하다. 따라서 ㄱ은 옳은 추론이다.

ㄴ. 동일한 상품을 생산하는 노동 간 비교이므로 생산물 가격의 변동은 생산물의 시장 가치를 동일한 비율로 변화시킨다. 그러므로 B에 따른 환산율은 변하지 않는다. 따라서 ㄴ은 옳지 않은 추론이다.

ㄷ. A에 따라 시간당 보수에 비례하여 환산율이 정해진 후, 설비 증가로 노동의 생
산성이 늘어났음에도 불구하고 보수가 변하지 않는 경우이다. 이 경우 변화 전
의 환산율이 유지되는데, 이 환산율은 이미 숙련도의 차이를 반영한 것이다. 따
라서 ㄷ은 옳지 않은 추론이다.

〈보기〉의 ㄱ만이 옳은 추론이므로 정답은 ①이다.

26.

다음으로부터 추론한 것으로 옳은 것만을 〈보기〉에서 있는 대로 고른 것은?

아래 그림은 Z국의 1인당 실질 소득과 사망률 및 출생률을 나타낸다. Z국의 1인당 실질 소득은
꾸준히 증가했으며, 사망률은 꾸준히 감소했고 출생률은 처음에는 증가하다가 나중에는 감소하는
추세를 보였다. B는 출생률에서 사망률을 뺀 값이 가장 큰 점이다. 단, 인구의 유출입은 없었다.

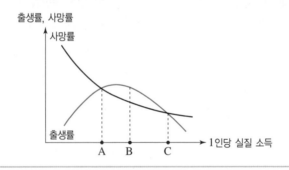

보 기
ㄱ. 인구는 B에서 최대가 되었다.
ㄴ. A~C 구간에서 인구는 꾸준히 증가했다.
ㄷ. Z국 전체의 실질 소득은 꾸준히 증가했다.

① ㄱ   ② ㄴ   ③ ㄷ   ④ ㄱ, ㄷ   ⑤ ㄴ, ㄷ

문항 성격   사회 – 수리추리
평가 목표   1인당 실질 소득 증가에 따른 출생률과 사망률 추세를 나타낸 그래프로부터 인구 변

문제 풀이 정답 : ②

출생률이 사망률보다 높으면 인구가 증가하고 반대로 사망률이 출생률보다 높으면 인구가 감소한다. 따라서 그림에서 A~C 구간에서는 인구가 증가하고 그 외의 구간에서는 인구가 감소한다. 인구 증가율은 B에서 최대가 되며 인구는 C에서 최대가 된다.

〈보기〉 해설 ㄱ. A는 출생률에서 사망률을 뺀 인구 증가율이 양의 값을 가지기 시작하는 점으로 인구가 증가하기 시작하는 점이다. B는 출생률과 사망률을 뺀 값이 가장 큰 점으로, 인구 증가율이 최대가 되는 점이다. 그리고 A와 C 구간 사이에는 항상 인구 증가율이 양의 값을 가지므로 인구가 증가하고 있다. C는 인구 증가율이 양의 값에서 음의 값을 가지기 시작하는 점으로 바로 이 점에서 전체 인구가 최대가 된다. 따라서 인구가 B에서 최대가 되었다는 ㄱ은 옳지 않은 추론이다.

ㄴ. A~C 구간에서는 출생률이 사망률보다 높으므로 인구는 계속 증가한다. 따라서 옳은 추론이다.

ㄷ. A~C 구간에서는 1인당 실질 소득과 인구가 모두 증가한다. 따라서 인구와 1인당 실질 소득의 곱인 전체 실질 소득도 반드시 증가한다. 그러나 그 외의 구간에서는 1인당 실질 소득은 증가하지만 인구는 감소하므로 전체 실질 소득의 변화 방향을 확실히 알 수 없다. 따라서 ㄷ은 옳지 않은 추론이다.

〈보기〉의 ㄴ만이 옳은 추론이므로 정답은 ②이다.

27.

(가)와 (나)를 모두 설명할 수 있는 가설로 가장 적절한 것은?

(가) 정가가 1,900만 원인 자동차가 인기가 높아져 물량이 달리자 자동차 회사에서 가격을 2,000만 원으로 인상했다. 이에 대해 소비자의 29%는 납득할 수 있다고 답한 반면 71%는 불공정하다고 답했다. 반면, 정가가 2,000만 원이지만 100만 원을 할인해 1,900만 원에 팔다가 인기가 높아져 물량이 달리자 자동차 회사에서 가격을 2,000만 원으로 환원한 경우에 대해서는 소비자의 58%가 납득한다고 답하고 42%가 불공정하다고 답했다.

(나) 어느 수업에서 학생들 중 반을 무작위로 골라 학교 로고를 새긴 머그잔을 나눠준 후 머그잔을 받은 학생과 받지 못한 학생을 한 명씩 무작위로 짝지어 머그잔을 거래하도록 했다. 그런

데 머그잔을 가진 학생이 최소한 받아야겠다고 생각하는 금액이 머그잔을 사려 하는 학생이 제시하는 금액보다 훨씬 높은 경우가 많아서 거래가 잘 이루어지지 않았다.

① 사람들은 이득이나 손실의 크기가 작을 때는 변화에 매우 민감하지만 이득이나 손실의 크기가 커지면 변화에 덜 민감해진다.
② 사람들이 물건에 부여하는 가치는 자신이 현재 그 물건을 소유하고 있는지 여부에 따라 달라진다.
③ 사람들은 이득에 관해서는 모험적인 선택을 하지만 손실에 관해서는 안정적인 선택을 한다.
④ 사람들은 명시적으로 지불하지 않는 암묵적 비용에 대해 훨씬 덜 민감하게 반응한다.
⑤ 사람들의 태도는 어떤 것을 초기 상황으로 인식하는지에 따라 달라진다.

문항 성격 사회 – 평가 및 문제 해결
평가 목표 소개된 두 사례에 공통적으로 적용할 수 있는 적절한 가설을 찾아내는 능력을 측정함
문제 풀이 정답 : ⑤

(가)는 상품 가격이 동일한데도 소비자들의 태도가 상황에 따라 달라질 수 있음을 보이고 있다. 정가가 인상된 경우 사람들은 원래 가격을 준거점으로 생각해 이를 손실로 인식하는 반면, 인하된 가격을 원상으로 돌리는 경우에는 원래의 정가를 초기 상황으로 생각하는 사람이 많아 이러한 가격 변화가 부당하다고 인식하는 사람의 비율이 더 낮음을 보여 준다.

(나)는 동질적인 사람들 사이에서도 어떤 물건에 대해 부여하는 가치가 자신이 그 물건을 소유하고 있는지 여부에 따라 달라짐을 보여 준다. 물건 소유자가 그렇지 않은 사람에 비해 큰 가치를 부여함을 알 수 있는데, 이는 물건 소유자가 물건을 가지고 있는 상황을 초기 상황으로 인식하며 물건을 내놓는 것을 손실로 인식하여 꺼리는 성향에 따른 것이다.

정답 해설 ⑤ (가)는 원래 가격이 1,900만 원이라고 생각하는 사람과 2,000만 원이라고 생각하는 사람 간 태도에 차이가 있음을 보여 준다. 즉 초기 상황에 대한 인식에 따라 태도가 달라짐을 보여 준다. (나)는 물건 소유 여부에 따라 초기 상황에 대한 인식이 달라지며 물건 소유자는 손실 기피 성향에 따라 자신이 가진 물건에 큰 가치를 부여함을 보여 준다. (가)와 (나) 모두 초기 상황에 대한 인식이 사람들의 태도에 영향을 미침을 보여 준다. 따라서 이 진술은 (가)와 (나)를 모두 설명할 수 있는 가설로 적절하므로 정답이다.

오답 해설 ① 이 진술은 민감도 체감성에 관한 것으로, (가)와 (나)에서는 이득이나 손실의 크

기가 점점 커지는 상황이 등장하지 않아 (가), (나) 어느 것에도 적용되지 않는다. 따라서 이 진술은 (가)와 (나)를 모두 설명할 수 있는 가설이 아니다.

② 이 진술은 (나)에만 적용되며 (가)와는 관계가 없다. (가)는 물건 소유 여부와 관계가 없기 때문이다. 따라서 이 진술은 (가)와 (나)를 모두 설명할 수 있는 가설이 아니다.

③ (가)에서 제시되고 있는 두 사례는 소비자의 입장에서 자동차의 가격이 모두 100만 원 인상되는 사례로 이득이 되는 사례와 손실이 되는 사례 둘 다 제시되어 있지 않으므로 이 진술은 (가)를 설명하는 가설로 적절하지 않다. (나)도 이득이 되는 사례와 손실이 되는 사례 둘 다 제시되어 있지 않으므로 이 진술은 (나)를 설명하는 가설로도 적절하지 않다.

④ (가)에서 가격이 인상되는 경우에는 사람들이 이를 명시적 비용으로 인식하나 원래의 가격으로 복귀하는 경우에는 암묵적 비용으로 받아들여 거부감이 적은 것으로 해석할 수도 있다. 그러나 (나)에서 머그잔을 소유하느냐 그렇지 않으냐라는 점에서 다른 두 사례가 제시되고 있을 뿐 암묵적 비용에 대한 것이 전혀 아니므로 이 진술은 (나)를 설명할 수는 없다. 따라서 이 진술은 (가)와 (나)를 모두 설명할 수 있는 가설로 적절하지 않다.

28.

A와 B에 대한 판단으로 적절하지 <u>않은</u> 것은?

A : 어떤 사람이 자기가 한 일에 따르는 기쁨 때문에 자선 행위를 한다면, 비록 그것이 나쁘다고 말할 수는 없어도 그 행위에 도덕적 가치는 없다. 왜냐하면 이 행위는 옳은 일을 해야 한다는 '의무감' 때문에 행해진 것은 아니기 때문이다. 의무란 보편타당한 도덕적 명령으로서 감정이 아니라 이성에 의해 파악된다.

B : 하지만 어떻게 의무에 따라 행위하는 인간으로 성장시킬 것인가의 문제는 별도로 고려해야 한다. 습관을 통해 선행을 기뻐하도록 미리 준비되어 있어야만 의무도 잘 받아들일 수 있다. 선행을 기뻐하지 않는 사람은 의무를 말해 주어도 잘 실천하지 못할 것이다. 마땅히 기뻐해야 할 것에 기뻐하고 마땅히 괴로워해야 할 것에 괴로워하도록 훈련시키는 것이 올바른 도덕 교육이다.

A : 도덕 교육에서 더 중요한 것은 기쁨이 동반되지 않더라도 자신이 옳다고 생각하는 원칙에 따

라 행위하는 것에 능숙해지도록 가르치는 것이다. 이는 모든 사람에게 보편적으로 적용될 수 있는 행위 원칙이 무엇인가에 대해 생각하기를 배우는 과정이다.

B : 하지만 도덕적으로 행위하는 것에서 고통만을 계속 느낀다면 그 누구도 감당할 수 없을 것이다. 어린이를 도덕적 인간으로 키우려면 '상이 주는 기쁨에 대한 기대'나 '벌이 주는 고통에 대한 두려움'에 의존해야 한다.

A : 벌을 통한 교육은 악행에 대한 벌이라는 행위의 결과를 염두에 두고 행위하는 인간을 양성할 뿐이다. 이러한 인간은 상황에 따라 얼마든지 악해질 수 있다. 악행을 했을 때 도덕 교육의 수단은 존중받고 싶은 아이의 바람을 거부함으로써 수치심을 유발하는 냉담한 태도이어야 한다.

① A는 '도덕 교육의 수단으로 감정을 활용할 수 있다'는 주장에 동의할 것이다.
② A는 '타인을 돕는 데서 그 어떤 기쁨을 느끼지 못하는 사람도 도덕적 인간일 수 있다'는 주장에 동의할 것이다.
③ A는 '어떤 일을 올바른 일이라 스스로 생각하고 판단할 수 없는 인간은 도덕적 인간일 수 없다'는 주장에 동의할 것이다.
④ B는 '어떤 행위에 따르는 결과의 좋고 나쁨에 의해서 그 행위의 올바름 여부가 결정된다'는 주장에 동의할 것이다.
⑤ B는 '도덕 교육에서 옳은 행위를 잘 실천하도록 만드는 것이 왜 그 행위가 옳은지의 이유를 가르치는 것보다 더 중요하다'는 주장에 동의할 것이다.

문항 성격	인문 – 논쟁 및 반론
평가 목표	도덕 교육과 관련된 윤리학의 제시문을 이용하여 두 사람의 논쟁점이 무엇인지 파악하는 능력을 측정함
문제 풀이	정답 : ④

도덕성의 원천이 도덕 법칙을 따르려는 의무감의 발현에 있다는 칸트의 윤리학적 입장을 중심으로, 의무에 따라 행위하는 인간을 양성함에 있어서 이성과 의지, 그리고 감정의 역할의 중요성을 달리 평가하는 두 사람 사이의 가상 논쟁이 제시되고 있다.

A는 도덕 교육의 목표는 어린이를 의무감에 따라 행위하는 인간으로 양성하는 것이며, 그 과정에서 도덕 법칙을 판단하는 이성의 능력이 중요하다고 생각한다. 행위의 결과에 의존하는 타율적 인간을 양성한다는 이유에서 상이나 벌을 통한 교육에는 반대하고 있다. 어린이가 악행을 저질렀을 경우에는 고통을 동반하는 체벌이 아니라 냉담한 태도를 통해서 어린이 스스로가 수치심을 느끼게 해야 한다고 주장한다.

반면에 B는 도덕적으로 행위하는 것에서 기쁨을 느끼도록 하여 올바른 일을 하는 습관을 형성시키는 것이 중요하다고 말하고 있다. 그러한 기쁨을 느끼지 못하면, 도덕적 의무가 무엇인지 알아도 잘 실천하기 힘들다고 주장한다. 그리고 그러한 습관을 키워주기 위하여 상이 주는 기쁨이나 벌이 주는 고통을 적극 활용하여야 한다고 주장한다.

정답 해설 ④ B가 A에게 반대하여 내 놓는 주장은 도덕 교육에서 감정적 동기를 적극 활용해야 한다는 것이다. 행동에 동반하는 기쁨이나 괴로움과 같은 결과를 도덕 교육의 중요한 수단으로 활용해야 한다는 것이지, 행위의 옳고 그름이 행위의 결과에 달려 있다는 주장을 하는 것은 아니다. 그러므로 ④는 적절하지 않은 판단이므로 정답이다.

오답 해설 ① A는 마지막 부분에서 악행을 했을 때 존중받고 싶은 아이의 바람이나 수치심과 같은 감정적 태도를 활용해야 한다고 주장하고 있으므로 적절한 진술이다.

② A는 도덕적 행위에서 기쁨을 느끼는 것은 도덕적 가치가 있는 일이 아니며, 도덕 법칙에 대한 의무감에 따라서 행위하는 것이 도덕적이라고 주장하고 있다. 기쁨이 동반되지 않더라도 옳다고 생각하는 원칙에 따라 행위하도록 만드는 것이 도덕적 인간을 양성하는 것이라고 주장한다. 따라서 A는 '타인을 돕는 데서 그 어떤 기쁨을 느끼지 못하는 사람도 도덕적 인간일 수 있다.'는 주장에 동의할 것이다.

③ A는 의무론적 도덕을 주장하는 사람으로 옳은 행위는 옳은 일을 해야 한다는 '의무감' 때문에 행해져야 한다고 주장한다. 그리고 의무란 보편타당한 도덕적 명령으로서 감정이 아니라 이성에 의해 파악된다고 말하고 있다. 따라서 A에 따르면 어떤 일을 올바른 일이라 스스로 생각하고 판단할 수 없는 사람은 옳은 일에 대해 옳은 것을 해야 한다는 '의무감'을 가질 수 없을 것이고 따라서 도덕적 인간일 수 없을 것이다. ③은 A에 대한 판단으로 적절하다.

⑤ B는 습관을 통해 선행을 기뻐하도록 미리 준비되어 있어야만 의무도 잘 받아들일 수 있고, 선행을 기뻐하지 않는 사람은 의무를 말해 주어도 잘 실천하지 못할 것이기 때문에 마땅히 기뻐해야 할 것에 기뻐하고 마땅히 괴로워해야 할 것에 괴로워하도록 훈련시키는 것이 올바른 도덕 교육이라고 주장하고 있다. 즉 B는 도덕 교육에서 어떤 행위가 옳은 이유를 가르치는 것보다 옳은 일을 기쁨이나 괴로움을 통해 잘 실천하도록 만드는 것이 중요하다고 보고 있다. 따라서 ⑤는 B에 대한 판단으로 적절하다.

29.

다음 논증에 대한 반론이 될 수 있는 것만을 〈보기〉에서 있는 대로 고른 것은?

신경학적 불균형이나 외상 때문에 뇌 기능이 잘못될 수 있고, 이것이 폭력 행위나 범죄 행위의 원인이라고 설명할 수도 있다. 이 경우 사람들은 그러한 원인 때문에 특정 행동을 한 사람에게 책임을 지울 수 없게 될지 우려한다. 그런데 이러한 우려는 보통 사람들의 경우에도 마찬가지로 적용된다. 신경 과학은 우리가 어떤 결정을 내리는 것을 의식적으로 자각할 때, 그때는 이미 뇌가 그것이 발생하도록 만든 후라는 사실을 알려준다. 이는 다음의 질문을 제기하도록 만든다. 내 스스로의 의도적인 선택에 의해 자유롭게 행동한다는 것은 환상이며, 우리는 개인적 책임이라는 개념을 포기해야 하는가? 나는 그렇지 않다고 생각한다. 사람과 뇌는 구분될 수 있다. 뇌는 결정되어 있지만, 책임 개념은 뇌에 적용될 수 있는 것이 아니다. 뇌와 달리 사람들은 자유롭고, 따라서 그들의 행위에 책임이 있다.

신경 과학을 통해서 어떤 행동의 원인을 궁극적으로 뇌 기능의 차원에서 설명할 수 있게 될 것이다. 그렇다고 하더라도, 어떤 행동을 한 사람의 책임이 면제되는 것은 아니다. 나는 최신의 신경 과학적 지식과 법적 개념이 갖고 있는 가정들에 기반을 두고서 다음의 원칙을 믿는다. 뇌는 자동적이고 법칙 종속적이며 결정론적 도구인 반면, 사람들은 자유롭게 행동하는 행위자들이다. 교통 상황이 물리적으로 결정된 자동차들이 상호작용을 할 때에 발생하는 것처럼, 책임은 사람들이 상호작용을 할 때에 비로소 발생한다. 책임이란 사회적 차원에서 존재하는 것이지 개인 안에 존재하는 것이 아니다. 만약 당신이 지구에 존재하는 유일한 사람이라면 책임이라는 개념은 존재하지 않을 것이다. 책임이란 당신이 타인의 행동에 대해 그리고 타인이 당신의 행동에 대해 부과하는 개념이다. 사람들이 함께 생활할 때 규칙을 따르도록 만드는 상호작용으로부터 행동의 자유라는 개념이 발생한다.

보 기

ㄱ. 우리의 선택이나 그에 따른 행위는 미시적인 차원에 속하는 뇌의 작용에서 비롯된다. 미시적 요소들을 완전히 이해하더라도, 그것으로부터 거시적인 차원에서 어떤 행동이 발생할지 아는 것은 원리적으로 불가능하다.

ㄴ. 나는 나의 육체와 구별되지 않는다. 뇌가 결정론적으로 작동한다면 나의 행동 역시 결정되어 있다고 보아야 한다. 만약 모든 이의 행동이 각기 결정되어 있다면, 물리적 세계 속에서 일어나는 그것들의 상호작용 또한 결정되어 있을 것이므로, 우리 모두는 달리 행동할 여지를 갖지 않는다.

ㄷ. 사람들의 행동에 책임을 부과하는 것은 관행에 불과하며, 그런 사회적 관행은 인간이 자유롭다는 것을 전제하고 있을 뿐, 인간이 실제로 자유롭다는 것을 보여주지는 않는다.

① ㄱ   ② ㄷ   ③ ㄱ, ㄴ   ④ ㄴ, ㄷ   ⑤ ㄱ, ㄴ, ㄷ

문항 성격   인문 – 논쟁 및 반론

평가 목표   뇌는 결정되어 있지만 사회를 구성하는 사람은 개인적 책임을 지니며 따라서 사람은 자유롭다는 논증에 대해 반론이 될 수 있는 것을 찾을 수 있는 능력을 측정함

문제 풀이   정답 : ④

최신의 뇌과학 발전에 따라 인간 행위의 원인이 완전하게 해명되었을 경우에도 여전히 인간의 자유와 그에 따른 책임을 말할 수 있는지의 문제에 대한 필자의 주장을 소개한 후에, 필자의 입장에 대한 적절한 반론이 무엇인지 판단하는 능력을 측정하는 문항이다.

　필자는 미시적 차원에서 뇌 혹은 뇌의 작용이 결정되어 있다고 하더라도, 여전히 인간의 자유와 책임에 대해서 말할 수 있다는 일종의 양립론적 견해를 주장하고 있다. 그는 이러한 주장을 뒷받침하기 위하여, 먼저 뇌와 인간을 구분하고 자유나 책임이 귀속되는 것은 뇌가 아니라 인간이라고 주장한다. 또한 그는 책임이라는 것이 사회적인 차원의 상호작용에서 발생하는 것이며, 그러한 상호작용에서 행동의 자유라는 개념이 발생함을 지적하고 있다.

〈보기〉 해설   ㄱ. 이는 미시적인 요소들이 전적으로 결정되어 있어도 거시적인 차원에서 어떤 일이 일어날지를 아는 것은 불가능하다는 주장이다. 이는 미시적 차원에서 거시적 차원이 창발한다는 견해로서, 뇌의 미시 과정이 결정되어 있어도, 인간의 행위와 같은 거시적 과정은 뇌에 의해 전적으로 결정되어 있지 않을 수 있는 가능성을 보여준다는 점에서, 필자의 입장과 양립 가능하거나 혹은 필자에게 유리하게 작용할 수 있는 주장이다. 따라서 적절한 반론이 될 수 없다.

ㄴ. 우리에게 책임을 지울 수 있는 자유가 존재한다고 말하기 위해서는, 우리가 실제와는 달리 행동할 수 있었다는 가능성이 확보되어 있어야 한다. 그런데 ㄴ은 나는 나의 육체(뇌를 포함)와 구분될 수 없음을 주장하고, 그 결과 뇌가 결정되어 있다면 나의 행위는 결정되어 있음을 주장하고 있다. 또한 다른 사람들도 나와 마찬가지로 모두 결정되어 있다면, 물리적 세계 속에서 일어나는 인간들의 상호작용 또한 결정되어 있음을 주장하고 있다. 이 경우 우리는 달리 행동할 수 있는 자유를 가지고 있지 않다. 따라서 ㄴ은 뇌의 결정론이 자유의 부정을 함축함을 지적함으로써, 필자의 양립론적 견해가 성립할 수 없음을 지적하는 적절

한 반론이 된다.

ㄷ. 필자는 책임이란 것이 거시적인 차원에서 일어나는 인간들의 상호작용, 즉 사회적 관계 속에서 가능하다고 주장하고 있다. 그리고 책임을 부과하는 상호작용에서 행동의 자유 개념이 발생함을 주장하고 있다. 그런데 이는 책임을 부과하는 현실적 관행을 그대로 인정하고, 그러한 관행이 함축하는 책임이나 자유를 말하고 있어서, 일종의 선결문제 가정의 오류를 저지르고 있다. ㄷ은 책임을 부과하는 관행이 자유의 존재를 가정하고 있을 뿐이며, 그러한 자유의 존재를 증명하지 못함을 들어서, 그러한 선결문제 가정의 오류를 지적하고 있으므로 적절한 반론이 된다.

〈보기〉의 ㄴ, ㄷ만이 글쓴이의 논증에 대한 반론이 될 수 있으므로 정답은 ④이다.

30.

A와 B의 논쟁에 대한 판단으로 옳지 <u>않은</u> 것은?

A$_1$: 유기체란 특정 유전자가 더 많은 복제본을 만들어 내는 영속적인 과업을 위해 이용하고 버리는 꼭두각시이다. 유기체는 유전자로 알려진 '이기적' 분자들을 보존하기 위해 프로그램된 생존 기계에 불과하기 때문이다.

B$_1$: 우리는 누구나 '이기적'이라는 말이 부정적인 의미의 용어임을 잘 알고 있다. 바이러스도 유전자와 마찬가지로 자기 복제의 경향을 강하게 지니고 있다. 그러면 바이러스도 이기적인가? 유전자가 이기적이라는 것은 바이러스가 부끄러움을 많이 탄다고 말하는 것과 같은 말장난에 지나지 않는다.

A$_2$: 유전자가 심성을 지닌 목적 지향적 존재라는 것은 아니다. 내가 의도한 바는, 유기체란 유전자가 자기 복제본의 수를 늘리는 과정의 한 부분으로서 기획, 구축, 조작하는 수단이자 도구라는 것이다. 만약 개코원숭이의 어떤 행동이 자신의 생존 및 번식 가능성을 낮추고 다른 존재의 생존 기회를 증진하는 결과를 낳았다면, 그 행동을 이타적이라 말할 수 있을 것이다. '이기적인'이라는 말도 마찬가지 방식으로 이해될 수 있다.

B$_2$: 이기적이라는 말을 그렇게 이해한다고 하자. 그런데 과학자인 내가 나 자신의 복제본을 만들어 냈다고 가정해 보자. 이때 내 복제본은 '내 이기심'이 귀속되는 대상이 아니다. 그것은 나에게 만족감은 줄지 모르지만, 자기 복제를 하는 주체인 나의 수명은 단 1초도 늘려주지 못

한다.

A₃ : 여기서 내가 말하는 이기적 유전자란 DNA의 한 특수한 물리적 조각이 아니라 그것의 '모든 복제'를 통칭한다. 특정의 물리적 DNA 분자는 생명이 매우 짧지만, 자신의 복사본 형태로는 1억 년을 생존하는 것도 가능하다.

B₃ : 그렇다면 같은 논리로, 예컨대 마이클 잭슨과 똑같은 복제 마이클 잭슨을 만들 수 있다면, 마이클 잭슨이 지금도 생존하고 있다고 말할 수 있는가? 만약 그렇다면, 우리는 자신을 복제한 존재를 계속 만들어 냄으로써 영생을 누릴 수 있을 것인가? 이는 '생존'이라는 말의 의미 또한 바꾸자는 소리이다.

① B_1은 유전자와 바이러스의 유비를 통하여 유기체가 유전자의 꼭두각시라는 주장을 비판하고 있다.

② A_2는 '이기적'의 개념을 재정의함으로써 B_1에 대응하고 있다.

③ B_2는 A_1이 특정 유전자와 그것의 복제 유전자는 서로 구분되는 독립적인 존재라는 사실을 무시하고 있음을 비판하고 있다.

④ A_3은 '이기적임'의 성질이 적용되는 대상의 수준이 유기체의 경우와 유전자의 경우에 서로 다름을 들어서 B_2에 대응하고 있다.

⑤ B_3은 A_1의 주장과 반대로 유전자가 유기체의 꼭두각시일 수 있음을 주장하고 있다.

문항 성격 과학기술 – 논쟁 및 반론

평가 목표 도킨스의 이기적 유전자 이론에 대한 반론을 대화 형식으로 제시하고 논쟁의 각 단계의 쟁점이나 그에 대한 대응이 무엇인지 파악하는 능력을 측정함

문제 풀이 정답 : ⑤

"유기체는 이기적 유전자의 꼭두각시에 불과하다."는 리처드 도킨스의 유명한 주장에 대한 데이비드 스토브의 반론을 대화의 형식으로 재구성한 것이다. 대화는 이렇게 진행된다.

A₁ : 유기체는 '이기적' 유전자의 꼭두각시일 뿐이라고 주장함

B₁ : 유전자에 대해 '이기적'이라는 용어를 쓰는 것은 부적절하다고 지적하며, 결과적으로 그러한 용어 사용에 의존하고 있는 '유기체는 이기적 유전자의 꼭두각시일 뿐'이라는 A_1의 주장을 비판함

A₂ : '이기적'이라는 용어를 곧이곧대로 읽지 말고, 행동주의적인 의미로 읽도록 제안

B₂ : 행동주의적으로 읽는다고 하더라도, 원본과 복제본의 구분을 들어서, 복제본을 만드는 것은 원본에게 '이기적'인 결과를 가져올 수 없음을 지적. 이를 위하여 유기체와 그 유기체의 복

제본을 비교함

A_3 : 자신이 말하는 유전자는 특정한 개별적 유전자가 아니라 그 유전자의 모든 복사본을 포함하는 전체 집합 혹은 유전자의 유형에 해당한다고 답함

B_3 : 유기체의 경우에 생존의 단위는 유형이나 복제본을 포함하는 전체 집합이 아니라 개체임을 지적하면서, 유전자의 생존 단위를 유형이나 그 전체 집합으로 보는 것은 '이기적' 이라는 표현뿐 아니라, '생존' 이라는 표현의 의미 또한 바꾸는 것임을 지적

정답 해설 ⑤ B는 여기서 유전자가 유기체의 꼭두각시임을 주장하는 것이 아니라, A_3가 '생존함' 이라는 용어가 적용되는 주체를 자의적으로 다르게 사용하고 있음을 비판하고 있다. ⑤는 옳지 않은 판단으로 정답이다.

오답 해설 ① A_1은 이기적 유전자라는 비유에 의존하여 유기체가 유전자의 꼭두각시임을 주장하고 있다. 따라서 B_1이 유전자에 '이기적' 이라는 표현이 적용될 수 없음을 지적하는 것은, 그러한 비유에 의존하는 A_1의 주장이 설득력이 없음을 비판하는 것이다. ①은 옳은 판단이다.

② B_1에서 유전자가 이기적이라는 것은 바이러스가 부끄러움을 많이 탄다고 말하는 것과 같은 말장난에 지나지 않는다고 A_1을 비판하고 있다. 이에 대해 A_2는 '이기적' 이라는 말을 행동(결과)주의적인 의미로 재정의하여 B_1에 대응하고 있다. ②는 옳은 판단이다.

③ B_2는 원본과 복제본을 구분하면서, 복제본을 만드는 것은 원본에게 '이기적' 인 결과를 가져올 수 없음을 지적하고 있다. ③은 옳은 판단이다.

④ A_3은 유기체의 경우에는 그 단위가 개체이지만, 유전자의 경우에는 그 단위가 개체가 아니라 유형 혹은 그 복제본을 모두 포함하는 집합이라고 대응하고 있다. ④는 옳은 판단이다.

31.

을이 갑을 비판하는 근거로 적절한 것만을 〈보기〉에서 있는 대로 고른 것은?

> X시는 A, B 두 인종으로 이루어져 있으며, A인종의 비율이 더 높다. 갑과 을은 X시 성인들을 대상으로 시민권에 대한 태도를 묻는 설문조사를 실시한 후 그 자료를 분석하여 다음과 같이 주장하였다. (분석에 사용된 X시 설문조사 자료는 대표성이 있으며, 자료의 인종 및 계급 분포는 X시 성인 전체의 인종 및 계급 분포와 동일하다.)

갑 : 설문조사 자료를 분석하면 〈표 1〉을 얻을 수 있는데, 〈표 1〉은 X시의 경우 하층계급이 중간계급보다 시민권에 대해 더 긍정적인 태도를 가진다는 것을 보여준다.

을 : 동일한 자료를 분석하면 〈표 2〉를 얻을 수 있으므로 〈표 1〉만 놓고 갑과 같은 결론을 내려서는 안 된다. 〈표 2〉는 중간계급이 하층계급보다 시민권에 대해 더 긍정적인 태도를 가진다는 것을 보여준다.

〈표 1〉 사회계급에 따른 시민권에 대한 태도

시민권에 대한 태도	긍정적	부정적	계
중간계급	37%	63%	100%
하층계급	45%	55%	100%

〈표 2〉 사회계급과 인종에 따른 시민권에 대한 태도

시민권에 대한 태도		긍정적	부정적	계
중간계급	A인종	70%	30%	100%
	B인종	30%	70%	100%
하층계급	A인종	50%	50%	100%
	B인종	20%	80%	100%

보 기

ㄱ. 중간계급 중 A인종이 더 많기 때문에 〈표 1〉은 X시 성인들의 시민권에 대한 태도를 제대로 드러내지 않는다.

ㄴ. 하층계급 중 A인종이 더 많기 때문에 〈표 1〉은 X시 성인들의 시민권에 대한 태도를 제대로 드러내지 않는다.

ㄷ. B인종 중 하층계급이 더 많기 때문에 〈표 1〉은 X시 성인들의 시민권에 대한 태도를 제대로 드러내지 않는다.

① ㄱ   ② ㄴ   ③ ㄷ   ④ ㄱ, ㄴ   ⑤ ㄱ, ㄷ

문항 성격   사회 – 수리추리
평가 목표   사회조사 자료의 분석을 통해 산출된 결과들을 정확히 이해하고 이들이 가지고 있는 함축을 추론할 수 있는지 측정함. 특히 동일한 자료의 분석을 통해 나타나는 다른 결

과들로 인해 잘못된 결론으로 빠지지 않고 올바로 추리할 수 있는 능력이 있는지 측정함

정답 : ②

갑과 을이 각각 주장하고 있는 계급과 시민권에 대한 태도 사이의 관계를 〈표 1〉과 〈표 2〉에서 제시된 수치적 결과가 지지하는지 아니면 반박하는지를 평가해야 한다. 〈표 1〉을 보면 시민권에 대해 긍정적인 사람의 비율이 중간계급은 37%이고 하층계급은 45%이므로, 하층계급이 시민권에 대해 더 긍정적인 것으로 나타나고 있다. 이는 갑의 주장을 지지하는 결과로 볼 수 있다. 하지만 〈표 2〉에서 이를 인종에 따라 나누어 보면, A인종의 경우 시민권에 대해 긍정적인 사람의 비율이 중간계급에서 70%이고 하층계급에서 50%이므로 오히려 중간계급이 더 긍정적임을 보여주고 있다. B인종의 경우 시민권에 대해 긍정적인 사람의 비율이 중간계급에서 30%이고 하층계급에서 20%이므로 역시 중간계급이 더 긍정적임을 보여주고 있다. 따라서 〈표 1〉의 결과를 인종별로 구분해 살펴보았을 경우, 중간계급이 하층계급보다 시민권에 대한 태도가 더 긍정적임을 알 수 있기 때문에, 〈표 2〉의 결과는 을의 주장을 지지하고 있다.

한편, 시민권에 대해 긍정적인 태도를 가진 37%의 중간계급 성인들을 인종별로 구분해 살펴보면, 70%의 중간계급 A인종과 30%의 중간계급 B인종으로 분해된다. 시민권에 대해 긍정적인 태도를 가진 37%의 중간계급 사람들이 긍정적인 태도를 가진 70%의 중간계급 A인종과 긍정적인 태도를 가진 30%의 중간계급 B인종으로 분해된다는 사실은 (37%는 70%보다는 30%에 더 가깝기 때문에) 중간계급 중에는 B인종이 A인종보다 더 많다는 것을 의미한다. 마찬가지의 논리로 하층계급 중에는 A인종이 더 많다는 사실이 추론된다. 〈표 1〉과 〈표 2〉의 결과를 통해 중간계급에는 B인종의 비율이 높고, 하층계급에는 A인종의 비율이 높음을 알 수 있다. 따라서 을이 갑을 비판할 수 있는 근거는 하층계급 중 A인종이 더 많기 때문에 계급 변수만 고려한 〈표 1〉은 X시 성인들의 시민권에 대한 태도를 제대로 드러내지 못한다는 것이다.

〈보기〉 해설　ㄱ. "중간계급 중 A인종이 더 많기 때문에 〈표 1〉은 X시 성인들의 시민권에 대한 태도를 제대로 드러내지 않는다."는 진술은 잘못된 통계적 추리로 을이 갑을 비판하는 근거로 적절하지 않다. 〈표 1〉과 〈표 2〉의 결과는 중간계급 중 B인종의 비율이 높음을 보여준다.

　　　　　　ㄴ. "하층계급 중 A인종이 더 많기 때문에 〈표 1〉은 X시 성인들의 시민권에 대한 태도를 제대로 드러내지 않는다."는 진술은 참인 통계적 추리로 을이 갑을 비판하는 근거로 적절하다. 〈표 1〉과 〈표 2〉의 결과는 하층계급 중 A인종의 비율이 높음을 보여준다.

　　　　　　ㄷ. "B인종 중 하층계급이 더 많기 때문에 〈표 1〉은 X시 성인들의 시민권에 대한 태도를 제대로 드러내지 않는다."는 진술은 잘못된 통계적 추리로 을이 갑을 비

32.

갑~병의 논쟁에 대한 분석으로 옳지 <u>않은</u> 것은?

갑 : 민주주의에서 자발적 결사체의 역할은 중요하다. 비정치적인 자발적 결사체도 궁극적으로 민주주의를 향상시킨다. 자발적 결사체 구성원들은 서로 다른 입장과 목적을 가지고 있지만 상호작용을 통해 서로를 이해하게 되고 시민적 덕목인 관용과 타협의 정신을 익힌다. 이 과정에서 사람들은 모두를 위해 이로운 것이 무엇인가를 깨닫고 공적인 사안에의 참여, 즉 정치 참여에 적극적이게 된다. 생각과 배경이 다른 사람들이 공적인 사안에 대해 다양한 목소리를 낸다면, 정부가 어느 한 쪽만을 옹호하거나 불투명하게 정책 결정을 하는 일도 줄어들 것이다.

을 : 자발적 결사체는 추구하는 바가 비슷한 사람들이 모인 집단이다. 같은 입장과 목적을 가진 사람들이 함께 활동한다고 시민적 덕목이 길러지지는 않는다. 오히려 동질적 가치관이 강화되고 다른 집단에 대한 배타적 태도가 심화된다. 자발적 결사체는 특정 집단만을 위해 존재하는 당파일 뿐이다. 사람들이 자발적 결사체를 통해 공적인 사안에 더 참여하게 되는 것도 알고 보면 자신들의 이익을 보다 조직적으로 취하기 위함이다. 그 행위가 다른 집단의 권리를 침해할 수 있다는 점은 그들에게 고려 대상이 아니다. 자발적 결사체가 활발했던 곳에서 비민주적 정치체제가 발흥했던 경우들을 역사에서 종종 접할 수 있는 것도 같은 맥락에서 이해 가능하다.

병 : 구성원들의 입장과 목적이 동질적이든 이질적이든 다양한 종류의 자발적 결사체가 자꾸 생겨나는 것이 가장 중요하다. 이는 민주주의의 토양이 단단해지기 위해서는 가능하면 다양한 집단들이 공적 결정 과정에 참여해야 하기 때문이다. 이들의 정치 참여는 정부로 하여금 보다 공명정대하게 결정하도록 강제한다. 사람들은 자발적 결사체에서 활동하면서 자신의 능력만으로는 얻을 수 없는 정보와 기회를 갖게 되는데, 그 과정에서 정치에 참여할 수 있는 통로가 확보된다. 민주주의에 원래부터 이롭거나 해로운 자발적 결사체는 없다. 특권층이 주도하는 결사체만 존재한다면 문제가 있지만, 사회적 약자들도 자발적 결사체를 조직해 자신의 목소리를 낼 수 있다.

① ‘자발적 결사체가 민주적 시민으로서의 자질을 함양한다’는 견해에 갑은 동의하나 을은 동의하지 않을 것이다.
② ‘자발적 결사체는 정부의 정책 결정 과정에 다양한 목소리들이 반영되도록 한다’는 견해에 갑과 병은 동의할 것이다.
③ ‘사람들은 자발적 결사체를 통해 정치 참여의 기회를 얻는다’는 견해에 을은 동의하지 않으나 병은 동의할 것이다.
④ ‘사람들이 자발적 결사체를 통해 활발하게 정치에 참여하면 정부의 정책 결정 과정에서 투명성이 높아진다’는 견해에 갑과 병은 동의할 것이다.
⑤ ‘동질적 배경을 가진 사람들의 자발적 결사체는 민주주의에 부정적 영향을 준다’는 견해에 을은 동의하나 병은 동의하지 않을 것이다.

문항 성격	사회 – 논쟁 및 반론
평가 목표	자발적 결사체의 민주주의에 대한 기여를 두고 벌어지는 논쟁을 제대로 이해하고 그 차이를 적절하게 분석할 수 있는 능력을 측정함
문제 풀이	정답 : ③

시민사회 근간인 자발적 결사체가 민주주의의 향상에 기여하는 과정과 그 결과에 대한 세 가지 시각을 소개하고 이를 평가하는 문제이다.

갑은 자발적 결사체가 서로 다른 입장과 목적을 가진 구성원들의 시민적 덕목을 촉진함으로써 교양시민을 길러내는 “민주주의의 학교”로서의 역할을 가지고 있으며, 이렇게 길러진 시민적 덕목은 다양한 이해관계와 배경을 가진 시민들의 정치 참여를 촉진하여, 이들의 다양한 목소리는 궁극적으로는 정부의 정책 결정 투명성과 공평한 결정을 이끌어낸다는 입장이다.

을은 자발적 결사체의 특성과 정치적 결과에 대해 갑과 정반대의 입장을 가지고 있다. 갑이 가정한 것과는 다르게 자발적 결사체는 동질적인 구성원들로 이루어져 있으며 같은 입장과 목적을 가진 사람들의 당파에 가깝다는 입장이다. 동질적인 배경을 가진 사람들로 구성된 자발적 결사체에서 시민적 덕목이 함양되기보다는 배타적 태도와 편견이 강화된다. 따라서 자발적 결사체를 통해 높아진 구성원들의 정치 참여 수준은 민주주의의 질적 향상에 기여하기보다는 특정 집단의 이익에만 봉사할 가능성이 더 높다. 결론적으로 을은 자발적 결사체는 민주주의를 향상시키기보다는 후퇴시키는 결과를 초래할 가능성이 높다고 주장한다.

병은 자발적 결사체가 동질적인 또는 이질적인 구성원들로 구성되었느냐는 중요하지 않으며, 자발적 결사체를 통해 더 많은 정치 참여가 촉진되고 다양한 정치적 목소리가 정부의 정책 결정 과정에 투영될 수 있다는 사실이 중요하다는 입장이다. 즉 자발적 결사체가 정치 참여의 채널로 기여하고 있으며, 사회불평등으로 인한 정치 참여 불평등의 해소에 일정 부분 기여하고 있다고 주장한다.

정답 해설 ③ 을은 자발적 결사체들의 구성원들은 단체를 통해 더 많은 정치 참여를 하게 되지만 이는 민주주의에 별 도움이 되지 않는다는 입장이고, 병은 자발적 결사체를 통한 정치 참여 수준의 고양은 궁극적으로 민주주의를 향상시킨다는 입장이다. 을도 자발적 결사체가 구성원들에게 정치 참여 기회를 제공한다는 점에 대해서는 동의할 것이므로, 잘못된 분석이다. 따라서 옳지 않은 분석에 해당되기 때문에 정답이다.

오답 해설 ① 갑은 "자발적 결사체 구성원들은 서로 다른 입장과 목적을 가지고 있지만 상호작용을 통해 서로를 이해하게 되고 시민적 덕목인 관용과 타협의 정신을 익힌다."라고 말하고 있으므로, '자발적 결사체가 민주적 시민으로서의 자질을 함양한다.'는 견해에 동의할 것이다. 그러나 을은 "같은 입장과 목적을 가진 사람들이 함께 활동한다고 시민적 덕목이 길러지지는 않는다."라고 말하고 있으므로, '자발적 결사체가 민주적 시민으로서의 자질을 함양한다.'는 견해에 동의하지 않을 것이다. 옳은 분석이다.

② 갑은 "생각과 배경이 다른 사람들이 공적인 사안에 대해 다양한 목소리를 낸다면, 정부가 어느 한 쪽만을 옹호하거나 불투명하게 정책 결정을 하는 일도 줄어들 것이다."라고 말하고 있으므로, '자발적 결사체는 정부의 정책 결정 과정에 다양한 목소리들이 반영되도록 한다.'는 견해에 동의할 것이다. 병은 "구성원들의 입장과 목적이 동질적이든 이질적이든 다양한 종류의 자발적 결사체가 자꾸 생겨나는 것이 가장 중요하다.… 이들의 정치 참여는 정부로 하여금 보다 공명정대하게 결정하도록 강제한다."라고 말하고 있으므로 '자발적 결사체는 정부의 정책 결정 과정에 다양한 목소리들이 반영되도록 한다.'는 견해에 동의할 것이다. 옳은 분석이다.

④ 갑은 "민주주의에서 자발적 결사체의 역할은 중요하다. … 생각과 배경이 다른 사람들이 공적인 사안에 대해 다양한 목소리를 낸다면, 정부가 어느 한 쪽만을 옹호하거나 불투명하게 정책 결정을 하는 일도 줄어들 것이다."라고 말하고 있으므로, '사람들이 자발적 결사체를 통해 활발하게 정치에 참여하면 정부의 정책 결정 과정에서 투명성이 높아진다.'는 견해에 동의할 것이다. 병은 "구성원들의 입장과 목적이 동질적이든 이질적이든 다양한 종류의 자발적 결사체가 자꾸 생겨나는 것이 가장 중요하다.… 이들의 정치 참여는 정부로 하여금 보다 공명정대하게 결정하도록 강제한다."라고 말하고 있으므로 '사람들이 자발적 결사체를 통해 활발하게 정치에 참여하면 정부의 정책 결정 과정에서 투명성이

높아진다.'는 견해에 동의할 것이다. 옳은 분석이다.

⑤ 을은 자발적 결사체는 동질적 입장과 목적을 가진 사람들의 이익 추구 도구로 활용되는 당파이기 때문에 이들의 정치 참여는 민주주의에 부정적인 결과를 초래한다고 주장하고 있는 반면, 병은 어떤 자발적 결사체이냐에 관계없이 증가된 정치 참여는 궁극적으로 민주주의의 향상에 기여한다고 주장한다. 옳은 분석이다.

33.

㉠에 대한 대답으로 적절한 것만을 〈보기〉에서 있는 대로 고른 것은?

타인에 대한 신뢰의 형태는 크게 두 가지로 구분된다. 좁은 범위의 친숙하고 가까운 타인들에 대한 특수한 신뢰와 넓은 범위의 잘 알지 못하는 타인들에 대한 일반적 신뢰가 그것이다. 통상적으로 신뢰는 후자인 일반적 신뢰를 지칭한다. 사회학자들은 일반적 신뢰를 조사를 통해 측정해 왔다. 일반적 신뢰를 묻는 질문의 의도는 가깝고 익숙한 사람들이 아닌 멀고 낯선 사람들에 대한 신뢰를 측정하는 것이다. 기존 설문조사는 일반적 신뢰를 측정하기 위해 "귀하는 일반적으로 대부분의 사람들을 신뢰할 수 있다고 생각하십니까, 아니면 조심해야 한다고 생각하십니까?"라는 질문을 사용한다.

한편, 사회학자 A는 한 사회의 지배적 문화에서 나타나는 신뢰의 범위가 저신뢰 사회와 고신뢰 사회를 구분하는 기준이라고 주장한다. 그에 따르면, 신뢰의 범위가 가족이나 잘 아는 친구에 머무는지 아니면 잘 모르는 사람에게까지 확장되는지가 중요하다. 그는 아시아에 위치한 Z국처럼 연줄을 중시하고 특수한 관계에 기초한 좁은 범위의 신뢰만을 허용하는 문화는 저신뢰 사회로 흐를 가능성이 높고, 서구 선진국들처럼 보편주의의 원칙에 입각한 넓은 범위의 신뢰가 지배적인 문화는 고신뢰 사회가 될 가능성이 높다고 주장한다. 그럼에도 불구하고, 다수의 국제 비교 조사는 Z국의 일반적 신뢰 수준이 최상위권에 위치하고 있음을 보여준다. ㉠ Z국의 일반적 신뢰 수준이 최상위권이라는 조사 결과와 Z국이 저신뢰 사회라는 주장을 어떻게 동시에 받아들일 수 있을까?

보 기

ㄱ. Z국 사람들은 이동이 어려웠던 국토의 특성상 지역 단위 경제권을 발달시켜 살았던 역사가 있기 때문에 같은 지역 출신 지인들만을 신뢰하는 경향이 강하기 때문이다.

ㄴ. Z국 사람들은 타인에 대한 불신을 다른 사람에게 밝히는 것을 꺼려 하는 경향이 강하기 때문이다.

ㄷ. Z국 사람들은 '대부분의 사람들'에 해당하는 사람을 떠올릴 때 자신의 신뢰 범위 내에 있는 사람들 중에서 찾는 경향이 강하기 때문이다.

① ㄱ   ② ㄷ   ③ ㄱ, ㄴ   ④ ㄱ, ㄷ   ⑤ ㄴ, ㄷ

문항 성격 사회 – 평가 및 문제 해결

평가 목표 저신뢰 사회로 알려진 국가가 국제 비교 설문조사에서 어떻게 일반적 신뢰 수준이 매우 높게 나타날 수 있는지에 대한 설명을 만들어 낼 수 있는 능력, 즉 역설적 상황을 해소할 수 있는 능력이 있는지를 측정함

문제 풀이 정답 : ⑤

제시문에서 좁은 범위의 친숙하고 가까운 타인들에 대한 특수한 신뢰와 넓은 범위의 잘 알지 못하는 타인들에 대한 일반적 신뢰가 소개되고 있는데, 사회학자들은 "귀하는 일반적으로 대부분의 사람들을 신뢰할 수 있다고 생각하십니까, 아니면 조심해야 한다고 생각하십니까?"라는 질문을 사용하여 일반적 신뢰를 측정한다. 사회학자 A에 따르면 신뢰의 범위가 가족이나 잘 아는 친구에 머무는지 아니면 잘 모르는 사람에게까지 확장되는지에 따라 저신뢰 사회와 고신뢰 사회가 구분된다. 그리고 아시아에 위치한 Z국처럼 연줄을 중시하고 특수한 관계에 기초한 좁은 범위의 신뢰만을 허용하는 문화는 저신뢰 사회로 흐를 가능성이 높음에도 불구하고 다수의 국제 비교 조사는 Z국의 일반적 신뢰 수준이 최상위권에 위치하고 있음을 보여주고 있다는 역설적 상황이 제시된다. 이 역설적 상황, 즉 어떻게 Z국의 일반적 신뢰 수준이 최상위권이라는 조사 결과와 Z국이 저신뢰 사회라는 것이 동시에 성립할 수 있는지, 이에 대한 적절한 대답을 〈보기〉의 선택지에서 선택할 수 있어야 이 문제를 해결할 수 있다.

〈보기〉 해설 ㄱ. 국토의 특성상 지역 단위의 경제권을 형성해 온 역사가 있어 같은 지역 출신 아는 사람들만 신뢰하는 경향이 강하다면, 이는 Z국이 저신뢰 사회라는 점만을 설명할 수 있을 뿐, Z국의 일반적 신뢰 수준이 최상위권이라는 조사 결과는 설명할 수 없다. 그러므로 ㉠에 대한 대답으로 적절하지 않다.

ㄴ. Z국 사람들이 타인에 대한 불신을 드러내기를 꺼려하는 경향이 강하다면 실제로는 저신뢰 사회이나 조사 결과에서는 일반적 신뢰 수준이 최상위권으로 나타날 수 있기 때문에 ㉠의 역설적 상황을 설명할 수 있다. ㉠에 대한 대답으로 적절하다.

ㄷ. Z국 사람들이 '대부분의 사람들'에 해당하는 사람을 떠올릴 때 자신의 신뢰 범위 내에 있는 사람들 중에서 찾는 경향이 강하다면, Z국이 저신뢰 사회이면서

동시에 Z국의 일반적 신뢰 수준이 최상위권이라는 조사 결과가 나올 수 있으므로, ㉠의 역설적 상황을 설명할 수 있다. ㉠에 대한 대답으로 적절하다.

〈보기〉의 ㄴ과 ㄷ만이 ㉠에 대한 대답으로 적절하므로 정답은 ⑤이다.

34.

다음으로부터 추론한 것으로 옳은 것만을 〈보기〉에서 있는 대로 고른 것은?

심사단 100명이 가수 A, B, C, D의 경연을 보고 이중 제일 잘했다고 생각하는 한 명에게 투표한다. 각 심사자는 1표를 행사하며 기권은 없다. 이런 경연을 2번 실시한 뒤 2번의 투표 결과를 합산하여 최종 순위가 결정되고, 최하위자는 탈락한다. 1차와 2차 경연에 대해 다음 사실이 알려져 있다.

- 1차 경연 결과 순위는 A, B, C, D 순이고, A는 30표, C는 25표를 얻었다.
- 2차 경연 결과 1등은 C이고 2등은 B이며, B는 30표, 4등은 15표를 얻었다.
- 각 경연에서 동점자는 없었다.

보 기

ㄱ. 탈락자는 D이다.
ㄴ. A의 최종 순위는 3등이다.
ㄷ. 2차 경연에서 C가 얻은 표는 35표를 넘을 수 없다.

① ㄱ   ② ㄷ   ③ ㄱ, ㄴ   ④ ㄴ, ㄷ   ⑤ ㄱ, ㄴ, ㄷ

문항 성격 논리학 · 수학 – 수리추리

평가 목표 주어진 조건으로부터 수리적 분석을 하여 문제를 해결하는 능력을 측정함

문제 풀이 정답 : ③

A_1, B_1, C_1, D_1은 각각 A, B, C, D가 각각 1차에서 받은 표의 수라 하자. 이 때, A_1은 30이며, C_1은 25이고, $A_1+B_1+C_1+D_1=100$이며, 1차 경연 결과 순위는 A, B, C, D 순이므로, 다음이 성립한다.

$26 \leq B_1 \leq 29$, $16 \leq D_1 \leq 19$

즉 (A_1, B_1, C_1, D_1)은 다음 중 하나이다.

(30, 26, 25, 19), (30, 27, 25, 18), (30, 28, 25, 17), (30, 29, 25, 16)

A_2, B_2, C_2, D_2는 각각 A, B, C, D가 2차에서 받은 표의 수라 하자. 그리고 X, Y는 3등, 4등의 득표수라 하자. 이때, 1등은 C이고, 2등은 B이며, B는 30표, 4등은 15표를 얻었고, $C_2+B_2+X+Y=100$이므로 다음이 성립한다.

$B_2=30$, $Y=15$, $31 \leq C_2 \leq 39$, $16 \leq X \leq 24$

즉 (C_2, B_2, X, Y)는 다음 중 하나이다.

(31, 30, 24, 15), (32, 30, 23, 15), ..., (39, 30, 16, 15)

A, B, C, D의 1, 2차 합산 표는 다음과 같이 계산된다.

A : 1차에서 30, 2차에서 최소 15, 최대 24이므로, 합산하여 45 이상 54 이하이다.
B : 1차에서 26과 29 사이, 2차에서 30이므로, 합산하여 56 이상 59 이하이다.
C : 1차에서 25, 2차에서 31과 39 사이이므로, 합산하여 56 이상 64 이하이다.
D : 1차에서 최소 16, 최대 19, 2차에서 최소 15, 최대 24이므로, 합산하여 31 이상 43 이하이다.

〈보기〉 해설   ㄱ. 위의 풀이에서 최종 순위 4위는 D이므로 탈락자는 D이다. ㄱ은 옳은 추론이다.

ㄴ. 위의 풀이에서 A의 최종 순위는 3등이다. ㄴ은 옳은 추론이다.

ㄷ. 2차 경연에서 C가 얻은 표는 31 이상 39 이하이므로 2차 경연에서 C가 얻은 표는 35표를 넘을 수 있다. ㄷ은 옳지 않은 추론이다.

〈보기〉의 ㄱ, ㄴ만이 옳은 추론이므로 정답은 ③이다.

35.

다음으로부터 추론한 것으로 옳은 것만을 〈보기〉에서 있는 대로 고른 것은?

A, B, C가 추리논증 영역 35문항을 풀었다. 세 명이 모두 25문항씩 정답을 맞혔으며 아무도 정답을 맞히지 못한 문항은 없었다. 한 명만 정답을 맞힌 문항을 '어려운 문항', 세 명 모두 정답을 맞힌 문항을 '쉬운 문항'이라 한다.

ㄱ. 쉬운 문항이 어려운 문항보다 5개 더 많다.

ㄴ. 어려운 문항의 개수는 최대 10개이다.

ㄷ. 두 명만 정답을 맞힌 문항의 개수는 최소 2개이다.

① ㄱ ② ㄴ ③ ㄱ, ㄷ ④ ㄴ, ㄷ ⑤ ㄱ, ㄴ, ㄷ

문항 성격 논리학 · 수학 – 수리추리

평가 목표 주어진 조건으로부터 수리적 분석을 하여 문제를 해결하는 능력을 측정함

문제 풀이 정답 : ①

한 명만 정답을 맞힌 '어려운 문항' 의 개수를 a, 세 명 모두 정답을 맞힌 '쉬운 문항' 의 개수를 b, 두 명만 정답을 맞힌 문항의 개수를 c라 하면, 전체 문항의 개수는 35이고, 아무도 정답을 맞히지 못한 문항은 없으므로 $a+b+c=35$이다. A, B, C 각각이 맞힌 문항은 25문항이며, a는 한 사람만이 정답을 맞힌 문항의 개수이고, b는 3명 모두 정답을 맞힌 문항의 개수이며, c는 두 명만 정답을 맞힌 문항의 개수이므로, $1a+3b+2c=25+25+25=75$가 성립한다(A가 25문항, B가 25문항, C가 25문항을 풀었으므로, 올바른 정답 표시의 개수는 총 75개이다. 한 명만 정답을 맞힌 문항의 개수가 a이고, 세 명 모두 정답을 맞힌 문항의 개수가 b이고, 두 명이 정답을 맞힌 문항의 개수가 c이므로, a개의 문항에 1개의 정답 표시가 있고, b개의 문항에 3개의 정답 표시가 있으며, c개의 문항에 2개의 정답 표시가 있는 것으로 생각할 수 있다. 그러므로 $1a+3b+2c=75$가 성립한다). 이 두 관계로부터 $b=a+5$, 즉 쉬운 문항이 어려운 문항보다 5개 더 많음을 알 수 있다. 따라서 (a, b, c)는 $(0, 5, 30)$, $(1, 6, 28)$, $(2, 7, 26)$, $(3, 8, 24)$, …, $(14, 19, 2)$, $(15, 20, 0)$ 중 하나이다.

〈보기〉 해설 ㄱ. 위의 풀이에서 쉬운 문항이 어려운 문항보다 5개 더 많다는 것을 알 수 있으므로, ㄱ은 옳은 추론이다.

ㄴ. 위의 풀이에서 어려운 문항의 개수는 최대 15이므로 ㄴ은 옳지 않은 추론이다. 이 경우 쉬운 문항의 개수는 20이고, 두 명만 정답을 맞힌 문항의 개수는 0이다.

ㄷ. 위의 풀이에서 두 명만 정답을 맞힌 문항의 개수가 0일 수 있으므로 ㄷ은 옳지 않은 추론이다.

〈보기〉의 ㄱ만이 옳은 추론이므로 정답은 ①이다.

법학적성시험
추리논증 영역

2014

2014학년도 추리논증 영역 출제 방향

1. 기본 방향

추리논증 영역은 내용 제재를 선택하는 데 있어서 전 학문 분야 및 일상적·실천적 영역에서 소재를 찾아 추리력과 비판적 사고력을 평가하는 데 출제의 기본 방향을 두었다. 특정 전공자가 유리하거나 불리하지 않도록 영역 간 균형잡힌 제재 선정을 위해 노력하는 한편, 제시문으로 선택된 영역의 전문 지식이 문항 해결에 미치는 영향을 최소화하는 데에도 주력하였다.

대학에서 정상적인 학업과 독서 생활을 통하여 사고력을 함양한 사람이면 누구나 접근할 수 있는 내용을 다루되, 주어진 제시문을 단순히 이해하는 것만으로는, 또한 제시문과 관련된 분야의 지식을 보유한 것만으로는 해결할 수 없고 제시된 글이나 상황을 논리적으로 분석하고 비판할 수 있어야 해결할 수 있도록 문항을 구성하여 사고력 측정 시험이 될 수 있도록 노력하였다.

2. 문항 구성

인문, 사회, 자연과학을 소재로 하는 문항들의 경우 소재 활용의 원칙이나 범위에 있어서 예년과 차이가 없었으나, 올해에는 동양 고전에서 자료를 취한 문항(9, 18, 19, 31, 32번)을 다수 포함시켰으며, 법 제재를 다루는 문항의 경우, 법해석 이론, 공법과 사법, 민법과 형법의 제재들을 고루 포함하도록 하였다.

자연과학적 제재를 다루는 문항(13, 14, 15, 16, 17, 30번)의 경우, 계산 등을 통한 수리적인 문제 해결이 아니라 언어적인 이해와 논리적인 추리를 통하여 충분히 문제를 해결할 수 있도록 구성하였다.

논증력을 묻는 문항들은 주어진 논변들을 분석하여 주장과 논거를 찾아내고 그 논리적 관계를 분석하는 문항, 주어진 논변에 대하여 비판하고 평가하는 문항 등 다양한 인지 활동을 골고루 측정할 수 있도록 구성하였다.

3. 출제 시 유의점 및 난이도

제시문의 분량 및 내용의 함량은 다수의 수험생이 한정된 시간 내에 문제를 해결하는 데 충분하도록 유의하였으며, 수리추리나 논리게임의 추리 문항의 경우 문항이 지나치게 어려워지지 않도록 노력하였고, 논증이나 논쟁적 자료를 분석하고 비판하도록 요구하는 문항들의 난이도는 예년과 비슷한 수준을 유지하려고 하였다.

내용 영역에 있어서 동양과 서양, 고전과 현대, 국내와 국제 관련 소재를 두루 활용하려고 하였으며, 법학 전공자가 유리하지 않도록 하는 범위 내에서 법 관련 제재를 다양하게 사용하려고 하였다.

2014학년도 법학적성시험은 수험생들에게 주는 인상에서나 실제 정답률에서나 다소 쉬운 정도가 되도록 하기 위해, 추리 문항과 논증 문항을 통틀어서 문제 해결의 열쇠가 쉽게 드러나도록 하는 한편, 고난도의 문항을 최소화하려고 하였다.

01.

A~C에 대한 진술로 옳은 것을 〈보기〉에서 고른 것은?

> P : 법문(法文)은 '의미의 폭'을 보유하고 있습니다. 예컨대, "음란한 문서를 반포, 판매 또는 임대한 자는 1년 이하의 징역에 처한다."라는 법률 규정에서 '음란한' 문서가 무엇을 의미하는지에 대해서는 사람마다 다른 표상(表象)을 가질 수 있습니다. 이런 경우 법문의 의미를 바르게 한정하는 것이 법률가가 행해야 하는 법해석의 과제입니다. 문제는 법해석 시 누구의 표상을 기준으로 삼을 것인가 입니다.
>
> A : 법문의 의미 해석은 입법자의 의도가 최우선의 기준일 수밖에 없습니다. 법의 적용은 법률의 기초자(起草者)가 법률과 결부하려고 했던 표상을 기준으로 삼는 것이 옳습니다.
>
> P : 시간이 흐르면서 입법자가 표상했던 것이 시대적 적실성을 잃을 수도 있지 않을까요?
>
> B : 법문의 해석이 문제시되는 상황과 시점에서 법 공동체 구성원의 대다수가 표상하는 바를 법문의 의미로 보는 것이 옳다고 생각합니다. 이 규정과 관련해서는 변화된 사회 상황에서 사람들 대다수가 무엇을 '음란한' 문서로 간주하고 있는가를 알아내야 합니다.
>
> P : 다수의 견해가 항상 옳다고 할 수 있나요?
>
> C : 다수의 표상보다는 당대의 시대정신을 구현하는 표상이 법문의 의미를 결정하는 기준이 되어야 합니다. 시대정신은 결코 머릿수의 문제가 아닙니다.

보기

> ㄱ. A는 법률가가 법문의 의미를 알아내기 위해 국회 속기록과 입법 이유서를 검토하는 것이 중요하다고 볼 것이다.
>
> ㄴ. B의 주장에 대해 A는 법문의 해석에서 시점과 상황 변화를 고려하는 것은 법의 불확실성을 초래한다고 반박할 수 있다.
>
> ㄷ. 인간은 누구나 이성을 갖고 있고 시대정신은 시대적 상황에 부합되게 이성에 의해 파악된 것이라고 한다면, B와 C 사이의 차별성이 분명해진다.
>
> ㄹ. B와 C는 법문의 의미가 내재적으로 고정되어 있으며 이를 발견하는 것이 법률가가 행해야 할 법해석 작업이라고 본다.

① ㄱ, ㄴ   ② ㄱ, ㄷ   ③ ㄱ, ㄹ   ④ ㄴ, ㄷ   ⑤ ㄷ, ㄹ

이 문제에서 법문의 의미를 밝힐 때 법률가가 누구의 표상을 기준으로 삼을 것인가와 관련하여 세 가지 입장이 등장한다. 첫 번째 입장(A)은 입법자의 의도를 기준으로 삼아야 한다는 역사적 해석을 지지하는 입장이고, 두 번째 입장(B)은 법문의 의미 확정이 문제시되는 특정 시점의 사회상황 하에서 사회성원 대다수가 무엇을 법문의 의미로 간주 내지 승인하고 있는가를 살펴보아 법문의 의미를 확정해야 한다는 입장이며, 세 번째 입장(C)은 당대의 시대정신을 살펴보아 그에 비추어 법문의 의미를 결정해야 한다는 입장이다. 이 세 입장 간의 차별성과 연관성을 지문을 보고 정확히 추론해 낼 수 있는 능력이 요구된다.

《보기》 해설　ㄱ. A는 역사적 해석을 지지하는 입장이므로 과거 국회 속기록과 입법 제안서, 이유서 등을 살펴서 입법 당시 입법자가 가졌던 의도를 알아내는 것이야말로 법해석의 가장 중요한 작업이라고 생각할 것이다. ㄱ은 옳은 진술이다.

　　　　　　ㄴ. A는 변화된 사회상황에서 다수가 무엇을 법문의 의미로 표상하는가를 법해석의 기준으로 삼아야 한다는 B에 대해 그러한 상황 변화의 고려는 법문의 의미를 가변적인 것으로 만듦으로써 법문의 의미 확정과 그 적용에서 불확실성을 초래할 수 있다고 반박할 수 있다. ㄴ은 옳은 진술이다.

　　　　　　ㄷ. B와 C는 변화된 사회상황을 반영하여 법문을 해석할 때 누구의 표상을 기준으로 해야 하는지에 대해 의견이 다르다. B는 사회성원 다수의 표상이, C는 시대정신을 구현하는 표상이 그 기준이 되어야 한다고 본다. 하지만 이러한 B와 C의 입장 차이는, 만약 시대정신이라는 것이 이성을 통해 당대의 사회상황에 부합되게 파악된 것이고 또한 사람들이 동일한 이성능력을 보편적으로 갖고 있어서 그러한 것을 파악해 낼 수 있다고 한다면 해소된다. ㄷ은 옳은 진술이 아니다.

　　　　　　ㄹ. B와 C에 따르면 법문의 의미는 법문 그 자체에 단일하게 고정되어 있는 것이 아니라 변화된 시대상황에 따라 새롭게 해석되어야 하는 것이다. ㄹ은 옳은 진술이 아니다.

　　　　　　《보기》 중 ㄱ과 ㄴ만이 옳은 진술이므로 정답은 ①이다.

02.

〈규정〉을 적용한 것으로 옳지 <u>않은</u> 것은?

> 〈규정〉
>
> 　혼인무효의 소는 다음 각 호에 해당하는 가정법원에 제기하여야 한다.
>
> 1. 부부가 같은 가정법원의 관할구역 내에 주소지가 있을 때에는 그 가정법원
> 2. 부부가 최후의 공통의 주소지를 가졌던 가정법원의 관할구역 내에 부부 중 일방의 주소지가 있을 때에는 그 가정법원
> 3. 위 1 및 2에 해당하지 아니하는 경우로서 부부의 일방이 타방을 상대로 하는 때에는 상대방의 주소지, 제3자가 부부의 쌍방을 상대로 하는 때에는 부부 중 일방의 주소지의 가정법원
> 4. 부부의 일방이 사망한 경우에는 생존한 타방의 주소지의 가정법원
> 5. 부부 쌍방이 사망한 경우에는 부부 중 일방의 최후 주소지의 가정법원

① A-B 부부가 서울에 주소지를 두고 있던 중 A가 B를 상대로 혼인무효의 소를 제기하고자 할 때에는 서울가정법원에 제기하여야 한다.

② 서울에 주소지를 두고 있던 A-B 부부 중 A가 홀로 부산으로 이사하여 자신의 주소지를 변경한 후 A가 B를 상대로 혼인무효의 소를 제기하고자 할 때에는 서울가정법원에 제기하여야 한다.

③ 서울에 주소지를 두고 있던 A-B 부부 중 A가 홀로 부산으로 이사하여 자신의 주소지를 변경하였고, 그 후 B가 A를 상대로 혼인무효의 소를 제기하고자 할 때에는 부산가정법원에 제기하여야 한다.

④ 서울에 주소지를 두고 있던 A-B 부부 중 A는 부산으로, B는 광주로 이사하여 각각 자신의 주소지를 변경하였고, 그 후 A의 모친(대구에 주소지를 두고 있음)이 A와 B를 상대로 혼인무효의 소를 제기하고자 할 때에는 부산가정법원에 제기할 수 있다.

⑤ 서울에 주소지를 두고 있던 A-B 부부 중 A가 홀로 부산으로 이사하여 자신의 주소지를 변경한 후 A가 사망한 상태에서 B가 혼인무효의 소를 제기하고자 할 때에는 서울가정법원에 제기하여야 한다.

정답 해설 ③ 서울에 거주하던 A–B 부부 중 A가 부산으로 이사한 경우 A와 B는 더 이상 같은 가정법원의 관할구역 내에 주소지가 없으므로 제1호가 적용될 수 없다. 그러나 A–B 부부의 최후의 공통의 주소지가 서울이었고, 서울가정법원의 관할 구역 내에 여전히 B가 거주하고 있으므로, 제2호에 따라 오로지 서울가정법원만이 관할법원으로 된다. 제3호는 제1호 및 제2호에 해당하지 아니하는 경우에만 적용되는 규정이므로, 제3호에 따라 상대방인 A 주소지 관할법원, 즉 부산가정법원에 제기하는 것은 허용되지 않는다.

오답 해설 ① A와 B가 모두 서울에 주소지를 가지고 있으므로, 제1호에 따라 서울가정법원에 소를 제기하여야 한다.

② 서울에 거주하던 A–B 부부 중 A가 부산으로 이사한 경우 A와 B는 더 이상 같은 가정법원의 관할구역 내에 주소지가 없으므로, 제1호가 적용될 수 없다. 그러나 A–B 부부의 최후의 공통의 주소지가 서울이었고, 서울가정법원의 관할 구역 내에 여전히 B가 거주하고 있으므로, 제2호에 따라 서울가정법원에 소를 제기하여야 한다.

④ 서울에 거주하던 A–B 부부 중 A가 부산으로, B가 광주로 이사한 경우 A와 B는 더 이상 같은 가정법원의 관할구역 내에 주소지가 없을 뿐만 아니라, A와 B 부부의 최후의 공통 주소지인 서울에 A도 B도 거주하고 있지 않으므로, 제1호와 제2호가 모두 적용될 수 없다. 이때에는 제3호에 따라 관할법원이 결정되는데, 동 사안에서는 제3자인 A의 모가 부부 쌍방, 즉 A와 B를 상대로 소를 제기하고 있으므로, 부부 중 일방의 주소지의 가정법원에 제기할 수 있다. 따라서 A의 모는 A의 주소지인 부산가정법원과 B의 주소지인 광주가정법원 중 어느 곳에라도 소를 제기하는 것이 가능하다.

⑤ 서울에 거주하던 A–B 부부 중 A가 부산으로 이사한 후 A가 사망하였다면, 부부 중 일방이 사망한 경우로서 제4호에 따라 관할법원이 결정된다. 따라서 생존한 타방, 즉 B의 주소지인 서울가정법원에 소를 제기하여야 한다.

03.

〈원칙〉을 적용한 것으로 옳은 것을 〈보기〉에서 고른 것은?

〈원칙〉

자신의 권리를 주장하는 자는 그 권리의 발생에 필요한 사실을 증명할 책임이 있다. 권리가 발생하였으나 사후에 소멸하였다고 주장하는 자는 권리의 소멸에 관한 사실을 증명할 책임이 있다. 분쟁 당사자 사이에 이러한 권리 발생의 주장이나 그 사후 소멸에 관한 주장에 관한 다툼이 없으면 권리의 발생이나 그 소멸을 주장하는 자는 그 주장이 진실하다는 것을 증명할 필요가 없다.

보 기

ㄱ. 갑이 을에게 "당신이 빌려 간 100만원을 돌려 달라."라고 주장하였다. 을은 "돈이 생기면 갚겠다."라고 주장하였다. 이 경우에 갑이 을에게 100만원을 빌려 주었다는 사실을 증명할 책임이 갑에게 없다.

ㄴ. 갑이 을에게 "당신이 빌려 간 100만원을 돌려 달라."라고 주장하였다. 을은 "빌렸지만 그 후에 갚았다."라고 주장하였다. 이 경우에 갑으로부터 빌린 돈을 을이 갚았다는 사실을 증명할 책임이 을에게 있다.

ㄷ. 갑이 을에게 "당신이 빌려 간 100만원을 돌려 달라."라고 주장하였다. 을은 "당신으로부터 100만원을 빌린 적이 없다."라고 주장하였다. 이 경우에 갑이 을에게 100만원을 빌려 주었다는 사실을 증명할 책임이 갑에게 없다.

ㄹ. 갑이 을에게 "당신이 빌려 간 100만원을 돌려 달라."라고 주장하였다. 을은 "100만원을 받기는 하였지만 그것은 당신이 빌려 준 게 아니라 그냥 준 것이다."라고 주장하였다. 이 경우에 갑이 을에게 100만원을 빌려 주었다는 사실을 증명할 책임이 갑에게 없다.

① ㄱ, ㄴ   ② ㄱ, ㄷ   ③ ㄱ, ㄹ   ④ ㄴ, ㄹ   ⑤ ㄷ, ㄹ

문항 성격   규범과학(법학) − 언어추리

평가 목표   원고와 피고 간의 입증(증명)책임에 관한 원칙을 문제 상황에 적용하는 능력 평가

문제 풀이   정답 : ①

〈보기〉 해설   ㄱ. 을이 돈이 생기면 갚겠다고 답변한 점에 비추어 갑이 을에게 돈을 빌려 준 사실에 다툼이 없다. 따라서 갑이 을에게 100만원을 빌려 주었다는 사실을 증명할 책임이 갑에게 없다는 점을 지적하는 ㄱ은 옳다.

           ㄴ. 을은 빌린 돈을 변제했다고 주장하고 있으며 이는 갑의 권리(채권)가 사후에 소

멸하였다는 주장이다. 따라서 을이 빌린 돈을 갚았다는 사실을 증명할 책임이 을에게 있다는 점을 지적하는 ㄴ은 옳다.

ㄷ. 을이 돈을 빌린 사실을 부인하고 있으므로 갑이 을에게 돈을 빌려 준 사실에 다툼이 있다. 따라서 갑이 을에게 100만원을 빌려 주었다는 사실을 증명할 책임이 갑에게 있다. ㄷ은 옳지 않다.

ㄹ. 을은 돈을 빌린 것이 아니라 증여받았다고 주장하고 있다. 이는 갑의 권리(채권)가 애초부터 발생하지 않았다는 것으로 갑의 금전대여 주장을 다투는 것이다. 따라서 갑이 을에게 돈을 빌려주었다는 사실을 증명할 책임이 갑에게 있다. ㄹ은 옳지 않다.

〈보기〉 중 ㄱ, ㄴ만이 옳으므로 ①이 정답이다.

04.

X국 Z법률의 〈규정〉과 〈사실관계〉로부터 추론한 것으로 옳은 것을 〈보기〉에서 고른 것은?

〈규정〉

군인 · 경찰관 기타 공무원의 직무상 불법행위로 손해를 받은 사람은 국가에 손해배상을 청구할 수 있다. 다만 군인 · 경찰관이 전투 · 훈련과 관련된 직무집행과 관련하여 받은 손해에 대하여 다른 법률에 따라 보상금을 지급받을 수 있는 경우에는 국가에 대해 손해배상을 청구할 수 없다.

〈사실관계〉

회사원 A는 동료인 B를 태우고 자기 아버지 C 소유의 승용차를 운전하던 중, 육군 하사인 D가 운전하던 오토바이와 충돌하였다. 당시 그 오토바이 뒷좌석에는 육군 중사인 E가 타고 있었고 D와 E는 직무를 집행하던 중이었다. 위 교통사고는 D가 운전 중 졸음을 이기지 못하고 전방을 제대로 주시하지 못하여 발생한 것이었다. 이 사고로 인하여 B와 E는 각각 약 8주간의 치료를 필요로 하는 우슬관절내측부인대파열 및 전방십자인대파열 등의 상해를 입었다.

보기

ㄱ. D의 직무상 불법행위가 인정되고 A도 상해를 입었다면 A는 국가에 대해 손해배상을 청구할 수 있을 것이다.

ㄴ. D의 직무상 불법행위가 인정되더라도 사고 당시 D의 직무집행행위가 전투 · 훈련과

무관한 것이라면 B는 국가에 대해 손해배상을 청구할 수 없을 것이다.

ㄷ. D의 직무상 불법행위가 인정되고 그로 인해 C의 자동차가 파손되었더라도 C는 그 피해의 배상을 국가에 청구할 수 없을 것이다.

ㄹ. D의 직무상 불법행위가 인정되고 사고 당시 D와 E의 직무가 전투·훈련과 무관한 것이라면 E는 국가에 대해 손해배상을 청구할 수 있을 것이다.

① ㄱ, ㄴ   ② ㄱ, ㄹ   ③ ㄴ, ㄷ   ④ ㄴ, ㄹ   ⑤ ㄷ, ㄹ

문항 성격 규범과학(법학) – 언어추리

평가 목표 〈규정〉의 적용을 받는 주체 및 상황을 〈사실관계〉와 결합하여 이해하는 능력 평가

문제 풀이 정답 : ②

〈규정〉에 따라 군인·경찰관 기타 공무원의 직무상 불법행위로 피해를 입은 사람은 국가에 손해배상을 청구할 수 있다. 그러나 군인·경찰관이 전투·훈련과 관련된 직무집행 중 (다른 군인·경찰관 기타 공무원의 직무상 불법행위로 인한) 손해를 입어 다른 법률에 따라 보상금을 지급받을 수 있는 경우에는 국가에 대해 손해배상을 청구할 수 없다. 따라서 A, B, C, E가 차례로 규정 첫부분이 적용되는 사람인지, 규정 뒷부분이 적용될 수 있는 군인·경찰관에 해당하는지를 구분한 후, 규정 첫부분이 적용되는 사람의 경우에는 D의 직무상 불법행위로 인한 국가배상청구가 가능하고, 군인·경찰관의 경우에는 D의 직무상 불법행위로 손해를 입었다고 하여도 그 손해를 입은 군인·경찰관이 전투·훈련 중이어서 다른 법률에 따라 보상금을 지급받을 수 있는 경우에는 국가에 대해 손해배상을 청구할 수 없다는 것에 주의한다. 이 경우 다른 법률의 보상금 지급에 관한 단서는 사안에서 고려되지 않는다.

〈보기〉 해설 ㄱ. 〈규정〉의 본문에 따라 A는 군인인 D의 직무상 불법행위로 손해를 받은 사람이므로 국가에 배상을 청구할 수 있다. ㄱ은 옳은 추론이다.

ㄴ. 〈규정〉 앞부분은 직무상 불법행위의 유형에 아무런 제한을 두고 있지 않다. 〈규정〉 뒷부분 단서는 "전투·훈련"이라고 하여 직무집행의 유형을 거론하고 있으나 이 단서는 군인도 경찰관도 아닌 B에게는 적용되는 조항이 아니다. 따라서 B는 D의 전투·훈련과 무관한 직무상 불법행위로 손해를 받았든, D의 전투훈련과 관련된 직무상 불법행위로 손해를 받았든 상관없이, 국가에 대해 배상청구를 할 수 있다. ㄴ은 옳은 추론이 아니다.

ㄷ. C는 승용차의 소유자로서 D의 직무상 불법행위로 자신의 자동차가 파손되었다면 그 역시 〈규정〉의 앞부분에 따라 국가에 배상청구를 할 수 있을 것이다.

ㄷ은 옳은 추론이 아니다.

ㄹ. 군인인 E는 D의 직무상 불법행위로 손해를 받은 사람으로 E의 직무행위는 전투·훈련과 무관한 경우이므로 규정 뒷부분의 단서에 해당하지 않아 국가에 배상청구를 할 수 있다. ㄹ은 옳은 추론이다.

〈보기〉 중 ㄱ과 ㄹ만이 옳은 추론이므로 정답은 ②이다.

05.

을의 입장에 대한 분석으로 옳은 것만을 〈보기〉에서 있는 대로 고른 것은?

> 갑 : 민사소송에서의 확인소송은 원고의 법적 지위가 불안하거나 위험할 때 확인판결을 받는 것이 그러한 불안이나 위험을 제거하기 위하여 실효적인 경우에만 인정되고, 다른 소송방법에 의하여 효과적인 권리구제가 가능한 경우에는 인정되지 않는다는 보충성의 원칙이 요구된다. 예컨대, 특정한 의무의 이행을 직접적으로 청구하는 소송을 할 수 있는데도 불구하고 그러한 방법에 의하지 않고, 단지 확인만을 구하는 소송을 하는 것은 분쟁의 종국적인 해결방법이 아니어서 소송을 할 이익이 없다. 행정소송에서의 무효확인소송도 확인소송의 성질을 가지므로, 민사소송에서처럼 보충성의 원칙이 요구된다.
>
> 을 : 행정소송은 행정청의 위법한 처분 등을 취소하거나 그 효력 유무 등을 확인함으로써 국민의 권리 또는 이익의 침해를 구제하는 것을 목적으로 하므로, 대등한 주체 사이의 사법상(私法上) 생활관계에 관한 분쟁을 심판대상으로 하는 민사소송과는 목적, 취지 및 기능 등을 달리한다. 또한 행정소송법은 무효확인소송의 판결의 효력에 있어서 그 자체만으로도 권리구제의 실효성을 담보할 수 있는 여러 특수한 효력을 추가적으로 인정하고 있기 때문에 권리구제방법으로서 효과적인 다른 소송수단이 있다 하더라도 무효확인소송을 제기할 수 있다.

보기

ㄱ. 을은 민사소송에서의 확인소송은 보충성의 원칙이 요구되지 않는다는 것을 전제하고 있다.

ㄴ. 을은 행정소송에서의 무효확인소송의 성질이 확인소송임을 부인하고 있다.

ㄷ. 을은 확인소송의 보충성의 원칙을 민사소송에만 한정하고자 한다.

① ㄱ   ② ㄴ   ③ ㄷ   ④ ㄴ, ㄷ   ⑤ ㄱ, ㄴ, ㄷ

민사소송에서의 확인소송은 다른 성질의 소(형성의 소, 이행의 소)가 가능한 경우에는 제기할 수 없다는 것, 즉 다른 소송에 대하여 보충적이다(확인소송의 보충성)는 것이 법학계의 오랜 인식이었다. 행정소송에서의 확인소송, 예컨대 무효확인소송도 확인소송이므로, 다른 행정소송 또는 민사소송의 제기가 가능한 경우에는 허용되지 않는다는 것이 대법원의 확립된 판례였고 이것이 갑의 입장이다. 이러한 대법원의 오랜 판례는, "확인소송은 보충적 소송이다."를 대전제로, "행정소송인 무효확인소송의 성질은 확인소송이다."를 소전제로, "그러므로 무효확인소송은 보충적 소송이다."를 결론으로 하는 전형적 삼단논법 구조에 입각하고 있다.

최근의 대법원판결은 무효확인소송의 보충성을 부인하는 방향으로 견해를 바꾸었는데, 그것이 을의 입장이다. 즉, 행정소송으로서의 확인소송인 무효확인소송의 판결은 그 자체로 실효성이 있으므로, 민사 확인소송과는 달리 다른 소송에 대해 보충적이지 않다는 논거를 사용하고 있다.

〈보기〉해설   ㄱ. 을은 행정소송으로서의 확인소송인 무효확인소송의 판결은 그 자체로 실효성이 있으므로, 민사 확인소송과는 달리, 다른 소송에 대해 보충적이지 않다고 보는 입장이지, 민사소송에서의 확인소송에 대하여는 보충성의 원칙이 요구되지 않는다는 것을 전제하지는 않는다. 을의 입장은 민사소송에서의 확인소송은 보충성이 요구되지만, 행정소송에서의 확인소송은 보충성이 요구되지 않는다는 입장이다. ㄱ은 옳지 않은 진술이다.

ㄴ. 갑은 자신의 마지막 문장에서 행정소송에서의 무효확인소송이 확인소송의 성질을 가지기 때문에 보충성의 원칙이 적용되는 것이라고 주장하고 있으나, 을은 행정소송에서나 민사소송에서나 확인소송의 성질에 관하여는 언급하고 있지 않다. 따라서 지문에 나타난 을의 주장에 비추어 볼 때, 을이 행정소송 중 무효확인소송의 성질이 확인소송임을 부인하는 것으로 판단할 수는 없다. ㄴ은 옳지 않은 진술이다.

ㄷ. 을은 행정소송에는 민사소송에서의 논리, 예컨대 확인소송의 보충성의 논리가 그대로 적용될 수 없다고 주장하며, 확인소송의 보충성을 민사소송에만 한정하고 있다. ㄷ은 옳은 진술이다.

〈보기〉의 ㄷ만이 옳은 진술이므로 ③이 정답이다.

06.

다음 설명이 적용될 수 있는 예를 〈보기〉에서 고른 것은?

> X국의 형법 B조의 구성요건은 형법 A조의 구성요건의 모든 요소를 포함하고 그 이외의 다른 요소를 구비한다. B조에 해당하는 모든 경우는 A조에도 해당되지만, 이 경우 법원은 A조를 적용하지 않고 B조를 적용한다. A조는 "사람의 신체에 대하여 폭행을 가한 자는 2년 이하의 징역 또는 500만원 이하의 벌금에 처한다."라고 규정하고 있다. B조는 "단체 또는 다중의 위력을 보이거나 위험한 물건을 휴대하여 사람의 신체에 대하여 폭행을 가한 자는 5년 이하의 징역에 처한다."라고 규정하고 있다. 일방이 상대방의 신체에 대하여 폭행을 가한 경우에는 A조가 적용되지만, 일방이 위험한 물건을 휴대하여 상대방의 신체에 대하여 폭행을 가한 경우에는 B조가 적용될 것이다.

보기

ㄱ.
- 타인의 재물을 절취한 자는 6년 이하의 징역 또는 1,000만원 이하의 벌금에 처한다.
- 야간에 사람의 주거, 간수하는 저택, 건조물이나 선박 또는 점유하는 방실에 침입하여 타인의 재물을 절취한 자는 10년 이하의 징역에 처한다.

ㄴ.
- 미성년자를 약취 또는 유인한 자는 10년 이하의 징역에 처한다.
- 추행, 간음 또는 영리의 목적으로 사람을 약취 또는 유인한 자는 1년 이상 30년 이하의 징역에 처한다.

ㄷ.
- 부녀의 촉탁 또는 승낙을 받아 낙태하게 한 자는 1년 이하의 징역 또는 200만원 이하의 벌금에 처한다.
- 의사, 한의사, 조산사, 약제사 또는 약종상이 부녀의 촉탁 또는 승낙을 받아 낙태하게 한 때에는 2년 이하의 징역에 처한다.

ㄹ.
- 사람의 궁박한 상태를 이용하여 현저하게 부당한 이익을 취득한 자는 3년 이하의 징역 또는 1,000만원 이하의 벌금에 처한다.
- 사람을 공갈하여 재물의 교부를 받거나 재산상의 이익을 취득한 자는 10년 이하의 징역 또는 2,000만원 이하의 벌금에 처한다.

① ㄱ, ㄴ   ② ㄱ, ㄷ   ③ ㄴ, ㄷ   ④ ㄴ, ㄹ   ⑤ ㄷ, ㄹ

문항 성격   규범과학(법학) – 언어추리

평가 목표   법 조항 사이에 일반적 구성요건과 가중적 또는 감경적 구성요건의 관계가 성립하는
지 판단할 수 있는 능력 평가

문제 풀이   정답 : ②

X국의 「형법」 제A조의 요건과 제B조의 요건은 일반개념과 특별개념의 관계에 있다. X국의 「형법」
제B조에는 일반개념의 모든 표지(標識)와 그 외에 적어도 한 개 이상의 개념표지가 포함되어 있
다. 그와 같은 경우에 특별한 사건에는 특별규범이 적용되어야 하고 일반규범은 배제되어야 한다.

〈보기〉 해설   ㄱ에서 "야간에 사람의 주거, 간수하는 저택, 건조물이나 선박 또는 점유하는 방실
에 침입하여 타인의 재물을 절취한 자"는 "타인의 재물을 절취한 자"의 특수한 경
우이므로 특별관계가 성립한다.

ㄴ에서 두 번째 규정은 "추행, 간음 또는 영리의 목적으로"라는 표지(標識)를 추가
적으로 포함하고 있기는 하지만, 사람 중에는 미성년자가 아닌 자도 있으므로 두
번째 규정과 첫 번째 규정 사이에는 서로 특별관계가 성립하지 않는다.

ㄷ에서 "의사, 한의사, 조산사, 약제사 또는 약종상이 부녀의 촉탁 또는 승낙을 받
아 낙태"하게 한 경우는 "부녀의 촉탁 또는 승낙을 받아 낙태"한 경우의 특수한 경
우이므로 특별관계가 성립한다.

ㄹ에서 "사람의 궁박한 상태를 이용하여 현저하게 부당한 이익을 취득"하는 행위
와 "공갈하여 재물의 교부를 받거나 재산상의 이익을 취득"하는 행위는 전혀 다른
행위로서 서로 특별관계가 성립하지 않는다.

〈보기〉 ㄱ, ㄷ을 특별관계의 사례로 하고 있는 ②가 정답이다.

07.

〈사안〉, 〈주장〉, 〈사실〉과 관련하여 진술한 것으로 옳지 <u>않은</u> 것은?

〈사안〉

A는 교제 중이던 B가 임신하자 낙태를 강요한 뒤 헤어졌다. B는 괴로움을 이기지 못하고 유서
를 남기고 자살했다. B의 어머니는 딸의 미니홈피에 유서 전문과 장문의 글을 올렸다. 이후 네티
즌 사이에 A의 개인 정보가 노출되고 인신공격적 댓글이 이어졌다. 또 포털 사이트에 관련 뉴스
가 게재되고 블로그, 커뮤니티 등에 기사가 스크랩되자, A(원고)는 포털 사업자(피고)를 상대로 명

예훼손을 이유로 손해배상 청구소송을 제기했다.

위 포털 사업자에게 명예훼손으로 인한 손해배상책임을 물을 수 있는지를 두고 다음과 같은 쟁점이 특히 문제되었다.

쟁점(1): 포털이 사이트에 올린 기사에 편집권을 행사한 것으로 볼 수 있는지 여부

쟁점(2): 명예훼손적 게시물에 대해 피해자의 명시적 삭제 요구가 없더라도 포털의 삭제 의무가 발생하는지 여부

〈주장〉

(가) 포털이 내용 수정 없이 원문을 그대로 전재하는 경우라 하더라도 자신의 제공 서비스 화면에 오르게 하는 것은 실제적 의미에서 지적인 전파 내지 재공표를 행한 것에 해당할 수 있다.

(나) 뉴스 서비스 초기 화면에 기사를 예시적으로 게재하기 위해 일부 기사들을 적절히 배치하거나 긴 기사 제목의 일부를 말줄임표로 간결하게 요약해 보여 주는 것은 링크 제목의 수정일 뿐 원문의 수정이 아니다.

(다) 하루에 수만 건씩 쏟아지는 게시물의 내용을 포털이 다 알고 통제할 수 있는 지위에 있다고 보기 어렵다.

(라) 포털에 게시물 감시 및 삭제 의무를 부과한다면 명예훼손이라는 개인의 이익보다 더 큰 공익이 침해될 것이다.

〈사실〉

(마) 명예훼손적 게시물을 피해자의 명시적 요구 없이도 삭제할 의무를 포털에게 지우는 법률 조항이 없다.

① 원고 측이 (가)를 쟁점(1)과 관련하여 자신의 입장을 옹호하는 논거로 사용하려면, 원문을 포털에 그대로 전재하는 경우도 편집권의 행사에 해당한다는 전제가 필요하다.

② 피고 측이 (나)를 쟁점(1)과 관련하여 자신의 입장을 옹호하는 논거로 사용하려면, 포털이 행한 원문 기사의 배치나 제목의 간결한 요약은 편집권의 행사가 아니라는 전제가 필요하다.

③ 피고 측이 (다)를 쟁점(2)와 관련하여 자신의 입장을 옹호하는 논거로 사용하려면, 게시물의 존재와 내용에 대한 인식이 피고의 책임을 구성하는 요건이라는 전제가 필요하다.

④ 피고 측이 (라)를 쟁점(2)와 관련하여 자신의 입장을 옹호하는 논거로 사용하려면, 개인의 이익이 공익보다 우선한다는 전제가 필요하다.

⑤ (마)가 쟁점(2)와 관련하여 피고의 입장을 옹호하는 논거로 사용될 수 없다고 원고 측

이 주장한다면, 원고는 명문의 법률규정이 없는 의무가 있을 수 있음을 전제하고 있다.

08.

갑과 을의 논쟁에 대한 평가로 옳지 <u>않은</u> 것은?

〈법안〉

만 16세 미만인 사람에게 성폭력 범죄를 저지른 소아 성기호증 환자로 재범의 위험성이 있다고 인정되는 19세 이상의 사람에게 성충동 억제 약물요법을 시행한다. 약물 투여 명령을 받은 자는 출소 후 3개월에 1회씩 최장 15년 동안 약물 투여를 받도록 한다.

갑과 을은 〈법안〉을 도입할지를 두고 논쟁을 벌였다.

갑₁ : 이미 처벌을 받은 자에게 신체 훼손을 가져오는 약물 투여를 최장 15년 동안 강제하는 것은 이중 처벌로서 위헌적이다.

을₁ : 약물요법은 일종의 치료이다. 약물요법을 중지하면 신체 기능이 정상 상태로 복귀하므로 신체 기능의 훼손은 없다. 약물요법은 재범의 위험성이 높은 자의 재범률을 낮추므로 오히려 당사자의 이익을 위한 것이고, 따라서 처벌이 아니다.

갑₂ : '재범의 위험성'에 대한 판단은 인간의 미래 행위에 대한 판단이다. 인간의 미래 행위가 위험성이 높다고 예측된다고 해서 화학적 거세를 실시하는 것은 부당한 일이다.

을₂ : 당신은 우리 사회가 얼마나 많은 위험성 예측을 근거로 작동하고 있는지 모르는가? 우리는 기상 예보에 근거하여 하루 일과를 결정하고 한 해의 농사 계획을 짠다.

갑₃ : 약물요법의 시행은 비용 대비 효율성의 관점에서도 온당치 않다. 약물요법을 포함한 각종 성폭력 방지책에 투입할 수 있는 예산은 한정되어 있다. 성충동 억제 약물은 현재 매우 고가이고, 약물요법 시행에는 막대한 예산 투입이 요구된다.

을₃ : 약물요법은 재범률 감소에 효과적이다. 성폭력범을 대상으로 한 실험 통계 A에 따르면, 약물 투여자의 재범률은 5%로 비투여자의 재범률 20~40%보다 낮다. 성폭력은 피해자에게 장기적으로 심각한 트라우마를 남기며 미성년자인 경우에는 더욱 그렇다. 약물요법이 비록 고비용이라고 해도 실효성 있는 방지책이라면, 이를 시행하는 것이 국가의 책무이다.

① 신체 기능을 잠정적으로 제한하는 것도 '신체 기능의 훼손'에 해당된다면, 을₁은 약화된다.

② 갑은 을₁에 대해 '약물요법이 당사자의 이익을 위한 것이므로 처벌이 아니라고 한다면 징역형도 당사자의 교화를 돕는다는 점에서 처벌이 아니게 된다'고 반박할 수 있다.

③ 인간의 미래 행위에 대한 예측이 더욱 정확해진다면, 을₂는 강화된다.

④ 갑은 을₃의 실험 통계 A를 받아들여 약물요법의 효과를 인정하면서도 여전히 갑₃을 고수할 수 있다.

⑤ 실험 통계 A에서 약물 투여자는 대부분 초범이었고 비투여자는 대부분 재범이었다면, 을₃은 강화된다.

문항 성격	규범과학(법학) – 반박 및 논쟁
평가 목표	각 입장의 내용을 파악하여 각 입장이 어떤 조건 하에서 강화되고 약화되는지 판단 능력 평가
문제 풀이	정답 : ⑤

지문은 16세 미만인 사람에게 성폭력을 저지른 소아 성기호증 환자에게 재범의 위험성이 높다고 판단되는 경우 출소 후 최장 15년 간 약물요법을 실시하는 법안을 둘러싼 찬반논쟁을 소개하고 있다. 반대론자인 갑은 약물요법은 이중 처벌로서 위헌의 소지가 있다는 점, 근본적으로 인간의 미래 행위에 대한 판단인 재범의 위험성 판단을 근거로 약물요법을 시행하는 것은 부당하다는 점, 약물요법은 그에 막대한 예산 투입이 요구된다는 점에서 효율성이 의문시된다는 점을 들고 있고, 찬성론자인 을은 약물요법은 일종의 치료이므로 처벌이 아니라는 점, 미래 행위에 대한 판단에 기초하여 약물요법을 실시하는 것을 부당하다고 하는 것은 우리 사회가 이미 많은 위험성 판단에 기초하여 작동하고 있다는 것을 간과하는 것이라는 점, 피해자에게 매우 심각한 트라우마를 남기는 성폭력의 재범률을 낮추는 데 약물요법은 매우 효과적이라는 점을 들고 있다. 수험생은 두 입장의 주장 요지 및 논쟁의 논리적 전개 과정을 명확히 이해하고 두 입장이 각각 어떤 조건 하에서 강화되고 약화되는지에 대해 정확히 추론할 것이 요구된다.

| 정답 해설 | ⑤ 법안의 찬성론자인 을은 약물요법의 효과가 높다는 점을 보여주기 위해 약물 투여를 받은 성폭력범의 재범률이 그렇지 않은 경우보다 매우 낮다는 실험 통계 A를 인용하고 있다. 만약 이 실험 통계 A에서 약물 투여자의 대부분이 초범이고 비투여자의 대부분이 재범이었다면, 을의 주장은 약화될 수는 있어도 강화되지는 않는다. 왜냐하면 초범인 성폭력범 중 일부는 재범성향이 낮은 자일 것이므로, 초범인 경우의 성폭력범의 재범률은 재범인 경우의 성폭력범의 재범률보다 일반적으로, 즉 약물요법의 시행 여부와 관계없이 낮게 나올 것이기 때문이다. 따라서 선택지 ⑤는 옳지 않은 진술로 정답이다. |

| 오답 해설 | ① 약물요법은 약물 투여를 중단하면 본래 신체 기능의 회복을 가져오므로 신체 기능의 훼손에 해당되지 않는다고 보는 을₁의 주장은 비록 약물 투여 기간 중 발생한 잠정적인 것이라고 해도 신체 기능의 제한은 어쨌든 신체 기능의 훼손에 해당된다고 한다면 약화된다. |

② 을은 을₁에서 약물요법은 재범 기회를 줄여줌으로써 당사자에게 이익이 된다고 주장하고 있는데, 이에 대해 갑은 만약 을₁의 논리에 따른다면 징역형 역시 당사자를 교화하는 측면이 있다는 점에서 당사자에게 이익인 것이고, 따라서 처벌이 아닌 것이 된다고 하여 을₁의 논리는 부당하다고 주장할 수 있다.

③ 을은 을₂에서 인간의 미래 행위에 대한 예측을 근거로 약물요법을 실시하는 것

은 부당하다는 갑₂에 대해 우리 사회가 이미 많은 미래 예측을 근거로 작동하고 있다는 점을 들어 반박하면서 기상 예보를 그 사례로 들고 있다. 하지만 이런 을₂의 주장은 약물요법에서 필요한 재범의 위험성 판단은 인간의 미래 행위에 대한 예측인 데 반해 기상예보는 자연현상에 대한 예측이고, 이 두 예측은 그 정확성에서 차이가 난다는 점을 들어 비판될 가능성이 있다. 따라서 을₂의 주장은 만약 인간행위에 대한 예측의 정확성이 향상될 수 있다면 강화될 것이다.

④ 갑₃은 약물요법의 비용 대비 경제적 효율성에 관한 주장이고 을₃은 재범률 감소에 대한 약물요법의 효과에 대한 주장이므로 갑은 을₃을 받아들여 약물요법이 비록 재범률을 감소하는 데에는 효과적이나 그 투입 예산에 비추어 보면 여전히 비효율적이라고 주장할 수 있다.

09.

A~D의 입장을 적용한 것으로 옳은 것만을 〈보기〉에서 있는 대로 고른 것은?

정조 11년(1787) 김성백과 문정추가 황해도 황주의 계 모임에서 만났다. 말다툼 중에 김성백이 주먹으로 문정추의 얼굴을 때렸다. 문정추는 맞은 데 화가 나서 술을 많이 마시고 집으로 돌아가던 중, 술기운에 냇물에서 넘어져 결국 얼어 죽었다. 김성백이 문정추의 죽음에 대하여 책임을 져야 하는지에 관하여 다음과 같은 주장들이 제기되었다.

A : 김성백이 문정추를 구타하지 않았다면 문정추가 화가 나서 술을 많이 마시지 않았을 것이다. 문정추가 술을 많이 마시지 않았다면 술기운에 냇물에 빠졌을 리가 없다. 김성백의 구타가 문정추의 죽음의 원인이 된 것이므로 김성백을 처벌해야 한다.

B : 문정추의 죽음을 야기한 직접적 원인에 대해서만 죄책을 물을 수 있다. 어떤 행위가 피해 결과의 직접적 원인인지 여부는 행위자의 의도를 고려해 판단해야 한다. 문정추의 죽음은 술기운에 물에 빠진 것이 원인이 된 사고사이므로 김성백을 처벌할 수 없다.

C : 그 행위가 발생된 결과를 일으키는 전형적인 원인이라고 일반 사람들이 평가할 때 그 결과에 대하여 책임을 물을 수 있다. 일반 사람들이 김성백의 구타 행위가 문정추가 물에 빠져 얼어 죽은 결과의 전형적인 원인이라고 평가하지 않기 때문에 김성백을 처벌할 수 없다.

D : 그 행위가 없었다면 결과가 발생하지 않았다고 볼 수 있는 경우 그 행위자는 그 결과에 대하여 책임이 있다. 그러나 피해자의 노력으로 그 피해 결과를 회피할 수 있었던 경우에는 가해

자에게 피해 결과에 대한 책임을 지울 수 없다. 문정추가 스스로 술을 많이 마셨고 그 때문에 냇물에 넘어진 것이므로 김성백을 처벌할 수 없다.

보기

ㄱ. 의사 갑이 독약 관리를 제대로 하지 않은 틈을 타서 간호사 을이 독약을 빼돌려 변심한 애인을 죽였다. A와 B는 갑이 독살당한 자의 죽음에 대한 책임이 없다고 할 것이다.

ㄴ. 갑이 을을 때려 다리를 부러뜨렸다. 을이 구급차에 실려 병원으로 옮겨지던 중 교통사고가 발생하여 즉사하였다. B와 C는 갑이 을의 죽음에 대한 책임이 없다고 할 것이다.

ㄷ. 갑이 을을 절벽에서 밀어 떨어뜨려 죽이기 위하여 산책을 권유하였다. 절벽 쪽으로 걸어가던 중 을이 번개를 맞아 죽었다. C와 D는 갑이 을의 죽음에 책임이 있다고 할 것이다.

ㄹ. 갑이 을을 독살하려고 하였으나 독약이 치사량에 미치지 못하여 질병을 얻게 하는 데 그쳤다. 의사는 완치 전에 술을 마시면 위험하다고 경고를 하였으나, 을은 이를 무시하고 술을 많이 마셨고 병이 악화되어 사망하였다. A와 D는 갑이 을의 죽음에 책임이 있다고 할 것이다.

① ㄱ   ② ㄴ   ③ ㄱ, ㄷ   ④ ㄴ, ㄹ   ⑤ ㄷ, ㄹ

문항 성격	규범과학(법학) – 언어추리
평가 목표	책임과 인과에 관한 이론을 제시하고 이를 실제 사례에 적용하는 능력을 측정
문제 풀이	정답 : ②

A는 행위가 없었다면 결과가 발생하지 않았다고 볼 수 있는 경우 그 행위자는 그 결과에 대하여 책임이 있다고 보는 견해, B는 행위자의 의도에 비추어 직접적 원인에 대해서만 책임이 있다는 견해, C는 일반인의 입장에서 전형적인 원인이라고 판단되는 경우에 책임을 인정하는 견해, D는 피해자가 결과를 회피하는 것이 가능하였을 때는 책임을 부인하는 견해이다.

〈보기〉 해설   ㄱ에서 갑의 독약 관리 소홀이 없었다면 간호사가 그 독약을 사용하여 애인을 죽일 수 없을 것이므로 A에 의하면 갑은 을의 애인의 죽음에 대해 책임이 있다. 따라서 A에 따르면 갑이 독살당한 자의 죽음에 대해 책임이 없다고 한 ㄱ은 옳지 않다.

     ㄴ에서 갑이 을의 다리를 부러뜨린 행위는 을이 교통사고로 사망한 결과의 직접적 원인이 아니며 전형적인 원인이라고도 볼 수 없다. 따라서 B와 C에 따르면 갑이 을의 죽음에 대한 책임이 없다. 따라서 ㄴ은 옳은 진술이다.

ㄷ에서 갑이 을을 절벽에서 밀어뜨려 죽이려고 산책을 권유한 행위는 을이 번개에 맞아 죽은 결과의 전형적 원인이 아니다. 따라서 C에 의하면 갑에게 책임이 인정되지 않는다. 따라서 C에 의하면 갑에게 책임이 인정된다고 말하고 있는 ㄷ은 옳지 않다.

ㄹ에서 을이 술을 마시지 말라는 의사의 경고를 따랐다면 죽지 않았을 것인데, 스스로 술을 많이 마셔 질병이 악화되어 사망한 것이므로 D에 의하면 갑에게 책임이 인정되지 않는다. 따라서 D에 의하면 갑에게 책임이 인정된다고 말하고 있는 ㄹ은 옳지 않다.

〈보기〉의 ㄴ만이 옳으며, 따라서 ②가 정답이다.

10.

A~C 모두와 양립할 수 있는 것만을 〈보기〉에서 있는 대로 고른 것은?

A : 오늘날 인류가 지니는 양심은 사회적 감정으로서 타인의 고통과 쾌락에 대한 공감의 감정이 역사적으로 학습된 결과, 즉 인류가 공유하는 습관화된 동정심이다. 타인의 쾌락을 증진시키고 고통을 감소시키는 데 기여하지 않는 양심은 잘못된 양심일 뿐이다. 우리는 양심에서 비롯된 잘못된 행위의 많은 사례들을 실제로 인류 역사에서 확인할 수 있다.

B : 양심은 취득될 수 있는 것이 아니며 양심을 구비해야 할 의무란 없다. 모든 사람은 근원적으로 양심을 자기 내에 가지고 있다. '이 사람은 양심이 없다'고 말하는 것은 그가 양심의 요구를 외면하고 있음을 의미하지, 그가 실제로 양심을 결여하고 있음을 의미하지 않는다. 양심이란 개인적 욕구로부터 독립적인 보편타당한 도덕 판단을 하는 실천이성에 다름 아니다. 어떤 사람이 종교적 이단 처형을 '신의 계시에 따른 내적 확신에서 비롯된 순수한 양심'을 통하여 정당화한다면, 이때의 '양심'은 실은 양심이 아니다.

C : 양심이란 부모의 권위가 내면화된 초자아의 기능이다. 어린이는 특정 시기를 지나면서 부모라는 대상을 향한 성적 욕구를 포기하고, 이러한 포기에 대한 보상으로서 부모와의 동일시를 강화하게 된다. 아이의 초자아는 부모의 초자아에 따라 형성되며 따라서 초자아는 이런 식으로 세대를 넘어 이어진 가치의 계승자가 된다. 많은 신경증적 증후들은 초자아가 지나치게 강한 결과, 즉 양심이 과도하게 열등감이나 죄의식으로 자아를 벌한 결과이다.

ㄱ. 양심 없는 인간이 있을 수 있다.

ㄴ. 양심의 명령에 따르는 행동이 비도덕적일 수 있다.

ㄷ. 나의 행동이 양심이 명령하는 바와 일치하지 않을 수 있다.

① ㄴ   ② ㄷ   ③ ㄱ, ㄴ   ④ ㄱ, ㄷ   ⑤ ㄱ, ㄴ, ㄷ

문항 성격   윤리학 – 언어추리

평가 목표   칸트 윤리설, 경험주의, 정신분석학의 관점에서 '양심'에 대한 설명을 간략히 기술한 제시문을 이용하여, 양심의 구비, 양심과 도덕, 양심과 행동에 관한 간단한 명제들이 제시된 관점 모두와 양립하는지 판단하는 능력 측정

문제 풀이   정답 : ②

A는 감정주의(emotivism)적 도덕이론과 경험주의 철학의 관점에서의 '양심'에 대한 설명으로서, 양심이 타인의 고통에 대한 공감이 학습되고 공유된 결과라고 말하고 있다. 양심이 '인류가 공유하는 습관화된 동정심'이라면 인간에게서 널리 공유되고 있을 것이 분명하지만, 모든 인간이 예외 없이 양심을 갖추고 있을 것이라는 주장까지 함축하지 않는다는 점에서 '양심 없는 인간의 존재'와는 양립하는 입장이다. 또, '양심에서 비롯된 잘못된 행위'와 '잘못된 양심'을 명시적으로 언급하고 있으므로 양심과 도덕이 불일치하는 경우도 용인한다. 양심이 습관화된 동정심이라면 양심에 따르지 않는 행동은 얼마든지 가능하며, 양심과 도덕이 일치하지 않을 수 있다고 인정한다면 양심에 맞서 도덕적인 선택을 하는 것이 가능하다는 것을 인정하여야 하므로 이 관점은 행동이 양심과 일치하지 않을 가능성도 인정한다.

B는 칸트의 견해로서 '양심이 없다'는 말이 '양심을 외면하고 있다'는 뜻이지 실제로 양심을 결여하고 있음을 뜻하는 것이 아니라고 말하는 것에서 '양심 없는 인간'은 불가능하다고 보고 있다. 또한, 이 견해에서 '양심'이란 실천이성과 동일한 것으로 보편타당한 도덕판단의 주체라고 말하는 점에서 양심과 도덕의 불일치 가능성도 인정할 수 없다. 그럼에도, 개인이 도덕의 명령에 반하는 행동을 하는 경우를 인정하지 않는 것은 아니며, 도덕의 명령에 반하는 행위란 곧 양심의 명령에 반하는 행위이므로 양심의 명령에 따르지 않는 행동의 가능성은 인정하고 있다.

C는 정신분석학의 견해로서 여기서 양심은 부모로부터 전승되는 가치의 담지자인 '초자아'의 기능이라고 설명되고 있다. 이 글만으로는 초자아를 갖지 않은 사람이 가능한가에 대하여 판단할 수 없다. 또, 초자아의 기능으로서의 양심의 판단이 언제나 도덕판단과 일치할 것인가 여부에 대해서도 이 글의 설명으로부터 판단하기 어렵다. 다만, 이 글에서 간단히 기술하는바, 신경증적 증후들의 예에서, 개인의 행동이 양심의 요구에 미치지 못하는 경우가 있을 수 있음을 인정하는

것으로 보아, 개인의 행동이 양심의 명령과 일치하지 않을 가능성은 인정하고 있다.

<보기> 해설　위의 풀이를 <보기>의 진술과 관련하여 요약하면 다음과 같다.

	A	B	C
양심 없는 인간의 가능성 (ㄱ)	인정	불인정	알 수 없음
양심과 도덕의 불일치 가능성 (ㄴ)	인정	불인정	알 수 없음
행동과 양심의 불일치 가능성 (ㄷ)	인정	인정	인정

그러므로 A~C 모두와 양립할 수 있는 것은 ㄷ뿐이므로 정답은 ②이다.

11.

다음 논증의 구조를 분석한 것으로 옳지 <u>않은</u> 것은?

아담 스미스는 자본이 증가하면 자본의 경쟁도 심화되기 때문에 이윤은 낮아진다고 주장하였다. 『국부론』의 「자본의 이윤」에서 그는 이렇게 말한다. "ⓐ 많은 부유한 상인들이 한 업종에 투자하게 되면 그들 간의 상호 경쟁 때문에 이윤은 자연스럽게 낮아지는 경향이 있다. ⓑ 한 사회 안에서 모든 업종에 걸쳐 투자액이 증가한다면, 그 모든 업종에서 같은 경쟁 때문에 동일한 효과가 발생할 수밖에 없다." 이 대목에서 아담 스미스는 ⓒ 자본의 경쟁이 이윤을 낮추는 것은 가격을 낮추기 때문이라고 생각하는 것 같다. 어떤 특정 업종에서 자본 투자가 증가하기 때문에 그 업종에서 이윤율이 낮아지는 것은 보통 가격의 하락에 기인하기 때문이다. 그러나 이것이 그가 뜻한 바라면, ⓓ 가격 하락이 한 상품에만 국한되는 경우에는 실제로 생산자의 이윤을 축소시키지만 모든 상품에 함께 일어나는 경우에는 그런 효과가 없어진다는 점을 그는 놓친 것이다. ⓔ 모든 물건의 가격이 내린다면 실질적으로는 어떤 물건도 가격이 내리지 않는 것과 마찬가지이기 때문이다. 화폐로 계산해 보아도 모든 생산자에게 매출이 줄어든 만큼 생산비도 줄어든다. ⓕ 모든 다른 물건들은 가격이 하락하는데 노동만이 가격이 하락하지 않는 유일한 상품이라면 실질 이윤은 감소할 것이지만, 그런 경우에 실제로 일어난 일은 임금 상승이다. 이 경우에 자본의 이윤을 낮춘 것은 가격 하락이 아니라 임금 상승이라고 해야 맞다.

– 존 스튜어트 밀, 『정치경제학 원리』 –

① 글쓴이는 ⓐ의 타당성을 인정하고 있다.

② ⓓ는 ⓑ를 비판하고 있다.

③ ⓔ는 ⓓ의 근거이다.

④ ⓕ는 ⓒ를 비판하고 있다.

⑤ ⓕ는 ⓔ의 근거이다.

| 문항 성격 | 정치경제학 – 분석 및 재구성 |
| 평가 목표 | 존 스튜어트 밀의 『정치경제학 원리』에서 아담 스미스의 주장을 간단히 비판하는 논 |

증적인 글을 소재로, 일상어로 이루어진 논증문에서 요소문들 간의 논리적 관계를 파
악하도록 요구하는 논증구조 파악 문항

문제 풀이 정답 : ⑤

제시문은 자본이 증가하면 경쟁도 심화되어 자본의 이윤은 감소한다는 아담 스미스의 주장에 대
하여 존 스튜어트 밀이 반박하는 내용으로 되어 있다. 밀은 스미스의 주장을 자본의 증가가 이윤
을 감소시키는 이유가 가격 때문이라고 생각한 것이라고 해석하면서 (ⓒ를 포함한 문장), 이 주장
은 한 상품에 대해서는 타당하지만, 모든 상품에 대해서 적용할 수는 없다고 논증한다(ⓓ를 포함
한 문장). 한 상품의 경우에는 투자의 증가로 가격 경쟁이 심화되어 가격이 하락하고 따라서 이윤
이 감소하는 것이 맞지만, 모든 업종에서 자본이 증가하여 모든 상품의 가격이 하락한다면 실질
가격은 하락하지 않는 셈(ⓔ)이라는 것이 비판의 첫 번째 요점이다. 그리고 모든 업종에서 자본이
증가하는 경우에도 노동의 가격은 하락할 이유가 없으므로 모든 상품의 가격이 하락하되 노동의
가격만은 하락하지 않을 수도 있을텐데, 이 경우에 실제로 발생한 것은 임금 상승이라는 것(ⓕ)이
비판의 두 번째 요점이다.

정답 해설   ⑤ 잘못 분석한 것을 찾아야 하므로 정답은 ⑤이다. ⑤는 'ⓕ가 ⓔ의 근거'라고 기
술하는데, 제시문에서 ⓕ는 ⓔ(또는 ⓔ가 지지하는 진술인 ⓓ)와 함께 스미스의
주장에 대한 밀의 비판의 요점이다.

오답 해설   ① 밀은 한 업종에 있어서는 자본의 증가가 가격을 낮추어 이윤을 감소시킨다는
것에 동의하므로 인용된 스미스의 주장 중 ⓐ에는 동의하고 있다. 그러므로 ①
은 옳은 분석이다.

② ⓓ는 밀의 주장으로서 스미스의 주장 ⓑ에 정면으로 충돌하는 진술이다. 그러므
로 ⓓ는 ⓑ에 대한 비판으로, ②는 옳은 분석이다.

③ 모든 상품에서 가격 하락이 일어나면 가격 하락의 효과가 없어지는데(ⓓ), 그 이
유는 모든 상품의 가격이 하락하면 실질 가격은 그대로가 되기 때문(ⓔ)이라는
것. 그러므로 ⓔ는 ⓓ의 근거로, ③은 옳은 분석이다.

④ 모든 업종에서 자본이 증가하여 모든 다른 물건들은 가격이 하락하는데 노동만

이 가격이 하락하지 않는 유일한 상품이라면, 이윤이 낮아지는 것은 가격의 하락 때문(ⓒ)이 아니라, 임금의 상승 때문(ⓕ)이라는 것이다. 그러므로 ⓕ는 ⓒ를 비판하는 진술이다. ④는 옳은 분석이다.

12.

〈가정〉과 〈상황〉으로부터 추론한 것으로 옳은 것만을 〈보기〉에서 있는 대로 고른 것은?

법률이나 정책 등을 바꾸려면 '거부권 행사자'라 불리는 일정 수의 개인 또는 집합적 행위자들의 동의가 필요하다. 거부권 행사자는 헌법에 의거한 '제도적' 거부권 행사자와 정치체제에 의거한 '당파적' 거부권 행사자로 나뉜다.

대통령중심제 국가이면서 양원제를 채택하고 있는 미국에서는 법률이나 정책을 바꾸려고 할 때 대통령, 상원, 하원의 동의를 필요로 하며 이때 제도적 거부권 행사자의 수는 셋이 된다. 의원내각제 국가의 경우에는 행정부가 입법부와 긴밀히 연계되어 있어서 행정부를 별도의 거부권 행사자로 보기 어렵다.

다른 한편, 의원내각제 국가의 경우에는 정치체제의 특성상 대통령중심제와 달리 당파적 거부권 행사자가 존재한다. 말하자면, 정부를 구성하는 정당들 하나하나가 별도의 거부권 행사자가 되는데, 연립정부는 단일정당정부에 비해 더 많은 수의 당파적 거부권 행사자를 갖게 된다. 국회의원 선거제도에는 소선거구제와 비례대표제가 있다.

〈가정〉
• 거부권 행사자의 수가 많을수록 정책안정성은 높아진다.
• 소선거구제에서는 양당제가, 비례대표제에서는 다당제가 출현한다.
• 의원내각제 하에서 다당제가 출현하면 연립정부가 출범한다.

〈상황〉
• A국은 대통령중심제, 비례대표제, 단원제 국가이다.
• B국은 대통령중심제, 소선거구제, 양원제 국가이다.
• C국은 의원내각제, 소선거구제, 단원제 국가이다.
• D국은 의원내각제, 비례대표제, 양원제 국가이다.

ㄱ. A국이 B국보다 정책안정성이 높을 것이다.
ㄴ. D국이 A국보다 정책안정성이 높을 것이다.
ㄷ. D국이 C국보다 정책안정성이 높을 것이다.

① ㄱ   ② ㄷ   ③ ㄱ, ㄴ   ④ ㄴ, ㄷ   ⑤ ㄱ, ㄴ, ㄷ

문항 성격 사회과학 – 언어추리

평가 목표 정책안정성을 정치제도 및 선거제도와 연결시키는 가정을 제시한 후 이 가정을 사례들에 적용하여 비교하는 능력을 측정

문제 풀이 정답 : ④

지문에 따르면 '거부권 행사자'에는 '제도적 거부권 행사자'와 '당파적 거부권 행사자'가 있다. 대통령중심제 하에서는 당파적 거부권 행사자가 존재하지 않으며, 제도적 거부권 행사자는 대통령과 의회(단원제 의회의 경우 1, 양원제 의회의 경우 2)가 된다. 의원내각제 하에서는 정부를 별도의 제도적 거부권 행사자로 보지 않으므로 제도적 거부권 행사자의 수는 의회가 단원제인가 양원제인가에 따라서만 결정된다. 한편, 의원내각제 하에서는 당파적 거부권 행사자가 존재하는데, 단일정당정부의 경우 1, 연립정부의 경우 연립정부를 구성하는 정당의 수가 당파적 거부권 행사자의 수가 된다. 이에 따라 A~D국의 거부권 행사자의 수를 계산하면 다음과 같다.

A : 2(제도적 거부권 행사자 : 대통령, 단원제 의회)+0(당파적 거부권 행사자 없음)=2.

B : 3(제도적 거부권 행사자 : 대통령, 양원제 의회)+0(당파적 거부권 행사자 없음)=3.

C : 1(제도적 거부권 행사자 : 단원제)+1(당파적 거부권 행사자 : 소선거구제이므로 가정에 따라 양당제와 단일정당정부 출현)=2.

D : 2(제도적 거부권 행사자 : 양원제)+(2+α)(당파적 거부권 행사자 : 비례대표제이므로 가정에 따라 다당제와 연립정부 출현)=4와 같거나 4보다 크다.

정책안정성은 거부권 행사자의 수와 비례하므로, 다음의 판단이 가능하다.

ㄱ. A국이 B국보다 정책안정성이 높을 것이다 : 옳지 않은 진술이다.

ㄴ. D국이 A국보다 정책안정성이 높을 것이다 : 옳은 진술이다.

ㄷ. D국이 C국보다 정책안정성이 높을 것이다 : 옳은 진술이다.

따라서 정답은 ④이다.

13.

다음 글로부터 추론한 것으로 옳은 것만을 〈보기〉에서 있는 대로 고른 것은?

사람들은 흡연자이거나 비흡연자이고, 또 폐암에 걸리거나 걸리지 않는다. 흡연자가 폐암에 걸리는 확률이 비흡연자가 폐암에 걸리는 확률보다 높을 때, 다시 말해서 흡연자 중 폐암 발생자의 비율이 비흡연자 중 폐암 발생자의 비율보다 클 때 흡연은 폐암과 긍정적으로 상관되어 있다고 말한다. 가령 흡연자 중 폐암 발생자의 비율이 2%이고 비흡연자 중 폐암 발생자의 비율이 0.5%라면, 흡연과 폐암은 긍정적으로 상관된다.

역으로 흡연자가 폐암에 걸리는 확률이 비흡연자가 폐암에 걸리는 확률보다 낮을 때 흡연은 폐암과 부정적으로 상관되어 있다고 말한다. 상관관계는 대칭적이어서, 흡연이 폐암과 긍정적으로 상관되어 있으면, 역으로 폐암도 흡연과 긍정적으로 상관된다.

두 사건 사이에 직접적인 인과관계가 없을 때에도 그 둘은 상관관계를 가질 수 있다. 가령 그것들이 하나의 공통 원인의 결과일 때 그런 일이 있을 수 있다. 다른 한편, 두 사건 사이에 인과관계가 있어도 이들 사이에 긍정적 상관관계가 없을 수도 있다. 예를 들어, 흡연은 심장 발작을 촉진하지만, 흡연자들은 비흡연자들보다 저염식 식단을 선호하는 성향이 있다고 하자. 이런 경우 흡연이 심장 발작을 일으키는 성향은 흡연이 흡연자로 하여금 심장 발작을 방지하는 음식을 선호하게 만드는 성향과 상쇄되어 흡연과 심장 발작 사이에는 상관관계가 없을 수 있으며, 심지어는 부정적 상관관계가 있을 수도 있다.

보기

ㄱ. 흡연이 비만과 부정적으로 상관되어 있다면, 비만인 사람 중 흡연자의 비율이 비만이 아닌 사람 중 흡연자의 비율보다 작다.

ㄴ. 흡연과 비만 사이에 긍정적 상관관계가 있다면, 비만인 사람 중 흡연자의 수가 비흡연자의 수보다 많다.

ㄷ. 흡연이 고혈압의 원인이고 고혈압이 심장 발작과 긍정적 상관관계를 갖는다면, 흡연은 심장 발작과 긍정적 상관관계를 갖는다.

① ㄱ   ② ㄷ   ③ ㄱ, ㄴ   ④ ㄱ, ㄷ   ⑤ ㄴ, ㄷ

평가 목표 제시문을 통해 상관관계의 개념을 이해하고, 이것이 함축하는 바와 상관관계와 인과관계의 구분 그리고 이에 바탕한 추론 능력을 평가

문제 풀이 정답 : ①

〈보기〉 해설 ㄱ. 지문에 의하면 상관관계는 대칭적이다. 따라서 한 방향 상관관계가 성립한다면, 역방향 상관관계도 성립해야 한다. 흡연이 비만과 부정적 상관관계를 가진다면, 이는 비만도 흡연과 부정적 상관관계를 가짐을 의미한다. 따라서 지문의 상관관계에 대한 정의를 비만과 흡연에 그대로 적용하면, 비만인 사람 중 흡연자의 비율이 비만이 아닌 사람 중 흡연자의 비율보다 작다는 것을 도출할 수 있다. ㄱ은 옳은 진술이다.

ㄴ. 흡연과 비만이 긍정적 상관관계를 가질 경우, 비만과 흡연 사이에도 긍정적 상관관계가 성립한다. 하지만 이때 우리는 비만인 사람 중 흡연자의 비율과 비만이 아닌 사람 중 흡연자의 비율만 비교할 수 있으며, 비만인 사람 중에서 흡연자와 비흡연자의 비율이 어떤지에 대해서는 아무 것도 도출할 수 없다. 이는 상황에 따라 클 수도 있고 작을 수도 있다. 가령, 비만인 사람 중 흡연자의 비율이 10%이고 비만이 아닌 사람 중 흡연자의 비율이 5%라면, 비만과 흡연은 긍정적으로 상관된다. 하지만 이 경우 비만인 사람 중에서 흡연자의 비율은 10%에 불과하므로, 비흡연자의 수가 흡연자의 수보다 9배나 많다. ㄴ은 옳지 않은 진술이다

ㄷ. 지문에 따르면, 흡연이 고혈압의 원인이라 하더라도, 우리는 이것만으로 이들 사이에 긍정적 상관관계가 성립하는지 여부를 판단할 수 없다. 따라서 우리는 흡연과 심장 발작 사이에 긍정적 상관관계가 있는지 여부를 판단할 수 없다. ㄷ은 옳지 않은 진술이다.

〈보기〉 중에서 옳은 진술은 ㄱ뿐이므로 정답은 ①이다.

14.

'압력 조절실'에 대해 추론한 것으로 옳은 것은?

> 기체의 용해도는 기체가 액체에 녹는 정도를 말하는데 압력이 높을수록 높아진다. 주변 기압에 적응된 인체의 혈액에도 일정량의 공기가 녹아 있는데, 갑작스러운 주변 기압의 변화로 인해 이 공기의 용해도가 급격하게 변화될 수 있다. 따라서 심해나 우주처럼 일반적인 대기압 조건과 다른 곳을 왕래하는 경우, 혈액 내 공기 용해도의 급격한 변화에 의해 인체가 해를 입을 수 있다. 일반적으로 잠수부가 물 속으로 잠수해 들어가는 것은 큰 문제가 되지 않는 데 비해, 물 속에서 수면으로 빠르게 올라오면 혈액에 녹아 있던 질소가 기체 상태로 변하면서 혈류를 막아 심각한 위험을 초래할 수 있다.
>
> 아폴로-소유즈 실험 계획은 미국과 소련 간 최초의 국제 공동 유인 우주 비행 실험으로, 그 임무 중 하나는 장래의 미-소 우주선의 도킹 시스템을 점검하는 것이었다. 이 계획의 실행 당시 소련 우주선인 소유즈 내에는 지상의 공기와 기체 구성비 및 기압이 동일한 공기가 공급되었지만, 미국 우주선인 아폴로 내에는 지상의 공기에서 질소 등의 다른 대기 성분을 뺀 순수 산소만이 대기압보다 낮은 압력으로 공급되었다. 도킹할 때마다 두 우주선 전체의 압력을 같게 만드는 것은 현실성이 없었기에, 두 우주선 중간에 압력 조절실을 따로 두고 우주인이 이를 통과하면서 자신의 신체가 두 우주선 사이의 압력 차이에 천천히 적응할 수 있도록 했다.

① 압력 조절실을 통과하는 과정에서 우주인 혈액 내의 기체 용해도는 변화하지 않을 것이다.
② 아폴로 우주선에 산소 외에 다른 기체를 섞어 대기압과 같게 되도록 공급하더라도 압력 조절실은 여전히 필요할 것이다.
③ 압력 조절실 없이 미국 우주인이 소유즈 우주선으로 이동하는 상황은 잠수부가 수면으로 급격히 상승하는 상황과 유사할 것이다.
④ 압력 조절실 없이 소련 우주인이 아폴로 우주선으로 바로 이동할 경우 소련 우주인의 혈액 속의 질소가 기체 상태로 바뀔 것이다.
⑤ 압력 조절실을 통해 이동할 경우, 소련 우주인이 아폴로 우주선으로 이동할 때보다 미국 우주인이 소유즈 우주선으로 이동할 때가 더 위험할 것이다.

과학기술 – 언어추리

기압 차이에 따라 기체의 용해도가 달라지는 원리를 서로 다른 상황, 즉 잠수하는 상황과 우주선 도킹 상황에 유비적으로 적용하여 올바르게 추론할 수 있는지 평가

문제 풀이 정답 : ④

이 문제의 풀이를 위해서는 아폴로 우주선과 소유즈 우주선 사이에 기압 차이가 존재하기에 두 우주선 사이를 압력 조절실 없이 이동하는 상황이 잠수부가 물 속으로 들어가는 상황 및 수면 위로 나오는 상황과 유사한 상황이라는 점을 파악해야 한다.

정답 해설 ④ 압력 조절실 없이 소련 우주인이 아폴로 우주선으로 바로 이동하는 상황은 압력이 높은 상태에서 압력이 낮은 상태로 이동하는 상황이므로 지문에서 잠수부가 수면으로 급격하게 상승하는 상황에 해당된다. 그러므로 소련 우주인의 혈액 속의 질소가 기체 상태로 바뀔 것이라는 점을 추론할 수 있다.

오답 해설 ① 제시문에서 압력 조절실을 만든 이유가 우주인이 이를 통과하면서 두 우주선 사이의 압력 차이에 천천히 적응할 수 있게 하기 위한 것이라는 언급이 있으므로, 압력 조절실을 통과하는 과정에서 우주인 혈액 내의 기체 용해도는 천천히 변화하게 될 것이다.

② 제시문에서 압력 조절실이 필요했던 이유가 두 우주선 사이의 기압 차이라는 점을 밝혔으므로 이로부터 만약 아폴로 우주선에 산소 외에 다른 기체를 섞어 대기압과 같게 되도록 공급했다면 아폴로 우주선의 기압이 소유즈 우주선의 기압과 같아져 압력 조절실이 불필요할 것이라는 점을 추론할 수 있다.

③ 제시문에서 압력 조절실 없이 미국 우주인이 소유즈 우주선으로 이동하는 상황은 낮은 압력 조건에서 높은 압력 조건으로 이동하는 상황에 해당된다는 점을 알 수 있고 이는 잠수부가 물 속으로 급격하게 잠수하는 상황과 유사할 것이라는 점을 추론할 수 있다.

⑤ 제시문에서 압력 조절실의 목적이 압력 차가 있는 두 우주선 사이를 왕복할 때의 위험을 막기 위해서라는 점을 추론할 수 있다. 또한 압력 조절실이 있는 상황에서 설사 남아 있는 위험이 있더라도 그 위험은 미국 우주인이 소유즈 우주선으로 이동할 때보다 소련 우주인이 아폴로 우주선으로 이동할 때가 더 클 것이다.

15.

다음 글로부터 추론한 것으로 옳은 것만을 〈보기〉에서 있는 대로 고른 것은?

> 콜레스테롤은 지용성 분자로 동물 세포에서 발견된다. 콜레스테롤은 세포막을 구성하는 주요 성분으로, 세포막을 통한 물질 이동과 관련된 세포막 유동성(fluidity)을 조절한다고 알려져 있다. 세포막 유동성은 일반적으로 온도가 올라갈수록 증가한다. 그런데 저온에서는 콜레스테롤이 있는 경우가 없는 경우보다 세포막 유동성이 크고, 고온에서는 콜레스테롤이 있는 경우가 없는 경우보다 세포막 유동성이 작다.
>
> 에르고스테롤은 진균의 세포막에 존재하는 물질로 세포막 유동성과 관련하여 콜레스테롤과 같은 기능을 한다. 다만 콜레스테롤과는 구조적인 차이가 있어서 이를 활용한 항진균제 개발이 가능하다. 대표적인 항진균제인 케토코나졸은 에르고스테롤의 생체 내 합성을 방해함으로써 세포막 유동성을 변화시켜 진균의 성장을 억제한다. 반면 또 다른 항진균제인 암포테리신-B는 세포막 유동성에는 거의 영향을 주지 않지만, 에르고스테롤과 결합하여 진균 세포막에 구멍이 나게 함으로써 진균의 성장을 억제한다.

보 기

ㄱ. 진균의 세포막 유동성은 케토코나졸로 처리하면 증가할 것이다.
ㄴ. 암포테리신-B로 처리한 진균의 세포막 유동성은 고온보다 저온에서 더 클 것이다.
ㄷ. 암포테리신-B로만 처리할 때보다 케토코나졸과 암포테리신-B로 동시에 처리할 때, 진균 세포막에 구멍이 나는 정도가 줄어들 것이다.

① ㄴ   ② ㄷ   ③ ㄱ, ㄴ   ④ ㄱ, ㄷ   ⑤ ㄴ, ㄷ

문항 성격   과학기술(생물학) − 언어추리

평가 목표   동물세포에서 세포막 유동성을 조절하는 콜레스테롤, 진균의 세포막에서 같은 기능을 하는 에르고스테롤, 그리고 두 종류의 항진균제에 대한 설명으로부터 올바로 추론할 수 있는 능력을 평가

문제 풀이   정답 : ②

〈보기〉 해설   ㄱ. 제시문에서 진균의 에르고스테롤은 세포막 유동성과 관련하여 다른 동물세포의 콜레스테롤이 수행하는 기능을 담당하고, 케토코나졸은 에르고스테롤의 합성을 방해한다는 것을 알 수 있다. 따라서 케토코나졸로 처리하면 콜레스테롤

이 없는 경우와 유사하다는 점을 알 수 있다. 하지만 콜레스테롤이 없는 경우 세포막 유동성은 고온인지 저온인지에 따라 그 변화 양상이 달라지므로 일률적으로 증가한다든지 감소한다고 말할 수 없다. 그래서 ㄱ은 옳지 않은 진술이다.

ㄴ. 제시문에서 암포테리신-B는 진균의 세포막 유동성에 거의 영향을 주지 않고, 일반적으로 세포막 유동성은 고온일 때가 저온일 때보다 더 높다고 서술되어 있으므로, ㄴ은 옳지 않은 진술이다.

ㄷ. 제시문에서 암포테리신-B는 에르고스테롤과 결합하여 세포막에 구멍을 낸다고 서술되어 있다. 그런데 케토코나졸과 암포테리신-B를 동시에 처리하면 케토코나졸로 인해 암포테리신-B와 결합할 에르고스테롤 자체가 줄어들게 되므로, 세포막에 구멍이 나는 정도는 줄어들 것이다. 따라서 ㄷ은 옳은 진술이다.

〈보기〉에서 옳은 진술은 ㄷ뿐이므로 ②가 정답이다.

16.

다음 글로부터 그레이브스병 환자에 대해 추론한 것으로 옳은 것만을 〈보기〉에서 있는 대로 고른 것은?

갑상선 호르몬의 일종인 티록신은 포도당의 분해를 증가시키고 체온을 높이는 등 신체의 물질대사를 촉진하는 기능을 한다. 정상적인 신체는 체내의 티록신 농도를 일정하게 조절하여 항상성을 유지한다. 이를 위해 간뇌의 시상 하부에는 티록신 농도를 감지하는 조직이 있어, 티록신이 부족하면 이곳에서 '갑상선 자극 호르몬 방출 호르몬'(TRH)이 분비된다. TRH는 다시 뇌하수체 전엽에서 '갑상선 자극 호르몬'(TSH)의 분비를 촉진하고, TSH는 갑상선 세포 표면에 있는 TSH-수용체에 결합하여 티록신의 분비를 촉진한다. 이 신호를 받아 갑상선에서 티록신이 더 많이 생산되고 티록신의 혈중 농도가 높아지면, 시상 하부의 TRH 분비량이 줄어들며 이에 따라 TSH의 분비량과 티록신 합성량이 차례로 줄어들어 티록신 농도를 정상 수준으로 조절한다.

그레이브스병은 티록신 농도가 정상보다 높은 수준으로 유지되는 질병이다. 이 병의 특이한 증상은 환자의 체중이 왕성한 식욕에도 불구하고 감소하는 것이다. 그레이브스병은 신진대사 속도에 영향을 주는 자가면역 질환의 일종이다. 이 병은 TSH-수용체에, TSH를 대신하여 결합하는 항체가 생성되는 것이 그 원인이라고 알려져 있다. 이 항체가 TSH-수용체에 결합하면 TSH 농도와 무관하게 티록신 합성이 촉진된다.

ㄱ. TRH와 TSH의 분비량이 정상인에 비해 적을 것이다.

ㄴ. TSH를 감소시키는 약물을 주사하면 티록신의 분비가 감소할 것이다.

ㄷ. TSH-수용체가 부족해지거나 파괴된 경우에도 유사한 증상을 보일 것이다.

① ㄱ   ② ㄴ   ③ ㄷ   ④ ㄱ, ㄴ   ⑤ ㄱ, ㄷ

문항 성격   과학기술(생물학) – 언어추리

평가 목표   체내의 티록신 농도 조절 메커니즘에 대한 설명과 그레이브스병의 원인에 대한 설명을 결합하여 추론할 수 있는 능력을 평가

문제 풀이   정답 : ①

〈보기〉 해설   ㄱ. 제시문에서 그레이브스병 환자는 TSH 농도와 무관하게 정상인보다 체내 티록신 농도가 높게 유지된다고 설명하였다. 이를 지문 첫 문단의 티록신 농도 조절 메커니즘과 결합하면 티록신 농도가 높아지면 TRH 분비량과 TSH 분비량이 차례로 줄어든다고 하였고 티록신 농도가 높은 상태는 그레이브스병 환자의 특성상 지속되므로 결국 그레이브스병 환자의 TRH와 TSH의 농도는 정상인에 비해 낮게 됨을 추론할 수 있다. ㄱ은 옳은 진술이다.

ㄴ. 제시문의 그레이브스병 환자에 대한 설명으로부터 환자의 TSH가 감소하더라도 TSH를 대신하여 결합하는 항체가 TSH-수용체에 결합하여 티록신 분비가 촉진된다는 것을 추론할 수 있으므로 ㄴ은 옳지 않은 진술이다.

ㄷ. 그레이브스병 환자는 TSH-수용체에 결합하는 특별한 항체를 갖고 있는 것이 특징이다. 그러므로 어떤 이유에서건 TSH-수용체가 부족해지거나 파괴된다면 그 특별한 항체가 결합할 수 있는 TSH-수용체가 줄어드는 것이므로 티록신 합성도 줄어들어, 티록신 농도가 높은 수준으로 유지되는 그레이브스병과 유사한 증상을 보이지는 않을 것이라고 추론할 수 있다. ㄷ은 옳지 않은 진술이다.

〈보기〉 중 옳은 진술은 ㄱ뿐이므로, 정답은 ①이다.

17.

다음 글로부터 추론한 것으로 옳은 것만을 〈보기〉에서 있는 대로 고른 것은?

대칭적 암호체계를 이용한 비밀 통신의 원리는 간단하다. 즉 송신자와 수신자 둘만이 공유하고 있는 하나의 열쇠를 이용해 송신자가 메시지를 암호화하여 보내면 수신자는 공유하고 있는 동일한 열쇠를 이용해서 암호화된 메시지를 해독하는 것이다.

그러나 동일한 열쇠를 오랜 기간 동안 반복해서 사용하게 되면, 외부에 열쇠가 노출될 위험이 커지는 문제가 발생한다. 오랜 기간 사용한 열쇠를 '장기열쇠'라고 한다. 장기열쇠가 노출되는 위험을 피하기 위해서 통신을 할 때 장기열쇠 외에 단기적으로 사용하는 열쇠, 즉 '단기열쇠'를 따로 설정해서 메시지를 암호화하게 된다.

채은과 유진 두 사람이 대칭적 암호체계를 이용해서 비밀 통신을 한다고 하자. 채은과 유진은 두 사람이 모두 동일한 장기열쇠와 단기열쇠를 공유하고 있는지를 확인할 필요가 있고 동시에 제3자가 단기열쇠를 알아채지 못하게 해야 할 필요가 있다. 이를 위해서 두 사람은 다음과 같은 단계들을 거쳐야 한다.

단계(1) : 채은은 자신이 만든 임의의 메시지 M과 자신의 아이디(ID)를 유진에게 보낸다.

단계(2) : 유진은 자신이 갖고 있는 장기열쇠를 이용하여 M과 자신이 임의로 지정한 단기열쇠 S를 암호화한 후 이를 채은에게 보내고, 채은은 자신이 갖고 있는 장기열쇠를 이용하여 이를 해독한 후 해독한 메시지에 M이 있는지 확인한다.

단계(3) : 채은은 유진이 보낸 S를 이용하여 M을 암호화한 후 이를 보내고, 유진은 이를 해독한 메시지가 M과 동일한지 확인한다.

보 기

ㄱ. 단계(2)가 완료되었을 때 유진은 자신과 채은이 S를 공유하게 되었음을 알 수 있다.

ㄴ. 단계(2)에서 채은이 해독한 메시지에 M이 없다면, 채은은 자신과 유진이 장기열쇠를 공유한다고 확신할 수 없다.

ㄷ. M과 유진이 사용한 장기열쇠를 알고 있는 제3자가 단계(2)에서 유진이 채은에게 전송한 메시지를 가로챈다면 그는 S를 알 수 있다.

① ㄱ   ② ㄴ   ③ ㄱ, ㄷ   ④ ㄴ, ㄷ   ⑤ ㄱ, ㄴ, ㄷ

주어진 세 단계에 대한 설명을 통해서 각 단계의 목적이 무엇인지 알 수 있다. 최종적인 목적은
제시문에 나와 있다. 즉, '두 사람이 모두 동일한 장기열쇠와 단기열쇠를 공유하고 있는지를 확
인'하고 '제3자가 단기열쇠를 알아채지 못하게' 하는 것이다. 단계(1)은 이를 위한 예비적 작업이
다. 단계(2)가 완료되고 채은이 해독한 메시지에 M이 있다면, 채은은 유진이 자신과 동일한 장기
열쇠를 갖고 있다는 것을 확인할 수 있다. 단계(3)이 완료되고 유진이 해독한 메시지가 M과 동일
하다면, 유진은 상대방 역시 자신과 동일한 장기열쇠를 갖고 있다는 것과 자신이 보낸 단기열쇠
S가 상대방에게 제대로 전달되었다는 것을 알 수 있다.

〈보기〉해설 ㄱ. 단계(2)가 성공적으로 완료되었다고 하더라도 유진은 자신과 채은이 단기열쇠
S를 공유하는지 알 수 없다. 단계(2)에서 유진이 한 것은 S를 보냈을 뿐, 아직
상대방으로부터 아무런 답을 받지 않은 상태이다. 유진은 이 상태에서 상대방
이 S를 제대로 받았는지 알 길이 없다. 따라서 ㄱ은 올바른 추론이 아니다.

ㄴ. 단계(2)에서 채은이 자신과 유진이 장기열쇠를 공유함을 안다고 할 수 있으려
면 채은이 해독한 메시지에 M이 있어야 한다. 만약 그렇지 못하다면, 그 원인
은 다양할 수 있다. 예를 들어, 채은과 유진이 다른 장기열쇠를 갖고 있는지 모
른다. 만약 유진이 다른 장기열쇠를 사용한다고 하면, M을 암호화하는 열쇠와
해독하는 열쇠가 서로 다른 것이다. 채은이 해독한 메시지에 M이 없다면 이런
일이 일어날 가능성이 있다. 즉 채은은 유진과 자신이 장기열쇠를 공유하지 못
하고 있을 가능성을 받아들여야 한다. 따라서 ㄴ은 올바른 추론이다.

ㄷ. 제3자가 M과 유진이 사용한 장기열쇠를 알고 있으며 단계(2)에서 유진이 보낸
메시지까지 안다고 하자. 그렇다면 그는 유진이 사용한 장기열쇠를 이용해서
이 메시지를 해독할 수 있고, 이 속에는 M과 S가 있을 것이다. 그는 M을 알고
있기 때문에, S가 무엇인지도 알 수 있다. 따라서 ㄷ은 올바른 추론이다.

〈보기〉에서 올바른 추론은 ㄴ, ㄷ이므로 정답은 ④이다.

18.

다음 글로부터 추론한 것으로 옳은 것만을 〈보기〉에서 있는 대로 고른 것은?

> 17세기 중국의 사상가 황종희는 국가 재정이 넉넉해지려면 지금 국가가 지고 있는 군대 부양 (扶養)의 부담을 줄여야 하는데, 이를 위해서는 직업 군인제 대신 병농 일치의 군사 제도를 채택해야 한다고 주장하였다. 그는 구체적으로 다음과 같은 방안을 제안했다.
>
> (1) 병사는 마땅히 구(口)에서 취해야 하고, 병사 부양은 마땅히 호(戶)에서 취해야 한다. 구에서 취한다는 말은 50인마다 훈련병 1인과 복무병 1인을 차출한다는 것이다. 호에서 취한다는 말은 10호마다 1인의 복무병을 부양토록 한다는 것이다. 지금 천하 호구(戶口)의 숫자를 보면 구가 약 6,000만 인, 호가 약 1,000만 호이니, 충분한 병력을 확보하면서도 백성의 부담은 무겁지 않게 할 수 있다. 병역을 지는 남자는 만 20세에 의무를 시작하여 만 30년 동안 의무를 지고, 훈련병의 훈련은 생업에 지장이 없게 실시하여 따로 부양할 필요가 없도록 한다.
>
> (2) 궁성 수비는 수도가 위치한 강남 지방의 군현에 거주하는 병역 의무자 중에서 차출하여 충당한다. 먼저 강남 지방의 병역 의무자 전원을 복무병 2개 조, 훈련병 2개 조로 나누고, 각 조의 병력 수를 같도록 한다. 이 중 복무병의 첫 번째 조 10만 명은 각자 소속된 군현을 지키게 하고, 두 번째 조 10만 명은 궁성을 수비하게 한다. 이듬해에는 군현을 지키던 자로 궁성을 지키게 하고, 궁성을 수비하던 자는 돌아가서 군현을 지키게 한다. 그 다음 해에는 훈련병을 동원하여 복무하게 하고, 복무병은 귀가하여 훈련만 받게 한다.

보 기

ㄱ. 17세기 중국의 인구 중 약 6분의 1이 강남 지방에 거주하고 있었다.

ㄴ. 국가 재정의 부담 없이 유지할 수 있는 복무병은 최대 100만 명이다.

ㄷ. 강남 지방의 병역 의무자가 일생 동안 궁성 수비를 맡는 기간은 최대 5년이다.

① ㄴ   ② ㄱ, ㄴ   ③ ㄱ, ㄷ   ④ ㄴ, ㄷ   ⑤ ㄱ, ㄴ, ㄷ

문항 성격   인문학(역사) – 수리추리

평가 목표   병농 일치의 군사 제도를 제안한 황종희의 글로부터 인구, 병력 수, 병역 의무 기간에 관한 진술들을 추론할 수 있는 능력 평가

문제 풀이   정답 : ②

17세기 중국의 전체 호구는 1,000만 호, 6,000만 인이었다. 따라서 50인마다 훈련병 1인과 복

무병 1인을 차출하면 120만 명의 훈련병과 120만 명의 복무병을 차출할 수 있다. 그런데 10호마다 1인의 복무병을 부양한다고 하였으므로 전체 1,000만 호로 100만 명의 복무병을 부양할 수 있고, 나머지 20만 명은 국가의 부양 부담으로 남는다.

　당시 강남에서 차출하는 복무병은 2개조 20만 명, 훈련병은 2개조 20만 명이므로, 이를 토대로 강남의 인구를 추론하면 1,000만(20만×50) 명이 된다.

> **〈보기〉 해설**　ㄱ. 17세기 강남 지방에서 20만 명의 복무병을 확보할 수 있다. 복무병은 50인에 1인씩이므로, 강남 지방의 구(口)는 1,000만(20만×50) 명이었을 것이다. 전국 인구가 6,000만 명이므로, 강남 지방에는 전국 인구의 6분의 1이 거주하고 있던 셈이다. ㄱ은 올바른 추론이다.
>
> ㄴ. 복무병 부양은 구(口)가 아니라 호(戶)와 관련된다. 10호가 1인의 복무병을 부양하므로, 전국 1,000만 호는 최대 100만 명의 복무병을 부양할 수 있다. 따라서 국가 재정의 추가 부담 없이 유지할 수 있는 복무병의 최대 수는 100만 명이다. ㄴ은 올바른 추론이다.
>
> ㄷ. 병역 의무자의 궁성 수비는 4년에 한 번씩 돌아온다. 20세부터 30년 동안 병역 의무를 지므로 궁성 수비는 7.5회가 되지만, 20세 또는 21세에 궁성 수비를 맡은 경우는 8회까지 궁성 수비를 맡게 된다. 따라서 궁성 수비를 맡는 기간은 최대 5년이 아니라 8년이다. ㄷ은 올바른 추론이 아니다.
>
> 〈보기〉의 ㄱ, ㄴ만이 올바른 추론이므로 ②가 정답이다.

19.

다음 글로부터 추론한 것으로 옳은 것만을 〈보기〉에서 있는 대로 고른 것은?

> 　주상께서는 오제 가운데 저희 왕조를 낳아 주신 신께 남교에서 제사를 올려야 합니다. 오제는 적제, 흑제, 청제, 백제, 황제를 말하는데, 각기 오행(화, 수, 목, 금, 토)을 상징하는 신들입니다. 역대 각 왕조는 오덕종시설(五德終始說), 즉 오행의 상생 또는 상극의 순환 순서에 따라서 왕조 교체가 규칙적으로 이루어진다는 주장을 받아들여, 오덕 중 자신의 덕에 맞는 신에게 제사를 올렸던 것입니다. 그러나 상극설과 상생설에 따른 오행의 순환 순서에는 차이가 있습니다. 예를 들어 상극설에서는 화 다음에 수가 이어지지만, 상생설에서는 금 다음에 수가 이어집니다.
>
> 　상생설과 상극설에 따른 오행의 순환 순서가 논란이 되자, 한(漢)왕조는 우선 자신을 중심으로

상생설과 상극설의 순환 순서를 결정하였습니다. 만약 한왕조가 상극설에 따라 토덕(土德)을 받들고 이후 여러 왕조에서 모두 상극설을 따랐다면, 저희 왕조는 한왕조가 망한 뒤 여섯 번째에 들어선 왕조이므로 목덕(木德)을 받들어야 했을 것입니다. 그러나 한왕조는 상생설에 따라서 화덕(火德)을 받들었고, 이후 여러 왕조에서는 모두 상생설을 따랐습니다. 한의 다다음 왕조는 금덕(金德)을 받들었는데, 한과 그 이후 왕조가 계속 상극설을 따랐어도 이는 마찬가지였을 것입니다. 저희 왕조도 한왕조 이후의 전례에 따라 상생설을 따르는 것이 좋으니, 원컨대 주상께서는 토덕을 받들어 황제(黃帝)께 제사드리기를 바라옵니다.

<보 기>

ㄱ. 현 왕조의 직전 왕조는 한왕조와 마찬가지로 화덕을 받들었을 것이다.

ㄴ. 한왕조부터 상극설이 채택되어 계속 유지되었다면 현 왕조의 전전 왕조는 황제에게 제사 지냈을 것이다.

ㄷ. 상생설과 상극설 중 한왕조가 어떤 설을 선택하든 그 설이 이후 왕조에서 계속 유지된다면, 현 왕조의 다음 왕조는 백제에게 제사 지낼 것이다.

① ㄱ   ② ㄴ   ③ ㄱ, ㄷ   ④ ㄴ, ㄷ   ⑤ ㄱ, ㄴ, ㄷ

문항 성격	인문학(역사) – 논리게임
평가 목표	오행의 순환 순서를 지문의 추론을 통해 알아내고 그 이후의 순환 순서를 추론하는 능력 평가
문제 풀이	정답 : ③

제시문의 두 번째 문단의 정보를 이용하여 각 왕조가 모신 제사를 상생설과 상극설에 따라 표로 그려보면 다음과 같다.

왕조	한왕조	한왕조 이후 1번째 왕조	2번째 왕조	3번째 왕조	4번째 왕조	5번째 왕조	현 왕조
상극설	토덕		금덕				목덕
상생설	화덕		금덕				토덕

오행이 모두 규칙적으로 순환하므로, 상극설이나 상생설에 상관없이 한왕조가 제사드리는 대상은 한왕조 이후 5번째 왕조가 제사드리는 대상과 같고, 한왕조 이후 1번째 왕조에서 제사드리는 대상은 현 왕조가 제사드리는 대상과 같아야 한다. 이것을 표로 나타내면 다음과 같다.

왕조	한왕조	한왕조 이후 1번째 왕조	2번째 왕조	3번째 왕조	4번째 왕조	5번째 왕조	현 왕조
상극설	토덕	목덕	금덕			토덕	목덕
상생설	화덕	토덕	금덕			화덕	토덕

첫 번째 문단의 끝에서 상극설에서는 화 다음에 수가, 상생설에서는 금 다음에 수가 이어진다고 말하고 있으므로 각 왕조가 받든 제사는 다음과 같이 결정된다.

왕조	한왕조	한왕조 이후 1번째 왕조	2번째 왕조	3번째 왕조	4번째 왕조	5번째 왕조	현 왕조
상극설	토덕	목덕	금덕	화덕	수덕	토덕	목덕
상생설	화덕	토덕	금덕	수덕	목덕	화덕	토덕

〈보기〉 해설 ㄱ. 위 문항 풀이에 따르면 현 왕조의 직전 왕조는 한왕조 이후 계속 상생설을 따랐으므로 한왕조와 제사 대상이 같다. 따라서 한왕조와 같이 화덕을 받들었을 것이다. ㄱ은 옳은 추론이다.

ㄴ. 위 표의 상극설의 순환 순서에 따르면 현 왕조의 전전 왕조는 수덕을 받들어 흑제에게 제사 지냈을 것이다(제시문에서 오행에 해당하는 오제는 적제(화), 흑제(수), 청제(목), 백제(금), 황제(토)라는 것을 알 수 있다). 그러므로 황제에게 제사 지냈을 것이라는 것은 옳은 추론이 아니다.

ㄷ. 현 왕조의 다음 왕조가 제사드리는 대상은 한왕조 이후 2번째 왕조가 제사드리는 대상과 같다. 그런데 한왕조 이후 2번째 왕조는 상생설을 따르건 상극설을 따르건 금덕을 받들 것이라고 제시문에 나와 있으므로, 백제에게 제사 지낼 것이다. ㄷ은 옳은 추론이다.

〈보기〉의 ㄱ과 ㄷ만이 옳은 추론이므로 정답은 ③이다.

20.

'결정적 정보' 에 해당하는 것은?

A~E의 증언에 대해서 다음과 같은 〈관계〉가 성립한다는 것이 알려졌다.

〈관계〉

- A, B, C 가운데 적어도 한 사람의 증언은 참이다.
- D와 E 가운데 적어도 한 사람의 증언은 참이다.
- A의 증언이 참이면, C의 증언도 참이고 D의 증언도 참이다.
- B의 증언이 참이면, E의 증언은 참이 아니다.

〈관계〉만으로는 5명의 증언이 각각 참인지 아닌지가 결정되지 않지만, 어떤 정보가 추가된다면 이들의 증언이 각각 참인지 아닌지가 완전히 결정될 수 있다. 5명의 증언이 각각 참인지 아닌지를 완전히 결정하게 만드는 추가 정보를 '결정적 정보' 라고 하자.

---

① A의 증언은 참이다.
② B의 증언은 참이다.
③ C의 증언은 참이다.
④ D의 증언은 참이 아니다.
⑤ E의 증언은 참이 아니다.

문항 성격	논리학 – 언어추리
평가 목표	주어진 지문의 내용을 이해하여 새롭게 도입된 개념 '결정적 정보'를 주어진 상황에 적용하여 추론할 수 있는 능력 평가
문제 풀이	정답 : ④

주어진 〈관계〉만으로는 5명의 증언이 참인지 아닌지 결정되지 않는다. 하지만 아래 해설에서 드러나듯이 D의 증언이 참이 아니라거나 C의 증언이 참이 아닌 것이 밝혀지는 경우 모든 증인의 증언이 참인지 아닌지가 결정된다.

> **정답 해설** ④ D의 증언이 참이 아니라고 하자. 그렇다면 〈관계〉의 두 번째 정보로부터 E의 증언은 참인 것이 추론된다. 또한 세 번째 정보로부터 A의 증언이 참이 아니라는 것이 추론된다. 왜냐하면 만약 A의 증언이 참이라면, D의 증언이 참이 아니므로 세 번째 정보가 거짓 정보가 되기 때문이다. E가 참이라는 사실과 네 번째 정

보로부터 B의 증언이 참이 아니라는 것이 추론된다. A의 증언과 B의 증언이 참이 아니라는 사실과 첫 번째 정보로부터 C의 증언이 참임이 추론된다. 이로써 5명의 증언이 참인지 아닌지가 모두 결정되었다. 따라서 'D의 증언은 참이 아니다.'는 정보는 '결정적 정보'에 해당한다.

오답 해설 ① A의 증언이 참이라고 하자. 이로부터 C의 증언과 D의 증언이 참임이 추론된다. 하지만 B와 E의 증언이 참인지 아닌지는 결정되지 않는다.

② B의 증언이 참이라고 하자. 이로부터 E의 증언이 참이 아니라는 것과 D의 증언이 참이라는 것이 추론된다. 하지만 A와 C의 증언이 참인지 아닌지는 결정되지 않는다.

③ C의 증언이 참이라고 하자. 이로부터는 다른 사람의 증언이 참인지 아닌지 결정되지 않는다.

⑤ E의 증언이 참이 아니라고 하자. 이로부터 D의 증언이 참임이 추론된다. 하지만 A, B, C의 증언이 참인지 아닌지는 결정되지 않는다.

21.

다음으로부터 추론한 것으로 옳은 것만을 〈보기〉에서 있는 대로 고른 것은?

6명의 선수 A, B, C, D, E, F가 참가하는 어떤 게임은 다음 조건을 만족한다고 한다. 이 게임에서 선수 X가 선수 Y에게 우세하면 선수 Y는 선수 X에게 열세인 것으로 본다.

- A, B, C 각각은 D, E, F 중 정확히 2명에게만 우세하다.
- D, E, F 각각은 A, B, C 중 정확히 2명에게만 열세이다.
- A는 D와 E에게 우세하다.

보기

ㄱ. C는 E에게 우세하다.

ㄴ. F는 B와 C에게 열세이다.

ㄷ. B가 E에게 우세하면 C는 D에게 우세하다.

① ㄱ   ② ㄴ   ③ ㄷ   ④ ㄱ, ㄷ   ⑤ ㄴ, ㄷ

논리학 · 수학 – 논리게임

게임의 결과에 대하여, 주어진 부분적인 정보로부터 게임 결과들 간의 관계를 파악하여 게임 결과에 대한 나머지 정보를 추론하는 능력을 측정한다.

정답 : ⑤

제시문의 정보로부터 다음 두 가지 경우만 가능하다는 것을 알 수 있다(선은 우세 또는 열세의 관계를 나타내는데, 선 위의 항이 우세한 선수를 나타낸다).

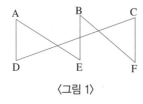
〈그림 1〉

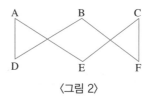
〈그림 2〉

(i) B가 E에 우세한 경우를 생각해 보자. 제시문의 세 번째 조건에 의해 E는 A에도 열세이므로, E는 A와 B에 열세이다. 따라서 두 번째 조건에 의해 E는 C에 열세일 수 없다. 따라서 첫 번째 조건에 의해 C는 D와 F에 우세해야 한다. 이 경우 B는 E와 F에 우세하게 되므로, 〈그림 1〉의 경우이다.

(ii) B가 E에 우세하지 않는 경우를 생각해 보자. 이 경우 제시문의 첫 번째 조건에 의해 B는 D와 F에 우세할 것이다. 그리고 B가 E에 우세하지 않다면 E는 B에 열세이지 않으며, 따라서 두 번째 조건에 의해 E는 C는 열세이게 된다. 〈그림 2〉의 경우가 이러한 경우다.

ㄱ. A가 D와 E에 우세하고, B가 E와 F에 우세하고, C가 D와 F에 우세한 〈그림 1〉의 경우가 가능하므로 C가 E에 우세하다는 것은 추론되지 않는다. ㄱ은 옳은 추론이 아니다.

ㄴ. 〈그림 1〉과 〈그림 2〉 중 어느 경우라도 F는 B와 C에게 열세이다. ㄴ은 옳은 추론이다.

ㄷ. B가 E에게 우세하면, E는 이미 두 명의 선수(A, B)에게 열세이므로, E는 C에게 열세일 수 없다. 따라서 C는 E에게 우세하지 않고, D와 F에게 우세해야 한다(〈그림 1〉). ㄷ은 옳은 추론이다.

〈보기〉의 ㄴ, ㄷ만이 옳게 추론되는 진술이므로 ⑤가 정답이다.

22.

'도덕적으로 훌륭하지만 미적으로는 열등한 예술 작품이 있을 수 있다'는 주장에 동의할 사람만을 있는 대로 고른 것은?

> 갑 : 예술 작품은 모두 도덕적 성질을 갖고 있을 뿐 아니라, 예술 작품의 미적 성질과 도덕적 성질 사이에는 내재적인 관계가 있다. 도덕적으로 나쁜 작품은 바로 그 이유 때문에 미적으로도 열등하며, 도덕적으로 훌륭한 작품은 바로 그 이유 때문에 미적으로 뛰어나다. 나아가 두 작품 중에서 도덕적으로 더 나쁜 작품은 바로 그 이유 때문에 다른 작품보다 미적으로 더 열등하다.
>
> 을 : 예술 작품에 대해서 도덕적 평가를 할 수는 있지만 그 작품의 미적 성질은 도덕적 성질과 내재적인 관계를 갖지 않는다. 예를 들어, 수치심을 불러일으키기 때문에 어떤 작품을 도덕적으로 나쁘다고 평가하는 것이 정당하더라도, 그런 도덕적 평가가 그 작품에 대한 미적 평가는 아니다.
>
> 병 : 도덕적 평가를 내리는 것이 적절한 예술 작품들이 있고, 도덕적 평가를 내리는 것이 부적절한 예술 작품들이 있다. 순수한 형식미를 추구하는 음악을 듣고 도덕적 평가를 내리는 것은 적절치 않다. 도덕적 평가를 내리는 것이 적절한 예술 작품의 경우에도 도덕적 성질이 그 작품의 미적인 성질에 영향을 주는 경우는 부정적인 사례에만 국한된다. 즉 도덕적으로 나쁜 작품은 바로 그 이유 때문에 미적으로도 열등하다. 긍정적인 사례에는 이와 같은 영향 관계가 없다.
>
> 정 : 도덕적으로 나쁜 작품이 있을 수 있을 뿐 아니라 도덕적으로 나쁘다는 점이 바로 미적 장점이 되는 예술 작품이 있다. 다시 말해서 어떤 작품의 경우, 그 작품이 도덕적으로 부정적인 성질을 갖는다는 것이 그 작품을 미적으로 뛰어나게 만들 수 있다. 반대로 도덕적으로 훌륭한 가치를 드러낸다는 점은 인정할 수 있지만 바로 그 도덕적 메시지 때문에 미적으로는 형편없게 되는 예술 작품도 있다.

① 갑, 을   ② 갑, 병   ③ 을, 정
④ 갑, 병, 정   ⑤ 을, 병, 정

문항 성격   인문학 – 반박 및 논쟁
평가 목표   예술 작품의 도덕적 평가와 미적 평가 사이의 관계에 대한 다양한 주장들을 제대로 이
            해하고 있는지 평가
문제 풀이   정답 : ⑤

갑은 "도덕적으로 훌륭한 작품은 바로 그 이유 때문에 미적으로 뛰어나다."고 주장하므로 '도덕적으로 훌륭하지만 미적으로는 열등한 예술 작품이 있을 수 있다'는 주장('주장 A'라고 하자)에는 동의하지 않을 것이다.

을은 "예술 작품에 대해서 도덕적 평가를 할 수는 있지만 그 작품의 미적 성질은 도덕적 성질과 내재적인 관계를 갖지 않는다."는 견해를 갖고 있기 때문에, 도덕적으로 훌륭하지만 미적으로는 열등한 예술 작품이 있을 수 있다는 것을 인정할 것이다. 따라서 을은 주장 A에 동의할 것이다.

병은 "도덕적으로 나쁜 작품은 바로 그 이유 때문에 미적으로도 열등하다. 긍정적인 사례에는 이와 같은 영향 관계가 없다."고 주장한다. 즉 도덕적으로 훌륭한 작품의 경우에는 미적으로 뛰어날 수도 열등할 수도 있다는 것이다. 따라서 병도 주장 A에 동의할 것이다.

정은 도덕적으로 훌륭한 가치를 갖지만 미적으로는 형편없는 작품이 있다고 주장한다. 따라서 주장 A에 동의할 것이다.

주장 A에 동의할 사람은 을, 병, 정이므로 정답은 ⑤이다.

23.

ⓐ~ⓒ에 관한 진술로 옳은 것만을 〈보기〉에서 있는 대로 고른 것은?

> 필로누스 : 우리가 감각을 통해 뜨거움이나 차가움을 지각할 때, 그 뜨거움이나 차가움은 우리 마
> 음 바깥의 사물에 있는 것일까, 아니면 그것들은 우리의 마음에 의해 지각되는 것으로
> 만 존재하는 것일까? 자네는 뜨거움이나 차가움에 관해서 어떻게 생각하는가?
>
> 하일라스 : 강렬한 뜨거움이나 차가움은 통증으로 지각되네. 통증이란 지독한 불쾌감의 일종이므
> 로, 강렬한 뜨거움과 강렬한 차가움은 지독한 불쾌감에 불과하네. ⓐ 그러므로 강렬한
> 뜨거움과 강렬한 차가움은 사물에 있는 것이 아니네. 그러나 그보다 덜한 정도의 뜨거
> 움이나 차가움은 통증과는 무관한 것이네. 우리는 그것들을 뜨거움이나 차가움으로 지
> 각할 뿐 아니라 '더 뜨거운 것'과 '덜 뜨거운 것' 등을 구별하여 지각하네. ⓑ 그러므
> 로 이런 정도의 뜨거움은 사물에 있다고 여겨지네.

필로누스 : 우리 모두가 인정하듯이, 어떤 것이 동시에 차기도 하고 뜨겁기도 할 수는 없네. 그러면 이제 자네의 한 손은 뜨겁고 다른 한 손은 차다고 가정해 보세. 그리고 두 손을 모두 한꺼번에 미지근한 물에 넣었다고 해 보세. 그러면 뜨겁던 손에는 그 물이 차갑게 느껴지고 차갑던 다른 한쪽 손에는 뜨겁게 느껴질 것이야. 그 물에서 자네의 한 손은 뜨거움을 느끼고 다른 한 손은 차가움을 느끼는 것이네. ⓒ <u>그러므로 자네의 손이 느끼는 뜨거움과 차가움이 그 물에 있다고 말할 수는 없네.</u>

보 기

ㄱ. ⓐ의 추리는 "쾌감이나 불쾌감은 그것들을 지각하는 주체에만 존재하는 것이다."라는 것을 전제하고 있다.

ㄴ. ⓑ의 추리는 "사물의 성질 중에 인간이 지각할 수 없는 것이 있다."라는 것을 전제하고 있다.

ㄷ. ⓒ의 추리는 "어떤 주장이 불합리한 귀결을 갖는다면 그 주장은 참일 수 없다."는 원리를 이용하고 있다.

① ㄴ   ② ㄷ   ③ ㄱ, ㄴ   ④ ㄱ, ㄷ   ⑤ ㄱ, ㄴ, ㄷ

문항 성격 인문학 – 분석 및 재구성

평가 목표 논증의 구조를 파악한 후 그 추론과정에서 사용된 숨겨진 전제와 사용된 원리가 무엇인지 파악하는 능력 평가

문제 풀이 정답 : ④

필로누스는 우리가 느끼는 뜨거움이나 차가움이 사물에 있는가 아니면 우리의 마음에 있는가(마음에 지각된 것으로만 존재하는가)의 질문을 던지고 있다.

〈보기〉 해설 ㄱ. 하일라스는 강렬한 뜨거움이나 차가움은 불쾌감이라는 전제로부터, 이것들은 사물에 있는 것이 아니라는 결론을 내리고 있다. 이는 쾌감이나 불쾌감(강렬한 뜨거움이나 차가움)이 그것을 지각하는 주체에만 존재하는 것임을 전제해야 도출되는 주장이다. ㄱ은 옳은 진술이다.

ㄴ. 하일라스는 강렬한 것보다 덜한 정도의 뜨거움이나 차가움은 통증(쾌감/불쾌감)과 무관한 것이며, 그것들을 뜨거움이나 차가움으로 지각할 뿐 아니라 그 정도의 지각이 가능하다는 전제로부터, 그것들은 사물에 있다고 결론 내리고 있다. 이는 지각된 일부의 성질은 사물에 존재한다는 이야기로, 인간이 지각할 수

없는 사물의 성질이 존재하는지 그렇지 않은지의 여부와는 전혀 무관하게 이루어지는 추론이다. ㄴ은 옳은 진술이 아니다.

ㄷ. 하일라스는 어떤 것이 동시에 차기도 하고 뜨겁기도 할 수는 없다는 것을 전제로 하면서, 미지근한 물의 사례를 통해 한 손은 차게 느끼고 다른 한 손은 뜨거움을 느끼는 경우를 제시한다. 여기서 우리의 손이 느끼는 뜨거움과 차가움이 그 물에 있다고 말한다면, 그 물이 동시에 차기도 하고 뜨겁기도 할 수 있다는 것을 인정하는 것이 되어 앞의 전제와 모순되는 주장을 하게 되므로, 그 주장이 참일 수 없다고 결론 내리고 있다. ㄷ은 옳은 진술이다.

〈보기〉 중 옳은 진술은 ㄱ과 ㄷ이므로 정답은 ④이다.

24.

A, B 간의 논쟁에 대한 분석으로 옳은 것은?

A$_1$: 경제 발전을 위해서는 대중의 지식수준을 높여야 한다. 그런 점에서 대중 교육이 중요하다. 전 국민의 교육 수준이 높기로 유명한 동아시아 국가들의 경제적 성공과 세계에서 가장 학력이 낮은 사하라 이남 아프리카 국가들의 경제 침체를 비교해 보면 이 문제는 더 이상 논란의 여지가 없어 보인다.

B$_1$: 대만은 1960년 당시 문맹률이 46%나 되었지만 가히 기록적인 경제 성장률을 보였다. 반면, 같은 시기에 소득 수준이 대만과 비슷했던 필리핀의 문맹률은 28%로 대만에 비해 대중의 교육 수준이 높았음에도 불구하고 오늘날 평균 국민소득은 대만의 1/10에 불과하다.

A$_2$: 그렇지만 문맹률보다 대중 교육의 수준을 더 잘 대표하는 잣대인 고등학교 진학률을 따져본다면 대만이 필리핀보다 더 높았다는 사실을 간과해서는 안 된다.

B$_2$: 경제 성장에 직접적인 도움을 주는 교육은 대중 교육이 아니다. 학교에서 행해지는 교육은 경제 성장에 직접적인 도움을 주지 못하거나, 실제 산업 생산성과 관련이 있을 것으로 기대되는 교육도 생산성 향상에 크게 도움이 되지 못한다는 지적이 많다. 특히 오늘날과 같은 지식기반 사회에서 경제 발전을 위해 필요한 것은 일반 대중이 보편적으로 가지고 있는 지식이 아니라 소수의 전문가 집단이 보유한 전문적 지식이다. 그런 점에서 대중을 위한 보편적 교육이 불필요한 것은 아니지만, 그보다는 전문 지식인을 육성하기 위한 엘리트 교육에 관심을 가져야 한다.

A3 : 평범한 노동자라도 생산성을 높이기 위해서는 알아야 할 지식의 양이 크게 늘어났다는 점 자체를 부인할 수는 없을 것이다. 또 전문 지식인이 사회에서 필요한 정도로 공급되기 위해서는 대중 교육을 통해서 국민의 전반적인 지식수준을 향상하는 것이 선행되어야 한다. 그러므로 대중 교육이 중요하다는 점은 여전히 분명하다.

① B1은 대중 교육을 확대해도 대중의 교육 수준이 높아지지 않는다고 전제한다.
② B는 1980년에서 2000년 사이에 사하라 이남 국가의 문맹률은 60%에서 39%로 현저하게 감소되었지만 경제 성장은 미미했다는 사실을 들어 A2를 반박할 수 있다.
③ B2는 경제 발전을 위한 전문적 지식이 보편적인 대중 교육의 확대를 통해서 얻어지기 어렵다고 전제한다.
④ A3는 한 사회가 생산성 향상에 필요한 전문 지식을 갖추기 위하여 대중 교육만으로 충분하다고 주장하고 있다.
⑤ A와 B는 경제 발전을 위해서 전문 지식인이 필요한지에 대해서 이견을 보이고 있다.

문항 성격	사회과학 – 반박 및 논쟁
평가 목표	제시문의 논쟁을 읽고, 각 주장의 논거를 강화하는 진술과 약화하는 진술을 올바로 구분할 수 있는 능력을 평가
문제 풀이	정답 : ③

A는 경제 발전을 위해서 대중 교육이 필요하며, 한 나라의 대중 교육의 수준은 그 나라의 고교 진학률로 평가되어야 한다고 주장한다. 그리고 경제 발전을 위해서 전문 지식인이 필요한 것은 사실이지만, 대중 교육을 통해서 국민의 전반적인 지식수준이 향상될 때 그러한 전문 지식인도 양성될 수 있다고 주장한다.

반면에 B는 문맹률을 토대로 대중 교육 수준을 판단하여 대중 교육 수준과 경제 성장 사이에 상관관계가 없다고 A를 반박하고, 경제 발전을 위해서는 대중 교육이 아니라 전문 지식인 육성을 위한 엘리트 교육이 필요하다고 주장한다.

정답 해설 ③ B2의 논증을 정리하면 다음과 같다.

1. 경제 발전을 위해서는 전문 지식이 필요하다.
2. 전문 지식을 가진 전문 지식인은 대중 교육이 아니라 엘리트 교육에 의해 육성될 수 있다.
3. 그러므로 경제 발전을 위해서는 엘리트 교육을 해야 한다.

그런데 만약 보편적인 대중 교육의 확대를 통해서도 경제 발전을 위한 전문 지식을 얻을 수 있다면 이 논증의 전제 2는 성립하지 않는다. 따라서 B₂는 보편적인 대중 교육의 확대를 통해서는 경제 발전에 필요한 전문 지식을 얻기 어렵다는 점을 전제해야 한다. 그러므로 ③은 옳은 분석이다.

오답 해설

① 경제 발전을 위해서는 대중의 지식수준을 높여야 하고 따라서 대중 교육이 경제 발전을 위해서 중요하다는 A₁의 주장에 대해서, B₁은 대중의 지식수준이 높지 않음에도 비약적으로 발전한 사례를 들어 논박하고 있다. B₁이 A₁의 주장을 논박하기 위해서 제시한 반례는 어떤 전제 없이 반례로서 설득력이 있다.

② A₂는 자신의 앞의 주장(A₁)에 대해서 B가 반례를 통해서 비판하자, 대중의 지식수준의 기준은 문맹률이 아니라 고교 진학률이라고 주장함으로써 그 비판에 답한다. 이에 대해 "문맹률이 낮아져도, 즉 대중의 지식수준이 높아져도 경제 성장이 별로 안 된다."고 응수하는 것은 적절하지 않다. 그러한 응수에 대해서 A₂는 여전히 대중의 지식수준을 판단하는 기준은 문맹률이 아니라 고교 진학률이라고 답할 것이기 때문이다.

④ A₃는 경제 발전을 위해서 필요한 전문 지식인을 육성하기 위한 교육이 불필요하다고 주장하지 않는다. A₃가 주장하는 것은 보편적인 대중 교육을 통해서 대중의 지식수준이 높아지지 않으면 전문 지식인을 육성하기 어렵다는 점, 따라서 대중 교육이 선행되어야 한다는 점이다. A₃는 대중 교육만으로 전문 지식인을 육성할 수 있다고 주장하고 있지 않다.

⑤ 이 전체 논증의 쟁점은 한 나라가 경제 발전을 이루기 위해서 관심을 가져야 할 교육이 대중 교육인가, 엘리트 교육인가이다. 이에 대해서 A는 대중 교육이 보다 중요하다는 견해를, B는 엘리트 교육이 보다 중요하다는 견해를 제시하고 있지만, 그 둘은 경제 발전을 위해서 전문 지식인이 필요하다는 점에 대해서는 동의하고 있다.

25.

(가)와 (나)에 대한 평가로 옳지 <u>않은</u> 것은?

> (가) 저출산은 장기적으로 경제 활동 인구를 감소시켜 국가의 경제력을 낮추고 국민 전체의 삶의 질을 떨어뜨리게 된다. 또한 고령화와 함께 발생하면 젊은 세대의 부양 부담이 지나치게 커져서 세대 간 갈등도 증가할 수 있다. 그러므로 국가 경제력의 유지를 위해 출산율을 높이는

것이 급선무이다. 출산율이 낮아진 데에는 무엇보다 사회적 환경이 가장 큰 요인으로 작용한다. 젊은 세대는 결혼을 하더라도 아이를 낳아 기르는 데 경제적 부담을 느끼는 경우가 많다. 설사 아이를 낳더라도 직업 활동과 육아를 함께 할 수 있는 적당한 사회적 환경이 마련되어 있지도 않다. 이러한 문제들이 개선되어야 출산율이 높아질 수 있다. 출산율이 높아져야 장기적으로 경제 활동 인구가 늘어나고 고령화 문제와 삶의 질의 문제 해결도 쉬워진다. 장기적으로 경제 활동 인구를 늘려야 노인을 포함한 전체 인구에 대한 사회적 부양 비용을 충당할 수 있기 때문이다.

(나) 현대는 더 이상 인간의 육체 노동이 경제 활동을 주도하는 시대가 아니다. 기술적 진보에 기반을 둔 높은 제조업 생산력, 그리고 서비스 노동과 정신 노동이 중요해진 지식 정보 사회가 도래했다. 그래서 더 이상 인구수가 국가 경제력을 결정하지 않기에, 저출산을 국가 경제력을 위협하는 가장 큰 문제로 생각하는 주장은 근거가 약하다. 저출산이 고령화와 함께 발생하면서 젊은 세대의 경제적 부양 부담이 커져 세대 간 갈등을 낳을 수는 있다. 기술 발전과 기계 · 사무 자동화로 인해 직업이 줄어들고 청년 실업이 늘어날 여지도 없지 않다. 하지만 이런 문제들은 과학 기술에 의해 얼마든지 극복 가능하다. 정보 혁명과 기술적 진보는 사회적 생산력의 증대를 낳아 일자리로부터 배제된 잉여 인구를 충분히 먹여 살릴 수 있게 될 것이다.

① 양육 수당과 무상 교육의 확대로 국가 경제력이 높아진다는 사실이 밝혀진다면, (가)의 설득력은 높아진다.

② 저출산이 장기화되더라도 사회적 생산력은 감소되지 않는다는 사실이 밝혀진다면, (나)의 설득력은 높아진다.

③ 고령화 문제의 효과적인 해결책이 노인에게 적합한 일자리를 많이 만드는 것이라고 밝혀진다면, (가)의 설득력은 낮아진다.

④ 인구가 감소해도 과학 기술 혁신을 통해 인구 전체의 삶의 질이 향상된다는 사실이 밝혀진다면, (나)의 설득력은 낮아진다.

⑤ 국가 경제력 향상이 부양 부담에 따른 세대 간 갈등을 완화한다는 사실이 밝혀지더라도, (가)와 (나)의 설득력은 낮아지지 않는다.

문항 성격 사회과학 – 반박 및 논쟁

평가 목표 저출산이 경제와 고령화 등의 사회 문제에 미치는 영향을 바라보는 두 가지 대립되는 입장에 대한 이해를 바탕으로 각 입장의 설득력을 높이게 하거나 낮추게 하는 근거를 판단할 수 있는지 평가

(가)와 (나)는 저출산이 경제 및 사회에 미치는 영향에 대한 두 가지 대립되는 견해이다. (가)는 저출산으로 인한 인구의 감소가 경제 활동 인구의 감소로 이어져 국가 경제력이 낮아지고, 그것이 고령화와 결합될 경우 경제 활동 인구 층의 노인 인구에 대한 부양 부담이 커져 사회 문제로 발전할 가능성을 제기하고 있다. 그리고 저출산은 젊은 세대의 자녀 양육에 따른 경제적 부담, 직업의 영위와 양육을 동시에 할 수 있도록 지원해 주는 다양한 사회적 지원 시스템의 부족에서 주로 기인한다고 분석한다. 결론적으로 (가)는 젊은 세대들의 저출산을 초래하는 사회적 환경의 개선을 통해 출산이 확대되면 경제 활동 인구가 증가하여 국가 경제력이 향상되고 향상된 경제력을 통해 노인 인구의 부양 부담이 낮아질 것으로 전망하고 있다.

이에 대해 (나)는 두 가지 근거를 들어 저출산이 문제라는 (가)의 견해에 대해 동의하지 않는다. 첫째, 현대 경제는 더 이상 인간의 육체 노동에 기반을 둔 경제 활동에 의해 좌우되지 않는다. 대신 기술적 진보에 기반을 둔 제조업 생산력, 서비스 노동, 정신 노동 등이 지식 정보 사회의 중요한 경제력의 원천이라고 주장한다. 지식 정보 사회에서는 더 이상 인구수가 한 사회의 경제력의 결정적 요인이 되지 않기 때문에 저출산으로 인한 국가 경제력 약화를 문제 삼을 수 없다는 것이다. 물론 (나)는 저출산으로 인해 인구가 점차 감소할 경우 노인 인구 비율이 상대적으로 높아져 젊은 세대의 부양 부담이 높아지거나, 과학 기술적 진보로 인해 과거에는 사람이 담당했던 일들이 기계가 맡게 됨으로써 실업률이 증가하는 등의 사회 문제가 야기될 가능성을 인정한다. 그렇지만 이러한 문제들은 정보 혁명과 과학 기술적 진보로 인한 사회적 경제력이 향상되고 부가가치 창출이 확대될 경우 충분히 극복 가능하다고 판단한다.

정답 해설   ④ (나)는 저출산으로 인해 인구가 감소해도 과학 기술적 혁신을 통해 국가 경제력을 향상시킴으로써 노인 인구를 포함한 전체 인구의 삶의 질이 향상된다고 주장하는 것으로 볼 수 있다. 따라서 인구가 감소해도 과학 기술 혁신을 통해 인구 전체의 삶의 질이 향상된다는 사실이 밝혀진다면 (나)의 설득력은 낮아지는 것이 아니라 높아진다. 따라서 ④는 옳지 않은 평가로 정답이다.

오답 해설   ① (가)는 저출산의 원인으로 젊은 세대의 양육에 따른 경제적 부담을 제시하고 있으므로, 양육 수당과 무상 교육의 확대는 젊은 세대의 경제적 부담을 완화함으로써 출산율을 높일 수 있을 것으로 전망한다. 그리고 (가)의 주장으로부터 출산율이 높아지면 경제 활동 인구가 증가하고 이는 다시 국가 경제력 향상을 낳을 것이라고 추론할 수 있다. 따라서 양육 수당과 무상 교육의 확대로 국가 경제력이 높아진다는 사실이 밝혀진다면, (가)의 설득력은 높아진다. ①은 옳은 평가로 오답이다.

② (나)는 저출산이 현대 경제에서 더 이상 국가 경제력을 결정하는 주요 요인이 아

니라고 주장하고 있으므로, 저출산이 장기화되더라도 사회적 생산력이 감소되지 않는다면 (나)의 주장에 대한 설득력을 높이는 것이다. 따라서 ②는 옳은 평가로 오답이다.

③ (가)는 고령화 문제의 효과적인 해결책으로서 출산율이 높아져야 한다는 점을 들고 있기 때문에, 노인에게 적합한 일자리를 많이 만드는 것에 의해 고령화 문제가 해결될 수 있다면 (가)의 주장은 설득력이 낮아진다. 따라서 ③은 옳은 평가로 오답이다.

⑤ (가)는 저출산이 경제 활동 인구를 감소하여 젊은 세대의 노인 부양 부담을 가중함으로써 세대 간 갈등을 낳을 수 있다고 주장한다. 즉 부양 부담을 둘러싼 세대 간 갈등의 원인은 저출산이라고 주장한다. (나)는 정보 혁명이나 기술적 진보에 의해 사회적 생산력이 증대될 경우 노인층을 포함한 인구 전체를 경제적으로 부양할 수 있다고 주장한다. 즉 (가)와 (나)는 국가 경제력 향상의 방법으로 각각 출산율 제고와 과학 기술의 진보를 주장한다는 점에서 의견의 차이를 보이지만, 국가 경제력 향상이 노인을 포함한 전체 인구에 대한 부양 부담에 따른 세대 간 갈등을 완화시킬 것이라는 점에서는 의견을 같이하고 있다. 따라서 국가 경제력 향상이 부양 부담에 따른 세대 간 갈등을 완화한다는 사실이 밝혀지더라도 (가)와 (나)의 설득력은 낮아지지 않는다. ⑤는 옳은 평가로 오답이다.

26.

사형 찬성론자들이 〈표〉의 결과를 자신들의 입장에 불리하지 않게 해석한 것으로 옳은 것만을 〈보기〉에서 있는 대로 고른 것은?

사형을 지지하는 사람들은 사형 집행의 위협이 잠재적 살인자의 살인 행위를 억제할 수 있다고 주장한다. 사형을 반대하는 사람들은 이러한 효과가 없다고 주장한다. 사형 제도가 실제로 살인을 억제하는 효과가 있다면, 사형 제도가 있는 지역이 그렇지 않은 지역보다 낮은 살인 범죄율을 보일 것이라고 기대된다. 〈표〉는 연방 국가인 A국의 사형 제도가 있는 지역과 사형 제도가 없는 지역 간 1급 및 2급 살인 범죄율을 제시한 것이다. 이 〈표〉에 근거하여 사형 제도가 살인과 같은 중범죄를 억제할 수 있는가에 대한 논쟁이 제기되고 있다.

<표> 사형 제도가 없는 주(州)와 사형 제도가 있는 주의 살인 범죄율

구 분	사형 제도가 없는 주		사형 제도가 있는 주	
	1967년	1968년	1967년	1968년
1급 살인	0.18	0.21	0.47	0.59
2급 살인	0.30	0.43	0.92	0.99
계	0.48	0.64	1.39	1.58

※ 살인 범죄율=(살인 범죄 발생 건수/인구수)×100,000

보 기

ㄱ. <표>는 제도적으로는 사형 제도를 도입했지만 실제로는 사형을 집행하지 않았기 때문에 나타난 결과일 수 있다.

ㄴ. <표>는 사형 제도 이외의 다른 사회적 요소가 각 지역별 살인 범죄율의 차이를 만들었으며 사형 제도의 억제 효과를 압도했기 때문에 나타난 결과일 수 있다.

ㄷ. 사형 제도가 폐지되었다고 하더라도 그 효과는 당분간 지속될 수 있으므로, <표>의 사형 제도가 없는 주의 경우 1967년 이전까지 사형 제도가 있었는지 살펴보아야 한다.

① ㄱ　　　　② ㄴ　　　　③ ㄱ, ㄷ　　　　④ ㄴ, ㄷ　　　　⑤ ㄱ, ㄴ, ㄷ

문항 성격 사회과학 – 분석 및 재구성

평가 목표 사형 찬성론자에게 불리한 경험적 자료를 무력화하거나 이를 우회하는 데 사용될 수 있는 반박 자료나 논리적 근거들이 적절한지 평가할 수 있는 능력 측정

문제 풀이 정답 : ⑤

사형 제도가 살인 범죄율을 억제할 수 있다고 주장하는 사형 찬성론자들은 사형 제도가 도입된 지역의 살인 범죄율이 그렇지 않은 지역보다 낮다는 사실을 입증해야 한다. 하지만 <표>는 1급 살인, 2급 살인 모두 사형 제도가 있는 지역(주)이 없는 지역(주)보다 살인 범죄율이 제시된 두 개 연도에서 모두 더 높다. 이는 사형 찬성론자들에게 불리한 경험적 증거이다. 이를 무력화하기 위해서는 <표>에 사형 제도의 효과가 충분히 반영되어 있지 않았을 가능성을 사형 찬성론자들이 제기할 수 있어야 한다.

<보기> 해설 ㄱ. 사형 제도가 있다는 사실 자체만으로는 살인 범죄율에 직접적으로 영향을 줄 수 없고, 구체적으로 사형이 집행되어야 일반 사람들이나 범죄자들에게 범죄 억제 효과가 있다는 주장이다. 이는 사형 찬성론자들이 제시할 수 있는 논거이므로 옳은 진술이다.

ㄴ. 살인 범죄율은 사형 제도뿐만 아니라 다양한 사회적 요인에 의해 영향을 받을 수 있다. 사형 제도의 억제 효과로 인해 살인 범죄율이 낮아지는 정도보다 해당 지역의 여러 가지 범죄 유발 요인으로 인해 살인 범죄율이 높아지는 정도가 더 크다면, 사형 제도의 살인 범죄 억제 효과는 가려질 수 있다. 이는 사형 찬성론자들이 제시할 수 있는 논거이므로 옳은 진술이다.

ㄷ. 범죄 억제 효과가 있는 제도는 설령 그것이 폐지되더라도 당분간 지속될 수 있다. 이는 사람들이 제도의 폐지를 미처 인식하지 못하거나 인식하더라도 그 제도가 유지될 때의 일반적인 행동 패턴이 일시적으로 유지되기 때문에 가능한 일이다. 사형 찬성론자들의 입장에서는 현재 사형 제도가 없는 주에서 1967년 직전까지 오랫동안 사형제도가 실시되고 있었다면 그 효과가 1967년과 1968년에 이어질 수 있으므로 과거에 사형 제도 실시 유무와 그 기간을 살펴봐야 한다는 주장을 제기할 수 있다. 따라서 옳은 진술이다.

〈보기〉의 ㄱ, ㄴ, ㄷ 모두 옳은 진술이므로 정답은 ⑤이다.

27.

〈이론〉에 대한 평가로 옳지 <u>않은</u> 것은?

〈이론〉

　모든 사람은 행위로부터 얻어지는 잠재적 쾌락과 고통을 합리적으로 계산하여 법을 준수하거나 위반한다. 만일 그들이 범죄로부터 얻는 이득보다 처벌로부터 받는 고통이 더 크다고 생각한다면 범죄를 저지르지 않을 것이다. 다음에 설명하는 형벌의 확실성, 엄격성, 신속성이 범죄를 억제하는 세 가지 요소로 알려져 있다.

　'확실성'은 범죄자가 체포되거나 처벌받을 가능성을 말한다. 검거될 확률이 매우 낮을 때는 억제 효과가 발생하지 않는다. 처벌의 확실성은 엄격성과 신속성보다 범죄를 억제하는 데 더 효과적이다.

　'엄격성'은 강력하게 처벌함으로써 범죄를 억제하려는 것이다. 엄격성은 범죄의 성격상 합리적인 판단이 많이 개입하는 유형에 더 효과적이다.

　'신속성'은 범행 후에 얼마나 빨리 처벌되는가를 의미한다. 범행과 처벌 사이의 시간적 간격이 짧을수록 범죄 억제에 효과적이다. 신속성은 재산 범죄로 재물을 취득한 범죄자가 그것으로부터 이득을 취할 기회를 감소시킴으로써 범죄를 억제하는 효과가 있다.

① 사람들이 공식적인 제재를 알지 못하거나 범죄를 저지르더라도 처벌의 가능성이 희박하다고 믿을 경우 처벌의 억제 효과가 거의 없다고 한다면, 〈이론〉은 약화된다.
② 집중적인 수사와 형사절차의 간소화를 통해 형사 제재까지 소요되는 시간을 단축하는 것이 사기 범죄의 발생률을 낮춘다면, 〈이론〉은 강화된다.
③ 형량이 높아질수록 은행 강도 발생률은 크게 낮아지나 우발적인 살인 사건 발생률은 미세한 감소만을 보인다면, 〈이론〉은 강화된다.
④ 폭력 범죄를 방지하는 데 공소 제기 기간을 단축하는 것이 검거율을 높이는 것보다 더 효과적이라면, 〈이론〉은 약화된다.
⑤ 음주 단속을 강화하는 것이 형량을 높이는 것보다 음주 운전의 예방에 더 효과적이라면, 〈이론〉은 강화된다.

문항 성격 사회과학 – 판단 및 평가

평가 목표 확실성, 엄격성, 신속성의 세 요소를 포함하고 있는 범죄 억제 이론을 이해하고 이 이론을 강화하는 사례와 약화하는 사례를 판단할 수 있는 능력 평가

문제 풀이 정답 : ①

제시문의 설명에 따르면, 이론은 행위자가 행위의 잠재적 이득과 행위에 따른 고통에 대한 합리적 계산을 통해 범행 여부를 판단한다고 본다. 이론은 범죄가 억제되기 위해서는 형벌이 엄격하거나 확실하고 형의 적용이 신속하게 이루어져야 한다고 주장한다. 또한 억제 효과의 세 가지 요인 중 확실성은 엄격성이나 신속성보다 더 중요하다고 보고 있으며, 엄격성은 합리적 판단을 많이 요하는 범죄 유형에 더 많은 영향을 미치고, 신속성은 재산 범죄에 더 많은 영향을 미친다고 주장한다.

정답 해설 ① 〈이론〉은 행위에 따른 이득과 고통을 합리적으로 계산할 수 있으며, 범죄로 인한 이득보다 처벌의 고통이 더 크다는 것을 생각할 수 있어야 형벌의 억제 효과가 작동할 수 있다고 전제한다. 처벌의 고통이 이득보다 더 크다는 것을 생각할 수 있으려면 위반 행위에 대한 특정 처벌이 존재한다는 것과 실제로 처벌받을 가능성이 있다는 것을 알고 있어야 한다. 범죄 행동에 따르는 처벌이 없다고 생각하거나 이를 알고 있더라도 자신이 처벌받을 가능성이 낮다고 믿을 경우에는 그 행동에 대한 억제 효과가 거의 없게 된다. 따라서 사람들이 공식적인 제재를 알지 못하거나 범죄를 저지르더라도 처벌의 가능성이 희박하다고 믿을 경우 처벌의 억제 효과가 거의 없다고 한다면, 〈이론〉은 약화되지 않는다. 따라서 ①은 옳지 않은 진술로 정답이다.

② 집중적인 수사와 형사절차의 간소화를 통해 형사 제재까지 소요되는 시간을 단축하려는 것은 〈이론〉의 신속성에 해당한다. 사기 범죄는 재산 범죄에 해당한다. 신속성이 사기 범죄율을 낮추는 것은 〈이론〉으로부터 기대할 수 있는 결과이므로 이를 강화한다.

③ 형량을 높이는 것은 형벌의 엄격성에 해당한다. 범행에 사전 계획이 요구되는 은행 강도가 우발적인 살인 행위보다 더 합리적인 판단이 많이 개입된다고 할 수 있다. 〈이론〉에서 엄격성은 합리적인 판단이 많이 개입하는 범죄에 더 효과적이라고 서술하고 있으므로, 형량을 높이는 일이 은행 강도 발생률을 낮추는 데는 효과적이나 우발적 살인 범죄율을 낮추는 데는 그리 효과적이지 않다는 결과는 〈이론〉을 강화하는 경험적 증거가 될 수 있다.

④ 공소 제기 기간을 단축한다는 것은 범죄의 발생에서 기소까지 걸리는 시간을 줄인다는 의미이므로 신속성에 해당한다. 검거율을 높이는 것은 범죄자의 체포 확률을 높이는 것을 의미하므로 확실성에 해당한다. 〈이론〉은 확실성이 엄격성이나 신속성보다 더 효과적이라고 말하고 있으므로, 폭력 범죄에 대한 신속성이 확실성보다 더 효과적이라면 〈이론〉은 약화된다.

⑤ 음주 단속을 강화할 경우 체포될 가능성이 높아지므로 이는 확실성의 요소를 강화하는 경우에 해당한다. 형량을 높이는 것은 처벌을 엄격하게 한다는 의미이므로 엄격성에 해당한다. 〈이론〉은 확실성이 엄격성보다 더 효과적이라고 하고 있으므로, 음주 단속을 강화하는 것이 형량을 높이는 것보다 음주 운전 예방에 더 효과적이라면 〈이론〉은 강화된다.

28.

갑의 추론이 설득력을 갖기 위해 전제되어야 하는 것만을 〈보기〉에서 있는 대로 고른 것은?

A국 범죄학자 갑은 형사 사법 기관이 작성한 공식 범죄 통계를 이용하여 전체 범죄 및 범죄 유형별 발생 건수의 추이를 분석하였다. 그는 범죄 유형별 범죄 신고율을 과학적으로 밝혀내기가 매우 어렵다고 판단하여, 그 비율을 이용하여 공식 범죄 통계로부터 실제 범죄 발생 건수를 계산하지는 않았다. 대신 공식 범죄 통계의 추이로부터 직접적으로 전체 범죄 건수와 범죄 유형별 범죄 건수의 추이를 추정하였다. 공식 범죄 통계를 분석한 결과, 2009년 대비 2010년의 성폭력 범죄 발생 건수는 2% 증가했으나 2010년 대비 2011년의 성폭력 발생 건수는 30% 증가한 것으로 나

타났다. 갑은 이런 분석 결과를 기초로 2010년과 2011년 사이에 A국의 성폭력 범죄가 폭발적으로 증가했다고 주장하였다.

하지만 이런 갑의 주장에는 문제가 있다. 일반적으로 공식 범죄 통계는 경찰 혹은 검찰이 직접 인지하거나 범죄 피해자 혹은 목격자가 신고한 사건을 기초로 하여 작성된다. 그렇지만 공식 범죄 통계는 암수(暗數) 범죄, 즉 실제 발생하기는 했지만 통계의 집계에서 누락된 범죄를 포착하지 못한다. 사람들이 사건을 신고하지 않거나, 신고하더라도 이를 경찰이 통계에 포함하지 않는다면 암수 범죄의 문제가 발생한다. 이 문제를 고려하지 않은 갑의 주장을 신뢰하기는 어렵다.

보 기

ㄱ. 암수 범죄의 전년 대비 증가율은 매년 일정하다.
ㄴ. 발생한 범죄 사건 중 신고된 사건의 비율은 범죄 유형별로 매년 일정하다.
ㄷ. 형사 사법 기관이 신고를 받거나 인지한 사건들을 범죄 통계에 반영하는 기준과 방식에 일관성이 있다.

① ㄴ   ② ㄷ   ③ ㄱ, ㄴ   ④ ㄱ, ㄷ   ⑤ ㄴ, ㄷ

문항 성격 사회과학 – 분석 및 재구성

평가 목표 공식 범죄 통계로부터 범죄 발생 추이를 예측하는 주장을 전개할 때 필요한 전제를 찾을 수 있는 능력 평가

문제 풀이 정답 : ⑤

전체 범죄의 추이를 알기 위해서는 공식 범죄 통계에 포함된 범죄 건수 외에 공식 통계에 포함되지 않은 암수 범죄가 얼마나 되는지 알아야만 한다. 하지만 해마다 암수 범죄가 얼마나 발생하는지는 정확히 알 수 없다. 다만 발생한 범죄 중 공식 통계에 포함되는 비율이 얼마나 되는지 알 수 있다면 암수 범죄의 발생량을 추정할 수 있다. 공식 통계는 신고되거나 형사 사법 기관이 인지한 범죄에 기초하여 작성되므로 암수 범죄 건수는 신고율 혹은 인지율에 의해 영향을 받는다.

〈보기〉 해설 ㄱ. 갑의 추리는 공식 범죄 통계 건수의 추이로부터 전체 범죄 건수의 추이를 추리하는 것이다. 구체적인 설명을 위해 가상의 예를 보자(아래 표 참조).

연 도	2000년	2001년	2002년	2003년
공식 통계 범죄 건수	100건	200건	300건	450건
전년 대비 공식 통계 범죄 건수 증가율		100%	50%	50%
전년 대비 실제 범죄 건수 증가율(추정)		100%	50%	50%

위 표에서 2001년에 전년 대비 공식 통계 범죄 건수는 100% 증가한 것을 토대로 실제 범죄 건수 증가율도 100%라고 추정하고, 2002년에 전년 대비 공식 통계 범죄 건수가 50% 증가한 것을 토대로 실제 범죄 건수 증가율도 50%라고 추정하는 것이 A의 추리 방식일 것이다. 실제 범죄 건수는 공식 통계 범죄 건수와 암수 범죄 건수의 합이므로, 이런 추리가 성립하기 위해서는 암수 범죄 건수의 증가율도 공식 통계 범죄 건수의 증가율과 동일해야 한다는 전제가 필요하다. 그러나 이런 추리가 성립하기 위해 암수 범죄의 전년 대비 증가율이 매년 일정하다는 전제는 필요 없다. 위 예에서 2002년의 암수 범죄의 전년 대비 증가율이 2001년과 동일하게 100%라고 가정하면, 2002년의 전년도 대비 공식 통계 범죄 건수 증가율이 50%라는 것을 토대로 2002년의 전년도 대비 실제 범죄 건수 증가율이 50%라고 추리하는 것은 잘못일 것이다. 따라서 ㄱ은 갑의 추리가 설득력을 갖기 위해 전제되어야 하는 것은 아니다.

ㄴ. 갑은 범죄 유형별 공식 범죄 통계의 추이로부터 범죄 유형별 범죄 건수의 추이를 추리한다. (범죄 유형별로) 발생한 범죄 사건 중 신고된 사건의 비율이 매년 달라진다면, 공식 범죄 통계 건수의 추이로부터 발생한 실제 범죄 사건 건수의 추이를 추론하는 것은 정당화되지 않는다. 예컨대 성범죄 신고율이 2009년에는 20%이었지만 2010년에는 40%로 증가하였다면, 공식 성범죄 통계가 2009년의 1만건에서 2010년의 2만건으로 2배 증가하였다고 하여도 실제 성범죄 발생 건수도 2배 증가하였다고 추론하는 것은 잘못일 것이다. 2009년과 2010년의 실제 성범죄 발생 건수가 동일하지만 단지 성범죄 신고율이 2배로 높아져서 성범죄 통계가 2배 증가했기 때문이다. 따라서 갑의 추론이 설득력을 갖기 위해서는 발생한 범죄 사건 중 신고된 사건의 비율이 범죄 유형별로 매년 일정해야 한다. 따라서 ㄴ은 갑의 추론이 설득력을 갖기 위해 전제되어야 하는 것이다.

ㄷ. 형사 사법 기관이 신고를 받거나 인지한 사건들을 범죄 통계에 반영하는 기준과 방식에 일관성이 없다면, 발생한 범죄 사건 중 공식 범죄 통계에 잡히는 사건의 비율이 매년 달라질 수 있다. 이 경우 공식 범죄 통계 건수의 추이로부터 실제 범죄 건수의 추이를 추론하는 것은 정당화되지 않는다. 따라서 ㄷ은 갑의 추론이 설득력을 갖기 위해 전제되어야 하는 것이다.

〈보기〉의 ㄴ, ㄷ만이 갑의 추론이 설득력을 갖기 위해 전제되어야 하는 명제이므로 ⑤가 정답이다.

29.

〈가설〉을 강화하는 것은?

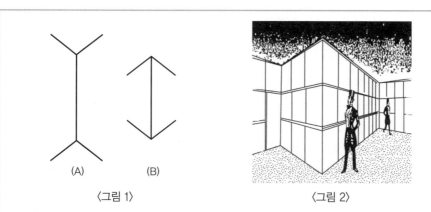

〈그림 1〉   〈그림 2〉

〈그림 1〉에서 수직으로 그어진 두 선분의 길이는 서로 같다. 그러나 (A)의 선분이 (B)의 선분보다 길어 보이는데, 이러한 현상을 '뮐러-라이어(Müller-Lyer) 착시'라고 부른다.

〈가설〉

뮐러-라이어 착시는 입체적 시각 경험이 배경 지식으로 작용하여 평면적 형태의 지각에 영향을 끼치기 때문에 발생한다. 〈그림 1〉의 (A)는 〈그림 2〉의 벽면에서 안으로 오목하게 들어간 모서리에 해당하고, (B)는 벽면에서 앞으로 볼록하게 나온 모서리에 해당한다. 우리는 일상에서 입체적 모서리를 자주 경험하게 되고 이러한 경험이 누적되면, 우리의 인지체계는 〈그림 1〉의 두 선분을 볼 때에 볼록한 모서리를 닮은 (B)가 오목한 모서리를 닮은 (A)보다 우리에게 더 가까이 있다고 가정하게 된다. 그런데 우리의 망막에 맺힌 두 선분의 상의 길이는 같다. 그래서 우리의 인지체계는 더 멀리 있는 (A)의 선분 길이가 실제로는 더 길다고 판단하게 되며, 그 영향 때문에 우리는 같은 길이의 두 선분을 다른 길이의 선분으로 경험한다.

① 3차원 형태를 지각하는 방식이 우리와 다른 꿀벌에게도 뮐러-라이어 착시가 발생한다는 것이 알려졌다.

② 선분의 양 끝에 있는 화살표 모양을 둥근 곡선 모양으로 대체하여도 뮐러-라이어 착시는 똑같이 나타난다.

③ 자로 두 선분의 길이를 재서 서로 같음을 확인하고 난 뒤에도 뮐러-라이어 착시는 여전히 사라지지 않는다.

④ 모서리를 가진 직선형 건물이나 사물에 대한 경험이 없는 원주민 부족은 뮐러-라이어

착시를 거의 경험하지 않는다.

⑤ 비슷한 크기의 두 정육면체가 서로 다른 거리에 놓여 있는 경우 우리는 두 입체의 실제 크기를 쉽게 판단하지 못한다.

사회과학(인지 심리학) – 판단 및 평가

착시현상을 설명하는 가설을 제시한 후, 그 가설을 강화하는 사례와 그렇지 않은 사례를 판단하는 능력을 측정

정답 : ④

뮐러–라이어 착시는 동일한 길이의 두 직선이 쌍화살표 모양이냐 역쌍화살표 모양이냐에 따라 길이가 다르게 보이는 착시이다. 리처드 그레고리는 우리의 입체적인 모서리에 대한 평소의 시각 경험이 배경 지식을 이루고, 이 배경 지식이 우리의 평면적 형태의 지각에 영향을 미치는 것이라는 가설을 통해 이 착시를 설명하고 있다. 이 문항은 이 가설을 강화하는 사례와 이 가설과는 무관하거나 오히려 약화하는 사례가 무엇인지 구분할 수 있는 능력을 평가하는 문제이다.

④ 〈가설〉에 의하면 뮐러–라이어 착시는 모서리에 관한 우리의 입체적 시각 경험이 배경 지식으로 작용하여 평면적 형태의 지각에 영향을 끼치기 때문에 발생한다. 따라서 모서리에 관한 시각 경험이 없을 경우 뮐러–라이어 착시를 일으키는 배경 지식이 없으므로 뮐러–라이어 착시가 발생하지 않을 것이다. 그러므로 모서리를 가진 직선형 건물이나 사물에 대한 경험이 없는 원주민 부족이 뮐러–라이어 착시를 거의 경험하지 못한다면, 이것은 〈가설〉을 강화하는 사례이다.

① 이는 우리처럼 3차원 모서리를 경험하지 않아도 뮐러–라이어 착시가 일어나는 경우로, 착시가 3차원 형태에 대한 우리의 지각 방식과 무관하게 일반적으로 나타나는 사례에 해당하여, 〈가설〉을 강화하는 사례가 아니다.

② 가설이 옳다면 양 끝이 화살표 모양이 아니라 둥근 곡선 모양의 선분을 볼 경우 우리의 지각은 입체적 모서리와 연관된 배경지식의 영향을 받지 않을 것이므로 착시가 일어나지 않아야 한다. 그럼에도 착시가 일어난다는 주장이므로, 가설을 약화하는 사례이다.

③ 자로 두 선분의 길이를 재서 서로의 같음을 확인하고 난 뒤에도 뮐러–라이어 착시가 여전히 사라지지 않는다는 것은 뮐러–라이어 착시가 쉽게 사라지지 않는 견고한 현상이라는 것만을 보여준다. 따라서 이것은 입체적인 모서리의 시각 경험이 뮐러–라이어 착시를 일으킨다는 〈가설〉을 강화하는 사례라고 볼 수 없다. 〈가설〉을 강화하지도 약화하지도 않는 중립적인 사례로 볼 수 있다.

⑤ 〈가설〉은 일상적인 입체적 시각경험이 평면적 도형의 지각에 영향을 끼친다는 설명이다. 이 경우는 입체에 대한 경험에만 해당하여 〈가설〉과는 무관한 사례이다.

30.
(가)와 (나)에 대한 분석으로 적절한 것은?

> (가) 분류학자들은 생물 종을 분류하기 위해, 종을 규정하는 형태가 종을 구성하는 개체들 사이에서 충분히 일정하게 유지되고 다른 종의 형태와 분명히 확인될 수 있을 만한 차이를 보이는지 여부와, 만약 그런 차이가 있다면 새로운 종으로 이름을 부여할 만큼 그 차이가 충분히 중요한 것인지 여부만을 결정하면 된다. 후자의 결정은 현재 받아들여지고 있는 것보다 종 지위 결정에 있어서 훨씬 더 본질적인 사안이 될 것이다. 왜냐하면 그 둘을 연결해 주는 중간 형태가 없다면, 두 형태 사이의 차이가 아무리 사소하더라도 대부분의 분류학자들은 두 형태 각각에 종의 지위를 부여하는 것이 마땅하다고 생각할 것이기 때문이다. 그러므로 우리는 한 종과 그 종과는 뚜렷이 구별되는 변종을 식별하는 유일한 기준은, 변종은 현 상태에서 중간 형태를 통해 특정 종과 연결된다고 알려져 있거나 믿어지는 데 반해, 서로 다른 종들 사이에는 그러한 방식의 연결이 오직 과거에만 있었다는 점임을 인정해야만 한다.
>
> (나) 종이라는 용어가 서로 닮은 개체들의 집합에 대해 편의상 임의적으로 붙인 것이라는 점, 그리고 종이라는 용어가 변종이라는 용어와 본질적으로 다른 것이 아니라는 점은 이제 분명하다. 단지 변종에 속하는 개체는 같은 종에 속한다고 보기에는 다른 개체와의 차이가 큰 형태이면서도, 종으로 분류하기에는 그 차이의 정도가 좀 덜 분명한 것일 뿐이다. 그런 점에서 종과 변종을 구별하는 차이는 같은 종에 속하는 개체들 사이의 차이와 비교할 때 편의상 임의적으로 구별한 것에 불과하다. 이런 생각은 분류학자들에게 기분 좋은 소식이 아닐 것이다. 하지만 우리는 이 견해를 따름으로써, 적어도 아직 발견되지 않은 그리고 발견될 수 없을 종의 본질을 헛되이 찾는 일로부터는 자유롭게 될 것이다.
>
> – 찰스 다윈, 『종의 기원』 –

① (가)는 종이란 분류의 편리함을 위해 임의적으로 이름 붙인 것에 불과하다고 주장하고 있다.

② (나)는 종과 변종의 차이는 그 둘 사이의 연결 고리가 현재 존재하는지의 여부라고 주장하고 있다.

③ (가)와 (나)는 종의 본질을 찾는 노력이 헛된 일이라는 견해를 받아들이지 않을 것이다.

④ (가)와 (나)는 종이 다른 종들과 구별될 수 있는 불변하는 속성을 가지고 있다는 견해를 받아들이지 않을 것이다.

⑤ (가)와 (나)는 종과 변종 사이의 차이가 개체들 사이의 차이보다 그 정도가 큰 것일 뿐이라는 견해를 받아들이지 않을 것이다.

문항 성격 자연과학(생물학) – 판단 및 평가

평가 목표 다윈의 『종의 기원』에 등장하는 두 견해 사이의 공통점과 차이점을 파악하고 각 견해가 수용할 수 있는 주장에 대해 판단할 수 있는 능력 평가

문제 풀이 정답 : ④

(가)에서는 중간 형태가 과거에만 있었는지 아니면 현재에 있는지의 여부로 종과 변종을 구별할 수 있다는 견해가 제시되었고, (나)에서는 결국에는 개체들 사이의 차이를 임의적으로 구별한 것이 종 또는 변종이라는 견해가 제시되었다. 이를 정확히 파악하여 각 견해가 주장하고 있는 것과 주장할 수 없는 것을 판단한다.

정답 해설 ④ (가)와 (나)의 차이점에도 불구하고 종이 다른 종들과 구별될 수 있는 불변하는 속성을 가지고 있다는 견해를 반대한다는 점에서는 일치하고 있다. (나)의 경우에는 마지막 문장에서 이를 명시적으로 밝히고 있고, (가)의 경우에도 중간 형태에 대한 설명에서 종이 불변하는 속성을 갖는다는 생각과 모순되는 주장(변종과 종은 중간 형태가 현재에 있는지 아니면 과거에만 있었는지에 따라 식별된다)을 하고 있다. 그러므로 ④가 적절한 분석으로 정답이다.

오답 해설 ① (가)는 중간 형태가 현재 존재하는지 여부에 따라 종과 변종을 구분할 수 있다고 말하고 있는 반면, 종이란 분류의 편리함을 위해 임의적으로 이름 붙인 것에 불과하다는 주장은 (나)가 하고 있으므로 오답이다.

② (나)는 종 분류가 임의적이라고 주장하고 있는 반면, 종과 변종의 차이는 그 둘 사이의 연결 고리가 현재 존재하는지의 여부라는 주장은 (가)가 하고 있으므로 오답이다.

③ 종의 본질을 찾는 노력이 헛된 일이라는 견해는 (나)가 분명하게 말하고 있으므로 (가)에 대한 판단과 무관하게 오답이다. (가)는 종의 '본질'을 어떻게 이해하는지에 따라 그것을 찾는 노력이 헛된 일인지에 대해 다른 판단을 할 수 있다.

⑤ 종과 변종 사이의 차이가 개체들 사이의 차이보다 그 정도가 큰 것일 뿐이라는 견해는 (나)가 말하고 있으므로 (가)에 대한 판단과 무관하게 오답이다. (가)의

경우는 종과 변종을 구별하는 차이가 현재 중간 형태가 존재하는지의 유무에 있다고 보기에 이 견해를 받아들인다고 생각하기는 어렵다.

31.

다음 글로부터 추론한 것으로 옳은 것만을 〈보기〉에서 있는 대로 고른 것은?

대통력(大統曆)은 한 해를 12개월, 한 달을 큰달(대, 30일) 혹은 작은달(소, 29일)로 하되, 19년 중 7년은 윤달을 추가하여 1년을 13개월로 하였다. 윤달의 이름은 다음과 같이 정했다. 예를 들어 어느 해의 넷째 달을 윤달로 정하면 그 달은 '윤3월'로 불렀다. 윤달을 어떤 달에 넣을 것인지의 결정은 절기와 깊은 관계가 있었다.

절기(節氣)란 동지점을 기점으로 태양이 지나는 황도(黃道)를 15도 간격으로 24개의 기준점으로 나눈 것인데, 12개의 '중기(中氣)'와 12개의 나머지 절기로 구분된다. 달의 이름이 무엇이 될지는 '중기'의 포함 여부와 어떤 '중기'가 포함되는지에 따라 결정되었다. 예를 들어 '중기' 중 하나인 동지를 포함한 달은 11월이 되는 식이었다.

11월	12월	정월	2월	3월

… **동지** – 소한 – **대한** – 입춘 – **우수** – 경칩 – **춘분** – 청명 – **곡우** …

(굵은 글씨는 각 달의 '중기')

대통력에서는 '중기' 간의 시간 간격이 태양년의 1년을 12로 나눈, 약 30.4일로 일정하다고 간주하였다. 이 간격은 30일보다 컸으므로, 간혹 어떤 달의 끝에 '중기'가 오고 다음 '중기'가 한 달을 건너뛰어 다다음 달의 처음에 오는 일이 생긴다. 이런 경우 '중기'가 없는 달을 윤달로 삼는데, 이를 무중치윤법(無中置閏法)이라고 한다.

효종(孝宗) 초년 조선에서는 대통력을 썼는데, 효종 1년(경인년)에서 효종 2년(신묘년)에 걸쳐 윤달의 위치와 달의 대소는 다음과 같았다.

경인년 : 10월(대), 11월(소), 윤11월(소), 12월(대)

신묘년 : 정월(소), 2월(대)

① ㄱ   ② ㄷ   ③ ㄱ, ㄴ   ④ ㄴ, ㄷ   ⑤ ㄱ, ㄴ, ㄷ

문항 성격   인문학(역사) − 언어추리

평가 목표   윤달을 넣는 원칙의 이해를 통해, 윤달 전후 24절기가 포함되는 달을 추론하는 능력 평가

문제 풀이   정답 : ③

중기가 없는 달이 윤달이므로, 윤달이 들어간 전달의 '중기'는 월말에 오게 되고, 윤달 다음 달의 '중기'는 월초에 오게 된다는 것을 추론할 수 있다. 이러한 추론을 활용하여 효종 1년 윤11월(소, 29일) 직후의 중기인 대한이 12월 초에 오게 된다는 것을 추론해야 한다.

〈보기〉 해설   ㄱ. 대통력에서 '중기' 간의 시간 간격은 약 30.4일이므로, 절기 간의 간격은 약 15.2일이다. 한 달은 길어야 30일이므로, 어떤 달의 초하루에 절기가 온다 해도 그 다음 절기가 같은 달에 들 수는 없다. 따라서 ㄱ은 옳은 진술이다.

         ㄴ. 11월에는 '중기'인 동지가 들어야 하고, 같은 달에 3개의 절기가 함께 들어 있을 수 없다. 그리고 경인년 윤11월은 무중치윤법에 따라 '중기'가 없는 달이다. 즉 대한은 12월에 있어야 한다. 그런데 소한이 윤11월에 없고 11월에 있다면 대한이 윤11월에 있어야 하는데 그럴 수 없다. 또 소한이 윤11월에 없고 12월에 있다면 동지가 윤11월에 있어야 하는데 그럴 수 없다. 따라서 소한은 윤11월에 있어야 한다. ㄴ은 옳은 진술이다.

         ㄷ. 경인년 윤11월에 '중기' 없이 소한만 들었고 윤11월은 29일인 작은달이므로, 12월 초(1일 또는 2일)에 대한이 오고, 그로부터 약 보름 뒤에 입춘이 온다. 경칩은 신묘년 정월 중순경에 들게 된다. 따라서 경칩이 신묘년 2월에 들게 된다는 것은 바르지 않은 추론이다. 신묘년 2월에는 24절기 중 춘분과 청명이 들게 된다. 따라서 ㄷ은 옳은 진술이 아니다.

〈보기〉의 ㄱ과 ㄴ만이 옳은 추론이므로 정답은 ③이다.

32.

다음 글로부터 추론한 것으로 옳은 것만을 〈보기〉에서 있는 대로 고른 것은?

당(唐)의 수도 장안은 사각형의 성벽으로 둘러싸인, 마치 바둑판과 같은 형태의 도성이었다. 그 내부 구조를 자세히 묘사하면 다음과 같다.

(1) 도성은 황궁, 시장, 일반인 거주지인 방(坊)으로 이루어져 있었고, 남북으로 뻗은 주작대로를 중심으로 좌우 대칭이었다. 황궁, 시장, 방은 사면이 모두 도로에 둘러싸인 구역이었다. 황궁은 1곳, 시장은 동시와 서시 2곳, 방은 110개로 그 크기가 일률적이지 않았다.

(2) 동서로는 14개의 도로가, 남북으로는 11개의 도로가 있었는데, 성벽의 바로 안쪽부터 도로가 나 있었다. 도로가 황궁과 시장을 관통할 수 없어서 도로가 이어지지 않는 경우도 있었다.

(3) 황궁의 위치는 가장 북쪽에 있는 1번째 동서 도로부터 5번째 도로인 동서대가까지, 그리고 남북 도로 중 서쪽에서 4번째에서 8번째 도로까지의 구역을 차지하고 있었다. 황궁의 정남향에는 오로지 방만 존재하였다.

(4) 시장인 동시와 서시는 주작대로를 중심으로 대칭적 위치에 있었다. 서시는 북쪽으로는 동서대가에, 남쪽으로는 7번째 동서 도로에 접해 있었으며, 남북 도로 중 서쪽부터 2번째 도로에 접해 있었다.

보기

ㄱ. 황궁의 정서쪽에 있는 방은 모두 12개이다.
ㄴ. 동시의 정동쪽에 있는 방은 모두 4개이다.
ㄷ. 동시와 서시 사이의 남북 도로는 모두 4개이다.

① ㄱ　　　② ㄷ　　　③ ㄱ, ㄴ　　　④ ㄴ, ㄷ　　　⑤ ㄱ, ㄴ, ㄷ

문항 성격　인문학(역사) – 수리추리

평가 목표　주어진 제시문을 통해 바둑판 형태의 도성 구조를 파악할 수 있는 능력 평가

문제 풀이　정답 : ①

제시문을 활용하여 동서 14개의 도로, 남북 11개의 도로로 둘러싸인 구역을 그린 후, 1–5의 동서 도로, 4–8의 남북 도로 사이의 구역이 황궁이라는 것을 파악한다. 그리고 동시와 서시의 크기를 구역의 전체 수, 황궁의 크기, 방의 개수에 의해 추리한다.

130(구역의 전체 개수) – 16(황궁의 크기) – 110(방의 개수) = 4(서시와 동시의 크기)

위의 계산에 의하면 서시와 동시는 총 4개의 구역을 차지해야 하므로 각각 2개의 구역을 차지할 것이다. 서시는 5–7 동서 도로 사이에 그리고 남북 도로 중 서쪽부터 2번째 도로에 접해 있고, 서시와 동시는 주작대로를 중심으로 좌우 대칭이다. 이를 그림으로 표시하면 다음과 같다(서시와 동시의 위치가 완전히 결정되지 않으므로 (a)와 (b) 두 가능성이 있다).

(a)

황궁

동서대가(5번째 동서 도로)　　　　서시　　　　　　　동시

주작대로

(b)

황궁

동서대가(5번째 동서 도로)　　　　서시　　　　　　　동시

주작대로

33.

다음으로부터 추론한 것으로 옳은 것만을 〈보기〉에서 있는 대로 고른 것은?

한 아파트에서 발생한 범죄 사건의 용의자로 유석, 소연, 진우가 경찰에서 조사를 받았다. 사건
이 발생한 아파트에서 피해자와 같은 층에 사는 사람은 이 세 사람뿐인데, 이들은 각각 다음과 같
이 차례로 진술하였다. 이 중 진우의 두 진술 ⓔ와 ⓕ는 모두 참이거나 또는 모두 거짓이다.

유석 ┌ ⓐ : "범행 현장에서 발견된 칼은 진우의 것이다."
     └ ⓑ : "나는 피해자를 만나본 적이 있다."

소연 ┌ ⓒ : "피해자와 같은 층에 사는 사람은 모두 피해자를 만난 적이 있다."
     └ ⓓ : "피해자와 같은 층에 사는 사람 중에서 출근이 가장 늦은 사람은 유석이다."

진우 ┌ ⓔ : "유석의 두 진술은 모두 거짓이다."
     └ ⓕ : "소연의 두 진술은 모두 참이다."

보 기

ㄱ. ⓑ가 거짓이면, 범행 현장에서 발견된 칼은 진우의 것이다.
ㄴ. ⓒ가 참이면, 범행 현장에서 발견된 칼은 진우의 것이다.
ㄷ. ⓐ가 거짓이고 ⓓ가 참이면, 소연과 진우 중 적어도 한 사람은 피해자를 만난 적이
없다.

① ㄱ   ② ㄴ   ③ ㄱ, ㄷ   ④ ㄴ, ㄷ   ⑤ ㄱ, ㄴ, ㄷ

논리학 – 논리게임
주어진 정보를 활용하여 진술 간의 논리적 관계를 파악하고 새로운 정보를 추론할 수 있는지 평가
정답 : ③

진우의 두 진술이 모두 참이거나 모두 거짓이라는 것으로부터 시작해 보자. 만약 진우의 두 진술이 모두 참이라면 유석의 두 진술 ⓐ와 ⓑ가 모두 거짓이고 소연의 두 진술 ⓒ와 ⓓ가 모두 참일 것이다. 하지만 ⓑ가 거짓이면서 ⓒ가 참일 수는 없다. 유석이 피해자를 만나본 적이 없다면, ⓒ는 참일 수 없기 때문이다. 이로부터 진우의 두 진술은 모두 거짓이라는 것을 추론할 수 있다. 따라서 다음이 성립한다.

유석의 두 진술 ⓐ, ⓑ 중 적어도 하나는 참이고, 소연의 두 진술 ⓒ, ⓓ 중 적어도 하나는 거짓이다.

이로부터 〈보기〉에서 올바른 것을 추론하면 정답을 고를 수 있다.

ㄱ. ⓑ가 거짓이라고 해 보자. 그렇다면 ⓐ와 ⓑ 중 적어도 하나는 참이라는 것에 의해 ⓐ가 참이 된다. 따라서 ㄱ은 옳은 추론이다.

ㄴ. ⓒ가 참이라고 해 보자. 그렇다면 소연의 두 진술 ⓒ, ⓓ 중 적어도 하나는 거짓이므로 ⓓ는 거짓이다. 이로부터 ⓐ가 참인지 거짓인지는 알 수 없다. 따라서 ㄴ은 옳은 추론이 아니다.

ㄷ. ⓐ가 거짓이고 ⓓ가 참이라고 해 보자. 그렇다면 ⓑ가 참이고 ⓒ가 거짓이어야 한다. 즉 유석이 피해자를 만나본 적이 있고, 세 사람(유석, 소연, 진우) 모두 피해자를 만난 적이 있는 것은 아니다. 이로부터 소연과 진우 중 적어도 한 사람은 피해자를 만난 적이 없다는 것을 추론할 수 있다. 따라서 ㄷ은 옳은 추론이다.

〈보기〉의 ㄱ과 ㄷ만이 옳은 추론이므로 정답은 ③이다.

34.

다음으로부터 추론한 것으로 옳은 것만을 〈보기〉에서 있는 대로 고른 것은?

어떤 경비업체는 보안 점검을 위탁받은 한 건물 내에서 20개의 점검 지점을 지정하여 관리하고 있다. 보안 담당자는 다음 〈규칙〉에 따라서 20개 점검 지점을 방문하여 이상 여부를 기록한다.

〈규칙〉

- 첫 번째 점검에서는 1번 지점에서 출발하여 20번 지점까지 차례로 모든 지점을 방문한다.
- 두 번째 점검에서는 2번 지점에서 출발하여 한 개 지점씩 건너뛰고 점검한다. 즉 2번 지점, 4번 지점, …, 20번 지점까지 방문한다. 또한 세 번째 점검에서는 3번 지점에서 출발하여 두 개 지점씩 건너뛰고 점검한다. 즉 3번 지점, 6번 지점, …, 18번 지점까지 방문한다.
- 이런 식으로 방문이 이루어지다가 20번째 점검에서 모든 점검이 완료된다.

보 기

ㄱ. 20번 지점은 총 6회 방문하게 된다.

ㄴ. 2회만 방문한 지점은 총 8개이다.

ㄷ. 한 지점을 최대 8회 방문할 수 있다.

① ㄱ   ② ㄷ   ③ ㄱ, ㄴ   ④ ㄴ, ㄷ   ⑤ ㄱ, ㄴ, ㄷ

문항 성격 논리학 · 수학 – 수리추리

평가 목표 규칙으로부터 문제를 파악하여 추론하는 능력 측정

문제 풀이 정답 : ③

〈보기〉 해설   ㄱ. 20번 지점은 1번째, 2번째, 4번째, 5번째, 10번째, 20번째 점검에서 방문하게 되므로 총 6회 방문하게 된다(20의 약수의 개수는 6이므로 총 6회 방문하게 된다). 따라서 ㄱ은 옳은 추론이다.

         ㄴ. 2회만 방문한 지점은 2번, 3번, 5번, 7번, 11번, 13번, 17번, 19번 지점으로 총 8개이다(2회만 방문한 지점의 개수는 소수의 개수와 동일하다). 따라서 ㄴ은 옳은 추론이다.

         ㄷ. 1번 지점부터 20번 지점까지 7회 이상 방문할 수 있는 지점은 존재하지 않는다. 20번 지점, 18번 지점, 12번 지점은 총 6회 방문한다. 따라서 ㄷ은 옳은 추론이 아니다.

         〈보기〉의 ㄱ과 ㄴ만이 옳은 추론이므로 정답은 ③이다.

35.

다음으로부터 추론한 것으로 옳은 것만을 〈보기〉에서 있는 대로 고른 것은?

A, B, C, D 네 팀이 서로 한 번씩 상대하여 총 6번 경기를 치르는 축구 리그전에서 각 팀이 2번씩 경기를 치렀다. 각 팀은 다음 〈규칙〉에 따라 승점을 얻는다.

〈규칙〉

• 이기면 승점 3점, 비기면 승점 1점, 지면 승점 0점을 얻는다.

• 승부차기는 없다.

4번의 경기를 치른 결과가 다음과 같다.

팀	승점	득점	실점
A	4	3	2
B	4	2	1
C	3	3	2
D	0	0	3

보기

ㄱ. A와 B는 0 : 0으로 비겼다.

ㄴ. B는 C와 아직 경기를 하지 않았다.

ㄷ. C는 D에 2 : 0으로 이겼다.

① ㄱ 　　② ㄴ 　　③ ㄱ, ㄷ 　　④ ㄴ, ㄷ 　　⑤ ㄱ, ㄴ, ㄷ

문항 성격 　논리학·수학 − 논리게임

평가 목표 　주어진 조건으로부터 논리적으로 추론하는 능력 측정

문제 풀이 　정답 : ④

각 팀이 2번씩 경기를 했다는 것과 승점으로부터 A와 B는 1승 1무, C는 1승 1패, D는 2패를 했음을 알 수 있다. 따라서 A와 B의 경기가 무승부이다.

A의 실점을 볼 때 A와 B 사이의 가능한 무승부 점수는 0 : 0이거나 1 : 1이거나 2 : 2이다. 그런데 무승부 점수가 0 : 0일 수 없다. 만약 0 : 0 무승부라면, A는 C나 D에게 3득점을 해야 하고, 이는 이 팀들이 3실점을 한다는 의미인데, 이는 불가능하다(C는 2실점밖에 하지 않았고, D는 또 한

476

번의 패배를 해야 하므로 불가능하다). 무승부 점수가 2 : 2일 수도 없다. B는 총 실점이 1점이기 때문이다. 따라서 A와 B의 경기 결과는 1 : 1 무승부였음을 알 수 있다.

A의 골득실과 리그전이라는 성격을 고려하면, A는 C나 D와 경기를 해 2 : 1로 이겼어야 한다. 그런데 D에게 2 : 1로 이겼을 수는 없다. D는 한 골도 득점하지 못했기 때문이다. 결국 A는 C와 경기를 해 2 : 1로 이긴 것이다.

A가 C와 경기를 했으므로, B는 D와 경기를 했다. 왜냐하면 네 팀 모두 2경기만을 했으므로 A는 D와 경기를 하지 않았고, 따라서 D는 B 그리고 C와 경기를 했을 것이기 때문이다. 그리고 B는 A와 1 : 1로 비겼으므로, B와 D의 경기 결과는 1 : 0일 수밖에 없다.

A와 C의 경기 결과가 2 : 1이므로, 남은 한 경기 C와 D의 경기 결과도 알 수 있다. 즉 C와 D의 경기 결과는 2 : 0이다. 이상의 결과를 종합하면 다음과 같다.

경기	점수
A : B	1 : 1
A : C	2 : 1
B : D	1 : 0
C : D	2 : 0

이로부터 〈보기〉의 진술 중 ㄴ과 ㄷ만이 참이라는 것을 알 수 있다. 그러므로 정답은 ④이다.